Institut für ausländisches öffentliches Recht
und Völkerrecht

Lehrbuch
des
Völkerrechts

Band 1: Einführung — Allgemeine Lehren

Von

Professor Dr. D. Anzilotti
Präsidenten des Ständigen Internationalen Gerichtshofes im Haag

Vom Verfasser durchgesehene und autorisierte Übertragung nach der 3., erweiterten und revidierten italienischen Auflage von Cornelia Bruns u. Dr. Karl Schmid

Berlin und Leipzig 1929
Walter de Gruyter & Co.
vormals G. J. Göschen'sche Verlagshandlung — J. Guttentag, Verlags-buchhandlung — Georg Reimer — Karl J. Trübner — Veit & Comp.

Vorwort
zur deutschen Übersetzung.

Der Charakter und die Ziele dieses Buches sind im Vorwort zur dritten italienischen Auflage genügend dargelegt worden, und ich halte es nicht für notwendig, hier darauf zurückzukommen.

Ich möchte hier jedoch anfügen, daß ich, ohne die Struktur des Werks wesentlich zu verändern, versucht habe, es auf den heutigen Stand zu bringen und zu vervollständigen, indem ich neu eingetretenen Ereignissen Rechnung getragen und einige Lücken von größerer Bedeutung ergänzt habe, die mir auf Grund der Erfahrungen und der Studien, welche ich in diesen letzten Jahren gemacht habe, offenkundig geworden sind.

Unter den neuen Ereignissen kommt zweifellos der sich aus den am 11. Februar dieses Jahres abgeschlossenen Lateranverträgen ergebenden völkerrechtlichen Stellung des Heiligen Stuhls die größte Bedeutung zu. Diese Verträge gelangten erst zu meiner Kenntnis, als die Seiten, welche von der völkerrechtlichen Stellung des Heiligen Stuhls handeln, bereits gedruckt waren; ich hielt es deshalb nicht für nötig, sie umzuarbeiten, sondern habe mich darauf beschränkt, einen Nachtrag anzufügen, der sie ergänzt. Ich glaube in der Tat, daß die neue Rechtslage die Richtigkeit meiner Ausführungen über die völkerrechtliche Stellung des Heiligen Stuhls in der Zeit vor den Lateranverträgen eher bestätigt als abschwächt.

Bemerkenswerte Nachträge befinden sich hauptsächlich in dem bibliographischen Teil. Diese verdanke ich zum großen Teil der wertvollen Mitarbeit des Instituts für ausländisches öffentliches Recht und Völkerrecht in Berlin, das mir umfassende und sachgemäße bibliographische Angaben zur Verfügung gestellt hat, mit Hilfe derer ich diesen Teil meines Werks beträchtlich erweitern konnte.

Ich halte es überdies für notwendig zu bemerken, daß, wenn ich nicht auf die Vorteile verzichten wollte, die eine Bibliographie, welche nach umfassenderen Gesichtspunkten, als denen, an die ich mich bei der italienischen Ausgabe gehalten hatte, angelegt ist, den Lesern gewährt, ich von dem bisher angewandten System etwas abweichen und einige bibliographische Notizen, freilich nur in ganz beschränktem Umfang, als Fußnoten anfügen mußte, und zwar nur da, wo ihre Einfügung am Anfang des betreffenden Kapitels Verwirrung hervorgerufen oder die Bibliographie zu lang und unübersichtlich gemacht hätte. Das ist, was die äußere Form des Werks betrifft, die Änderung, welche am meisten hervortritt.

Nachdem ich dies vorausgeschickt habe, bleibt mir noch die angenehme Pflicht, Herrn Prof. Dr. Viktor Bruns, Direktor des Instituts für ausländisches öffentliches Recht und Völkerrecht in Berlin, an dieser Stelle öffentlich meinen lebhaftesten Dank auszusprechen. Die große Mühe, die er sich gemacht hat, und die Art, wie er die nicht geringen Schwierigkeiten, die es zu überwinden galt, um die Übersetzung dieses Werks durchführen zu lassen, überwunden hat, verschaffen mir heute eine der größten Befriedigungen meiner wissenschaftlichen Laufbahn: der deutschen Öffentlichkeit ein Werk übergeben zu können, das der deutschen Rechtswissenschaft soviel verdankt.

Den Haag, 15. Juli 1929.

D. Anzilotti.

Der deutschen Ausgabe ist von uns eine ausführliche Inhaltsübersicht und ein Register beigefügt worden.

Die Übersetzer.

Vorwort
zur dritten italienischen Auflage.

Dies Buch bleibt, was es stets hat sein wollen: ein Leitfaden und Ratgeber für meine Studenten an der Universität Rom — weiter nichts.

Doch werden die bescheidenen Ziele, die ich mir gesteckt hatte, durch die weite Verbreitung, die das Buch gefunden hat, und durch die ihm von mancher Seite freundlichst zugeschriebene Bedeutung, nicht wenig überschritten. Ich bedauere es nicht und hätte auch wirklich keinen Grund dazu, doch halte ich es für meine Pflicht, den allgemeinen Plan meines Lehrbuches — das leider bis heute noch allzu unvollendet geblieben ist — hier kurz auseinanderzusetzen; denn nur wenn man diesen Plan kennt, wird man den Inhalt des vorliegenden Bandes richtig verstehen können: vor allem die Art und Weise, wie gewisse Argumente hier berücksichtigt werden und auch warum gewisse Auslassungen vorgenommen worden sind, Auslassungen, die nach den gewöhnlich angewandten Gliederungsmethoden vielleicht als unbegreifliche Lücken erscheinen könnten.

Als ich im Jahre 1912 den Plan faßte, das Lehrbuch des Völkerrechts drucken zu lassen, hielt ich es für geeignet, es in drei Teile zu gliedern, denen drei einzelne Bände entsprechen sollten. Der erste sollte der Einführung und dem allgemeinen Teil des Stoffs gewidmet sein, der zweite der systematischen Gliederung der verschiedenen Kategorien völkerrechtlicher Beziehungen, der dritte dem, was ich, als ich 1914 mit der Veröffentlichung begann, „risoluzione delle controversie internazionali" („Lösung der völkerrechtlichen Streitfragen") nennen wollte und jetzt lieber „attuazione del diritto nella comunità internazionale" („Durchsetzung des Rechts innerhalb der Völkerrechtsgemeinschaft") bezeichnen möchte.

Wenn auch der im dritten Bande behandelte Stoff schwere systematische Probleme erhebt, sind doch sein Inhalt und seine Beziehung zu diesem jetzt in neuer Auflage veröffentlichten Band klar genug, als daß ich mich noch darüber auslassen müßte. Das gilt jedoch nicht für den Inhalt des 2. Bandes, der, wie ich ihn mir denke, eine Lücke in der Literatur des Völkerrechts ausfüllen soll, indem er ein Stoffgebiet, das bis heute entweder vernachlässigt oder doch nur unter empirischen Gesichtspunkten geordnet war, systematisch ordnet.

Eine logische Systematisierung der Normen, die die völkerrechtlichen Beziehungen regeln — eine notwendige Voraussetzung zu ihrem Verständnis und ihrer richtigen Wertung —, muß sich auf Maßstäbe gründen, die der besonderen und charakteristischen Struktur der von ihnen gebildeten Ordnung entnommen sind. Von dieser Auffassung ausgehend bin ich nach reiflicher Überlegung dahin gekommen, in bezug auf Inhalt und Anordnung des 2. Bandes dieses Lehrbuchs auf folgende Weise zu disponieren:

Wie jede Rechtsordnung erfüllt auch das Völkerrecht seine schützende und organisierende Aufgabe dadurch, daß es die Freiheitssphäre der Subjekte beschränkt und ihre Handlungen, sofern sie der Erreichung gemeinsamer Ziele gelten, in Beziehung setzt.

Die Beschränkung der Freiheitssphäre der Subjekte hat zum Grund die Begrenzung der Staaten in territorialer Beziehung, eine Begrenzung, die recht eigentlich die Voraussetzung für ihre Rechtsbeziehungen und der Ausgangspunkt für deren Entwicklung ist. Es hat schon seinen tieferen Grund, daß wir in jeder Epoche der Geschichte das Gebiet eines Staats die Hauptrolle in den Beziehungen zwischen den Staaten spielen sehen, während die Bewohner eher als Zubehör zu diesem Gebiet betrachtet werden. Darin liegt durchaus nicht, wie man sehr zu Unrecht gemeint hat, eine Geringschätzung der menschlichen Würde; es ist einfach die Folge der Bedeutung, welche das Staatsgebiet im Leben der Staaten hat.

Auf der Grundlage der Begrenzung in territorialer Hinsicht (die daher das 1. Kapitel bildet), entfaltet sich jenes weitere Prinzip, nach welchem die Hoheitsgewalt des Staats ganz und gar auf sein Staatsgebiet beschränkt ist und nicht über dieses hinausgreift: doch ist weder die Freiheit des Staats innerhalb des Staatsgebiets unbegrenzt, noch fehlt es an Fällen, wo Staatshandlungen sich außerhalb des Staatsgebiets ereignen können. Das Völkerrecht setzt einerseits der Gewalt, die der Staat im eigenen Gebiet ausüben kann, Grenzen, andererseits erlaubt es dem Staat zuweilen, außerhalb seines Gebiets tätig zu werden. Daher sind zwei weitere Kapitel vorgesehen, von denen das erste das System der völkerrechtlichen Beschränkungen der gebietsgebundenen Tätigkeit des Staats in ihren mannigfachen Abwandlungen, das zweite die verschiedenen Fälle von nicht gebietsgebundener Ausübung staatlicher Aktivität behandeln soll, einer Aktivität, die entweder auf dem Gebiet eines anderen Staats oder auf einem Gebiet vor sich gehen kann, das ich, um keine schwierigen Probleme und Streitfragen vorwegzunehmen, einfach Gebiet, das keinem bestimmten Staat gehört, nennen werde.

Endlich hat ein weiteres Kapitel die Aufgabe, die juristische Natur der vielen und sehr verschiedenen Formen der Vergesellschaftung und des Zusammenwirkens der Staaten, die sich im Schoß der Völkerrechtsgemeinschaft bilden, zu untersuchen und zu bestimmen.

Der 2. Band dieses Lehrbuchs soll daher nach meinem Plan die folgenden vier Kapitel bringen:

1. Rechtliche Theorie der Begrenzung der Staaten in territorialer Hinsicht.

2. Rechtliche Theorie der völkerrechtlichen Begrenzung der gebietsgebundenen Tätigkeit des Staats.

3. Rechtliche Theorie der nicht gebietsgebundenen Ausubung staatlicher Aktivität.

4. Rechtliche Theorie der Formen der Vergesellschaftung und des Zusammenwirkens unter den Staaten.

Diesen Ausführungen brauche ich nur noch hinzuzufügen, daß ich, wenn ich auch den Charakter des Buchs unverändert ließ, die Bibliographie erweitert habe, wobei ich mich des reichen Materials bediente, das mir von der ausgezeichneten Bibliothek der Carnegie-Stiftung im Haager Friedenspalast zur Verfügung gestellt wurde. Ich habe sehr viele Zusätze und Änderungen gemacht, um den neuen Tatbeständen und den neugefaßten Rechtssätzen Rechnung zu tragen, damit der Band möglichst auf den heutigen Stand gebracht würde. Endlich habe ich nicht gezögert, überall da meine Auffassung zu ändern, wo meine eigenen Forschungen oder die Ergebnisse der Arbeit anderer Gelehrter mich von der Unrichtigkeit einer Ansicht, zu der ich früher gelangt war, überzeugt haben. Wo ich dagegen meinen Standpunkt trotz der Kritik, die er gefunden hat, beibehalten zu müssen glaubte, habe ich das kurz zu begründen versucht.

Den Haag, September 1927.

Inhaltsverzeichnis.

Übersicht über Geschichte und Literatur des Völkerrechts.

Fast alle allgemeinen Abhandlungen, die in dieser Übersicht angeführt werden, befassen sich mehr oder weniger ausführlich mit der Geschichte und Literatur des Völkerrechts. Die wichtigsten Spezialwerke sind:

a) **Geschichte des Völkerrechts.** — Wichtige Untersuchungen über das Völkerrecht in der alten indischen Kultur finden sich in dem kürzlich erschienenen Buch von S. V. Viswanatha, International Law in Ancient India, London 1925; s. a. Pramathanath Bandyopadhyay, Intern. Law and Custom in Ancient India, Calcutta 1920. Für die griechisch-römische Epoche ist die umfangreichste und umfassendste Arbeit die von Coleman Phillipson, The international law and custom of ancient Greece and Rome, London 1911. Über das Völkerrecht im alten China — s. Sin Tchoan-Pao, Le droit des gens et la Chine antique, Paris 1926; Te-hsu-Ch'eng, International law in early China, in „Chinese social and political science Review" Vol. XI, p. 251. Für die allgemeine geschichtliche Entwicklung und den Teil, der für die Bildung des heutigen Völkerrechts unmittelbar in Betracht kommt: H. Wheaton, Histoire des progrès du droit des gens en Europe et en Amérique depuis la paix de Westphalie jusqu'à nos jours. Avec une introduction sur les progrès du droit des gens en Europe avant la paix de Westphalie, 4. Aufl., Leipzig 1865; italienische Übersetzung von C. Arlia, Napoli 1859; F. Laurent, Études sur l'histoire de l'humanité. Histoire du droit des gens et des relations internationales, 18 Bde., Gand 1851—70; J. Hosack, On the rise and growth of the law of nations, as established by general usage and by treaties, London 1882; F. von Holtzendorff, Die geschichtliche Entwicklung der internationalen Rechts- und Staatsbeziehungen bis zum Westphälischen Frieden, in Bd. 1 seines „Handbuch des Völkerrechts", Berlin 1885; S. Gemma, Storia dei trattati nel secolo XIX, Firenze 1895; Th. A. Walker, History of the law of nations, Bd. 1, Cambridge 1899; A. Retortillo y Tornos, Compendio de historia del derecho internacional, 2. Aufl., Madrid 1909; J. Bex, Essai sur l'évolution du droit des gens, Paris 1910;

R. Redslob, Histoire des grands principes du droit des gens, depuis l'antiquité jusqu'à la veille de la grande guerre, Paris 1923; S. Korff, Introduction à l'histoire du droit international, im „Recueil des cours de l'Académie de droit international", Bd. 1, 1923, Paris 1925; O. Nippold, Le développement historique du droit international depuis le Congrès de Vienne, ibid. 1924, Bd. 1, Paris 1926; M. de Taube, Études sur le développement historique du droit international dans l'Europe orientale, in „Recueil des Cours de l'Académie de dr. int." 1926, I, S. 345; Singer, Völkerrechtsgeschichte im „Wörterbuch des Völkerrechts" von K. Strupp, Bd. III; F. Stier-Somlo, Völkerrechtsliteraturgeschichte, ibid.; R. Knubben, Völkerrechtspositivismus und Völkernaturrecht, ibid.; G. Butler and S. Maccoby, The development of international law, in „Contributions to international law and diplomacy", London 1928; L. C. Farrera, El derecho internacional en la artigüedad y en la edad-media, Caracas 1927.

b) Bibliographien. — C. F. G. Meister, Bibliotheca juris naturae et gentium. Accedit index auctorum locuples, 3 Bde., Goettingae 1749—1757; D. H. L. von Ompteda, Literatur des gesamten Völkerrechts, 2 Bde., Regensburg 1785—88; C. A. von Kamptz, Neue Literatur des Völkerrechts seit dem Jahre 1784 als Ergänzung und Fortsetzung des Werkes des Gesandten von Ompteda, Berlin 1817—18; C. von Kaltenborn, Die Vorläufer des Hugo Grotius auf dem Gebiete des jus naturae et gentium sowie der Politik im Reformationszeitalter, Leipzig 1848; J. L. Klüber, Bibliothèque choisie du droit des gens, Supplément zum „Droit des gens moderne de l'Europe", 2. französische Auflage, Paris 1874; R. von Mohl, Die Geschichte und Literatur der Staatswissenschaften, Bd. 1, Erlangen 1855, S. 377 ff.; A. von Bulmerincq, Die Systematik des Völkerrechts von Hugo Grotius bis auf die Gegenwart, Dorpat 1858; A. Rivier, Literarhistorische Übersicht der Systeme und Theorien des Völkerrechts seit Hugo Grotius, in Bd. 1 des „Handbuch des Völkerrechts" von F. von Holtzendorff, Berlin 1885; F. Stoerk, Die Literatur des internationalen Rechts: 1884 bis 1894, Leipzig 1896; R. de Olivart, Bibliographie du droit international, 2. Aufl., Paris 1905—1907; E. M. Borchard, The Bibliography of International Law and Continental Law, Washington 1913. A. Rapisardi-Mirabelli, Rassegna di diritto pubblico interno e internazionale (1919—1924), Siena 1925.

Eine vorzügliche Sammlung von Klassikern des Internationalen Rechts ist zurzeit unter den Auspizien der Carnegie-Stiftung und der Leitung von J. B. Scott im Erscheinen begriffen. Erschienen sind bisher siebzehn Bände, darunter Werke von Zouche, Ayala,

Vattel, Textor, Rachel, Victoria, Giovanni da Legnano, Alberico Gentili und Bynkershoek.

Das heutige Völkerrecht ist in der Hauptsache das Produkt der Ursachen, die die politische Ordnung Europas im Übergang vom Mittelalter zur Neuzeit umgestaltet haben.

Freilich sind die Faktoren dieser Gemeinsamkeit der Zivilisation, die die Bildung und die Entwicklung eines gemeinsamen, die Beziehungen zwischen den europäischen Staaten regelnden Rechts möglich machte, viel höheren Alters und hatten schon tiefgehenden Einfluß ausgeübt, als die soziale und politische Umbildung einsetzte, die den internationalen Beziehungen einen ganz anderen Charakter gab als sie ursprünglich gehabt hatten. Die hauptsächlichsten unter diesen Faktoren sind: die klassische Tradition und vor allem das römische Recht, das Christentum und das Solidaritätsgefühl, das sich in Europa, besonders infolge der Kämpfe gegen den eindringenden Islam, entwickelte.

Ferner muß man beachten, daß verschiedene, auf völkerrechtliche Beziehungen Bezug nehmende Grundsätze, Institutionen und Theorien ihren Ursprung in der vorhergehenden Periode haben oder aus der griechisch-römischen Welt übernommen sind und in der Epoche, von der wir handeln, sich ständig fortentwickelten, wenn sie auch früher oder später, in stärkerem oder schwächerem Maße, den Einfluß der veränderten Sachlage erfahren. Verschiedene Grundsätze des diplomatischen Rechts und des Seerechts, die Statutentheorie, soweit sie Bezug auf das Völkerrecht haben kann, die Theorie der Repressalien usw., fallen unter eben diese Kategorie.

Der charakteristische Zug der internationalen Gemeinschaft im Mittelalter war die häufig vorhandene wechselseitige Abhängigkeit der staatlichen Gebilde, einmal in der Form der Vasallität, sodann in Gestalt der Unterordnung unter die beiden höchsten Autoritäten, Kaiser und Papst. Was sich damals die Christenheit nannte, war ein Aggregat politischer Verbände mit beschränkter Selbstherrlichkeit, die untereinander in vielfach abgestufter Lehensabhängigkeit und insgesamt außer unter der Oberherrschaft des weltlichen Oberhaupts der Christenheit, des deutschen Kaisers, als des von der göttlichen Vorsehung ausersehenen Erben und Nachfolgers der römischen Imperatoren, unter der des geistlichen Oberhaupts, des Papstes, standen. So gab es eine wirkliche, wenn auch unvollkommene Rechtsorganisation der Gemeinschaft der christlichen Nationen. Diese war gegründet auf Über- und Unterordnung und unterschied sich dadurch fundamental von dem späteren Zustand, in dem die Staatengemeinschaft sich in eine Gesellschaft gleichgeordneter, voneinander unabhängiger und keinem gemeinsamen Oberherrn unterstellter Wesenheiten verwandeln sollte.

Die Ursachen, die am stärksten diese Wandlung bestimmt haben, sind folgende: vor allem der vorwiegend durch wirtschaftliche Gründe hervorgerufene Zerfall des Lehensverbandes und die infolgedessen durch Aneignung der vielfältigen, unter eine große Zahl von Herren aufgeteilten Hoheitsrechte ständig fortschreitende Steigerung der territorial-staatlichen Rechtsgewalt zu einer einheitlichen Zentralgewalt, die immer weniger Zaum und Zügel duldete. Als zweite Ursache wirkte in dieser Richtung das Erstarken von Staaten, die nicht der Oberherrschaft des Kaisers unterstanden (civitates superiorem non recognoscentes), sei es, daß sie sich, wie England und Schweden, von Anfang an ihre Unabhängigkeit bewahrt hatten, sei es, daß sie, wie Frankreich und Spanien, sie erst in der Folgezeit erlangt hatten. Eine dritte Ursache war die Reformation und die Zerreißung der Glaubenseinheit, deren Ergebnis das Erstarken jener Staaten war, die die Autorität des Papstes nicht anerkannten. In der Folge gerierte sich dann der Staat, der den eigenen Untertanen gegenüber als absoluter Herrscher auftrat, auch den anderen Staaten gegenüber als eine von jeder irdischen Oberherrschaft unabhängige Gewalt. Dadurch wurde das Verhältnis von Staat zu Staat zu einer Beziehung von gleichwertigen und unabhängigen Wesenheiten, die das Wesen der heutigen Staatengemeinschaft ausmacht.

Wenn in der Welt des Geistes „Il Principe" von Niccolò Macchiavelli und die „Six livres de la République" von Jean Bodin charakteristische Dokumente der neuen politischen Anschauungen sind, so findet man in der Welt der Tatsachen den stärksten Ausdruck und in gewissem Umfang die Summe dieser Umwandlung in den berühmten Verträgen von Münster und Osnabrück vom Jahre 1648, gewöhnlich unter dem Namen „Westfälischer Frieden" bekannt, der daher mit Recht als Ausgangspunkt der historischen Entwicklung des heutigen Völkerrechts angesehen zu werden pflegt.

So entstand ein neues wissenschaftliches Problem: die Beziehungen der Staaten von ihren bisherigen religiösen und politischen Grundlagen loszulösen. Damit war eine Aufgabe gestellt, welche von der fragmentarischen zur systematischen Behandlung unseres Stoffes überzugehen veranlaßte.

Es fehlt bei den Schriftstellern des Mittelalters nicht an eingehender Beschäftigung mit einzelnen Fragen, die sich aus den zwischenstaatlichen Beziehungen ergeben. Einige Lehren fanden, wegen der besonderen Bedeutung, die ihr Gegenstand für die Praxis besaß, eingehende umfangreiche Darstellungen, die noch heute als grundlegend angesehen werden können. Man braucht nur an die Statutentheorie und die Lehre von den Repressalien der italienischen und französischen Post-Glossatoren und Kommentatoren zu erinnern, soweit sie sich mit dem Völkerrecht berühren. Auch der Krieg war Gegenstand von Spezialdarstellungen; doch ist dort die juristische Behandlung der Frage oft mit theologischen und moralischen Betrachtungen vermischt und vermengt. Namen wie Giovanni da Legnano, Martino da Lodi, Cristina de Pisan, Onorato Bonet usw. tauchen auf.

Von größerer Bedeutung sind einige Schriftsteller des XVI. Jahrhunderts, vor allem die Spanier Francesco de Vitoria (Relectiones theologicae, 1557), Domenico Soto (De justitia et jure, 1560), Baldassare Ayala (De jure et disciplina militari et officiis bellicis, 1582), Francesco Suarez (Tractatus de legibus ac deo legislatore, 1612); und die Italiener Pietro Belli (De re militari et de bello, 1563) und Alberico Gentili (De jure belli commentationes, in erster Fassung im Jahre 1588 und zehn Jahre später in der definitiven Form erschienen).

Die spanischen Schriftsteller des XVI. Jahrhunderts, im besonderen die Theologen Vitoria und Suarez, nehmen eine hervorragende Stelle in der Geschichte des Völkerrechts ein, und zwar nicht so sehr darum, weil sie den Stoff, ohne besonders selbständig vorzugehen, doch immerhin begrifflicher dargestellt und so dem Verständnis näher gebracht haben, als vielmehr weil sie den katholischen Gedanken gegenüber den veränderten politischen Verhältnissen Europas vertreten, während die auf sie folgenden Schriftsteller fast ausschließlich in der Gedankenwelt der Reformation leben. Die Bestimmung des Staatsbegriffs, der Staatsgewalt, der Grundrechte des Staates gegenüber der im Niedergang begriffenen Idee eines einheitlichen Kaisertums einerseits und der fortdauernden geistlichen Autorität des römischen Papstes andererseits, weiter die Probleme, die der Erwerb neuer Gebiete und die Beziehungen zu der dort eingeborenen Bevölkerung aufwarfen und zu denen die Entdeckung und Kolonisation Amerikas den Anstoß gaben, liefern ihnen, zusammen mit dem Problem des Krieges, den Hauptstoff zu ihren Werken.

Von den beiden Italienern steht Gentile bei weitem am höchsten. Als scharfsinniger, exakter Jurist, erzogen in der Schule des römischen Rechts, dessen Lehrstuhl er in Oxford bekleidete, brachte er in das Studium der kriegsrechtlichen und die Behandlung sonstiger völkerrechtlicher Fragen (De legationibus, 1585, und Advocatio hispanica,

1613) juristische Methode und juristischen Geist, in denen er sogar Grotius übertraf. Da er der protestantischen Religion angehörte und daher gezwungen war, nach England zu flüchten, fühlte er das lebhafte Bedürfnis, das Völkerrecht von gewissen theologischen Voraussetzungen, auf denen es bis dahin beruht hatte, zu befreien, und legte den Grund zur naturrechtlichen Weiterbildung des Völkerrechts, die der hervortretendste und charakteristischste Zug der späteren Schulen wurde.

Wenn es erlaubt ist, den Übergang von einer Phase der wissenschaftlichen Entwicklung zur anderen an einen bestimmten Namen zu knüpfen, so kann dies in unserem Fall kein anderer als der des Grotius sein. Sein Werk (De jure belli ac pacis, libri tres, 1625) verdankt seinen Siegeszug und seinen überragenden Einfluß außer seinem unbestreitbaren inneren Wert vor allem seinem feinen Gefühl für die Bedürfnisse und die Bestrebungen seiner Zeit. Er nahm sich vor, was gerade damals geboten war, nämlich eine neue Grundlegung des internationalen Zusammenlebens auszuarbeiten, die dem Verhältnis der Koordination, das jetzt an die Stelle des Subordinationsverhältnisses der früheren Jahrhunderte getreten war, entsprechen sollte, und ihr eine von einem bestimmten religiösen Bekenntnis unabhängige Grundlage zu geben. In Übereinstimmung mit dem rationalistischen Geist seiner Zeit suchte Grotius in der richtigen Vernunft (recta ratio) die absolute Richtschnur für das Verhalten der Menschen, der Individuen wie der Völker (Naturrecht oder Vernunftrecht): er räumte aber außer den Geboten der Vernunft dem Willen seine Stelle ein, der aus dem communis consensus gentium spricht: nicht zwei widersprechende Elemente, sondern vielmehr zwei Elemente, die sich wechselseitig gestalten, weil einerseits die allseitige Übereinstimmung eine recta illatio ex natura beweist und andererseits die Übereinstimmung mit dem naturgebotenen Recht dem communis consensus Gesetzeskraft verleiht. Aber die beiden Elemente, mit denen Grotius auf die vielen Probleme, die den Denkern und Staatsmännern zu schaffen machten, zu antworten suchte, wurden später von seinen Nachfolgern und Schülern in verschiedener Weise, sowohl was ihren objektiven Wert als ihr Verhältnis zueinander betrifft, ausgewertet. So entstanden verschiedene Richtungen, die auf der Grundlage der gleichen rechtsphilosophischen Voraussetzungen alle auf das Werk des Grotius als ihren gemeinsamen Ausgangspunkt zurückgehen und sich dabei gleichzeitig von ihm entfernen und so jede ihre eigene Physionomie annehmen.

Fast ein Zeitgenosse des Grotius, aber unabhängig von ihm, wenn er auch derselben philosophischen Richtung angehört, ist der Engländer Th. Hobbes (Elementa philosophica de cive, 1642;

Leviathan, 1651), für unser Gebiet bemerkenswert vor allem wegen seiner klaren Konzeption von der Rechtspersönlichkeit der Staaten, die der der natürlichen Person analog ist. Das Völkerrecht ist nach Hobbes nichts anderes als die auf die Beziehungen zwischen Staaten übertragene Naturgesetzlichkeit; die lex naturalis teilt sich in lex naturalis hominum oder lex naturae in engerem Sinne, und lex naturalis gentium oder ius gentium; es gelten mithin — verschieden nur durch die Besonderheit der ihnen zukommenden Eigenschaften — die gleichen Gebote für die natürlichen Personen wie für die Staaten.

Unter den englischen Schriftstellern dieser Epoche verdient auch Zouche (Juris et iudicii fecialis, sive de iure inter gentes et quaestionum de eodem explicatio, 1650) genannt zu werden, und zwar vor allem darum, weil er der erste ist, der den Ausdruck ius inter gentes (daher dann später Völkerrecht) an Stelle des traditionellen ius gentium gebracht hat; aber man muß auch hinzufügen, daß sein Werk durch besseren systematischen Aufbau, durch größere Einfachheit und Klarheit wertvoller als andere Werke seiner Zeitgenossen ist.

Das 17. und 18. Jahrhundert sind in der Geschichte der Internationalen Beziehungen Jahrhunderte voller Kämpfe um die politische und wirtschaftliche Vorherrschaft. Durch den Absolutismus, die natürliche Folge der aktiven Rolle, die die Fürsten bei der Wiederherstellung der Staatsgewalt gespielt hatten, treten die dynastischen Interessen, die Ehre und der Ehrgeiz des Fürsten an die Stelle der Interessen, der Ehre und der Forderungen der Gesamtheit. „L'Etat fait corps en la personne du Roy" gilt nach dem berühmten Ausspruch des großen Vertreters des Absolutismus, Ludwig XIV. Auf der anderen Seite fehlt unter den Völkern das Gefühl der Interessengemeinschaft und Solidarität, oder es zeigt sich doch nur bei seltenen Gelegenheiten. Jeder Staat denkt an sich selbst und sucht sich zur Geltung zu bringen; die Vergrößerung der eigenen Macht bildet das Endziel der Beziehungen, die er mit anderen Staaten unterhält. Daher der streng individualistische Charakter der Staatengemeinschaft, insofern, als der Schwerpunkt weit mehr auf die Betonung der Eigengesetzlichkeit des Staates gelegt wird als auf den Gedanken an eine Zusammenarbeit zur Erreichung gemeinsamer Ziele; daher das Unorganische in den internationalen Beziehungen, die sich in ein bloßes Nebeneinander und Gegenüber von politischen Gruppen auflösen; daher die Gelegenheitskoalitionen, die dauernden Kriege und, als Korrektiv- und Heilmittel, der Grundsatz vom politischen Gleichgewicht (iustum potentiae aequilibrium, nach dem Satz aus dem Utrechter Vertrag vom 13. Juli 1713 zwischen Großbritannien und Spanien), der den Frieden sichern sollte, tatsächlich aber fast stets die Gelegenheiten und Vorwände zu den Kriegen lieferte.

Die absolute Monarchie, Erbin des Feudalismus, den sie bekämpft und aufgelöst hatte, behält den Begriff des Obrigkeitsstaates (Patrimonialstaat), der ein echtes Kind der feudalen Welt ist, bei und vertieft ihn: den Staat betrachtet man als Gegenstand, der dem Monarchen kraft eigenen Rechts so zusteht wie dem Privatmann sein Vermögen. Daher werden Staaten von ihren Fürsten getauscht, als Mitgift gegeben und vererbt. Daher die ausgedehnte Anwendung der Grundsätze und Einrichtungen des römischen Privatrechts auf die internationalen Beziehungen; in der Praxis wie in der Theorie wurde dies vor allem begünstigt durch die oft hervorgehobene Verwandtschaft zwischen dem römischen Recht und dem Naturrecht, das seinem Inhalt nach eigentlich nichts anderes war als eine Verallgemeinerung römisch-rechtlicher Grundsätze und Einrichtungen. Natürlich entwickeln sich unter den verschiedenen Materien des Völkerrechts vorzugsweise diejenigen, die unmittelbar den Bedürfnissen und Verhältnissen der Epoche entsprechen: die Beziehungen zwischen den Höfen, die Titel und das Zeremoniell spielen dabei eine Hauptrolle; außerdem das Recht des diplomatischen Verkehrs, infolge der Einrichtung der ständigen Gesandtschaften; ferner gewisse Teile des Kriegsrechts, besonders das Seekriegsrecht, und endlich das Institut der Neutralität, das, Grotius noch fast unbekannt, einen Höhepunkt seiner Entwicklung in der berühmten Liga der „bewaffneten Neutralität" von 1780 hat.

Die Entwicklung der Doktrin im 17. und 18. Jahrhundert geht zurück auf Grotius. Das doppelte Element — Naturrecht und gesetztes Recht — aus dem nach diesem Schriftsteller sich das Völkerrecht zusammensetzt, diente als Ausgangspunkt für verschiedene Richtungen, die je nachdem das eine oder das andere dieser Strukturelemente in den Vordergrund stellten oder beide miteinander zu kombinieren suchten.

Der Begriff des Völkerrechts als Naturrecht auf die Beziehungen zwischen Staaten angewandt, wurde hauptsächlich von Pufendorff entwickelt (Elementa jurisprudentiae universalis, 1666; Juris naturae et gentium libri octo, 1672, zusammengefaßt in „De officiis hominis et civis" 1673). Er übernimmt von Hobbes die Lehre, daß das Völkerrecht nichts anderes ist als das Naturgesetz, insofern es die Beziehungen von Volk zu Volk regelt. Die Staatenpraxis (das Willenselement bei Grotius) ist entweder ein Ausfluß des Naturrechts und bezieht dann von ihm seine eigentliche Geltung, oder sie steht im Widerspruch zum Naturrecht und wird dann von diesem jeder Geltung entkleidet. Verschiedene der bedeutendsten Juristen und Philosophen dieses Zeitabschnittes bewegen sich in derselben Gedankenrichtung und können als Schüler und Fortsetzer seines Werks angesehen werden: G. Barbeyrac, der die Werke von Grotius und Pufendorff ins Französische übersetzte und kommentierte; F. Buddeus (Selecta juris naturae et gentium, 1704); C. Thomasius (Fundamenta juris naturae et gentium, 1705); und, freier und selbständiger, S. Rachel (De jure naturae et gentium dissertationes duae, 1676) und J. J. Burlamaqui (Principia juris naturae et gentium, 1747).

Der treueste Fortbilder und Deuter der Lehre des Grotius war Chr. Wolff (Jus naturae methodo scientifica pertractatum, 8 Bde., von 1740 bis 1748; Jus gentium, 1749; Institutiones juris naturae et gentium, 1750): er geht von der Annahme aus, daß alle Völker einen großen Verband bilden, die civitas gentium maxima, der allen Staaten bestimmte Regeln für ihr Verhalten vorschreibt, die in der Hauptsache Ausfluß eines absoluten und unveränderlichen Naturgesetzes sind und im übrigen aus willentlich gesetztem Recht, gesetzt durch den Willen aller oder nur einiger Staaten, — ein Consensus, der ausdrücklich in der Form des Vertrags und stillschweigend (als Gewohnheit — tacitum pactum) erfolgt sein kann, — bestehen. Die Lehre Wolffs, schon durch den Wust übermäßiger Gelehrsamkeit sehr ermüdend und schwer verdaulich, wurde mit größerer Präzision, Einfachheit und Klarheit von dem Schweizer Juristen E. de Vattel entwickelt, dessen Werk „Le droit des gens ou principes de la loi naturelle appliquée à la conduite et aux affaires des nations et des souverains", 1758, sowohl in der Wissenschaft wie in der Praxis nicht geringe Autorität besaß und noch besitzt.

Andere Schriftsteller, wenn sie auch das Naturrecht als Grundlage und integrierenden Bestandteil ihres Systems beibehalten, legten mehr Beachtung und mehr Nachdruck auf die durch die Gewohnheit geheiligten oder in Verträgen niedergelegten Regeln, also auf das, was Grotius als jus volontarium im Gegensatz zum jus naturae bezeichnet hatte. Der Positivismus dieser Schriftsteller ist aber etwas anderes als der moderne. Dieser will das System des positiven Völkerrechts erklären und aufbauen, ohne auf ein anderes vorgehendes Recht zurückzugreifen, das niemals, was auch sein ideeller Wert sei, mit den von den Staaten gesetzten Normen in Beziehung gesetzt werden kann. Die Positivisten des 18. Jahrhunderts beschränken sich im Gegensatz dazu darauf, dem Willenselement den Vorrang zu geben, erkennen aber nicht nur die Existenz eines Naturrechts an, sondern wenden es an, wenn das positive Recht tatsächlich oder scheinbar Lücken aufweist. Von diesen Schriftstellern seien genannt: J. W. Textor (Sinopsis juris gentium, 1680); C. van

Bynkershoeck (De dominio maris, 1702; De foro legatorum, 1721; Quaestiones juris publici, 1737), vielleicht der folgerichtigste und scharfsinnigste Jurist unter den Vätern des Völkerrechts; G. B. de Mably (Droit public de l'Europe fondé sur les traités, 1747); G. de Real (Science du gouvernement, 1764); K. G. Günther (Europäisches Völkerrecht in Friedenszeiten, 1787—92); aber besonders J. J. Moser (Principes du droit des gens actuel en temps de paix, 1750; Principes du droit des gens actuel en temps de guerre, 1752), der, energischer als die anderen, die Wissenschaft vom Völkerrecht auf eine bloße Darstellung der Praxis der zivilisierten Staaten zurückschraubt, und Georg Friedrich Martens (Précis du droit des gens moderne de l'Europe, 1788), dessen Hauptwerk von dem Portugiesen S. Pinheiro Ferreira und dem Franzosen Ch. Vergé kommentiert worden ist.

Unter den Schriftstellern des 18. Jahrhunderts verdienen einige Italiener besondere Erwähnung, wie G. M. Lampredi (Juris naturae et gentium theoremata, 1776—78; Commercio dei popoli neutrali in tempo di guerra, 1788), F. Galiani (Doveri dei principi neutrali verso i principi guerreggianti e di questi verso i neutrali, 1782), D. A. Azuni (Sistema universale dei principii di diritto marittimo d'Europa, 1795) wegen ihrer weitblickenden und wirklich neuartigen Gedanken über die Beziehungen zwischen Neutralen und Kriegführenden im Seekrieg.

Der Wandel in der Gestaltung der internationalen Beziehungen im 19. Jahrhundert läßt sich insbesondere auf zwei Ursachen zurückführen:

Erstens auf die neue Auffassung vom Staat und sodann auf den inneren Aufbau des Staates, wie er sich als Folge der französischen Revolution, des Aufstiegs des dritten Standes und der Verbreitung des Repräsentativsystems vollzogen hatte. Die patrimoniale Staatsauffassung, die schon durch den aufgeklärten Despotismus des 18. Jahrhunderts erschüttert worden war, verschwindet gänzlich; in den internationalen Beziehungen tritt an die Stelle des Fürsten der Staat, an die Stelle der dynastischen Interessen nach schweren Kämpfen das Interesse der Gesamtheit. Der Staatsbürger, in den sich der bisherige Untertan verwandelt hat, wird sich immer stärker der Bande bewußt, die ihn an einen bestimmten sozialen Verband fesseln, und dies Gemeinsamkeitsbewußtsein findet seinen Ausdruck im Begriff der Nation und wird damit zur geistigen Grundlage des Staates. Ein solcher Staat tritt von jetzt an den anderen Staaten als Träger einer eigenen nationalen Idee gegenüber, die in ihm eine lebendige Wirklichkeit und ein absoluter ethischer Wert geworden ist.

In zweiter Linie ist zu nennen die Solidarität der Interessen, die hauptsächlich darauf beruht, daß viele der wichtigsten Äußerungen der menschlichen Tätigkeit sich heutzutage ohne Rücksicht auf politische Grenzen entwickeln und aus allen zivilisierten Völkern eine einzige große Gemeinschaft machen. Die schnelle Ausbreitung neuer Ideen und der Fortschritte auf technischem Gebiet, besonders im Nachrichten- und Verkehrswesen, die die äußeren Lebensbedingungen der großen Masse aller Völker aneinander angleicht, hat sie in bis dahin ungeahntem Maße einander genähert und in eine stets zunehmende Abhängigkeit voneinander gebracht, die ihnen eine selbst zeitweilige Isolierung fast unmöglich macht. Daher das Bedürfnis nach einer wirklichen Zusammenarbeit der Staaten zur Regelung und zum Schutze dieser vielfältigen Lebensformen und die rasche und stetige Vermehrung von Rechtsgrundsätzen und Instituten, durch die die Staaten ihre Tätigkeit auf dieses Ziel einstellen. — So haben die zwischenstaatlichen Beziehungen auch einen gewissermaßen vergesellschaftenden Charakter angenommen, im Gegensatz zu dem streng individualistischen Charakter, den sie fast ausschließlich in den vorhergehenden Jahrhunderten hatten.

Diese beiden Tatsachen, deren praktische, im Grunde oft gegensätzliche Wirkungsweise sich unter den verschiedensten Verbindungen und Verknüpfungen der Interessenlagen entwickelt hat, haben ihren Einfluß auf den Charakter und Inhalt der Rechtslehre immer weiter ausgedehnt. Einerseits gab man in der Tat die ausschließlich privatrechtliche Konstruktion, die die Auffassung des Staates als eines Rechtsobjekts möglich gemacht hatte, immer mehr auf: einzelne Bestandteile dieser Konstruktion verschwanden gänzlich, andere wurden zwar beibehalten, nahmen aber einen veränderten Charakter an, der sie mit dem heutigen Staatsbegriff in Einklang brachte. Andererseits suchte man, und zwar nicht immer mit Recht, verschiedene Rechtsfolgen, die sich aus der streng individualistischen Auffassung vom Staat und seiner Herrschaftsgewalt ergeben mußten und die unvereinbar schienen mit den Anforderungen, welche die Steigerung der Beziehungen unter den Völkern mit sich brachte, zu beseitigen, indem man statt dessen die gegenseitige Abhängigkeit der Staaten und den sich aus ihr ergebenden Pflichtenkreis betonte. In dem von der Wissenschaft bis auf den heutigen Tag ausgehenden, äußerst erfolgreichen Antrieb zur Bildung völkerrechtlicher Normen und Institute, welche das Ziel haben, Rechte und Interessen jeder Art menschlicher Verbände zu schützen, und in dem ins Kraut schießenden Wachstum einzelner diese Gegenstände betreffenden Lehren offenbarte sich die neue Auffassung der Solidarität der Staaten.

Wenn einerseits infolge der umfassenden Verflechtungen vor allem wirtschaftlicher Art und der Gemeinsamkeit der zwischenstaatlichen Interessen der Krieg als Institution eigentlich abgelehnt werden mußte, so wurde der Krieg andererseits durch die Auffassung vom Staat als eines absoluten ethischen Wertes und durch deren logische Folge, die imperialistische Politik, geradezu gefordert. An einer Lösung dieses grundlegenden Gegensatzes arbeitete mit immer neuem Eifer, aber mit geringerem Gefühl für die Tiefen des Problems, die pazifistische Bewegung, die am Ende des 19. und in den ersten Jahren des 20. Jahrhunderts beträchtliche Bedeutung erlangte und nicht nur vielfache öffentliche und private Anregungen gab, sondern auch greifbare, nicht zu übersehende Ergebnisse (es sei nur an die beiden Friedenskonferenzen im Haag vom Jahre 1899 und 1907 erinnert) zeitigte, wenn diese Resultate auch erheblich bescheidener waren, als man hatte glauben machen wollen.

Die furchtbare Weltkrise, die im August 1914 entfesselt wurde und noch nicht völlig zum Abschluß gekommen ist, unterbrach schroff die oben erwähnte historische Entwicklung und strafte gleichzeitig die wenig begründeten Hoffnungen, die die pazifistische Bewegung geweckt und genährt hatte, Lügen. Im ersten Augenblick schien die Dämmerung des Völkerrechts hereingebrochen zu sein, während, wie sich bald zeigte, nur gewisse Ideologien und politische Systeme zusammengebrochen waren. Hernach holte man, wie immer, angesichts der nackten, schmerzensreichen Wirklichkeit wieder die pazifistischen Gedankengänge hervor und brachte die Pläne zur Schaffung einer Verfassung der Staatengemeinschaft wieder zu Ehren; haben doch die Menschen seit undenklichen Zeiten in einer solchen Verfassung ein Heilmittel gegen Konflikte zu finden geglaubt, deren wahre, oft tiefere und verborgene Ursachen sie nicht immer zu erkennen vermochten.

Es ist ein unvergängliches Verdienst des Präsidenten Wilson, begriffen zu haben, daß der historische Moment — günstig wie nie zuvor — gekommen war, jene Bestrebungen aus dem Bereich der privaten Initiative und akademischen Diskussionen in den der Diplomatie zu übernehmen. Die Errichtung des „Völkerbundes" mittels eben der Verträge, die dem Kriege ein Ende machten, stellt den ersten praktischen Versuch in der Geschichte dar, eine Weltorganisation zur Erhaltung des Friedens zu verwirklichen. Fünf Jahre früher hätte wahrscheinlich jeder Politiker einen solchen Versuch ohne weiteres als Utopie bezeichnet. Welches Schicksal diesem Versuche bestimmt ist — das zu sagen, wäre verfrüht. Für unsere Zwecke genügt die Feststellung, daß der Völkerbundpakt (Teil 1 der Friedensverträge) durchaus keine Umbildung der internationalen Beziehungen, wie sie vor dem Kriege bestanden, bedeuten will, sondern daß er sie vielmehr entwickeln und organisieren will. Der Völkerbund strebt in der Tat einzig und allein danach, günstigere Bedingungen für das friedliche Nebeneinanderleben der Völker und die Entwicklung aller menschlichen Energien zu schaffen, und zwar auf der Basis der Unabhängigkeit der Staaten, durch ein System von gegenseitigen Rechten und Pflichten, die, durch Vertrag freiwillig übernommen, das Zusammenwirken zum Schutz der gemeinsamen Interessen und ganz besonders zur Erhaltung des Friedens enger und fester gestalten.

Auch wenn man absieht von dem Einfluß der jüngsten Ereignisse auf die Literatur des Völkerrechts — ein Einfluß, der noch zu schwankend und wenig greifbar ist, um in eine kritisch-syntetische Würdigung entsprechend zusammengefaßt zu werden, — und einen Moment zurückschaut, so tut man gut, sich klar zu machen, daß sich in den letzten Jahren eine tiefgehende innere Umwandlung in unserer Wissenschaft vollzogen hatte, da sie sich Forderungen und Methoden des wissenschaftlichen Denkens gegenübersah, die grundverschieden waren von jenen, die ihre geschichtliche Entwicklung geleitet und gestützt hatten.

Das Völkerrecht stand von seinen ersten Anfängen an unter dem Banne des Glaubens an ein Naturrecht als eines logisch praexistenten und nicht durch die empirische Wirklichkeit erschaffenen Rechts, das aus dem unveränderlichen Wesen der menschlichen Natur abgeleitet und daher absolut, ewig und von universaler Geltung sein und jenseits jeder konkreten Anerkennung durch Gesetz oder Gewohnheit gelten sollte. Die ganze Lehre hat sich fast bis in unsere Zeit im Umgang mit diesen rechts-philosophischen Auffassungen und auf ihren Grundlagen entwickelt, so daß man schließlich allgemein annahm, ein Völkerrecht könne es begrifflich nur insoweit geben, als es sich auf eine transzendente Ordnung zurückführen ließe, und gerade die am wenigsten an der Tradition haftenden und am unbekümmertsten vorwärtsschreitenden Schulen, wie die italienische Schule der zweiten Hälfte des 19. Jahrhunderts, geben im Grunde den alten Denkformen nur neuen Inhalt.

Inzwischen aber geriet der Begriff des Naturrechts der alten Schule, in welcher das Völkerrecht seine wissenschaftliche Bearbeitung erhalten hatte, sowohl was die Form, die ihm dort gegeben wurde, wie was die Folgerungen anbetrifft, immer mehr in Mißkredit, angesichts der neuen kritischen und dynamischen Auffassung der Dinge. Die verschiedenen juristischen Disziplinen, das innerstaatliche öffentliche Recht, das jünger war und unmittelbarer unter dem

Einfluß der Theorie des Naturrechts stand, einbegriffen, prüften die Berechtigung ihrer Voraussetzungen wieder und paßten ihr System den neuen Denkforderungen an, während in unserer Völkerrechtswissenschaft die heute für immer überwundenen Gebräuche, Tendenzen und Methoden sich erhielten. Erst in den allerletzten Jahren hat man versucht, mit diesen traditionellen Resten aufzuräumen und das Normensystem, das die Beziehungen zwischen den Staaten regelt, auf der Basis einer strengeren und exakteren Auffassung neu aufzubauen.

Ein Markstein dieses Neuaufbaus ist die genaue Unterscheidung zwischen dem durch einen normierenden Willen gesetzten Recht, das allein wegen der Tatsache, daß es von einem solchen Willen gesetzt worden ist, verpflichtet, (positives Recht) und den unverbindlichen, nur im Reich der Ideen existierenden Grundsätzen und Forderungen, die das Gemeingewissen als aus der menschlichen Natur und der Logik der Tatsachen des menschlichen Zusammenlebens abgeleitet, postuliert (materielle Gerechtigkeit, oder, wenn man will, Naturrecht). Es sind zwei Arten von Wertmaßstäben, die sich in immer steigendem Maße aneinander angleichen, weil Recht sich mit Gerechtigkeit decken möchte und diese wiederum durch Umsetzung in Normen des positiven Rechts die größte praktische Wirksamkeit erstrebt. Aber solange es noch nicht zu einer völligen Angleichung gekommen ist oder solange man noch zwischen beiden unterscheiden kann, ist ihre Geltungskraft wesentlich verschieden: die bindende Kraft der Rechtsnormen ist unabhängig von der mehr oder minder großen Übereinstimmung mit den Postulaten der materiellen Gerechtigkeit, und diese wiederum verlieren nichts von ihrem ideellen Wert, wenn sie im positiven Recht keinen Niederschlag finden. Man bestreitet also keineswegs die Berechtigung einer Untersuchung, die den Zweck hat, die Grundsätze der materiellen Gerechtigkeit, die das Zusammenleben der Menschen leiten, zu klären und aus ihnen ein System zu entwickeln; jedoch ist man sich über die Notwendigkeit klar, diese Grundsätze von den positiven Rechtsnormen reinlich zu scheiden, weil bei der Verschiedenheit ihrer Wesensart und Geltungskraft jede Durchdringung oder Vermengung der beiden die Gefahr mit sich bringt, daß man gewissen Arten von Normen einen Wert beilegt, der eigentlich anderen zukommt. Gegenstand der Rechtswissenschaft ist das positive Recht; und ihre vornehmste Aufgabe ist es, die geltenden Rechtsnormen zu bestimmen und zu erklären und sie in die logische Form eines Systems einzuordnen. In zweiter Linie — und von ihrer ersten Aufgabe streng zu sondern — hat sie sich in Verbindung mit anderen Disziplinen um die kritische Wertung des geltenden Rechts und um die Vorbereitung künftiger Reformen zu bemühen. Das erste ist das Problem de lege lata, das zweite das de lege condenda: dort ist die Norm selbst streng bindender Maßstab, hier wird sie ihrerseits zum Objekt einer Wertung, die sich auf Maßstäbe der Ethik, Politik, der Wirtschaft, Technik usw. stützt, die insgesamt dem positiven Recht fremd sind.

Diese Erkenntnisse, die nunmehr in jeden Zweig der Jurisprudenz aufgenommen sind, müssen auch auf unserem Gebiet restlos zur Anwendung kommen, wenn die besonderen Verhältnisse und Eigentümlichkeiten des Völkerrechts die Sache auch vielleicht etwas schwieriger gestalten. Das gerade ist die Aufgabe, mit der sich ein Teil der jüngsten Richtung besonders in Deutschland und Italien befaßt: die geltende Norm von dem zu trennen, was nur Forderungen der öffentlichen Meinung oder der Theorie sind; das positive Völkerrecht mit logischer Strenge zu einem geschlossenen System zu machen, in dem die nach den ihnen eigenen Kriterien geordneten Normengruppen jene systematische Ordnung finden, durch die allein man sie ganz verstehen kann; ferner das juristische Element der einzelnen Staatenbeziehungen zu bestimmen, unter strenger Ausscheidung jedes etwa eingedrungenen ethischen oder politischen Gesichtspunkts; weiter die Interpretation der Normen, bei der die Feststellung des in den Normen objektivierten Willensgehalts vor allen anderen vielleicht materiengerechten Bewertungsmaßstäben den Vorrang hat, von der kritischen Bewertung und den Reformvorschlägen auseinanderzuhalten, bei denen die Theorie nach Maßstäben, die dem geltenden Recht übergeordnet sind, fortschreiten kann und muß. An diesen Grundbegriffen ist die folgende Darstellung orientiert.

Eine Darstellung und Kritik der verschiedenen Systeme kann in diesem Grundriß nicht gegeben werden. Wir beschränken uns hier darauf, die Arbeiten allgemeinen und zusammenfassenden Inhalts anzuführen, und gruppieren sie nach Ländern, mit kurzen Bemerkungen, die den Geist und die wichtigsten Wesenszüge des betreffenden Literatur andeuten sollen.

---

a) Italienische Literatur. — Aus der ersten Hälfte des 19. Jahrhunderts gibt es in Italien so gut wie keinen beachtenswerten Beitrag zur Völkerrechtswissenschaft. Um 1850 beginnt jene Richtung, deren Gegensätzlichkeit zur herrschenden Lehre charakterisiert ist durch die Einbeziehung der damaligen politischen Tendenzen Italiens in die Völkerrechtstheorie und die daher das Nationalitätsprinzip im Gegensatz zum dynastischen Legitimitätsprinzip vor allem als Grund für die Rechtmäßigkeit eines Staatswesens aufstellt. Sie wurde die italienische Schule des Völkerrechts genannt. Die Grundzüge dieser

Lehre wurden schon von L. Casanova in seinen an der Universität Genua (1848—1853) gehaltenen Vorlesungen aufgestellt (sie wurden nach seinem Tode von C. Cabella gesammelt und veröffentlicht und in einer 3. Auflage [Florenz 1876] von E. Brusa kommentiert). Ihren angesehensten Vertreter fand die italienische Schule in Pasquale Stanislao Mancini, hauptsächlich wegen seiner berühmten Vorlesung „Della nazionalità come fondamento del diritto delle genti", die er in Turin am 22. Januar 1851 gehalten hat (Diritto internazionale, prelezioni, Neapel 1873) und in Terenzio Mamiani (Di un nuovo diritto europeo, Turin 1860, wo als Anhang die frühere Schrift, Dell'ottima congregazione umana e del principio di nazionalità, abgedruckt ist). Das Prinzip der Nationalität, der Ausdruck eines ethisch-politischen Ideals, das in diesem historischen Moment und in Italien das Gebot der Stunde war, gab dem alten jus naturae wie auch den traditionellen Denkformen unserer Wissenschaft einen neuen Inhalt und trug dazu bei, das naturrechtliche Denken bei unseren Schriftstellern lebendig zu erhalten.

Wir behalten uns vor, an gegebener Stelle die zahlreichen Monographien und Spezialwerke anzuführen und erwähnen hier nur — mit der Bemerkung, daß sie von sehr ungleichem Wert und teilweise veraltet sind — die Werke allgemeineren Charakters und Inhalts: P. Fiore (Trattato di diritto internazionale pubblico, 4. Ausg., Turin 1904—05); A. Ferrero Gola (Corso di diritto internazionale pubblico, privato e marittimo, Parma 1866); A. del Bon (Istituzioni di diritto pubblico internazionale, Padua 1868); G. Sandonà (Trattato sul diritto internazionale moderno, Florenz 1870); G. Carnazza Amari (Trattato di diritto internazionale pubblico di pace, Mailand 1875); G. B. Pertile (Elementi di diritto internazionale moderno per servire alla scuola, Padua 1876); A. Pierantoni (Trattato di diritto internazionale, Rom 1881); G. Macrì (Teorica del diritto internazionale, Messina 1883); G. Grasso (Principî di diritto internazionale pubblico e privato, Manuali Barbera, 3. Ausg., Florenz 1896); F. P. Contuzzi (Diritto internazionale pubblico, Manuali Hoepli, 2. Ausg.); L. Olivi (Manuale di diritto internazionale pubblico e privato, Mailand, Società ed. libraria, 2. Ausg., 1911); G. Lomonaco (Trattato di diritto internazionale pubblico, Neapel 1905); L. Marghinotti (Introduzione al diritto internazionale pubblico, Sassari 1908); G. Diena (Principî di diritto internazionale, Neapel, Manuali Pierro, 2. Ausg., Bd. I, 1914, Bd. II, 1917); G. Cavarretta (Diritto interstatuale, Palermo 1914); F. Marino (Corso di diritto internazionale pubblico, Neapel 1917); T. Perassi, Lezioni di diritto internazionale, I, Napoli 1922; S. Gemma (Appunti di diritto internazionale. Diritto pubblico, Bologna 1923); A. Cavaglieri (Lezioni di diritto internazionale. Allg. Teil, Neapel 1925); E. L. Catellani, Lezioni di diritto internazionale, Padova 1920—1926, 2 Bde., litograph.; S. Romano (Corso di diritto internazionale, Padua 1926).

b) **Französische Literatur.** — Die Werke allgemeinen Charakters sind fast alle neueren Datums und zum größten Teil Lehrbücher für den Unterrichtsgebrauch. Sie zeichnen sich durchweg durch große Klarheit und meist durch reiches bibliographisches und Tatsachenmaterial aus; sie entbehren aber der eigentlichen wissenschaftlichen Strenge und weisen nicht selten etwas veraltete Methoden und Kriterien auf. Ein Werk, das lange Zeit sehr berühmt war, aber heutzutage fast vergessen ist, ist das von J. M. Gérard de Rayneval, Institutions du droit de la nature et des gens, 2. Ausg., 2 Bände, Paris 1851. Unter den Werken allgemeinen Inhalts, die heutzutage mehr verbreitet sind, seien folgende erwähnt: P. Pradier-Fodéré (Traité de droit international public européen et américain, Paris 1885—1906, Bd. 9); A. Mérignhac (Traité de droit public international, Paris 1905—1912, 3 Bde.); P. Fauchille (Traité de droit international public, Paris 1921—26) eine vollständige Umarbeitung des Handbuchs von H. Bonfils, das nach dem Tode des Verfassers von Fauchille schon in vielen Auflagen, mit weitgehenden Änderungen und Zusätzen, unter dem Titel Bonfils-Fauchille, Manuel de droit international public (7. Ausg., Paris 1914) neu herausgegeben wurde. Die Handbücher und Übersichten von Th. Funck-Brentano und A. Sorel (Précis du droit des gens, 3. Ausg., Paris 1900); L. Renault (Introduction à l'étude du droit international, Paris 1879); A. Chrétien und P. Nachbaur (Principes de droit international public, Bd. I, Paris 1893); R. Piédelièvre (Précis de droit international public ou droit des gens, 2 Bde., Paris 1894—95); G. Bry (Précis élémentaire de droit international public, 6. Ausg., Paris 1910); R. Foignet (Manuel élémentaire de droit international public, 13. Ausg., Paris 1926); F. Despagnet (Cours de droit international public, 4. völlig durchgesehene, vermehrte und auf den gegenwärtigen Stand gebrachte Auflage von Ch. de Boeck, Paris 1910); M. Moye (Le droit des gens moderne, 2me éd., Paris 1928); A. Bonde, Droit intern. public, Paris 1926; Le Fur, Répétitions écrites de droit intern. public (cours de doctorat 1927/28), litograph., Paris 1928.

Es seien an dieser Stelle — wenn sie eigentlich auch nicht zur französischen Literatur gehören — zwei belgische Schriftsteller genannt: E. R. N. Arntz (Programme du cours de droit des gens fait à l'Université de Bruxelles, Brüssel 1882) und E. Nys (Le droit international, Les principes, les théories, les faits, 2. Ausg., Brüssel 1912, 3 Bde.), und ein französischer Schweizer, der ebenfalls Professor in Brüssel war: A. Rivier (Principes du droit des gens, Paris 1896; Lehrbuch des Völkerrechts, 2. Ausg. Stuttgart 1899).

c) Deutsche Literatur. — Die zahlreichen Abhandlungen und Handbücher des Völkerrechts, die in Deutschland und Österreich im 19. Jahrhundert und im ersten Viertel des 20. Jahrhunderts erschienen sind, zeichnen sich im allgemeinen durch größere Reinheit der Methoden aus. Sie scheiden daher bei der Behandlung der zwischenstaatlichen Beziehungen schärfer zwischen juristischen und politisch-ideologischen Gesichtspunkten. Die Ausbildung einer allgemeinen Rechtslehre und die kritische Klärung der Grundbegriffe des öffentlichen Rechts, die hauptsächlich den Abhandlungen über innerstaatliches Recht und über allgemeine Staatslehre zu verdanken sind, haben auch auf unserem Gebiet zu der Revision der traditionellen Doktrin und zu dem systematischen Neuaufbau geführt, von denen schon früher die Rede war.

Das umfangreichste und erschöpfendste Werk war bis jetzt das von F. von Holtzendorff unter der Mitarbeit von A. von Bulmerincq, E. Caratheodory, O. Dambach, K. Gareis, F. H. Geffcken, L. Geßner, H. Lammasch, C. Lueder, F. Meili, W. v. Melle, A. Rivier und F. Stoerk, Handbuch des Völkerrechts (in 4 Bänden und 1 Indexband, Berlin-Hamburg 1885—89). Ein neueres Werk von gleicher Anlage, das an die Stelle des vorigen, jetzt schon vielfach überholten, treten soll, wurde 1912 von Stier-Somlo (Handbuch des Völkerrechts, Berlin 1912ff.) unter der Mitarbeit von P. Heilborn, v. Dungern, W. Schönborn, Ph. Zorn, M. Fleischmann, H. Lammasch, M. Huber, A. Hold v. Ferneck, E. Zitelmann, J. Kohler begonnen. Mehrere Teile davon sind schon erschienen.

Im folgenden seien noch einige an Umfang und Bedeutung verschiedene allgemeine Werke von deutschen und österreichischen Verfassern genannt; hinzugefügt sind einige Deutsch-Schweizer Autoren, da diese wissenschaftlich im wesentlichen nach dem deutschen Geistesleben hin orientiert sind: Th. A. H. Schmalz (Das Europäische Völkerrecht, Berlin 1817; italienische Übersetzung von G. Fontana unter dem Titel „Del diritto delle genti europee libri otto", Pavia 1821; französische Übersetzung von L. De Bohm, Paris 1823); J. L. Klüber (Europäisches Völkerrecht, 2 Bde., Stuttgart 1821; 2. französische Ausg. mit Anmerkungen versehen und vervollständigt von A. Ott unter dem Titel „Droit des gens moderne de l'Europe", Paris 1874); F. Lentner (Grundriß des Völkerrechts der Gegenwart, 2. Ausg., Wien 1889); F. Saalfeld (Grundriß eines Systems des europäischen Völkerrechts, Göttingen 1809; Handbuch des positiven Völkerrechts, Tübingen 1833); A. W. Heffter (Das europäische Völkerrecht der Gegenwart, 8. Ausg., herausgegeben und mit Anmerkungen versehen von F. H. Geffken, Berlin 1888; französische Übersetzung von J. Bergson, 4. Ausg., Berlin-Paris 1883, unter dem Titel „Le droit international public de l'Europe"); H. B. Oppenheim (System des Völkerrechts, 2. Ausg., Stuttgart und Leipzig 1866); J. C. Bluntschli (Das moderne Völkerrecht der zivilisierten Staaten als Rechtsbuch dargestellt, 3. Ausg., Nördlingen 1878; französische Übersetzung von C. Lardy, Le droit international codifié, 5. Ausg., Paris 1895); L. von Neumann (Grundriß des heutigen europäischen Völkerrechts, 3. Ausg., Wien 1885; französische Übersetzung von A. de Riedmatten, Eléments du droit des gens moderne européen, Paris 1886); Quaritsch (Compendium des europäischen Völkerrechts, 9. Ausg., neu herausgegeben von C. Goesch unter dem Titel „Völkerrecht und auswärtige Politik", Berlin 1913); A. Hartmann (Institutionen des praktischen Völkerrechts in Friedenszeiten, 2. Ausg., Hannover 1878); J. von Pözl (Grundriß zu Vorlesungen über europäisches Völkerrecht, München 1852); H. Schulze (Grundriß zu Vorlesungen über Völkerrecht, Heidelberg 1880); A. v. Bulmerincq (Das Völkerrecht oder das internationale Recht systematisch dargestellt, im „Handbuch des öffentlichen Rechts" von H. von Marquardsen, Bd. I, zweiter Teil, Freiburg i. B. 1887; zweiter Neudruck 1889); F. von Holtzendorff (Das europäische Völkerrecht, in den ersten 5 Ausgaben der „Enzyklopädie der Rechtswissenschaft", von F. v. Holtzendorff und J. Kohler, an dessen Stelle in den beiden letzten Ausgaben die unten angeführte Abhandlung von P. Heilborn getreten ist); C. Gareis (Institutionen des Völkerrechts, 2. Ausg., Gießen 1901); P. Resch (Das Völkerrecht der heutigen Staatenwelt europäischer Gesittung, 2. Ausg., Graz und Leipzig 1890); E. von Ullmann (Völkerrecht, 2. Ausg., Tübingen 1908; italienische Übersetzung mit Anmerkungen versehen in der „Biblioteca di scienze politiche", 3. Serie, Bd. IX, zweiter Teil, 1914); F. von Liszt (Das Völkerrecht systematisch dargestellt, 12. Ausg., herausgegeben von M. Fleischmann, Berlin 1925); F. v. Martitz (Völkerrecht, in „Hinnebergs Kultur der Gegenwart", 2. Ausg., Leipzig-Berlin 1913); A. Zorn (Grundzüge des Völkerrechts, 2. Ausg., Leipzig 1903); P. Heilborn, Das System des Völkerrechts entwickelt aus völkerrechtlichen Begriffen, Berlin 1896; Völkerrecht, in der Enzyklopädie von F. von Holtzendorff und J. Kohler, 7. Ausg., 1913—15); J. Friedrich, Grundzüge des Völkerrechts, Leipzig 1915); J. Kohler (Grundlagen des Völkerrechts, Stuttgart 1918); V. Cathrein (Die Grundlage des Völkerrechts, Freiburg i. B. 1918); K. Strupp (Grundzüge des positiven Völkerrechts, 4. Ausg., Bonn 1928; italienische Übersetzung von P. La

Terza, Manuale di diritto internazionale pubblico, Roma 1926; Theorie und Praxis des Völkerrechts, Berlin 1925; französische Übersetzung unter dem Titel „Eléments de droit international public européen et américain, Paris 1927); Th. Niemeyer (Völkerrecht, 1923, Sammlung Göschen); J. Hatschek, Völkerrecht als System rechtlich bedeutsamer Staatsakte, Leipzig-Erlangen, 1923; Derselbe, Völkerrecht im Grundriß, Leipzig 1926; E. Isay, (Völkerrecht, Breslau 1924); E. Waldkirch (Das Völkerrecht in seinen Grundzügen dargestellt, Basel 1926). Im Erscheinen begriffen das „Wörterbuch des Völkerrechts und der Diplomatie", begonnen von J. Hatschek und jetzt fortgesetzt von K. Strupp (Berlin und Leipzig).

Eine abseitsstehende, besonders eigenartige Richtung, die sich im Lauf weniger Jahre unbestreitbaren Erfolg errungen hat, ist die junge Wiener Schule, deren Begründer und angesehenster Vertreter H. Kelsen ist. Von der neukantianischen Erkenntnistheorie ausgehend, faßt Kelsen die Rechtswissenschaft als eine rein normative Disziplin auf: Sie hat lediglich das Sollen zum Gegenstand; die Erklärung des Seins, der realen Wirklichkeit, Gegenstand der beschreibenden Wissenschaften, ist ihr fremd. Die Anwendung dieser Methodik auf die Staatstheorie, den Souveranitätsbegriff, die Lehre vom Verhältnis von Staat und Recht usw., die von Kelsen mit scharfem kritischen Geist und strenger Methode durchgeführt wird, hat ihn zu einer eigenartigen Einstellung gegenüber den Grundproblemen des öffentlichen Rechts und zu Resultaten geführt, die teils von der herrschenden Lehre abweichen, teils anders begründet werden. Das grundlegende Werk und in gewisser Weise das Programm der Wiener Schule, ist immer noch das Buch über „Hauptprobleme der Staatsrechtslehre" (Tübingen 1911); die Anwendung der rechtsphilosophischen Voraussetzungen dieser Richtung auf das Völkerrecht findet sich in dem Werk „Das Problem der Souveränität und die Theorie des Völkerrechts" (Tübingen 1920) und in dem Artikel „Staat und Völkerrecht", erschienen in Bd. IV, Jahrgang 1924, der „Zeitschrift für öffentliches Recht", einer Zeitschrift, die man gewissermaßen als das offizielle Organ der neuen Schule ansehen kann. Im Zusammenhang mit dieser Richtung seien auch besonders die Arbeiten von A. Verdroß genannt, der auf diesen rechtsphilosophischen Voraussetzungen eine monistische Konstruktion des Rechts zu begründen versucht hat, in der die Souveränität der Staaten einfach zu der besonderen Kompetenz wird, die sie kraft der rechtlichen Verfassung der internationalen Gemeinschaft besitzen (Die Einheit des rechtlichen Weltbildes auf Grundlage der Völkerrechtsverfassung, Tübingen 1923; Die Verfassung der Völkerrechtsgemeinschaft, Wien-Berlin 1926).

d) Englische und nordamerikanische Literatur. — Im Gegensatz zu den Schriftstellern des europäischen Kontinents haben die Angelsachsen sich vorwiegend mit der Darstellung und Kommentierung des positiven Völkerrechts befaßt, auch wenn sie sich theoretisch auf die naturrechtliche Doktrin stützten. Viel trugen dazu die in England allgemein verbreiteten Lehren der von Austin begründeten sogenannten analytischen Schule bei. Die englischen und amerikanischen Werke über Völkerrecht haben im allgemeinen einen mehr praktischen als theoretischen Charakter, was nicht ausschließt, daß einige von hohem wissenschaftlichen Wert sind. Da diese Literatur vorwiegend praktische Zwecke verfolgt, besteht sie hauptsächlich aus Gesamtdarstellungen, insbesondere aus Einführungswerken, während Monographien bis auf den heutigen Tag nur in geringer Zahl erschienen waren. Der tiefe Gegensatz, der das angelsächsische Rechtssystem und Rechtsdenken von dem Rechtssystem der Völker trennt, die ihre Erziehung vom römischen Recht her erhalten haben, gibt der angelsächsischen Literatur auch auf unserem Gebiet eine ganz besondere Eigenart.

Englische Schriftsteller: W. Oke Manning (Commentaries on the law of nations, 2. Aufl., herausgegeben von S. Amos, London 1875); J. Reddie (Inquiries in international Law, Edinburg-London 1842); R. Wildman (Institutes of international law, 2 Bde., London 1849—50); R. Phillimore (Commentaries upon international law, 4 Bde., 3. Aufl., London 1879—89): T. Twiss (The law of nations considered as independent political communities, Oxford-London 1861—63, 2 Bde.; neue Auflage des zweiten Bandes unter dem Titel „On the rights and duties of nations in time of war", Oxford-London 1875; neue Auflage des ersten Bandes unter dem Titel „On the rights and duties of nations in time of peace", Oxford 1892; französische Übersetzung unter dem Titel „Le droit des gens ou des nations considérées comme communautés politiques indépendantes", 2 Bde., Paris 1887—89); Sheldon Amos (Lectures of international law, London 1874); W. E. Hall (A treatise on international law, 8. Aufl., herausgegeben von A. Pearce Higgins, London 1924); E. S. Creasy (First Platform of international law, 6. Aufl., London 1909); J. Lorimer (The institutes of the law of nations, 2 Bde., Edinburgh und London 1883—84; verkürzte französische Übersetzung von E. Nys, Principes de droit international, Bruxelles-Paris 1885); H. Sumner Maine (International law. A series of lectures delivered before the University of Cambridge, 2. Aufl., London 1894; französische Übersetzung von R. de Kerallain, Le droit international: la guerre, Paris 1890); W. Griffith (International law: history, principles, rules and treaties, London 1890); J. Westlake (Chapters on the principles of international law, Cambridge 1894; französische Übersetzung von E. Nys, Etudes sur les principes du droit international, Paris 1895; International law, 2 Bde., 2. Aufl., Cambridge 1910—13; französische Übersetzung von A. de Lapradelle, Traité de droit international, Oxford 1924); T. J. Lawrence (Essays on some disputed questions in modern international law, 2. Aufl., Cambridge 1885; A handbook of public international law, 10. Aufl., herausgegeben von Percy H. Winfield, London 1925; The principles of international law, 7. Aufl., London 1925; französische Übersetzung der 5. englischen Auflage von J. Dumas und A. de Lapradelle, Oxford 1920); Th. A. Walker (A manual of public international law, Cambridge 1890); Th. E. Holland (Studies on international law, London 1899); F. E. Smith of Birkenhead (International law, 6. Aufl., herausgegeben von R. Moelwyn Hughes, London-Toronto 1927); L. Oppenheim (International law, 3. Aufl., herausgegeben von R. F. Roxburgh, 2 Bde., London 1920—21; eine 4. Auflage ist von A. Mc Nair herausgegeben worden, London 1926/28; T. Baty (International law, London 1909); J. Brierly, The Law of Nations, Oxford 1928; A. Pearce Higgins, Studies in international law and relations, Cambridge 1928.

Nordamerikanische Schriftsteller: J. Kent (Commentary on international law, veröffentlicht von G. T. Abdy, 2. Aufl., Cambridge 1878); H. Wheaton (Elements of international law; von diesem Werk, das im Jahre 1836 verfaßt ist, sind sehr viele Auflagen erschienen; die bekanntesten sind die von R. H. Dana, W. B. Lawrence, A. C. Boyd und J. B. Atlay herausgegebenen; die letzterschienene und ohne Zweifel eine der besten ist die von Colemann Phillipson, London 1916, herausgegebene; französische Übersetzung „Eléments de droit international", 5. Aufl., Leipzig 1874; italienische Übersetzung von C. Arlia, Elementi di diritto internazionale, Neapel 1860); W. Beach Lawrence (Commentaire sur les éléments du droit des gens de H. Wheaton, 4 Bde., Leipzig 1868 bis 1880); Th. C. Woolsey (Introduction to the study of international law, 6. Aufl. durchgesehen und erweitert von Th. S. Woolsey, New York 1899); D. Gardner (Institutes of international law, public and private, as settled by the supreme Court of the United States and by our Republic, New York 1860); H. W. Hallek (International law, 4. Aufl., herausgegeben von G. S. Baker, 2 Bde., London 1908; Elements of international law and laws of the war, Philadelphia 1886); J. N. Pomeroy (Lectures on international law in time of peace, herausgegeben von Th. S. Voolsey, Boston-New York 1886); G. B. Davis (Outlines of international law, London 1888; The elements of international law, 4. Aufl., New York-London

1916); E. F. Glenn (Handbook of international law, St. Paul 1895); H. W. Bowen (International law, New York-London 1896); H. Taylor (A treatise on international public law, Chicago 1901); G. G. Wilson und G. F. Tucker (International law, 8. Aufl. nur mit dem Namen Wilson, 1922); G. G. Wilson (Handbook of international law, 2. Aufl., St. Paul 1927); E. M. Gallaudet (A manual of international law, 5. Aufl., New York 1901); C. E. Chadmann (A short treatise on public international law, Chicago 1906); A. S. Hershey (The essentials of international public law and organization, revised ed., New York 1927); C. H. Stockton (A manual of international law, for the use of naval officers, 2. Aufl., Annapolis 1921; Outlines of international law, New York 1914); B. Singer (International law, Chicago 1918); R. R. Foulke (A treatise on international law, 2 Bde., Philadelphia 1920); Ch. Cheney Hyde (International law chiefly as interpreted and applied by the United States, 2 Bde., Boston 1922); J. B. Moore (International Law and some Current Illusions. [Kein Lehrbuch, sondern eine Sammlung von Aufsätzen über wichtige völkerrechtliche Fragen.] New York 1924); C. G. Fenwich (International law, New York 1924); Pitman B. Potter, International Civics, New York 1927; J. Puente, (International Law as applied to Foreign States, Chicago 1928); Ch. Pergler (Judicial Interpretation of International Law in the United States. [Systematische Darstellung des Völkerrechts im Frieden, wie es in der Judikatur der Vereinigten Staaten interpretiert wird]).

Ein Werk, das in der juristischen Literatur der anderen Länder kein Gegenstück hat und das Nachahmung verdiente wegen der unschätzbaren Hilfe, die es bei der Feststellung der die Staatenpraxis beherrschenden Grundsätze leistet, ist die große Sammlung des Materials über die Beziehungen der nordamerikanischen Union zu den anderen Staaten, die von F. Wharton im offiziellen Auftrag der amerikanischen Regierung unter dem Titel „A Digest of the international law of the United States taken from documents issued by presidents and secretaries of State, and from decisions of federal courts and opinions of attorneys general", 3 Bde., 2. Aufl., Washington 1887, herausgegeben worden ist. Das Werk Whartons ist kürzlich durch ein anderes von J. B. Moore ersetzt worden, das den Titel trägt: A Digest of international law, as embodied in diplomatic discussions, treaties and other international agreements, international awards, the decisions of municipal courts and the writings of jurists, and especially in documents, published and unpublished, issued by presidents and secretaries of State of the United States, the opinions of the attorneys general and the decisions of courts, federal and state,

8 Bde., Washington 1906. Die Titel dieser Werke geben eine Vorstellung von ihrem Inhalt und Charakter.

e) Literatur Spaniens, Portugals und Lateinamerikas. — Die Literatur dieser Länder weist keine Besonderheiten auf. Einige Werke, wie die sehr bekannten von Calvo, bringen eine Fülle wichtigen Materials, aber fast allen fehlt es im allgemeinen an Originalität und strenger Wissenschaftlichkeit. Von Spaniern seien genannt: J. M. de Pando (Elementos del derecho internacional, 2. Aufl., Madrid 1852); M. Torres Campos (Elementos de derecho internacional publico, 3. Aufl., Madrid 1912); L. Gestoso y Acosta (Curso elemental de derecho internacional publico e historia de los tratados, 2. Aufl., 2 Bde., Valencia 1907—08); J. de Dios Trias (Programma de las leciones de derecho internacional publico, 3. Aufl., Barcelona 1905); M. Garcia Alvarez y A. Garcia Perez (Derecho internacional publico, 2. Aufl., Toledo 1912); F. Rodrigues Landeyra (Resumen de derecho internacional publico, Madrid 1900); A. Romanos (Elementos de derecho internacional publico, Zaragoza 1904); R. de Dalmau y Olivart (Tratado de derecho internacional publico, 4. Aufl., Madrid 1903—04, 4 Bde., 5. Aufl. im Auszug, Madrid 1906); id. (El derecho internacional público en los últimos veinticinco años [1903—1927]. 2 Bde., Madrid 1927); A. Sela y Sampil (Derecho international, Barcelona-Buenos Ayres 1912); J. Trias de Bes (Derecho internacional público y privado, Madrid 1926).

Von Portugiesen: S. Pinheiro-Ferreira, dessen Bearbeitung des Martensschen Werkes wir bereits erwähnt haben, ist Verfasser eines Handbuchs und eines Grundrisses über Völkerrecht und Staatsrecht (Cours de droit public interne et externe, 2 Bde., Paris 1830; Précis de droit public interne et externe, Paris 1841) und A. da Rosa Gama Lobo (Principios de direito internacional, 2 Bde., Lissabon 1865).

Von den Südamerikanern: A. Bello (Principios de derecho internacional, mit Anmerkungen von C. Martinez Silva versehene Ausgabe, 2 Bde., Madrid 1883); C. Calvo (Le droit international théorique et pratique, 6 Bde., 5. Aufl., Paris 1896; Manuel de droit international public et privé, 3. Aufl., Paris 1892; Dictionnaire de proit international public et privé, 2. Aufl., Berlin-Paris 1885). A. Alcorta (Derecho internacional publico, Buenos Ayres 1887; französische Übersetzung von E. Lehr, Cours de droit international, Paris-Buenos Ayres 1887); R. F. Seijas (El derecho internacional hispano-americano, publico y privado, 6 Bde., Caracas 1884—85); M. Cruchaga Tocornal (Nociones de derecho internacional, 3. Aufl., 2 Bde., Madrid 1923—25); C. Bevilaqua (Direito publico internacional, 2 Bde., Rio de Janeiro 1911); S. Planas Suarez (Tratado de derecho internacional publico, 2 Bde., Madrid 1916); D. Antokoletz (Tratado de derecho internacional en tiempo de paz, 2. Aufl., 3 Bde., Buenos Ayres 1928); E. Bidari (Derecho internacional publico, 2 Bde., Buenos Aires 1924); A. Ulloa (Derecho internacional publico, Bd. I, Lima 1926). Wenngleich es keine eigentliche Gesamtdarstellung der Materie ist, so kann das Werk von A. Alvarez, Le droit international américain, Paris 1910, doch wohl an dieser Stelle genannt werden; es will den Einfluß untersuchen, den Amerika auf die Entwicklung des Völkerrechts ausgeübt hat, und die besonderen Eigentümlichkeiten der im Verkehr der amerikanischen Staaten untereinander geltenden Regeln darstellen.

f) Literatur anderer Länder. — Erwähnt sei hier der bekannte russische Schriftsteller F. de Martens und sein Werk über Völkerrecht, das deswegen und besonders in Anbetracht der Zeit seines Erscheinens bemerkenswert ist, weil es sich eingehend mit dem Studium der zwischenstaatlichen Tätigkeit zum Schutz wirtschaftlicher und sozialer Interessen befaßt; es ist ins Deutsche übersetzt von C. Bergbohm (Völkerrecht. Das internationale Recht der civilisierten Nationen, systematisch dargestellt, 2 Bde., Berlin 1883—1886), ins französische von A. Leo (Traité de droit international, 3 Bde., Paris 1883—87) und ins spanische von J. Fernandez Prida (Tratado de derecho internacional, Madrid 1883—86); in Sowjetrußland ist vor kurzem, als erstes systematisches Lehrbuch, E. Korovin, Das moderne Völkerrecht, auf russisch, Moskau 1926) erschienen; — die Holländer J. H. Ferguson (Manual of international law, 2 Bde., The Hague 1884—85) und J. de Louter (Het stellig Volkenrecht, 2 Bde., s'Gravenhage 1910, französische Übersetzung des Verfassers „Le droit international public positif", 2 Bde., Oxford 1920); — die Skandinavier Bornemann (Forelaesninger over den positive Folkerecht, Kopenhagen 1866); H. Matzen (Forelaesninger over den positive Folkeret, Kopenhagen 1900); Th. Boye (Haandbok i folkeret, Kristiania 1918); A. Moeller (Folkeretten i fredstid og krigstid, Kopenhagen 1925); C. Reuterskiöld (Folkrätt. Särskildt såsom svensk Publik internationell rätt, Uppsala 1928); — die Griechen N. N. Saripolos (Völkerrecht in Krieg und Frieden, auf griechisch, Athen 1860; neue Auflage von G. A. Agathos und Th. Pharmakopoulos, Athen 1914, herausgegeben); und A. Seferiades (Vorlesungen über öffentliches internationales Recht, auf griechisch, Athen 1920; neue Auflage, Bd. I, Athen 1925); — der Bulgare M. Popovilieff (Öffentliches internationales Recht, Bd. I, auf bulgarisch, Sofia 1913); — der Pole L. Ehrlich (Völkerrecht, auf polnisch, Lwow 1927).

g) Sammlungen von Rechtsfällen. — Abgesehen von der bekannten Sammlung von Ch. de Martens (Causes célèbres du droit des gens, 2. Aufl., Leipzig 1858—61, 5 Bde.; Nouvelles causes célèbres du droit des gens, Leipzig-Paris 1843, 2 Bde.), die heutzutage veraltet, aber als Nachschlagewerk für die geschichtliche Entwicklung verschiedener Völkerrechtsregeln immer noch nützlich ist, gibt es wichtige Entscheidungs- und Fallsammlungen, verschieden nach Zweck und Anordnung, besonders in der neuen englischen und nordamerikanischen Literatur: Das erklärt sich teils aus der Bedeutung der Gerichtsurteile für die Fortbildung des Rechts (judge made law), teils aus der Rolle, die die Analyse und die Erörterung konkreter Rechtsfälle beim Rechtsunterricht spielt. Von Engländern seien genannt: P. Cobbett (Cases and opinions on international law, 4. Aufl., 2 Bde., London 1922—24); L. Oppenheim (International incidents for discussion in conversation classes, Cambridge 1909); N. Bentwich (Students' leading cases and statutes on international law, London 1913). — Von Amerikanern: F. Snow (Cases and opinions on international law, Boston 1893; 2. von J. B. Scott, Boston 1902, vermehrte Auflage); E. Stowell and H. Munro (International Cases, 2 Bde., Boston 1916); L. B. Evans (Leading cases on international law, Chicago 1917 ; G. Wilson (Class cases of international law, 1921); J. B. Scott (Cases on international law, in „American case book series", St. Paul 1922); E. Dewitt Dickinson (A selection of cases and other readings on the law of nations, Ann Arbor Michigan, 1927, 3 Bde., Maschinendruck). — Eine ähnliche Sammlung, aber weniger umfangreich und mit rein didaktischem Zweck, ist in Deutschland von K. Strupp herausgegeben worden (Völkerrechtliche Fälle, zum akademischen Gebrauch und Selbststudium, 2 Hefte, Gotha 1911—14); id. (Rechtsfälle aus dem Völkerrecht, Berlin 1927).

h) Zeitschriften und Periodika. — Wissenschaftliche Gesellschaften. — Völkerrechtliche Abhandlungen, und zwar häufig recht wichtige, finden sich verstreut in fast allen juristischen Zeitschriften.

Speziell dem Völkerrecht gewidmet sind folgende Zeitschriften: *Rivista di diritto internazionale e di legislazione comparata*, redigiert von L. Senigallia und V. Pennetti, in Neapel von 1898 bis einschließlich 1902 erschienen; *Rivista di diritto internazionale*, im Jahre 1906 von D. Anzilotti, A. Ricci Busatti und L. Senigallia gegründet, daraufhin von den beiden Erstgenannten bis zum Jahre 1922 und heute von dem Erstgenannten zusammen mit A. Cavaglieri und T. Perassi (Rom) redigiert — *Revue de droit international et de législation comparée*, gegründet im Jahre 1869 von T. M. C. Asser, G. Rolin-Jaequemyns und J. Westlake, gegenwärtig redigiert von Ch. de Visscher (Brüssel). — *Journal du droit international privé et de la jurisprudence comparée*, gegründet und redigiert von E. Clunet von 1874 bis 1923, jetzt von A. Prudhomme; im Jahre 1915 änderte es den Titel in „*Journal de droit international*" (Paris) um. — *Revue générale de droit international public*, gegründet im Jahre 1894 und redigiert von A. Pillet und P. Fauchille, später von Fauchille zusammen mit A. de Lapradelle und jetzt von M. Sibert (Paris). — *Revue de droit international privé et de droit pénal international*, gegründet im Jahre 1905 von A. Darras und jetzt veröffentlicht von A. de Lapradelle (Paris). — *Revue de droit international*, gegründet und redigiert von A. de Lapradelle und N. Politis, erster Jahrgang 1927 (Paris). — *Zeitschrift für internationales Privat- und Strafrecht*, von F. Böhm bis zum Jahre 1890 veröffentlicht, nach seinem Tode von Th. Niemeyer anfangs unter dem Titel „*Zeitschrift für internationales Privat- und öffentliches Recht*", jetzt als „*Zeitschrift für internationales Recht*" (Erlangen, München-Leipzig, jetzt Kiel) fortgesetzt. — *Zeitschrift für Völkerrecht und Bundesstaatsrecht*, im Jahre 1906 von J. Kohler gegründet und unter Mitarbeit von L. Oppenheim, F. Holldack und M. Fleischmann veröffentlicht; augenblicklich wird sie von dem letzteren zusammen mit K. Strupp unter dem Titel „*Zeitschrift für Völkerrecht*" (Breslau), redigiert. — *Jahrbuch des Völkerrechts*, seit dem Jahre 1913 von Th. Niemeyer und K. Strupp (Kiel) herausgegeben. — *The American Journal of international, law*, seit 1906, von der American Society of international law (Washington) veröffentlicht. — *The British Year Book of international law*, in London von Sir Cecil Hurst und A. Pierce Higgins seit 1920 (bisher 8 Bde.) veröffentlicht. — *Revue de droit international de sciences diplomatique et politiques*, gegründet und redigiert von A. Sottile; sie erscheint in Genf seit 1923. — *Revista mexicana de derecho internacional*, redigiert von Fernandez Mac Gregor seit 1919: die letzterschienene Nummer scheint aus dem Jahre 1923 zu sein. — *Revista argentina de derecho internacional*, redigiert von J. L. Suarez seit 1920: auch diese Zeitschrift, die stets sehr unregelmäßig veröffentlicht wurde, scheint seit langer Zeit nicht mehr erschienen zu sein. — *Revista de derecho internacional*, redigiert von A. S. de Bustamante, erscheint seit 1922 in Habana als Organ des amerikanischen Instituts für Völkerrecht an Stelle der spanischen Ausgabe des „*American Journal of international law*". — *Grotius, Internationaal Jaarboek*, wird seit 1913 im Haag veröffentlicht. — *Bulletin de l'Institut intermédiaire international*; auch dieses erscheint seit 1919 im Haag unter der Leitung von C. L. Torley Duwel und ist das Organ eines privaten Instituts, das sich zur Aufgabe gemacht hat, Informationen jeder Art über zwischenstaatliche

Ereignisse zu sammeln und weiterzugeben. — Eine Monatszeitschrift des Völkerrechts erscheint auch, seit 1902, in Tokio in japanischer Sprache, unter der Leitung von T. Terao, S. Takahashi und S. Yamada. Seit Januar 1928 erscheint in Moskau eine Zeitschrift „Meždunarodnoe Pravo" (Revue soviétique de droit international), die sich die Aufgabe gestellt hat, einen Kampf gegen die bourgeoise Völkerrechtswissenschaft zu führen und das Völkerrecht auf eine neue Basis nach marxistischen Methoden zu stellen.

Das „*Institut de Droit international*", eine wissenschaftliche Gesellschaft, deren Mitglieder und korrespondierende Mitglieder durch Kooptation gewählt werden, veröffentlicht seit 1877 ein „Annuaire", das einen Tätigkeits- und Verhandlungsbericht des Instituts bringt und außerdem den Text der Beschlüsse, die auf den alle ein oder zwei Jahre stattfindenden Versammlungen gefaßt werden. Einige dieser Resolutionen bildeten später die Grundlage zu wichtigen internationalen Verträgen. Übersichten über die Arbeiten des Instituts haben veröffentlicht: E. Lehr (Tableau général de l'organisation, des travaux et du personnel de l'Institut de droit international pendant les deux premières périodes décennales de son existence 1873 bis 1892, Paris 1893), A. Rolin (Tableau général de l'organisation des travaux et du personnel de l'Institut de droit international pendant la période décennale 1904—1914, La Haye-Paris 1919), J. B. Scott (L'Institut de droit international. Tableau général des travaux 1873—1913, New York 1920). — Die „*Association pour la réforme et la codification du droit des gens*", eine freie Vereinigung zur Förderung des Völkerrechts, die 1897 ihren Namen in „*International Law Association*" umänderte, veröffentlicht auch jährlich einen Band unter dem Titel „Report of the annual Conference". Eine Übersicht über die Arbeiten dieser Gesellschaft hat W. B. Bewes herausgegeben (Transactions of the International Law Association 1873 bis 1924, London 1925). — Ein „*American Institute of international law*" ist im Jahre 1912 in Washington gegründet worden; sein Zweck ist, in Amerika die Kenntnis des Völkerrechts zu verbreiten (J. B. Scott und A. Alvarez, L'Institut américain de droit international: historique, notes, opinions, Washington 1916); St. Tchirkovitch (L'Institut Américain de Droit International. Son Rôle et son Oeuvre, Paris 1926). Seine Gründer und Mitglieder gehören allen Staaten von Nord- und Südamerika an, und zwar kommen auf jeden Staat fünf; ferner hat es eine sehr beschränkte Zahl von europäischen korrespondierenden Mitgliedern. Es hat ein paar Bände Sitzungsberichte veröffentlicht und sein Organ ist zurzeit die oben zitierte „Revista de derecho internacional". — Die „*Union juridique inter-*

nationale" entstand in Paris im Jahre 1919. Ihre Mitgliederzahl (Gründer und später Gewählte) darf nicht mehr als vierzig betragen, und von diesen dürfen nicht mehr als drei dem gleichen Staat angehören; außerdem muß der betreffende Staat Mitglied des Völkerbunds sein. Sie veröffentlicht einen Band „Séances et Travaux". Ihre Tätigkeit war bisher ziemlich dürftig und unregelmäßig. Im Jahre 1927 wurde in Paris eine aus Diplomaten und Völkerrechtsgelehrten bestehende „*Académie Diplomatique Internationale*" begründet, die ihre Zeitschrift „Séances et travaux" herausgibt. Sie befaßt sich auch mit der Kodifikation des Völkerrechts und hat zu diesem Zweck eine besondere Kommission eingesetzt.

In den letzten Jahren haben sich verschiedene nationale Gesellschaften zum Studium des Völkerrechts gebildet. Erwähnt seien: das „*Istituto italiano di diritto internazionale*" (Rom) — die „*Société française de droit international*", — die „*Deutsche Gesellschaft für Völkerrecht*", die sehr rührig ist, jährlich Sitzungen abhält und Berichte veröffentlicht — die „*American Society of international Law*" — die englische „*Grotius Society*", die jährlich einen wichtigen Band Studien (Bd. 13 im Jahre 1928) außer einigen Spezialarbeiten herausgibt, — die „*Schweizerische Vereinigung für internationales Recht*", die ebenfalls sehr rührig ist und von 1914 bis jetzt eine Reihe von lauter bemerkenswerten Schriften herausgegeben hat.

An dieser Stelle sei auch die im Jahre 1914 unter Mitwirkung der Carnegie-Stiftung (Carnegie Endowment for international peace) erfolgte Gründung der „*Académie de droit international*" im Haag erwähnt, die auf einen schon auf der 2. Friedenskonferenz (1907) vorgebrachten Gedanken zurückgeht. Sie soll eine Hochschule des Völkerrechts und verwandter Wissenszweige sein und die eingehende und unparteiische Klärung der internationalen Rechtsfragen erleichtern. Die Akademie, die ihre Kurse im Sommer 1923 begann, veröffentlicht diese in einer Sammlung (Recueil des cours de l'Académie de droit international, Paris 1925ff.), von der bisher 18 Bände erschienen sind. — Eine Hochschule für internationale Studien existiert auch in Paris (seit 1921) und eine weitere ist vor kurzem in Genf begründet worden.

Einleitung.

Erstes Kapitel.

Begriff des Völkerrechts.

Bibliographie. — Alle Lehr- und Handbücher beschäftigen sich naturgemäß mit diesem Problem: hier sind nur die Monographien und einige Gesamtdarstellungen genannt, die das Problem auf eine besonders bemerkenswerte Weise behandeln:

H. C. von Gagern, Kritik des Völkerrechts, Leipzig 1840; Th. Pütter, Begriff und Wesen des praktischen europäischen Völkerrechts, in den „Beiträgen zur Völkerrechtsgeschichte und Wissenschaft", 1843; C. Kaltenborn von Stachau, Kritik des Völkerrechts nach dem jetzigen Standpunkte der Wissenschaft, Leipzig 1847; A. Lasson, Prinzip und Zukunft des Völkerrechts, Berlin 1871; C. V. Fricker, Das Problem des Völkerrechts; und noch einmal das Problem des Völkerrechts, in der „Zeitschrift für die gesamte Staatswissenschaft", Bd. XXVIII, 1872, S. 90ff., 347ff. und XXXIV, 1878, S. 368ff.; Fr. von Baerenbach, Das Problem des Völkerrechts gemäß der Ethik und der Rechtsphilosophie Kants, ibid., Bd. XXXVII, 1881, S. 683ff.; T. J. Lawrence, Is there a true International Law?, in den „Essays on some disputed questions in modern International Law", 2. Aufl., Cambridge 1885; H. Triepel, Völkerrecht und Landesrecht, Leipzig 1899; D. Anzilotti, Teoria generale della responsabilità dello Stato nel diritto internazionale, Bd. I, Florenz 1902; J. B. Scott, The legal nature of international Law, in „American Journal of International Law", Bd. I, 1907, S. 831ff.; W. W. Willoughby, The legal nature of International Law, ibid., Bd. II, 1908, S. 351ff.; A. P. Higgins, The binding force of international Law, Cambridge 1910; P. Heilborn, Grundbegriffe des Völkerrechts, im „Handbuch des Völkerrechts" von F. Stier-Somlo, Stuttgart 1912; E. L. Catellani, I caratteri specifici della società internazionale e del diritto internazionale, in „Rivista di diritto internazionale", Bd. IX, 1915, S. 343ff.; A. Verdross, Zur Konstruktion des Völkerrechts, in der „Zeitschrift für

Völkerrecht", Bd. VIII, 1914, S. 324ff. und die kritische Rezension von F. Weyr im „Archiv des öffentlichen Rechts", Bd. XXXIV, 1915, S. 236ff.; von demselben „Grundlagen und Grundlegungen des Völkerrechts" in der „Zeitschrift für internationales Recht", Bd. XXIX, 1921, S. 65ff; „Die Einheit des rechtlichen Weltbildes," Tübingen 1923; „Die Verfassung der Völkerrechtsgemeinschaft," Wien und Berlin 1926; P. Schoen, Zur Lehre von den Grundlagen des Völkerrechts, Sonderabdruck aus „Archiv für Rechts- und Wirtschaftsphilosophie" von J. Kohler und F. Berolzheimer, Bd. VIII, 1915, Nr. 3; A. Lifschütz, Fragen zum Völkerrecht, im „Archiv des öffentlichen Rechts", Bd. XXXIV, 1915, S. 138ff.; G. Tosti, Il problema del diritto internazionale: i termini del problema, in der „Rivista di diritto internazionale", Bd. XI, 1917, S. 315ff.; R. Redslob, Das Problem des Völkerrechts, Leipzig 1917; V. Cathrein, Die Grundlage des Völkerrechts, Freiburg i. Br. 1918; H. Gomperz, Die Idee der überstaatlichen Rechtsordnung, nach ihren philosophischen Voraussetzungen kritisch untersucht, Wien 1920; H. Kelsen, Das Problem der Souveränität und die Theorie des Völkerrechts, Tübingen 1920; von demselben „Staat und Völkerrecht", in der „Zeitschrift für öffentliches Recht", Bd. IV, 1924, S. 207ff.; M. Wenzel, Juristische Grundprobleme, 1. Bd.: Der Grundbegriff des Gesetzes zugleich ein Beitrag zum Begriff des Staates und Problem des Völkerrechts, Berlin 1920; K. Binding, Zum Werden und Leben der Staaten, München-Leipzig 1920, S. 191ff.; G. Salvioli, Studi sui caratteri dell'ordinamento giuridico internazionale, in „Rivista di diritto internazionale", Bd. XIV, 1921—22, S. 20ff.; Roscoe Pound, Philosophical Theory and International Law (Bibliotheca Visseriana, Bd. I (1923), S. 73ff.; J. Kosters, Les fondements du droit des gens (Bibliotheca Visseriana, Bd. IV, 1925); J. S. Reeves, La communauté internationale, in „Recueil des cours de l'Académie de droit international", 1924, Bd. II, S. 5ff.; E. S. Edmunds, The lawless Law of nations, Washington 1925; W. Sukiennicki, Essai sur la souveraineté des États en droit international moderne, Paris 1926; F. Sander, Das Wesen der „Völkerrecht" genannten gesellschaftlichen Gebilde, in der „Zeitschrift für die gesamte Staatswissenschaft", Bd. LXXXI, 1926, S. 80ff.; A. Verdroß, Le fondement du droit international, in „Recueil des Cours de l'Académie de droit international", 1927, I, S. 251—321; H. Lammasch, Das Völkerrecht nach dem Kriege (Publications de l'Institut Nobel Norvégien, III), Kristiania 1927; L. Nelson, Die Rechtswissenschaft ohne Recht, Leipzig 1927; B. Miliouch, Le fondement du droit international, Paris 1928.

Die natürliche Entwicklung der menschlichen Vergesellschaftungen führt zur Bildung von sozialen Gruppen, die auf einem abgegrenzten Gebiet seßhaft und der Herrschaft einer einigenden übergeordneten Gewalt unterstellt, jedoch voneinander gleichsam völlig unabhängig und keiner gemeinsamen Oberherrschaft unterworfen sind. Diesen Gruppen geben wir in unserer Darstellung den Namen Staat.

Die Solidarität gewisser Interessen und die Gemeinsamkeit der Kultur machen es den Gesellschaftsgruppen, von denen wir sprechen, auf die Dauer unmöglich, isoliert zu leben, stellen Beziehungen zwischen ihnen her und lassen auf die Weise das entstehen, was man im weiteren Sinne die Gesellschaft der Staaten oder Staaten-Gemeinschaft nennen kann. Das ist nur dann möglich, wenn die Staaten, die an dieser Gemeinschaft teilhaben, nicht willkürlich handeln, sondern ihr Verhalten Normen unterwerfen, die die Willkür jedes einzelnen beschränken und die Formen ihres gegenseitigen Verhaltens bestimmen. Die Beobachtung der Tatsachen zeigt, daß die Anschauung von einer Gesellschaft der Staaten wirklich als regulatives Prinzip wirkt, analog dem anderen regulativen Prinzip, das im Bewußtsein um die Eigenwertigkeit des staatlichen Lebens besteht. Dieses Prinzip besteht im wesentlichen aus 2 Elementen: aus bestimmenden Kräften, wie der öffentlichen Meinung, die sich zum Teil in den ihr eigenen Einrichtungen, wie der Presse, des Unterrichts usw., herauskristallisiert, und aus Verhaltensnormen, welche die Grenzen und Formen bestimmen, in denen das zwischenstaatliche Leben sich vollziehen muß.

Die weitaus wichtigste Art dieser Normen entsteht aus ausdrücklichen oder stillschweigenden Vereinbarungen, die zwischen den Staaten geschlossen werden, Vereinbarungen, in denen sie sich gegenseitig zu einem bestimmten Verhalten verpflichten, mit der Folge, daß, wenn bestimmte Voraussetzungen gegeben sind, sie gehalten sind, bestimmte Dinge zu tun oder zu unterlassen, und andererseits sie die entsprechenden Leistungen verlangen können.

Diese Normen schreiben den sozialen Gruppen, zwischen denen sie entstanden sind, eine bestimmte Verhaltensweise vor, sie heischen ein Sollen, dessen Geltung nicht von der Tatsache seiner Verwirklichung abhängig ist. Ihre verpflichtende Kraft stammt aus dem Satz, daß die Staaten die untereinander geschlossenen Verträge achten müssen: pacta sunt servanda. Dieser Satz ist als begriffsnotwendige Voraussetzung dieser Normen aus ihnen selbst nicht weiter ableitbar: er muß vielmehr als ein absoluter objektiver Wert oder als primäre, unbeweisbare Annahme gesetzt werden, als eine der Annahmen, von denen man notwendigerweise bei dieser wie bei jeder anderen Art menschlicher Erkenntnis ausgehen muß. Das soll nicht heißen, daß der Satz nicht aus anderen Gesichtspunkten bewiesen werden könnte; dies soll nur heißen, daß ein Beweis aus anderen Gesichtspunkten (ethischen, politischen usw.) unerheblich ist für die Erkenntnissphäre der Rechtswissenschaft, die sich damit begnügen muß, daß diese Regel eben gilt. Ebenso ist die Verfassungsnorm, nach der den Anordnungen des Parlaments oder des Staatsoberhaupts Folge geleistet werden muß, unbeweisbar vom Standpunkt der Rechtsordnung, die sich auf diese Norm gründet und deren Wert als Rechtsordnung unabhängig ist von ethischen, politischen und historischen Gründen, auf denen die Autorität eines einmal gegebenen Souveräns oder Parlaments beruht.

Jede Rechtsordnung besteht aus einem System von Normen, die ihren verpflichtenden Charakter aus einer Grundnorm herleiten, auf die sie sich alle, direkt oder indirekt, zurückführen lassen. Die Grundnorm bestimmt daher, welches die Normen sind, die eine gegebene Rechtsordnung bilden. und faßt sie zu einer Einheit zusammen. Das Besondere am Völkerrecht ist, daß bei ihm der Satz „pacta sunt servanda" nicht, wie beim innerstaatlichen Recht, auf einer höheren Rechtsnorm beruht, sondern daß er selbst die höchste Norm ist. Der Satz: „die Staaten müssen die zwischen ihnen geschlossenen Vereinbarungen achten" bildet demnach das formale Kriterium, das die Normen, von denen wir sprechen, von den anderen Normen scheidet und sie zu einer Einheit zusammenfaßt. Alle diese Normen aber, und nur die, die auf diesen Grundsatz als den notwendigen Ursprung ihrer Geltung zurückgehen, gehören zu der Kategorie der Normen, mit denen wir uns beschäftigen. Diese Normen bilden das „Völkerrecht", somit die Rechtsordnung der Staatengemeinschaft.

Die hier skizzierte Auffassung vom Völkerrecht bestätigt aufs Neue die Notwendigkeit, das positive Recht auf einen jenseits der Erfahrungsmöglichkeit stehenden Satz zu gründen, und entfernt sich daher sowohl von der Theorie der Selbstbindung des Staates wie von der des Gesamtwillens der Staaten, der sich dem staatlichen Einzelwillen entgegenstellt. Tatsächlich kann weder die eine noch die andere Theorie die Rechtsverbindlichkeit des Völkerrechts erklären. Die erste nicht, weil, wenn die Unterwerfung eines Staates unter das Völkerrecht bloß auf einem Willensakt des Staates selbst beruht, keine noch so geschickte Dialektik jemals wird beweisen können, daß der Staat sich nicht kraft eines anderen Willensaktes von der Verpflichtung wieder lösen könne. Die zweite nicht, weil die vis obligandi des Gesamtwillens der Staaten sicher bei näherer Betrachtung ein Problem ist, das sich nicht rein empirisch lösen läßt.

Die Normen, die das Verhalten der Staaten untereinander regeln und die auf zwischenstaatlichen Vereinbarungen beruhen — die Normen des Völkerrechts — unterscheiden sich grundlegend von den Rechtsnormen, die das innere Leben der Staaten ordnen — den Normen des innerstaatlichen Rechts — ebenso wie sich die Staatengesellschaft ihrem Wesen nach unterscheidet von den menschlichen Verbänden, die unter einer übergeordneten Herrschaftsgewalt stehen.

Das Verhältnis von Über- und Unterordnung, das die innerstaatliche Ordnung charakterisiert, hat bewirkt, daß das Schaffen der Rechtsnormen ausschließlich, oder fast ausschließlich, das Werk von dem Staatsvolk übergeordneten Organen wurde, so daß die Norm als von einem höheren Willen (Befehl) auferlegt erscheint, während die Rechtsnorm zwischen Staaten nichts anderes ist und nichts anderes sein kann als eine Vereinbarung zwischen Gleichgestellten (Leistungsversprechen). Aus demselben Grunde schuf man in den staatlichen Organisationen mit Hilfe eben dieser Rechtsordnung einen Apparat zur zwangsweisen Verwirklichung des Rechts (Rechtsprechung und Verwaltung), während dieser Apparat in der Völkerrechtsordnung größtenteils fehlt oder nur in den ersten Anfängen vorhanden ist. Die zwangsweise Durchsetzung der rechtlichen Forderungen gegenüber dem Subjekt, das sich ihnen entziehen will, bleibt oft dem forderungsberechtigten Staat selbst überlassen, (— so wird der Selbstschutz, der in der innerstaatlichen Rechtsordnung eine verschwindende Ausnahme ist, zum Normalfall —) oder dem zwangsweisen Vorgehen dritter Staaten, oder im äußersten Fall der gemeinsamen Handlung mehrerer Staaten, analog dem Prinzip der Solidarität im primitiven Recht, wie es das Beispiel des Art. 16 des Völkerbundspakts zeigt. Und endlich: Während die innerstaatlichen Normen in der Regel für eine unbestimmte Zahl von Subjekten gelten sollen und daher stark generalisieren, so überwiegen in der Völkerrechtsgemeinschaft, die aus einer engbegrenzten Zahl von Mitgliedern besteht, deren spezielle Existenzbedingungen und Ansprüche meist stärker sind als die Rücksicht auf die Gesamtheit, die partikulären Normen, die sich auf einige wenige Subjekte oder gar nur zwei beschränken, über die allgemeinen. Sie finden ihr Gegenstück in den unzähligen Verträgen, in denen die privaten Individuen die so mannigfaltigen Formen ihres Zusammenlebens ordnen.

So und nicht anders sind und können die Normen für das Verhalten der Staaten sein; sie tragen noch Züge der Normen, die in den gesellschaftlichen Verbänden galten, solange die Menschen noch nicht staatlich organisiert waren (altes germanisches Recht, römisches Gentilrecht usw.): es ist daher nicht mit Unrecht gesagt worden, daß das Völkerrecht im Vergleich zum innerstaatlichen Recht als eine unvollendete, unvollkommene Bildung erscheint.

Es sei jedoch hinzugesetzt, daß, wenn man es in diesem Sinn voll ausbauen und über den verschiedenen Staaten eine übergeordnete Staatsgewalt — einen universalen Bundesstaat — errichten wollte, dieses in Wirklichkeit das Ende des Völkerrechts bedeutete, das durch das innere Verfassungsrecht des neuen Staates ersetzt würde, aus dem dann die zwischen diesen politischen Gemeinschaften geschlossenen Verträge ihre Geltung herleiten würden. Im Bereich des Völkerrechts muß aber jede Form zwischenstaatlichen Zusammenschlusses bleiben, solange er auf dem Übereinkommen zwischen gleichstehenden und unabhängigen Staaten beruht, mag auch das Band, das die Vertragsgenossen bindet, noch so eng sein und noch so viele Staaten umfassen. Zu dieser Kategorie gehört der Völkerbund, geschaffen durch den Versailler Vertrag vom 28. Juni 1919, dessen Gründung daher, wie schon bemerkt, nicht zu einer Neugestaltung, sondern einfach zu einer Fortbildung der bisher geltenden Völkerrechtsgemeinschaft geführt hat.

Aus dem Gesagten geht hervor, wie bedeutungslos für die Geltung des Völkerrechts die Einwände sind, es ermangele einiger Merkmale, die dem innerstaatlichen Recht eigen sind. Es handelt sich dabei ausschließlich um die Frage nach dem Wesen des Rechts. Wer freilich behauptet, es sei logisch nur ein einziger Rechtsbegriff möglich und diesem seien die Merkmale des innerstaatlichen Rechts wesentlich, der muß die Rechtsnatur der durch Vereinbarungen zwischen den Staaten geschaffenen Normen leugnen. Ganz anders dagegen muß derjenige denken, für den die Zuerkennung des Rechtscharakters an eine Norm nicht so sehr von einigen Wesensmerkmalen abhängt, als von einem äußerlichen Moment, d. h. davon, daß diese Norm von einem gegebenen Willen gesetzt ist. Uns genügt die Feststellung, daß Normen, die dem sich deckenden Willen mehrerer Staaten ihre Entstehung verdanken und zur Regelung ihres gegenseitigen Verhaltens bestimmt sind, ohne jeden Zweifel existieren, um zu dem Schluß zu kommen, daß es die unserer Wissenschaft ihrem Wesen nach zukommende Aufgabe ist, zu untersuchen und zu bestimmen, welches diese Normen sind und sie in ein logisches System zu bringen.

Zweites Kapitel.

Völkerrecht und Landesrecht.

Bibliographie. — T. E. Holland, International Law and Acts of Parliament, in den „Studies in international Law", Oxford 1898, S. 176ff.; H. Triepel, Völkerrecht und Landesrecht, Leipzig 1899; italienische Übersetzung von G. C. Buzzati in der „Biblioteca di scienze politiche ed amministrative" 3. Serie, Bd. IX, Teil I, Turin 1913; französische Übersetzung von A. Brunet in der „Bibliothèque française du droit des gens" der Carnegie-Gründung, Paris-Oxford 1920; von demselben „Les rapports entre le droit interne et le droit international" im „Recueil des cours de l'Académie de droit international" 1923, S. 77—118; W. Kaufmann, Die Rechtskraft des internationalen Rechts und das Verhältnis der Staatsgesetzgebungen und der Staatsorgane zu demselben, Stuttgart 1899; G. Diena, Se e in quale misura il diritto interno possa portare limitazioni alle obbligazioni internazionali degli Stati, Turin 1901; Id., Considerazioni critiche sul concetto dell' assoluta e completa separazione fra il diritto internazionale e l'interno, Sonderabdruck aus der „Rivista di diritto pubblico", Jahrgang 1913, Teil 1, Juli-August-Nummer; D. Anzilotti, Il diritto internazionale nei giudizii interni, Bologna 1905; J. Westlake, Is international Law a part of the Law of England? in „The Law Quarterly Review", Bd. XXII, 1906, S. 14ff.; D. Donati, I trattati internazionali nel diritto costituzionale, Torino 1906; P. Fedozzi, Il diritto statuale relativo a rapporti con l'estero, in der „Rivista di diritto internazionale", Bd. III, 1908, S. 59ff.; P. Heilborn, Grundbegriffe des Völkerrechts, Kap. III, § 17: Völkerrecht und Landesrecht; C. M. Picciotto, The relation of international Law to the Law of England and of the United States, London 1915; H. Krabbe, Die moderne Staats-Idee, 2. Aufl., Haag 1919, S. 278ff.; P. Q. Wright, The enforcement of international Law through municipal Law in the United States, in den „Studies in the Social Sciences", der „Illinois University", Bd. V, 1916; Id., Conflicts of international Law with national Law and Ordinances, im „American Journal of international Law", Bd. XI, 1917, S. 1ff.; Id., International Law in its relation to constitutional Law, ibid., Bd. XVII, 1923, S. 234ff.; A. Verdroß, Die Völkerrechtswidrige Kriegshandlung und der Strafanspruch der Staaten, Berlin 1920, S. 34ff.; Id., Die Einheit des rechtlichen Weltbildes, cit.; Id.; Die Verfassung der Völkerrechtsgemeinschaft, cit., S. 33ff.; H. Kelsen, Das Problem der Souveränität, cit., Kap. VI, S. 120ff.; Id., Allgemeine Staatslehre

Berlin 1925, S. 119ff.; id., Les rapports de système entre le droit interne et le droit internat. public, in „Recueil des Cours de l'Académie de droit internat." 1926, IV, S. 231—331; L. Wittmayer, Völkerrecht und Staatsrecht, in der „Zeitschrift für Völkerrecht", Bd. XIII, 1924, S. 1ff.; J. Kunz, Landesrecht und Völkerrecht, in Strupps „Wörterbuch des Völkerrechts", Bd. I, S. 787ff.; G. A. Walz, Die Abänderung völkerrechtsgemäßen Landesrechts: grundsätzliche Untersuchungen zum englischen, amerikanischen, deutschen und österreichischen Recht, in „Völkerrechtsfragen", herausgegeben von H. Pohl und M. Wenzel, Heft 21, Berlin 1927; W. Schmöe, Art. 4 der Reichsverfassung und die angloamerikanische Rechtsprämie „international law is a part of common law" in Theorie und Praxis (Göttinger Diss.) 1927.

Die Frage der Beziehungen zwischen Völkerrecht und Landesrecht nimmt seit dem grundlegenden Werk von Triepel (1899) einen hervorragenden Platz in der modernen Literatur ein.

Gegen die Auffassung von der begrifflichen Scheidung der beiden Rechtsordnungen, die dieser Verfasser vertritt und aus der er mit soviel Erfolg für die Lösung der sich aus ihr ergebenden grundsätzlichen Fragen Folgerungen zieht, bricht sich neuerdings eine andere Richtung Bahn, die man die monistische nennen mag, indem sie die Einheit allen Rechts, und zwar nicht nur des Rechts als Begriff, sondern des positiven Rechts überhaupt, behauptet.

Die Theorie, von der wir sprechen, nimmt ihrerseits zwei verschiedene Ausgestaltungen an, je nachdem man das Völkerrecht als eine Ableitung oder Delegation des staatlichen Rechts — sog. Primat des staatlichen Rechts — oder das staatliche Recht als Ableitung oder Delegation des Völkerrechts — sog. Primat des Völkerrechts — ansieht.

Die These von dem Primat des staatlichen Rechts ist im wesentlichen die bekannte Doktrin von der Selbstverpflichtung des Staates. Sie führt, was schon Hegel klar herausgestellt hatte, das Völkerrecht auf staatliches Recht, das die Beziehungen zu den anderen Staaten umfaßt, zurück. Es ist klar, daß man bei dieser Auffassung nicht mehr von Beziehungen zwischen Völkerrecht und staatlichem Recht, sondern höchstens von Beziehungen zwischen zwei verschiedenen Kategorien von innerstaatlichen Normen reden kann.

Anders liegt es bei der These von dem richtig verstandenen Primat des Völkerrechts. Wie schon ausgeführt wurde, ist das Völkerrecht dem Staate übergeordnet, weil es einen Grundsatz zur Grundlage hat, dem der staatliche Wille unterworfen ist. Andererseits ist aber nicht weniger sicher, daß das Völkerrecht den Staat, d. h. seine Rechtsordnung voraussetzt, weil der Staat, selbst wenn er nicht mit seiner Rechtsordnung identisch ist, nicht ohne sie denkbar ist. Er setzt sie sozusagen nicht historisch, sondern logisch voraus, weil völkerrechtliche Normen, um mit der Grundnorm pacta sunt servanda anzufangen, nur soweit möglich sind, als sie sich auf innerstaatliche Normen stützen.

Die Lösung dieses Widerspruchs liegt darin, daß das Völkerrecht dem Staate übergeordnet ist, in dem Sinne, daß es eine rechtliche Begrenzung seiner Macht darstellt, aber nicht in dem Sinne, daß der Staat seine Herrschaftsgewalt durch das Völkerrecht empfangen hat. Gegen diese letzte These, die nicht einmal logisch gefordert ist, spricht nicht nur die historische Erfahrung, sondern auch, und zwar hauptsächlich, die Überzeugung der Staaten, denen nichts mehr widerstrebt als der Gedanke, daß sie eine aus der Völkerrechtsordnung abgeleitete Herrschaft ausüben.

Aus allem diesen folgt, daß die Norm, auf die das staatliche Recht gegründet ist, ihre vis obligandi aus sich selbst bezieht und nicht weiter abgeleitet werden kann. Aus selbständigen Grundnormen hervorgehend sind Völkerrecht und staatliches Recht somit getrennte Rechtsordnungen.

Aus diesem Satze folgt: A. daß es keine Völkerrechtsnormen geben kann, die in der Form der innerstaatlichen Normensetzung zustande gekommen sind, und andererseits keine nach innen verbindlichen staatlichen Normen ihre verbindliche Kraft aus der völkerrechtlichen Grundnorm beziehen können. B. Daß die völkerrechtlichen Normen nicht auf die Geltung der innerstaatlichen Normen einwirken können, und umgekehrt. C. Daß es keine Konflikte im eigentlichen Sinne zwischen Völkerrecht und staatlichem Recht geben kann. D. Daß das Völkerrecht aber auf das staatliche Recht und dieses auf das Völkerrecht verweisen kann. Wir wollen jetzt jeden dieser Punkte einzeln prüfen.

A. Die Grundnorm, nach der die Staaten verpflichtet sind, die Abmachungen mit anderen Staaten einzuhalten, bildet das Kriterium für die Normen, die zu der Völkerrechtsordnung gehören, und das Kriterium, das sie grundsätzlich von den den verschiedenen innerstaatlichen Rechtsordnungen angehörenden Normen scheidet, wenn diese auch auf verschiedene Weise auf die Beziehungen zwischen Staaten Bezug haben können. Nur die ersteren, die allein durch den Gesamtwillen aller an dem Übereinkommen Beteiligten oder bei den Fällen und in den Formen, wie sie von anderen Normen der Völkerrechtsordnung vorgesehen sind, aufgehoben oder abgeändert werden können, schaffen eine rechtliche Begrenzung der Freiheit des Staates gegenüber anderen Staaten. Die anderen dagegen, die einer staatlichen Rechtsordnung angehören und immer durch den rechtsschöpferischen Willen dieser Ordnung aufgehoben oder abgeändert werden können, schaffen keine Verpflichtung des Staates gegenüber einem anderen Staat — soweit er ihm als geschlossenes Völkerrechtssubjekt entgegentritt.

Ein Gesetzgeber kann mit innerstaatlichen Rechtssätzen das Verhalten seines Staates anderen Staaten gegenüber bestimmen, indem er z. B. den Richtern untersagt, über Streitigkeiten gegenüber ausländischen diplomatischen Vertretern zu entscheiden, oder die Verhaftung und Auslieferung von Verbrechern an einen fremden Staat befiehlt usw. Aber diese Normen, die manche unter dem Titel „äußeres Staatsrecht" oder „staatliches Recht in bezug auf Beziehungen zum Ausland" zusammenfassen, sind innerstaatliche Normen wie alle anderen, wenn sie auch die internationalen Beziehungen betreffen, und sind, wie jeder sieht, sehr verschieden von denen, die über dieselben Materien durch Staatsvereinbarungen zustande kommen. So sind die Abmachungen, durch die zwei Staaten übereinkommen, die diplomatischen Vertreter von der Gerichtsbarkeit zu befreien oder sich gegenseitig gewisse Verbrecher auszuliefern (Völkerrechtsnormen), etwas ganz anderes als der den Richtern erteilte Befehl, keine Gerichtsbarkeit gegenüber diplomatischen Vertretern auszuüben oder bestimmte Verbrecher zu verhaften und der fremden Behörde auszuliefern (innerstaatliche Rechtsnormen). Jene sind bindend kraft des Prinzips: pacta sunt servanda und können nur in den festgesetzten Formen des Völkerrechts aufgehoben werden. Diese sind bindend kraft der Regel, daß den Anordnungen des Gesetzgebers Folge zu leisten ist, und können nur in den vom betreffenden Verfassungsrecht vorgeschriebenen Formen abgeändert werden.

Es kommt vor, daß ein Gesetzgeber seine Gesetze auch auf einen fremden Staat ausdehnt und ihn so zum Träger von Rechten und Pflichten im Sinne des innerstaatlichen Rechts macht; bekanntlich kann z. B. kraft des Art. 3 des italienischen Bürgerlichen Gesetzbuches ein fremder Staat in Italien Güter erwerben, Verträge schließen, Erbschaften antreten, usw. Und es ist auch möglich, daß innerhalb einer bestimmten innerstaatlichen Rechtsordnung ein Staat in Rechtsbeziehungen zu einem anderen Staat tritt. Das geschieht z. B., wenn ein Staat von einem anderen einen Palast kauft oder von ihm die Konzession erhält, Eisenbahnlinien anzulegen oder zu betreiben usw.

Man sieht ohne weiteres, daß in diesen Fällen das Wort „Staat" ein Rechtssubjekt bezeichnet, das von demjenigen, auf das sich das gleiche Wort im Völkerrecht bezieht, verschieden ist. Hier hat, wie schon häufig, die praktische Erkenntnis, daß es sich der Substanz nach um ein einheitliches Substrat handelt, dem hier Rechtspersönlichkeit (als Typus gesellschaftlicher Organisation) verliehen wird, über die Forderungen einer streng normativen, der Jurisprudenz eigenen Betrachtungsweise gesiegt, die von der Auffassung ausgeht, daß die Rechtspersönlichkeit nichts als das Bezogensein eines Subjekts auf eine bestimmte Rechtsordnung ist, und die wohl da zwei verschiedene Subjekte sehen kann, wo der gewöhnliche Sprachgebrauch nur eine einzige nennt.

Der Unterschied zeigt sich übrigens klar, wenn die innerstaatlichen Normen, von denen wir sprechen, anderen auf dieselbe Materie bezüglichen Normen, die in der internationalen Rechtsordnung gelten oder gelten können, gegenübergestellt werden. Wenn wir z. B. annehmen, daß die Staaten zur wechselseitigen Exemption von der Gerichtsbarkeit verpflichtet sind, so könnte die entsprechende Norm folgendermaßen formuliert werden: der Staat als völkerrechtliches Rechtssubjekt ist den anderen Staaten als Völkerrechtssubjekten gegenüber verpflichtet, dem fremden Staat, selbst soweit er dem innerstaatlichen Recht unterworfen ist, Befreiung von seiner Gerichtsbarkeit zu gewähren. Eigentlich hat die Befreiung von der ordentlichen Gerichtsbarkeit, soweit sie sich auf die Staaten als Völkerrechtssubjekte bezieht, keinen Sinn. Sie erhält jedoch einen guten Sinn für ein Subjekt, das den Gesetzen unterworfen ist, zu deren Anwendung die Gerichte im konkreten Fall gehalten sind. Das gleiche läßt sich von einer allgemeinen Norm sagen, die die Staaten verpflichtet, sich gegenseitig Rechtsfähigkeit nach ihrer Rechtsordnung zuzuerkennen, oder von einem Vertrag, durch den zwei Staaten übereinkommen, sich das Recht auf Erwerb von Grundstücken oder auf den Anfall vakanter Erbschaften ihrer gegenseitigen Untertanen im Gebiet des anderen zu gewähren. Alle diese Normen binden und ermächtigen als internationale Normen die Staaten in ihrer Totalität, ohne daß ein Unterschied zwischen der gesetzgeberischen Gewalt und den anderen Gewalten bestünde; in einem gewissen Sinne ließe sich sagen, daß hier eine rechtliche Begrenzung der gesetzgeberischen Gewalt vorliegt. Die innerstaatlichen Normen dagegen, die die Immunität des fremden Staates von der Gerichtsbarkeit aussprechen oder ihm gewisse Rechte zuerkennen, (wie das auf Erwerb von Grundstücken oder auf Erwerb des Nachlasses seiner Untertanen) gehen den Staat nur insofern an, als er unter diesen Gesetzen tätig wird. Wenn ein Rechtsverhältnis dieser Art zwischen zwei Staaten entsteht, so handeln beide insoweit als Subjekte einer staatlichen Rechtsordnung: Der Staat, der von einem anderen ein Grundstück kauft oder eine verwaltungsrechtliche Konzession erhält, handelt so, wie es irgendein Untertan des Staates tun könnte, und der verkaufende oder die Konzession gewährende Staat befindet sich juristisch in der gleichen Lage, wie wenn der Käufer oder Antragsteller irgendeine Privatperson wäre. Beide unterstehen bedingungslos den gesetzlichen Bestimmungen, die auf ihre Willenserklärungen hin bestimmte Rechtsfolgen eintreten lassen.

B. Aus dem Satz, daß jede Norm nur innerhalb der Rechtsordnung, der sie zugehört, Rechtsnorm ist, folgt die scharfe Scheidung zwischen Völkerrecht und Landesrecht hinsichtlich des Bereichs, in dem sie verpflichten. Die Völkerrechtsnormen gelten nur da, wo es sich um Beziehungen zwischen Völkerrechtssubjekten handelt, die staatlichen Normen nur innerhalb der jeweiligen staatlichen Rechtsordnung. Schreibt eine innerstaatliche Norm etwas vor, was den völkerrechtlichen Pflichten des Staates widerspricht, — fordert sie z. B. die Ausübung der Gerichtsbarkeit in Fällen, wo der Staat völkerrechtlich verpflichtet ist, sie nicht auszuüben — so hat dieser Umstand nicht den geringsten Einfluß auf die bindende Kraft des Gesetzes innerhalb der staatlichen Rechtsordnung, wie andererseits ein Staat unbestrittenermaßen sich nicht auf den Inhalt seiner Gesetze, noch auf deren Fehlen berufen kann, um sich um die Erfüllung seiner völkerrechtlichen Verpflichtungen zu drücken oder um sich der Verantwortung, die ihm infolge ihrer Nichterfüllung obliegt, zu entziehen.

Ebenso hängen die Gültigkeit und die Dauer der völkerrechtlichen Normen ausschließlich vom Völkerrecht ab, wie die der innerstaatlichen Normen vom Landesrecht, auch wenn diese innerstaatlichen Normen einer völkerrechtlichen Beziehung ihr Dasein verdanken. Das schließt natürlich nicht aus, daß die Gesetzgeber dafür Sorge tragen, daß die Dauer und Wirksamkeit der innerstaatlichen Normen sich mit der der Völkerrechtsnormen, denen sie ihre Entstehung verdanken, deckt.

Der Satz, daß die bindende Kraft der innerstaatlichen Normen völlig unabhängig von ihrer vollen oder teilweisen Übereinstimmung mit den völkerrechtlichen Verpflichtungen eines Staates ist, schließt nicht aus, daß man zu der Interpretation der innerstaatlichen Normen die dazugehörigen Völkerrechtsnormen heranzieht, zumal logischerweise zu vermuten ist, daß der Staat sich seinen den anderen Staaten gegenüber übernommenen Verpflichtungen gemäß verhalten wolle. Daher die ganz allgemein angewandte Auslegungsregel, daß man von zwei oder mehr möglichen Interpretationen eines Landesgesetzes diejenige wählen soll, die die Erfüllung der völkerrechtlichen Pflichten des Staates gestattet. Ist aber eine richtige Interpretation der Norm von diesem Gesichtspunkt aus nicht möglich, so muß die Norm so wie sie ist zur Anwendung kommen, was für Folgen in den Beziehungen des Staates zu anderen Staaten sich auch daraus ergeben mögen.

C. Aus dem gleichen Grundsatz folgt, daß es keine Konflikte zwischen Normen, die verschiedenen Rechtsordnungen angehören, geben kann, daher auch nicht zwischen Völkerrecht und Landesrecht. Von Konflikten zwischen Völkerrecht und Landesrecht zu sprechen, ist ebenso falsch wie die Annahme der Möglichkeit von Konflikten zwischen den Gesetzen verschiedener Staaten. In der Tat kann es einen Konflikt zwischen Normen, die verschiedenen Rechtsordnungen angehören, nur im Hinblick auf einen außerhalb dieser liegenden Bezugspunkt geben, das heißt von einem Standpunkt aus, der mit Jurisprudenz als normativer Wissenschaft nichts zu tun hat. Da aber die Völkerrechtsnormen eine rechtliche Begrenzung der Tätigkeit des Staates (Staat als Ganzes genommen) und daher auch des Staates als Gesetzgeber bilden, so wird die gesetzgeberische Tätigkeit des Staates am Völkerrecht gewertet, nicht als gesetzgeberische Tätigkeit, sondern lediglich als Verhalten des Völkerrechtssubjektes, das der Bewertung unterworfen wird. (Vgl. Cour permanente de justice internationale, sentence Nr. 7, 25 mai 1926; Publications de la Cour permanente de justice internationale, Série A, Nr. 7, pag. 19.)

In diesem Sinne, aber auch nur in diesem, kann man von völkerrechtlich gebotenem Landesrecht sprechen; damit werden die Rechtsnormen bezeichnet, durch die ein Staat eine vom Völkerrecht auferlegte Verpflichtung erfüllt (z. B. die Normen, die die Ausübung von Rechtshandlungen in den Räumen der ausländischen Botschaften verbieten). Als völkerrechtsgemäßes Landesrecht bezeichnet man die Gesetze, die das Völkerrecht den Staaten gestattet (z. B. die Normen, die die Konsuln zur Vornahme von richterlichen Handlungen und Verwaltungsakten im Ausland ermächtigen), als völkerrechtswidriges Landesrecht bezeichnet man die staatlichen Gesetze, die im Widerspruch zu den völkerrechtlichen Pflichten eines Staates stehen (z. B. wenn ein Landesgesetz die Auslieferung verbieten sollte in Fällen, in denen der Staat sich dazu völkerrechtlich verpflichtet hat).

Diese drei Kategorien innerstaatlicher Normen bilden zusammen das sogenannte völkerrechtlich erhebliche Landesrecht. Das übrige Landesrecht ist völkerrechtlich unerheblich, weil es sich weder auf ein völkerrechtlich gebotenes, noch ein verbotenes oder erlaubtes Verhalten bezieht. Auch das völkerrechtlich irrelevante Landesrecht, wie jede Äußerung staatlichen Handelns, wird aber vom Völkerrecht geschützt, insofern, als dieses den anderen Staaten verbietet, die staatliche Handlungsfreiheit ohne besonderen Rechtstitel zu beschränken. Es kann übrigens völkerrechtlich doch insoweit nicht bedeutungslos sein, als weite Teile des Landesrechts in ihren Interessen andere Staaten berühren, auch wenn es mit Völkerrechtsgeboten oder -verboten nichts zu tun hat (Landesrecht, das sich auf die Rechtsstellung der Ausländer, auf die Vollstreckung ausländischer Urteile, auf Zivil- oder Strafgerichtsbarkeit gegenüber Ausländern bezieht usw.).

Dabei sei noch einmal darauf hingewiesen, daß die eben angeführte Subsumtion staatlichen Handelns unter Völkerrechtsnormen und die sich daraus ergebende Qualifikation dieses Verhaltens nur innerhalb der Völkerrechtsordnung, aber nicht für das Landesrecht erheblich ist. Wenn es für einen und denselben Tatbestand völkerrechtliche und landesrechtliche Normen gibt, so hat der Umstand, daß die landesrechtlich gebotenen Rechtsfolgen völkerrechtswidrig sind (sog. völkerrechtswidriges Landesrecht), keinerlei Einfluß auf ihre landesrechtliche Geltung. Die Verweigerung der Auslieferung auf Grund eines Landesgesetzes, das für diesen Fall die Verhaftung und Auslieferung des Beschuldigten verbietet, während völkerrechtlich die Auslieferung geboten wäre, ist nach Landesrecht ein rechtsgültiger Staatsakt, vom Völkerrecht aus gesehen hat der Staat rechtswidrig gehandelt; so wie irgendein Rechtsgeschäft nach italienischem Recht gültig, nach französischem Recht ungültig sein kann. Es handelt sich nicht um einen Normenkonflikt, sondern um die je nach der angewandten Rechtsordnung verschiedene Wertung eines Tatbestandes.

D. Eine Rechtsordnung kann endlich auf eine andere verweisen, und zwar auf zwei verschiedene Arten, je nachdem, ob die Verweisung die Rezeption von fremden Rechtsnormen in die eigene Rechtsordnung bedeutet oder ob die Verweisung auf die Rechtsregeln eines anderen Rechtssystems den Sinn haben soll, daß diese Regeln Normen des fremden Rechtssystems bleiben, aber trotzdem die Anwendbarkeit der verweisenden Normen bestimmen sollen. Im ersten Fall spricht man von rezipierender oder materieller Verweisung, im zweiten von nicht rezipierender oder formeller Verweisung.

Die Fälle von nicht rezipierender Verweisung des Völkerrechts auf Landesrecht und umgekehrt sind sehr häufig. Wenn beispielsweise Völkerrechtssätze Rechte und Pflichten der Staaten in bezug auf die Behandlung fremder Staatsangehöriger aussprechen, verweisen sie damit auf die in den beteiligten Ländern geltenden Staatsangehörigkeitsgesetze; wenn sie die Zulassung und die Behandlung fremder Handelsschiffe in den Territorialgewässern regeln, so verweisen sie auf die Landesgesetze, die die sog. Staatsangehörigkeit der Schiffe bestimmen. Wenn sie den Schutz des künstlerischen oder literarischen Urheberrechts dann zur Pflicht machen, wenn dieses im Ursprungslande geschützt ist, so verweisen sie auf die landesrechtlichen Formen und Voraussetzungen dieses Rechtsschutzes usw. usw. Ebenso verweist ein Landesgesetz, das von Personen, denen das Privileg der Exterritorialität zukommt, handelt, auf das Völkerrecht, um zu bestimmen, welche diese Personen sind. Ein Gesetz, das von Personen mit diplomatischem Charakter oder einfach von diplomatischen Vertretern spricht, verweist auf das Völkerrecht, um zu bestimmen, welche Personen diplomatischen Charakter haben. Ein Gesetz, das sich auf Handlungen bezieht, die während des Kriegszustandes begangen sind, verweist auf das Völkerrecht, aus dem die Kriterien für den Kriegszustand, für seinen Anfang und seine Beendigung zu entnehmen sind. Ein Gesetz, das vom Transport von Kriegskonterbande handelt, verweist auf das Völkerrecht, um zu bestimmen, welche Güter Kriegskonterbande sind usw. usw. In allen diesen und in sehr vielen anderen ähnlichen Fällen schafft die Verweisung auf das Landesrecht oder das Völkerrecht die Vorbedingungen für die Anwendbarkeit völkerrechtlicher Normen im ersten und landesrechtlicher Normen im zweiten Fall. Trotz einer solchen Verweisung einer Rechtsordnung auf Normen der anderen Rechtsordnung sind und bleiben diese Normen Bestandteil der fremden Rechtsordnung und werden nicht zum Bestandteil des Rechts, das auf sie verweist.

Viel umstrittener und schwieriger ist der Fall der rezipierenden Verweisung. Eine weit verbreitete Auffassung, die ihren konkreten Niederschlag im angloamerikanischen Recht (und jetzt auch in Art. 4 der deutschen Verfassung vom 11. August 1919 und in der österreichischen Verfassung von 1920) gefunden hat, lehrt, daß das Völkerrecht in seiner Gesamtheit oder wenigstens teilweise in das Landesrecht eingeht und daß es auf diese Weise für die Organe des Staates, für die Staatsbürger und überhaupt für alle, die dieser landesrechtlichen Rechtsordnung unterworfen sind, verbindlich ist (International Law is a part of the Law of the Land).

Dieser Auffassung gegenüber macht sich neuerdings, hauptsächlich in Deutschland und Italien, eine andere Lehre geltend, die für völlige und absolute Trennung der beiden Rechtsordnungen des Völkerrechts und des Landesrechts eintritt und hieraus die Unmöglichkeit einer Rezeption von Völkerrechtsnormen durch das Landesrecht ableitet. Wohl gäbe es in jeder staatlichen Rechtsordnung, aus dem Willen des Staates, das Völkerrecht zu beobachten, heraus, stillschweigend gesetzte Rechtsnormen, die den völkerrechtlichen Normen entsprächen. Erstere seien aber notwendigerweise von letzteren verschieden, nicht nur was ihre formale Geltung, sondern auch was den Inhalt und die Normadressaten angeht.

Die beiden Theorien gehen vielleicht nicht ganz so weit auseinander als man bisher allgemein angenommen hat. Vor allem stimmen sie darin überein, daß beide für alle Landesrechte die Existenz von Normen annehmen, die die Beobachtung völkerrechtlicher Verpflichtungen sicherstellen. Die Verschiedenheit setzt da ein, wo es sich um die juristische Erklärung dieser Tatsache handelt: liegt eine Rezeption von Völkerrechtsnormen in das Landesrecht oder stillschweigendes Entstehen von landesrechtlichen Normen vor, die den völkerrechtlichen Normen inhaltlich entsprechen?

Zu dieser Frage sei vor allem bemerkt, daß dem Satz, nach dem das Völkerrecht in das Landesrecht jedes Staates eingeht und ein Teil davon wird, durchaus nicht die allgemeine und absolute Bedeutung beigelegt wird, die dem Wortsinn dieses Satzes zukäme. Er gilt in erster Linie für das völkerrechtliche Gewohnheitsrecht, und die Kraft, die man ihm im Fall von Konflikten mit gesetztem Landesrecht, das stets den Vorrang vor den Grundsätzen des Völkerrechts hat, zuerkennt, schwächt seine buchstäbliche Bedeutung ganz beträchtlich ab. Das geht klar hervor aus den neueren Entscheidungen der englischen Gerichtshöfe (Fall des „Zamora": vgl. „Rivista di diritto internazionale", Bd. XI, 1917, S. 418). Oftmals wird dieser Satz um eines politischen Zweckes willen zitiert: er soll auf besonders eindringliche Weise zum Ausdruck bringen, daß ein Staat, in dem dieser Grundsatz gilt, das Völkerrecht zu beobachten gewillt sei und daß er für die Befolgung des Völkerrechts Sorge trage.

Andererseits ist bei der begrifflichen Geschiedenheit der Rechtsordnungen jegliche Rezeption ein Akt der Normensetzung. Die Rezeption erfordert notwendigerweise eine Umwandlung der rezipierten Normen über das bloß Formal-Technische hinaus. Jede Norm richtet sich an die Subjekte der Rechtsordnung, in der sie gilt; und da das Wesen der Rechtssubjektivität in einer Wechselbeziehung zwischen einem Individuum und den Normen der Rechtsordnung, die das Individuum zum Rechtssubjekt macht, besteht, so erfordert allein die Tatsache, daß eine Norm in eine andere Rechtsordnung aufgenommen wird, daß sie jetzt für andere Subjekte gilt als früher. Jede Rechtsnorm muß sich dem Rechtssystem, zu dem sie nun gehört, und das auf die verschiedenste Weise auf ihren Inhalt wirkt — sei es, daß sie es erweitert oder verengert —, derart anpassen, daß die gleiche Norm in zwei verschiedenen Rechtsordnungen eine ziemlich verschiedene Bedeutung hat oder haben kann. Die Rezeption bedingt daher begrifflich eine Umwandlung der Norm, nicht nur der Form, sondern auch dem Wesen nach; es scheint daher unrichtig, die Unmöglichkeit der Rezeption aus der mehr oder weniger eingreifenden Umbildung der rezipierten Normen herzuleiten.

Wenden wir diese Erkenntnisse hier an, so können wir zu dem Schluß kommen, daß nichts die Möglichkeit der Rezeption von Völkerrechtsnormen in das Landesrecht ausschließt; dabei darf man nur nicht aus dem Auge verlieren, daß die Rezeption a) die formale Geltung der Norm ändert; sie wird Norm einer neuen Rechtsordnung, und diese allein ist es, die ihre Beziehungen zu den anderen Normen dieser neuen Rechtsordnung bestimmt; b) die Adressaten der Norm ändert; dies sind von jetzt an die Subjekte der Rechtsordnung, in die die Norm selbst übergegangen ist; c) mehr oder weniger den Inhalt, welcher der Norm in der Völkerrechtsordnung eigen war, ändert, je nach dem Zweck der Rezeption, der Art der Subjekte, für die sie gelten soll, und der Eigenart des Systems, dem sie jetzt angehört.

Der wichtigste Fall der Rezeption ist die Aufnahme der Normen des gemeinen völkerrechtlichen Gewohnheitsrechts, das gemeinsam für alle der Völkerrechtsgemeinschaft angehörenden Staaten gilt, wie z. B. verschiedene Regeln des Diplomatenrechts, des Seerechts usw. Diese Normen könnten nicht beobachtet werden, wenn in den einzelnen Rechtsordnungen nicht entsprechende Normen existierten; z. B. erheischen die Normen, die den Staat dazu verpflichten, diplomatische Vertreter von der Gerichtsbarkeit zu befreien, entsprechende landesrechtliche Normen, die die Richter zur Nichtausübung der Gerichtsbarkeit verpflichten oder ermächtigen. Die Normen, die den Staat verpflichten, den zugelassenen Ausländern ein Mindestmaß von Rechtsschutz zu gewährleisten, erheischen entsprechende innerstaatliche Normen, die dem Ausländer das Recht gewähren, vor Gericht zu gehen, die Wiedergutmachung erlittener Unbill zu verlangen usw. Die Rezeption der Völkerrechtsnormen, die gleichsam verschmilzt mit dem Willen des Staates, sie von sich aus zu beobachten, liefert die einfachste Erklärung für die Existenz dieser innerstaatlichen Normen. Wo es sich um vertraglich gesetztes Völkerrecht handelt, stellt das Problem sich anders dar, und es wird an anderer Stelle untersucht werden.

Eine Rezeption von landesrechtlichen Normen in das Völkerrecht kann in dem schon abgehandelten Sinne sicherlich auch dann stattfinden, wenn zwei oder mehr Staaten in eine Vereinbarung Normen aufnehmen, die zu einer innerstaatlichen Rechtsordnung gehören. Die Geschichte des Seerechts könnte vielleicht zeigen, wie Prinzipien des Consolato del mare oder der französischen Marine-Ordonnanz von 1681 in internationale Gebräuche oder Verträge aufgenommen worden sind. Triepel erinnert an den Artikel 2 der Rhein-Bundsakte vom 12. Juli 1806, der ausdrücklich ausspricht, daß für die Beziehungen der Verbündeten einige der aus einem Gesetz des früheren Deutschen Reichs stammenden Bestimmungen in Kraft bleiben sollen.

Man kann andererseits dort nicht von Rezeption sprechen, wo das Landesrecht — und dieser Fall ist bei weitem am häufigsten — vermittels der aus seiner Wissenschaft oder Praxis stammenden Einflüsse verschiedener Art die Richtung oder Entwicklung im Völkerrecht bestimmt. Dahin gehört das Einwirken des römischen Rechts auf die Lehre von den Gebietsveränderungen, auf die Vertragstheorie usw.; ferner das Einwirken des belgischen Gesetzes von 1856 auf das Auslieferungsrecht, oder der amerikanischen Instruktionen von 1863 auf das Kriegsrecht usw. In keinem dieser Fälle handelt es sich um Rezeption von landesrechtlichen Normen als solchen, wenn auch hier der Inhalt der völkerrechtlichen Normen in größerem oder geringerem Maße auf sie zurückgeht.

Drittes Kapitel.

Völkerrechtsquellen.

Bibliographie. — C. Bergbohm, Staatsverträge und Gesetze als Quellen des Völkerrechts, Dorpat 1877; F. von Holtzendorff, Die Quellen des Völkerrechts, in Bd. 1 des „Handbuch des Völkerrechts", S. 77—155; F. Pollock, The sources of international law, in „The Law Quarterly Review", Bd. XVIII, 1902, S. 418ff.; E. Maxey, Treaties as a source of international law, in „Albany Law Journal", 1906, S. 88; A. Cavaglieri, La consuetudine giuridica internazionale, Padua 1907; F. Stoerk, Völkerrecht und Völkercourtoisie, in der „Festschrift" für P. Laband, Zürich 1908, Bd. 1, S. 129ff.; G. Diena, Considerazioni critiche su alcune teorie del diritto internazionale I: Le fonti, Turin 1908; M. Huber, Beiträge zur Kenntnis der soziologischen Grundlagen des Völkerrechts, in „Das öffentliche Recht der Gegenwart: Jahrbuch, hrsg. von M. Huber, G. Jellinek, P. Laband, R. Piloty", Bd. IV, Tübingen 1910, S. 56—134, neu abgedruckt in „Internationalrechtliche Abhandlungen", hrsg. von H. Kraus, zweite Abh., Berlin 1928; von demselben, Die soziologischen Grundlagen des Völkerrechts, im „Archiv für Rechts- und Wirtschaftsphilosophie", Bd. IV, 1911, S. 21ff.; P. Heilborn, Grundbegriffe des Völkerrechts. Kap. II: Die Völkerrechtsquellen, im „Handbuch des Völkerrechts", hrsg. von F. Stier-

Somlo, Stuttgart 1912 und „Les sources du droit international", in „*Recueil des Cours de l'Académie de droit intern.*" 1926, I, S. 5—63; O. Salvioli, Sulla teoria dell' accordo in diritto internazionale, Sonderabdruck aus „Diritto e Giurisprudenza", Bd. XXIX, 1914; H. Striemer, Die rechtssetzenden Staatsverträge im Völkerrecht (Diss. Greifswald), Berlin 1914; L. Oppenheim, Zur Lehre vom internationalen Gewohnheitsrecht, in „Niemeyers Zeitschrift für internationales Recht", Bd. XXV, 1915, S. 1ff.; T. Perassi, Teoria dommatica delle fonti di norme giuridiche in diritto internazionale, in „Rivista di diritto internazionale", Bd. XI, 1917, S. 195ff.; H. Kelsen, Das Problem der Souveränität usw., besonders § 33; G. E. Sherman, The nature and sources of internat. law, in „Amer. Journ. of Int. Law", Bd. XV, 1921, S. 349ff.; P. E. Corbett, The consent of States and the sources of the law of nations, in „British Year Book of international law", Bd. VI, 1925; S. 20ff.; A. Verdroß, Völkerrechtsquellen, im „Wörterbuch des Völkerrechts" von K. Strupp, Bd. III, 1926; G. Balladore Pallieri, La forza obbligatoria della consuetudine internazionale, in „Rivista di diritto internazionale", Bd. XX, 1928, S. 338—374.

Die Vereinbarungen der Staaten, sich unter bestimmten Verhältnissen in bestimmter Weise zu verhalten, haben ihren Hauptgrund in den konkreten Bedürfnissen und Interessen der Staaten selbst oder in idealen Gerechtigkeitsforderungen, die in einem gegebenen Moment im Gesellschaftsbewußtsein auftauchen. Alle diese Elemente liefern den Stoff zu den konkreten juristischen Normen, sind ihre mittelbare und zurückliegende Entstehungsursache, Quelle im materiellen Sinn.

Die unmittelbare Entstehungsursache oder Quelle im formalen Sinn der Rechtsnormen liegt in den Willensakten, welche aus der Grundnorm des Völkerrechts für die zwischenstaatliche Beziehung ihre Geltung als Rechtssätze beziehen. Diese Willensakte setzen die Anschauungen und Forderungen, die aus der soziologischen Wirklichkeit und aus dem gesellschaftlichen Bewußtsein immer aufs neue ans Licht treten, in positive Normen, in Teile einer Rechtsordnung um. Aber das Recht als ein System solcher Normen existiert erst von dem Augenblick an, in dem diese Umwandlung vollendet ist, und nur in dem Umfang, in dem die Umwandlung stattgefunden hat. Diese Lehre, durch die sich die heutige Rechtswissenschaft von den alten Lehrmeinungen unterscheidet, die mehr oder weniger von einem falsch verstandenen Naturrecht beherrscht waren, hat auch für unser Gebiet volle Geltung. Das Völkerrecht wird geschaffen durch zwischen den Staaten abgeschlossene Vereinbarungen, die ihre bindende Kraft aus der Regel pacta sunt servanda herleiten, und es existiert als gesetztes Völkerrecht nur insoweit, als es auch wirklich Inhalt der Vereinbarungen geworden ist.

Die Staatenübereinkommen sind im allgemeinen entweder die Folge von ausdrücklichen Erklärungen des übereinstimmenden Willens, gewisse Normen zu beobachten, oder die Folge der bloßen Tatsache, daß bestimmte Normen, weil man sie für verbindlich hält, eingehalten werden. Wird die Norm durch ausdrückliche Willenserklärung geschaffen, so gibt in der Regel der Schöpfungsakt die Formulierung des Normeninhalts, während, wenn das Übereinkommen aus konkludenten Handlungen hervorgegangen ist, der Normeninhalt aus diesen Handlungen und besonders aus den Modalitäten ihrer Wiederholung entnommen werden muß. Die ausdrückliche Erklärung des übereinstimmenden Willens von zwei oder mehr Staaten, eine gegenseitige Abmachung einzuhalten, heißt völkerrechtlicher Vertrag. Die stillschweigenden Vereinbarungen entstehen hauptsächlich aus der zur Gewohnheit gewordenen Übung. Verträge und Gewohnheiten sind daher die gewöhnlichen Verfahrensweisen, durch welche die Normen der Völkerrechtsordnung gesetzt werden.

Um Mißverständnissen vorzubeugen, sei hier gleich festgestellt, daß der Satz, die Völkerrechtsnormen entstehen durch Verträge und Gewohnheiten, keineswegs bedeuten soll, daß nur die in Verträgen schriftlich niedergelegten oder aus einer bestimmten Gewohnheit hervorgegangenen Regeln die Völkerrechtsordnung bilden. Die notwendigen logischen Voraussetzungen und Folgen der auf diese Weise gesetzten Normen gehören ebenfalls dazu, weil der Wille, eine Norm oder ein System von Normen zu beobachten, den Willen in sich schließt, auch die Normen gelten zu lassen, ohne welche die anderen keinen Sinn hätten, oder die, welche logischerweise in ihnen miteinbegriffen sind. Diese Regeln, die man strukturelle Funktionsnormen nennen kann, sind ein wesentliches Element jeder Rechtsordnung und auch unserer Völkerrechtsordnung.

Nach diesen Vorbemerkungen gehen wir zu einer eingehenden Prüfung der beiden Gattungen völkerrechtlicher Normensetzung über.

A. Die Sätze, die für den Abschluß völkerrechtlicher Verträge gelten, werden besser an anderer Stelle behandelt; hier wäre eine Beschäftigung mit ihnen verfrüht.

Die so viel erörterte Frage nach dem Grund der Verbindlichkeit der Verträge wird gewöhnlich falsch gestellt, weil zwei ganz verschiedene Gesichtspunkte hier vermengt werden. Vom normativen Standpunkt aus, welcher der der Rechtswissenschaft ist, stellt das Problem sich in folgender Formulierung dar: warum müssen die völkerrechtlichen Verträge eingehalten werden? Die Antwort ergibt sich, wie wir wissen, aus dem Satz „pacta sunt servanda". Die Staaten müssen sich gegenseitig in der vereinbarten Weise verhalten. Das ist die Ur-Norm, hinter der sich keine andere finden läßt, die ihre Rechtmäßigkeit erklärte, und die deshalb von der Rechtswissenschaft als Grundannahme oder unbeweisbares Postulat aufgestellt wird. Der Standpunkt der kausalen Betrachtungsweise, die der Soziologe und der Politik eignet, geht von der Fragestellung aus, woher denn die Tatsache stammt, daß die Völkerrechtsverträge ganz allgemein eingehalten werden; von ihm aus lassen sich natürlich viele, nach Zeit und Ort verschiedene Gründe anführen, die sich im wesentlichen auf ein Zusammenspiel verschiedenster Interessen und Forderungen zurückführen lassen, die es den Staaten zur gebieterischen Notwendigkeit machen, ihre Verpflichtungen einzuhalten.

Die völkerrechtlichen Verträge werden zuweilen zwischen einer größeren Zahl von Staaten abgeschlossen, weil sie Bedürfnisse, die allen gemeinsam sind, regeln (kollektive Verträge); häufiger zwischen zwei Staaten (partikulare Verträge). In jedem Fall ist der Bereich der Verbindlichkeit der internationalen Verträge genau bestimmt durch die Zahl der Staaten, die an ihnen beteiligt sind. Um aber die Ausdehnung oder Verkleinerung der Wirkungssphäre der Normen je nach der Vergrößerung oder Verkleinerung der Zahl der interessierten Staaten zu erleichtern, pflegt man in den Kollektivverträgen die Möglichkeit des Beitritts neuer Staaten oder entsprechend die Möglichkeit des einseitigen Rücktritts oder der Kündigung vertraglich vorzusehen, so daß jeder Staat unter gewissen Bedingungen und unter Beobachtung bestimmter Formalitäten Vertragspartei werden oder sich rechtmäßig von der Vertragsverpflichtung lösen kann (offene Verträge im Gegensatz zu geschlossenen Verträgen, bei denen, da sie intuitu personae abgeschlossen sind, die Parteien von Anfang an genau bestimmt sind).

Das Inkrafttreten und die Dauer der Verträge hängen allein vom Willen der vertragschließenden Staaten ab, die nach Belieben Anfangs- und Endtermine, Bedingungen, territoriale Beschränkungen, Vorbehalte usw. vorsehen können, worüber an anderer Stelle gehandelt werden soll.

Die internationalen Verträge haben sehr großen Anteil an der Ordnung der Beziehungen zwischen den Staaten; es ist daher nötig, die Vertragssammlungen zu kennen. Gute Dienste tut hierbei die

Publikation von D. P. Myers, Manual of collections of treaties and of collections relating to treaties, Cambridge, Mass. 1922. Wir beschränken uns hier auf ganz kurze Hinweise.

Im allgemeinen hat jeder Staat eine oder mehrere offizielle oder inoffizielle Sammlungen der Verträge, die für ihn gelten oder galten (Spezialsammlungen). Italien besitzt: Traités publics de la Royale Maison de Savoie avec les Puissances étrangères depuis la paix de Château-Cambrésis jusqu'à nos jours, 8 Bde., Turin 1836—61; Raccolta dei trattati e delle convenzioni conchiuse fra il Regno d'Italia ed i Governi esteri; eine im Auftrag des Ministeriums der Auswärtigen Angelegenheiten herausgegebene Sammlung, Turin-Florenz-Rom 1865 ff.; (diese jetzt ziemlich veraltete Sammlung kann teilweise durch die zwei folgenden Sammlungen ergänzt werden: I Trattati commerciali del Regno d'Italia a cura di A. Giannini, 2 Bde., Roma 1924ff.; I Trattati di Commercio fra l'Italia e gli altri Stati stipulati dopo il 30 luglio 1914 e fino al 30. IX. 1927, 4 Bde., Ministero dell' Economia Nazionale, Roma 1927); L. Palma, Trattati e convenzioni in vigore fra il Regno d'Italia ed i Governi esteri, 2 Bde., Turin 1879 und 1890.

Ferner gibt es allgemeine Sammlungen, die Verträge aller Staaten umfassen. Die Sammlung, die zeitlich am weitesten zurückreicht, ist die von J. Du Mont, Corps universel diplomatique du droit des gens; contenant un recueil des traités d'alliance, de paix, de trêve, de neutralité, de commerce . . . qui ont été faits en Europe, depuis le règne de l'Empereur Charle Magne jusqu'à présent, avec les capitulations impériales et royales, les sentences arbitrales etc., 8 Bde., Amsterdam et La Haye 1726—31; sie umfaßt die Verträge von 800—1731. Ein Nachtrag in 5 Bänden, welcher die Verträge des Altertums und verschiedene, in der ebenerwähnten Sammlung ausgelassene Verträge enthält, wurde von J. Barbeyrac und J. Rousset de Missy in Amsterdam und im Haag im Jahre 1739 veröffentlicht. Es folgt dann die sehr große Sammlung, die von G. F. Martens unter dem Titel „Recueil de Traités d'alliance, de paix, de trêve, de neutralité, de commerce, de limites, d'échange . . . depuis 1761 jusqu'à présent (2. Aufl., 8 Bde., Göttingen 1817—35) begonnen wurde, im „Nouveau Recueil de Traités . . ." und dann im „Nouveau Recueil général de Traités . . .", von dem jetzt die dritte Serie unter Leitung von H. Triepel (Leipzig 1909ff.) erscheint, fortgesetzt wird. Für die zwischen diesen beiden Sammlungen liegende Zeitspanne ist sehr brauchbar das Werk von Wenck, Codex juris gentium recentissimi, Leipzig 1781—95, das die Verträge von 1735—72 enthält. — Andere wichtigere Sammlungen sind: J. J. Schmauß, Corpus juris gentium academicum, Leipzig 1730—31; C. de Martens und F. de Cussy, Recueil manuel et pratique des traités, conventions . . ., depuis l'année 1760 jusqu'à l'époque actuelle, 1. Serie, Leipzig 1846—57, 2. Serie, Leipzig 1887—88; F. W. Ghillany, Diplomatisches Handbuch. Sammlung der wichtigsten europäischen Friedensschlüsse, Kongreßakten . . . vom Westphälischen Frieden bis auf die neueste Zeit, Nördlingen 1855—68; G. de Garden, Histoire générale des Traités de paix et autres transactions principales entre toutes les Puissances de l'Europe depuis la paix de Westphalie, 15 Bde., Paris 1848—87; E. Hertslet, The map of Europe by treaty, showing the various political and territorial changes since the general peace of 1814, 4 Bde., London 1875—91; P. Albin, Les grands traités politiques. Recueil des principaux textes diplomatiques depuis 1815 jusqu'à nos jours, 3e éd., Paris 1923; E. Descamps et L. Renault, Recueil international des traités du XIXe siècle, Bd. 1 (1801—1925); Paris 1914. (Eine Fortsetzung wird geplant); E. Descamps et L. Renault, Recueil international des traités du XXe siècle; bis jetzt 7 Bde. (1901—1907), Paris 1905ff. usw.

Der Gebrauch der verschiedenen Sammlungen, besonders der älteren, wird wesentlich erleichtert durch das „Répertoire des traités de paix, de commerce, d'alliance etc., conventions et autres actes conclus entre toutes les Puissances du globe principalement depuis la paix de Westphalie jusqu'à nos jours. Table générale des recueils de Dumont, Wenck, Martens, etc., donnant l'indication du volume et de la page du recueil où se trouve le texte de chaque traité", zusammengestellt von Tétot und in Paris in 2 Bänden vom Jahre 1866 bis 1873 veröffentlicht. Er ist in zwei Teile geteilt, einen chronologischen und einen alphabetischen Teil, und enthält die Verträge von 1493 bis 1867. Dieses Repertorium wurde von G. de Ribier, 2 Bde., Paris 1895—99, fortgesetzt; die Fortsetzung umfaßt die Periode von 1867 bis 1897 und ist ebenfalls in zwei Teile geteilt, einen chronologischen und einen alphabetischen. Daran schließt sich das vom „Institut Intermédiaire International" im Haag herausgegebene „Répertoire général des traités et autres actes diplomatiques conclus depuis 1825 jusqu'en 1920", La Haye 1926, an. Nach 1920 dient denselben Zwecken eine im „Bulletin de l'Institut Intermédiaire International" eingerichtete Rubrik: „Aperçu des rapports conventionnels internationaux".

Artikel 18 der Völkerbundssatzung bestimmt, daß alle künftig von einem Bundesmitglied geschlossenen Verträge unverzüglich beim Sekretariat einzutragen und so bald wie möglich von diesem zu veröffentlichen sind. In Ausführung dieser Verpflichtung hat das Völkerbundssekretariat die Herausgabe eines „Recueil des traités et des engagements internationaux enregistrés par le Secrétariat de la Société des Nations" unternommen. Bis Juli 1928 sind 66 Bände dieser Sammlung erschienen.

In diesen letzten Jahren sind einige wichtige kürzere Vertragssammlungen für Unterrichtszwecke erschienen, wie die von M. Fleischmann (Völkerrechtsquellen, Halle 1905), von W. von Rohland (Völkerrechtsquellen, Freiburg i. B., 1906), von K. Strupp (Urkunden zur Geschichte des Völkerrechts, 2 Bde., Gotha 1911 und ein Supplement 1912) (2. Aufl., Berlin 1923 in französischer Sprache „Documents pour servir à l'histoire du droit des gens", 5 Bde.); von H. Pohl und C. Sartorius (Modernes Völkerrecht. Eine Sammlung von Quellen und anderen Urkunden, München 1922); von T. J. Lawrence, Documents illustrative of international law, London 1914; von J. Harley, Selected Documents and Material for the study of International Law and Relations, 2d ed., Los Angeles 1926; und von L. Le Fur et G. Chklaver, Recueil de textes de droit international public, Paris 1928.

B. Von stillschweigender Vereinbarung spricht man dann, wenn der Wille der Staaten, sich zu einem bestimmten Verhalten zu verpflichten, aus konkludenten Handlungen sich ergibt. Wenn sich besagter Wille unter denselben Verhältnissen immer wieder in gleichen Handlungen offenbart, spricht man richtiger von Rechtsübung (tacitum pactum): das ist eine Norm, die in der Überzeugung, daß eine Rechtsnorm befolgt wird, praktisch beobachtet wird. Im Völkerrecht spricht man von Gewohnheitsrecht, eher als von einfacher Übung, dann, wenn die Staaten sich mit der opinio necessitatis tatsächlich auf eine bestimmte Weise verhalten.

Es braucht nicht wiederholt zu werden, daß, vom normativen Standpunkte aus, die bindende Kraft der Rechtsübung ebenso wie die der Verträge aus der völkerrechtlichen Grundnorm „Pacta sunt servanda" stammt. Vom Standpunkt der kausalen Betrachtung ist das Problem teils gleich wie bei den Verträgen, teils geht es hier tiefer bis zur Analyse aller jener latenten und zum Teil noch dunklen Kräfte, die an der Bildung und der Beobachtung der sozialen Gebräuche wirken.

Die stillschweigenden Vereinbarungen und insbesondere die Rechtsübung sind spontane Willensäußerungen, die spontan aus den Notwendigkeiten des zwischenstaatlichen Lebens sich ergeben und über deren rechtliche Bedeutung die Beteiligten sich nicht immer Rechenschaft geben. Sie sind historisch Vorgänger der Verträge, die ein willentliches Zusammenwirken, ein überlegtes Vorgehen und genauere Kenntnisse der Forderungen und Ziele der Gesamtheit voraussetzen. Das Gewohnheitsrecht ist auch heutzutage von großer

Bedeutung für die völkerrechtlichen Beziehungen, vor allem weil gerade die grundlegenden und allgemeinen Sätze der Völkerrechtsordnung sich aus der Rechtsübung ergeben, während die Verträge Einzelgebiete betreffen und in der Regel ein weniger ausgedehntes Wirkungsfeld haben. Die weit verbreitete Auffassung, das Völkerrecht sei im wesentlichen Gewohnheitsrecht, ist jedoch falsch; in Wirklichkeit werden die Beziehungen zwischen den Staaten heutzutage größtenteils durch Verträge geregelt.

Aus staatlichem Verhalten kann man dann auf den Abschluß einer stillschweigenden Vereinbarung schließen, wenn Akte vorliegen, die sich auf den zwischenstaatlichen Verkehr beziehen und aus denen hervorgeht, daß die Staaten den Willen haben, sich wechselseitig auf eine bestimmte Weise zu verhalten und daß sie dabei von dem Bewußtsein geleitet werden, dazu verpflichtet zu sein.

Unter Staatsakten in diesem Sinne versteht man rechtserhebliches Handeln eines Staates anderen Staaten gegenüber. Was darunter zu verstehen ist, wird später gezeigt werden.

Dieser Staatsakt muß sich auf einen oder mehrere andere Staaten beziehen, denn nur so ist eine zwischenstaatliche Vereinbarung denkbar. Innerstaatliche Akte, wie Gesetze, Urteile, Verwaltungsverfügungen usw. haben Sinn und Wirkung nur innerhalb der staatlichen Rechtsordnung und können daher schon begrifflich nicht Willenserklärungen sein, aus denen ein völkerrechtliches Übereinkommen bestehen muß, und dies auch dann nicht, wenn sie die Interessen fremder Staaten berühren und in den verschiedenen Ländern inhaltlich gleich sind. So kann man aus der inhaltlichen Übereinstimmung von Rechtssätzen, durch die zwei oder mehr Staaten die Anerkennung ausländischer Urteile regeln, nicht auf den Willen dieser Staaten schließen, sich gegenseitig zu verpflichten, die fremden Urteile unter den angegebenen Bedingungen anzuerkennen; denn die Übereinstimmung dieser Vorschriften kann einfach daher rühren, daß die verschiedenen Gesetzgeber in dieser Materie sich von den gleichen Gesichtspunkten haben leiten lassen. Treten aber zu diesen Gesetzen, Urteilen usw. Tatsachen hinzu, die sie in einem anderen Licht erscheinen lassen, so können sie zum Beweis des stillschweigenden Abschlusses eines völkerrechtlichen Übereinkommens mit verwendet werden.

Dagegen ist die Tatsache, daß in den verschiedenen Staaten die Gesetzgebungen bei der Regelung international erheblicher Rechtsgebiete inhaltlich verschiedene Bestimmungen treffen, wie z. B. über die Vollstreckung ausländischer Urteile, über die Ausübung der Zivil- und Strafgerichtsbarkeit über Ausländer oder über Tatbestände im Auslande, über den Besitz der Staatsangehörigkeit, über Auswanderung und Einwanderung usw., ohne daß von seiten der etwa betroffenen Staaten Einwände dagegen erhoben und Ansprüche angemeldet werden, ein starkes Argument für das Fehlen völkerrechtlicher Gewohnheitsnormen auf diesem Gebiet (vgl. Urteil Nr. 10, 7. September 1927, des Ständigen Internationalen Gerichtshofes, in „Publications de la Cour", Serie A Nr. 10, bes. S. 27f.).

Es müssen Handlungen sein, aus denen hervorgeht, daß die Staaten den Willen haben, sich wechselseitig auf eine bestimmte Weise zu verhalten und daß sie dabei von dem Bewußtsein geleitet werden, dazu verpflichtet zu sein. Also:

a) Konkludente Handlungen oder solche, aus denen man mit Sicherheit auf die Existenz eines bestimmten Willens schließen kann (unzweideutige Tatsachen);

b) Handlungen, die aus dem Willen hervorgehen, sich zu einem bestimmten Verhalten gegenüber anderen Staaten zu verpflichten, — also nicht einfache Erklärungen über einen Sachverhalt, die als solche den Willen, Verpflichtungen auf sich zu nehmen, gar nicht in sich schließen. Wenn also ein Staat einem anderen erklärt, daß nach seinen Gesetzen ausländische Urteile ohne sachliche Nachprüfung vollstreckt werden, um durch diese Erklärung die Behandlung zu genießen, die das ausländische Gesetz von der Gewährung der Gegenseitigkeit abhängig macht, so kann man daraus sicher noch nicht auf eine Vereinbarung der beiden Staaten über die Vollstreckung ausländischer Urteile ohne sachliche Nachprüfung schließen, derart daß diese Haltung, die jeder von ihnen freiwillig angenommen hat, zu einer rechtlich gebotenen geworden wäre.

c) Wechselseitiges Verhalten, d. h. ein Verhalten, das sich mit einem gleichgerichteten Verhalten eines anderen Staates begegnet, weil nur auf diese Weise eine Vereinbarung zustande kommen kann.

d) Handlungen, die kundtun, daß die Willen übereinstimmen. Diese Akte können verschieden sein, nur muß sich aus ihnen die gemeinsame Überzeugung von dem verpflichtenden Charakter dieses Verhaltens ergeben.

Diese beiden Arten von Willensäußerungen können sich natürlich verbinden: so können einerseits durch ausdrückliche Willenserklärungen Normen, die aus stillschweigendem Übereinkommen hervorgegangen sind, oder andererseits ausdrücklich vereinbarte Normen durch stillschweigende Vereinbarung Annahme finden. Auch kann es vorkommen, daß eine Vereinbarung aus der Übereinstimmung einer ausdrücklichen und einer stillschweigenden Willenserklärung hervorgeht.

Es liegt auf der Hand, daß es äußerst schwierig ist, die Existenz und Tragweite einer Norm aus dem bloßen Verhalten der Staaten abzuleiten. Den Stoff liefert uns die Geschichte, insbesondere die der internationalen Beziehungen. Von besonderer Bedeutung sind natürlich die Sammlungen diplomatischer Urkunden. Unter ihnen sind besonders wichtig die von fast allen Regierungen von Zeit zu Zeit als Berichte ihren Parlamenten gegebenen Mitteilungen, die gewöhnlich nach der Farbe ihres Umschlages benannt werden, so die italienischen Grünbücher, die französischen Gelbbücher, die deutschen Weißbücher, die englischen Blaubücher, die österreichischen Rotbücher usw. usw.

Wenn man so mit Hilfe der diplomatischen Korrespondenz imstande ist, sich über die Haltung der beteiligten Staaten bei einem bestimmten Streitfall zu orientieren und aus ihr Rückschlüsse auf ihre juristische Einstellung zu ziehen, so gelingt es doch selten, aus dieser Korrespondenz die Rechtsnorm festzustellen, die bei der Lösung des Streitfalls zur Anwendung kam, weil die Lösung nur zu häufig in einem Kompromiß besteht. Bessere Dienste leisten in dieser Hinsicht die schiedsrichterlichen Entscheidungen, in denen sich, ebenso wie es bei innerstaatlichen richterlichen Entscheidungen der Fall ist, häufig Auseinandersetzungen darüber finden, was, nach der Ansicht des Richters, das geltende Recht ist. Die vortrefflichen Dienste, welche die schiedsrichterlichen Entscheidungen einer genauen Bestimmung des geltenden Völkerrechts erweisen können, gehen klar aus dem sehr wichtigen Beispiele hervor, welches J. H. Ralston in seinem bekannten Werke „The law and procedure of international Tribunals" (revised edition, Stanford University Press 1926) gegeben hat.

Eine vollständige Sammlung der internationalen Schiedssprüche, und zwar selbst eine solche, die sich auf das 19. Jahrhundert und das erste Viertel des 20. Jahrhunderts beschränkte, fehlt noch. Die von H. La Fontaine (Pasicrisie internationale. Histoire documentaire des arbitrages internationaux 1794—1900, Bern 1902) umfaßt nicht nur bloß einen kurzen Zeitraum, sondern ist auch aus verschiedenen Gesichtspunkten mangelhaft. Höhere Ziele steckt sich — und wird sie sicherlich zu erreichen wissen — die von A. de Lapradelle und N. Politis begonnene Sammlung, von der bisher zwei Bände erschienen sind, die die in der Zeit von 1798—1872 ergangenen Schiedssprüche enthalten und z. T. höchst wertvolle wissenschaftliche Anmerkungen bringen, sowie einen mit Belegen versehenen Abriß der Geschichte des Streitfalls und der von den Parteien aufgestellten Rechtsbehauptungen (Recueil des arbitrages internationaux, Bd. I, Paris 1905 (1798—1855); Bd. II, Paris 1923 (1856—72)). Andere, ebenfalls sehr bedeutende Sammlungen beschränken sich auf ein bestimmtes Land oder eine bestimmte Gruppe von Schiedssprüchen. Genannt sei hier die von J. Bassett Moore, die alle Schiedssprüche enthält, an denen die Vereinigten Staaten von Amerika als Partei teilgenommen haben (History and Digest of the international arbitrations to which the United States has been a party, 6 Bde., Washington 1898); die Sammlung von G. G. Wilson (The Hague arbitration cases. Compromis and awards with maps in cases decided under the provisions of the Hague Conventions of 1899 and 1907, Boston-London 1915), die von J. B. Scott (The Hague Court Reports, comprising the award accompanied by syllabi, the agreements for arbitration and other documents in each case submitted to the permanent Court of arbitration and to Commissions of inquiry under the provisions of the Conventions of 1899 and 1907 for the pacific settlement of international disputes, New York 1916), und die von W. Schücking (Die Judikatur des Ständigen Schiedshofs von 1899—1913, 3 Bde., in „Das Werk vom Haag", München 1912 bis 1917) enthalten die von dem im Jahre 1899 errichteten Welt-Schiedsgerichtshof ausgesprochenen Schiedssprüche.

An dieser Stelle seien auch die Veröffentlichungen des Ständigen Internationalen Gerichtshofs genannt, der auf Grund des Art. 14 der Völkerbundssatzung durch das Genfer Protokoll vom 16. Dez. 1920 geschaffen worden ist. Diese Publikationen (Leyden, 1922ff.) erscheinen in 6 Reihen: Reihe A enthält die Sammlung der Urteile, Reihe B die Sammlung der auf Anfordern des Völkerbundsrats oder der Völkerbundsversammlung auf Grund des Art. 14 der Satzung erteilten gutachtlichen Äußerungen, Reihe C die zu den Urteilen und Gutachten gehörigen Akten und Dokumente, Reihe D die auf die Organisation des Gerichtshofs bezüglichen Akten und Dokumente, Reihe E den jährlichen Bericht über die Tätigkeit des Gerichtshofs, endlich Reihe F das allgemeine Inhaltsverzeichnis der Veröffentlichungen.

Eine zwar sehr fehlerhafte Gesamtdarstellung der Judikatur des Ständigen Internationalen Gerichtshofs (Urteile und Gutachten) enthält das neue Werk von B. de Franqueville, L'œuvre de la Cour permanente de justice internationale, 2 Bde., Paris 1928.

Obwohl fast alle gerichtlichen das Völkerrecht interessierenden Entscheidungen in den dieser Disziplin gewidmeten Zeitschriften oder in besonderen Veröffentlichungen gesammelt werden, kann eine allgemeine diesem Zwecke ausschließlich dienende Sammlung sehr gute Dienste erweisen. Das gilt für das „Annual Digest of public international Law cases", welches von dem „Department of international Studies of the London School of Economics and Political

Science" unter Mitwirkung einiger ausländischer Juristen unternommen worden ist. Diese Sammlung wird die Entscheidungen der folgenden Gerichte enthalten: a) Des Ständigen internationalen Gerichtshofs im Haag; b) aller anderen internationalen Gerichte, wie der Gemischten Schiedsgerichte und der sogenannten „Claims Commissions"; c) der nationalen Gerichte der verschiedenen Staaten, insofern, als ihre Entscheidungen völkerrechtliche Prinzipien anwenden. Die Veröffentlichung des ersten Bandes steht nahe bevor und wird die Jahre 1925 und 1926 enthalten; es wird aber geplant, auch die Jahre 1919—1924 später einzubeziehen.

Kodifikation des Völkerrechts.

Bibliographie. — Die wichtigsten Versuche theoretischer Kodifikationen des Völkerrechts werden im Text genannt. Hier seien nur einige Arbeiten angeführt, die das Problem der Kodifikation des Völkerrechts im allgemeinen untersuchen und über die Bewegungen zugunsten einer Kodifikation berichten: E. Nys, The codification of international law, im „American Journal of international law", Bd. V, 1911, S. 871ff.; A. Alvarez, La codification du droit international, Paris 1912; J. Dumas, Simple introduction à l'étude du problème de la codification du droit international public, Saint-Imier 1912; E. Loewenthal, Grundzüge zur Reform und Kodifikation des Völkerrechts, 3. Aufl., Berlin 1912; P. J. Baker, The codification of international law, im „British Year Book of international Law", Bd. V, 1924, S. 38ff.; Ch. de Visscher, La codification du droit international, im „Recueil des Cours de l'Académie de droit international", 1925, Bd. I, S. 329ff.; Manley O. Hudson, The progressive codification of international law, im „American Journal of international Law", Bd. XX, 1926, S. 655ff. G. W. Wickersham, The progress of codification under the auspices of the League of Nations, in „Proceedings of the American Society of international law", 1926, S. 121ff.; Th. Niemeyer, Vom Beruf unserer Zeit zur Kodifikation des Völkerrechts, in „Niemeyers Zeitschrift für internationales Recht", Bd. XXXVII, 1927, S. 1ff.; J. Urrutia, La codification du droit international, in „Revue gén. du droit int. public", Bd. XXXIV, 1927, S. 619ff. und XXXV, 1928, S. 133ff.; K. Strupp, Völkerrechtskodifikation, in „Zeitschrift für öffentliches Recht", Bd. VII, 1928, S. 153ff.; A. McNair, The present position of the codification of international law, in „Transactions of the Grotius Society", Bd. XIII, 1928, S. 129ff.

Die Ähnlichkeit zwischen Vertrag und Gesetz, insofern als beide eine Formulierung der angenommenen Rechtssätze darstellen und die Vorteile, die diese ausdrückliche Festlegung gegenüber der Unbestimmtheit des Gewohnheitsrechts hat, haben schon früh den Gedanken an die Schaffung eines eigentlichen Gesetzbuchs der Völkerrechtsgemeinschaft geweckt, d. h. eine vollständige Formulierung der die Beziehungen zwischen den Staaten regelnden Normen, die durch einen allgemeinen Vertrag festgelegt werden sollten.

Dieser von Bentham angedeutete Gedanke fand fast gleichzeitig teilweise Verwirklichung in einem zur Zeit der französischen Revolution unternommenen Versuch, dem berühmten Entwurf der „Erklärung der Rechte der Völker", der vom Abbé Grégoire in Ausführung eines Dekrets des Nationalkonvents vom 28. Oktober 1792 aufgesetzt und in 21 Artikel zusammengefaßt wurde und der für die Staaten dieselbe Bedeutung haben sollte wie für die Staatsbürger, die „Erklärung der Menschenrechte". Dem Konvent von 1793 und 1795 vorgelegt, wurde dieser Entwurf wegen der Koalitionskriege gegen Frankreich vom Komitee für das öffentliche Wohl als gefährlich angesehen und gelangte nicht zur Annahme.

In der zweiten Hälfte des verflossenen Jahrhunderts hat der Gedanke einer Kodifikation verschiedene Juristen gelockt. Diese haben theoretische Kodifikationen des Völkerrechts ausgearbeitet. So in Italien A. Paroldo (Saggio di codice del diritto internazionale, Turin 1858) und P. Fiore (Il diritto internazionale codificato e la sua sanzione giuridica, 1. Aufl., 1890, 5, Turin 1915; französische Übersetzung von Ch. Antoine, 2. Aufl., Paris 1911; spanische, Madrid 1901; englische von E. M. Borchard, New York 1918). In den anderen Ländern: A. de Domin Petrushevecz (Précis d'un code du droit international, Leipzig 1861); J. C. Bluntschli (Das moderne Völkerrecht der zivilisierten Staaten als Rechtsbuch dargestellt, 3. Aufl., Nördlingen 1878; französische Übersetzung von C. Lardy, 4. Aufl., Paris 1886); D. Dudley Field (Outlines of an international code, 2. Aufl., New York-London 1876; französische Übersetzung von A. Rolin, Paris-Gand 1881; italienische von A. Pierantoni, Neapel 1874); E. Pessoa (Projecto de codigo de direito internacional publico, Rio de Janeiro 1911); von anderen, weniger bekannten und im allgemeinen auch weniger wichtigen Versuchen zu schweigen.

Diese Kodifikationsentwürfe, die nach Inhalt und Wert natürlich verschieden sind, haben miteinander gemein, daß sie das vom Verfasser teils mehr, teils weniger gebilligte, geltende positive Recht mit rein subjektiven Ideen und Kriterien verschmelzen, um die zahlreichen Lücken auszufüllen, vermeintliche Fehler zu verbessern usw.; so bilden sie als Forschungsmaterial eine ernste Gefahr; lassen sie doch Gedanken und Grundsätze, die vom Verfasser stammen, als Normen des geltenden Rechts erscheinen.

Hiervon abgesehen, ist schon der Begriff einer wirklichen Kodifikation des Völkerrechts sehr angreifbar, was wir in den Hauptpunkten zeigen wollen.

Vor allem darf man nicht vergessen, daß die Kodifikation Systematisierung bedeutet und daher eine lange historische und dogmatische Durcharbeitung der einzelnen Institute voraussetzt, die auf unserem Gebiet zum größten Teil noch fehlt. Der Ständige Internationale Gerichtshof, zu dessen hauptsächlichsten Aufgaben es gehört, die Völkerrechtssätze durch Anwendung auf die ihm unterbreiteten Fälle herauszuarbeiten und durchzubilden, hat seine Tätigkeit erst eben begonnen. Ferner ist naturgemäß die Zahl der für alle oder die Mehrzahl der Staaten geltenden Normen sehr beschränkt und außerdem ist ihr Inhalt oft reichlich unbestimmt. Der größte Teil des Völkerrechts ist partikulares Recht, weil die einzelnen Bedürfnisse und Interessen, denen abgeholfen werden soll, von Gruppe zu Gruppe und häufig auch von zwei Staaten zu zwei Staaten verschieden sind. Endlich entspricht auch hinsichtlich des gemeinen Rechts die geringere Starrheit des Gewohnheitsrechts besser dem Charakter und den Bedürfnissen einer Gemeinschaft, die, da sie keine ständigen Organe zur Rechtsbildung hat, kaum imstande wäre, die nötigen Umbildungen zu vollziehen und die einmal angenommenen Rechtsnormen ständig den verschiedenen und wechselnden Forderungen der Wirklichkeit anzupassen. Bedenkt man, daß zu jeglicher Einführung neuer Normen, zu jeglicher Abschaffung oder Abänderung der bestehenden Normen die Zustimmung aller Staaten in einem langwierigen und komplizierten Verfahren eingeholt werden müßte, so versteht man ohne weiteres, welche Schwierigkeiten und Unzulänglichkeiten mit dem Plan einer umfassenden Kodifikation des Völkerrechts verbunden sind.

Man kann sich daher nicht wundern, daß diejenigen, die dazu berufen sind, das Problem vor allem von der praktischen Seite zu prüfen, ihm im allgemeinen ablehnend gegenüberstehen. So hat die erste Völkerbundsversammlung, indirekt durch Abstimmung über eine Vorfrage, einen wirklich bescheidenen Antrag, der auf die Aufnahme von Arbeiten für eine künftige Kodifikation des Völkerrechts hinzielte, abgelehnt.

Im Jahre 1924 wurde auf der 5. Völkerbundsversammlung von der schwedischen Delegation ein vernünftigerer und praktischerer Vorschlag gemacht: man ließ den Gedanken, ein Völkerrechtsgesetzbuch herauszugeben — in dem Sinne, den das Wort im Landesrecht hat — fallen, und ihr Vorschlag ging nur dahin, den Abschluß einer Reihe von Verträgen herbeizuführen über Materien, die schon grundsätzlich durch Gewohnheitsrecht geregelt sind, hinsichtlich deren Auslegung und Anwendung aber noch Meinungsverschiedenheiten bestehen. Der Vorschlag wurde angenommen, und die Versammlung beschloß (22. September 1924) den Rat zu bitten, eine Kommission von Juristen zu ernennen, mit dem Auftrag, eine provisorische Liste von Völkerrechtsfragen aufzustellen, deren vertragliche Regelung in hohem Grade möglich und wünschenswert scheine; diese Kommission sollte die Liste an die Mitgliedstaaten mit dem Ersuchen um Stellungnahme versenden und dann dem Rat Bericht erstatten über die verhandlungsreifen Fragen und über das Verfahren, das zwecks Vorbereitung etwaiger Konferenzen zu ihrer Lösung einzuschlagen wäre. Die provisorische Liste ist aufgestellt und den Regierungen übermittelt worden, und diese haben schon ihre Meinung über Zweckmäßigkeit oder Unzweckmäßigkeit der Behandlung der verschiedenen Fragen geäußert. Die Völkerbundsversammlung vom September 1927 hat darunter drei als kodifikationsreif bezeichnet: nämlich die Fragen der Staatsangehörigkeit, der Küstengewässer und der Verantwortlichkeit der Staaten für auf ihrem Gebiete Ausländern zugefügte Schäden. Eine im Jahre 1929 nach dem Haag einzuberufende internationale Konferenz, zu deren Vorbereitung ein besonderes Comité eingesetzt wurde, soll eine endgültige Regelung dieser Materien treffen. Zwar ist jedes abschließende Urteil verfrüht, es besteht aber schon jetzt Grund zu der Annahme, daß dem Vorschlag selbst in den bescheidenen hier angedeuteten Grenzen kein leichter und baldiger Erfolg bestimmt zu sein scheint.

Aus gewissen Anzeichen zu schließen, scheint der Idee der Kodifikation des Völkerrechts in Amerika ein günstigeres Schicksal bestimmt zu sein. Im Jahre 1906 setzte eine von 15 Staaten dieses Kontinents — die Vereinigten Staaten einbegriffen — ratifizierte Konvention eine Juristenkommission ein, mit dem Auftrag, zur Regelung der Beziehungen zwischen den amerikanischen Staaten einen Entwurf für ein Gesetzbuch des internationalen Privatrechts und des Völkerrechts auszuarbeiten. Die Kommission begann ihre Arbeiten im Jahre 1912, wurde darin durch den Krieg unterbrochen, dann 1923 neu organisiert. Inzwischen aber hatte im Januar 1924 der geschäftsführende Ausschuß der panamerikanischen Union, der sich aus den diplomatischen Vertretern der verschiedenen amerikanischen Staaten bei der Regierung in Washington unter dem Vorsitz des Staatssekretärs der Vereinigten Staaten zusammensetzt, das amerikanische Institut für Völkerrecht gebeten, eine dieser Aufgabe gewidmete Sitzung abzuhalten und die Resultate seiner Entschließungen der oben erwähnten Juristenkommission zu unterbreiten. Das Institut trat darauf im Dezember 1924 in Lima zusammen und nahm en bloc 30 auf verschiedene Fragen des internationalen Friedensrechts bezügliche Vertragsprojekte an. Die dreißig darin enthaltenen Entwürfe wurden von der Kommission amerikanischer Juristen in Rio de Janeiro (18. April—20 Mai 1927) durchberaten, die schließlich Vertragsentwürfe über 12 Materien entwarf und diese der sechsten panamerikanischen Konferenz in Havana (16. Januar—20. Februar 1928) vorlegte. Sieben Entwürfe (über Fremdenrecht, Verträge, Diplomatische Agenten, Konsuln, Seeneutralität, Asyl, Rechte und Pflichten der Staaten in Bürgerkriegen) wurden von der Konferenz gutgeheißen; infolge der stark zutage getretenen Gegensätze führte aber die Beratung anderer wichtiger Fragen, insbesondere des heiß umstrittenen Interventionsrechts, der Deklaration der Rechte und Pflichten der Staaten und der Grundlagen des Völkerrechts zu keinem Ergebnis, so daß die Kodifikation dieser Materien bis auf die nächste panamerikanische Konferenz (Montevideo 1933) vertagt werden mußte.

Auch betreffs der amerikanischen Kodifikationsbewegung wollen wir uns unser Urteil über das wahrscheinliche Endergebnis ganz vorbehalten.

Bemerkenswert aber ist die Tatsache, daß die Entwürfe auf Wunsch der Regierungen ausgearbeitet sind, daß der Staatssekretär der Vereinigten Staaten in seiner Eigenschaft als Präsident der panamerikanischen Union in seiner Rede vom 2. März 1925 aus seiner Sympathie für diese Entwürfe keinen Hehl gemacht hat und daß die öffentliche Meinung in Amerika mit dem Kodifikationsversuche im Einklange zu sein scheint.

(Codification of American international law: projects of Conventions prepared at the request, on January 2nd 1924, of the Governing Board of the Panamerican Union for the consideration of the international Commission of jurists and submitted by the American Institute of international law to the Governing Board of the Panamerican Union, March 2, 1925, Washington 1925. — A Codificaçao Americana do Direito internacional: documentos officiales, 7 Bde., Rio de Janeiro 1927. — Sexta Conferencia internacional americana, in „Revista de derecho internacional", Bd. XIII, 1928, Nr. 25).

Verneint man auch die Möglichkeit und den Nutzen einer Kodifikation im eigentlichen Sinne des Wortes, so braucht man damit doch nicht die Möglichkeit und Nützlichkeit, bestimmte Fragen oder Materien durch Kollektivverträge zu regeln, in Abrede zu stellen. Die oben angedeuteten Bedenken verlieren damit viel von ihrer

Kraft, und die Unzulänglichkeiten können weitgehend durch die Vorteile der größeren Klarheit und Präzision, die die schriftlich fixierte Norm gegenüber dem Gewohnheitsrecht bietet, aufgewogen werden. Eine solche Tätigkeit setzen sich als Hauptaufgabe die wissenschaftlichen Gesellschaften zum Studium des Völkerrechts und insbesondere das „Institut de Droit international", wo im Statut (Art. 1) Mitwirkung „à toute tentative sérieuse de codification graduelle et progressive du droit international" in Aussicht gestellt wird.

Aber auch auf praktischem Gebiet hat die Verwirklichung dieses Gedankens schon beachtliche Fortschritte gemacht. Die Übereinkommen zur friedlichen Regelung internationaler Streitfälle und die zur Regelung des Kriegsrechts und der Neutralität, die auf den beiden Haager Konferenzen (1899 und 1907) ausgearbeitet worden sind, entsprechen der Auffassung, daß bestimmte, scharf umrissene und vollständige Rechtssätze an die Stelle des ungewissen, schwankenden und unzureichenden Gewohnheitsrechts treten müssen.

Anders stellt das Problem sich dar, wenn für ein bestimmtes Gebiet Völkergewohnheitsrechtsnormen fehlen und die Staaten daher hier zur Regelung ihrer Beziehungen einen Kollektivvertrag abschließen müssen. Bei den meisten dieser sogenannten „völkerrechtlichen Unionen" handelt es sich darum, ex novo wirkliche Völkerrechtsnormen für Gebiete zu schaffen, deren Regelung man zunächst ausschließlich oder vorwiegend den einzelnen Staaten frei überlassen hatte und die man daher durch innerstaatliche, in jedem Land verschiedene Normen oder auch durch zweiseitige, für den Schutz solcher Interessen nicht ausreichende Verträge geregelt hatte. In diese Kategorie gehören z. B. die Verträge für internationales Privatrecht, die auf den Haager Konferenzen von 1893, 1894, 1900 und 1904 ausgearbeitet wurden. Die Bedeutung dieser Verträge war infolge von Kündigungen und infolge der Tatsache, daß die meisten von ihnen durch die Friedensverträge zwischen den bisherigen Feindstaaten nicht wieder in Kraft gesetzt worden sind (vgl. Art. 282ff., vor allem Art. 287, des Versailler Vertrages und die entsprechenden Bestimmungen der anderen Friedensverträge) in Frage gestellt; jetzt scheint man solche Verträge auf Konferenzen, die auf Anregung der Regierung der Niederlande einberufen wurden, wieder ins Leben rufen zu wollen. Die fünfte Konferenz hat im Herbst 1925 und die sechste im Januar 1928 stattgefunden.

Viertes Kapitel.

Geltungsgrenzen der Völkerrechtsnormen.

1. In personeller Beziehung.

Bibliographie. — O. Nippold, Das Geltungsgebiet des Völkerrechts in Theorie und Praxis, in der „Zeitschrift für Völkerrecht und Bundesstaatsrecht", Bd. II, 1907—08, S. 441ff.; M. Huber, Gemeinschafts- und Sonderrecht unter Staaten, in der „Festgabe der Berliner juristischen Fakultät für O. Gierke", Breslau 1910, S. 817ff.; A. Alvarez, Le droit international américain, Paris 1910; Sa Vianna De la non-existence d'un droit international américain, Rio de Janeiro 1912; A. Cavaglieri, La conception positive de la Société internationale, in der „Revue générale de droit international public", Bd. XVIII, 1911, S. 259ff.; Id., Concetto e caratteri del diritto internazionale generale, in der „Rivista di diritto internazionale", Bd. XIV, 1921—22, S. 289ff.; R. Heilborn, Grundbegriffe des Völkerrechts, zit., S. 51—68; A. Verdroß, Völkerrecht, allgemeines und partikuläres, im „Wörterbuch des Völkerrechts" von K. Strupp, Bd. III; Fr. W. v. Rauchhaupt, Völkerrechtliche Eigentümlichkeiten Amerikas, insbesondere Hispano-Amerikas, Berlin 1924; L. Quintana Moreno, El sistema internacional americano, 2 Bde., Buenos Aires 1925—26.

Wenn man als Entstehungsgrund der Völkerrechtsnormen die Staatenübereinkommen betrachtet, so ist es klar, daß sie nur für die Staaten, die an der Entstehung der betreffenden Übereinkommen beteiligt gewesen oder ihm später beigetreten sind, Gültigkeit haben. Die Vereinbarung über ein bestimmtes gegenseitiges Verhalten kann zwischen allen Mitgliedern der Völkerrechtsgemeinschaft oder nur innerhalb einer bestimmten Gruppe von ihnen oder nur zwischen zweien zustande kommen, und je nachdem kann es Normen von allgemeiner Gültigkeit für alle Staaten, die sich gegenseitig als Träger von Rechten und Pflichten betrachten, geben, oder solche, deren Geltungsbereich auf eine größere oder kleinere Staatengruppe oder nur auf zwei Staaten beschränkt ist. Erstere bilden das allgemeine oder gemeine Völkerrecht, letztere das partikuläre Völkerrecht oder besser die partikulären Völkerrechtskreise, weil innerhalb der Völkerrechtsgemeinschaft soviele engere Rechtsgemeinschaften existieren, wie es Staatengruppen gibt, die Spezialnormen zur Regelung bestimmter Beziehungen geschaffen haben. Eine dieser Sondergemeinschaften und sicherlich die wichtigste, ist der Völkerbund, begründet durch den Versailler Vertrag vom 28. Juli 1919, der auf der Grundlage der allgemeineren der ganzen Völkerrechtsgemeinschaft eigenen Normen ein System von Rechten und Pflichten geschaffen hat, die ausschließlich für die Mitgliedstaaten gelten. Zur Kategorie der partikulären Rechtskreise könnte auch das sogenannte amerikanische Völkerrecht gehören: unter diesem ist ein System von Grundsätzen zu verstehen, die von den amerikanischen Staaten aufgestellt sind und daher nur für sie gelten. Sie sollen dem gemeinen Völkerrecht vorgehen; seine sonstige Geltung und seine Wirkungskraft erkennen sie an. Die Einheit all dieser Normen, sei es der allgemeinen, sei es der partikulären, und insbesondere ihr Spezialcharakter, d. h. die Einheit und das Nebeneinander verschiedener Rechtskreise im Völkerrecht überhaupt, ist mit der Grundnorm „pacta sunt servanda" gegeben, auf die sich alle, direkt oder indirekt, zurückführen lassen, und aus der sie ihre bindende Kraft herleiten.

Auch das allgemeine oder gemeine Völkerrecht, dessen Existenz wir hier in Übereinstimmung mit der herrschenden Lehre und mit den unbezweifelbaren Willensäußerungen der Staaten wieder behaupten, ist das Ergebnis von Vereinbarungen und deswegen sehr verschieden von dem Begriff eines Universalrechts, das sich allen Staaten ohne Rücksicht darauf, ob sie zugestimmt haben oder nicht, mit eigengesetzlicher Notwendigkeit aufzwingt, wie es die alte und auch die erneute naturrechtliche Doktrin haben will. Beide Lehrmeinungen haben ihre Berechtigung, aber sie gehören scharf zu scheidenden Gedankenkreisen an, weil, wie oben gezeigt wurde (S. 13f.), die Grundsätze der ideellen Gerechtigkeit und die Normen des positiven Rechts Bestandteile verschiedener Ordnungen sind, die verschiedenartige Geltung haben und daher sich ohne wechselseitige Wesensveränderung nicht durchdringen können. Die Universalität des Völkerrechts als eines Prinzips der Vernunft ist etwas ganz anderes als die Existenz positiver, allgemein angewandter Normen. Diese könnten fehlen, ohne daß jenes etwas von seiner Bedeutung verlöre. So kann der Philosoph sicherlich Betrachtungen anstellen über die Universalität eines Völkerbundes nach Art des durch den Versailler Vertrag geschaffenen Bundes, aber der Jurist muß ihn als das nehmen, was er ist, und auf Grund seiner Verfassung feststellen, daß er nicht universal ist, selbst wenn es möglich ist, ihn zu der idealen Universalität, die sicher erstrebenswert ist, zu entwickeln.

Das gemeine Völkerrecht ist ausschließlich Gewohnheitsrecht; es gibt gegenwärtig keinen Vertrag, an dem alle Mitglieder der internationalen Völkerrechtsgemeinschaft beteiligt gewesen wären. Es ist im wesentlichen das Produkt einer langen historischen Entwicklung, die sich zuerst in Europa vollzogen hat (daher die eine Zeitlang verbreitete Auffassung, das Völkerrecht sei ein Recht der europäischen Staaten) und sich dann allmählich auf die anderen Kontinente ausgedehnt hat, sei es, daß sich dort, wie in Amerika, Staaten mit europäischer Kultur bildeten, sei es, daß, wie im asiatischen Osten, die Staaten mit anderer Kultur infolge ihrer Berührung mit den europäischen Staaten das Ergebnis dieser Entwicklung annahmen. Anfangs waren es gemeinsame Überzeugungen, die sich nach und nach mit der Kraft rechtsverbindlicher Normen allen Staaten aufzwangen, zwischen denen Beziehungen bestanden; Normen, die derartig mit dem Charakter und den Erfordernissen dieser Beziehungen verflochten sind, daß das Aufrechterhalten der Beziehungen von der Beobachtung der Normen ebenso unlöslich scheint, wie der Eintritt eines neuen Mitgliedes in die Völkerrechtsgemeinschaft von der Annahme dieser Normen als allgemeiner nun einmal historisch gegebener Verfassungsbestimmungen dieser Gemeinschaft. Zu bestimmen, welches diese Normen sind, ist eine der wichtigsten und schwierigsten Aufgaben der Völkerrechtswissenschaft. Der Versuch, sie annähernd, etwa gattungsweise zu bestimmen, wäre ebenso nutzlos wie gefährlich. Es genügt die Feststellung, daß alle gewohnheitsrechtlichen Normen, deren Existenz erwiesen ist, und die nicht auf bestimmte Subjekte beschränkt sind (partikuläres Gewohnheitsrecht) das gemeine Völkerrecht bilden. Dieses Recht ist es, auf das sich in erster Linie jene Rezeption ins Landesrecht bezieht, deren Bedeutung und Tragweite wir schon erklärten (S. 43 oben).

Von wie großer und grundlegender Bedeutung die gemeinen Völkerrechtsnormen auch sind, so sind sie doch der Zahl nach begrenzt und, was ihren Inhalt anbetrifft, häufig wenig bestimmt, eben weil sie sich sozialen Gruppen anpassen müssen, die unter völlig verschiedenen Lebens- und Kulturbedingungen existieren. Es bleibt daher immer wahr, daß das Völkerrecht im wesentlichen partikuläres Recht ist.

Es kommt indes häufig vor, daß eine und dieselbe Materie durch mehrere Rechtsnormen geregelt ist, die der formellen Wirkung nach verschieden sind, weil sie aus zwischen verschiedenen Staaten gesondert abgeschlossenen Verträgen hervorgegangen, inhaltlich aber zum größten Teil gleich sind, weil sie gleichen Bedürfnissen Rechnung tragen sollen. So wird die Auslieferung durch eine große Zahl von Partikulärverträgen geregelt; da diese jedoch auf wesentlich gleichen Grundauffassungen beruhen, war es der Doktrin möglich, gewisse allgemeine Grundsätze aus ihnen herauszuarbeiten, die zeigen, wie die Auslieferung in den heutigen zwischenstaatlichen Beziehungen geregelt ist. So zeigen auch die Protektoratsverträge, die in Kraft sind oder vor Kurzem waren, immer wieder eine gemeinsame Grundstruktur; diese hat es der Wissenschaft ermöglicht, das Institut des Protektorats herauszuarbeiten. Dasselbe ließe sich von der dauernden Neutralität usw. sagen. Man darf aber nicht vergessen, daß die von der Wissenschaft formulierten Sätze nichts sind als das Ergebnis einer vergleichenden und abstrahierenden Denktätigkeit und daher nur für die Zwecke der Wissenschaft Bedeutung haben; das positive Recht aber besteht ausschließlich aus den Normen, die durch die einzelnen Verträge gesetzt sind, Verträge, die nur für die Vertragsparteien gelten und deren Inhalt darauf beschränkt ist, was die Parteien als Recht gewollt haben. Es gibt im Völkerrecht keine Auslieferung, kein Protektorat, keine Neutralisierung, sondern nur Auslieferungs-, Protektorats- und Neutralisationsverträge.

Daraus ergibt sich die absolute Notwendigkeit, jedes Verfahren zu vermeiden, das die Geltung und den Inhalt der positiven Rechtssätze von derartigen wissenschaftlichen Klassifizierungen abhängig machte. Wenn man z. B. fragt, ob sich auf Grund eines bestimmten Vertrages der Staat A dem Staat B gegenüber in einem Protektoratsverhältnis befindet oder nicht, und wenn man hierauf eine Anwort zu geben sucht, indem man diesem Verhältnis den von der Wissenschaft abstrahierten Protektoratsbegriff zugrunde legt und aus diesem Begriff Folgerungen für die Interpretation dieses Vertrages ableitete, so schriebe man der Wissenschaft einen Wert zu, den sie weder hat noch haben kann. Das geschilderte Verfahren ist ohne Zweifel aus dem Landesrecht herübergenommen worden; dabei läßt man aber außer Acht, daß das Landesrecht Normen für die verschiedenen Gattungen abstrakter rechtserheblicher Tatbestände geschaffen hat, während es solche Normen im allgemeinen im Völkerrecht nicht gibt. Es ist möglich, auf Grund der Maßstäbe, die das Gesetz selbst liefert, zu bestimmen, ob ein bestimmter Vertrag Dienstvertrag oder Auftrag ist. Diese Feststellung ist wichtig, weil es von ihr abhängt, ob die eine oder andere Normengruppe auf diesen Vertrag zur Anwendung kommen muß. Es hat jedoch nur akademischen Wert, wenn man ergründen will, ob man das Fürstentum Monaco als einen unter französischem Protektorat stehenden Staat bezeichnen kann; denn das positive Völkerrecht bestimmt den Protektoratsbegriff nicht, und so ist denn die Stellung Monacos eben so, wie sie durch den Vertrag vom 17. Juli 1918 geschaffen worden ist.

Die zwischen zwei oder mehr bestimmten Staaten geltende Norm hat als solche keine Wirkung für dritte Staaten. Es kann jedoch vorkommen, daß diese sie anerkennen und daß diese Anerkennung damit die freiwillige Annahme der Verpflichtung zu einem bestimmten Verhalten mit sich bringt dank einem neuen Abkommen, das zwischen dem dritten Staat und dem oder den Staaten, die an dieser Anerkennung interessiert sind, abgeschlossen wird. So wird es oft notwendig, daß, wenn ein Staat einem anderen gegenüber bestimmte Verpflichtungen übernommen hat, dritte Staaten sich so verhalten, daß jene Verpflichtungen sich auswirken können. Wenn sich z. B. ein Staat verpflichtet, über einen anderen die Schutzherrschaft auszuüben, und wenn er seine Vertretung im zwischenstaatlichen Verkehr übernimmt (sogenanntes völkerrechtliches Protektorat), so wird er das Bedürfnis fühlen, von seiten dritter Staaten die Anerkennung des auf diese Weise hergestellten Rechtsverhältnisses zu erhalten, damit sie so davon absehen, unmittelbare Beziehungen zu dem protegierten Staat zu unterhalten. Die ordnungsmäßige Mitteilung des Protektoratsvertrages an dritte Staaten, die von diesen ohne Einwendungen oder Einschränkungen entgegengenommen wird, bringt die stillschweigende Anerkennung des Protektorstaates als völkerrechtlichen Vertreters des protegierten Staates mit sich.

2. In zeitlicher Beziehung.

Bibliographie. — L. Olivi, Della retroattività delle norme giuridiche in diritto internazionale, in „Filangieri", Bd. XVIII, 1893, I, S. 65ff.

Jede Völkerrechtsnorm wird in dem Augenblick, wo das sie schaffende Übereinkommen zustandegekommen ist oder in dem durch den betreffenden Vertrag festgesetzten späteren Zeitpunkt wirksam. Für die gewohnheitsrechtlichen Normen den Moment anzugeben, wo sie die Kraft von Rechtsnormen erlangt haben, ist sozusagen unmöglich. Es handelt sich hier um eine langsame, oft unbewußte Bildung, durch die einfachen Gewohnheitsregeln nach und nach jene opinio juris zuteil wird, die sie in Rechtsnormen verwandeln wird; gewöhnlich stellen wir das Vorhandensein einer Gewohnheitsrechtsnorm fest, sind aber schwerlich imstande zu sagen, wann sie zu bestehen begonnen hat. Dagegen kann man in der Regel mit einiger Genauigkeit die Ausdehnung dieser Gewohnheitsrechtsnormen auf neue Glieder der Völkerrechtsgemeinschaft feststellen, weil sie oft im Zusammenhang mit gut bestimmbaren Handlungen und Tatsachen vor sich geht. Im Falle von Verträgen ist die Sache noch erheblich einfacher: sie enthalten gewöhnlich Bestimmungen, die den Zeitpunkt ihres Inkrafttretens festsetzen; fehlen solche Zeitbestimmungen, so gilt, daß sie in dem Augenblick in Kraft treten, in dem sie abgeschlossen sind. Die etwaigen Schwierigkeiten, die sich bei der Berechnung des Anfangstermins ergeben können, sind durch Interpretation des Parteiwillens zu lösen; diejenigen, die sich bei der Bestimmung des Zeitpunkts, in dem der Vertrag abgeschlossen ist, ergeben, lassen sich lösen durch Anwendung der Völkerrechtssätze, die von dem Abschluß der Verträge handeln. Im Falle des Beitritts eines Staates werden die Normen für ihn vom Vollzug des Beitritts ab verbindlich.

Da die Völkerrechtsnormen durch Übereinkommen geschaffen werden, kann ihre Geltung nur durch Übereinkommen beseitigt werden.

Das die Aufhebung regelnde Übereinkommen kann in einer dem eigentlichen Vertragsinhalt selbst beigefügten Zusatzbestimmung, die einen Termin, eine auflösende und aufschiebende Bedingung und die Möglichkeit einer Kündigung enthalten, vereinbart sein. In diesen nur bei Verträgen möglichen Fällen, die daher besser im Zusammenhang mit der Vertragslehre erläutert werden, ist das Übereinkommen, das die Aufhebung des Vertragsinhalts ermöglichen soll, von dem Augenblick an wirksam, in dem das Übereinkommen, das diesen Vertragsinhalt selbst geschaffen hat, zustande kommt.

In anderen Fällen dagegen erfolgt die Aufhebung der Normen durch den Abschluß eines neuen Übereinkommens. Was in dieser Hinsicht vor allem beachtet werden muß, ist, daß Vertragsrecht und Gewohnheitsrecht nur zwei verschiedene Erscheinungsformen desselben Tatbestandes, d. h. eines Übereinkommens sind, das im ersten Falle ausdrücklich, im zweiten Falle stillschweigend zustande gekommen ist. Sie stehen daher genau auf der gleichen Ebene, auch was die Möglichkeit, sich gegenseitig aufzuheben, anbetrifft: eine entgegenstehende Gewohnheitsrechtsnorm oder ein Aufhören der Vertragsanwendung, das von der Überzeugung eingegeben ist, der Vertrag brauche nicht mehr angewendet zu werden, heben einen Vertrag auf, wie ein Vertrag einen Gewohnheitsrechtssatz aufhebt. Und da ein Übereinkommen, einen Völkerrechtssatz aufzuheben, auch darin liegen kann, daß ein neuer, mit einem früheren unvereinbarer Rechtssatz geschaffen werden soll, so können wir die Fälle von Rechtsaufhebung durch nachträgliches Übereinkommen in folgender Weise spezifizieren: Die Gewohnheitsrechtssätze verlieren ihre Gültigkeit: a) durch Aufhören der Rechtsübung oder durch entgegenstehende Rechtsübung; b) durch einen Vertrag, der sie ausdrücklich aufhebt oder der Rechtssätze schafft, die mit ihnen unvereinbar sind. Und die durch Verträge geschaffenen Rechtssätze verlieren ihre Gültigkeit: a) durch einen neuen Vertrag, der sie ausdrücklich aufhebt oder der neue Rechtssätze aufstellt, die mit den früher geschaffenen Rechtssätzen unvereinbar sind; b) durch Aufhören der Vertragsanwendung mit der Überzeugung, daß der Vertrag nicht mehr angewendet werden soll, oder durch entgegenstehendes

Gewohnheitsrecht. Dieser letztere Fall, bei dem sich das Völkerrecht übrigens von den in verschiedenen Landesrechten — darunter dem italienischen — bezüglich der Beziehungen von Gewohnheitsrecht zu gesetztem Recht geltenden Rechtssätzen entfernt, läßt sich durch wichtige Beispiele besonders auf dem Gebiet der Kapitulationen belegen.

Die Rechtsnorm knüpft von dem Augenblick an, wo sie in Kraft getreten ist, bis zu dem Augenblick, wo sie ihre Gültigkeit verliert, an bestimmte Tatbestände bestimmte Rechtsfolgen. Es ist ausschließlich Sache des rechtsetzenden Willens, die zeitlichen Grenzen ihrer Wirksamkeit zu bestimmen; das gilt auch hinsichtlich der Tatbestände, die unter der Herrschaft einer früher geltenden Rechtsnorm entweder ganz oder wenigstens teilweise entstanden sind (Problem der rückwirkenden Kraft der Rechtssätze). Der rechtsetzende Wille kann hier die zeitliche Geltungsgrenze mit Rücksicht auf die bestehende frühere Rechtsnorm regeln (sogenannte Übergangsvorschriften, die übrigens auch mit der neuen Norm verschmolzen sein können). Sonst sind die Geltungsgrenzen im Rahmen der Auslegung zu bestimmen. Wenn es auch nicht an Beispielen von eigentlichen Übergangsvorschriften oder ausdrücklich als solchen bezeichneten rückwirkenden Rechtssätzen fehlt (die jüngsten Friedensverträge enthalten solche, die den seit Kriegsanfang oder seit dem Waffenstillstand eingetretenen Tatsachen bestimmte Rechtswirkungen zuschreiben), so ist es doch der zweite Fall, um den es sich im Völkerrecht vorwiegend handelt. Man muß von Fall zu Fall den in dem Vertrag ausgedrückten Willen auslegen, Sinn und Zweck des Vertrages ergründen, um zu sehen, ob man die Rechtsfolgen, die während des Geltens der früheren Norm sich aus gewissen Tatbeständen ergeben haben, auch weiter gelten lassen wolle (sogenannte Nichtrückwirkung von Rechtssätzen) oder aber ob auch diesen Tatbeständen künftig ohne weiteres die von den neuen Rechtssätzen gewollten Rechtsfolgen zuzuschreiben sind (sogenannte Rückwirkung des Rechtssatzes).

Eine bedeutsame Anwendung fanden diese Grundsätze durch den Ständigen Internationalen Gerichtshof in dem Urteil Nr. 2 vom 30. August 1924. Hier wurde ausgesprochen, daß das Protokoll XII, Anhang zum Lausanner Vertrag vom 24. Juli 1923, mit dem man die Behandlung gewisser, von den türkischen Behörden vor Abfassung des Protokolls gewährter Konzessionen regeln wollte, seine Wirkungen auf Tatbestände erstrecke, die in einer Zeit, die vor Vertragsabschluß lag, gesetzt worden waren, und daß es daher mit rückwirkender Kraft zur Anwendung kommen müsse. Wenn der Schutz der durch das Protokoll XII anerkannten Rechte gegen Verletzungen, die vor dem Inkrafttreten der Rechtssätze dieses Protokolls geschehen könnten, nicht in den Bestimmungen des Protokolls vorgesehen wäre, so verliere, wie der Gerichtshof sagt, das Protokoll seine Wirkung gerade für die Zeitpunkte, wo die betreffenden Rechte des Schutzes am stärksten bedürften (Publications de la Cour permanente de justice internationale, Serie A, Nr. 2, vor allem S. 34).

3. Hinsichtlich ihrer zwingenden Kraft.

Bibliographie. — E. Radnitzky, Dispositives Völkerrecht, in der „Österreichischen Zeitschrift für öffentliches Recht", Bd. I, 1914, S. 656ff.

Die bekannte Unterscheidung zwischen zwingenden Rechtssätzen (jus cogens) — deren zwingende Geltung man nicht abdingen kann — und dispositiven Rechtssätzen — die von den Rechtssubjekten, für die sie gelten, abgedungen werden können — hat auf unserem Gebiet eine andere Bedeutung und findet hier andere Anwendung als im Landesrecht. Man beachte vor allem, daß, wenn die Unterscheidung, wie gewöhnlich gelehrt wird, mit dem Gegensatz von Norm und Rechtsgeschäft zusammenhängt (wobei diejenigen Rechtssätze als dispositive bezeichnet werden, deren Anwendung in einem Rechtsgeschäft ganz oder teilweise ausgeschlossen werden kann) und wenn gleichfalls das Rechtsgeschäft nicht mit dem den Rechtssatz schaffenden Akt identisch ist, es sich nur noch um die Frage handelt, ob und in welchen Grenzen die Kategorie des so aufgefaßten Rechtsgeschäftes ein entsprechendes Gegenstück im Völkerrecht findet. Gibt man zu, daß das zweiseitige Rechtsgeschäft oder der Vertrag, für den das dispositive Recht hauptsächlich Bedeutung hat, im Völkerrecht nicht im Gegensatz zu dem die Rechtssätze schaffenden Akt stehen muß, insofern als jeder Vertrag zwischen Staaten sowohl normativen als auch rechtsgeschäftlichen Inhalt hat, so muß man notwendigerweise folgern, daß die Kategorie der dispositiven Rechtssätze im genannten Sinn gar nicht existiert oder daß sie höchstens bei einseitigen Rechtsgeschäften eine seltene und unwesentliche Rolle spielt. Die Sache läge offensichtlich anders, und das Problem wäre im Völkerrecht und im Landesrecht das gleiche, wenn man, wie es in einigen der jüngsten, wenn auch nicht ganz neuen Theorien geschieht, Gesetz und Vertrag gleichermaßen als Mittel zur Schaffung von Rechtsnormen und dabei als Willensverwirklichung der höheren Norm (Gesetz oder Verfassung), aus der ihre Wirkungskraft stammt, ansehen könnte.

In Wirklichkeit stellt sich die Frage der zwingenden oder nicht zwingenden Kraft der Völkerrechtssätze, ohne daß man sich allzuviel mit dem Problem des dispositiven Rechts, wie es sich im Landesrecht stellt, zu befassen brauchte, unter dem Gesichtspunkt der Schaffung neuer Rechtssätze dar.

Von diesem Gesichtspunkt aus ist vor allem darauf hinzuweisen, daß die Staaten gleichzeitig die Schöpfer der Rechtssätze und die Träger der aus ihnen folgenden Rechte und Pflichten sind. Die Staaten, die einen bestimmten Rechtssatz geschaffen haben, können jederzeit übereinkommen, daß sie ihn nicht mehr beobachten und daß sie ihn durch einen anderen ersetzen wollen. In diesem Sinne würde man sagen können, daß alle Völkerrechtssätze dispositiv sind, nur daß diese unbegrenzte Befugnis, geltende Rechtssätze abzudingen und durch andere zu ersetzen, die Einwilligung aller Staaten, die an ihrer Schaffung mitgewirkt haben, voraussetzt und daher praktisch nur in betreff der Verträge zwischen zwei oder einer nur wenig größeren Anzahl von Staaten sich auswirken kann. Wenn es sich um gemeines Recht handelt oder auch um Rechtssätze, die für eine größere oder kleinere Gruppe von Staaten gelten, so kommt es darauf an, ob sie derogierende Abkommen vollkommen ausschließen oder ob sie diese in mehr oder weniger beschränktem Umfang zulassen. Dies und nichts anderes ist das Problem des zwingenden oder dispositiven Rechts im Völkerrecht.

Und hier finden wir auch auf unserem Gebiet, ohne daß man aber da, wo es notwendig ist, die Verschiedenheiten der Bedeutung und der Anwendungsmöglichkeit außer acht lassen dürfte, die beiden Kategorien wieder, welche die Wissenschaft gewöhnlich für das dispositive Recht aufstellt: Rechtssätze, die dazu bestimmt sind, eine unvollständige Willensäußerung zu ergänzen (ergänzendes Recht) und Rechtssätze, die dazu bestimmt sind, eine Regelung des Rechtsverhältnisses zu geben, ohne dabei eine andere Regelung von seiten der beteiligten Rechtssubjekte auszuschließen (nachgiebiges Recht).

Ein Beispiel der ersteren Gattung von Rechtssätzen liefert uns Absatz 2 des Art. 39 des Statuts des Ständigen Internationalen Gerichtshofs, Anhang zum Genfer Protokoll vom 16. Dezember 1920: „A défaut d'un accord fixant la langue dont il sera fait usage, les parties pourront employer pour les plaidoiries celle des deux langues qu'elles préféreront, et l'arrêt de la Cour sera rendu en français et en anglais. En ce cas, la Cour désignera en même temps celui des deux textes qui fera foi."

Beispiele der zweiten Gattung finden sich häufig in Kollektivverträgen. Es gibt zwei verschiedene Arten.

Zuweilen hat ein Vertrag den Zweck, für gewisse Interessen ein Minimum von Rechtsschutz zu sichern und läßt den vertragschließenden Staaten die Möglichkeit, Sonderabkommen abzuschließen, durch die dieser Schutz erweitert oder verstärkt werden soll. Einen Fall dieser Art haben wir in Art. 20 der Berner Konvention zum Schutz der Werke der Literatur und Kunst, revidiert in Berlin am 13. November 1908: „Les Gouvernements des pays de l'Union se réservent le droit de prendre entre eux des arrangements particuliers, en tant que ces arrangements conféreraient aux auteurs des droits plus étendus que ceux accordés par l'Union ou qu'ils renfermeraient d'autres stipulations non contraires à la présente Convention."

In gleicher Weise wird in der Weltpostvereins-Konvention und in den Zusatzverträgen (Madrid, 30. November 1920) ausdrücklich erklärt, daß es unverändert das Recht der vertragschließenden Parteien bleibe, Sonderabkommen zu schließen und engere Vereinbarungen zu bilden, zu dem Zweck, den Postdienst zu erleichtern und zu entwickeln. Art. 2 der Genfer Konvention über die Behandlung der Kranken und Verwundeten im Krieg, in der neuen Fassung vom 6. Juli 1906, der bestimmt, daß die in die Hände des Feindes fallenden Kranken und Verwundeten als Kriegsgefangene anzusehen sind, behält den kriegführenden Parteien das Recht vor, Abkommen abzuschließen, die beispielsweise die Heimschaffung der Genannten oder ihre Internierung in einem neutralen Staat vorsehen.

In anderen Fällen dagegen setzt der Kollektivvertrag eine bestimmte Regelung fest, erlaubt aber den Vertragsparteien, ihn mit Einschränkungen anzuwenden. So sieht z. B. Art. 1 der Haager Konvention vom 17. Juli 1905, die von dem Verfahren in bürgerlich rechtlichen Streitigkeiten handelt, für die Zustellung von Schriftsätzen im Ausland als schnellsten und einfachsten Weg die Zustellung durch die Konsulate vor, behält aber den vertragschließenden Staaten das Recht vor, zu verlangen, daß das Ersuchen um Zustellung auf diplomatischem Wege gestellt werde.

Wo ausdrückliche Bestimmungen fehlen, wird die Möglichkeit der Derogation eines Rechtssatzes mittels Sonderabkommen durch Auslegung des Rechtssatzes selbst bestimmt. Im allgemeinen haben z. B. die sogenannten internationalen Unionen den Zweck, gewissen Interessen ein Minimum von Schutz zu sichern; hier sind daher Sonderabkommen, die eine Einschränkung der Rechtssätze im Sinne einer Verminderung des vereinbarten Schutzes bedeuten würden, ausgeschlossen. Dagegen sind alle diejenigen Sonderabkommen zugelassen, welche die Erweiterung oder Verstärkung dieses Schutzes anstreben. Die Bedeutung, welche durch das Ziel der Union und die Interessen ihrer einzelnen Mitglieder, der Einheitlichkeit und Gleichheit der von der Union angenommenen Rechtssätze, zukommt, könnte aber sehr wohl die Möglichkeit irgendwelcher derogierender

Sonderabkommen ausschließen, auch wenn ausdrücklich dahingehende Bestimmungen fehlen.

Das Gewohnheitsrecht ist im allgemeinen derogationsfähig; doch gilt dieser Satz weder absolut, noch allgemein: was hier zu gelten hat, kann in jedem Fall nur das Ergebnis der Auswertung von Sinn und Zweck der einzelnen Gewohnheitsrechtssätze sein. Bei der absoluten formalen Gleichheit des Gewohnheitsrechts und des förmlich gesetzten Rechts kann man hier weniger denn je a priori einen Unterschied zwischen diesen beiden Rechten konstruieren und z. B. sagen, daß das Gewohnheitsrecht stets dispositiv sei und das förmlich gesetzte Recht dagegen möglicherweise zwingend sein könne.

Fünftes Kapitel.

Wechselbeziehung, Auslegung und Anwendung der Völkerrechtssätze.

Bibliographie. — A. Trendelenburg, Lücken im Völkerrecht, Leipzig 1870; Ch. Cheney Hyde, Concerning the interpretation of treaties, in „Am. Journ. of intern. law", Bd. III, 1909, S. 46ff.; P. Pic, De l'interprétation des traités internationaux, in „Rev. gén. de dr. intern. public", Bd. XVI, 1910, S. 5ff.; P. Heilborn, Grundbegriffe, zit., §§ 9, 13, 14; H. Lammasch, Die Rechtskraft internationaler Schiedssprüche, Kristiania 1913, S. 41ff.; Die Lehre von der Schiedsgerichtsbarkeit in ihrem ganzen Umfange, im „Handbuch des Völkerrechts" von F. Stier-Somlo, Bd. I, Nr. 3, Berlin 1914, S. 175ff.; R. Erich, Probleme der internationalen Organisation, in den „Völkerrechtlichen Monographien" von W. Schücking und H. Wehberg, Nr. 1, Breslau 1914, S. 1ff.; Q. Wright, Conflicts between international law and treaties, in „Am. Journ. of intern. law", Bd. XI, 1917, S. 566ff.; E. Zitelmann, Die Unvollkommenheit des Völkerrechts, München-Leipzig 1919; G. Kaeckenbek, Divergences between British and other views on international law, §§ 10 und 11, in „Transactions of the Grotius Society", Bd. IV, London 1919; P. Ruegger, Privatrechtliche Begriffe im Völkerrecht: Studie zur Interpretation des internationalen Rechts (Diss. Zürich), Kiel 1920; G. von Magyary, Die internationale Schiedsgerichtsbarkeit im Völkerbunde, Berlin 1922, S. 146ff.; W. Burkhardt, Die Unvollkommenheit des Völkerrechts, Bern 1923 (dieser Universitätsvortrag sowie der oben zitierte von E. Zitelmann haben eine bloß mittelbare Beziehung zum Problem der Lücken im Völkerrecht); L. A. Verdroß, Die Einheit usw., zit., S. 120ff., Die Verfassung usw., zit., S. 69ff.; G. Salvioli, La Corte permanente di giustizia internazionale, in „Rivista di diritto internazionale", Bd. XVI, 1924, S. 276ff.; E. Metzger, Die Auslegung des Versailler Vertrages, in den „Völkerrechtsfragen" von H. Pohl und M. Wenzel, Nr. 12, Berlin 1926 (enthält eine allgemeine Theorie über die Auslegung der völkerrechtlichen Verträge); J. Verzijl, „Die Rechtsprechung des Ständigen internationalen Gerichtshofes, in „Zeitschrift für Völkerrecht", Bd. XIII, 1926, S. 489ff.; H. Lauterpacht, Private Law sources and analogies of international law, London 1927 (insbes. Chapter IV): Tsune-Chi-Yu, The interpretation of treaties, New York 1927; Spiropoulos, Die allgemeinen Rechtsgrundsätze im Völkerrecht: eine Auslegung von Art. 38 Nr. 3 des Statuts des ständigen internationalen Gerichtshofs, Kiel 1928.

A. Es ist bereits gesagt worden, daß das Gewohnheitsrecht und das förmlich gesetzte Recht dieselbe Rechtsnatur und daher auch die gleiche Geltung haben, und zwar auch insoweit, als es sich darum handelt, inwieweit wechselseitig Derogation stattfinden kann. Der Satz, der sich auf ihr Verhältnis anwenden läßt, ist daher einfach „lex posterior derogat priori".

Für das Verhältnis des gemeinen Rechts zum partikulären Recht gilt dagegen der bekannte Grundsatz „in toto jure genus per speciem derogatur": Partikuläres Recht bricht gemeines Recht; daher geht eine Vereinbarung zwischen zwei Staaten einem Kollektivvertrag und dieser dem gemeinen Gewohnheitsrecht vor. Partikuläres Recht wird fast immer durch Verträge geschaffen, aber dieser Umstand ist dafür, daß dieser Satz hier zur Anwendung kommt, nicht entscheidend. Falls sich innerhalb einer durch einen Vertrag geschaffenen Union partikuläre Gewohnheitsrechtssätze herausbilden, welche die derogationsfähigen Rechtssätze des betreffenden Vertrages verändern, so würde dieses Gewohnheitsrecht dem schriftlich gesetzten Recht vorgehen.

Der allgemeine Satz, daß das partikuläre Recht das gemeine Recht bricht, ist ausdrücklich anerkannt im Art. 38 des Statuts des Ständigen Internationalen Gerichtshofs, den wir hier vollständig wiedergeben, weil wir uns im Laufe dieses Kapitels mehrfach auf ihn beziehen müssen:

„La Cour applique:

1°. Les conventions internationales, soit générales, soit spéciales, établissant des règles expressément reconnues par les Etats en litige;

2°. La coutume internationale comme preuve d'une pratique générale acceptée comme étant le droit;

3°. Les principes généraux de droit reconnus par les nations civilisées;

4°. Sous réserve de la disposition de l'art. 59, les décisions judiciaires et la doctrine des publicistes les plus qualifiés, comme moyen auxiliaire de détermination des règles de droit.

La présente disposition ne porte pas atteinte à la faculté pour la Cour, si les parties sont d'accord, de statuer ex aequo et bono."

Das Vertragsrecht bricht Gewohnheitsrecht. Der in Ziff. 1 gebrauchte Ausdruck „soit générales, soit spéciales" soll ganz einfach bedeuten, daß sowohl die einen wie die anderen dem gemeinen Recht vorgehen sollen, von dem in Ziff. 2 die Rede ist, und bedingt keineswegs, daß die speziellen Vereinbarungen nicht ihrerseits den Vorrang vor den allgemeinen haben sollten. Das hätte leicht ausdrücklich oder einfach dadurch, daß man die Reihenfolge der beiden Kategorien umkehrte, gesagt werden können. Daß das nicht geschah, ist ein Redaktionsfehler und gehört noch nicht einmal zu den schlimmsten dieses unglücklichen Artikels.

Die Regel, daß das partikuläre Recht das gemeine Recht bricht, gilt jedoch nicht ohne Einschränkung. Es kann sich jedoch, wie schon gezeigt wurde, ergeben, daß das gemeine Recht die Rechtsgültigkeit derogatorischer partikulärer Normen ausschließt. Davon abgesehen kann auch für unser Gebiet die bekannte Regel gelten: „lex posterior generalis non derogat priori speciali". So haben die auf die friedliche Lösung der zwischenstaatlichen Konflikte bezüglichen Bestimmungen der Völkerbundssatzung die sehr zahlreichen Schiedsgerichts-Sonderabkommen, die vorher bestanden, nicht außer Kraft gesetzt. Für diesen Zweck war es unnötig, in Art. 21 der Völkerbundssatzung dies ausdrücklich zu erwähnen. Dieser Artikel hatte bekanntlich nur den politischen Zweck, gewisse Besorgnisse zu beseitigen, die sich bis dahin in Amerika gezeigt hatten, dadurch, daß man die Anwendung der berühmten Monroe-Doktrin vorbehielt und gewährleistete.

Man braucht kaum hinzuzufügen, daß ein von einer Staatengruppe angenommener Rechtssatz nicht Rechtssätze derogieren kann, die vorher zwischen einigen der genannten und anderen, dem neuen Verband ferngebliebenen Staaten galten. In Anwendung eben dieses Satzes fährt Art. 20 der Völkerbundssatzung, nachdem er im 1. Absatz die Aufhebung aller Verpflichtungen und Einzelabreden zwischen den Bundesmitgliedern, die mit den Bestimmungen der Satzungen unvereinbar sind, und die feierliche Verpflichtung der Bundesmitglieder, solche in Zukunft nicht mehr einzugehen, ausgesprochen hat, im 2. Absatz folgendermaßen fort: „Si avant son entrée dans la Société, un Membre a assumé des obligations incompatibles avec les termes du pacte, il doit prendre des mesures immédiates pour se dégager de ces obligations". Aus der Gegenüberstellung der beiden Absätze geht hervor, daß es sich hier um frühere Verpflichtungen eines Bundesmitgliedes gegenüber einem Staat, der nicht Mitglied ist, handelt. Diese Verpflichtungen bleiben bestehen, weil es nicht in der Macht der Völkerbundssatzung stand, sie aufzuheben. Die Bundesmitglieder verpflichten sich nur, unverzüglich die von Rechts wegen zulässigen Maßnahmen zu ihrer Lösung zu ergreifen.

B. Eine Norm bei Vorliegen eines konkreten Tatbestandes anwenden, heißt, diesen Tatbestand der Norm, die sich auf ihn bezieht, anpassen, und ihn nach ihrem Maß messen; m. a. W. die Rechtsfolgen bestimmen, die die Norm an diesen Tatbestand knüpft. Es kommt also darauf an: a) daß man sich der Rechtssätze, die für diesen Tatbestand gelten, vergewissert; b) daß man ihre Bedeutung und Tragweite genau bestimmt.

a) Die Erkenntnis der aus Verträgen hervorgegangenen Rechtssätze dürfte bei ihrer präzisen Fassung im allgemeinen keine größeren Schwierigkeiten bieten als die Erkenntnis der Gesetze. Die Fragen, die sich erheben können, betreffen in erster Linie das Inkrafttreten und das Erlöschen des Vertrags, und diese Fragen lassen sich an sich entweder durch Anwendung der einschlägigen Regeln, auf die wir an gegebener Stelle eingehen werden, oder durch Auslegung des Parteiwillens lösen. In der Wirklichkeit aber bereitet es häufig nicht geringe Schwierigkeiten, den Stand der Ratifikationen, Beitritte und Rücktritte bei Kollektivverträgen zu erkennen; diese Schwierigkeiten rühren jedoch hauptsächlich von ungenügender Organisation der Verwaltungen her und können daher leicht verschwinden. Sie sind auch schon dank der in Art. 18 der Völkerbundssatzung aufgestellten Forderung nach Eintragung und entsprechender Veröffentlichung der Verträge im Abnehmen begriffen.

Eine neu hinzugetretene Schwierigkeit, die sich bei der Interpretation der Rechtssätze ernstlich fühlbar macht, entsteht daraus, daß mehrere Sprachen als offizielle Vertragssprachen verwendet werden: so ist z. B. der Versailler Vertrag französisch und englisch abgefaßt, und eine seiner Schlußbestimmungen sagt ausdrücklich, daß beide Texte „feront foi" (are both authentic). Der Vertrag von Saint Germain ist in 3 offiziellen Texten abgefaßt, italienisch, französisch und englisch. In den Schlußbestimmungen heißt es: Im Falle von Abweichungen ist der französische Text maßgebend, mit Ausnahme des Teils I (Völkerbundssatzung) und des Teils XIII (Arbeit), in welchem der französische und der englische Text gleichermaßen maßgebend sein sollen. In diesen Fällen muß der Interpret bei seiner Arbeit von beiden Texten ausgehen und eine Interpretation suchen, die dem einen wie dem anderen Text in gleicher Weise entspricht.

In Anwendung dieses Prinzips bestimmt der Ständige Internationale Gerichtshof im Urteil Nr. 2 (30. August 1924), daß, wo er sich zwei Texten von gleicher Authentizität gegenübersieht (in diesem Falle dem französischen und englischen Text des Art. 11 des Palästinamandats), von denen jedoch der eine größere Tragweite zu haben scheint als der andere, er verpflichtet ist, die Restriktivauslegung, die mit beiden Texten in Einklang gebracht werden kann, und die innerhalb dieser Grenzen ohne Zweifel der gemeinsamen Absicht der Parteien entspricht, anzunehmen. (Publications de la Cour, Serie A, Nr. 2, S. 19.)

Ernstere Schwierigkeiten können sich jedoch ergeben bei der Prüfung der Frage, ob ein Gewohnheitsrechtssatz besteht und insbesondere, ob einer ständigen Übung jene „opinio juris" zuteil wird, die Gewohnheitsrecht von der bloßen tatsächlichen Übung unterscheidet. Wenn auch das völkerrechtliche Gewohnheitsrecht, wie wir vorher sahen, nur aus Handlungen des Staates auf dem Gebiet der zwischenstaatlichen Beziehungen hervorgehen kann (wir rechnen zu dieser Kategorie auch die Entscheidungen der Schiedsgerichtshöfe), so lassen sich doch, wie wir bereits bemerkt haben, sehr erhebliche und zuweilen entscheidende Indizien für ihre Existenz aus Handlungen herleiten, die ihrer Rechtsnatur nach innerstaatliche Akte sind. — Gesetze, die eine bestimmte Haltung des Staats gegenüber anderen Staaten sicherstellen sollen und nicht von Sonderinteressen jenes Staats diktiert sind, da kein Staat in der Regel ohne seinen eigenen Vorteil zu finden für die anderen Staaten mehr tut als das, wozu er sich verpflichtet fühlt; — Urteile, in denen ständig bestimmte Rechtssätze zur Anwendung kommen, die dem Wunsch entstammen, Erfordernissen des zwischenstaatlichen Verkehrs gerecht zu werden, und die sich daher als Richtlinie von Völkerrechtssätzen in dem Landesrecht erweisen, eine Richtlinie, deren Hauptzweck es gerade ist, die Erfüllung der völkerrechtlichen Pflichten des Staats zu ermöglichen; — Verwaltungsakte, die aus derselben Gedankenfolge heraus geschehen, usw. Eine wichtige Unterstützung kann auch von Seiten der Wissenschaft kommen, insofern als diese unmittelbar für ihre eigenen Zwecke die Existenz internationaler Gewohnheiten nachgewiesen hat. Man braucht kaum hinzuzufügen, daß die Bedeutung solcher wissenschaftlicher Erkenntnisse ausschließlich davon abhängt, wie umfassend, mit welchem Ernst und welcher Genauigkeit die Untersuchungen zum Zwecke des Nachweises geführt worden sind, und daß die Bedeutung noch wesentlich zunimmt, wenn die Existenz bestimmter Rechtssätze einstimmig oder sozusagen einstimmig anerkannt wird.

Man darf aber niemals vergessen, daß es sich hier immer nur um Indizien handelt; weder die Existenz von Landesgesetzen, die in einer bestimmten Frage übereinstimmen, noch die Autorität, die dem Umstand zukommt, daß die Gerichtspraxis in verschiedenen Staaten gleichförmig ist, genügt, um die Existenz eines völkerrechtlichen Gewohnheitsrechts zu beweisen; denn diese Übereinstimmung kann sehr wohl das Ergebnis einer bloß gleichen Auffassungsweise sein, einer Denkweise, deren sich die Staaten beliebig bedienen und die sie jederzeit ändern können; noch weniger genügen die Lehrmeinungen, besonders wenn man bedenkt, daß ein großer Teil der Schriftsteller, und gerade die bekanntesten, sich wenig damit befaßt hat, das geltende Recht festzustellen und noch weniger damit, es von subjektiven Ideen und Maßstäben des Verfassers zu scheiden. Zusammenfassend ist daher zu sagen: Gewohnheitsrecht kann nur dann als erwiesen angesehen werden, wenn nachgewiesen wird 1. daß die Staaten sich in ihren tatsächlichen Beziehungen auf eine bestimmte Weise gegeneinander verhalten und 2. daß sie die Überzeugung haben, hierzu verpflichtet zu sein.

Eigentümlich, um nicht mehr zu sagen, ist die Formulierung des Absatz 2 im Art. 38 des Statuts des Ständigen Internationalen Gerichtshofs (S. 74), der von dem Gewohnheitsrecht als dem Ausdruck einer allgemein als Recht anerkannten Übung spricht, während es die allgemein als Recht anerkannte Übung ist, die das Gewohnheitsrecht bildet: Nach Abschnitt 4 desselben Artikels wendet der Gerichtshof die „gerichtlichen Entscheide" (welche?) und die Lehren der anerkannten Autoren als Hilfsmittel zur Feststellung der Rechtssätze an". Die Formulierung ist unglücklich, aber der Sinn ist der, daß der Gerichtshof Rechtssätze anwendet und sich zu ihrer Bestimmung der Rechtsprechung und der Rechtswissenschaft als Hilfsmittel bedient.

b) Wie die Völkerrechtssätze durch Staatenübereinkommen geschaffen werden, so können auch nur Staatenübereinkommen ihren Sinn für die Parteien bindend bestimmen. Das kann auf verschiedene Weise geschehen:

1. Zwei oder mehr Staaten können durch eine zwischen ihnen getroffene Vereinbarung den Sinn dunkler und zweifelhafter Normen festsetzen, wobei sie der Vereinbarung allgemeine Wirkung für alle die Fälle geben, in denen der so ausgelegte Rechtssatz Anwendung finden soll.

Das Verfahren erinnert stark an die sogenannte authentische Interpretation der Gesetze, wie sie von der gesetzgebenden

Gewalt betrieben wird, und kann sowohl auf schon bestehendes Gewohnheitsrecht wie auf Verträge Anwendung finden; für den ersten Fall ließen sich Beispiele in der durch die Haager Konventionen von 1899 und 1907 erfolgten Kodifikation der Kriegsgebräuche finden; was den zweiten Fall betrifft, so genügt es, hier als Beispiel die italienisch-französische Erklärung vom 16. Juli 1873 anzuführen, die den Art. 1, § 23, des Auslieferungsvertrages vom 12. Mai 1870 interpretiert, und das Zusatzprotokoll vom 22. Mai 1897, das die offizielle Interpretation einiger Stellen der Haager Konvention über das Zivilverfahren vom 14. November 1896 (jetzt ersetzt durch das vom 17. Juli 1905) enthält.

Es kann oft zweifelhaft sein, ob die Vereinbarung wirklich frühere Rechtssätze interpretiert oder neue Rechtssätze schafft. Diese Frage, die von erheblichster praktischer Bedeutung ist — man denke an die Rückwirkung der auslegenden Rechtssätze —, muß durch die Untersuchung des diesbezüglichen Parteiwillens gelöst werden.

2. Die vereinbarte Auslegung kann dagegen einen bestimmten konkreten Fall betreffen und sich auf diesen beschränken. Vereinbarungen dieser Art sind in den völkerrechtlichen Beziehungen an der Tagesordnung, zuweilen übertragen die Staaten aber, wenn es ihnen nicht gelingt, auf direktem Wege zu einer Einigung zu gelangen, die Regelung der Streitpunkte einem Vertrauensmann, wobei sie sich im Voraus verpflichten, seine Entscheidung im konkreten Fall anzunehmen. Dies kann vorkommen, entweder dadurch, daß die beteiligten Staaten in dem Fall, um den es sich handelt, ein solches Übereinkommen (Kompromiß) getroffen haben, oder auch weil die Staaten in Erfüllung von im voraus übernommenen Verpflichtungen (Übereinkommen zur Lösung künftiger Streitfragen, wie Kompromißklauseln, allgemeine Schiedsverträge usw.) handeln.

In diesen Fällen entspricht die Lösung des Streitfalls ihrem Wesen nach genau den innerstaatlichen Rechtsverfahren. Die daraus folgende Rechtsauslegung nähert sich ziemlich stark der sogenannten usuellen Interpretation. Vielfache Gründe, besonders der, daß die internationalen Schiedsgerichte bisher einen kasuellen Charakter hatten und keine Dauereinrichtung waren, haben indes verhindert, daß diese Art der Auslegung in der Entwicklung des Völkerrechts eine Aufgabe und Bedeutung ähnlich jener, die der usus fori für das Landesrecht besitzt, zuteil wurde. Der Ständige Internationale Gerichtshof, dessen Richterkollegium stets die gleiche Zusammensetzung hat, scheint geeigneter, nach und nach auch auf unserem Gebiet das herauszubilden, was man gewöhnlich eine Rechtspraxis, die sich auf die rerum perpetuo similiter judicatarum auctoritas gründet, nennt. Diese auctoritas ist indessen rein moralischer Natur; die Entscheidungen des Gerichtshofes sind nur für die Prozeßparteien verbindlich und auch nur für den Fall, der entschieden worden ist (Statut, Art. 59). Einen Ausnahmefall, bei dem die Entscheidung über den entschiedenen Fall hinausgreift, sieht Art. 63 des Statuts vor, dessen Ausgangspunkt die Haager Konventionen zur friedlichen Regelung internationaler Konflikte bilden (Konvention 1899, Art. 56, Absatz 2, Konvention 1907, Art. 84, Absatz 2). Nach diesem Artikel hat, wenn es sich um die Auslegung einer Konvention handelt, an der außer den streitenden Parteien andere Staaten teilgenommen haben, jeder von ihnen das Recht, als Nebenintervenient an dem Prozeß teilzunehmen, und wenn er von diesem Recht Gebrauch macht, so gilt die in dem Urteil gegebene Auslegung auch als diesem gegenüber verbindlich. Wenn auch der Artikel von einem Recht solcher „Prozeßintervention" spricht, so scheint das Wort hier doch in nicht technischem Sinne gebraucht. Die Hauptintervention als beteiligte Partei ist im Art. 62 (vgl. die Geschäftsführung des Gerichtshofs, revidiert am 31. Juli 1926, Artt. 58—60) vorgesehen und geregelt.

Es braucht nicht gesagt zu werden, daß die von den Schriftstellern gegebene Auslegung, die sogenannte „wissenschaftliche Auslegung" einen rechtsverbindlichen Charakter nicht hat. Sie kann aber von großer Autorität und eine wertvolle Hilfe auf einem Gebiet wie dem unsrigen sein, wo es oft so schwer ist, das geltende Recht zu bestimmen. Eine Meinung, die die Zustimmung aller oder fast aller Schriftsteller der verschiedenen Länder hinter sich hat, setzt sich mit einer Kraft durch, der sich ein Staat nur schwer zu entziehen wagen würde.

In Bezug auf das Auslegungsverfahren ist vor allem festzustellen, daß es im Völkerrecht keine allgemeine gültigen, verbindlichen Regeln gibt, nach denen das Gewohnheitsrecht wie das Vertragsrecht interpretiert werden müßte. Die Wissenschaft hat sich ziemlich ausführlich mit dieser Frage beschäftigt, vor allem, soweit es sich um Vertragsrecht handelt, und hat hier die Auslegungsregeln des römischen Rechts unmittelbar oder nach Verallgemeinerung angewandt. Doch sind die bisher erzielten Ergebnisse über die Wissenschaft hinaus nicht fruchtbar geworden. Nur gelegentlich findet man in den Verträgen Regeln, die die Auslegung anderer Normen des Vertrages betreffen. So schließt z. B. Art 405 des Versailler Vertrages, nachdem er in neun verschiedenen Paragraphen bestimmt hat, in welcher Form die von der allgemeinen Arbeitskonferenz gemachten Vorschläge angenommen werden können, und welches die Pflichten sind, die sich daraus für die der internationalen Arbeitsorganisation angeschlossenen Staaten ergeben, mit folgendem Paragraph: „En aucun cas il ne sera demandé à aucun des Membres, comme conséquence de l'adoption par la Conférence d'une recommandation ou d'un projet de convention, de diminuer la protection déjà accordée par la législation aux travailleurs dont il s'agit."

Abgesehen von diesen Fällen bleibt die Auslegung eine logische Operation, die nur dem Gesetz der Logik untersteht, abgesehen von jenen ganz allgemeinen Kriterien, die sich aus der besonderen Natur und dem Charakter der Rechtsordnung ergeben. Hier kann die wissenschaftliche Tradition, die auf Grotius zurückgeht (lib. II, cap. XVI) und einen besonders entscheidenden und klaren Ausdruck bei Vattel findet (lib. II, cap. XVII) auch heute noch wertvolle Hilfe leisten und wird tatsächlich weitgehend herangezogen. Auf diese Weise fixierte Regeln sind z. B. die folgenden: daß die angewandten Worte als Ausdrucksmittel für einen Gedanken angesehen werden müssen und daß es vor allem dieser Gedanke ist, den die Auslegung herauszufinden sich bemühen muß; daß jeder Rechtssatz als das genommen werden muß, was er seinem objektiven Inhalt nach ist, und daß man seine Bedeutung weder ausdehnen noch einschränken darf, auch wenn dieser Inhalt dem Interpreten zu eng oder zu weit erscheinen mag; daß die Verträge in gutem Glauben interpretiert werden müssen; daß man bei der Auslegung eines Rechtssatzes seinen Zusammenhang mit den mit ihm verbundenen Rechtssätzen in Betracht ziehen muß; daß eine sinnvolle Auslegung einer sinnlosen vorzuziehen ist, selbst wenn der Wortlaut für die letztere zu sprechen scheint; daß man von zwei Auslegungen, von denen die eine allen Teilen der Norm gerecht wird und die andere nicht, die erstere akzeptieren muß; daß man nach Möglichkeit eine Auslegung vermeiden muß, die Konflikte mit anderen völkerrechtlichen Verpflichtungen des Staates schafft; daß im Zweifelfall die Norm in dem Sinne auszulegen ist, der für den Belasteten günstiger ist; daß die Rechtssätze eines Vertrages im Zweifelsfall gegen die Partei interpretiert werden sollen, die den Vertrag verfaßt hat, und die sich klarer hätte ausdrücken können und müssen — usw.

Hiermit sind wir aber doch weit entfernt von einer befriedigenden Sachlage. Wo verbindliche Auslegungsregeln fehlen, da läßt es sich nicht vermeiden, daß die so betonten Verschiedenheiten, die zwischen einer Reihe von in den verschiedenen Rechtsordnungen angewendeten Kriterien bestehen, auf die Auslegung der Völkerrechtssätze zurückwirken und es besonders erschweren, zu übereinstimmenden Schlüssen zu gelangen. So wird z. B. ein englischer Jurist der Meinung sein, daß die Entstehungsgeschichte eines Rechtssatzes als bewerteter

Maßstab nicht in Betracht komme und wird sich in seinen Untersuchungen darauf beschränken, den objektiven Sinn der angewandten Worte zu ergründen, während der französische und italienische Jurist vielleicht in erheblichem Maße dahin neigen werden, der Entstehungsgeschichte des Rechtssatzes eine erhebliche Bedeutung beizumessen und unter ihrem Einfluß den wörtlichen und logischen Sinn des Rechtssatzes bestimmen werden. Diese Verschiedenheit in Methode und Richtung, die ohne Zweifel eines der Haupthindernisse für die einheitliche Auslegung der Völkerrechtssätze ist, wird sich immer verhängnisvoller fühlbar machen, je weiter sich die Tätigkeit der internationalen richterlichen Organe entwickelt, bei denen alle Richtungen vertreten sein müssen, und bei denen es doch vor allem darauf ankommt, um jeden Preis die Möglichkeit einer Einigung zu erleichtern. Hier scheint sich wirklich eines der dringendsten Probleme zu zeigen, mit denen die Wissenschaft sich beschäftigen könnte, um an seiner praktischen Lösung mitzuarbeiten.

Aus der richtigen Auslegung der Rechtssätze kann es sich ergeben, daß der vorliegende Tatbestand logischerweise nicht unter sie fällt. Die Haltung des Interpreten angesichts dieser Möglichkeit — die ganz verschieden ist von jener, bei der ein bestimmter Tatbestand nur scheinbar nicht in den Bereich der Norm gehört, und in dem es sich um die sogenannte erweiterte Interpretation handelt — wird hier durch den Umstand bestimmt, daß für ihn kein anderes Recht außerhalb des durch Staatenübereinkommen gesetzten Rechts existiert. Wird nun ein Tatbestand von diesem Übereinkommen nicht umschlossen, so heißt das ganz einfach, daß sich an diesen Tatbestand kein Anspruch und keine Verpflichtung knüpft. Die Behauptung, daß Rechte und Pflichten gegeben sein müßten, ist nicht möglich; das hieße die Normen, die die Völkerrechtsordnung bilden, einem Werturteil oder Gesichtspunkt de jure condendo unterstellen (s. S. 14 ff.). Die einzige Frage, die zu lösen bleibt, ist dann die, ob die geltenden Normen nur auf die vorgesehenen oder auch auf die nicht vorgesehenen aber analogen Tatbestände anzuwenden sind; genauer gesagt, ob die analoge Ausdehnung der Normen nur dann zulässig ist, wenn es eine dahingehende Regel gibt, und mithin auf unserem Gebiet nur in besonderen Fällen, oder ob man eine solche Norm als in der Rechtsordnung einbegriffen, sozusagen als ihre natürliche Erweiterung anzusehen hat.

Das Zurückgreifen auf den Analogieschluß, sei es legis, sei es juris, findet sich zuweilen in verschiedenen Ausdrücken in den Schiedsverträgen, und auch unabhängig davon haben die Schiedsgerichte sich dieser Schließweise ohne Widerspruch zu finden bedient.

Auch fehlt es nicht an angesehenen Schriftstellern, die in der Absicht, den schiedsrichterlichen Urteilen eine möglichst weite Basis zu geben, dafür eingetreten sind, daß diese völlig unbegrenzt sich des analogen Schlusses bedienen können und müssen, falls das Kompromiß sie nicht daran hindert (Lammasch).

Alles dies scheint für die Lösung der allgemein gestellten Frage nicht von großer Bedeutung. Niemand bestreitet, daß es möglich und nützlich ist, in vielen Fällen den analogen Schluß zuzulassen, und nichts ist natürlicher, als diese tatsächlich in den Vereinbarungen, die einen bestimmten Streitfall einem schiedsrichterlichen Urteil unterstellen, zugelassen zu finden. Vielmehr könnte man bemerken, daß, wenn man es für nötig gehalten hat, den Analogieschluß ausdrücklich zuzulassen, dies geschehen ist, weil es sich an sich nicht von selbst verstand. Aber auch der Gebrauch, den die Schiedsgerichte von dem Analogieschluß gemacht haben, hat von einem allgemeinen Gesichtspunkt aus nicht viel Bedeutung, weil ihre Machtbefugnisse und die Art ihrer Tätigkeit ausschließlich vom Schiedsvertrag abhängen und ein Analogieschluß je nach den Bedingungen dieses Schiedsvertrages berechtigt sein mag oder nicht. Was die wenigen Schriftsteller anbetrifft, die das Problem ins Auge gefaßt haben und es im Sinne einer Bejahung der allgemeinen Anwendbarkeit des Analogieschlusses lösen, so sei darauf hingewiesen, daß sie vor allem darauf auszugehen scheinen, den juristischen Charakter des Schiedsspruchs gegenüber der freundschaftlichen Vermittlung zu betonen; es ist daher der Zweifel berechtigt, daß sie an unsere Frage mehr mit Maßstäben de jure condendo als de lege lata herangetreten sind.

Die Frage, ob man die Zulassung des Analogieschlusses als ein allgemeines, in der Völkerrechtsordnung enthaltenes Prinzip ansehen muß, findet ihre Lösung ausschließlich aus der Bedeutung und dem Geiste dieser Ordnung heraus. Von diesem Standpunkt aus scheint es nicht zu kühn, wenn man sagt, daß das Völkerrecht jeder Erweiterung einmal übernommener Verpflichtungen über die vorgesehenen Fälle hinaus widerstreitet. Die Staaten wachen noch so eifersüchtig auf ihre Selbständigkeit, daß man sicherlich nicht annehmen kann, daß sie sie einzuschränken beabsichtigen, außer insoweit es sich aus den ihnen anerkannten Rechtssätzen ergibt. Der jeden Augenblick und mit soviel Beharrlichkeit wiederholte Satz, daß es nicht angehe, auf dem Weg der Auslegung die Souveränität weiter einzuschränken, ließe sich besser und genauer mit den Worten ausdrücken, daß im Völkerrecht eine analoge Ausdehnung der Normen nicht zulässig ist, wenn sie nicht ausdrücklich oder stillschweigend von den Parteien gewollt wird.

Eine Abweichung von diesem Prinzip, die zweifellos auch wegen der sehr weiten Anwendung, der sie unterliegt, höchst wichtig ist, haben wir im Statut des Ständigen Internationalen Gerichtshofs. Art. 38 spricht nicht von Analogieschluß, aber, nachdem in Absatz 1 und 2 die ausdrückliche Vereinbarung und das Gewohnheitsrecht als Quellen der Rechtssätze, die der Gerichtshof anwenden soll, aufgeführt worden sind, heißt es weiter in Absatz 3: „les principes généraux de droit reconnus par les nations civilisées". Diese Bestimmung, die von dem Bestreben diktiert ist, zu vermeiden, daß der Gerichtshof sich in die Notwendigkeit versetzt sehen könnte, mangels anwendbarer Rechtssätze die Klage mit einem non liquet abzuweisen, zeigt vor allem, daß man die Produktivität der Quellen. wenn man so sagen darf, bis an die äußerste Grenze hat ausdehnen wollen; und der Analogieschluß ist das beste und grundlegendste Hilfsmittel hierzu. Die in einem bestimmten Sinne für die vorgesehenen Fälle durch die Rechtssätze festgelegten Beschränkungen müssen auch für die analogen nicht vorgesehenen Fälle gelten. Wird, m. a. W., die sogenannte analogia juris zugegeben, so muß a fortiori die analogia legis als stillschweigend gewollt angesehen werden.

Was die allgemeinen Rechtsgrundsätze anbetrifft, von denen in Absatz 3 des Art. 38 die Rede ist, so sind diese vor allem allgemeine Grundsätze der Völkerrechtsordnung, und an zweiter Stelle die in den Gesetzgebungen der Kulturstaaten allgemein anerkannten Grundsätze; sie sind, wie richtig gesagt wurde, eine Art jus gentium im klassischen Sinn „quasi quo jure omnes gentes utuntur" (§ 1 Inst. I, 1). Die von den Kulturstaaten allgemein anerkannten Grundsätze sind größtenteils stillschweigend auch in der Völkerrechtsordnung anerkannt worden, und der Gerichtshof wendet sie als solche an (vgl. Urteil Nr. 9, 26. Juli 1927, Publications cit., Serie A, Nr. 9 S. 21, mit Bezug auf das Prinzip, daß die Verletzung einer Verpflichtung die Wiedergutmachung bedingt). Wenn es sich aber um besondere, ausschließlich den innerstaatlichen Rechtsordnungen eigene Sätze handelt, muß gesagt werden, daß der Richter auf die Weise auf eine andere Rechtsquelle als die Völkerrechtsordnung verwiesen wird und zwar auf eine Quelle im materiellen Sinn, die ihm nur die Elemente zur Bildung der Norm liefern kann, die er im vorliegenden Fall als Völkerrechtssatz anwenden wird: diese Norm existiert nicht in der Völkerrechtsordnung; es ist der Richter, der sie für den Spezialfall und nur für diesen schafft (Art. 59). Er geht hierbei von bestimmten Kriterien aus und davon, ob diese Grundsätze, um die es sich handelt, allgemein anerkannt sind. So aufgefaßt unterscheidet sich die Tätigkeit, die Art. 38, Ziff. 3 dem Gerichtshof zuschreibt, nicht oder wenigstens nur durch die größeren Einschränkungen, denen sie unterworfen ist von der, die einige neuere Gesetzbücher dem Richter zuschreiben, wenn sie sagen, daß dieser, wo andere Quellen fehlen, das anzuwendende Recht so zu bestimmen hat, als wäre er selbst der Gesetzgeber. Nimmt man das Bild wieder auf, so könnte man sagen, daß dem neuesten jus gentium ein neuester praetor entspricht mit freilich sehr viel beschränkteren Befugnissen als der römische Prätor sie besaß.

Um den Wert der Ziff. 3 von Art. 38 des Statuts des Gerichtshofs richtig zu verstehen, muß man sich vor allem vergegenwärtigen, daß das Zurückgreifen auf den Analogieschluß und auf die allgemeinen, dort angegebenen Grundsätze nur in zweifelhaften Fällen zulässig ist und daher nur soweit als nicht der Wille der Staaten offenbar ist, ihre Handlungsfreiheit innerhalb der ausdrücklich aufgeführten Fälle bewahren zu wollen. Der Rechtssatz, der bestimmte Verpflichtungen für bestimmte konkrete Fälle festsetzt, kann, wenn er richtig ausgelegt wird, gleichzeitig jede Verpflichtung für die nicht ausdrücklich erwähnten Fälle ausschließen. Es ist offensichtlich, daß dann der Rechtssatz allein die Frage entscheidet und daß dadurch jede Möglichkeit des Zurückgreifens sowohl auf den Analogieschluß wie auf die allgemeinen Rechtsgrundsätze ausgeschlossen ist. So wird z. B. — da die Jurisdiktionsgewalt des internationalen Gerichtshofs beschränkt ist und die Verpflichtung, ihr einen bestimmten Streitfall zu unterbreiten, nur insoweit besteht, als die Parteien diese Verpflichtung haben eingehen wollen und nur in dem Umfang, in dem sie das getan haben (vgl. Urteil Nr. 2, 30. August 1924, Publications cit., Nr. 2, S. 16; Urteil Nr. 6, 25. August 1925, ibid. Nr. 6, S. 15; Urteil Nr. 9, 26. Juli 1927, ibid. Nr. 9, S. 32) — die Feststellung genügen, daß der Streitfall nicht unter diejenigen fällt, für die die Rechtsprechung des Gerichtshofs von den Parteien anerkannt worden ist, um seine Inkompetenz zu begründen. Es wäre ganz offenbar unzulässig, wenn der Gerichtshof seine Jurisdiktionsgewalt auf einen Rechtssatz gründen wollte, der diese Jurisdiktionsgewalt in gleichen Fällen oder auf analogen Gebieten schafft oder gar auf die allgemeinen, von den Kulturstaaten anerkannten Rechtsgrundsätze, zu denen sicherlich auch der gehört, daß jeder Streitfall einem Richter vorgelegt werden können muß. Der Unterschied zwischen dem Gemeinen Völkerrecht und dem Statut des Gerichtshofs besteht also darin, daß in ersterem die Regel in dubio pro libertate gilt, in letzterem dagegen im Zweifel auf den Analogieschluß oder auf die allgemeinen Rechtsgrundsätze zurückzugreifen und nur dann, wenn auch diese Quellen versagen, das Nichtvorhandensein irgendeiner Verpflichtung zuzugeben ist. Wie weit alles dieses sich den besonderen Erfordernissen der internationalen Beziehungen anpassen läßt, ist eine Frage, auf die nur die Erfahrung entsprechende Antwort wird geben können.

Der letzte Absatz von Art. 38, der als unvereinbar mit der Natur und den Funktionen eines Gerichtshofs ziemlich stark kritisiert worden ist, handelt nicht von der Anwendung des Rechts. Zu dem Zwecke, gewissen Bedürfnissen der zwischenstaatlichen Beziehungen Rechnung zu tragen und in dem lobenswerten Bestreben, eine Inanspruchnahme des Gerichtshofs zu fördern, erlaubt er den Parteien, ein mehr auf die Billigkeit als auf das strikte Recht begründetes Urteil zu begehren, und nähert so in gewissen Fällen die Funktion des Gerichtshofs derjenigen, wie sie häufig, aber nicht immer, von den Schiedsgerichten ausgeübt wird. Die Zustimmung der Parteien ist unerläßliche Bedingung; fehlt sie, so muß der Gerichtshof in seiner Entscheidung das Recht anwenden.

Andererseits kann die Vereinbarung der Parteien, ebenso wie sie den Gerichtshof ermächtigen kann, ex aequo et bono zu entscheiden, ihn auch zwingen, nach bestimmten Regeln zu urteilen und insbesondere das Zurückgreifen auf die Analogie und auf die in Art. 38 vorgesehenen Rechtsgrundsätze auszuschließen. So daß, wenn ein Streitfall infolge eines Kompromisses vor den Gerichtshof gebracht wird, dieser Kompromiß es ist, der in erster Linie entscheidet, welches die Befugnisse des Gerichtshofs auch betreffs der anwendbaren Rechtssätze sind. Jeder diesbezügliche Zweifel wird durch Interpretation des Kompromisses gelöst.

Erster Teil.

Allgemeine Lehren.

Erstes Kapitel.

Die Subjekte des Völkerrechts.

§ 1. Die Rechtspersönlichkeit im Völkerrecht.

Bibliographie. F. von Holtzendorff, Der Staat als völkerrechtliche Persönlichkeit, in Bd. II des „Handbuch des Völkerrechts", Hamburg 1887, S. 5—43; P. Heilborn, System des Völkerrechts, zit., 1896, S. 58ff.; Id., Subjekte des Völkerrechts, im „Wörterbuch des Völkerrechts" von K. Strupp, Bd. II; Affolter, Zur Lehre von der Persönlichkeit des Staates, im „Archiv für öffentliches Recht", Bd. XX, 1906, S. 373ff.; A. Rapisardi Mirabelli, Lo stato soggetto del diritto internazionale, im „Archivio giuridico Filippo Serafini", Bd. XI, 1909, Nr. 2—3; G. L. Dickinson, Analogy between natural persons and international persons in the law of nations, in „Yale Law Journal", Bd. 26, 1917, S. 564ff.; P. Fedozzi, Il concetto di personalità internazionale nell' art. 1° del Patto della Società delle nazioni, in „Rivista internazionale di filosofia del diritto", Bd. I, 1921, S. 100ff.; A. Cavaglieri, I soggetti del diritto internazionale, in „Rivista di diritto internazionale", Bd. XVII, 1925, S. 18ff., 169ff.; A. Verdroß, Die Verfassung der Völkerrechtsgemeinschaft, zit., S. 115ff.; L. Hamburger, Die Theorie von den Subjekten und Mitgliedern der Völkerrechtsordnung und die internationale Arbeitsorganisation, in „Niemeyers Zeitschrift für Internationales Recht", Bd. XXXVI, 1926, S. 117ff.; W. Burckhardt, Die Organisation der Rechtsgemeinschaft, Basel 1927, S. 353ff. (Die Staaten als Personen des Völkerrechts); R. Knubben, Die Subjekte des Völkerrechts", in Stier-Somlo, „Handbuch des Völkerrechts" Bd. II, 1, Stuttgart 1928; G. Enriques, Il concetto astratto di „persona giuridica" e la sua applicazione al diritto internazionale, in „Rivista italiana per le scienze giuridiche", 1928, Heft I, S. 133ff.; H. 2/3, S. 361ff.

Die Rechtsnormen legen angesichts bestimmter Tatbestände Pflichten auf oder gewähren Rechte. Die Wesenheiten, auf die sich diese durch die Normen gesetzten Rechte und Pflichten beziehen, mit anderen Worten die Normenadressaten, nämlich die Glieder jener Gesellschaft, deren Überbau die Rechtsordnung ist, heißen Rechtssubjekte oder Personen. Rechtspersönlichkeit ist also ein Ausdruck für das Bezogensein eines Subjektes auf eine bestimmte Rechtsordnung. Man ist Rechtspersönlichkeit, sofern man Adressat von Rechtsnormen ist; es gibt keine natürlichen Rechtspersönlichkeiten; sie existieren nur innerhalb einer bestimmten Rechtsordnung und nur kraft dieser.

Da nun Rechtspersönlichkeit innerhalb einer bestimmten Rechtsordnung zu sein gleichbedeutend damit ist, der Adressat der Normen, die diese Rechtsordnung bilden, zu sein, so ist klar, daß jede Rechtsordnung bestimmt, welches ihre Subjekte sind. Die Subjekte des Völkerrechts werden daher ausschließlich von der Völkerrechtsordnung selbst bestimmt.

Wie bereits gezeigt wurde, besteht die Völkerrechtsordnung begrifflich aus allen den Normen, die durch Übereinkommen gesetzt sind, welche, da sie zwischen gleichstehenden, nicht einer gemeinsamen Macht unterstellten Einheiten geschlossen werden, ihre bindende Kraft ausschließlich aus der Grundnorm „pacta sunt servanda" herleiten. Die hier genannten Einheiten sind im allgemeinen unabhängige gesellschaftliche Verbände. Alle Vergesellschaftungen, zwischen denen derartige Übereinkommen zustande kommen, sind daher Adressaten von Völkerrechtsnormen, sind der Völkerrechtsordnung unterworfen. Wenn wir diesen gesellschaftlichen Verbänden den Namen Staat geben wollen, so können wir die Schlußfolgerung, zu der wir damit gelangt sind, auch anders ausdrücken, indem wir sagen, daß die Staaten die Subjekte des Völkerrechts sind.

Adressaten der Völkerrechtsnormen sind in der Regel gesellschaftliche Verbände; das soll heißen, daß die Normen den Verband als Ganzes und nicht seine Glieder als einzelne angehen; sie machen aus ihnen eine Beziehungseinheit derart, daß die gewährten Rechte und auferlegten Pflichten nicht Rechte und Pflichten einzelner Individuen, sondern solche der Gesamtheit sind, auch wenn es formell möglich wäre, die Rechtssubjektivität der Gesamtheit durch einen Aggregat individueller Rechte und Pflichten zu ersetzen. Zum Verständnis der völkerrechtlichen Persönlichkeit der menschlichen Vergesellschaftungen braucht man in Wirklichkeit der römischen Lehre nicht viel hinzuzufügen, nach der die universitas nichts ist als die Einheit der rechtlichen Attribute: „Si quid universitati debetur singulis non debetur, nec quod debet universitas singuli debent" (leg. 7, § 1, Dig. III, 4).

Der Satz, daß nur die Staaten Subjekte des Völkerrechts sind, wurde mit besonderer Energie von der neuen positivistischen Lehre verfochten, die ihn zur unerschütterlichen Prämisse von Schlußfolgerungen, die darauf gerichtet waren, eine Anzahl von in das Völkerrecht eingedrungenen fehlerhaften naturrechtlichen Gedankengängen auszumerzen und die ihn zur Grundlage für eine streng juristische Rekonstruktion zahlreicher Institute gemacht hat.

Die Art jedoch, wie dieser Satz behandelt wurde, schloß einen doppelten Irrtum in sich. Erstens und vor allem: statt zu beweisen, daß nur die Staaten Subjekte des Völkerrechts sind, stellte man die Behauptung auf, daß sie allein es sein können. Damit überschritt man die der juristischen Forschung gesetzten Grenzen und mißachtete so gerade die Forderungen des Rechtspositivismus, von denen man auszugehen behauptete. Zweitens: anstatt auf Grund des geltenden Rechts festzustellen, welches nun in Wirklichkeit die Subjekte der Völkerrechtsordnung sind und dann zu sehen, ob ihnen die Qualifikation als Staaten zukommt, ging man von dem von anderen Disziplinen entwickelten Staatsbegriff aus und behauptete, daß diesem die Qualifikation als völkerrechtliche Person zukäme. Damit setzte man sich über die der Rechtswissenschaft eigene normative Forschungsweise hinweg; man verunstaltete sie durch Verwendung eines fremden Begriffes, der die von ihr erst zu erzielenden Ergebnisse im voraus festlegte.

Dieser Vorgang trug die Möglichkeit in sich, daß in einem gegebenen Zeitpunkt unabweisliche Forderungen der Rechtsdogmatik in offenbaren Widerspruch zu der behaupteten, sich notwendigerweise ergebenden Identität von Staat und völkerrechtlicher Persönlichkeit gerieten. Wir werden in Folgendem Gelegenheit haben, auf einige dieser Widersprüche hinzuweisen, die man glaubte ausschalten zu können, indem man einmal auf den soziologischen Staatsbegriff gerade im Namen der Ergebnisse der normativen Forschung zurückging, ein andermal diese Ergebnisse jenem Begriff mehr oder weniger geschickt anzupassen suchte. Tiefer und schwerwiegender trat der Widerspruch jedoch zutage, als eine Gruppe politischer Verbände, wie die großen britischen Dominien und Indien, die von der Wissenschaft niemals als Staaten bezeichnet worden sind, und die sich tatsächlich sehr weit von dem historischen traditionellen Staatsbegriff entfernen, am Abschluß der Friedensverträge teilnahm und auf dem Fuß völliger Gleichberechtigung dem Völkerbund beitrat; oder als — was noch bedeutsamer ist — ein Völkerrechtssatz ausdrücklich die

Möglichkeit vorsah, daß gesellschaftliche, nicht als Staaten zu qualifizierende Organisationen, die vielmehr von den Staaten deutlich als „Dominien oder Kolonien" unterschieden werden, künftig Mitglieder des Völkerbunds werden sollen. Art. 1 der Völkerbundssatzung, der im 1. Absatz erklärt, daß ursprüngliche Mitglieder des Völkerbunds diejenigen Signatarmächte sind, deren Namen in der Anlage zu der gegenwärtigen Satzung angeführt sind, und unter denen sich auch die vier britischen Dominien und Indien befinden, sagt dann tatsächlich im nächsten Absatz, daß alle Staaten, Dominien oder Kolonien mit voller Selbstverwaltung, die nicht in der Anlage aufgeführt sind, Bundesmitglieder werden können, wenn ihre Zulassung von zwei Dritteln der Bundesversammlung ausgesprochen wird, vorausgesetzt, daß sie für ihre aufrichtige Absicht, ihre internationalen Verpflichtungen zu beobachten, wirksame Gewähr leisten und die hinsichtlich ihrer Land- und Seestreitkräfte und ihrer Rüstungen von dem Bunde festgesetzte Ordnung annehmen.

Es fehlt nicht an künstlichen und teilweise lächerlichen Erklärungsversuchen, mit denen man diese Sätze in die bestehenden Begriffsschemata glaubte einfügen zu können; aber gerade die Haltlosigkeit dieser Versuche beweist sonnenklar, daß es an der Zeit ist, den methodologischen Fehler zu verbessern und eine wahre vindicatio in libertatem des Völkerrechts zu erfüllen.

Will man im Völkerrecht von Staaten sprechen — und der Gebrauch dieses Worts hat sicher seine Vorteile, schon allein den der Einfachheit —, so muß es vollkommen klar sein, daß es sich um die Staaten im völkerrechtlichen Sinne, nicht aber im soziologischen, geschichtlichen oder staatsrechtlichen Sinne handelt. Staat im Völkerrecht ist gleichbedeutend mit Normenadressat, Subjekt der Rechtsordnung, ganz gleich, ob dieser Begriff sich mit dem Staatsbegriff anderer Disziplinen deckt oder nicht.

Ferner ist es augenfällig, daß während einerseits die sogenannte allgemeine Staatslehre bezüglich der wesentlichsten Kriterien des Staatsbegriffs alles andere als gesichert und zuverlässig ist, andererseits wesenhafte Analogien evident sind zwischen den übereinstimmend mit dem Namen Staat bezeichneten politischen Verbänden und anderen solcher Verbände, die, entweder wie die britischen Dominien, diese Bezeichnung nicht erhalten haben, oder denen sie, wie gewissen Gliedern von Bundesstaaten, heftig bestritten worden ist, und die dennoch Subjekte der Völkerrechtsordnung geworden sind.

Mehr jedoch als auf die unleugbaren wesenhaften Analogien kommt es hier für uns auf die Feststellung an, daß die Stellung dieser Gruppen in dem Augenblick, wo sie in Beziehung zu anderen Gruppen treten können und wollen, formell sich genau mit der Stellung deckt, die logischerweise den Beziehungen zwischen allen Subjekten der Völkerrechtsordnung zugrunde liegen muß. In der Tat ist das wesentliche Moment in der gegenseitigen Stellung der gesellschaftlichen Verbände, denen die Schaffung von Völkerrechtssätzen zusteht, mit dem Fehlen einer höheren Rechtsordnung gegeben, die alle in Betracht kommenden Verbände umfaßte, und auf die man daher die Geltung der unter ihnen abgeschlossenen Übereinkommen zurückführen müßte. Völkerrechtssätze in dem von uns angenommenen Sinne kann es z. B. nicht zwischen dem britischen Reich und Canada oder zwischen Canada und Indien geben, weil die eventuellen Verträge zwischen ihnen im Bereich der Rechtsordnung des britischen Reichs bleiben, von der allein ihre Zuverlässigkeit und ihre Geltung abhängt. Ganz anders ist dagegen die Stellung Canadas gegenüber den Vereinigten Staaten, Frankreich, Italien usw. Die Abhängigkeit Canadas vom britischen Reich könnte die Existenz von Beziehungen zwischen Canada und den eben genannten Staaten ausschließen; von dem Moment an aber, wo die Beziehungen möglich werden, können sie nicht anders als durch Übereinkommen geregelt werden, die wiederum ihre bindende Kraft nur aus der Grundnorm der Völkerrechtsordnung „pacta sunt servanda" herleiten können.

Wir wollen jetzt auf Grund des fundamentalen Satzes, demzufolge die Subjekte einer Rechtsordnung eben die Adressaten der Rechtssätze sind, die die Rechtsordnung bilden, die völkerrechtliche Persönlichkeit der hier nacheinander angeführten Wesenheiten, bezüglich derer sich in Theorie und Praxis zuweilen Meinungsverschiedenheiten gezeigt haben, prüfen.

1. Die Nationalitäten.

Bibliographie. — P. S. Mancini, Della nazionalità come fondamento del diritto delle genti, Turin 1851; L. Palma, Del principio di nazionalità nella moderna società europea, Mailand 1867; P. de Roquette Buisson, Du principe des nationalités. Etude de droit international public, Paris 1895; Ch. Henrion, La nation et le droit des gens, Nancy 1911; L. Le Fur, Races, nationalités, États, Paris 1922; R. Johannet, Le principe des nationalités, Paris 1923; E. Giraud, Le droit des nationalités, sa valeur, son application, in „Revue générale de droit international public", Bd. XXXI, 1924, S. 17ff. Als Zusammenfassung der neuesten Ansichten in der Nationalitätenfrage im Völkerrecht siehe „Nationalitätenfrage einschließlich des Minderheitsrechts" von R. Laun, im „Wörterbuch des Völkerrechts" von K. Strupp, Bd. II.

Nach der berühmten Definition **Mancinis** ist die Nationalität „eine natürliche Gesellschaft der Menschen, die die Einheit des Gebiets, des Ursprungs, der Sitten und der Sprache in einer Gemeinsamkeit der Lebensformen und des Zusammengehörigkeitsbewußtseins zusammengeschlossen hat". Es war **Mancini** — und seinen Spuren folgend die italienische Schule —, der der Nationalität juristischen Wert zuzuschreiben suchte, indem er sagte, die wahren Subjekte des Völkerrechts seien die Nationen, Werke Gottes, nicht aber die Staaten, willkürliche und künstliche Bildungen, die oft durch Gewalt und Betrug geschaffen seien.

Wenn man hiermit einen idealen Grundsatz der Gerechtigkeit aufstellen will, so läßt sich gegen die Berechtigung des Verfahrens nichts einwenden. Doch diese Berechtigung hört auf, wenn man dieses Verfahren, auf welche Weise auch immer, in den Bereich des positiven Rechts zu übertragen sucht. Subjekte des Völkerrechts sind die Staaten, nicht die Nationalitäten, weil die geltenden Völkerrechtssätze sich an jene und nicht an diese wenden, und es ist auch völlig gleichgültig, ob ein Staat auf nationaler Basis errichtet ist oder nicht. So handelt es sich bei der sogenannten Anerkennung der den Zentralmächten unterworfenen Nationalitäten, die während des Krieges in den Ententestaaten Nationalkomités und dann Deserteurlegionen bildeten, die an der Seite der alliierten und assoziierten Mächte kämpften, in Wirklichkeit um eine Reihe innerstaatlicher, juristisch-politischer oder militärischer Maßnahmen, wenn durch sie auch der künftigen Bildung neuer Staaten auf nationaler Grundlage, die zu begünstigen die erwähnten Mächte sich moralisch verpflichtet hatten, vorgearbeitet wurde.

Das Völkerrecht kann im übrigen die Nationalitäten beschützen, indem es den Staaten auf sie bezügliche Verpflichtungen auferlegt. Sehr wichtig sind in dieser Hinsicht die Bestimmungen zum Schutz der ethischen, religiösen und sprachlichen Minderheiten, die besonders in den Friedensverträgen von St. Germain (Art. 62—69) von Trianon, (Art. 54—60), von Neuilly (Art. 49—57) und von Lausanne (Art. 37 bis 45) und außerdem in 6 Sonderabkommen enthalten sind, die von den Hauptentutemächten mit einigen Staaten abgeschlossen sind, deren Existenz oder beträchtliche Gebietsvergrößerung in den Friedensverträgen ihre Ursache haben. Die vertraglich zugunsten der Minderheiten der Rasse, Religion oder Sprache festgelegten Garantien für Freiheit und Gleichheit sind als völkerrechtliche Pflichten erklärt und unter den Schutz des Völkerrechts gestellt. Für die hierauf bezüglichen Streitfälle ist der Ständige Internationale Gerichtshof zuständig.

2. Gesellschaftliche Verbände, die wegen ihrer Lebensbedingungen und der Stufe ihrer Zivilisation nicht an Übereinkommen zur Schaffung von Völkerrechtsnormen beteiligt sind.

Bibliographie. C. E. Vaillant, De necessitudine juris gentium, quae europaeis gentibus intercedit cum septentrionalis Africae orae civitatibus, Amsterdam 1831; G. Trione, Gli Stati civili nei loro rapporti coi popoli barbari e semibarbari. Studio di diritto internazionale, Torino 1899; J. Hornung, Civilisés et barbares, in „Revue de droit international et de législation comparée, Bd. XVII, 1885, S. 5ff., 447ff., 539ff., Bd. XVIII, 1886, S. 188ff., 281ff.; The collected papers of John Westlake on public international law edited by L. Oppenheim, Cambridge 1914, S. 139ff.; J. E. G. de Montmorency, The Barbary States in the Law of Nations, in „Transactions of the Grotius Society", Vol. IV, 1919, S. 87ff.; A. Snow, The question of aborigines in the law and practice of nations, New York 1921; J. Kunz, Zum Begriff der „nation civilisée" im modernen Völkerrecht, in „Zeitschrift für öffentl. Recht", Bd. VII (1927/28), S. 86ff.

Es handelt sich um die Nomaden oder wilden Völkerschaften. Ihre Unfähigkeit, die Normen, die das Völkerrecht bilden, zu verstehen und sie daher zu wollen, ist der Grund dafür, daß sie an den Übereinkommen nicht beteiligt sind, noch ihnen später beitreten; dieses Fehlen der Teilnahme an den Völkerrechtssätzen schließt folgerichtig ihre völkerrechtliche Persönlichkeit aus. Eine dieser entgegengesetzte Auffassung kann man nur als ein Postulat des Naturrechts ansehen, und tatsächlich fand die These ihre Anhänger im Schoß des Naturrechts.

Dieser allgemeine Satz, der sich ja auf einen wesentlich relativen Tatbestand stützt, läßt jedoch eine Ausnahme zu. Es ist im Lauf des 19. Jahrhunderts häufig vorgekommen, daß ein Kolonialstaat, anstatt zur Besitzergreifung der von Nomadenstämmen bewohnten Gebiete zu schreiten, sich darauf beschränkt hat, ein Schutzbündnis mit den Stammeshäuptlingen zu schließen. Sie anerkennen die Oberhoheit des Staates, der ihnen seinerseits seinen Schutz, die Nutznießung des Landes und andere Vorteile garantiert. Das ist das sogenannte koloniale Protektorat im Gegensatz zum völkerrechtlichen Protektorat, um das es sich nach der gewöhnlichen Theorie dann handelt, wenn ein Schutzbündnis zwischen zwei Staaten zustande kommt, ohne Rücksicht darauf, ob sie verschiedenen Zivilisationsstufen angehören.

Es ist viel über die Rechtskraft dieser Verträge diskutiert worden.

Eines ist sicher: entweder hat das mit einem Stamm abgeschlossene Schutzbündnis keine Rechtskraft, oder aber sie stammt aus dem Grundsatz „pacta sunt servanda". Im ersten Falle handelt es sich um ein rein moralisches Verhältnis, im zweiten unterscheidet es sich formell nicht von einem völkerrechtlichen Vertrag und stellt somit eine wenn auch noch so beschränkte völkerrechtliche Rechtsfähigkeit des Stammes dar. Wenn man das Prinzip, daß die Subjekte des Völkerrechts mit den Staaten identisch sind, in der von uns angegebenen Weise modifiziert, so ist unserer Meinung nach kein Grund vorhanden, die Rechtskraft des Schutzbündnisses zu verneinen. Abgesehen von Betrachtungen politischer Art, wie sie sich aus den Endzielen, die der Staat sich beim Abschluß dieser Verträge setzt, ergeben — Betrachtungen, die für das Rechtsproblem unerheblich sind —, gründet sich die entgegengesetzte These ausschließlich auf einen soziologischen und daher inadäquaten Begriff der völkerrechtlichen Persönlichkeit. Wenn diese in der Regel den Nomaden oder wilden Völkerschaften abzusprechen ist, so liegt der Grund hierfür nicht darin, daß sie kein Staatswesen sind, sondern darin, daß sie, da sie an den Handlungen, die zur Bildung von Völkerrechtsnormen führen, keinen Teil haben, auch nicht Adressaten der Normen, die daraus entstehen, sein können. Nun wird dieser Grund entkräftet in dem Augenblick, wo ein Stamm freiwillig und bewußt mit einem Staat einen Vertrag abschließt, von dem man nicht einsieht, warum er der Regel „pacta sunt servanda" nicht unterstellt sein sollte. Hiermit lehnen wir auch die von Borsi (Studi di diritto coloniale, in „Studi Senesi", Bd. 32, S. 285ff.) aufgestellte Theorie ab — d. h. wir lehnen sie als unnötig ab, wenn wir gleich ihre praktischen Gründe einsehen und anerkennen —, nach der der Kolonialstaat dem Barbarenstamm die völkerrechtliche Persönlichkeit als Fiktion zuerkennt und damit das Rechtsgeschäft, durch welches das Protektorat geschaffen wird, in das Gebiet des Völkerrechts rückt.

Außer diesen Fällen liegen die Beziehungen zu den wilden Völkerschaften außerhalb des Rechts. Doch bleiben sie der Moral unterstellt, die ein sehr viel ausgedehnteres Wirkungsfeld hat und ihre Forderungen auch dort geltend macht, wohin das Recht nicht reicht.

Aber darüber hinaus kann das Völkerrecht die unzivilisierten Völkerschaften beschützen und schützt sie wirksam durch Verträge, durch die die Vertragsparteien sich gegenseitig zu einem bestimmten Verhalten zum Besten dieser Völkerschaften verpflichten. Die völkerrechtliche Beziehung besteht somit zwischen den Staaten und ermächtigt sie, das im Vertrag vorgesehene Verhalten zu fordern, resp. verpflichtet sie, sich danach zu richten. Der Schutz der Völkerschaften ist hier einfach Objekt und Folge dieser völkerrechtlichen Beziehung zwischen den Staaten. Verschiedene Bestimmungen der Berliner Generalakte vom 26. Februar 1885 und der Brüsseler Generalakte vom 2. Juli 1890, um nur die hauptsächlichsten zu nennen, galten eben dem Schutz und der moralischen und materiellen Hebung der Eingeborenen Afrikas. Diese beiden Akten sind jetzt durch drei in St. Germain am 10. September 1919 unterzeichnete und auch von Italien ratifizierte Abkommen substituiert worden, die die alten Bestimmungen teils aufheben, teils bestätigen oder abändern, teils endlich, besonders was das Verbot gewisser Handelszweige betrifft, dessen Geltungs- und Wirkungsbereich erweitern.

Besonders bemerkenswert ist in dieser Hinsicht Art. 22 der Völkerbundssatzung. Nachdem er den Grundsatz aufgestellt hat, daß das Wohlergehen und die Entwicklung der Völker, die noch nicht imstande sind, sich unter den besonders schwierigen Bedingungen der heutigen Welt selbst zu leiten, eine heilige Aufgabe der Zivilisation bildet, sieht er vor, daß die Vormundschaft über die Völker jener Gebiete, die infolge des Krieges aufgehört haben, unter der Souveränität der Staaten zu stehen, die sie vorher beherrschten, fortgeschrittenen Nationen übertragen werden soll, die besser imstande sind, eine solche Mission zu erfüllen und die hierzu bereit sind; sie hätten die Vormundschaft als Mandatare und im Namen des Völkerbundes zu führen. Es ist hier nicht der Ort, auch nicht in summarischer Form das komplizierte und delikate Institut der Kolonialmandate auseinanderzusetzen. Uns genügt, auf seinen Grundgedanken hingewiesen zu haben, der, was für Entstellungen er auch in der Praxis ausgesetzt ist, an sich den stärksten Versuch darstellt, der bisher zum völkerrechtlichen Schutz der weniger fortgeschrittenen Nationen unternommen worden ist.

3. Die einzelnen Individuen.

Bibliographie. P. Heilborn, System des Völkerrechts, zit., S. 58ff.; D. Anzilotti, L'azione individuale contraria al diritto internazionale, in der „Rivista di diritto internazionale e di legislazione comparata", Bd. V, 1902, S. 8ff.; H. Rehm, Unterthanen als Subjekte völkerrechtlicher Pflichten, in der „Zeitschrift für Völkerrecht und Bundesstaatsrecht", Bd. I, 1906, S. 53ff.; A. Adler, Über die Verletzung völkerrechtlicher Pflichten durch Individuen, in der „Zeitschrift für Völkerrecht", Bd. I, 1907, S. 614ff.; J. Kohler, Völkerrecht als Privatrechtstitel, ibid., Bd. II, 1908, S. 209ff.; G. Diena, L'individu devant l'autorité judiciaire et le droit international, in der „Revue gén. de droit intern. public.", Bd. XVI, 1909, S. 57ff.; S. Cybichowski, Studien zum Internationalen Recht, Berlin 1912,

S. 16ff.; A. Verdroß, Die völkerrechtswidrige Kriegshandlung und der Strafanspruch der Staaten, Berlin 1920; Id., Die Verfassung der Völkerrechtsgemeinschaft, zit. § 35; L. Strisower, Einige Bemerkungen über Staatsverträge, welche die Rechtslage der Individuen betreffen, in der „Zeitschrift für öffentliches Recht", Bd. IV, 1925, S. 272ff.; E. Guerry, Recherches sur la personnalité internationale de l'individu (Thèse), Paris 1923; H. Isay, Die Stellung der Privaten im Völkerrecht, in „Juristische Wochenschrift", 1924, S. 1317ff.; P. Heilborn, Die Stellung des Menschen im Völkerrecht, Breslau 1927; B. Meier, Der Staatsangehörige und seine Rechte, insb. Vermögensrechte, im System des Völkerrechts, Jena 1927, S. 17ff.; J. Spiropoulos, L'individu en droit international, Paris 1928.

Von völkerrechtlicher Persönlichkeit der einzelnen Individuen spricht man von zwei sehr verschiedenen Gesichtspunkten aus.

Nach einer jetzt veralteten Auffassung ist der Mensch Subjekt des Völkerrechts einfach als Glied der Menschheit. In dieser Eigenschaft habe er, sagt man, eigene Persönlichkeit, einen Wirkungsbereich, der alle Bezirke der Welt umfassen könne, eine Rechtsfähigkeit, die ihm selbst eigene auf Grund seiner persönlichen Existenz und unabhängig von jener, die ihm in seiner Eigenschaft als Bürger eines bestimmten Staates zukommen könne. Völkerrechtliche Rechte und Pflichten des Menschen seien daher gewisse Rechte und Pflichten, die ihm immer und überall, folglich gegenüber jedem beliebigen Staat, zukämen, so z. B. das Recht auf Freiheit, auf persönliche Unantastbarkeit, das Recht, die Staatsangehörigkeit zu wählen, das Eigentumsrecht, das Recht auf Gewissensfreiheit, das Auswanderungsrecht usw.

Ganz abgesehen von der hier offenkundigen Verwechslung der Völkerrechtsordnung mit einem angeblichen allgemeinen „Menschheitsrecht", das etwas ganz anderes wäre, bedarf es keiner Worte, um zu beweisen, daß diese Auffassung, insoweit sie die Existenz individueller Rechte aus einer Zeit vor jeder konkreten Rechtsetzung zuläßt, ausschließlich in den Bereich des Naturrechts gehört. Sie stellt nämlich eine Forderung dar, der sich die einzelnen innerstaatlichen Rechtsordnungen unterwerfen müßten. Gesetzt den Fall, sie täten es, so würde diese Forderung sich zu Rechtssätzen der einzelnen Ordnungen verdichten oder zu gleichförmigem Landesrecht. Jeder Mensch wäre demnach Träger gewisser Rechte und Pflichten in jeder einzelnen Rechtsordnung, nicht aber in einer nicht vorhandenen Rechtsordnung der Menschheit. In Wirklichkeit wissen jedoch alle, daß diese angeblichen Rechte weit davon entfernt sind, allgemein anerkannt zu werden, und ebenso sicher ist, daß, wo ein bestimmtes Recht, wie z. B. das Recht, einzuwandern oder die Staatsangehörigkeit zu wechseln, nicht durch ein entsprechendes Gesetz gewährleistet wird, das Recht gar nicht existiert, wie ungerecht es auch scheinen mag, dies zu leugnen.

Mit größerer Achtung vor den Forderungen der juristischen Dogmatik sind andere, auch in neuester Zeit, dafür eingetreten, daß, wenn die Völkerrechtsnormen auch von den Staaten gesetzt sind und sich in der Regel an die Staaten wenden, es doch nicht ausgeschlossen ist, daß sie sich in gewissen Fällen auch an die Einzelnen wenden, und sie so in gewisser Hinsicht zu Trägern völkerrechtlicher Rechte und Pflichten machen.

Diese These, welche auf solche Weise zum richtigen Ausdrucke gebracht wird, schließt alle methodologischen Prämissen unserer Disziplin ein und könnte nicht gebührend geprüft werden, ohne daß auch jene erörtert und konkrete Fälle zur Auswertung herangezogen werden, aus denen die Existenz von Völkerrechtssätzen, die die Einzelnen unmittelbar ermächtigen und verpflichten, sich ergeben könnte. Sicher ist, daß das Problem sich ganz verschieden darstellt, je nachdem, von welchem Standpunkt hinsichtlich der Beziehungen zwischen Völkerrecht und Landesrecht man ausgeht. Der von uns hier eingenommene Standpunkt ist der, daß Völkerrechtsnormen nur auf dem Wege der Rezeption, von deren Bedeutung und Wirkungen wir an gegebener Stelle gehandelt haben, zu Bestandteilen der innerstaatlichen Ordnungen werden können. Der diesem entgegengesetzte Grundsatz steht außerhalb der Auffassung, daß die einzelnen Rechtsordnungen voneinander geschieden sind und daß der Staat begrifflich die Zurechnungseinheit ist, in der seine völkerrechtliche Persönlichkeit sich verdichtet.

Die Gewohnheitsrechtsnormen oder die Verträge, die scheinbar den einzelnen Individuen Pflichten auferlegen, verpflichten in Wirklichkeit den Staat, gewisse Handlungen Einzelner zu verbieten und zu bestrafen oder ermächtigen ihn, es zu tun, wo es sonst verboten wäre. Die Verpflichtung für den Einzelnen besteht aber nur, wenn der Staat die betreffende Rechtsnorm erlassen hat; nullum crimen sine lege. Und die Normen, die scheinbar den Einzelnen Rechte gewähren, verpflichten oder ermächtigen in Wirklichkeit den Staat, diese Rechte zu gewähren. Der Einzelne hat diese Rechte nicht kraft der völkerrechtlichen, sondern der innerstaatlichen Norm.

Und wir glauben, daß man unschwer beweisen könnte, daß die angeblichen Fälle, wo Einzelne die Adressaten von Völkerrechtsnormen sein sollten, sich sehr gut anders und in vollständiger Übereinstimmung mit den Prämissen dieser Abhandlung erklären ließen, wobei mit dem so viel zitierten Art. 4 des Haager Abkommens vom 18. Oktober 1907, bezüglich der Errichtung eines Internationalen Prisengerichtshofs (ein Abkommen, das übrigens niemals ratifiziert worden ist) zu beginnen wäre, das in gewissen Fällen dem Privaten ein Recht auf Rekurs zubilligte, um auch die gesetzwidrigen Kriegshandlungen zu fassen, deren Rechtswidrigkeit direkt aus dem Völkerrecht hergeleitet werden sollte. (Man sehe z. B. Art. 3 des Vertrages von Washington vom 6. Februar 1922 über die Verwendung von U-Booten und Giftgasen in Kriegszeiten.) Der rein theoretischen Bestimmung aus Art. 4 des Abkommens zur Errichtung eines Internationalen Prisengerichtshofs kann man übrigens jene noch bedeutend wichtigeren Bestimmungen gegenüberstellen, die den neuen Ständigen Internationalen Gerichtshof betreffen: Art. 14 der Völkerbundssatzung hat die Zuständigkeit zur Streitentscheidung des zu errichtenden Gerichtshofs skizziert mit den Worten: „connaîtra de tous différends d'un caractère international que les Parties lui soumettront". Art. 34 des Statuts aber bestimmt, daß „seuls les Etats ou les Membres de la Société des nations ont qualité pour se présenter devant la Cour". Internationale Streitfragen sind daher nur solche zwischen Staaten oder Mitgliedern des Völkerbunds. Eine internationale Streitfrage kann natürlich die Interessen Einzelner oder die von Gruppen (z. B. einer nationalen Minderheit, vgl. Vertrag von St. Germain, Art. 69) zum Gegenstand haben, aber diese Interessen werden völkerrechtlich erheblich nur als Pflichten und gegenseitige Forderungen von Staaten. Das und nichts anderes ist der Sinn jener Bestimmungen.

Was die durch die neusten Friedensverträge eingesetzten Gemischten Schiedsgerichte betrifft, so sind sie 2 Staaten gemeinsame, nicht internationale Rechtsprechungsorgane, wie auch aus der Tatsache hervorgeht, daß sie in gewissen Fällen eine Kompetenz besitzen, die der der Landesgerichte der alliierten und assoziierten Mächte nach freier Wahl der Parteien gleich ist. (Vgl. Versailler Vertrag Art. 304b, 2. Absatz und die entsprechenden Bestimmungen der anderen Friedensverträge.) Die Bestimmungen der betreffenden Verträge, die dem Einzelnen das Recht zubilligen, eine Sache vor den Gemischten Schiedsgerichtshof zu bringen, und die Regeln festsetzen, die von diesen Schiedsgerichtshöfen angewendet werden sollen, sind durch die ordnungsmäßige, d. h. in der Verfassung vorgesehene Billigung und Veröffentlichung des Friedensvertrages, Landesrecht jedes einzelnen der beteiligten Staaten geworden und bilden gleichlautendes Landesrecht, dessen einheitliche Ausführung durch das Vorhandensein eines gemeinsamen richterlichen Organs gewährleistet wird.

4. Die Organe der Staaten.

Bibliographie. — P. Heilborn, System des Völkerrechts, S. 138ff.; D. Donati, Gli organi dello stato e il diritto internazionale, in „Rivista di diritto pubbl. e della pubbl. amm.", 1909, S. 453ff.

Nicht selten spricht man auch von einer völkerrechtlichen Persönlichkeit gewisser Organe wie des Staatsoberhaupts oder des diplomatischen Vertreters, insofern sie eine besondere, von Völkerrechtssätzen bestimmte Rechtsstellung genießen. Der Ausdruck ist nicht zutreffend und beruht auf einem Mißverständnis.

Die Staaten sind völkerrechtlich verpflichtet, gewissen Organen der anderen Staaten angesichts deren Stellung oder des von ihnen ausgeübten Amts bestimmte Privilegien zu gewähren, z. B. die Befreiung von der Gerichtsbarkeit in Fällen, wo die anderen Ausländer dieser unterworfen wären. Das trifft z. B. auf ein Staatsoberhaupt zu, das sich unter bestimmten Bedingungen in dem Gebiet eines anderen Staates aufhält, auf einen diplomatischen Vertreter, den ein Staat in dieser Eigenschaft empfängt usw. Die Rechte, die hier der Einzelne als Staatsorgan genießt, leiten sich nicht aus dem Völkerrecht her, sondern aus dem Willen des Staats, also aus dem Landesrecht. Das Völkerrecht legt dem Staat die Pflicht auf, dem Organ eines anderen Staats gewisse Rechte zu gewähren. Der Staat gewährt sie dann in Erfüllung dieser Pflicht, sei es, daß er zu dem Zweck besondere Gesetze erläßt, sei es, daß er die entsprechenden Völkerrechtsnormen in seine eigene Rechtsordnung übernimmt. Die völkerrechtliche Beziehung ist auch hier eine Beziehung zwischen Staaten. Der Staat, der einen diplomatischen Vertreter entsendet, hat eine Rechtsforderung an den Staat, der ihn empfängt, nämlich die, daß der Staat diesem Vertreter jene Vorzugsstellung einräume; und dem Staat, der den diplomatischen Vertreter empfängt, obliegt die entsprechende Pflicht. Der diplomatische Vertreter ist dann im Genusse jener Vorrechte, kraft der in dem Staat, in dem er seine Funktion ausübt, geltenden Bestimmungen. Wenn dieser Staat ihm die Rechte nicht gewähren, wenn er z. B. bestimmen würde, daß der diplomatische Vertreter wie jeder andere Ausländer der Gerichtsbarkeit unterworfen sein solle, so würde er damit zweifellos das Völkerrecht verletzen, und der Staat, der den diplomatischen Vertreter entsandt hat, könnte gegen dieses Verhalten Einspruch erheben; aber ebenso sicher ist, daß der diplomatische Vertreter in diesem Fall jene diplomatischen Vorrechte nicht besäße und die Landesgerichte, wenn er vor sie zitiert würde, gezwungen wären, ihm gegenüber Gerichtsbarkeit auszuüben.

Auch die Kolonialgesellschaften sind, sofern sie von einem Staat privilegiert sind, Organe dieses Staates, und die durch sie vollzogenen Akte (Gebietsbesetzungen, Abschluß von Verträgen usw.) gelten juristisch als Akte des Staates, wie weit auch die Selbständigkeit und die Privilegien, mit denen die Gesellschaften ausgestattet sind, gehen mögen. Dahin gehören z. B. die berühmte Ostindische Kompagnie (1600—1858) und aus neuerer Zeit die englischen chartered companies (d. h. Gesellschaften, die mit besonderen Privilegien versehen sind): Die Nigercompany (1886), die Ostafrika- (1888) und Südafrika-Company (1889), die deutsche Neu-Guinea-Gesellschaft (1885), die italienische Benadir-Kompagnie usw. Eine nicht staatlich privilegierte und daher nicht mit den Befugnissen eines Staatsorgans ausgerüstete Kolonisationsgesellschaft wäre ein einfaches Privatunternehmen, das das Völkerrecht nicht oder nicht mehr interessierte als jede andere Handels- oder Industriegesellschaft es interessieren kann. Das schließt nicht aus, daß aus einem privaten Kolonialunternehmen die Bildung eines neuen Staats — und somit eines neuen Völkerrechtssubjekts hervorgehen kann. In solchem Fall ist aber der Staat und nicht das Unternehmen, das ihn geschaffen hat, Subjekt des Völkerrechts. So entstand der unabhängige Kongostaat durch das Wirken der Association internationale du Congo. Als diese Gesellschaft im Jahre 1884 Verträge abschloß, in denen verschiedene Staaten die Anerkennung der Flagge dieser Association internationale du Congo als der eines befreundeten Staats aussprachen und sich verpflichteten, die territorialen Grenzen des neuen Staats nach einer dem Vertrag beigefügten Karte anzuerkennen, da bestand dieser neue Staat tatsächlich schon, wie embryonal und unvollständig seine Verfassung auch noch war. Die Association internationale du Congo handelte als Organ dieses Staats, der damit Glied der Völkerrechtsgemeinschaft wurde. Die dann bald erfolgte offizielle Anerkennung des Kongostaats (23. Februar 1885), auf der Berliner Konferenz, war in Wirklichkeit nichts anderes als die Bestätigung eines schon durch die vorhergehenden Verträge geschaffenen Rechtszustandes.

5. Die katholische Kirche und der Apostolische Stuhl.

Bibliographie. — F. von Holtzendorff, Völkerrechtliche Erläuterungen zum italienischen Garantiegesetz, Sonderauszug aus dem „Jahrbuch für Gesetzgebung", Berlin 1875; J. C. Bluntschli, Die rechtliche Unverantwortlichkeit und Verantwortlichkeit des römischen Papstes, Nördlingen 1876; französische Übersetzung von A. Rivier, Paris 1877; E. Brusa, La juridiction du Vatican, in der „Revue de droit international et de législation comparée", Bd. XV, 1883, S. 114ff.; C. F. Gabba, I tribunali italiani e il sommo pontefice, Pisa 1883; H. Geffcken, Die völkerrechtliche Stellung des Papstes, in F. von Holtzendorffs Handbuch des Völkerrechts, Bd. II; italienische Übersetzung, Pisa 1886; A. Corsi, La situazione attuale della S. Sede nel diritto internazionale, Sonderauszug aus der Zeitschrift „La Legge", Rom 1866; R. Bompard, Le Pape et le droit des gens, Paris 1888; P. Resch, Das Papsttum und das Völkerrecht. Studie über die völkerrechtliche Stellung seiner Heiligkeit des Papstes in der Gegenwart, Graz und Leipzig 1889; J. Imbart Latour, La Papauté en droit international, Paris 1893; R. de Olivart, Del aspecto internacional de la cuestion romana, 4 Bde., Madrid-Barcelona 1893—1895; Id., Le Pape, les États de l'Église et l'Italie; Essai juridique sur l'état actuel de la question romaine, Paris-Poitiers 1897; P. Heilborn, System des Völkerrechts, zit., S. 194ff.; A. Vergnes, La condition internationale de la Papauté, Toulouse-Paris 1905; M. de Taube, La situation internationale actuelle du Pape et l'idée d'un „droit entre pouvoirs" (jus inter potestates), in „Archiv für Rechts- und Wirtschaftsphilosophie", Bd. I (1907/8), S. 360ff., 510ff. (Kritik dieser Theorie s. Verdroß, Die Einheit des rechtlichen Weltbildes auf Grundlage der Völkerrechtsverfassung, S. 139—141); G. Gidel, Quelques idées sur la condition internationale de la Papauté, in der „Revue générale de droit international public", Bd. XVIII, 1911, S. 589ff.; U. Lampert, Die völkerrechtliche Stellung des Apostolischen Stuhles, Trier 1916; A. Wijnen, Die Rechts- und insbesondere die Vermögensfähigkeit des Apostolischen Stuhles nach internationalem Rechte, Freiburg 1920; H. Bastgen, Papst-Päpstliche Gesandte in Strupps Wörterbuch des Völkerrechts, Bd. II, S. 232ff., 243ff.; A. Verdroß, Die Verfassung der Völkerrechtsgemeinschaft, zit., S. 151ff.; G. Arangio Ruiz, Sulla personalità internazionale della Santa Sede, in „Rivista di diritto pubblico", 1925, S. 417ff.; A. C. Jemolo, La Santa Sede soggetto di diritto internazionale, ibid., S. 427ff.; I. de la Brière, L'organisation internationale du monde contemporain et la Papauté souveraine, 2 Bde., Paris 1924, 1926 (Bd. I, Kap. IX, La souveraineté pontificale). Für weitere bibliographische Hinweise und eine umfassende Sammlung von Dokumenten über die sogenannte römische Frage im allgemeinen siehe das dreibändige Werk: Die römische Frage: Dokumente und Stimmen, hrsg. von H. Bastgen, Freiburg i. Br. 1917—1919.

Die völkerrechtliche Stellung des Apostolischen Stuhles ist außerdem Gegenstand zahlreicher Doktordissertationen gewesen, unter denen die folgenden genannt seien: W. Linden, Ist der Papst souverän? (Diss. Erlangen), Neuß 1898; G. Gustine, La loi des garanties et la situation internationale de la papauté. Etude d'histoire diplomatique et de droit international public, Paris 1901; J. de Cougny, La Papauté en droit international public, Paris 1906; P. d'Autremont, Le Saint Siège en droit international, Paris 1910; J. Jenny, Ist der Papst Subjekt des Völkerrechts? (Diss. Leipzig), Borna-Leipzig 1910; H. Hamman, Untersteht der Papst der italienischen Zivilgerichtsbarkeit? (Diss. Erlangen), Borna-Leipzig 1913; J. Müller, Die völkerrechtliche Stellung des Papstes (Diss. Freiburg), Köln 1916; Paschke, Zur Frage der Völkerrechtspersönlichkeit des Papstes, Diss. Rostock 1919; J. W. Schneider, Het Problem van den Paus in het volkenrecht (Diss. Amsterdam), 's Hertogenbosch 1919; C. Fecia di Cossato, La papauté en droit international public. Le point de vue italien actuel. Thèse. Grenoble 1923; J. Ausset, La question Vaticane (1914—1928). Thèse. Paris 1928 usw.

Die rechtliche Stellung der Kirchengemeinschaften wird, wie allgemein anerkannt, vom Landesrecht der verschiedenen Staaten und nicht vom Völkerrecht geregelt. In bezug auf die katholische Kirche nimmt das Problem jedoch eine Sonderstellung ein. Wir bemerken vor allem, daß es unrichtig ist, der katholischen Kirche völkerrechtliche Persönlichkeit zuzuschreiben, weil sie universalen Charakter hat und mit einer eigenen Organisation ausgerüstet ist. Dieser von Fiore und wenigen anderen verfochtene Satz ist ohne jeden Wert, weil er nicht dem positiven Recht, sondern einer ganz subjektiven Auffassung von der völkerrechtlichen Persönlichkeit entnommen ist. Trotz ihres Universalcharakters entfaltet auch die katholische Kirche ihre weltliche Tätigkeit innerhalb der verschiedenen Rechtsordnungen, und nichts spricht dagegen, daß diese Tätigkeit in ihnen allein Anerkennung und Rechtsschutz findet. Aus der Universalität der Kirche ihre völkerrechtliche Persönlichkeit zu folgern, ist ebenso unrichtig wie aus ihr folgern zu wollen, die Kirche könne wegen dieser ihrer Universalität nicht Rechtspersönlichkeit in den einzelnen Staaten sein. Die Frage der Rechtspersönlichkeit der Kirche, sei es im Völkerrecht, sei es im Landesrecht, soll auf Grund der geltenden Normen der einen wie der anderen Rechtsordnung gestellt und gelöst werden.

Betrachtet man die Frage hinsichtlich des Völkerrechts, so liegt das punctum pruriens bei den Konkordaten, d. h. den Verträgen, die zwischen Kirche und Staat zur Regelung von Angelegenheiten von gemeinsamem Interesse abgeschlossen werden. Faßt man das Konkordat als einen Vertrag zwischen zwei koordinierten und gleichen Einheiten auf, dessen bindender Wert ausschließlich auf den Satz „pacta sunt servanda" zurückzuführen ist, so ist die formale Analogie mit den völkerrechtlichen Verträgen vollständig und die durch die Materie gegebenen Unterschiede scheinen nicht zu rechtfertigen, daß man diese Akte von dem Gebiet des Völkerrechts ausschließt.

Bestreitet man die Möglichkeit, die Konkordate als völkerrechtliche Verträge anzusehen, weil die katholische Kirche kein Subjekt des Völkerrechts ist (wie Hinschius und viele andere), so ist das eine irrtümliche Umkehrung des Problems. Man kann den völkerrechtlichen Charakter des Konkordats nicht aus der völkerrechtlichen Persönlichkeit der Kirche herleiten; sondern die völkerrechtliche Rechtspersönlichkeit der Kirche muß dann zugegeben werden, wenn die Konkordate als zur Völkerrechtsordnung gehörig angesprochen werden müssen. In dieser Völkerrechtsordnung hat man also den Maßstab zu suchen, an dem festzustellen ist, ob das Konkordat zu der Kategorie der Akte, durch die Völkerrechtsnormen geschaffen werden, gehört oder nicht.

Mit größerem Verständnis für die wahre Natur des Problems haben andere dagegen eingewandt, man könne die Konkordate nicht auf das formale Kriterium, das die Rechtsnatur der Völkerrechtssätze bestimmt, zurückführen, weil Staat und Kirche die Konkordate im allgemeinen von zwei verschiedenen Gesichtspunkten betrachten, die beide mit diesem Kriterium unvereinbar sind. Die Kirche, die behauptet, daß es ihr zusteht, alle Dinge des Glaubens auch in der Außenwelt zu regeln, betrachtet die Konkordate als Konzessionen, die sie, die Kirche, dem Staat macht, während dieser davon ausgeht, daß er für alle Handlungen — mögen sie auch geistliche Ziele verfolgen — die Wirkung im bürgerlichen Leben haben, zuständig ist und daher die Konkordate als Konzessionen ansieht, die er der Kirche macht, oder aber als eine aus politischen Gründen gebotene Form der Regelung, die ihm allein zusteht. Haben die Konkordate rechtliche Bedeutung, so stammt diese, vom Standpunkt der Kirche, aus dem kanonischen Recht, vom Standpunkt des Staats aus dem innerstaatlichen öffentlichen Recht.

Wir müssen nach reiflicher Überlegung sagen, daß uns keine dieser Betrachtungsweisen entscheidend scheint. Welchen Standpunkt Staat oder Kirche auch einer bestimmten Materie gegenüber einnehmen mögen, sicher ist, daß sie beim Abschluß eines Vertrages als vertragschließende Parteien und nur als solche einander gegenüberstehen. Der Vertrag, den sie abschließen, kann als solcher weder auf die kurialistische noch auf die regalistische Theorie zurückgeführt werden, weil der Vertrag unter Ausschluß der einen wie der anderen abgeschlossen worden ist. Ebenso sicher ist die Entität, mit welcher der Staat den Vertrag abschließt, die katholische Kirche als solche, und an ihrer Stelle der Apostolische Stuhl; sie ist kein Subjekt des innerstaatlichen Rechts, auch wenn zufällig die katholische Kirche als ganzes eine Rechtspersönlichkeit in dieser Rechtsordnung sein sollte — ein Umstand, den man, wenigstens für die meisten Staaten, verneinen zu müssen behauptet. Daß historisch die Konkordate von den Staatsverträgen des Kirchenstaats gesondert geblieben sind, ist ganz natürlich, schließt aber nicht aus, daß die Rechtsnatur der Konkordate der der Verträge gleich ist. Die Sache liegt tatsächlich so: sieht man von den durch die Materie gegebenen Unterschieden, die vom juristischen Standpunkt so wenig erheblich sind, ab und läßt den Satz, daß nur die Staaten Subjekte des Völkerrechts sein können, beiseite, so scheint es nicht leicht, den Konkordaten den Charakter von Abkommen, die im ganzen den völkerrechtlichen Verträgen analog sind, abzustreiten, weil sie gleich diesen ihre bindende Kraft einzig und allein aus dem Prinzip herleiten, das allen Beziehungen zwischen gleichstehenden und keiner gemeinsamen Autorität unterworfenen Einheiten zugrunde liegt, dem Prinzip: pacta sunt servanda.

Nach dieser Feststellung kann nichts dem im Wege stehen (und es kann sogar von didaktischem Wert sein), daß die die Beziehungen zwischen der katholischen Kirche und den Staaten regelnden Normen von denen getrennt bleiben, die die Beziehungen der Staaten unter sich regeln. Und will man die einen anders benennen als die anderen, indem man erstere als „jus inter potestates" bezeichnet und für letztere den Namen Völkerrecht vorbehält, so ist das tatsächlich nur eine Frage des Ausdrucks; wichtig ist dagegen, daß man erkennt, daß es sich um verschiedene Teile derselben Rechtsordnung handelt, die auf dieselbe Grundnorm zurückgehen.

Eng verknüpft mit der Frage der Rechtsstellung der katholischen Kirche im Völkerrecht ist die des obersten Organs der Kirche, des Apostolischen Stuhls. Geschichtliche Wandlungen und politische Ursachen haben den Apostolischen Stuhl in eine ganz eigentümliche Lage versetzt, deren völkerrechtliche Bedeutung wir hier gesondert und einigermaßen ausführlich prüfen müssen. Es ist dies eine verwickelte und schwierige Frage, in der man zu klaren, scharf umrissenen Vorstellungen kommen muß, Vorstellungen, die unerläßlich für das richtige Verständnis eines wichtigen Teils des italienischen öffentlichen Rechts sind. Zu diesem Zweck ist es gut, die Rechtsstellung des Apostolischen Stuhls bis 1870 und nach 1870 jede für sich zu prüfen.

A. Bis 1870 vereinigten sich in der Person des Papstes zwei Eigenschaften: er war das Oberhaupt der katholischen Kirche und Oberhaupt eines als völkerrechtlicher Persönlichkeit anerkannten

Staats. Er trat daher in dieser seiner Organstellung auf zweierlei Art zu den Staaten in Beziehungen: als Haupt der Kirche in geistliche Beziehungen, als Oberhaupt des Kirchenstaats in Beziehungen juristischer und politischer Art — Beziehungen, die begrifflich nach Art und Gegenstand voneinander getrennt waren, wenn auch in der Welt der Tatsachen die geistlichen Beziehungen auf den Inhalt der weltlichen einwirkten und diese ihrerseits auf erstere Einfluß nahmen. Der Papst als solcher war nicht Subjekt des Völkerrechts; Subjekt des Völkerrechts war der Kirchenstaat. Vor dem Völkerrecht war der Papst nur das Oberhaupt, der Monarch dieses Staates, und in dieser Eigenschaft unterhielt er, so wie in seiner Stellung als Oberhaupt der Kirche, Beziehungen zu den fremden Staaten.

Aber seine Eigenschaft als Oberhaupt eines als Glied der Völkerrechtsgemeinschaft anerkannten Staats diente dem Papst als Mittel dazu, gleichzeitig seine Beziehungen geistlicher und religiöser Art zu verschiedenen Staaten zu fördern; oder auch die völkerrechtlichen Beziehungen des Kirchenstaats dienten dem Papst als Mittel zur Förderung der geistlichen Beziehungen zwischen dem Haupt der katholischen Kirche und den verschiedenen Staaten. In der Tat heischt und legitimiert die Lehre der Kirche die weltliche Souveränität des Papstes als ein von der göttlichen Vorsehung gegebenes Instrument zur Ausübung der geistlichen Mission. Daher die Auffassung, daß die weltliche Souveränität des Papstes im Interesse der ganzen katholischen Welt besteht und daß alle katholischen Staaten das Recht und die Pflicht haben, sie zu erhalten, und von den anderen Staaten zu fordern, daß sie sie achten und erhalten. Auf diese Auffassung gründeten sich die wiederholten Bitten der Päpste um Hilfe gegen die Angriffe auf ihre weltliche Souveränität, und die verschiedenen zu deren Schutz unternommenen ausländischen Interventionen, wie die österreichische von 1830 und die französische von 1849.

B. Nach 1870. Die Besetzung Roms durch die italienischen Truppen im Jahre 1870 bezeichnet vom juristischen Standpunkt das Ende des Kirchenstaats und sein Aufgehen im Königreich Italien. Das Ende des Kirchenstaats trat durch debellatio ein, d. h. durch Vernichtung infolge kriegerischer Eroberung, die evident wurde durch die Tatsache, daß es den päpstlichen Truppen völlig unmöglich war, den italienischen Truppen Widerstand zu leisten, und durch das Aufhören sämtlicher Staatsfunktionen des Kirchenstaats, der sich in der Tat ganz und gar in der Gewalt des Siegers befand.

Es fehlt jedoch nicht an Stimmen, die behaupten, der Kirchenstaat habe in beschränktem Umfang auch nach dem 20. September 1870 fortbestanden in dem Teil Roms, der von den italienischen

Truppen nicht effektiv besetzt worden ist. Da der Gebietsumfang, so hieß es, kein wesentliches Kriterium für die Existenz eines Staates ist (Gebiet ist erforderlich, aber nicht ein bestimmtes Maß von Gebiet), so hat die Herrschaft des Kirchenstaats da, wo die des italienischen Staats nicht effektiv an ihre Stelle trat, in ihrem früheren Charakter fortbestanden als die einer wirklichen, wenn auch auf den denkbar kleinsten Raum beschränkten Staatsmacht. Eine Folge dieser Theorie wäre, daß die Ereignisse von 1870 formell die frühere Sachlage nicht verändert hätten: der Papst wäre demnach noch heute Oberhaupt eines als Völkerrechtssubjekt anerkannten Staats, und die Abwicklung seiner Beziehungen zu den fremden Staaten erfolgte auf der Grundlage dieser seiner Eigenschaft.

Zwei Argumente sind es, auf die sich diese Theorie stützt. Erstens, wie schon angedeutet, der Umstand, daß ein Teil des Gebiets des Kirchenstaats nicht effektiv besetzt wurde und in diesem daher das Leben und die Autorität des Staats, dem es gehörte, ununterbrochen fortdauerten. Zweitens die zwischen den Befehlshabern der italienischen und päpstlichen Truppen festgesetzten Kapitulationsbedingungen, in denen ein bestimmter Stadtteil ausdrücklich von der Besetzung ausgeschlossen wurde. Es war demnach in dem Kapitulationsvertrag, also einem zweiseitigen Akt, eine völkerrechtliche Verpflichtung des italienischen Staats begründet worden, diesen Teil des Kirchenstaats nicht zu besetzen, — eine Verpflichtung, die nicht durch einseitige Gesetzesakte Italiens, insbesondere nicht durch das Garantiegesetz hätte aufgehoben oder abgeändert werden können.

Von diesen Argumenten hält weder das erste noch das zweite der Kritik stand. Das erste nicht, weil Rechtsgrund für den Erwerb die Vernichtung der staatlichen Organisation ist, die mit dem Augenblick gegeben ist, in dem die Unmöglichkeit, Widerstand zu leisten und sich damit dem Willen des Siegers zu widersetzen, sich erweist. Und dieser Tatbestand lag tatsächlich 1870 vor: Italien wollte und konnte den Kirchenstaat zerstören, und gegenüber dieser Tatsache ist es gänzlich unerheblich, wenn seine Truppen aus Gründen der Rücksicht und aus politischen Erwägungen davon Abstand nahmen, in die Residenz des Papstes einzudringen. Sie hätten es sicherlich tun können. Daß es nicht geschah, entsprang nicht der Absicht, diesen Gebietszipfel nicht für Italien zu erobern, sondern der Überzeugung, daß zu seiner Eroberung ein roher Gewaltakt nicht nötig sei. Um es noch einmal zusammenzufassen: es steht außer Zweifel, daß tatsächlich der ganze Kirchenstaat in der Gewalt des Siegers war und daß dieser überall seine Autorität an Stelle der erloschenen geltend machen konnte. Diese Tatsachen genügen, um uns das

Rechtsbild des Gebietserwerbs durch debellatio zu geben, auch wenn Italien damals davon absah (und das auch weiterhin getan hat), Rechtshandlungen in der Residenz des Papstes vorzunehmen. Was das zweite, aus dem Kapitulationsvertrag hergeleitete Argument betrifft, so ist es ein elementarer Satz des Völkerrechts, daß militärische Abkommen, eben weil es solche sind, sich in keiner Weise auf den Erwerb oder Verlust der Gebietshoheit, sondern nur auf die Kriegsführung beziehen. Die Kapitulation von 1870 setzte lediglich die Übergabebedingungen fest; die Eroberung des Kirchenstaats leitete sich aus einem ganz anderen Rechtsanspruch her — aus der debellatio, d. h. der Vernichtung durch kriegerische Gewalt und Besitzergreifung von seiten des Siegers.

Das ist der nackte juristische Tatbestand, was auch seine politische Wertung sein möge.

Eine notwendige Folge aus dem Erlöschen des Kirchenstaats war, daß der Papst aufhörte, Haupt eines Staats zu sein. So verlor er, während er Haupt der katholischen Kirche blieb und als solches die Beziehungen zu den verschiedenen Staaten fortsetzte, das Mittel, durch das er bis dahin seine geistliche Mission ausgeübt hatte, nämlich die völkerrechtlichen Beziehungen des Kirchenstaats.

Aber in demselben Augenblick, wo diese Beziehungen erloschen, bildeten sich dafür andere zwischen Italien und den Staaten, die in Beziehungen zu dem Haupt der katholischen Kirche standen. Bis dahin hatten die betreffenden Staaten frei mit dem Papst verkehren können, der, da er das Haupt eines als Völkerrechtssubjekt anerkannten Staates war, auf Grund dieser Eigenschaft und unabhängig von jeder irdischen Macht, völkerrechtliche Beziehungen unterhalten konnte. Nun schnitt Italien aus eigener Machtvollkommenheit dem Papst diese Möglichkeit ab; und da es gleichzeitig zuließ, daß er weiterhin innerhalb des Königreichs wohnte und dort seine geistliche Funktion ausübte, ergab sich die Notwendigkeit, die freie Ausübung dieser Funktion und der dazu nötigen Beziehungen auf andere Weise sicherzustellen. Auf dieser Basis bildeten sich, da die völkerrechtlichen Beziehungen zwischen dem Ex-Kirchenstaat und den anderen Staaten aufhörten, neue Beziehungen zwischen diesen und dem Königreich Italien für ihren Verkehr mit dem Haupt der katholischen Kirche, dessen Wohnsitz jetzt auf italienischem Gebiet ist.

Italien, das diese Notwendigkeit schon wiederholt durch ausdrückliche Erklärungen anerkennt hatte, gab den auswärtigen Regierungen gegenüber erneut förmliche Versicherungen ab, das erste Mal anläßlich der bevorstehenden Besetzung Roms, dann in dem offiziellen Akt, durch den es ihnen die erfolgte Einverleibung des Kirchenstaats und das Aufhören der weltlichen Herrschaft des Papstes förmlich mitteilte. In dem am 18. Oktober 1870 vom Marquis Visconti-Venosta, dem italienischen Außenminister, an alle diplomatischen Vertreter Italiens im Ausland erlassenen Rundschreiben, das ihnen den Ausgang des Plebiszits und die daraus folgende Vereinigung Roms mit Italien zur Kenntnis brachte, heißt es weiter, daß Italien sich förmlich verpflichtet: a) dem Papst persönlich die Stellung als Souverän zu belassen, sowie ihm die üblichen Immunitäten, den Vorrang vor den katholischen Staatsoberhäuptern, die Zivilliste, die Exterritorialität seiner Residenz weiter zu gewähren, b) den freien Verkehr zwischen den ausländischen Staaten und dem Papst sicherzustellen, insbesondere die diplomatischen Privilegien für die ausländischen Gesandten beim Papst und für die des Papstes im Ausland bezüglich Hin- und Rückreise anzuerkennen, c) das Regime der Trennung von Kirche und Staat zu verwirklichen.

Nachdem Italien auf diese Weise seinen Willen ausgedrückt hatte, diese sich aus der neuen, von ihm geschaffenen Lage ergebenden Verpflichtungen zu erfüllen, traf es Vorsorge, die vollständige Erfüllung dieser Verpflichtungen durch ein besonderes Gesetz sicherzustellen.

Das Gesetz vom 13. Mai 1871 (das sogenannte Garantiegesetz) ist in völkerrechtlicher Hinsicht nichts anderes als eine innerstaatliche Vorkehrung, durch die Italien seiner völkerrechtlichen Pflicht, die Freiheit des Papstes bei Ausübung seiner geistlichen Funktion sicherzustellen und den fremden Staaten volle Freiheit im Verkehr mit dem Haupt der katholischen Kirche zu belassen, genügen wollte. Bekanntlich werden durch das Garantiegesetz folgende Punkte garantiert: a) die Unabhängigkeit des Papstes von der italienischen Obrigkeit, b) freier Verkehr mit den ausländischen Staaten. Auf den ersten Punkt beziehen sich die Bestimmungen, die die absolute Unabhängigkeit des Papstes in der Ausübung seiner geistlichen Mission garantieren (Art. 8, 10), die ihm Schutz und eine Sonderstellung gewähren, wie der König sie genießt (Art. 2), die ihm das Recht auf besondere Ehren und eine bewaffnete Leibwache zu seinem persönlichen Dienst zuerkennen (Art. 3), die die Ausübung von Amtshandlungen nicht nur gegenüber der Person des Papstes, sondern auch innerhalb der von ihm bewohnten Örtlichkeiten und an dem Versammlungsort eines Konklave oder ökumenischen Konzils usw. verbieten (Art. 7). Auf den zweiten Punkt beziehen sich die Bestimmungen, die dem Papst das Recht auf freien Verkehr mit der ganzen katholischen Welt und die Mittel dazu zuerkennen (Art. 12) und den Gesandten der ausländischen Regierungen bei dem Papste, sowie den Gesandten des Papstes bei den ausländischen Regierungen, wenn sie auf ihrem Wege an den Bestimmungsort ihrer Mission und bei der Rückkehr italienisches Gebiet durchqueren, die Privilegien und Immunitäten gewähren, die nach dem Völkerrecht den ausländischen Gesandten bei der königlichen Regierung zukommen (Art. 11).

Das Garantiegesetz ist also ein italienisches Staatsgesetz, das insofern völkerrechtliche Bedeutung hat, als es die von Italien gewählte Form zur Erfüllung jener Pflicht ist, die übernommen zu haben es den ausländischen Staaten förmlich erklärt und die es mit deren ausdrücklicher oder stillschweigender Zustimmung zu diesen Erklärungen oder zu den Anordnungen, die ihre Folge waren, tatsächlich aufs gewissenhafteste erfüllt hat. Und da es ein italienisches Staatsgesetz ist, hat Italien unbestreitbar das Recht, es abzuändern oder aufzuheben, aber natürlich bliebe von solcher Änderung oder Aufhebung des Garantiegesetzes die völkerrechtliche Pflicht Italiens unberührt, nach der es ihm obliegt, den ausländischen Staaten freien Verkehr mit dem Papst, wenn und solange dieser auf italienischem Gebiet wohnt, zu sichern. Doch hat Italien volle Freiheit in der Wahl der ihm zur Erfüllung dieser Pflicht geeignet scheinenden Mittel, wenn nur die Pflicht erfüllt wird.

Es hat sich zuweilen die Frage erhoben, ob Italien völkerrechtlich verantwortlich ist für vom Papst ausgehende Feindseligkeiten gegenüber anderen Staaten. Sicher ist, daß jeder Staat, wie wir an gegebener Stelle sehen werden, die völkerrechtliche Pflicht hat, zu verbieten, daß auf seinem Gebiet Handlungen begangen werden, die Rechtsverletzungen anderer Staaten darstellen, und daß er verantwortlich ist, wenn er sie nicht verbietet oder nicht gegen denjenigen einschreitet, der sich solcher Handlungen schuldig macht. Voraussetzung dieser Pflicht und Verantwortlichkeit ist jedoch, daß der Staat über diese Personen Gewalt hat, und sie hören auf, wo diese Gewalt aus einem völkerrechtsgemäßen Grunde hinfällig wird. Nun hat Italien sich mit stillschweigender Zustimmung der Staaten und in Erfüllung einer Pflicht ihnen gegenüber, der Macht über die Person des Papstes begeben. Die Staaten, die diese Rechtslage akzeptiert haben und ihre Vorteile genießen, können daher nicht gegen Italien aufstehen und es für Handlungen verantwortlich machen, die es rechtmäßig nicht verhindern kann. Sicher aber ist die Lage höchst eigenartig, weil in jedem anderen Fall, wenn die Macht über die Person und daher die Verantwortlichkeit nicht dem Staat zukommt, in dessen Gebiet sich die Person befindet, sie einem anderen Staat zukommt, sintemalen es in den völkerrechtlichen Beziehungen keine Exemption von der Autorität eines Staates gibt, die nicht mit der Unterworfenheit unter einen anderen Staat Hand in Hand ginge. Der Papst dagegen ist keinem Staat unterworfen, und es gibt daher keine Autorität, die ihn zwingen könnte, sich solcher Feindseligkeiten gegenüber anderen Staaten zu enthalten, und die verantwortlich wäre, wenn sie es unterließe.

So weit erscheint der Heilige Stuhl nur als der Anlaß zu Beziehungen zwischen Italien und den anderen Staaten und sich daraus ergebenden Vorkehrungen des italienischen Staatsrechts.

Es ist jedoch noch ein anderer Punkt in Betracht zu ziehen: die Beziehungen zwischen dem Heiligen Stuhl und den verschiedenen Staaten.

Es ist kaum nötig, das Irrtümliche an der Behauptung hervorzuheben, die völkerrechtliche Persönlichkeit des Papstes gründe sich auf das Garantiegesetz, besonders insofern als dieses dem Papst das Recht, Gesandte zu entsenden und zu empfangen, also jene aktive und passive Gesandtschaftsfähigkeit, die man als ein ausschließlich den völkerrechtlichen Persönlichkeiten eignendes Merkmal ansieht, zuerkenne. Ein Landesgesetz kann ganz offenbar keine völkerrechtlichen Rechte gewähren; und tatsächlich sagt das Garantiegesetz keineswegs, daß der Papst aktive und passive Gesandtschaftsfähigkeit habe, sondern sagt nur das, was es vernünftigerweise sagen konnte, nämlich wie die ausländischen Gesandten beim Papst und die päpstlichen Gesandten fürs Ausland auf italienischem Gebiet behandelt werden sollen.

In Wirklichkeit verhält es sich aber so, daß die verschiedenen Staaten den Gesandten des Papstes überall den Charakter und die Stellung, die den diplomatischen Vertretern zukommen, zuerkennen. Hiermit hat das Garantiegesetz nichts zu tun; es ist klar, daß wenn Spanien den päpstlichen Nuntius in Madrid als einen diplomatischen Vertreter ersten Ranges nach dem Wiener Reglement ansieht und ihm die dieser Würde zukommenden Ehren und Vorrechte gewährt, es das nicht kraft des Art. 11 des Garantiegesetzes tut. Es handelt so infolge einer ihm vom Völkerrecht auferlegten Verpflichtung; oder ist es eine aus Gründen der Opportunität eigens gewährte Vergünstigung, die keine Rechtspflicht in sich schließt? Die Frage dreht sich allein um Folgendes: besteht eine Pflicht Spaniens gegenüber dem Heiligen Stuhl, so hat dieser ein entsprechendes Recht — Pflicht und Recht, die ihre Begründung nirgend anders als in den auf die diplomatische Vertretung bezüglichen Völkerrechtssätzen finden können.

Die Lehre, welche von vornherein die völkerrechtliche Rechtsfähigkeit auf die Staaten beschränkt, führt notwendigerweise dazu, die den Gesandten des Papstes von seiten der verschiedenen Staaten zuerkannte diplomatische Fähigkeit lediglich als eine freiwillig gewährte und widerrufliche Vergünstigung anzusehen. Das war der einzige Weg, die geltende Praxis in Übereinstimmung mit jener Prämisse zu deuten. Doch darf man wohl den Zweifel äußern, ob man auf diese Weise, statt die Praxis als das auszulegen was sie ist, sie nicht als das auslegt, als was man sie sehen möchte. In Wirklichkeit erscheint der Auffassung dei Staaten nichts fremder als der angebliche Unterschied zwischen den Gesandten des Papstes einerseits und den übrigen Gliedern des diplomatischen Korps andererseits; und nichts scheint einleuchtender als das, daß, wenn man einen Gesandten des Papstes empfängt, man ihn in dieser Eigenschaft und nicht anders empfangen muß; wie jeden diplomatischen Vertreter kann man ihn empfangen oder nicht, aber wenn man ihn empfängt, müssen ihm auch die völkerrechtlich festgesetzten Privilegien und Immunitäten gewährt werden. Nur so kann man, wenn man sie objektiv und ohne Vorurteile ansieht, die geltende Praxis auffassen.

Die den Gesandten des Papstes zugewiesene Rechtsstellung ist überall die gleiche geblieben wie vor 1870, wo die Gesandten gleichzeitig solche des Oberhaupts der katholischen Kirche und des Oberhaupts des Kirchenstaats waren. Das scheint der einfachen klaren Auffassung zu entsprechen, nämlich der, daß die Ereignisse von 1870 nicht notwendigerweise eine Änderung auch in der Form der Beziehungen zwischen dem Heiligen Stuhl und den verschiedenen Staaten bedeuten mußten, oder daß, mochte auch der Kirchenstaat erloschen sein, das Haupt der katholischen Kirche doch weiterhin das Gesandtschaftsrecht ausüben konnte, um sich seiner zu geistlichen Zwecken zu bedienen. Und nicht anders war die Auffassung, der der Art. 11 des Garantiegesetzes seine Entstehung verdankt.

Die Schlußfolgerung, zu der man nach unserer Ansicht unter Zugrundelegung und beträchtlicher Umwandlung früher aufgestellter Meinungen gelangen muß, ist die, daß die katholische Kirche auch Völkerrechtsfähigkeit hat, die sich besonders im Abschluß von Konkordaten und in der Ausübung des Gesandtschaftsrechts durch ihr oberstes Organ, den Heiligen Stuhl, äußert[1]).

6. Die Staatenverbindungen.

Bibliographie. — Die reichhaltige Literatur zur Lehre von den Staatenverbindungen wird an anderer Stelle aufgeführt werden. Hier genüge der Hinweis auf die Arbeit von G. J. Ebers, Die Lehre vom Staatenbunde, Breslau 1910 (Nr. 22 der „Abhandlungen aus dem Staats- und Verwaltungsrecht", herausgegeben von S. Brie und M. Fleischmann), insofern als sie (insbesondere ab S. 206ff.) eine ausführliche historische Darstellung der verschiedenen Theorien über die völkerrechtliche Persönlichkeit der Staatenverbindungen von der Art der hier untersuchten enthält, und ferner auf zwei

---

[1]) S. Nachtrag S. 418.

Spezialstudien von G. Ottolenghi, Sulla personalità internazionale delle unioni di Stati, in der „Rivista di diritto internazionale" Bd. XVII, 1925, S. 313ff., 461ff. und von A. Verdross, „Zur neuesten Lehre von den Staatenverbindungen" in „Niemeyers Zeitschrift für Internationales Recht", Bd. XXXV, 1926, S. 257ff.

Da wir an anderer Stelle die Staatenverbindungen, die das Völkerrecht von verschiedenen Gesichtspunkten aus interessieren, weiter untersuchen werden, beschränken wir uns hier auf die Behandlung der allgemeinen Frage ihrer völkerrechtlichen Persönlichkeit.

Vorausgeschickt sei, daß der erörterten Hypothese nur der Fall zugrunde gelegt ist, daß zwei oder mehr Subjekte des Völkerrechts unter sich einen auf gegenseitige Verbindungen hinzielenden Vertrag abschließen, und daß die zu lösende Frage allein die ist, ob der so gebildete Verband, der aus dem Vertrag und nur aus diesem sein rechtliches Dasein herleitet, ein neues selbständiges und eigenes Völkerrechtssubjekt ist oder in gewissen Fällen sein kann.

Die Staatenverbindungen, von denen hier die Rede ist, sind demnach diejenigen, die von einer ziemlich weit verbreiteten Lehre als völkerrechtliche Staatenverbindungen im Gegensatz zu konstitutionellen Staatenverbindungen, die auf dem Landesrecht beruhen, bezeichnet werden. Sie sind zahlenmäßig nicht bestimmbar und unter sich sehr verschieden. Doch kommen für die Erörterung der Frage nach der völkerrechtlichen Persönlichkeit hauptsächlich folgende Arten in Betracht: die Realunion, ein Bund von zwei oder mehr Staaten, die sich durch einen Vertrag verpflichten, die Person des Landesherrn gemeinsam zu haben und infolgedessen die dem Staatshaupt zukommenden Funktionen in den internationalen Beziehungen gemeinsam auszuüben; — der Staatenbund, eine Vereinigung von Staaten, die zur Befriedigung gemeinsamer politischer Interessen und besonders zur gemeinsamen Verteidigung errichtet ist, die gewisse zwischenstaatliche Funktionen (diplomatische Vertretung, Abschluß von Verträgen, Krieg usw.) für gemeinsame Rechnung durch Bundesorgane ausübt — und dazu kann man jetzt auch den Völkerbund rechnen, der dem geschichtlich überkommenen Typus des Staatenbundes nahe kommt, wenn er auch einige andere, nur ihm eigentümliche Züge aufweist. Als Beispiele sogenannter konstitutioneller Unionen seien dagegen genannt: der Bundesstaat, aufgefaßt als Staat, dessen wesentliche Elemente, Bevölkerung und Gebiet, gleichzeitig konstitutive Elemente anderer Staaten sind, die im Schoß und unter der Autorität des Bundesstaates leben — ferner das Vasallenverhältnis, einst eine sehr häufige Erscheinung und noch bis in die jüngste Zeit im Machtbereich des ottomanischen Reichs zu finden — und endlich können wir hier auch, wenn wir an dem Begriff festhalten, von dem diese Theorie ausgeht, die große Gemeinschaft des britischen Reichs nennen.

Ohne uns hier auf die schwierige Erörterung der Zulässigkeit und der Bedeutung dieser zweiten Kategorie von Staatenverbindungen einzulassen, wollen wir uns damit begnügen, daß unser Problem nur dann Daseinsberechtigung hat, wenn man zugrunde legt, daß wir einen Gesamtverband von Völkerrechtssubjekten vor uns haben, einen Verband, der nach den dem Völkerrecht eigentümlichen Begriffen auf keiner anderen Grundlage als einem Vertrag beruhen und seiner Struktur nach nichts anderes als eine Gesellschaft sein kann. Schließt man diese Hypothese aus, so bleibt nur die eines einzigen Staates mit mehr oder weniger weitgehender Dezentralisation, welche schließlich dahin führt, vom Völkerrecht beherrschte Beziehungen zwischen Teilen oder Provinzen (oder als was sie immer bezeichnet sein mögen) dieser einen Wesenheit und anderen Subjekten des Völkerrechts möglich zu machen. Das Problem betrifft also nicht die Rechtspersönlichkeit eines Staatenverbandes, sondern vielmehr die Rechtspersönlichkeit politischer Vergesellschaftungen, die von anderen politischen Vergesellschaftungen abhängig sind, und die völkerrechtliche Bedeutung der die Abhängigkeit schaffenden Bindung an sich. Tatsächlich hat niemand je die völkerrechtliche Persönlichkeit des ottomanischen Reichs bestritten oder bestreitet heutzutage die des britischen Reichs, obwohl es in jenem wie in diesem selbständige politische Organismen gegeben hat und gibt, die Subjekte völkerrechtlicher Beziehungen geworden sind. Und wenn sich bei einigen Bundesstaaten, die sich durch freiwilligen Zusammenschluß von bis dahin nur verbündeten Staaten gebildet haben, Schwierigkeiten ergeben, so liegt das daran, daß man nicht klar erkannt hat, daß die Wertung des Tatbestandes vom völkerrechtlichen Standpunkt diesem Dilemma unbedingt ein Ende machen mußte; entweder hat der Staatenbund in einem bestimmten Zeitpunkt aufgehört zu existieren, um einem neuen Staat, der in regionalen Selbstverwaltungskörpern, die den alten Staaten entsprechen, organisiert ist, Platz zu machen, oder der sogenannte Bundesstaat ist kein einheitlicher Staat, sondern ein Bund von Staaten (Staatenbund) gleich der vorher bestehenden Konföderation, bis auf die größere Festigkeit und die engere Verbundenheit.

Nachdem nun die Fragestellung so abgegrenzt worden ist, sei vor allem darauf hingewiesen, daß sich aus dem den Staatenbund begründenden Vertrag wie aus jeder Art von Vertrag nichts anderes als Rechtsbeziehungen, gegenseitige Rechte und Pflichten, zwischen den Vertragsparteien ergeben können. Die Wirkung jedes Bundesvertrages ist im wesentlichen die, unter den Bundesgenossen eine spezielle Rechtsordnung im Bereich der umfassenden Völkerrechtsgemeinschaft zu schaffen, ein Sonderrecht im Schoß des gemeinen Rechts.

Hiermit ist das Problem jedoch noch keineswegs gelöst. Die durch den Bundesvertrag geschaffene Rechtsordnung verleiht dem Bunde den Charakter einer Einheit; so wird es möglich, den Bund sowohl den gesondert betrachteten Bundesgliedern als auch anderen neben dem Bund, aber außerhalb desselben existierenden Rechtssubjekten gegenüberzustellen. Es ist sicher möglich, die Rechtsbeziehungen, die innerhalb des Bundes walten, oder die sich auf den Bund beziehen, in solche der einzelnen Glieder aufzulösen. Aber die vereinheitlichende Betrachtungsweise, die in dem Bund den juristischen Beziehungspunkt sieht, hat den offenkundigen Vorteil größerer Einfachheit und Klarheit, auf den zu verzichten keinerlei Grund vorliegt; deshalb wird sie auch häufig von den Rechtssätzen der Völkerrechtsordnung angewandt. Wenn nun diese vereinheitlichende Betrachtungsweise der auf die Glieder eines rechtlich organisierten Staatenverbandes bezüglichen Beziehungen sich als Personifizierung des Verbandes darstellt, wenn, mit anderen Worten, die Rechtspersönlichkeit der Gesamtteile nichts anderes ist als ein technisches Mittel, durch das sich eine oder mehrere Arten von Beziehungen an eine Einheit angeschlossen haben, so kann man auch sagen, daß es auch in der Völkerrechtsordnung Gesamtverbände gibt, die als Rechtssubjekte anzusehen sind. In diesem Fall muß man jedoch zugeben, daß das Verfahren den weitgehendsten Anwendungen unterliegt und daß die Rechtspersönlichkeit der Staatenverbindungen durchaus kein Spezialproblem der zwei oder drei gewöhnlich von den Schriftstellern hier herangezogenen Beispiele, der Realunion, des Staatenbundes und jetzt auch des Völkerbundes ist. Ist die Existenz eines rechtlich organisierten Verbandes von Staaten gegeben, so ist es immer möglich, daß die Völkerrechtsnormen eine Einheit, auf die Rechte bezogen werden können, in dem schon erläuterten Sinne aus ihr machen. Wenn Art. XXXVII des Schlußprotokolls, Ausführungsübereinkunft zum Internationalen Funkentelegraphenvertrag von Berlin vom 3. November 1906, das Internationale Büro der Telegraphenverwaltungen in Bern mit den im Art. 13 des Vertrags festgesetzten Obliegenheiten beauftragt, „sous réserve du consentement du Gouvernement de la Confédération suisse et de l'approbation de l'Union télégraphique", so kann man wohl sagen, daß dieser Artikel die Gruppe der Staaten personifiziert, die das Petersburger Abkommen vom 10.—22. Juli 1875 abgeschlossen haben, genau so wie der Art. 49 des Versailler Vertrags mit seiner Bestimmung, daß „l'Allemagne renonce en faveur de la Société des nations, considérée ici comme fidei-commissaire, au gouvernement du territoire ci-dessus spécifié" (Saargebiet) die Gruppe der Staaten personifiziert, die den Völkerbundspakt abgeschlossen haben. Der Vorgang ist in beiden Fällen der gleiche und es scheint nicht, daß gewisse Unterschiede in der inneren Verfassung der beiden Verbände die Berechtigung geben können, ihn wesentlich anders zu werten.

Die Wissenschaft hat, besonders in Deutschland, die Frage der völkerrechtlichen Persönlichkeit der Staatenverbindungen von Voraussetzungen aus erörtert, die unvereinbar sind mit denen, von denen die vorliegende Abhandlung ausgeht. Wenn man z. B. die Existenz der Rechtspersönlichkeit eines solchen Verbandes davon abhängig macht, daß er so organisiert ist, daß er einen Gesamtwillen bilden kann, der von dem Willen der einzelnen Glieder verschieden ist, so unterschiebt man damit der der Rechtswissenschaft eigenen normativen Forschungsweise, für die der Wille keine Erscheinungsform des Seelenlebens oder der gesellschaftlichen Struktur, sondern ein bloßer Zurechnungsgrund ist (s. später Kap. II, § 1), ein soziologisches Moment. Wenn man die völkerrechtliche Rechtspersönlichkeit eines Staatenverbandes von ihrer Rechtspersönlichkeit nach internem Recht abhängig macht und von der Annahme ausgeht, daß eine und dieselbe Einheit nicht nach außen Rechtspersönlichkeit sein kann, ohne es zuerst nach ihrer eigenen Rechtsordnung zu sein, so vergißt man, daß Rechtspersönlichkeit nichts anderes ist als die Eigenschaft, Adressat von Rechtsnormen zu sein, und daß sie daher nur nach der jeweiligen Rechtsordnung und nur für sie allein bewertet werden kann (s. S. 89). Und wenn man endlich die völkerrechtliche Rechtspersönlichkeit mit der Souveränität verknüpft und behauptet, sie hänge davon ab, ob die Verbandsgesamtheit souverän ist, oder die einzelnen Glieder, die den Verband bilden, es sind, so vergißt man, daß die Souveränität in der hier angenommenen Bedeutung des Worts, d. h. als Bezeichnung für die oberste Gewalt, sei es, daß man diese mit der Formel „Macht, die eigene Zuständigkeit zu bestimmen" (Kompetenz-Kompetenz) oder mit der Formel „unbegrenztes Recht zur Selbstbegrenzung" oder mit jeder anderen ähnlichen Formel bezeichnet, für das Völkerrecht ohne Bedeutung ist, denn dieses geht nicht von der Souveränität der Rechtssubjekte, sondern von ihrer Unterordnung unter ein höheres Prinzip aus.

Tatsächlich ist es so: wenn wir von dem Satz ausgehen, daß die Frage der Rechtspersönlichkeit einer bestimmten Wesenheit nicht auf allgemeine und abstrakte Weise, sondern nur in Beziehung auf eine bestimmte Rechtsordnung gestellt werden kann, so gelangen wir meiner Meinung nach dahin, zuzugeben, daß in einer Rechtsordnung wie der des Völkerrechts jene vereinheitlichende Betrachtungsweise der rechtlich organisierten Staatengruppen, auf die hier hingewiesen worden ist, das einzige positive Kriterium darstellt, von dem aus man auf die vorliegende Frage antworten kann; daß ferner die Frage, ob diese Teil-Rechtsordnungen bei dieser Betrachtungsweise als Rechtspersonen oder anders zu bezeichnen sind, im wesentlichen ein Streit um Worte ist. Das Wichtige ist, daß man nicht vergessen darf, daß die so aufgefaßte Rechtspersönlichkeit ein bloßes technisches Mittel ist, dessen Berechtigung an Wert verlöre, wenn aus der Personifizierung der Staatenverbände Folgen abgeleitet würden, die nicht die bloße Anwendung des Bundesvertrages und der aus ihm nach Völkerrecht folgenden Rechtsnormen wären.

§ 2. Beginn der völkerrechtlichen Rechtspersönlichkeit.

Bibliographie. — Die folgende Bibliographie beschränkt sich auf die Monographien und Artikel von allgemeinem Charakter (meistens unter Ausschluß der sehr zahlreichen, die sich auf einzelne praktische Fälle beziehen) und auf einige Arbeiten, die dem Problem gegenüber vom Standpunkt der hier entwickelten Theorie eine besonders bemerkenswerte Stellung einnehmen. Hier können auch die am Anfang des nächsten Paragraphen aufgeführten Schriften nachgesehen werden.

J. Lorimer, La doctrine de la reconnaissance fondement du droit international, in der „Rev. de dr. int. et de lég. comp.", Bd. XVI, 1884, S. 333ff.; R. Le Normand, La reconnaissance internationale et ses diverses applications, Paris 1899; E. Nys, La doctrine de la reconnaissance des Etats, in der „Rev. de dr. int. et de lég. comp.", 2. Serie, Bd. V, 1903, S. 292ff.; G. Quaglia, Alcune considerazioni sul riconoscimento degli Stati, in „Rivista di diritto internazionale", Bd. III, 1908, S. 296ff.; G. Diena, Considerazioni critiche, cit. II: Il riconoscimento e i diritti fondamentali degli Stati, Turin 1908; P. Schoen, Zur Lehre von den Grundlagen des Völkerrechts, in „Archiv für Rechts- und Wirtschaftsphilosophie", Bd. VIII, S. 287ff.; F. Sander, Das Faktum der Revolution und die Kontinuität der Rechtsordnung, in der „Zeitschrift für öffentliches Recht", Bd. I, 1919, S. 132ff.; H. Kelsen, Das Problem der Souveränität, zit.

§§ 49—52; C. A. Berdhal, The power of recognition, in „Am. Journ. of Intern. Law", Bd. XIV, 1920, S. 519ff.; A. Verdroß, Grundlagen und Grundlegungen des Völkerrechts, in „Niemeyers Zeitschr. für intern. Recht", Bd. XXIX, 1921, S. 65ff.; Id., „Anerkennung von Staaten" und „Entstehung von Neustaaten", im „Wörterbuch des Völkerrechts", von K. Strupp, Bd. I; Id., Die Verfassung der Völkerrechtsgemeinschaft, zit., S. 125ff.; A. Cavaglieri, Concetto e caratteri del diritto intern. generale, zit., S. 295ff.; A. D. Mac Nair, Judicial Recognition of States and Governments, in „British Yearbook of international Law", Bd. II, 1921—22, S. 57ff.; Th. Baty, So called „de facto" recognition, in „Yale Law Journal", Bd. XXXI, 1921—22, S. 469ff.; J. Coucke, Admission dans la Société des Nations et reconnaissance „de jure", in der „Rev. de dr. intern. et de lég. comp.", Bd. XLVIII, 1921, S. 320ff.; E. D. Dickinson, Les Gouvernements ou Etats non reconnus en droit anglais et américain, ibid., Bd. L, 1923, S. 145ff.; S. Romano, Corso di diritto internazionale, Padua 1926, S. 51ff.; G. Salvioli, Il riconoscimento degli Stati, in der „Rivista di dir. internaz.", Bd. XVIII, 1926, S. 330ff.; R. Erich, La naissance et la reconnaissance des Etats, in „Recueil des cours de l'Académie de droit international", 1926, Bd. III, S. 431—505; V. Miceli, Il problema del riconoscimento nel diritto internazionale, ibid., Bd. XIX, 1927, S. 169ff.; J. Spiropoulos, Nicht anerkannte Staaten und Regierungen vor dem Ständigen Internationalen Gerichtshof, Sonderauszug aus der „Revue de droit intern. de sciences diplomatiques et politiques", Bd. VI, 1927, No. 1; L. Kaemmerer, Entstehung und Untergang der Staaten (Diss. Gießen), Groß-Steinheim am Main 1927; N. D. Houghton, Recognition in international Law, in „American Law Review", Bd. LXII, 1928, S. 228ff.; J. Kunz, Die Anerkennung der Staaten im Völkerrecht, in „Handbuch des Völkerrechts" von Stier-Somlo, Bd. II, T. 3, 1928; R. Knubben, Die Subjekte des Völkerrechts, ibid. Bd. II, T. I, §§ 9 und 10, 1928. A. Hold v. Ferneck, Anerkennung und Selbstbindung. Ein Beitrag zur Lehre vom Wesen des Völkerrechts, in „Zeitschrift für Rechtsphilosophie in Lehre und Praxis", 1929, S. 38—73, 161—210; J. H. van Roijen. De rechtspositie en de volkenrechtelijke erkenning van nieuwe Staten en de facto regeeringen. 's-Gravenh. 1929. — Über die amerikanische Praxis in bezug auf die Anerkennung, die von ganz besonderer Wichtigkeit ist, siehe: A. P. C. Griffin, List of references on recognition in international Law and practice, Washington 1904; J. B. Moore, Digest of international Law, Washington 1906, Bd. I; J. Goebel, The recognition policy of the United States, in „Studies in History, Economics and public Law" veröffentlicht von der Universität von Columbia, Bd. LXVI, Nr. I,

New York 1915, und John G. Hervey, The legal effects of recognition in international Law as interpreted by the Courts of the United States, Philadelphia 1928. — Über die Entstehung und Anerkennung baltischer und östlicher Staaten s. B. Grynwaser, Die völkerrechtliche Anerkennung der Staaten. Besondere Berücksichtigung der Vorgänge in Osteuropa. Berner Diss. 1922; Gregor Rutenberg, Die baltischen Staaten und das Völkerrecht. Die Entstehungsprobleme Litauens, Lettlands und Estlands im Lichte des Völkerrechts (Berliner Diss.) Riga 1928; über Polen s. P. Roth, Die Entstehung des polnischen Staates. Eine völkerrechtlich-politische Untersuchung, Berlin 1926.

A. Wie jede Rechtsordnung bestimmt, welches ihre Subjekte sind, so bestimmt sie auch den Augenblick, wo sie zu existieren beginnen. Und da Rechtssubjekt sein gleichbedeutend damit ist, Adressat von Rechtsnormen zu sein, so existiert die Rechtspersönlichkeit von dem Augenblick an, wo eine Wesenheit Normenadressat wird.

Die völkerrechtlichen Normen (Völkerrechtssätze) entstehen durch Vereinbarungen. Die Subjekte der Völkerrechtsordnung beginnen daher in dem Augenblick zu existieren, wo eine erste Vereinbarung zustande kommt. In diesem selben Augenblick werden die Wesenheiten, zwischen denen das Übereinkommen zustandekommt, wechselseitig Adressaten der Norm oder der Normen, die sich aus besagten Vereinbarungen ergeben, und damit Subjekte der Rechtsordnung, zu der jene Normen gehören. In gleicher Weise könnte man sagen, daß allen völkerrechtlichen Beziehungen ein Übereinkommen der Völkerrechtssubjekte zugrunde liegt, und zwar jenes Übereinkommen, das man mit einem nicht allzu geeigneten, aber heutzutage allgemein üblichen Ausdruck „Anerkennung" nennt. Die Anerkennung ist also nichts anderes als ein auf Grund der Regel „pacta sunt servanda" abgeschlossenes Übereinkommen. Die völkerrechtliche Rechtspersönlichkeit, welche durch diese Norm potentiell gegeben war, wird mit der Anerkennung aktualisiert und konkretisiert. Die Anerkennung ist nach unserer Ansicht ganz einfach das einleitende Übereinkommen, an das sich das Entstehen von Rechtsnormen für bestimmte Subjekte und daher die wechselseitige Rechtspersönlichkeit dieser Subjekte knüpft; wie denn dem Begriff Anerkennung das Moment der Gegenseitigkeit und Konstitutivität eigen ist.

Auch dieses Übereinkommen entnimmt daher seine Rechtskraft der grundlegenden Norm „pacta sunt servanda". Ist das Vorhandensein einer Vereinbarung im völkerrechtlichen Sinne festgestellt, so stammt die Rechtsverbindlichkeit dieser Vereinbarung nicht aus dem Willen der Wesenheiten, die sie ins Leben gerufen haben, sondern aus der Norm, die an jene Willenserklärungen jene bestimmten Wirkungen knüpft. Nicht anders ist es mit der Rechtsverbindlichkeit des Gesetzes: sie entstammt nicht der Tatsache, daß das Gesetz die Äußerung des Willens des Parlaments ist, sondern sie entstammt der Norm, die wir als hypothetische Grundlage einer jeden landesrechtlichen Rechtsordnung annehmen, nämlich daß man den Anordnungen des Parlaments Folge leisten muß. Man braucht sich daher nicht mit Erwägungen darüber zu befassen, ob der noch nicht anerkannte Staat einen rechtserheblichen Willen äußern kann, und, wo dies verneint wird, daraus zu folgern, daß die Anerkennung neuer Staaten nur denkbar ist als einseitiger Akt der bereits bestehenden Staaten, die ein neues Glied in den Bund aufnehmen, dem sie schon angehören. Wäre andererseits der Einwand begründet, so käme man auf diese Weise auch nicht weiter, weil sich nicht einsehen läßt, wie die bereits bestehenden Staaten, wenn sie auch Rechtspersönlichkeiten sind, einen rechtserheblichen Willen gegenüber dem neuen Staat, wenn und solange dieser außerhalb der Rechtsordnung bleibt, entfalten können, da Rechtswirkungen außerhalb der Rechtsordnung nicht denkbar sind.

Der Satz, daß die völkerrechtliche Persönlichkeit mit der Anerkennung beginnt, entspricht genau der geltenden Praxis, die ohne Zweifel auf folgende Kriterien zurückgeht: a) daß mit einem noch nicht anerkannten Staat Rechtsbeziehungen nicht bestehen, b) daß die Anerkennung gänzlich von dem Willen der Staaten abhängt, d. h. daß man rechtlich nicht verlangen kann, anerkannt zu werden, noch andererseits verpflichtet ist, anzuerkennen.

Dagegen ist die Theorie noch stark durchsetzt mit der Ansicht, die gerade in neuerer Zeit von sehr angesehenen Seiten wieder aufgenommen worden ist, daß die völkerrechtliche Rechtspersönlichkeit des Staats ein Attribut ist, das ihm aus seiner eigenen Verfassung oder Natur zufließt, und das er daher von dem Augenblick an besitzt, wo er existiert. Die Anerkennung, die faktisch von den Staaten geübt wird, hat demnach rein deklaratorischen und einseitigen Charakter; sie bestätigt die Existenz eines neuen Gliedes der Völkerrechtsgemeinschaft; sie kann möglicherweise andere Rechtswirkungen haben, insbesondere den Verzicht auf jeden der Existenz des neuen Staates zuwiderlaufenden Anspruch, vor allem in den Fällen, wo dieser neue Staat sich aus Elementen gebildet hat, die früher anderen Staaten angehörten.

So aufgefaßt gehört die Theorie ganz offenkundig ins Naturrecht; wir können daher nur wiederholen, was wir schon mehrere

Male gesagt haben: man kann dieser Auffassung, wenn und solange sie auf ihr eigenes Gebiet beschränkt bleibt, die Berechtigung nicht abstreiten. Man kann sie auch bejahen, wenn man glaubt, daß vom Standpunkt der idealen Gerechtigkeit jeder menschliche Verband, einfach aus dem Grunde, daß er existiert und gewisse Merkmale aufweist, Forderungen und Pflichten gegen die anderen Verbände hat; man kann endlich, wenn man will, auch die einzelnen Grundsätze der Völkerrechtspraxis verurteilen; aber die Berechtigung hört auf, sobald diese Auffassung, bewußt oder unbewußt, in den Bereich des positiven Völkerrechts übernommen wird, wo, und zwar ausschließlich, die sehr andersartigen vom Willen der Rechtssubjekte gesetzten Normen gelten.

Man hat aber auch versucht, die völkerrechtliche Persönlichkeit im Einklang mit der positivistischen Rechtslehre zu erklären, wobei man jedoch der Anerkennung den ihr von der traditionellen, im wesentlichen naturrechtlichen Lehre zugeschriebenen, rein deklaratorischen Charakter beläßt. Nach dieser Theorie spricht das positive Völkerrecht jedem Staat, der existiert und aus dem alleinigen Grunde, daß er existiert, Rechtspersönlichkeit zu. Der Staat ist demnach Rechtspersönlichkeit kraft des Völkerrechts, sowie es der einzelne kraft des Landesrechts ist, schon vor der Anerkennung und unabhängig von ihr, und diese kann nichts anderes tun, als die Existenz des Staates bestätigen, der schon die Eigenschaft besitzt, Subjekt von Rechtsansprüchen zu sein, die die Völkerrechtsordnung gewährt und schützt.

Die These wäre dann richtig, wenn ihre Anhänger die Existenz von Regeln des positiven Völkerrechts nachweisen könnten, die jedem Staat, allein durch die Tatsache seiner Existenz, bestimmte Rechte zuschrieben. Doch ist dieser Beweis bis heute noch nicht auf befriedigende Weise erbracht worden.

Es gibt zweifellos gewisse elementare Forderungen der Humanität, die man auch hinsichtlich eines noch nicht anerkannten Staats nur schwer außer acht lassen könnte; aber es fragt sich eben, ob solche Forderungen hier nicht nur als moralische Forderungen zu bewerten sind. Die Antwort hängt davon ab, wie man die Völkerrechtsnormen auffaßt, und welchen Unterschied man zwischen ihnen und den rein moralischen Normen macht; gehen wir von dem hier zugrunde gelegten Unterschied aus, so scheint die Antwort nicht zweifelhaft sein zu können.

Was ferner den Umstand betrifft, daß die Landesgerichte zuweilen — besonders häufig in diesen letzten Jahren — Gesetze noch nicht anerkannter Staaten angewandt und deren Urteile und

Akte zugrunde gelegt haben — ganz abgesehen davon, daß die These alles andere als unbestritten ist —, so bemerken wir, daß hier im wesentlichen ein Interpretationsproblem des Landesrechts, nach dem ausländischen Gesetzen, Urteilen und Akten Rechnung zu tragen ist, in Frage steht; es handelt sich darum, zu wissen, ob besagte landesrechtliche Normen nur Gesetze, Urteile und Akte von als Völkerrechtssubjekten anerkannten Staaten in Betracht ziehen wollen, oder aber ob sie sich nach ihrem Sinn und Zweck auch auf de facto-Ordnungen beziehen. Sicher ist, daß die Möglichkeit, ausländische Gesetze, Urteile und Rechtshandlungen zu berücksichtigen, nicht an die völkerrechtliche Persönlichkeit der Rechtsordnung, zu der diese Gesetze, Urteile und Rechtshandlungen gehören, gebunden ist; man darf außerdem nicht vergessen, daß die Bedeutung eines ausländischen Gesetzes, Urteils oder einer ausländischen Rechtshandlung in unserer Rechtsordnung einzig und allein von unserer Norm abhängt, die anordnet, daß ihnen Rechnung zu tragen ist (s. Corso di diritto internazionale privato, Allg. Teil, Erstes Kapitel). Nichts schließt daher die Möglichkeit einer sehr weiten Interpretation besagter Normen aus, und es braucht kaum gesagt zu werden — wofür die moderne Rechtswissenschaft fast aller Länder beredte Beispiele liefert —, daß eine solche Interpretation oft faktisch unabweislichen Forderungen entspricht, und daß sich allein durch sie schlechthin unmögliche Folgen vermeiden lassen.

Es lassen sich dagegen zugunsten der hier verfochtenen These, nach der die völkerrechtliche Persönlichkeit sich mit der Anerkennung konkretisiert, sehr viele Fälle anführen, aus denen hervorgeht, daß die völkerrechtliche Praxis sich deutlich auf die Auffassung stützt, daß die Rechtsbeziehungen zwischen den Staaten mit der Anerkennung beginnen und sie voraussetzen, und daß die Anerkennung selbst ausschließlich vom Willen der Staaten abhängt. Das heißt: die Rechtsauffassung der Staaten geht dahin, daß es von ihnen abhängt, ob sie mit einem neugebildeten Staat in Rechtsbeziehungen treten wollen oder nicht. Das ist genau das Gegenteil von dem, was die oben zusammengefaßte Theorie behauptet.

Wenn überdies das positive Recht bestimmte, daß jeder Staat Rechtspersönlichkeit ist in dem Augenblick, wo er existiert, müßte es auch bestimmen, welches der Zeitpunkt ist, in dem die natürliche Bildung des Staates vollzogen ist, und nach welchen Maßstäben seine Existenz bestimmt wird. Es lassen sich viele und verschiedene Lehrmeinungen über diesen Punkt anführen, doch würde, wer positive Rechtssätze angeben sollte, einigermaßen in Verlegenheit sein.

Zwar hat sich mit Bezug auf die Anerkennung von Gebietsteilen und Kolonien, die sich gewaltsam vom Mutterstaate losgerissen haben, eine mehr oder weniger definitive völkerrechtliche Staatenpraxis herausgebildet; doch bedeutet diese Praxis, abgesehen davon, daß sie überhaupt nur eine der mannigfaltigen Möglichkeiten der Staatenbildung betrifft, noch nicht die Statuierung einer Verpflichtung, nach der die Staaten den neuen politischen Organismus als Rechtssubjekt zu achten hätten; sie besagt vielmehr lediglich, daß es möglich ist, dies ohne Verletzung der Rechtsstellung des Staates zu tun, der dafür kämpft, die aufständischen Gebiete zu behalten oder wiederzuerobern. Jede andere Schlußfolgerung scheint ungerechtfertigt. Denn wenn man die Bestätigung der Existenz des neuen Staates Sache der präexistenten Staaten sein ließe, die sie dann durch die sogenannte deklaratorische Anerkennung verwirklichen würden, so kehrte man dazu zurück — und diesmal mit offenbarem Widerspruch — die Rechtspersönlichkeit des neuen Staates ausschließlich von dem Willen der anderen Staaten abhängen zu lassen, in deren Belieben es dann stünde, die die Rechtspersönlichkeit verleihende Norm anzuwenden oder nicht.

Es ist ferner nicht überflüssig, darauf hinzuweisen, daß, wenn die Existenz eines solchen Rechtssatzes bewiesen wäre, die hier verfochtene Völkerrechtsauffassung überhaupt nicht annehmbar wäre. Sie geht in der Tat von dem Begriff aus, daß die Völkerrechtsnormen das Produkt ausdrücklicher oder stillschweigender Übereinkommen sind; jene Rechtsnorm dagegen wäre nicht das Produkt eines Übereinkommens, sie würde dem neuen Staat ohne seinen Willen aufgedrängt und wäre daher nicht von der Grundnorm pacta sunt servanda gedeckt, auf die alle anderen Normen der Völkerrechtsordnung begrifflich zurückzuführen sein müssen.

Bleibt man im Bereich der von uns vertretenen Auffassung, so muß gesagt werden, daß eine durch Übereinkommen der bestehenden Staaten in einem gegebenen Zeitpunkt gesetzte Rechtsnorm, welche die Rechtspersönlichkeit der in Zukunft sich bildenden Staaten betrifft, keine andere Wirkung haben könnte, als besagte Staaten gegenseitig zu verpflichten, alle Staaten, die sich in Zukunft bilden könnten, als Mitglieder der Völkerrechtsgemeinschaft anzuerkennen. Die Schaffung der Rechtspersönlichkeit des neuen Staats würde immer übereinstimmende Willenserklärungen zwischen diesem und den präexistenten Staaten erfordern, die zwar untereinander, nicht aber ihm gegenüber verpflichtet wären, sie nicht zu verweigern; m. a. W. sie würde stets eine neue Vereinbarung erfordern, durch die allein die völkerrechtliche Persönlichkeit des neuen Staates gegenüber den alten Staaten und dieser gegenüber jenem erst begänne. In Wirklichkeit sieht man jedoch durchaus keinen Grund für eine solche Rechtsnorm, da keinerlei Grund zu der Annahme vorliegt, daß die Staaten sich untereinander hätten verpflichten wollen, jeden neuen Staat anzuerkennen, während es diesem seinerseits freistände, die Anerkennung nicht anzunehmen.

Es ist die Behauptung aufgestellt worden, der de facto existierende Staat habe, wenn er auch vor der Anerkennung nicht juristische Person des Völkerrechts sei, wenigstens einen Anspruch darauf, als solche anerkannt zu werden. Meint man damit einen moralischen Anspruch, so läßt sich nichts dagegen einwenden, und wir möchten hinzufügen, daß verschiedene zwingende Gründe es tatsächlich unmöglich machen, daß es nicht früher oder später zur Anerkennung kommt, es sei denn, daß der neue Staat nur ein ganz vorübergehendes, ephemeres Gebilde ist. Man kann aber nicht, ohne sich selbst zu widersprechen, die völkerrechtliche Rechtspersönlichkeit an die Anerkennung knüpfen und doch gleichzeitig einen Rechtsanspruch auf die Anerkennung behaupten. Einen Rechtsanspruch haben, heißt ein Recht haben, d. h. Rechtspersönlichkeit sein.

Eine logische Folge des hier übereinstimmend mit der Völkerrechtspraxis entwickelten Begriffs der Anerkennung ist, daß ein und derselbe Staat (das Wort Staat hier im soziologischen Sinne gebraucht) verschiedenen Staaten gegenüber in verschiedenen Zeitpunkten Rechtspersönlichkeit werden kann und daher gegebenenfalls zu einer bestimmten Zeit einigen Staaten gegenüber diese Eigenschaft besitzt, anderen gegenüber nicht. Diese theoretische Schlußfolgerung stimmt aber auch genau mit den Tatsachen der völkerrechtlichen Beziehungen und der der Völkerrechtsordnung eigenen Rechtsnatur überein. Und man sieht auch nicht, was an der Tatsache Ungereimtes sein soll, daß die so grenzenlose Veränderlichkeit der Rechte, die jedes Rechtssubjekt gegenüber den anderen hat, auf dem Gebiet des Völkerrechts bis zu dem Punkt gehen kann, daß ein und dieselbe Wesenheit einigen Staaten gegenüber mit allen Rechten ausgestattet ist, anderen gegenüber jeden Rechts ermangelt. Es ist einfach eine Frage des Grades, die durch die besonderen Bedingungen der Völkerrechtsordnung bis zu einem in den innerstaatlichen Rechtsordnungen bisher unbekannten Punkt getrieben wird. Das schließt nicht aus, daß, wenn es von seiten der allermeisten Staaten oder von den am unmittelbarsten interessierten zur Anerkennung kommt, die Haltung der anderen Staaten und gerade ihr Schweigen als stillschweigende Willenskundgebung, daß auch sie den neuen Staat als Glied der Völkerrechtsgemeinschaft anerkennen, gedeutet werden kann. Das ist eine Tatfrage, die von Fall zu Fall gelöst werden muß.

B. Die Anerkennung ist nicht an besondere Bedingungen oder Voraussetzungen gebunden. In politischer Hinsicht kann sie von vielfachen Umständen abhängen; und wenn es auch tatsächlich unmöglich ist, daß ein Staat, der lebenskräftig genug ist, um weiter zu bestehen, lange außerhalb der Völkerrechtsgemeinschaft bleibt, ist es doch sicher — und die Geschichte bietet hierfür zahlreiche Beispiele — daß die Anerkennung je nachdem früher oder später und auf Grund der verschiedenartigsten Erwägungen erfolgen kann. Aber vom juristischen Standpunkt aus hängt überall da, wo Vergesellschaftungen bestehen, zwischen denen Übereinkommen in dem oben erläuterten Sinne möglich sind, der Abschluß dieser Übereinkommen und die sich hieraus ergebende Bildung von Völkerrechtsnormen allein von dem Willen dieser Verbände ab. Das gemeine Völkerrecht kennt keine Fälle von zulässiger oder nichtzulässiger, verbotener oder befohlener Anerkennung. Die Betrachtungen über den geeigneten Zeitpunkt der Anerkennung, die die englischen und nordamerikanischen Schriftsteller besonders eingehend angestellt haben, scheinen eher politischer als juristischer Natur.

Insbesondere ist zu verneinen, daß die Anerkennung von irgendeiner Untersuchung über die Legitimität des Staates abhängen kann; es gibt keine legitimen und illegitimen Staaten. Die Legitimation des Staates liegt in seiner eigenen Existenz. Daher ist der Vorgang, dem ein Staat seine Entstehung verdankt, sei er friedlich oder gewaltsam, unerheblich. Der aus einer Staatsumwälzung hervorgegangene Staat kann zu den anderen Staaten in Rechtsbeziehungen treten ebenso wie der Staat, der auf friedliche Weise (durch freiwillige Auswanderung in ein staatenloses Gebiet, durch auf Grund gegenseitiger Übereinstimmung erfolgte Loslösung eines Gebietsteils vom Mutterstaate und seine Erhebung zum autonomen Staate usw.) entstanden ist. Die Völkerrechtspraxis kennt auch, wie wir sehen werden, Anerkennungen Aufständischer, besonders oder ausschließlich zu dem Zweck, die Normen des Kriegsrechts und die auf die Neutralität bezüglichen Rechtssätze zur Anwendung zu bringen.

Ebenso haben die Ursachen und die Rechtfertigungsgründe für die Existenz oder die Bildung eines Staates keine juristische, sondern nur politische Bedeutung. Folgende Theorien: die legitimistische Theorie, die auf die Verträge von 1815 und die Politik der Heiligen Allianz einwirkte, nach der die Legitimität der Staaten vor allem von den dynastischen Ansprüchen abhängt — die Theorie des Nationalitätsprinzips, in Opposition gegen die erste entstanden, nach der nur die Staaten legitim sind, die auf einer Nationalität beruhen —, die des Selbstbestimmungsrechts der Völker, die ihren besonderen Ausdruck in der Ausübung der Volksabstimmungen gefunden hat — sind lauter politische, keine juristischen Theorien, und man befindet sich in einem schweren Irrtum, wenn man glaubt, sich ihrer bedienen zu können, um einen Tatbestand, der juristischer Wertung gar nicht unterliegt, mit juristischen Maßstäben zu bewerten.

C. Es gibt keine Völkerrechtssätze, die von der Form der Anerkennung handeln. Hier gilt darum der allgemeine Satz, nach dem eine Willenserklärung in jeder beliebigen passenden Form erfolgen kann; man unterscheidet daher eine ausdrückliche Anerkennung, die als ausdrückliche Erklärung in Verträgen, diplomatischen Noten usw. erfolgt, und eine stillschweigende Anerkennung, die durch konkludente Handlungen (wie den Abschluß eines Vertrages, Aufnahme der diplomatischen Beziehungen usw.) erfolgt. Die eine wie die andere Form kann vorkommen zwischen zwei Staaten (in dem Fall spricht man wenig glücklich von Einzel-Anerkennung) oder mehr Staaten (sogenannte kollektive Anerkennung); es ist schon darauf hingewiesen worden, daß die Anerkennung von seiten einiger Staaten die anderen durchaus nicht bindet, wenn sie auch in politischer Hinsicht großen Einfluß auf ihre Haltung ausüben kann.

D. In der Völkerrechtspraxis spricht man häufig von einer de facto-Anerkennung im Gegensatz zur de jure-Anerkennung. Doch ist es nicht leicht, den Begriff, den diese beiden Ausdrücke wiedergeben wollen, genau zu bestimmen; ihre Unrichtigkeit braucht kaum hervorgehoben zu werden, da eine rechtserhebliche Handlung keine bloße Tathandlung ohne Rechtswirkungen sein kann und somit die Bezeichnung „de jure“ zu ihrer Qualifikation nicht nötig hat. Zuweilen werden diese Ausdrücke als äquivalent für „stillschweigende und ausdrückliche Anerkennung“ gebraucht, häufiger jedoch scheinen sie auf einen verschiedenen Inhalt des Anerkennungsaktes anzuspielen.

Einige Schriftsteller und oft auch die Völkerrechtspraxis scheinen mit dem Ausdruck „de jure-Anerkennung“ nur die Anerkennung bezeichnen zu wollen, welche unmittelbar die Aufnahme diplomatischer Beziehungen im eigentlichen Sinne des Worts, d. h. durch offiziell als solche beglaubigte diplomatische Vertreter, zur Folge hat. Andere Schriftsteller dagegen und in einigen Fällen auch die Völkerrechtspraxis, bezeichnen als de facto-Anerkennung eine vorläufige, provisorische Anerkennung, der gegenüber die de jure-Anerkennung definitiv und unwiderruflich ist. Erstere bildet in vielen Fällen ein vorbereitendes Stadium der letzteren.

Ganz abgesehen davon, daß die Vorstellung der Unwiderruflichkeit der Anerkennung etwas Ungenaues haben kann, scheint allen diesen Umständen überhaupt keine besondere Rechtserheblichkeit zuzukommen. Alles in allem kann man sagen, daß die Unterscheidung eher politische Bedeutung und Tragweite hat; juristisch betrachtet besteht das Übereinkommen oder es besteht nicht; und wenn es besteht, so macht es wenig aus, ob die Beziehungen, die ihm folgen, durch mehr oder weniger große Feierlichkeit ausgezeichnet sind und ob es eine Klausel, die zeitliche Begrenzung ausspricht, enthält oder nicht. Da die Anerkennung aber, wie wir sehen werden, ziemlich verschiedene Wirkungen haben kann, die von dem Willen der Parteien abhängen, so müssen die erwähnten Umstände ein wesentliches Element bei der Interpretation des Parteiwillens darstellen.

Eine eigentümliche Frage, die mit den eben auseinandergesetzten Unterscheidungen zusammenhängt, wurde auf der ersten Völkerbundsversammlung aufgeworfen: die Frage, ob die Aufnahme eines neuen Mitglieds in den Völkerbund (Art. 1, 2. Abs, des Paktes) de jure-Anerkennung bedeute. Eine eigentümliche Frage, sagten wir, weil es wahrhaftig schwer wäre, sich eine vollständigere Anerkennung als diese vorzustellen, die u. a. sogar die gegenseitige Garantie der politischen Unabhängigkeit und der Unversehrtheit des Gebiets einschließt (Art. 10 der Satzung). Aber vielleicht erklärt sich die Frage, wenn man unter de jure-Anerkennung ausschließlich die Anerkennung versteht, welche sich zu der Aufnahme förmlicher diplomatischer Beziehungen verdichtet; es ist tatsächlich nicht undenkbar, daß solche Beziehungen zwischen den Gliedern des Völkerbunds nicht bestehen, wie wenig das auch dem Geist — wenn auch nicht dem Buchstaben — der Satzung entspräche (der Fall der britischen Dominions hat hier keine große Bedeutung, weil sie von diplomatischen Vertretern des Reichs repräsentiert werden).

Sehr viel schwerwiegender ist die Frage, ob Absatz 2 des Artikels 1 der VB.-Satzung auch auf solche Staaten, die nicht von allen Mitgliedern des Völkerbunds anerkannt sind, Anwendung finden kann. Daß man daran zweifelt, hat seinen Grund darin, daß der Mehrheitsbeschluß, von dem in diesem Absatz die Rede ist, eine Ausnahmebestimmung ist und daher nicht über den ausdrücklich vorgesehenen Fall hinaus ausgedehnt werden kann. Nun ist zwar die Anerkennung eine notwendige Folge der Aufnahme in den Völkerbund, aber gerade deshalb kann man sich sehr wohl vorstellen, daß die Zulassung durch Mehrheitsbeschluß sich nur auf schon anerkannte Staaten bezieht, sodaß die sich aus Art. 1

Absatz 2 für die Bundesglieder ergebenden Verpflichtungen innerhalb der von der Bestimmung gezogenen genau abgesteckten Grenzen bestehen bleiben (Verpflichtung, einen Staat, der es noch nicht war, als Bundesmitglied aufzunehmen. Keine Verpflichtung, einen Staat anzuerkennen, zu dem man nicht in Beziehungen steht noch stehen will).

E. Die Wirkungen der Anerkennung sind durch die Rechtsnatur der Anerkennung selbst gekennzeichnet. Es handelt sich um ein Übereinkommen, das Völkerrechtssätze schafft, und das sich von jedem anderen Übereinkommen der gleichen Art nur dadurch unterscheidet, daß es den Anfang von Rechtsbeziehungen zwischen den Parteien bildet und somit ihre Rechtspersönlichkeit für die Völkerrechtsordnung schafft. Kraft des Satzes „pacta sunt servanda" müssen die Subjekte sich von jetzt an in der vereinbarten Weise verhalten; diese näher bestimmen heißt den Inhalt des Übereinkommens interpretieren. Die Wirkungen der Anerkennung sind daher alle diejenigen und nur diejenigen, die im Willen der Parteien liegen. Es ist daher keine Frage, die in allgemeinen Ausdrücken gestellt und gelöst werden kann; es ist eine Auslegungsfrage, die von Fall zu Fall gestellt und gelöst werden muß.

Man braucht in der Tat nur einen Augenblick an die möglichen praktischen Fälle zu denken, um zu sehen, wie die Anerkennung verschiedenartigste Wirkungen hervorbringen kann. Man stelle die in dem Abschluß eines kolonialen Protektorats einbegriffene Anerkennung oder die zum Zweck, die Sätze des Kriegs- und Neutralitätsrechts zur Anwendung zu bringen, erfolgte Anerkennung Aufständischer derjenigen gegenüber, die sich aus der Zulassung eines neuen Mitglieds in den Völkerbund ergibt, und man hat die beiden Pole einer unendlichen Reihe von möglichen Vereinbarungen vor Augen, die alle in gleicher Weise als Anerkennungen zu bezeichnen und dabei doch nach Inhalt und Wirkung unendlich verschieden von einander sind.

Nichts anderes als einer der zahlreichen möglichen Fälle ist es — und zwar ist es zweifellos der häufigste und wichtigste Fall — wenn ein neuer Staat mit erfolgter Anerkennung mit allen vorher bestehenden Staaten generell die verschiedensten vom Völkerrecht geregelten Beziehungen aufnimmt. Wenn das die Bedeutung des zuerst durch die sogenannte Anerkennung zum Ausdruck gebrachten Übereinkommens ist, so kann man wohl logischerweise daraus auf die en bloc-Annahme der Normen schließen, die sich in der Völkerrechtsgemeinschaft zur Regelung zwischenstaatlicher Beziehungen herausgebildet haben. Das ist die Auffassung, die Canning in einer berühmten Note vom 25. März 1825 über die Unabhängigkeit der spanischen Kolonien in Amerika zum Ausdruck gebracht hat, wo er die Notwendigkeit bestätigt, „de reconnaître l'existence de ces nations nouvelles, et d'étendre ainsi à leur profit la sphère des droits et des obligations que les peuples sont tenus de respecter mutuellement et qu'ils ont le droit d'exiger réciproquement les uns des autres". Es handelt sich nicht, wie fälschlich gesagt worden ist, um eine Fiktion, mit Hilfe derer die Ausdehnung der schon bestehenden Rechtsnormen auf den neuen Staat in Einklang mit der positiven Rechtsauffassung erklärt werden soll; es handelt sich um eine logische Auslegung des Übereinkommens, durch das unter diesen bestimmten Umständen der neue Staat in die Völkerrechtsgemeinschaft eintritt, da man, falls nicht eine dem entgegenstehende Willenserklärung erwiesen wird, durch den Eintritt in eine Gemeinschaft auch das in ihr herrschende Recht annimmt. Ein anderer Wille ist sicherlich möglich und wird, wo er besteht, die Wirkungen des Übereinkommens auf die gewollte Weise einschränken. Er kann sich auch aus den tatsächlichen Umständen ergeben, wie z. B. dem, wenn es zwischen Ländern von verschiedenen Zivilisationsstufen zur Anerkennung kommt, oder aus der Form des Übereinkommens usw. Man vergesse nicht, daß die Übernahme des gemeinen Völkerrechts als Regulators der Beziehungen zwischen dem neuen Staat und den vorher existenten Staaten keine notwendige Wirkung des Anerkennungsübereinkommens an und für sich ist. Diese Übernahme kann nur der Inhalt des ausdrücklichen oder stillschweigenden Willens der Parteien sein, die jenes Übereinkommen abgeschlossen haben. Sie bezieht sich in jedem Fall nur auf das gemeine Recht, das Gewohnheitsrecht ist. Die Verträge und damit das Vertragsrecht haben eine genau bestimmte Geltungssphäre, die je nachdem den Beitritt neuer Staaten ausschließt oder von bestimmten Bedingungen und Formalitäten abhängig macht.

F. Da die Anerkennung in allem von dem Willen der Parteien abhängt, ist es ohne weiteres möglich, daß diese ihr Nebenbestimmungen hinzufügen: Bedingungen, Termine, Auflagen. Die Rechtsnatur, die Bedeutung und die Wirkungen dieser Aufnahme-Nebenbestimmungen werden von Fall zu Fall bewertet; es handelt sich immer um Auslegung von Willenserklärungen.

Das gewöhnlich von den Schriftstellern zitierte Beispiel liefern die Artt. 34, 43 und 27 des Berliner Vertrages vom 13. Juli 1878, durch den die unterzeichnenden Mächte die Unabhängigkeit Serbiens, Rumäniens und Montenegros anerkannten, indem sie dieselbe an gewisse Bedingungen knüpften, insbesondere an gesetzlich zu garantierende Gewissensfreiheit und Gleichberechtigung der Glaubensbekenntnisse. Die Rechtsnatur dieser Bestimmungen ist viel diskutiert worden, insbesondere, ob es sich um Bedingungen oder Auflagen handelte, und falls um erstere, ob um Suspensiv- oder Resolutivbedingungen. Ohne uns auf diese Erörterungen näher einzulassen, die jetzt nur retrospektiven Wert haben, genügt es hier darauf hinzuweisen, daß Serbien, Rumänien und Montenegro nicht vertragschließende Teile im Berliner Vertrag waren, und daß die Wirkung dieser Bestimmungen nicht in bezug auf sie, sondern auf die unterzeichnenden Mächte zu entscheiden ist. Diese verpflichteten sich gegenseitig, die Unabhängigkeit Serbiens, Rumäniens und Montenegros anzuerkennen unter der Bedingung, daß diese Staaten sich verpflichteten, die Gewissensfreiheit und Gleichberechtigung der Glaubensbekenntnisse gesetzlich zu garantieren; wenn diese Bedingung nicht erfüllt wurde, d. h. die betreffenden Staaten sich nicht verpflichteten, dahingehende Gesetze einzuführen, war damit die Verpflichtung der Signatarmächte des Berliner Vertrages, die Unabhängigkeit anzuerkennen, aufgehoben, oder es trat vielleicht an ihre Stelle die gegenseitige Verpflichtung, sie nicht anzuerkennen. Wurde von seiten der drei Staaten die Anerkennung angenommen, so hieß das gleichzeitig, daß sie sich verpflichteten, jene Gesetzesreformen durchzuführen. Die Verpflichtung beruht somit nicht auf dem Berliner Vertrag, der nicht Staaten verpflichten konnte, die nicht vertragschließende Partei waren, sondern auf dem Willen Serbiens, Rumäniens und Montenegros, die vorgeschlagene Anerkennung anzunehmen, und somit auf einem neuen gesonderten Übereinkommen, das zwischen den genannten Staaten und den Signatarmächten des Vertrages zustande kam.

Das System der Anerkennung, die an die Annahme bestimmter Verpflichtungen von seiten des neuen Staats geknüpft ist, ist kürzlich bei einer feierlichen Gelegenheit ausdrücklich als einer bewährten europäischen Völkerrechtspraxis entsprechend bezeichnet worden. Wir denken hier an den Brief des Präsidenten der Friedenskonferenz, Clémenceau, der dem offiziellen Text des Versailler Vertrags vom 28. Juni 1919 zwischen den hauptsächlichen alliierten und assoziierten Mächten einerseits und Polen andererseits vorangeht: in diesem Vertrag erneuern und bestätigen die genannten Mächte feierlich die Anerkennung des in den gegenwärtigen Grenzen seines Gebiets wieder errichteten Polens als eines souveränen und unabhängigen Gliedes der Familie der Nationen, und Polen seinerseits übernimmt bestimmte Verpflichtungen und insbesondere jene, die sich auf den Schutz der Minderheiten beziehen.

§ 3. Ende der völkerrechtlichen Rechtspersönlichkeit.

Bibliographie. — Aus der älteren Literatur können zwei Monographien von S. Pufendorf, obwohl beide nur einige Punkte der in diesem Paragraph behandelten Materie berühren, erwähnt werden: „De interregnis" und „De Republica irregulari", in S. Pufendorfs Dissertationes academicae selectiores, Londini Scanorum 1675, S. 330—381 und 381—452. Aus der sehr reichen modernen Literatur seien hier erwähnt: H. Triepel, Das Interregnum, Leipzig 1892; L. J. D. Feraud Giraud, De la reconnaissance de la qualité de belligérants dans les guerres civiles, in „Rev. gén. dc droit intern. public.", Bd. III, 1896, S. 277ff.; S. Romano, La instaurazione di fatto di un ordinamento costituzionale e la sua legittimazione, in „Archivio giuridico", Bd. LXVIII, 1902, S. 3ff.; A. Rougier, Les guerres civiles et le droit des gens, Paris 1903; C. Wiesse, Reglas de derecho internacional applicables a las guerras civiles, 2. Aufl., Lima 1905; französische Ausgabe, durchgesehen und auf den gegenwärtigen Stand gebracht „Le droit international appliqué aux guerres civiles", Lausanne 1898; L. Stefanesco, La guerre civile et les rapports des belligérants, Paris 1903; J. B. Moore, Digest of international law, cit., Bd. I, §§ 19ff., 27ff., 43ff., 72ff.; E. P. Wheeler, Governments de facto, in „American Journal of intern. Law", Bd. V, 1911, S. 66ff.; R. Gaudu, Essai sur la légitimité des gouvernements dans ses rapports avec les gouvernements de fait, Paris 1914; A. S. Hershey, Notes on the recognition of de facto Governments by European States, im „Am. Journ. of int. Law", Bd. XIV, 1920, S. 499ff.; F. Sander, Das Faktum der Revolution und die Kontinuität der Rechtsordnung, zit.; W. Rauschenberger, Die staatsrechtliche Bedeutung von Staatsstreich und Revolution, ibid., Bd. II, 1921, S. 113ff.; F. Larnaude, Les gouvernements de fait, in der „Rev. gén. de dr. int. pub.", 2. Serie, Bd. III, 1921, S. 457ff.; L. A. Podesta Costa, Règles à suivre pour la reconnaissance d'un gouvernement de facto par des Etats étrangers, ibid, Bd. IV, 1922, S. 47ff.; Id., Efectos internacionales de la actuacion de los gobiernos de facto, Buenos Ayres 1924; Id., Ensayo sobre las luchas civiles y el derecho internacional, Buenos Ayres 1926; Ch. de Visscher, Les Gouvernements étrangers en justice; reconnaissance internationale et immunités, in der „Rev. de dr. intern. et de lég. comp.", 3. Serie, Bd. III, 1922, S. 149ff., 300ff.; S. Gemma, Les Gouvernements de fait, im „Recueil des cours de l'Academie de droit international", 1924, Bd. III, S. 297ff.; P. Guggenheim, Beiträge zur völkerrechtlichen Lehre vom Staatenwechsel, Berlin 1925; L. Anderson, El gobierno de facto, San José de Costa Rica 1925;

J. L. Kunz, Staatsgewalt de facto, in Bd. II des „Wörterbuchs des Völkerrechts" von K. Strupp; J. Spiropoulos, Die de facto-Regierungen im Völkerrecht, Kiel 1926; A. Verdroß, Die Verfassung der Völkerrechtsgemeinschaft, zit., S. 144ff.; L. Kaemmerer, Entstehung und Untergang der Staaten, zit.; N. Henry, Les Gouvernements de fait devant le juge, Paris 1927. Siehe auch die schiedsrichterliche Entscheidung vom 11. Oktober 1921 der Beschwerden Frankreichs gegen Peru und über diese Ruzé, in „Rev. gén.", zit., 2. Serie, Bd. IV, 1922, S. 256ff. Andere schiedsgerichtliche Entscheidungen, die mehr oder weniger unmittelbar diese Frage berühren, sind in dem zitierten Werke von N. Henry, S. XXX—XXXIII erwähnt.

Jeder Rechtsordnung steht es zu, selbst zu bestimmen, welches die Tatbestände sind, an die sie das Aufhören der Rechtspersönlichkeit knüpft.

Abgesehen von der rein theoretischen Hypothese eines Widerrufs der Anerkennung oder eines Übereinkommens, das alle geltenden Normen zwischen zwei oder mehr Rechtssubjekten aufhebt, tritt das Ende der völkerrechtlichen Persönlichkeit durch das tatsächliche Erlöschen der mit rechtlicher Personalität versehenen Entität ein. Die Schwierigkeit liegt aber gerade darin, zu bestimmen, ob die hierfür rechtserheblichen Tatbestände vorliegen und welches sie sind, und auch welches die Tatbestände sind, an die die Völkerrechtsnormen das Erlöschen des Staates knüpfen.

Vor allem ist es wichtig, zwei allgemeine Grundsätze herauszustellen, die zur Umgrenzung und zur Klärung der vorliegenden Frage dienen werden.

1. Verfassungsänderungen, sei es, daß sie auf friedlichem oder auf revolutionärem Wege durchgeführt wurden, haben keinen Einfluß auf die völkerrechtlichen Verpflichtungen des Staates.

Dieser Satz, der seine förmliche Bestätigung im Londoner Protokoll vom 19. Februar 1831 fand („D'après ce principe d'ordre supérieur, les traités ne perdent pas leur puissance quels que soient les changements qui interviennent dans l'organisation intérieure des peuples") ist bei vielen Gelegenheiten anerkannt und spontan angewandt worden — Gelegenheiten, die teilweise zu den hervorspringendsten Punkten der Geschichte gehören (die englischen Revolutionen von 1649 und 1688, die französischen Revolutionen des 18. und 19. Jahrhunderts); die betreffenden Staaten haben nicht verfehlt, ihn jedesmal, wenn versucht wurde, seine Gültigkeit in Abrede zu stellen, mit immer gleicher Festigkeit auf den Plan zu rufen; er ist mehrfach auch bei schiedsrichterlichen Entscheidungen zur Anwendung gekommen, neuerdings bei der des Haager Schiedsgerichts vom 11. Oktober 1921, betreffend die Beschwerden Frankreichs gegen Peru.

Der Satz beruht offensichtlich auf der tatsächlichen Kontinuität des materiellen Elements des Staats, der auf einem gegebenen Gebiet seßhaften Bevölkerung. Auf dieser materiellen Grundlage beruht es, wenn das Völkerrecht die Kontinuität der völkerrechtlichen Rechtspersönlichkeit des Staats, trotz der möglichen Unterbrechungen, die eine revolutionäre Bewegung in der inneren Rechtsordnung herbeiführen kann (Interregnum), weiter bestehen läßt. Das heißt soviel, als daß man in völkerrechtlicher Hinsicht nicht zwischen legitimen und illegitimen, de jure- und de facto-Regierungen unterscheidet. Wer der Wirklichkeit nach über die Herrschaftsgewalt verfügt (qui actu regit) gilt vor dem Völkerrecht als Organ der diesbezüglichen völkerrechtlichen Rechtspersönlichkeit; wer die tatsächliche Macht verliert, hört auf, völkerrechtlich den Staat zu repräsentieren. Die mit dem Usurpator abgeschlossenen Verträge sind gültig und müssen auch von der wiederhergestellten Regierung respektiert werden; null und nichtig sind die mit einem entthronten Herrscher abgeschlossenen Verträge, wie wohl fundiert auch seine Rechtstitel auf den Thron sein mögen.

Die Anerkennung der Regierungsänderungen hat infolgedessen einen ganz anderen Charakter als die Anerkennung der Staaten, welche überhaupt die Grundlage der völkerrechtlichen Beziehungen bildet; sie bestätigt einfach den eingetretenen Wechsel und stellt somit für jeden völkerrechtlich erheblichen Fall fest, welches das oberste völkerrechtliche Vertretungsorgan jenes Staates ist. Ist die Verfassungsänderung effektiv geworden und zeigt sie gewisse Merkmale der Stabilität, so können die anderen Staaten sich nicht weigern, Stellung zu ihr zu nehmen: eine mit der angeblichen Illegitimität der Verfassungsänderung begründete Weigerung schlösse ein Urteil in sich, das abzugeben kein Staat berechtigt ist, und bedeutete eine unerlaubte Einmischung in die inneren Angelegenheiten jenes Staates. Aber jeder Staat schätzt die Effektivität und Stabilität des Wechsels nach freiem Ermessen, und man kann sich leicht denken, wieviel Spielraum hier auch für die politischen Erwägungen bleibt, die dazu treiben, die neue Ordnung der Dinge zu begünstigen oder ihr entgegenzuwirken. Abgesehen ferner von der Frage der Effektivität und Stabilität des Wechsels, besteht kein Zweifel darüber, daß der neuen Regierung die Anerkennung verweigert werden kann, wenn sie eine Stellung einnimmt oder Ansprüche erhebt, die im Widerspruch zum Völkerrecht stehen, insbesondere, wenn sie, ganz oder teilweise, die völkerrechtlichen

Verträge oder völkerrechtlich relevanten Verpflichtungen der alten Regierung (z. B. Schulden gegenüber ausländischen Privatpersonen) nicht anerkennt und damit den Grundsatz selbst, auf den sich der Anspruch auf Anerkennung gründet, leugnet.

Auf jeden Fall berührt die Verweigerung der Anerkennung nicht die völkerrechtliche Rechtspersönlichkeit des Staats, sie bedeutet einfach Aufschub diplomatischer Beziehungen. So werden in Art. 116 Absatz 3 des Versailler Vertrages ausdrücklich die Rechte Rußlands auf die Restitutionen und Reparationen, die auf die Sätze des betreffenden Vertrages gegründet sind, vorbehalten, auch wenn sich die alliierten und assoziierten Mächte geweigert hätten, den in Rußland eingetretenen Regierungswechsel anzuerkennen. Und da sich im Falle wirklichen oder angeblichen Mangels an Stabilität des neuen Regimes, und auch im Fall von Meinungsverschiedenheiten über die Verpflichtungen, deren Erfüllung die neue Regierung zusichern muß, doch das Bedürfnis nach offiziellen Beziehungen zu jenem Staat zeigen kann, so unterscheiden die Schriftsteller auch hier, der üblichen Praxis folgend, eine de facto-Anerkennung im Gegensatz zur de jure-Anerkennung; diese würde also anscheinend durch die Wiederaufnahme der ordentlichen diplomatischen Beziehungen gekennzeichnet und hätte demnach endgültigen Charakter, während bei der de facto-Anerkennung, die oft provisorischen Charakter hat, die Beziehungen durch Vertreter ohne diplomatischen Rang abgewickelt würden.

Im Gegensatz zu den hier entwickelten Prinzipien steht die Tobardoktrin (s. Heilborn, Die Tobardoktrin im K. Strupps „Wörterbuch des Völkerrechts und der Diplomatie", Bd. II, S. 717; L. H. Woolsey, The non-recognition of the Chamorro government in Nicaragua, in „Amer. Journ. of Int. Law", Bd. XX, 1926, S. 543ff.), so genannt nach dem ehemaligen Außenminister Ecuadors, Tobar, der sie in dem bekannten offenen Schreiben vom 15. März 1907 formulierte. Tobar empfahl den Republiken Latein-Amerikas, um die Revolutionen und Bürgerkriege im Zaum zu halten, die ihre Geisel sind, sie sollten sich förmlich verpflichten, keine Regierungen anzuerkennen, die sich auf illegale Weise durch Revolutionen gebildet hätten. Dieser Satz ist in mancher Konvention angenommen worden; so bestimmt z. B. Art. 1 des Zusatzabkommens zum allgemeinen Friedens- und Freundschaftsvertrag vom 20. November 1907 zwischen den 5 Republiken Zentral-Amerikas, daß „die Regierungen der Hohen Vertragschließenden Parteien keine andere Regierung, die in einer der 5 Republiken infolge eines Staatsstreichs oder einer Revolution gegen die anerkannte Regierung zur Macht gelangen sollte, anerkennen dürfen, solange als die frei gewählten Volksvertreter der betreffenden Republik das Land nicht verfassungsmäßig reorganisiert haben". Ferner ist beachtenswert, daß viele Verfassungen Latein-Amerikas ausdrücklich den Grundsatz sanktionieren, daß Akte null und nichtig sind, die von einem Usurpator der öffentlichen Gewalt ohne Beobachtung der verfassungs- und gesetzmäßig festgelegten Bedingungen vollzogen worden sind. Diese konstitutionellen Bestimmungen haben nur innerstaatlichen Wert und man kann sich nicht auf sie berufen, um sich den vom Völkerrecht auferlegten Verpflichtungen zu entziehen (s. S. 41); was die Konventionen anbetrifft, so sind sie ein partikulares Recht, das das gemeine Recht bricht in den Beziehungen zwischen den Staaten, die die Konventionen abgeschlossen haben.

Die vorher entwickelten Grundsätze beziehen sich auf den Fall einer konstitutionellen Änderung, die den Staat in seinei Gesamtheit betrifft, oder, wie man allgemein sagt, auf generelle de facto-Regierungen: eine lokale de facto-Regierung oder die Erhebung einiger Provinzen gegen die Zentralmacht löst andere Probleme aus, die teilweise, wie die Gültigkeit der Akte von Insurgenten oder die völkerrechtliche Verantwortlichkeit des Staates für solche Akte, nicht eigentlich hierher gehören; es soll hier jedoch kurz das Problem der zu bestimmten Zwecken von seiten dritter Staaten, während der Kampf noch im Gange ist, erfolgten Anerkennung von Aufständischen erörtert werden.

Die Praxis läßt diese Anerkennung, von der es schon zahlreiche Fälle gegeben hat, zu; im allgemeinen hat sie den unmittelbaren Zweck, die gewöhnlichen Normen des Kriegs- und Neutralitätsrechts auf die Bürgerkriege in Anwendung zu bringen, aber sie dient den Staaten auch dazu, in offizielle Beziehungen zu der Insurgentenregierung zu treten und dadurch ihre Interessen und die ihrer Untertanen in dem von den Aufständischen besetzten Gebiet zu schützen. Schwieriger ist die Frage, in welchem Augenblick die Anerkennung der Aufständischen erfolgen darf, ohne daß dieser Akt den Charakter einer feindlichen Handlung gegenüber der Regierung, die für die Unterdrückung des Aufstandes kämpft, trägt. Die Sache hängt größtenteils von den jeweiligen Umständen ab, die sich nicht im einzelnen festlegen lassen und bei denen die politische Wertung fast immer die Oberhand über die juristische gewinnt. Vom Rechtsstandpunkt kann man sagen, daß es sich nicht um bloße Unruhen, sondern um einen wirklichen Aufstand handeln muß, der zu einer gewissen territorialen Organisation geführt hat, so daß der Kampf wirklichen Kriegscharakter angenommen hat. Durch die Anerkennung wird die Insurgentenorganisation Völkerrechtssubjekt für die Staaten, die sie anerkannt haben, wie begrenzt auch ihre Rechtsfähigkeit je nach dem Inhalt und Zweck der Anerkennung sein und wie unsicher und unbeständig ihre Dauer erscheinen mag.

Es gehört zu dieser Kategorie nicht — weil das wesentliche Moment der selbständigen Organisation auf einem bestimmten, von den Aufständischen besetzten und beanspruchten Gebiet fehlt — die Anerkennung der „National-Komités", die während des letzten Krieges aus im feindlichen Auslande befindlichen Angehörigen der von Deutschland und Österreich beherrschten Nationalitäten gebildet wurden. Diese durch die alliierten und assoziierten Mächte vollzogene Anerkennung war von keinerlei völkerrechtlichem Belang; sie bestätigte eine moralische Verpflichtung, die Bildung unabhängiger Staaten im Fall eines günstigen Kriegsausgangs zu ermöglichen und zu begünstigen, und führte logischerweise dazu, die den anerkannten Nationalitäten angehörenden Untertanen von den übrigen deutschen und österreichisch-ungarischen abzusondern (S. 93).

2. Die Gebietserweiterungen und -verkleinerungen haben keinen Einfluß auf die völkerrechtliche Rechtspersönlichkeit des Staats. Mag dieser größer oder kleiner, stärker oder schwächer werden, bleibt er doch stets die gleiche Völkerrechtspersönlichkeit. Wissenschaft und Praxis sind tatsächlich übereinstimmend der Meinung, daß die völkerrechtlichen Verträge für den Staat, der sie abgeschlossen hat, weiter gelten, ob dieser das eigene Gebiet vergrößert oder verkleinert. Abgesehen von durch besondere Gründe bestimmten Ausnahmen, erstrecken sich im ersten Fall die Verträge auf das neuerworbene Gebiet, und verlieren im zweiten Fall ihre Geltung für das verlorene Gebiet (sogenannte Veränderlichkeit des territorialen Geltungsbereichs der Verträge).

Die Frage des Erlöschens des Staats stellt sich also als begrenzt durch die beiden eben erörterten allgemeinen Prinzipien dar. Es ist klar, daß wenn inzwischen eines der materiellen Elemente des Staats, Staatsgebiet oder Staatsvolk, zu existieren aufhörte, damit ohne Zweifel die durch die Völkerrechtsnormen personifizierte Wesenheit des Staats erlöschen würde. Diesen Möglichkeiten kommt jedoch nur geringe Wichtigkeit zu, während das Problem an Bedeutung gewinnt, wenn es sich um das formale Element des Staats, d. h. seine Rechtsordnung handelt. Es wurde schon gesagt (S. 37 ff.), daß das Völkerrecht sich an diese Ordnung anlehnt; es bezieht sich nicht auf eine auf einem bestimmten Gebiet lebende Bevölkerung, sondern auf einen organisierten Gesellschaftsverband, d. h. eine rechtliche Ordnung, die imstande ist, den in den Völkerrechtsnormen zum Ausdruck gebrachten Willen greifbar zu verwirklichen. Wenn diese Ordnung aufhört, erlischt auch das Völkerrechtssubjekt. Was diesen Fall von dem des Regierungswechsels unterscheidet, ist, daß hier die Rechtsordnung, wenn auch in sehr veränderter Form, andauert, bei jenen dagegen nicht.

Es gibt Fälle, bei denen die Sache nicht zweifelhaft ist: so wenn ein Staat einem anderen Staat einverleibt wird, (die Republik Krakau dem Staat Österreich im Jahre 1846, der unabhängige Kongostaat dem Staat Belgien im Jahre 1908) oder wenn er gänzlich aufgeteilt wird zwischen zwei oder mehr angrenzenden Staaten, (Teilung Polens) oder wenn er, infolge eines unglücklichen Krieges, seine Funktionen gänzlich einstellt, (sogenannte debellatio: das Reich der beiden Sizilien im Jahre 1860, der päpstliche Staat im Jahre 1870) oder wenn er sich durch eine revolutionäre Bewegung in mehrere Staaten aufteilt.

In anderen Fällen kann es dagegen zweifelhaft sein, ob das ehemalige Rechtssubjekt fortbesteht oder ob sich ein neues gebildet hat. So wird beispielsweise das Königreich Italien von einigen als eine Vergrößerung des Königreichs Sardinien angesehen, entstanden durch eine Reihe von Annexionen zum Gebiet Sardiniens, von anderen als ein neues Völkerrechtssubjekt, das sich durch die Fusion aller ehemaligen italienischen Staaten entwickelt hätte, das Königreich Sardinien einbegriffen, das demnach aufgehört hätte zu existieren. (Vgl. D. Anzilotti, La formazione del Regno d'Italia nei riguardi del diritto internazionale, in der „Riv. di dir. intern.", Bd. VI, 1912, S. 1ff.; S. Romano, I caratteri giuridici della formazione del Regno d'Italia, ibid., S. 345ff.) Wichtiger, auch in praktischer Hinsicht, ist die Frage, ob die Republik Österreich völkerrechtlich identisch ist mit dem österreichischen Staat, der zu der „österreichisch-ungarischen Monarchie" benannten Realunion gehörte, oder ob sie ein neuer Staat ist, der mit verschiedenen anderen aus dem Zerfall der genannten Monarchie entstanden ist. Die erste These stützt sich vor allem auf die Präambel des Vertrags von St. Germain (s. auch Art. 203), die von dem Aufhören der österreichisch-ungarischen Monarchie spricht, aber in bezug auf Österreich nur erwähnt, daß an ihre Stelle in Österreich eine republikanische Regierung getreten ist, und an zweiter Stelle auf die Tatsache, daß die Alliierten und Assoziierten Mächte einige von Österreich vorgeschlagene Formeln, in denen der Charakter der Republik als einer Neubildung klar zum Ausdruck kam, ablehnten. Zur Unterstützung der zweiten These wird vor allem geltend gemacht, daß die Präambel des Vertrags von St. Germain die These des Fortbestehens nicht klar zum Ausdruck bringt; höchstens schließt sie sie nicht aus. Es sei daher nötig, auf das gemeine Völkerrecht zurückzugreifen, und mit seiner Hilfe gelange man eher dahin, das Aufhören des alten Österreichs festzustellen; denn es handele sich nicht um bloßen Regimewechsel innerhalb desselben Sozialkörpers, sondern um die Entstehung mehrerer revolutionärer Verfassungen und somit die Dismembration dieses Körpers selbst (vgl. M. Udina, L'estinzione dell'impero austro-ungarico nel diritto internazionale, Trieste 1925; J. V. Soubbotitch, Effets de la dissolution de l'Autriche-Hongrie sur la nationalite de ses ressortissants, Paris 1926, S. 41—45).

Es gehört nicht in den Rahmen dieser Abhandlung, diesen Fall oder den vorhergehenden noch weiter zu analysieren. Von einem allgemeinen Gesichtspunkt aus kann man sagen, daß, wenn in einem gegebenen Fall partikuläre Normen angenommen worden sind, denen man, direkt oder indirekt, die Auffassung der Staaten, die sie angenommen haben, entnehmen kann, diese Normen für diejenigen, die sie angenommen haben, gelten müssen. Wo spezielle Normen fehlen, da gelten die eingangs erläuterten Sätze des gemeinen Völkerrechts.

§ 4. Rechtliche Eigenschaften der Rechtssubjekte.

In den landesrechtlichen Rechtsordnungen, in denen die Rechtssätze fast immer große Allgemeinheit erlangen und sich auf eine unbestimmte Zahl von Subjekten beziehen, wird der Bereich der Adressaten einer Rechtsnorm oder einer Mehrheit von Rechtsnormen oft durch gewisse permanente und stabile Eigenschaften rechtlichen Charakters, die das Recht selbst für besondere Umstände den Personen verleiht, abgegrenzt. Dahin gehören die Bezeichnungen volljährig, minderjährig, Mann, Frau, Junggeselle, Gatte, Staatsbürger, Ausländer, Beamter, Kaufmann usw. Die juristische Bedeutung dieser Eigenschaften besteht daher darin, daß die Person, die mit ihr behaftet ist, Adressat von Rechtsnormen ist, die sich nicht auf andere Rechtssubjekte beziehen, und daß sie allein darum eine Summe von Rechten und Pflichten hat, die nur den Subjekten eignen, denen die Rechtsordnung die betreffende Eigenschaft verliehen hat. So heißt z. B. volljährig sein Adressat von Rechtsnormen sein, die sich nicht auf jemand beziehen, der diese Eigenschaft nicht hat, und es heißt weiter, im Besitz von Rechten und Pflichten sein, die der Minderjährige nicht hat. Staatsbürger sein heißt Adressat von Rechtsnormen sein, die den Ausländer nicht treffen, und im Besitz von einer Reihe von Rechten und Pflichten sein, die dieser nicht hat usw.

Die relative Stabilität der Eigenschaft und der Einfluß, den sie so auf eine ganze Reihe von rechtserheblichen Handlungen des Subjekts ausübt, bewirkt, daß sie als etwas dem Rechtssubjekt Anhaftendes, als seine besondere Wesensart, als sein „status", wie der überlieferte Ausdruck heißt, erscheint, der, soweit es in völkerrechtliche Beziehungen tritt, seine Individualität von anderen scheidet und kennzeichnet. Die Zahl und die Bedeutung der Rechtssätze, deren Geltung für bestimmte Rechtssubjekte an eine bestimmte Eigenschaft dieser geknüpft ist, gibt dieser Eigenschaft einen besonderen Eigenwert gegenüber dem Wert anderer rechtlicher Eigenschaften. Man kann z. B. sagen, daß die Eigenschaft „volljährig" wichtiger ist als die Eigenschaft „Beamter", die Eigenschaft „Staatsbürger" wichtiger als die Eigenschaft „Kaufmann", wenn man dem Umstand Rechnung trägt, daß die Eigenschaft der Volljährigkeit und der Staatsbürgerschaft einen zahlenmäßig stärkeren und rechtlich bedeutungsvolleren Kreis von Normenadressaten bezeichnen als die Eigenschaften, Beamter oder Kaufmann zu sein. Der Grund, weshalb das Recht die Geltung einer kleineren oder einer größeren Zahl von Normen, und von Normen eines bestimmten Inhalts, an eine bestimmte persönliche Eigenschaft knüpft, ist im wesentlichen mit der Bewertung, den diese Eigenschaft unter bestimmten historischen Bedingungen genießt, gegeben: so ist bei der Unterscheidung zwischen Mann und Frau, Staatsbürger und Ausländer, da sie heutzutage im sozialen Leben sehr viel geringere Bedeutung hat als in der Vergangenheit, die Zahl der Rechtsnormen, deren Adressaten die Männer unter Ausschluß der Frauen oder die Staatsbürger unter Ausschluß der Ausländer sind, eine sehr viel begrenztere.

Die ganz andere Struktur der Völkerrechtsgemeinschaft, die von einer kleinen Zahl von Rechtssubjekten gebildet wird, in der die Rechtsnormen durch Übereinkommen der Rechtssubjekte selbst geschaffen werden und das partikuläre Recht das gemeine Recht bei weitem überwiegt, nimmt diesem rechtstechnischen Verfahren, das im innerstaatlichen Recht so weite Anwendung findet, viel von seiner Bedeutung. Die wenigen Rechtssätze des gemeinen Völkerrechts gelten im allgemeinen für alle Subjekte, immer unter der Voraussetzung wohlverstanden, daß die tatbeständlichen Voraussetzungen, an die ihre Geltung geknüpft ist, auch überall bestehen. Und was die Rechtssätze des partikulären Völkerrechts betrifft, die bei weitem zahlreicher sind, so bestimmen sie in der Regel, ausdrücklich oder stillschweigend, die Adressaten, an die sie sich wenden, und es ist hierbei keine andere rechtliche Eigenschaft nötig als die, Vertragspartei des Übereinkommens zu sein, durch das eben diese Rechtssätze geschaffen wurden.

Man kann aber in gewissem Sinne auch auf unserem Gebiet von rechtlichen Eigenschaften der Subjekte sprechen, die eine ihrer landesrechtlichen Funktion ähnliche erfüllen. Es kommt tatsächlich zuweilen vor, daß die durch eine bestimmte Rechtsbeziehung für einen Staat geschaffene Lage, anstatt sich in dieser einen Beziehung zu erschöpfen, für einen Komplex anderer Beziehungen, die auf diese Lage treffen, Bedeutung gewinnt; hat diese Lage permanenten oder stabilen Charakter und entsteht sie innerhalb einer beträchtlichen Zahl von Staaten originär, oder aber wird sie in der Folge ausdrücklich oder stillschweigend von den dritten Staaten anerkannt, so nimmt sie den Charakter einer rechtlichen Eigenschaft dieses Rechtssubjekts an, wird gewissermaßen zu seinem status oder seiner Daseinsform, die seine gesamte Individualität damit auf dem Gebiet der völkerrechtlichen Beziehungen in engerem oder weiterem Umfang behaftet.

Solche subjektiven rechtlichen Eigenschaften, die von einem allgemeinen Gesichtspunkt aus kurz zu untersuchen nützlich ist, da wir uns dann häufig auf sie beziehen werden können, leiten sich her entweder aus der Eigenschaft als Mitglied bestimmter Staatenverbindungen, die durch ihren Zweck und ihr Wesen die juristische und politische Tätigkeit ihrer Mitglieder besonders stark behaften, oder aus dem einseitigen Abhängigkeitsverhältnis, in dem sich ein Rechtssubjekt einem anderen gegenüber befindet, oder aus dem Protektorat oder der ständigen Neutralität.

a) Staaten als Glieder von Staatenverbindungen.

Bibliographie. — R. Feschius, Dissertatio de foederibus, Basileae 1620; S. Pufendorff, De systematibus civitatum, in den „Dissertationes academicae selectiores", zit., S. 264—330; E. K. Wieland, Dissertatio politica de systemate civitatum, Lipsiae, 1777; C. F. Vollgraff, De Confederationibus sine et cum imperio, Marpurgi 1859; M. Seydel, Der Bundesstaatsbegriff, in der „Zeitschrift für die gesamte Staatswissenschaft", Bd. XXVIII, 1872, S. 185ff.; Id., „Die neuesten Gestaltungen des Bundesstaatsbegriffs", in den „Annalen des Deutschen Reichs" von G. Hirth, 1876, S. 641ff.; beide Schriften sind wieder abgedruckt in „Staatsrechtliche und politische Abhandlungen", Freiburg und Leipzig 1893; F. von Juraschek, Personal- und Realunion, Berlin 1878; G. Jellinek, Die Lehre von den Staatenverbindungen, Wien 1882; D. Brie, Theorie der Staatenverbindungen, Stuttgart 1886; E. Borel, Etude sur la souveraineté et l'Etat fédératif, Bern 1886; A. B. Hart, Introduction to the study of Federal Government, in „Harvard Historical Monographs", Nr. 2, Boston 1891; B. Brunialti, Unioni e combinazioni fra gli Stati. Gli Stati composti e lo Stato federale, Torino 1891; J. B. Westerkamp, Staatenbund und Bundesstaat: Untersuchungen über die Praxis und das Recht der modernen Bünde, Leipzig 1892; L. Le Fur, Etat fédéral et Confédération d'Etats, Paris 1896 (deutsche, mit Anmerkungen versehene Übersetzung von P. Posener, Bundesstaat und Staatenbund in geschichtlicher Entwicklung, Breslau 1902); K. von Stengel, Staatenbund und Bundesstaat, im „Jahrbuch" von G. Schmoller, Bd. XXII, 1898, S. 707ff., 1089ff.; F. Blüthgen, Die Realunion. Ihr Begriff und die Möglichkeit ihrer Auflösung, in der „Zeitschrift für Völkerrecht und Bundesstaatsrecht", Bd. I, 1906, S. 237—263; G. J. Ebers, Die Lehre vom Staatenbunde, zit.; A. von Maday, Versuch einer neuen Theorie von den Staatenverbindungen, Bern 1912; A. Affolter, Zur Lehre vom Staatenbunde und Bundesstaat, im „Archiv für öffentliches Recht", Bd. XXXIV, 1915, S. 55ff.; H. Kelsen, Das Problem der Souveränität, zit., Kap. 10; H. Nawiaski, Der Bundesstaat als Rechtsbegriff, Tübingen 1920; Id., Staatenbund und Bundesstaat, im „Wörterbuch des Völkerrechts" von K. Strupp, Bd. II; R. Lundborg, Die gegenwärtigen Staatenverbindungen, Berlin 1921; A. Verdross, Zur neuesten Lehre von den Staatenverbindungen, zit.; G. Gidel, Les Etats composés (Répétitions écrites de droit constitutionnel comparé. Cours de doctorat), Paris 1927—28.

Die Zugehörigkeit zu irgendeiner Staatenverbindung kann in der Form einer rechtlichen Eigenschaftsbezeichnung des Subjekts zum Ausdruck kommen: Mitglied der diesbezüglichen Verbindung. Das besagt, daß für das Mitglied die Rechtssätze gelten, welche die Rechtsverhältnisse des Bundes regeln, und daß es Träger der durch diese Rechtssätze aufgestellten Rechte und Pflichten ist. Bei den meisten dieser Fälle erschöpft sich die Bedeutung dieser Eigenschaft mit den durch das Bundesverhältnis gegebenen Rechtsbeziehungen, ohne den ganzen Bereich der rechtlichen Aktivität des Rechtssubjekts in bemerkenswerter Weise zu beeinflussen. Zuweilen ist die Beschaffenheit des Bundes jedoch derart, daß die Eigenschaft, Bundesmitglied zu sein, für eine ganze Reihe politischer und juristischer Handlungen Bedeutung gewinnt, derart, daß die Eigenschaft als Bundesmitglied für den ganzen Bereich der völkerrechtlichen Beziehungen die Bedeutung einer besonderen Daseinsform gewinnt. Das kommt besonders bei einigen Formen der permanenten oder stabilen Staatenverbindungen vor, deren hauptsächlicher Zweck die gemeinsame Verteidigung und gegenseitige Garantie des Bestandes der Bundesgenossen ist — Verbindungen, die ein dauernd und allgemein an bestimmten Maßstäben orientiertes Handeln erfordern und die daher, sofern sie nicht an die Stelle der Einzeltätigkeit der Bundesglieder eine gemeinsame, durch gemeinsame Organe ausgeführte Tätigkeit setzen, jener einen ganz bestimmten Charakter aufprägen, der auf den ganzen Bereich der Beziehungen zwischen den Bundesgliedern und dritten zurückwirkt.

Die beiden historischen Typen solcher Staatenverbindungen sind die Realunion und der Staatenbund, die wir S. 113ff. kurz behandelt haben. Beides sind Staatenverbindungen in dem einzigen genauen Sinn des Wortes, d. h. Verbindungen, die ihr Dasein aus einem völkerrechtlichen Vertrag herleiten und ihren Inhalt in diesem Vertrag erschöpfen.

Ein charakteristisches Moment der Realunion, das dem Staatenbund fehlt, ist die vertraglich bestimmte Gemeinsamkeit des Monarchen, vereinbart und daher gegründet in dem Bündnisvertrag selbst. Hier haben wir das Kriterium, das sie von der sogenannten Personalunion unterscheidet, welche die gegebenenfalls eintretende, nicht vertraglich geschaffene Union von zwei oder mehr Staaten unter der Person des gleichen Monarchen ist (beispielsweise infolge besonderer Verfassungsgesetze, durch die die gleiche Person auf den Thron zweier Länder gerufen wird) — eine Union, die, eben weil sie zufällig ist, keine rechtlichen Bindungen zwischen den Staaten schafft, wenn sie auch großen Einfluß auf ihr politisches Verhalten haben kann, so daß sie schließlich Gegenstand besonderer Vertragsbestimmungen wird, die die Möglichkeit dieses Einflusses ausschließen sollen. In der Personalunion ist der Monarch einfach das Individuum „qui plures sustinet personas", das bald als Organ des einen, bald als Organ des anderen Staates gesondert handelt, während in der Realunion der Monarch das Kollektivorgan, also das Organ des gemeinsamen Handelns der vereinigten Staaten ist (Beispiele von Personalunionen: England und Hannover 1714—1837, Preußen und Neuchâtel von 1707—1857, die Niederlande und Luxemburg von der Wiener Kongreßakte von 1815—1890, Belgien und der Kongostaat von der Bildung dieses letzteren Staates im Jahre 1885 bis zu seiner Einverleibung in das Königreich Belgien im Jahre 1908).

Die Gemeinsamkeit des Monarchen, d. h. des obersten Organs der völkerrechtlichen Beziehungen, und die daraus folgende gemeinsame Ausübung der wichtigsten Völkerrechtshandlungen, bewirken, daß bei der Realunion, ohne daß dadurch die Möglichkeit eigener Handlungen der einzelnen Glieder ausgeschlossen wird, das Einheitsmoment derart vorwiegt, daß die Rechtssubjekte, die diese Einheit bilden, schließlich dritten gegenüber als ein einziges Rechtssubjekt erscheinen. Im Staatenbund findet das Einheitsmoment seinen Ausdruck in der Versammlung der Abgesandten der verbündeten Staaten (Bundesrat), die als Bundesorgan tätig ist und von der oft andere von ihr abhängige Bundesorgane geschaffen werden. Auch der Staatenbund erscheint so Dritten gegenüber als ein von den einzelnen Gliedern, die ihn bilden, gesondertes Rechtssubjekt, und wir sehen die historischen Staatenbünde eigene diplomatische Vertreter entsenden und empfangen, Verträge im eigenen Namen abschließen, Krieg erklären und Frieden schließen usw. Einige deutsche Schriftsteller haben behauptet, das Wesen dieser Gebilde sei mit dem Ausdruck societas des römischen Rechts unzutreffend wiedergegeben, und haben die Realunion und den Staatenbund als Gemeinschaft zur gesamten Hand bezeichnet, die u. a. dadurch ausgezeichnet ist, daß, wenn es sich auch stets um eine jeden Gedanken an Suprematie und Abhängigkeit ausschließende Rechtsbeziehung zwischen gleichstehenden Subjekten handelt, die Einzelnen, aus denen sich die Gemeinschaft zusammensetzt, nicht als solche, jeder für sich, sondern in ihrer Gesamtheit, als Subjekte eines gemeinsamen Handlungsbereichs erscheinen, da die auf die gemeinsame Sache bezüglichen Handlungen nur von der Gesamtheit der vereint zusammenwirkenden Gemeinschaftsgenossen vollzogen werden können. Es ist aber klar, daß es sich um Analogien handelt, die mit großer Vorsicht anzuwenden sind.

Im Staatenbund ist, mehr noch als in der Realunion, der gemeinsamen Ausübung gewisser völkerrechtlicher Handlungen eine Sphäre der Handlungsfreiheit der einzelnen Bundesstaaten beigeordnet. Man kann sogar sagen, daß der Umstand, daß das Individualhandeln der einzelnen Bundesstaaten sowohl dem Handeln der anderen Bundesstaaten als auch dem Gemeinschaftshandeln koordiniert ist, eines seiner wesentlichen Merkmale bildet. Die Eigenschaft, Bundesglied des Staatenbundes zu sein, umschließt daher ein gut Teil der politischen und juristischen Tätigkeit der Bundesstaaten und erhält, indem sie auch dritten Staaten gegenüber erheblich wird, sofern diese das pactum foederationis anerkennen, den Charakter einer den Bundesstaaten zugehörenden persönlichen Eigenschaft in dem erläuterten Sinne.

Das gilt für den Staatenbund, so wie er gewöhnlich aufgefaßt wird, im Gegensatz zu dem sogenannten Bundesstaat. Aber nichts schließt aus, daß ein Staatenbund sich auf verschiedenen Grundlagen organisieren kann, mit starkem Überwiegen des Einheitsmoments, das sogar soweit gehen kann, daß es jede völkerrechtliche Tätigkeit der Bundesglieder uti singuli ausschließt, vorausgesetzt, daß diese sich verpflichtet haben, völkerrechtlich nicht anders als gemeinsam tätig zu werden. Wenn man einem Bund von Staaten, der diese charakteristischen Merkmale besitzt, die offenbar ungeeignete Bezeichnung Bundesstaat gibt, so ist es klar, daß zwischen Staatenbund und Bundesstaat kein wesentlicher, sondern nur ein Unterschied des Grades besteht. Die persönlichen Eigenschaften der Gliedstaaten haben ihre Grundlage im Bundesvertrag, und der Umstand, daß sie sich ganz oder fast ganz eines individuellen Handelns auf dem Gebiet der völkerrechtlichen Beziehungen begeben haben, um nur als Gesamtheit zu handeln, hat keine andere Bedeutung und keinen anderen Wert als die, welche der gleichen Tatsache im Fall der Realunion zukommen.

Wenn dagegen der Bundesstaat als ein wirklicher und besonderer Staat aufgefaßt wird, in dem andere, von ihm abhängige politische Organisationen leben, denen man den Namen von Staaten zu geben beliebt, und wenn diese nun ihrerseits Subjekte völkerrechtlicher Beziehungen werden, dann ist für die Qualifikation der sogenannten Gliedstaaten innerhalb der Völkerrechtsordnung nicht mehr der Bundesvertrag das Wesentliche, sondern das einseitige Verhältnis der Abhängigkeit vom Bundestaat, somit eine Rechtsbeziehung des internen Staatsrechts. Der Fall gehört damit in eine andere Kategorie; wir werden uns mit ihr später befassen.

Die Frage, ob eines dieser Gebilde, denen man früher den Namen Bundesstaat gab oder heute noch gibt, in die eine oder andere Kategorie gehört, also ob es Staatenbund oder Staat ist, ist eine Frage, die nur von Fall zu Fall gestellt und gelöst werden kann. Sie taucht, wie schon hervorgehoben wurde, in der Praxis nur bei denjenigen der sogenannten Bundesstaaten auf, die sich durch die Einung von ehemals unabhängigen oder nur verbündeten Staaten gebildet haben. In diesen Fällen kann man nun, — wenn auch auf den ersten Blick die Wahrscheinlichkeit für eine Fortdauer des nunmehr durch eine engere vereinheitlichende Organisation und eine dementsprechende Beschränkung oder Unterdrückung der Freiheit der Bundesglieder, völkerrechtliche Beziehungen zu unterhalten, verstärkten Staatenbundes zu sprechen scheint, — nicht ohne weiteres die Möglichkeit von der Hand weisen, daß in einem bestimmten Zeitpunkt der bloße Bund erloschen und an seine Stelle in einem faktischen Prozeß, vielleicht augenblicklich, ein neues Staatengebilde getreten ist; wenn dieses auch dann in regionalen, dem Gebiet nach den ehemaligen Staaten entsprechenden Selbstverwaltungskörpern mit weitgehender Autonomie organisiert sein mag.

Zwei typische sehr bedeutende Realunionen, die vor kurzem zu existieren aufgehört haben, waren 1. die zwischen Schweden und Norwegen bestehende. Sie wurde errichtet durch den Vertrag von Moß vom 31. Juli bis 6. August 1815 und freiwillig gelöst durch die Verträge von Karlstad im Jahre 1905; 2. die Realunion zwischen Österreich und Ungarn, die auf den Ausgleich von 1867, der 1907 etwas abgeändert wurde, gegründet war. Ihre Auflösung war eine Folge des Krieges und wurde in den Friedensverträgen anerkannt.

Nach dem Vertrag von Moß sollte der König von Schweden auch König von Norwegen sein: gemeinsam waren beiden Staaten außerdem der Minister der Auswärtigen Angelegenheiten, die diplomatischen Vertreter und die Konsuln, sodaß dritten Staaten gegenüber Schweden und Norwegen nur als ein einziges Rechtssubjekt auftraten.

Was Österreich-Ungarn anbetrifft, so bestimmte der Ausgleich von 1867, daß der Kaiser von Österreich auch König von Ungarn sein sollte. Die beiden Staaten hatten 3 Minister gemeinsam: den Minister der auswärtigen Angelegenheiten, den Finanzminister und den Kriegsminister; zur Erledigung der gemeinsamen Angelegenheiten ernannten die beiden Parlamente eine gewisse Zahl von Vertretern, die zusammen die Delegationen bildeten. Der Ausgleich von 1907 setzte an die Stelle der früheren Zollunion (durch welche die beiden Länder ein einheitliches Zollgebiet darstellten) einen einfachen Handelsvertrag; er bestimmte außerdem, daß die Staatsverträge wirtschaftlicher Natur von einem Vertreter jedes der beiden Staaten unterschrieben und also auch verhandelt werden sollten, und nicht von einem gemeinschaftlichen Organ.

Eine noch heute bestehende Union, die von den Schriftstellern ganz allgemein als Realunion bezeichnet wird, wenn sie auch einige charakteristische Merkmale aufweist, die sie von den oben genannten historischen Typen unterscheiden, ist die zwischen Dänemark und Island. Die Unionsakte vom 30. November 1918 besteht der Form nach aus zwei in Dänemark und Island erlassenen Parallelgesetzen. Diese beiden Gesetze sind in Wirklichkeit die Wirkung und gleichzeitig der Ausdruck des zwischen den beiden Ländern zustande gekommenen Abkommens. In dem Wortlaut dieser Gesetze ist tatsächlich von Abkommen die Rede und es besteht kein Zweifel, daß sie gegenseitige bindende Erklärungen enthalten. Nach der Unionsakte sind Dänemark und Island zwei freie und souveräne Staaten, verbunden durch einen gemeinsamen König und durch das sich aus diesen Gesetzen ergebende Abkommen. Die Gemeinsamkeit des Monarchen, die ein integrierender Bestandteil des Abkommens ist, wird von seiten Islands durch die Annahme des dänischen Thronfolgegesetzes gesichert; dieses kann künftig nur noch mit der Zustimmung der beiden Parlamente geändert werden. Außer dem

König besitzt die Union noch ein anderes gemeinsames Organ in einem besonderen Ausschuß, der aus Vertretern der beiden Staaten zusammengesetzt und mit der Wahrnehmung der gemeinsamen Interessen betraut ist. Die völkerrechtlichen Beziehungen werden dagegen nicht durch Organe der Union geführt. Dänemark hat sie für beide Staaten übernommen mit der Verpflichtung, die ausländischen Staaten offiziell davon in Kenntnis zu setzen, und sich gewissen Bestimmungen anzupassen, die den Schutz der besonderen Interessen Islands sichern sollen. Der Unionsvertrag kann bis Ablauf des Jahres 1940 nicht abgeändert werden. Nach diesem Zeitraum kann, wenn kein neues Abkommen zustande kommt, jeder der beiden Staaten unter Beobachtung der besonderen verfassungsrechtlichen Garantien das Ende der Union beschließen.

Beispiele von Staatenbund in dem gewöhnlich diesem Wort beigemessenen Sinne, der aus der Gegenüberstellung zum Bundesstaat — auch dieser als Staatenverbindung aufgefaßt — seine Bedeutung erhält, fehlen augenblicklich. Nach der landläufigen Meinung waren Staatenbünde, ehe sie Bundesstaaten wurden, die Schweiz, Deutschland, die Vereinigten Staaten von Amerika. Eine typische Form des so aufgefaßten Staatenbundes war der deutsche Bund von 1815—1866: sein hauptsächlichstes gemeinschaftliches Organ war die Bundesversammlung, die aus Gesandten der einzelnen Bundstaaten gebildet war und in Frankfurt unter dem Vorsitz Österreichs als Präsidialmacht tagte. Der Krieg, den Preußen 1866 gegen Österreich führte, bezweckte und bewirkte die Auflösung des Bundes, der Österreich die Hegemonie vor allen deutschen Staaten gab. Es folgte der Norddeutsche Bund, über dessen Rechtsnatur die Meinungen der Schriftsteller auseinander gehen, und dann, 1871, das Deutsche Reich, das die meisten Publizisten ohne Zögern als Bundesstaat bezeichnen, (wenn es auch nicht an sehr bedeutenden Stimmen fehlt, die anderer Meinung sind) und das sogar der modernen Theorie vom Bundesstaat im Gegensatz zum Staatenbund den Hauptstoff geliefert hat. Nach der herrschenden Auffassung ist die Schweiz im Jahre 1848 und sind die Vereinigten Staaten im Jahre 1787 Bundesstaat geworden. Unter vollem Vorbehalt der juristischen Wertung dieser angeblichen Umwandlungen kann man sagen, daß politisch gesprochen die Staatenbünde sich auf eine zunehmende Verstärkung hin entwickeln, die in den sogenannten Bundesstaaten ihren Höhepunkt erreicht, oder aber daß sie ihrer Auflösung entgegengehen, je nachdem, ob die zentripetalen oder zentrifugalen Kräfte die Oberhand gewinnen, und daher je nach den sozialen Tatsachen, die diese Kräfte ins Leben rufen und ihnen Nahrung geben.

Völkerbund.

Bibliographie. — Hier seien nur einige Schriften genannt, in denen das Problem vom vorwiegend juristischen Standpunkt aus betrachtet ist.

G. Scelle, Le pacte des Nations et sa liaison avec le traité de paix, Paris 1919; L. Oppenheim, The League of Nations and its Problems, London 1919; F. Pollock, The league of Nations, 2nd ed. London 1922; B. Breschi, La Società delle nazioni: l'ordinamento positivo e la natura giuridica, Firenze 1920; H. Kraus, Vom Wesen des Völkerbundes, Berlin 1920; F. Larnaude, La Société des Nations, Paris 1920; R. von Thadden, Völkerrecht und Völkerbund: eine Studie zur Rechtsnatur zwischenstaatlicher Beziehungen, Berlin 1920; W. Burkhardt, Der allgemeine Charakter des Völkerbundes, in den „Veröffentlichungen der Schweizerischen Gesellschaft für Völkerrecht", Jahrg. 1920; W. Schücking und H. Wehberg, Die Satzung des Völkerbundes, 2. Aufl., Berlin 1924, S. 102ff.; N. Körling, Die Rechtsnatur des Völkerbundes, Bigge i. W. 1922; M. Huber, Die konstruktiven Grundlagen des Völkerbundvertrages, in der „Zeitschrift für Völkerrecht", Bd. XII 1922, S. 1ff.; O. M. Hudson, Membership in the League of Nations, in „American Journal of intern. Law", Bd. XVIII, 1924, S. 436ff.; P. E. Corbett, What is the League of Nations? in „British Year Book of intern. Law", Bd. IV, 1924, S. 119ff.; P. Müller, Die Rechtsnatur des Völkerbundes, Greifswald 1926; O. Hoyer, Le pacte de la Société des Nations: commentaire théorique et pratique, Paris 1926; Fr. O. von Unruh, Der Rechtscharakter des Völkerbundes: eine rechtswissenschaftliche Studie, Göttingen 1927, (Diss.); R. Redslob, Théorie de la Société des Nations, Paris 1927; W. Strub, Die Mitgliedschaft im Völkerbund, Diss., Basel 1927; J. Fisher Williams, The status of the League of Nations in international Law, in „International Law Association's" 37th Report, 1927, S. 675ff.; J. Nisot, La structure juridique de la Société des Nations, in „Journal du droit international (Clunet)", Bd. LV, 1928, S. 329ff.; St. V. Tsonich, L'admission dans la Société des Nations (thèse), Paris 1928.

Eine neue, besonders wichtige rechtliche persönliche Eigenschaft, die in die Kategorie jener an historisch überkommene Typen geknüpften, von denen oben die Rede war, gehört, ist die rechtliche Eigenschaft, Mitglied des Völkerbunds zu sein.

Auch der Völkerbund ist seinem Wesen nach ein Staatenbund in dem schon erläuterten Sinn, d. h. eine Vereinigung von Staaten, die durch eine eigene Rechtsordnung geregelt wird, eine Ordnung, die partikuläres Recht im Schoße des gemeinen Völkerrechts darstellt. Die Tatsache, daß der Rechtsordnung des Völkerrechts die Tendenz zur Universalität und daher zur Angleichung der eigenen Rechtsordnung an die der gesamten Völkerrechtsgemeinschaft innewohnt, tut dieser Feststellung keinen Abbruch.

Hauptziele des Völkerbunds sind: die Aufrechterhaltung des Friedens durch eine Reihe von streitvorbeugenden und streitschlichtenden Maßnahmen, die Sicherung der Bundesmitglieder gegen ungerechtfertigte Angriffe, der Schutz und die Pflege gemeinsamer Interessen wirtschaftlicher, politischer, kultureller Art usw.

Die Hauptorgane sind die Bundesversammlung und der Rat, der sich aus einer beschränkten Zahl von Mitgliedern zusammensetzt, die zum kleineren Teil ständige Mitglieder eigenen Rechts und zum größeren Teil von der Bundesversammlung gewählt sind; dazu kommt das Ständige Sekretariat, das im wesentlichen ausführendes Organ ist.

Die Bezeichnung „Mitglied des Völkerbunds" kommt den in Art. 1 der Völkerbundssatzung aufgeführten politischen Einheiten zu, nämlich a) denjenigen Signatarmächten des Versailler Vertrages oder irgendeines anderen der Friedensverträge, in welche die Bundessatzung aufgenommen wurde, deren Namen in der Anlage zu der Satzung aufgeführt sind, und die den Vertrag ratifiziert haben; b) zweitens den zum Beitritt zu der Satzung eingeladenen Staaten, deren Namen in einem zweiten Verzeichnis der Anlage aufgeführt sind, die ihre Beitrittserklärung binnen zwei Monaten nach Inkrafttreten der Satzung, d. h. vor dem 10. März 1920 abgegeben haben. Diese Mitglieder zusammen mit denen der ersten Kategorie sind sogenannte ursprüngliche Mitglieder; c) den im 2. Absatz von Art. 1 genannten politischen Einheiten, die unter den dort aufgeführten Bedingungen zum Beitritt zugelassen sind.

Die Mitgliedschaft erlischt a) durch freiwilligen Austritt (Art. 1 Abs. 3), b) durch den vom Rat ausgesprochenen Ausschluß (Art. 16 Abs. 4), c) durch Ablehnung einer Abänderung der Satzung in den von Art. 26 vorgesehenen Fällen.

Mitglied des Völkerbunds sein heißt Adressat der Normen sein, die die Bundessatzung bilden. Der Inhalt dieses rechtlichen Status ist daher mit der Gesamtheit der durch diese Normen festgesetzten Rechte und Pflichten, die sich also ausschließlich auf die Mitglieder des Völkerbunds beziehen, gegeben. Die Rechtsordnung des Völkerbunds schließt Einzelhandlungen der Bundesgenossen unter sich oder gegenüber Dritten keineswegs aus, legt aber eine Reihe von Verpflichtungen auf, die das Verhalten der Bundesmitglieder nicht nur gegenüber anderen Mitgliedern, sondern auch in ihren Beziehungen zu außerhalb des Völkerbunds stehenden Staaten bindend beeinflussen.

Pflichten der Mitglieder uti singuli gegenüber den anderen Mitgliedern sind: zu den Kosten des Bundes im bestimmten Verhältnis beizutragen (Art. 6 Abs. 5, und Beschluß der 2. Bundesversammlung 5. Oktober 1921), die Unversehrtheit des Gebiets und die bestehende politische Unabhängigkeit aller anderen Bundesmitglieder zu achten (Art. 10), bestimmte friedliche Mittel zur Lösung der Streitfragen zu versuchen und in keinem Fall vor Ablauf von 3 Monaten nach dem Schlußakt des zur friedlichen Lösung eingeleiteten Verfahrens zum Kriege zu schreiten (Art. 12, 13, 15), gegen keinerlei Bundesmitglied, das sich einem Schiedsspruch oder den Beschlüssen eines einstimmig unter Ausschluß der Stimmen der Vertreter der Parteien angenommenen Ratsberichts fügt, zum Kriege zu schreiten (Art. 13 Abs. 4 und 15 Abs. 6), die Unversehrtheit des Gebiets und die politische Unabhängigkeit jedes Bundesmitglieds gegen jeden äußeren Angriff, sei es von seiten eines anderen Bundesmitglieds, sei es von seiten eines außenstehenden Staates, zu wahren, d. h. zu verteidigen (Art. 10), unverzüglich alle Handels- und finanziellen Beziehungen zu jedem Bundesmitglied abzubrechen, das unter Verletzung der oben genannten übernommenen Verpflichtungen zum Kriege schreitet (Art. 16 Abs. 1), sich wechselseitige Unterstützung bei Ausführung der zu ergreifenden wirtschaftlichen und finanziellen Maßnahmen zuzusichern, um die damit verbundenen Verluste und Nachteile auf ein Mindestmaß herabzusetzen (Art. 16 Abs. 3), alles Erforderliche zu veranlassen, um den Streitkräften eines jeden Bundesmitglieds, das an einem gemeinsamen Vorgehen zur Wahrung der Bundesverpflichtungen teilnimmt, den Durchzug durch ihr Gebiet zu ermöglichen (ebenda).

Pflichten der Bundesmitglieder auch in ihren Beziehungen zu außerhalb des Bundes stehenden Staaten sind: auch gegenüber einem Nichtmitglied die Bestimmungen der Satzung betreffend die Beilegung von Streitfragen und den Termin, der einzuhalten ist, ehe zum Kriege geschritten wird, stets dann zu achten, wenn der in gebührender Weise aufgeforderte Nichtmitglied-Staat sich bereit erklärt hat, sich besagten Bestimmungen zu unterwerfen (Art. 17), jeden Vertrag oder jede internationale Abmachung, auch wenn sie mit einem Nichtmitglied-Staat abgeschlossen sind, unverzüglich beim Sekretariat einzutragen (Art. 18), mit keinem Staat internationale Verträge abzuschließen, die mit der Satzung unvereinbar sind, und wo es sich um solche Abkommen handelt, die vor dem Eintritt in den Völkerbund abgeschlossen wurden, unverzüglich die nötigen Maßnahmen zu ihrer Lösung zu ergreifen (Art. 20).

Die Rechte der Bundesgenossen sind teils die den vorher aufgeführten Pflichten entsprechenden Ansprüche (so das Recht auf Achtung der eigenen Gebietsunversehrtheit und politischen Unabhängigkeit, das Recht, den Rat zur Beilegung von Streitfragen anzugehen, das Recht auf Durchzug der eigenen Truppen durch das Gebiet eines Bundesmitglieds usw.), teils sind es Rechte auf aktive Teilnahme an der Organisation und Tätigkeit des Bundes (wie das Recht der Mitgliedschaft in der Bundesversammlung und gegebenenfalls im Rat gemäß Art. 3 Abs. 1 und Art. 4 Abs. 1, das Recht im Falle eines Krieges oder einer Bedrohung mit Krieg — mag davon unmittelbar ein Bundesmitglied betroffen werden oder nicht —, den Antrag auf Einberufung des Rats zu stellen, gemäß Art. 11 Abs. 1 usw.).

b) Abhängige Staaten.

Bibliographie. a) Im Allgemeinen: Ch. Stubbs, Suzerainty mediaeval and modern; or rights and duties of suzerain and vassal States, in „Law Magazine and Review", Bd. VII, 1881—1882, S. 279ff.; H. G. Sirmagieff, De la situation des Etats mi-souverains (Diss.), Paris 1889; C. Bornhak, Einseitige Abhängigkeitsverhältnisse unter den modernen Staaten, Leipzig 1896 (in „Staats- und völkerrechtliche Abhandlungen", hrsg. von G. Jellinek, G. Meyer usw., Nr. 5); R. Pischel, Der Begriff der Suzeränität und die herrschende Lehre von der Souveränität, Greifswald 1897 (Diss.); M. Boghitchevitch, Halbsouveränität; administrative und politische Autonomie seit dem Pariser Vertrage (1856), Berlin 1903; R. Redslob, Abhängige Länder: Analyse des Begriffs von der ursprünglichen Herrschergewalt, Leipzig 1914; Dannemann, Die politische und rechtliche Entwicklung der halbsouveränen Staaten Europas, Diss., Würzburg 1915; R. Lundborg, Zwei umstrittene Staatenbildungen und eine allgemeine Übersicht über Staaten mit begrenzter Souveränität, Berlin 1918; W. W. Willoughby und C. G. Fenwick, Types of restricted sovereignty and of colonial autonomy, Washington 1919 (ursprünglich vertraulich zum Gebrauch der Pariser Konferenz).

b) In bezug auf Spezialfälle. *α*) Donau Fürstentümer und Bulgarien: M. B. Boéresco, La situation politique des anciennes principautés roumaines du Danube avant 1878, in „Revue gén. de dr. intern. public", Bd. IV, 1897, S. 324ff.; V. Rachitch, Le royaume de Serbie: étude d'histoire diplomatique et de droit international, Paris 1901; G. D. Sariivanoff, La Bulgarie est-elle d'après le traité de Berlin du 13 juillet 1878 un Etat misouverain?, Paris 1907; M. Nedjmidin, Völkerrechtliche Entwicklung Bulgariens, Diss.

Bonn 1908; J. Calmi, Die völker- und staatsrechtliche Stellung von Bulgarien, Diss., Heidelberg 1908; G. Scelle, La situation diplomatique de la Bulgarie avant la proclamation de son indépendance, in „Revue gén. de droit int. public." Bd. XV, 1908, S. 524ff.; Id., L'indépendance bulgare, ibid., Bd. XVI, 1909, S. 511ff.; A. Caleb, La Bulgarie et le traité de Berlin, Genève-Paris 1909; A. Chaumier, La Bulgarie. Etude d'histoire diplomatique et de droit international, Paris 1909. — β) Ägypten: J. Cocheris, Situation internationale de l'Egypte et du Soudan, Paris 1903; W. von Grünau, Die staats- und völkerrechtliche Stellung Ägyptens, Leipzig 1903; M. Z. Edhem, La condition internationale de l'Egypte (Diss. Tolosa), Montauban 1904; H. Lamba, Le statut politique de l'Egypte au regard de la Turquie, in der „Revue générale de droit intern. public", Bd. XVII, 1910, S. 36ff.; E. von Mayer, Die völkerrechtliche Stellung Ägyptens, Breslau 1914 (in „Völkerrechtliche Monographien" von W. Schücking und H. Wehberg, Nr. 3); H. Winterer, Ägypten, seine staats- und völkerrechtliche Stellung zu England, den Mächten und der Türkei, Berlin 1915; E. Catellani, L'Egitto dal dominio ottomano al protettorato britannico, Roma 1916 (Sonderabdruck aus der „Rivista coloniale", Bd. XI, Nr. 1—2); M. J. E. Pothmann, Die Rechtsstellung Ägyptens, nach türkischem Staatsrecht und nach modernem Völkerrecht (Diss.), Greifswald 1918; M. Kelch, Die staats- und völkerrechtliche Stellung Ägyptens vor und nach dem Weltkriege (Diss.), Greifswald 1919; L. Himaya, La condition internationale de l'Egypte depuis 1914, Paris 1922; R. Ruzé, La situation internationale de l'Egypte, in der „Revue de dr. intern. et de lég. comp.", Serie 3, Bd. III, 1922, S. 385ff. und Bd. IV, 1923, S. 66ff.; Ch. de Visscher, Le conflit anglo-égyptien et la Société des nations, ibid., Bd. V, 1924, S. 564ff.; Liu-Mou-Cho, De la condition internationale de l'Egypte depuis la déclaration anglaise de 1922, Thèse, Lyon 1925; H. Chafik, Statut juridique international de l'Egypte, Paris 1928. — γ) Tunis: Ed. Engelhardt, La Tunisie au point de vue international, in „Revue de droit international et de lég. comparée", Bd. XIII, 1881, S. 331ff.; E. Rouard de Card, La Turquie et le protectorat français en Tunisie (1881—1913), Paris 1916.

Wir sahen bereits an anderer Stelle (S. 91ff.), daß die Abhängigkeit einer politischen Einheit von einer anderen es nicht ausschließt, daß die erstere in Beziehungen zu anderen Einheiten tritt und mit ihnen Verträge abschließt, die ihre formale Geltung aus dem Satz pacta sunt servanda beziehen, und die daher zum Völkerrecht gehören. Was das Verhältnis der Abhängigkeit und im allgemeinen die Beziehungen zwischen der abhängigen Organisation und der oberherrlichen Macht betrifft, so werden sie zweifellos vom Landesrecht geregelt, ebenso wie die Beziehungen zwischen den von ein und derselben Macht abhängenden Organisationen, auch wenn diese Beziehungen aus Übereinkommen hervorgehen; denn die Geltung der letzteren beruht auf der Rechtsordnung jener Macht und nicht einfach auf dem Grundprinzip der Völkerrechtsordnung.

Es gibt Juristen, die der Ansicht sind, die völkerrechtliche Rechtspersönlichkeit sei unvereinbar mit der Unterwerfung unter eine Macht, die rechtsmäßig die der abhängigen Organisation eigene Handlungsfreiheit beschränken oder sogar aufheben kann; diese sei daher nicht durch das Völkerrecht gewährleistet.

Doch scheint dieser Schluß weiter zu gehen als die Prämissen es erlauben; wohl kann man aus diesen folgern, daß der abhängige Organismus kein völkerrechtliches Rechtssubjekt gegenüber dem Organismus ist, von dem er abhängt; doch kann man aus ihnen schon nicht mehr folgern, daß sie Rechtssubjekt nicht gegenüber anderen Organisationen sein könne, denen gegenüber ihre Handlungsfreiheit ja durch gegenseitige Übereinkommen gewährleistet ist. Andererseits ist es sicher unnatürlich, die rechtliche Tätigkeit der abhängigen Organisationen im Bereich des Völkerrechts als solche der oberherrlichen Macht und von ihnen nur in der Eigenschaft von Organen ausgeführt zu denken, wenn wir sehen, daß diese Tätigkeit neben der eigenen Tätigkeit der oberherrlichen Macht herlaufen und sogar sich im Gegensatz zu ihr abwickeln kann; es dürfte schwer sein zu behaupten, daß die Abstimmung des Delegierten von Kanada in der Völkerbundsversammlung rechtlich eine Abstimmung durch das britische Reich ist, wenn wir in der Satzung (Art. 3 Abs. 4) lesen, daß jedes Bundesmitglied nur über eine Stimme verfügt, und es kann sich sehr wohl ergeben — wofür es nicht an Beispielen fehlt —, daß der Delegierte von Kanada für das Gegenteil dessen stimmt, wofür der Delegierte des britischen Reichs stimmt.

Aus dem Umstand, daß das Verhältnis der Abhängigkeit etwas dem Völkerrecht Fremdes ist, zu folgern, daß die abhängigen Staaten teilweise rechtsunfähig und teilweise oder gänzlich unfähig sind, im Bereich der völkerrechtlichen Beziehungen handelnd aufzutreten, scheint ungenau; die Rechtsunfähigkeit der Subjekte einer Rechtsordnung kann nicht die Wirkung von Normen sein, die anderen Rechtsordnungen angehören. Man muß daher eher sagen, daß, falls solche abhängigen Staaten in völkerrechtliche Beziehungen eintreten, sie die Stellung jedes anderen Subjekts erhalten; hinsichtlich dieser Beziehungen kommt es aber auf die Stellung, in der sie sich gegenüber dem Staat befinden, von dem sie abhängen, nicht an. So sind die Beziehungen zwischen Italien und Kanada als Mitgliedern des Völkerbunds nicht anders als die, welche in eben dieser Eigenschaft zwischen Italien und irgendeinem anderen Staat, der Mitglied des Völkerbunds ist, bestehen.

Andrerseits darf man aber nicht vergessen, daß das Bestehen der Abhängigkeit oder, wenn der Ausdruck besser scheint, die Sonderstellung des abhängigen Staats auch von dritten Staaten anerkannt wird oder werden kann, und daß diesen aus dieser Anerkennung Rechtspflichten erwachsen können, deren Inhalt sich in die Verpflichtung, jene Stellung zu achten, zusammenfassen läßt. Ob wirklich eine Anerkennung des Abhängigkeitsverhältnisses vorliegt und welches ihre Wirkungen in dem jeweiligen Fall sind oder welche Verpflichtungen daraus für die Staaten erwachsen, die dieses Verhältnis anerkannt haben, das ist eine Frage, die sich nicht abstrakt, sondern nur in bezug auf die besonderen Umstände jedes einzelnen Falles lösen läßt. Man kann z. B. nicht daran zweifeln, daß die Stellung der Dominien und Indiens gegenüber dem britischen Reich — eine Stellung, die auch sichtbaren Ausdruck in dem in der Anlage zur Satzung aufgeführten Verzeichnis der ursprünglichen Mitglieder des Völkerbunds gefunden hat — von allen Mitgliedern des Völkerbunds anerkannt werden muß; daraus folgt, daß, während jedes Mitglied behaupten kann, für einen Streitfall, den es mit einem der genannten Dominien oder Indien hat, gälten die Bestimmungen der Satzung betreffend die Beilegung von Streitigkeiten zwischen den Bundesgenossen, es sich aber nicht auf Art. 11 berufen könnte, um zu beanspruchen, daß der Rat sich mit einer Streitfrage zwischen Kanada und dem Reich oder zwischen Indien und Neuseeland befasse.

Manchmal bilden der Grad der Selbständigkeit und ganz allgemein die Rechtsstellung des abhängigen Staats Gegenstand besonderer Bestimmungen internationaler Verträge, wofür die Verträge von Paris von 1856 und von Berlin von 1878 betreffend die der Hohen Pforte unterworfenen christlichen Staaten ein Beispiel bieten. Das Verhältnis zwischen dem Suzerän (Oberstaat) und dem abhängigen Staat ist auch hier durch das Landesrecht bestimmt. Der Vertrag erkennt dieses Verhältnis an und schafft einerseits die Verpflichtung des Oberstaats gegenüber den anderen vertragschließenden Staaten, es nicht ohne ihre Einwilligung abzuändern, andererseits die Verpflichtung dieser Staaten gegenüber ersterem, sich so zu verhalten, daß dieses Verhältnis geachtet wird und sich auswirken kann.

Abhängigkeitsverhältnisse zwischen politischen Organisationen kamen in der Vergangenheit und bis in unsere Zeit häufig vor in der Form der Vasallität. Heutzutage erscheinen sie wieder, allerdings mit ganz anderem Geist und Wesen, in der großen Gemeinschaft des britischen Reichs. Gemeinsam ist den alten und den neuen Abhängigkeiten der Bildungsprozeß; es handelt sich um Gebietsteile oder Provinzen oder Kolonien einer großen einheitlichen politischen Gemeinschaft, die aus verschiedenen Gründen nach und nach immer größere Selbständigkeit erlangen, bis der Augenblick kommt, wo sie, ohne ihre Abhängigkeit von der oberherrlichen Macht zu verleugnen, in Beziehungen zu anderen Staaten treten.

Die Mehrzahl der Schriftsteller betrachtet als abhängige Staaten auch die Staaten, die Glieder eines Bundesstaats sind, sofern sie Subjekte völkerrechtlicher Beziehungen sind. Faßt man den Bundesstaat als wirklichen und besonderen Staat auf, statt als einen Bund von Staaten, so ist die These sicher zutreffend, und die sich daraus ergebende Lehre nicht verschieden von der eben erwähnten: nichts, ausgenommen der gewöhnliche Sprachgebrauch, steht dem im Wege, das britische Imperium in diesem Sinne als einen Bundesstaat zu bezeichnen; und wenn wir annehmen, daß die Staaten, aus denen die großen latein-amerikanischen Bundesrepubliken Mexiko, Argentinien, Brasilien und Venezuela zusammengesetzt sind, anfangen würden, Beziehungen zu anderen Staaten aufzunehmen, so hätten wir damit ebenfalls Beispiele von Staaten, die Glieder von Bundesstaaten wären und sich völkerrechtlich als abhängige Staaten bezeichnen könnten. Es ist aber klar, daß in allen diesen Fällen, wenn wir nicht an den Worten haften wollen, Bundesstaat nichts anderes heißen soll als ein Staat mit weitgehender politischer und administrativer Dezentralisation. Faßt man dagegen den Bundesstaat als einen Verein von Staaten auf, so verschwindet jedes Verhältnis von Abhängigkeit von einer Staatsmacht und die Gleichstellung der völkerrechtlichen Tätigkeit der Gliedstaaten mit der des sogenannten Staatenbundes ist nichts anderes als die Gleichstellung der rechtlichen Tätigkeit, die die Glieder der Staatenverbindung *uti singuli* ausüben mit der, die sie gemäß der Bundessatzung gemeinschaftlich ausüben.

Praktisch hat die Frage keine große Bedeutung. Die politischen Gebilde, die augenblicklich unter dem Namen Bundesstaaten existieren, schließen jede, oder fast jede völkerrechtliche Tätigkeit der sogenannten Gliedstaaten aus. Wir sprechen nicht von den Bundesrepubliken Latein-Amerikas, in denen, soweit bekannt ist, die Gliedstaaten niemals irgendeine nennenswerte völkerrechtliche Tätigkeit entfaltet haben. Wir sprechen von den Bundesstaaten oder angeblichen Bundesstaaten, in denen die Gliedstaaten eine mehr oder weniger ausgedehnte eigene völkerrechtliche Tätigkeit entfaltet haben, die dann gänzlich aufgehört hat oder doch zu einer unbedeutenden Angelegenheit herabgesunken ist. So haben in der Schweiz nach der Verfassung vom 12. September 1848 und mehr noch nach der vom 29. Mai 1874, die einzelnen Kantone nicht die Möglichkeit, Beziehungen zu ausländischen Staaten aufzunehmen; sie können lediglich Verträge zur Regelung des nachbarlichen Verkehrs nach vorheriger Billigung durch die Bundesbehörde abschließen. Auch in den Vereinigten Staaten von Amerika haben die einzelnen Staaten nach der Verfassung vom 17. September 1787 zwar weitgehende innere Selbständigkeit, aber keine Möglichkeit, sich international zu betätigen. Alle völkerrechtlichen Beziehungen gehen von der Union aus, mag man sie nun als einen Staat oder als einen wirklichen, wenn auch sehr engen Bund von Staaten ansehen. An dieser Auffassung hat man beharrlich festgehalten trotz der nicht seltenen und nicht geringen Schwierigkeiten, die sich vorkommendenfalls aus Unstimmigkeiten zwischen den von der Bundesmacht übernommenen völkerrechtlichen Verpflichtungen und der gesetzgeberischen Selbständigkeit der einzelnen Staaten ergaben. Ein typisches Beispiel hierfür ist die berühmte Frage betreffs der Zulassung von japanischen Knaben in die Schulen Kaliforniens, die von Kalifornien trotz des Vertrages zwischen den Vereinigten Staaten und Japan vom Jahre 1894 rundweg verweigert wurde. Desgleichen schließt die deutsche Verfassung vom 11. August 1919 jegliche völkerrechtliche Betätigung der einzelnen Länder, aus denen das Reich sich zusammensetzt, aus, während nach der Verfassung von 1871 die Gliedstaaten in Beziehungen zu ausländischen Staaten treten und Verträge über die wenigen Materien, die nicht der Kompetenz des Reichs vorbehalten waren, abschließen, diplomatische Vertreter entsenden und empfangen konnten.

Die Übertragung der Hoheitsrechte zusammen mit dem Besitz an Grund und Boden war das charakteristische Merkmal des Feudalsystems. Der Lehnsherr investierte den Vasallen mit diesen Rechten und dieser gelobte Treue, Gehorsam und bestimmte Leistungen, die vor allem militärischer und wirtschaftlicher Art waren. Der Umstand, daß diese Übertragung unwiderruflich wurde und sich durch Erbgang fortsetzte, hatte zur Folge, daß das Verhältnis zwischen dem Lehnsherrn und dem Vasallen nach und nach zu einem Verhältnis zwischen zwei Staatshäuptern wurde. Ein charakteristisches Merkmal der Vasallität ist in der Tat das Fehlen der direkten Gewalt des Oberherrn über die Untertanen des Vasallen.

Der Suzerän kann Befehle an die Untertanen des Vasallen nur durch dessen Vermittlung geben.

Sind die Lehnsbeziehungen auch Charakteristika anderer Zeitalter, so tauchten sie doch wieder im letzten Jahrhundert in der moslemitischen Welt in zwei verschiedenen Formen auf:

a) Bei den von der Hohen Pforte abhängigen christlichen Staaten; diese waren ursprünglich bloße Provinzen des türkischen Reichs; ihre Autonomie dehnte sich dann immer weiter aus und im selben Maße nahm ihre Abhängigkeit von der Herrschaft des Sultans immer mehr ab; es kam zu heftigen Aufständen, die grausam unterdrückt wurden, bis die europäischen Staaten eingriffen, um durch völkerrechtliche Akte die Stellung dieser Völker zu regeln und zu sichern. Der Pariser Vertrag vom 30. März 1856 (Art. 22ff.) stellte die Autonomie dieser Staaten (der Fürstentümer der Wallachei, Moldau und Serbiens) unter die Garantie der Signatarmächte und bestätigte ihre Privilegien und Immunitäten. Ihre Rechtslage läßt sich folgendermaßen zusammenfassen: vollständige innere Autonomie bis auf die Anerkennung und Belehnung des Fürsten durch den Sultan, die Pflicht, der Türkei einen jährlichen Tribut zu zahlen, die Fähigkeit, Beziehungen zu dritten Staaten aufzunehmen und Abkommen abzuschließen, soweit sie den Rechten der Hohen Pforte nicht zuwiderlaufen. Die Untertanen der Fürstentümer wurden aber in der Türkei nicht als Ausländer angesehen und genossen dort nicht die Kapitulationsprivilegien, die die Untertanen der christlichen Staaten genossen. Im übrigen galten die von der Türkei abgeschlossenen Verträge einschließlich der Kapitulationen ohne weiteres auch für die Fürstentümer.

Bekanntlich wurde durch den Berliner Vertrag vom 13. Juli 1878 (Art. 34ff.) die Unabhängigkeit des Fürstentums Serbien anerkannt, das dann am 6. März 1882 Königreich wurde, und die des Fürstentums Rumänien (Art. 43ff.), das am 26. März 1881 Königreich wurde, womit für diese Staaten die Lehnsabhängigkeit, in der sie sich bis zu diesem Augenblick befunden hatten, aufhörte. Ähnliche Bestimmungen wurden für Montenegro angenommen (Art. 26ff.), dessen Rechtslage etwa der der Fürstentümer analog war, wenn es auch tatsächlich schon vollständige oder fast vollständige Selbständigkeit genoß. Bulgarien dagegen wurde durch den Berliner Vertrag in eine ähnliche Lage versetzt wie die Fürstentümer durch den Pariser Vertrag (Art. 1 des Berliner Vertrages: La Bulgarie est constituée en Principauté autonome et tributaire sous la suzeraineté de S. M. I. le Sultan). Zu Bulgarien kam dann 1885 Ost-Rumelien hinzu, das durch den Berliner Vertrag (Art. 13ff.) zur autonomen Provinz unter der unmittelbaren politischen und militärischen Autorität des Sultans geworden war. Am 5. Oktober 1908 proklamierte auch Bulgarien seine Unabhängigkeit und nach ziemlich langwierigen Verhandlungen erhielt diese vollendete Tatsache im Jahre 1909 die Anerkennung der Türkei und der anderen Staaten.

b) Einen anderen Geist und eine andere Grundlage hatte das Abhängigkeitsverhältnis, in dem sich einige islamitische Staaten der Türkei gegenüber befanden. Hier ist es die Gemeinsamkeit der Religion, die dazu führte, die Autorität des Sultans, und zwar auch auf politischem Gebiet, anzuerkennen, mochte auch diese Abhängigkeit in Wirklichkeit kaum vorhanden sein, während es dort der Gegensatz von Zivilisation und Religion ist, der dahin drängte, diese Abhängigkeit auf ein Mindestmaß zu beschränken und sie schließlich ganz aufzuheben.

So erkannte die Regentschaft Tunis, die ursprünglich Vasall der Türkei, seit Anfang des 18. Jahrhunderts aber tatsächlich unabhängig war, im Jahre 1875 von neuem die Oberhoheit des Sultans an. Der Vertrag von Casr-Said oder Bardo (1881), durch den die Regentschaft das Protektorat Frankreichs annahm, wurde von der Türkei nicht anerkannt, aber das Vasallitätsverhältnis blieb immer ein rein nominelles. Art. 120 des Vertrages von Sèvres enthielt eine Bestimmung, kraft derer die Türkei das Protektorat Frankreichs über Tunis anerkannte und alle Folgen daraus annahm, mit dem Zusatz, daß diese Anerkennung vom 12. Mai 1881 an Wirkung haben solle.

Der Vertrag von Lausanne vom 24. Juli 1923, der an die Stelle des niemals ratifizierten Vertrages von Sèvres getreten ist, enthält keine besondere Klausel über Tunis. Art. 16 Abs. 1 bestimmt: „La Turquie déclare renoncer à tous droits et titres, de quelque nature que ce soit, sur ou concernant les territoires situés au dela des frontières prévues par le présent Traité et sur les îles autres que celles sur lesquelles la souveraineté lui est reconnue par ledit Traité, le sort de ces territoires et îles étant réglé ou à régler par les intéressés". Auf Grund dieser Bestimmung muß die Oberherrlichkeit der Türkei über die Regentschaft als erloschen gelten, während die Bestimmungen des Vertrages von Sèvres darüber noch einen gewissen Zweifel bestehen ließen. Andererseits jedoch tritt in dem Vertrag von Lausanne das Erlöschen ex nunc ein, d. h. mit dem Inkrafttreten des Lausanner Vertrags und nicht mit der Errichtung des französischen Protektorats, wie es der Vertrag von Sèvres wollte.

Ägypten, eine bloße Provinz des türkischen Reichs, erregte die Aufmerksamkeit Europas durch den Aufstand Mehemed Alis (1831—1838). Nachdem die Großmächte durch ihr Eingreifen den Frieden erzwungen hatten, wurde die Rechtslage Ägyptens durch den Londoner Vertrag vom 13. Juli 1840 (sogenannter Meerengenvertrag, weil er sich auch mit dem Bosporus und den Dardanellen befaßt) festgesetzt. Durch diesen Vertrag oder richtiger durch einen besonderen Anhang zu diesem Vertrag erkannte der Sultan die innere Autonomie Ägyptens an und verlieh Mehemed Ali die in direkter Linie erbliche Statthalterwürde, mit der Verpflichtung, einen jährlichen Tribut zu zahlen. Es wurde ausdrücklich erklärt, daß alle Verträge und Gesetze des türkischen Reichs für Ägypten wie für jeden anderen Teil des Reichs Wirksamkeit haben und daß die Streitkräfte zu Wasser und zu Lande einen Bestandteil des türkischen Heeres bilden sollten. Diese Bestimmungen wurden durch den Firman vom 13. Februar 1841 in Vollzug gesetzt. Andere Firmane von 1866 und 1867 festigten und erweiterten die innere Autonomie Ägyptens und regelten die Nachfolge der Khediven. Der Firman vom 8. Juni 1873 endlich erkannte dem Khediven die Berechtigung zu, in Beziehungen zu ausländischen Staaten zu treten und gewisse Verträge abzuschließen, sofern sie nicht im Widerspruch zu den politischen Verträgen der Hohen Pforte ständen. Von diesem Zeitpunkt an bezeichnen verschiedene Schriftsteller Ägypten als halb-souveränen Staat oder genauer als Vasall der Türkei.

Die Abhängigkeit von der Türkei bestand in der Tat noch weiter: im russisch-türkischen Krieg von 1877/78 bildeten die ägyptischen Truppen einen Teil des türkischen Heeres, und der Krieg schloß mit einem Friedensvertrag zwischen Rußland und der Türkei, der ohne weiteres auch für Ägypten galt. Im Jahre 1879 setzte der Sultan Ismaïl-Pascha ab und ernannte an seiner Stelle Tewfik-Pascha: die Khediven wurden weiter von der Hohen Pforte mit ihrer Würde belehnt usw.

Infolge der Unruhen von 1882 wurde Ägypten von englischen Truppen besetzt. Diese Besetzung war und blieb stets eine bloß tatsächliche Handlung, welche die Rechtslage jenes Landes weder ändern konnte noch wollte. In Wirklichkeit wurde jedoch daraus mit schicksalhafter Notwendigkeit ein immer größeres Schwinden der Abhängigkeit vom Sultan und ein immer größeres Steigen des englischen Einflusses. Das Verhältnis der Vasallität bestand fast nur noch dem Namen nach, so daß Ägypten im italienisch-türkischen Krieg von 1911/12 die Haltung eines neutralen Staats einnahm, entgegen den ausdrücklichen Bestimmungen des Firman, nach denen die ägyptischen Streitkräfte zu Wasser und zu Lande einen Teil der türkischen Flotte und des türkischen Heeres bilden sollten.

Nach Ausbruch des Krieges zwischen Großbritannien und der Türkei und der Flucht des Khediven nach Konstantinopel gab der britische Staatssekretär der auswärtigen Angelegenheiten in der Note vom 18. Dezember 1914 bekannt, daß infolge des Kriegszustandes mit der Türkei die Oberherrschaft der Türkei über Ägypten zu Ende und Ägypten künftig britisches Protektorat sei. Dieses Protektorat wurde von den Entente-Mächten sofort und im Mai 1919 auch von den Vereinigten Staaten Amerikas anerkannt. Der Versailler Vertrag (Art. 147) verpflichtet Deutschland zur Anerkennung dieses Zustandes wie noch zu vielen anderen Verzichten; und ähnliche Bestimmungen wurden in die anderen Friedensverträge aufgenommen (St. Germain Art. 102, Trianon Art. 84 usw.). Wichtiger als alle anderen wäre der folgendermaßen formulierte Artikel 101 des Vertrags von Sèvres gewesen: „Die Türkei verzichtet auf jedes Recht und jeden Anspruch auf Ägypten und in Ägypten. Dieser Verzicht hat Gültigkeit vom 5. November 1914. Sie erklärt, das von Großbritannien am 18. Dezember erklärte Protektorat über Ägypten anzuerkennen, wie es die Alliierten Mächte getan haben." Im Lausanner Vertrag ist diese Bestimmung durch den oben erwähnten Art. 16 Abs. 1 und durch den folgendermaßen abgefaßten Art. 17 ersetzt worden: „L'effet de la renonciation par la Turquie à tous droits et titres sur l'Egypte et le Soudan prendra date du 5 novembre 1914."

Inzwischen hatte sich in der Tat in Ägypten eine lebhafte Opposition gegen das britische Protektorat entwickelt, und das Streben nach Unabhängigkeit wuchs von Tag zu Tag. Großbritannien selbst, das inzwischen nach dem Modus gesucht hatte, auf welche Art das durch den Krieg immer noch in der Schwebe gebliebene Protektorat am besten zu organisieren sei, sah ein, daß es besser sei, sich den nationalen Bestrebungen Ägyptens nicht zu widersetzen und die eigenen Interessen in diesem Lande auf andere Weise zu schützen. So konnte am 15. März 1922 die Unabhängigkeit Ägyptens proklamiert und sofort von Großbritannien und den anderen Staaten anerkannt werden.

Aber die Anerkennung der Unabhängigkeit Ägyptens von seiten der britischen Regierung wurde besonderen Bedingungen unterworfen, die in der, allgemein unter dem Namen „Proklamation an Ägypten" bekannten Note vom 28. Februar 1922 genau festgelegt wurden. Nachdem in der Präambel zum Ausdruck gebracht ist, daß der Zweck der Proklamation ist, die sofortige Anerkennung Ägyptens als souveränen und unabhängigen Staat in Einklang zu bringen mit dem Schutz der wichtigen Interessen, die Großbritannien in diesem Lande besitzt, bestimmt die Proklamation selbst u. a., daß bis zu dem Zeitpunkt, in welchem über diese Fragen eine vertragliche Einigung erfolgen würde, die Krone Großbritanniens in folgenden Angelegenheiten allein zuständig bleibt: a) Sicherung der Verkehrswege des britischen Reichs in Ägypten, b) Sicherung Ägyptens gegen jeden direkten oder indirekten fremden Angriff und jede direkte oder indirekte fremde Einmischung, c) Schutz der ausländischen Interessen in Ägypten und Schutz der Minderheiten, d) der Sudan. Am Schluß der Proklamation ist gesagt, daß in Erwartung des Abschlusses der oben erwähnten Verträge der status quo in allen diesen Angelegenheiten unverändert bleiben soll.

Die verschiedenen Staaten wurden von dem Ende des Protektorats und der Anerkennung der ägyptischen Unabhängigkeit durch eine Note der britischen Regierung in Kenntnis gesetzt; in ihr waren die Folgen, die Großbritannien mit dieser Anerkennung in völkerrechtlicher Hinsicht bezweckte, ausdrücklich formuliert: insbesondere war darauf hingewiesen, daß die besonderen Beziehungen zwischen Großbritannien und Ägypten von der Regierung in London als vitales Interesse des Reichs angesehen würden und daß keine andere Macht sie in Frage stellen dürfe, daß jeder Versuch der Einmischung in die Angelegenheiten Ägyptens als ein unfreundlicher Akt angesehen werden würde, und endlich, daß Großbritannien sich mit allen ihm zur Verfügung stehenden Mitteln jedem Angriffsversuch gegen das Gebiet Ägyptens widersetzen werde.

Da von seiten dritter Staaten kein Einwand erhoben worden ist, muß man annehmen, daß sie die Verpflichtung, sich in der von der Proklamation gewünschten Weise zu verhalten, angenommen haben, insbesondere die, sich nicht in die Beziehungen zwischen Großbritannien und Ägypten einzumischen. Und als im November 1924 Sir Lee Stack, Sirdar des ägyptischen Heeres und Generalgouverneur des Sudan, ermordet wurde, wurde der daraus folgende scharfe Konflikt tatsächlich als ein innerer Konflikt angesehen und kein Staat dachte daran, Art. 11 der Völkerbundssatzung auf den Plan zu rufen, um den Streitfall dem Völkerbund vorzulegen. Dieses Verhalten war zweifellos der Ausfluß der übernommenen Verpflichtung, die Beziehungen zwischen Großbritannien und Ägypten als jeder Einmischung dritter Staaten entrückt anzusehen; und das unabhängig von dem Umstand, daß Ägypten nicht Mitglied des Völkerbunds war.

Heikler ist die Frage, ob die von Großbritannien an die Anerkennung der Unabhängigkeit Ägyptens geknüpften Bedingungen und die dementsprechend von den anderen Staaten übernommenen Verpflichtungen mit denen der Völkerbundssatzung vereinbar sind. Diese Frage führt zurück auf die Frage nach der Rechtsnatur der Beziehungen zwischen Großbritannien und Ägypten.

Zu diesem Zweck muß man sich vor allem vor Augen halten, daß die Erklärung des sogenannten britischen Protektorats nicht, wie in anderen Fällen, die Folge eines zwischen zwei unabhängigen Staaten abgeschlossenen Übereinkommens war. Das Protektorat wurde von Großbritannien ausgerufen als eine Folge des Krieges und des Erlöschens der Suzeränität des Sultans, einer Suzeränität, die faktisch seit der englischen Besetzung ruhte, rechtlich aber, wie auch aus Art. 17 des Lausanner Vertrages hervorgeht, weiter bestand. Alles in allem war also Großbritannien an die Stelle der Türkei getreten. Das Protektorat war nur ein neuer Name für die abhängige Stellung Ägyptens; Art. 17 des Lausanner Vertrages hat dann diesem Vorgang eine rechtliche Grundlage mit rückwirkender Kraft gegeben. Verhält es sich so, so folgt daraus, daß die sogenannte Unabhängigkeit Ägyptens eher eine weitere in der Reihe der Konzessionen des suzeränen Staats an den Vasallenstaat ist, und zwar eine durch einseitig an sie geknüpfte Bedingungen und Vorbehalte beschränkte Konzession. Das Abhängigkeitsverhältnis Ägyptens besteht also weiter; wenn Ägypten bis 1914 rechtlich betrachtet von der Türkei und den Tatsachen nach von Großbritannien abhing, so hängt es jetzt ausschließlich von letzterem ab und wird weiter von ihm abhängen, wenigstens so lange die in der Proklamation vom 28. Februar 1925 vorgesehenen Verträge die Beziehungen zwischen den beiden Staaten nicht auf eine neue und andere Basis stellen.

Der Schluß zu dem wir gelangen, ist der, daß die Beziehungen zwischen Großbritannien und Ägypten, da sie Beziehungen zwischen einem oberherrlichen und einem abhängigen Staate sind, nicht in den Bereich der völkerrechtlichen Beziehungen gehören und daher auch dem Einfluß der Völkerbundssatzung entzogen sind. Vom Völkerrecht beherrschte Beziehungen sind dagegen die zwischen Ägypten und dritten Staaten — Beziehungen, die im übrigen gekennzeichnet sind durch die Verpflichtungen, die diese Staaten infolge ihrer Annahme der britischen Proklamation eingegangen sind.

Die politischen Organisationen des britischen „Commonwealth".

Bibliographie. — A. Berriedale Keith, Imperial unity and the Dominions, Oxford 1916; Derselbe, The international status of the

Dominions, in „Journal of comparative legislation and international law“ 1923, S. 161ff.; C. H. Tupper, Treaty-making powers of the Dominions, im „Journal of the Society of comparative Legislation“, new series, Bd. XVII, 1917, S. 5ff.; H. Duncan Hall, The British Commonwealth of Nations, London 1920; L. Oppenheim und R. I. Roxburgh, International Law, cit., Bd. I, §§ 94a und 94b; J. B. Scott, Autonomy and federation within empire; the British self-governing Dominions, Washington 1921; Derselbe, The British Commonwealth of nations, in „American Journal of international law“, Bd XXI, 1927, S. 95ff.; M. M. Lewis, The international status of the British self-governing Dominions, im „British Year-Book of international Law“, Bd. III, 1922—23, S. 21ff.; Id., The Treaty-making Power of the Dominions, ibid., Bd. VI, 1925, S. 31ff.; M. Nathan, Dominion status, in den „Transactions of the Grotius Society“, Bd. VIII, London 1923, S. 117ff.; H. Rolin, La situation juridique des Dominions, in der „Revue de dr. intern. et de lég. comp.“, 3. Serie, Bd. IV, 1923, S. 195ff.; C. D. Allin, Le statut international des Dominions britanniques, ibid., Bd. VI, 1925, S. 760ff.; W. Y. Jennings, Le statut des Dominions et la Conférence impériale de 1926, ibid. Bd. VIII, 1927, S. 397ff.; Derselbe, La personnalité internationale dans l'Empire britannique, ibid. Bd. IX, 1928, S. 438ff.; K. Heck, Der Aufbau des britischen Reiches, Berlin und Leipzig 1927; „Great Britain and the Dominions“. Lectures on the Harris foundation 1927, Chicago 1928; E. Kordt, Die Stellung der Britischen Dominien zum Mutterland nach Recht und Verfassungskonvention, in „Tübinger Abhandlungen zum öffentlichen Recht“ H. 17, Stuttgart 1928, bes. II, 7; E. Buchet, Le „status“ des dominions britanniques en droit constitutionnel et en droit international, Paris 1928; G. Mazzoleni, L'odierno impero britannico: sua configurazione nazionale ed internazionale, Pavia 1928; E. Cucinotta, Il nuovo statuto dei domini britannici, in „Rivista di diritto internazionale“, Bd. XX, 1928, S. 174ff.; P. J. Noel Baker, The Status of the British Dominions in international law, London 1929. Derselbe, Le statut juridique actuel des Dominions britanniques dans le Domaine de droit international, in „Recueil des cours de l'Académe de droit international“, Bd. 19, 1927, S. 4, Paris 1929.

Die Selbständigkeit einiger der größeren englischen Kolonien, die nicht nur administrative, sondern auch politische Selbständigkeit ist, erlebte die entscheidende Phase ihres Werdens nach dem Jahre 1840, wo zuerst in Kanada, dann in Australien, in Neuseeland usw. das Prinzip der Verantwortlichkeit der Regierung gegenüber den jeweiligen Kolonialparlamenten eingeführt wurde, während vorher die ausübende Gewalt in jeder einzelnen Kolonie in den Händen des von der Krone ernannten Gouverneurs lag, dem ein von diesem selbst ernannter und ihm, nicht den gewählten gesetzgebenden Versammlungen gegenüber verantwortlicher Vollzugsrat zur Seite stand. Bis 1914 war jedoch die Beteiligung der Dominien und Indiens an Beziehungen völkerrechtlicher Art ziemlich gering; alle politischen Fragen und der Abschluß von Verträgen politischer Art blieben ausschließlich in den Händen des Reichs. Zuweilen wurden die Dominien ermächtigt, eigene Handelsverträge abzuschließen, im allgemeinen jedoch nur unter der Mitwirkung und der Kontrolle des Reichs. So wurde der Handelsvertrag zwischen Frankreich und Kanada im Jahre 1907 ausschließlich von den kanadischen Delegierten verhandelt, unterzeichnet jedoch gemeinsam von diesen und dem britischen Gesandten in Paris. Um solches Eingreifen des Reichs zu vermeiden, wählte die kanadische Regierung den Ausweg, Vereinbarungen mit den ausländischen Konsuln in Ottawa zu treffen, ohne eigentliche Verträge abzuschließen. Derartige Handelsabkommen wurden im Jahre 1910 mit Italien und Deutschland abgeschlossen. Häufig wurden auch in die vom britischen Reich abgeschlossenen Handelsverträge Klauseln aufgenommen, die den einzelnen Dominien das Recht vorbehielten, dem Vertrag beizutreten oder von ihm zurückzutreten, wobei für die übrigen Teile des Reichs der Vertrag seine Gültigkeit behalten sollte. Vom formalen Standpunkt aus betrachtet ist es wichtiger, daß die Vertreter der Dominien an internationalen Konferenzen technisch-administrativer Art an der Seite der Delegierten des Reichs teilnahmen, so z. B. an der Konferenz des Weltpostvereins 1906, an der Funkentelegraphie-Konferenz 1912, an der Konferenz zum Schutz des menschlichen Lebens auf hoher See 1913 usw. Bemerkenswert ist auch, daß Australien im Jahre 1900 und Kanada im Jahre 1910 Ministerien für die auswärtigen Angelegenheiten schufen. Doch war deren Haupt-, wenn nicht einziger Zweck, sich mit den Beziehungen dieser Dominien zu den anderen Teilen des Reichs zu befassen. Dies alles gilt im wesentlichen auch für Indien.

Die Bedeutung, die die Dominien infolge des Ausbruchs des europäischen Krieges erhielten, führte zu bemerkenswerten Änderungen in ihrer verfassungsrechtlichen Stellung, die wiederum anderen, noch bemerkenswerteren Änderungen hinsichtlich ihres völkerrechtlichen Status den Weg bereiteten.

Der Anteil, den die Dominien an der Kriegsführung hatten, machte es nötig, sie auch an den Entscheidungen und der Kontrolle der Reichspolitik teilnehmen zu lassen; und zu diesem Zweck bildeten sich 1917 das Reichs-Kriegskabinett (Imperial War Cabinet) und die Reichskriegskonferenz (Imperial War Conference), ersteres aus fünf Mitgliedern des britischen Kriegskabinetts und den Premierministern der Dominien unter dem Vorsitz des Premierministers des Vereinigten Königreichs gebildet, letztere aus Vertretern der Kolonien und einer bestimmten Anzahl von Ministern des Vereinigten Königreichs unter dem Vorsitz des Staatssekretärs für die Kolonien zusammengesetzt. Das Reichskriegskabinett befaßte sich mit der Kriegsführung und mit den großen mit dem Krieg zusammenhängenden politischen Fragen, die Konferenz mit den anderen Fragen, die das Reich in seiner Gesamtheit betrafen oder auch mit Fragen, die sich zwar auf den Krieg bezogen aber weniger wichtig waren. In beiden Körperschaften standen die Vertreter der Dominien auf einem Fuß völliger Gleichberechtigung mit den Mitgliedern des britischen Kriegskabinetts und den Ministern des Vereinigten Königreichs. Besonders bemerkenswert für unsere Frage ist eine Entschließung der Reichs-Kriegskonferenz vom Jahre 1917, in der empfohlen wurde, nach dem Kriege eine besondere Reichskonferenz einzuberufen, um die Neuordnung der verfassungsmäßigen Beziehungen zwischen den verschiedenen Teilen des Reichs selbst zu prüfen, und zwar sollte die Grundlage der Neuordnung sein: Selbstverwaltung, Gleichstellung und Beteiligung der Dominien an der auswärtigen Politik und den völkerrechtlichen Beziehungen (Resolution Nr. 9, 1917).

Die logische Folge alles dessen war die direkte Teilnahme der Dominien und Indiens an der Friedenskonferenz und ferner an der Unterzeichnung der Friedensverträge. Es ist zum Verständnis der völkerrechtlichen Stellung dieser politischen Wesenheiten nicht unangebracht, die auf die Vertretung des britischen Reichs bezügliche Stelle aus der Einleitung des Versailler Vertrages hier anzuführen:

„A cet effet les Hautes Parties Contractantes représentées comme il suit:

Sa Majesté le Roi du Royaume Uni de Grande Bretagne et d'Irlande et des territoires britanniques audelà des mers, Empereur des Indes, par les très honorable David Lloyd George, M. P. etc.

Et pour le Dominion du Canada, par l'honorable Charles Joseph Doherty etc.

Pour le Commonwealth d'Australie, par les très honorable William Morris Hughes etc.

Pour l'Union Sud-africaine, par les très honorable Général Louis Botha etc.

Pour le Dominion de la Nouvelle Zelande, par le très honorable William Ferguson Massey etc.

Pour l'Inde par les très honorable Edwin Samuel Montagu etc."

Den bedeutendsten Kommentar dieses Systems haben wir in einer im Mai 1919 im Namen der Premierminister der Dominien erlassenen Denkschrift, aus der wir folgende Stelle in der Übersetzung wiedergeben:

„Alle Verträge und Übereinkommen, die aus der Friedenskonferenz hervorgehen, müssen so abgefaßt sein, daß die Dominien Vertragsparteien und Signatare derselben werden können. Durch dies Verfahren wird die Rolle, die der britische Commonwealth als Ganzes am Tisch der Friedenskonferenz gespielt hat, angemessene Anerkennung finden und wird gleichzeitig die dort von den Dominien erreichte Rechtsstellung gekennzeichnet. Das Verfahren ist in Übereinstimmung mit den verfassungsmäßigen Regierungsgrundsätzen, die im Reiche gelten. Die Krone ist Trägerin der obersten ausführenden Gewalt im Vereinigten Königreich und allen Dominien, handelt aber nach dem Rat der verschiedenen Ministerien innerhalb verschiedener verfassungsmäßiger Einheiten; und nach Resolution IX der Reichskriegskonferenz von 1917 soll die Organisation des Reichs auf Gleichstellung der politischen Einheiten, die zu ihm gehören, gegründet sein."

In Übereinstimmung mit diesen Grundsätzen bringt die oben wiedergegebene Fassung die durch die Krone repräsentierte Einheit des britischen Reichs zum Ausdruck und hebt gleichzeitig die völkerrechtliche Persönlichkeit jedes der Dominien und Indiens hervor. Und die Ratifikation wurde von der Krone gemäß dem Rat und unter der Verantwortlichkeit nicht der Regierung des Vereinigten Königreichs, sondern aller beteiligten Regierungen vorgenommen, nach erfolgter Erörterung und Billigung des Vertrages von seiten der einzelnen Parlamente; es gab daher sechs verschiedene, in einer einzigen Akte vereinigte Ratifikationen.

Durch die Ratifikation des Versailler Vertrages wurden die britischen Dominien und Indien ursprüngliche Mitglieder des Völkerbunds (Art. 1 der Satzung) und als solche ursprüngliche Mitglieder der internationalen Arbeitsorganisation (Versailler Vertrag, Art. 387 Abs. 2). In der einen wie der anderen Eigenschaft haben sie genau die gleichen Rechte und Pflichten wie alle anderen Mitglieder, und nicht mit Unrecht hat man auf die Tatsache hingewiesen, daß drei Dominien, Südafrika, Neuseeland und Australien, Mandatarmächte von Gebieten, die früher Deutschland gehörten, geworden sind und in dieser Eigenschaft unmittelbar mit dem Völkerbund verkehren und daher ihm gegenüber und nicht der britischen Regierung gegenüber verantwortlich sind.

Was den diplomatischen Verkehr der Dominien betrifft, seien hier die folgenden Ereignisse erwähnt. In der Parlamentssitzung vom 10. Mai 1920 verkündete Bonar Law, die Krone habe auf Antrag der Minister Kanadas einen bevollmächtigten Minister Kanadas in Washington ernannt, der die Angelegenheiten Kanadas behandeln und jederzeit als ordentliches Verbindungsorgan gegenüber der Regierung der Vereinigten Staaten in Angelegenheiten von ausschließlich kanadischem Interesse fungieren solle. Dieser Vertreter solle seine Instruktionen unmittelbar von der Regierung Kanadas empfangen und nur ihr Bericht erstatten. Er fügte hinzu, diese Anordnung solle weder von seiten der britischen noch von seiten der kanadischen Regierung irgendein Abrücken von dem Prinzip der diplomatischen Einheit des britischen Reichs bedeuten, womit er wahrscheinlich sagen wollte, daß die Fragen von allgemeinem Reichsinteresse auch weiterhin von dem britischen Gesandten erledigt werden sollten. Der kanadische Minister wurde erst im Jahre 1924 ernannt. Im Jahre 1929 hat Kanada einen Gesandten auch nach Paris ernannt. Der Irische Freistaat (s. unten) unterhält einen Gesandten in Washington seit 1924. Die Vereinigten Staaten ihrerseits haben sich zur Ernennung von diplomatischen Vertretern in Ottawa und Dublin erst im Jahre 1929 entschlossen; die französische Kammer hat der Errichtung einer Gesandtschaft in Ottawa am 16. März 1928 zugestimmt. Andere Dominien sind dem Beispiel von Kanada und Irland bis jetzt nicht gefolgt, aber es ist klar, daß man seitens der britischen Regierung kein prinzipielles Hindernis gegenüber der Ernennung und dem Empfang diplomatischer Agenten sieht (S. A. Toynbee, The conduct of British Empire foreign relations since the Peace settlements, London 1928).

Aus der Gesamtheit der hier zusammengefaßten Tatsachen scheinen sich die folgenden Schlüsse ableiten zu lassen, die, soweit das möglich ist, die Stellung der britischen Dominien und Indiens bestimmen.

Vor allem ist sicher, daß das britische Reich in seiner gegenwärtigen Verfassung in keiner Weise als Staatengesellschaft oder Staatenbund in völkerrechtlichem Sinne angesehen werden kann, und daß daher die Dominien und Indien nach ihrem völkerrechtlichen Status nicht als zu einem solchen Bund gehörend bezeichnet werden können. Ein Staatenbund setzt, wie wir sahen, zwei oder mehr Völkerrechtssubjekte voraus, die dahin übereinkommen, sich zu bestimmten Zwecken zu verbinden und dabei bestimmte gegenseitige Verpflichtungen übernehmen und gegebenenfalls ihre Freiheit, völkerrechtlich selbständig zu handeln, einschränken oder aufgeben und an die Stelle von Einzelhandlungen ein Kollektivhandeln durch Kollektivorgane treten lassen. Hier dagegen haben wir einen ungeheuer umfangreichen einheitlichen politischen Verband vor uns, in dem sich aus vielfachen Gründen immer weitergehende lokale Selbstverwaltungen entwickeln, bis der Zeitpunkt kommt, wo diese sich selbst verwaltenden Einheiten zur Beteiligung am völkerrechtlichen Leben als selbständige Subjekte gelangen, mit und neben dem einheitlichen Ganzen, in dem sie leben. Vom juristischen Standpunkt besteht daher ein tiefer, unüberwindlicher Unterschied zwischen dem heutigen britischen Reich und den unter dem Namen Staatenbünden bekannten Gebilden, insbesondere dem deutschen Bund von 1815—1866; und zwar nicht so sehr darum, weil letzterer ein Produkt zentripetaler Kräfte und ein Schritt zur Einheit der deutschen Nation war, während die britischen Selbstverwaltungen ein Produkt zentrifugaler Kräfte und vielleicht ein Schritt zu noch vollständigerer, wenn auch wahrscheinlich noch in weitem Felde liegender und nicht angestrebter Trennung sind, als vielmehr darum, weil der deutsche Bund seine Entstehung und sein Leben einem völkerrechtlichen Vertrag verdankte, während die Rechtsordnung des britischen Reichs aus Parlamentsakten entsteht. Man hat zwar gesagt, das Recht der Dominien, sich an der Pflege der völkerrechtlichen Beziehungen des Reichs zu beteiligen, stamme aus einem Übereinkommen, das in der oben erwähnten Entschließung der Reichskriegskonferenz seine Gestaltung gefunden habe. Aber wer das sagt, meint damit eine Verfassungskonvention (constitutional convention), Fachausdruck des englischen Rechts, der gewisse Normen bezeichnen soll, die das Verfassungsleben faktisch regeln, im Gegensatz zu den Normen, die auf Parlamentsakten oder richterlichen Entscheidungen beruhen.

Zweitens ist es sicher, daß, wie weitgehend die selbständige völkerrechtliche Aktivität der Dominien und Indiens auch ist oder werden kann, diese Einheiten doch immer einer höheren Einheit untergeordnet bleiben, innerhalb derer sie leben und die ihrerseits ein eigenes Völkerrechtssubjekt ist. Die Selbständigkeit der Dominien und Indiens stammt aus Akten des britischen Parlaments und findet in ihnen ihre rechtliche Grundlage. Mag sein, daß, wie behauptet worden ist, die Suprematie des britischen Parlaments heute etwas anders aufzufassen ist als in früheren Zeiten. Aber keiner bezweifelt sie und gerade in neuester Zeit hat sie sich auch bedeutend und in unmittelbarem Zusammenhang mit der völkerrechtlichen Tätigkeit der Dominien bemerkbar gemacht.

Endlich steht außer Zweifel, — außer man will die klar zutage tretende Tatsache leugnen — daß die Dominien und Indien Völkerrechtssubjekte geworden sind in ihrer Eigenschaft als selbständige Teile des britischen Reichs; also als abhängige Staaten, — Staat immer als politischer Verband mit völkerrechtlicher Rechtspersönlichkeit aufgefaßt. Wenn ich zum Vergleich die Annäherung an ein schon bekanntes Gebilde wagen darf, möchte ich das Rechtsverhältnis der Vasallität nennen; doch darf man wohl fragen, ob es von irgendwelchem Nutzen ist, auf rein äußerlichen und formalen Analogien zu bestehen, oder ob es nicht besser ist, sich auf die vorherigen Feststellungen zu beschränken und von der unausbleiblichen Entwicklung der späteren Ereignisse jene Begriffsbestimmungen zu erwarten, die jetzt zu geben ebenso gefährlich wie verfrüht erscheinen muß.

Was hier hinsichtlich der Dominien und Indiens gesagt ist, gilt jetzt auch für den irischen Freistaat (1922). Art. 1 der Verfassung dieses Staats — die übrigens wenig von der Linienführung der Verfassungen der Dominien abweicht — setzt in der Tat fest, daß der irische Freistaat ein gleichberechtigtes Mitglied der Gemeinschaft der Nationen ist, die das britische Reich darstellt. Infolge dieses allgemeinen Prinzips konnte der irische Freistaat am 10. September 1923 in den Völkerbund aufgenommen werden; und nach Ansicht der bedeutendsten englischen Schriftsteller gilt das, was man über den völkerrechtlichen Status der Dominien sagen kann, auch für Irland. Vom verfassungsrechtlichen Standpunkt ist der hervortretendste Zug bei der Bildung des Freistaats, daß diese ein Übereinkommen zwischen den Vertretern der britischen Krone und denen des Sinnfeinerbundes zur Grundlage hat. Die Geschichte des britischen Reichs kennt keinen analogen Vorgang. Aber es handelt sich dabei lediglich um einen Tatbestand des Reichsrechts, nicht um einen völkerrechtlichen Vertrag; und darum konnte Großbritannien sich mit gutem Grunde dem widersetzen, daß der Vertrag gemäß Art. 18 der Satzung beim Sekretariat des Völkerbundes eingetragen würde.

c) Protegierte Staaten.

Bibliographie. — F. E. Berg, De foederibus patrocinii ex historia et jure publico atque gentium illustratis, Amsterdam 1824; A. Wilhelm, Théorie juridique des protectorats, in „Journal du droit international privé“, Bd. XVII, 1890, S. 204ff.; P. Heilborn, Das völkerrechtliche Protektorat, Berlin 1891; A. Pillet, Du droit de la puissance protectrice sur l'administration intérieure de l'Etat protégé, in der „Revue générale de droit international public“, Bd. II, 1896, S. 583ff.; P. Pic, Influence de l'établissement d'un protectorat sur les traités antérieurement conclus avec des puissances tierces par l'Etat protégé, in „Revue gén. de dr. intern. public“, Bd. III, 1896, S. 613ff.; Ed. Engelhardt, Les protectorats anciens et modernes, Paris 1896; F. Despagnet, Essai sur les protectorats, Paris 1896; F. Gairal de Sérézin, Le protectorat international, Lyon 1896 (Diss.); P. Fedozzi, Saggio sul protettorato, Venedig 1897; Hachenburg, De la nature juridique du protectorat, Paris 1897; G. Lué, Del prottetorato internazionale, Mailand 1899 (Sonderauszug aus der „Enciclopedia giuridica italiana"); E. Petit, Des effets du protectorat relativement à la souveraineté intérieure de l'Etat protégé, Poitiers 1900 (Diss.); L. Marghinotti, Il protettorato internazionale nella sua natura giuridica, Sassari 1905; M. Revilliod, L'organisation intérieure des pays de protectorat, Paris 1913 (Diss.); T. Baty, Protectorates and mandates, im „British Year Book of international law", Bd. II, 1921—22, S. 109ff.; M. Alessandri, De l'évolution de la théorie des protectorats dans le droit moderne, in „Revue de droit, de législation et de jurisprudence", 1925, S. 161ff., 248ff.; P. Winkler, Essai sur la nationalité dans les protectorats de Tunisie et du Maroc, Paris 1926, (insb. 1. Teil, Kap. 1: Examen juridique de la condition de l'Etat musulman protégé).

Übernimmt ein Staat die Verpflichtung, einem anderen Staat, mit oder ohne entsprechende Gegenleistung, seinen Schutz angedeihen zu lassen, so begründet diese Verpflichtung an sich ein bloßes obligatorisches Verhältnis, das nur zwischen den beiden Kontrahenten besteht. Unter völkerrechtlichem Protektorat im eigentlichen Sinn des Wortes versteht man dagegen ein anderes Rechtsverhältnis, nämlich jenes, kraft dessen sich ein Staat verpflichtet, einen anderen Staat in seinen dauernden Schutz zu nehmen, wofür ihm dieser seinerseits, eventuell mit anderen Vorteilen, das Recht einräumt, in stärkerem oder schwächerem Maße auf die Führung seiner Beziehungen zu allen dritten Staaten einzuwirken. Dank der Einwirkung des Protektors auf die völkerrechtliche Tätigkeit des protegierten Staates erscheint dieser mit einer Eigenschaft rechtlichen Charakters bekleidet, die sein ganzes Wesen erfaßt und einen Dauerzustand bedeutet, und die ihn darum von den anderen Rechtssubjekten, zu denen er in Beziehung tritt, unterscheidet.

Dieses Recht zur Einwirkung, die der Protektorstaat auf die völkerrechtlichen Beziehungen des protegierten Staats ausübt, ist das natürliche Korrelat seiner Verpflichtung, Schutz zu gewähren; denn ohne dieses Recht könnte der Protektorstaat sich durch die Tätigkeit des protegierten Staats den schwersten Gefahren und Verantwortungen ausgesetzt sehen, gegen die er sich nicht wehren könnte, weshalb nicht mit Unrecht gesagt worden ist, daß dieses Recht zur Einwirkung, wenn es auch nicht als ein begriffsnotwendiges Element des Protektorats zu bezeichnen ist, doch unbedingt als sein natürlicher Bestandteil betrachtet werden muß.

Es findet sich in der Tat in allen Protektoratsverträgen, und zwar in zwei Grundformen.

Im allgemeinen übernimmt der Protektorstaat die ausschließliche Vertretung des protegierten Staates in den völkerrechtlichen Beziehungen; die völkerrechtlichen Beziehungen des protegierten Staats münden in den Protektorstaat ein, und er ist es, der die völkerrechtlichen Akte setzt, insbesondere die Verträge im Namen und für den protegierten Staat abschließt. Das ist das System, wie es Frankreich hinsichtlich der Regentschaft Tunis anwendet: Tunis hat keine direkten Beziehungen zu dritten Staaten, sondern die beim Bey beglaubigten Vertreter verkehren mit dem Generalresidenten Frankreichs in Tunis, der gleichzeitig Außenminister der Regentschaft ist, und ihre Verträge werden von der französischen Regierung im Namen des Bey abgeschlossen.

Zuweilen übernimmt der Protektorstaat dagegen nicht die völkerrechtliche Vertretung des protegierten Staats, sondern beschränkt sich darauf, daß ihm für die völkerrechtlichen Handlungen, die der protegierte Staat vollzieht, ein Zustimmungs- oder ein Vetorecht eingeräumt wird. Das war beispielsweise die Rechtslage Transvaals gegenüber Großbritannien vor dem Kriege von 1899: Transvaal konnte alle Verträge abschließen, falls Großbritannien nicht innerhalb von sechs Monaten nach Empfang einer Abschrift des Vertragsentwurfs ein Veto einlegte.

Eine ziemlich weit verbreitete Ansicht geht dahin, in dem protegierten Staat einen Staat zu sehen, der ganz oder teilweise handlungsunfähig ist; in noch ungenauerer Ausdruckweise sprechen andere von abhängigem, halbsouveränem Staat usw. In Wirklichkeit werden wir jedoch, wenn wir an die Fälle, in denen das Protektorat durch einen Vertrag zustande kommt, also an das Protektorat im eigentlichen Sinn denken, sehen, daß der protegierte Staat nichts ist als ein Staat, der selbst seine Freiheit eingeschränkt hat, indem er bestimmte Verpflichtungen der geschilderten Art übernahm. Von Handlungsunfähigkeit zu sprechen, wo man vertraglich eingeräumte Freiheitsbeschränkungen, worin sie auch bestehen mögen, meint, ist durchaus unangebracht, es sei denn, daß man dem Wort Handlungsfähigkeit eine besondere Bedeutung gibt, die von derjenigen, die ihm im internen Recht zukommt, verschieden ist. Und ebenso unangebracht ist es, die Beziehungen zwischen dem protegierten Staat und dem Protektorstaat mit den Beziehungen zwischen Mündel und Vormund zu vergleichen. Der Vormund ist der ex lege Vertreter eines Handlungsunfähigen, während der Protektor den Protegierten kraft eines Vertrags und folglich in der Eigenschaft eines Beauftragten vertritt.

Wir haben gesagt, daß das Protektorat sich auf einen Vertrag zwischen dem Protektorstaat und dem protegierten Staat gründet. Niemand bezweifelt, daß es im allgemeinen so ist; aber einige Schriftsteller haben behauptet, daß in gewissen Fällen das Protektorat statt dessen durch eine Entscheidung dritter Staaten, nämlich der Großmächte, entsteht, nämlich dann, wenn diese Entscheidung in dem Akt selbst, durch den diese Mächte einen neuen Staat schaffen, enthalten sei; damit begänne dieser neue Staat seine Existenz als ursprünglich protegierter Staat. Diese Theorie wurde besonders angesichts zweier Tatbestände aufgestellt. Der erste ist die Schaffung der Republik Krakau — Art. 6 der Wiener Kongreßakte vom 9. Juni 1815 erklärte die Stadt Krakau mit ihrem Gebiet zur freien, unabhängigen und neutralisierten Stadt unter dem Schutz Rußlands, Österreichs und Preußens — der zweite Fall ist der der Vereinigten Staaten der Ionischen Inseln, die durch den Pariser Vertrag vom 5. November 1815 von Großbritannien, Österreich, Preußen und Rußland anerkannt und gleichzeitig unter den unmittelbaren und ausschließlichen Schutz des erstgenannten Staats gestellt wurden.[1])

Die These ist als Deutung des politischen Vorgangs richtig; doch scheint sie als juristische Deutung nicht annehmbar. Man sieht in der Tat nicht, woher die rechtliche Fähigkeit, einen neuen Staat — noch dazu von einer bestimmten Beschaffenheit — zu schaffen, stammen sollte. Was die bestehenden Staaten tun können, ist, sich gegenseitig zu verpflichten, gewisse Dinge zu tun oder zu lassen, derart, daß das Entstehen eines neuen politischen Verbandes ermöglicht oder erleichtert wird. Dieser selbst aber, der ja tatsächliche Wirklichkeit ist, kann nicht Ausfluß des Rechtes sein. Er entsteht, weil die Geschichte und die Wechselfälle des menschlichen Lebens und der menschliche Wille ihn entstehen lassen. Eine rechtliche Fähigkeit der Staaten, einen neuen Staat zu schaffen, ist ebenso undenkbar wie eine rechtliche Fähigkeit der Menschen, einen Menschen ins Leben zu rufen. Wenn man aber nicht zugeben kann, daß es eine rechtliche Fähigkeit, einen Staat zu schaffen, gibt, dann kann man auch die Existenz einer rechtlichen Fähigkeit, durch die einem Staat von einem oder mehreren Staaten ein Schutzverhältnis aufgedrungen werden kann, nicht zugeben. Kein Staat hat rechtlich die Macht, einem anderen Staat, außer kraft einer vorherigen Vereinbarung zwischen ihnen, seinen Willen aufzuzwingen. Der Wille des einen gilt genau ebensoviel wie der Wille

---

[1]) Siehe G. Lévy, De la condition internationale des Iles Joniennes depuis le congrès de Vienne jusqu' à nos jours. Thèse. Paris 1901.

des anderen, und nur auf Grund gegenseitiger Übereinstimmung kann es zu einem besonderen Verhältnis zwischen ihnen kommen.

Die vorher erwähnten Tatbestände müssen daher völlig anders gewertet werden: wir glauben, daß man hier eine Anerkennung des neuen Staats zu sehen hat, die an die Bedingung geknüpft ist, daß er seinerseits den Schutz eines oder mehrerer Staaten annimmt. Die Signatarmächte der Wiener Kongreßakte und des Pariser Vertrages verpflichteten sich gegenseitig nicht nur zu einer ganzen Reihe positiver oder negativer Handlungen, welche die tatsächliche Bildung des neuen politischen Verbandes ermöglichen oder erleichtern sollten, sondern auch dazu, die Republik Krakau und die Vereinigten Staaten der Ionischen Inseln als Subjekte des Völkerrechts anzuerkennen und dem neuen Staat gegenüber eine bestimmte Haltung einzunehmen, wenn diese — und zwar nur dann — jene bestimmte rechtliche Stellung annähmen. Hier handelt es sich um dieselbe bedingte Anerkennung und dasselbe bedingte Verhalten seitens der Großmächte, wie bei der Anerkennung der Unabhängigkeit Serbiens, Rumäniens und Montenegros nach dem Berliner Vertrag von 1878. Das Protektionsverhältnis geht also für die Republik Krakau weder aus der Wiener Kongreßakte, noch für die Vereinigten Staaten der Ionischen Inseln aus dem Pariser Vertrag hervor; es entstand aus der stillschweigenden Vereinbarung, die zustande kam zwischen den Protektorstaaten, die schon im voraus ihren Willen manifestiert hatten, und den neugebildeten Staaten, die durch ihr tatsächliches Verhalten zeigten, daß sie die verlangten Verpflichtungen annehmen und die gebotenen Vorteile genießen wollten. Es kann sich dabei sehr wohl ergeben, daß es dem neuen Staat unmöglich gemacht wird, einen abweichenden Willen zu äußern, und daß er sich sagen muß, daß er coactus voluit. Man vergesse aber nicht, daß im völkerrechtlichen Verkehr aus dem „coactus voluit" in der Regel ein „tamen voluit" wird.

Der hier angedeutete rechtliche Vorgang erhellt noch klarer aus einem Fall aus neuerer Zeit, dem Fall der Freien Stadt Danzig — ein Fall, der sich seinem Wesen nach von den beiden vorerwähnten Fällen nicht unterscheidet.[1])

---

[1]) Siehe hierzu u. a.: Crusen, Versailler Frieden: p) Danzig, in „Wörterbuch des Völkerrechts" von K. Strupp, Bd. III, S. 134 ff. und die dort zitierten Werke. Ferner: Ch. de Lannoy, Le réglement de la question de Dantzig, in „Revue de droit int. et de lég. comp." Serie III, Bd. 2, 1921, S. 426 ff.; O. Loening, Das angebliche Protektorat Polens über Danzig, in „Zeitschrift für Völkerrecht" Bd. XII, S. 489 ff.; Derselbe, Die Rechtsstellung der freien Stadt Danzig, Heft 22 der „Völkerrechtsfragen" Berlin 1928; Donath, Die auswärtigen Angelegenheiten der freien Stadt Danzig, Diss. Würzburg 1923; A. Bouchereau, Le statut de Dantzig, thèse, Poitiers 1924; M. M. Lewis, The free city of Danzig, in „British Year Book of int. Law" Bd. IV, 1924, S. 89 ff.; R. Redslob, Le statut international de Dantzig,

Art. 102 des Friedensvertrages von Versailles besagt, daß die alliierten und assoziierten Mächte sich verpflichten, die Stadt Danzig nebst einem bestimmten Gebiet als freie Stadt zu begründen, die unter den Schutz des Völkerbundes gestellt wird. Art. 103 bestimmt das Verfahren zur Ausarbeitung der Verfassung der freien Stadt und sieht die Einsetzung eines Oberkommissars des Völkerbundes vor, der u. a. mit der erstinstanzlichen Entscheidung aller Streitigkeiten betraut wird, die zwischen Polen und der Freien Stadt aus Anlaß des Friedensvertrages und der ergänzenden Vereinbarungen und Abmachungen entstehen sollten. Dann folgt Art. 104, der im 1. Abs. folgende Klausel enthält:

„Une Convention, dont les Principales Puissances alliées et associées s'engagent à négocier les termes et qui entrera en vigueur en même temps que sera constituée la Ville libre de Dantzig, interviendra entre le Gouvernement polonais et ladite Ville libre en vue."

Dann folgen 5 Ziffern, die sich auf bestimmte, Polen im Gebiet und in der Verwaltung der freien Stadt zugesicherte Rechte und Vorteile beziehen, und endlich Ziffer 6 folgenden Inhalts:

„De faire assurer par le Gouvernement polonais la conduite des affaires extérieures de la Ville libre de Dantzig, ainsi que la protection de ses nationaux dans les pays étrangers."

Angesichts dieser Bestimmungen wird man wohl sagen können, daß sich die Freie Stadt Danzig Polen gegenüber in einer Lage befindet ähnlich der, die im allgemeinen unter dem Namen „protegierter Staat" läuft. Die Schutzpflicht, die Art. 102 dem Völkerbund zuweist, ist wohl eher als ein Kontrollrecht über die Beziehungen zwischen der Freien Stadt Danzig und Polen zu bezeichnen. Ist das so, dann beruht das Protektorat offenbar auf der zwischen der Freien Stadt und Polen unter Beteiligung der Haupt-alliierten und assoziierten Mächte abgeschlossenen Konvention. Im Fall Danzig hat das Abkommen, das dem Protektorat als Grundlage dient, sich in einer förmlichen Konvention zwischen Protektor und Protegiertem verkörpert. In den vorher erwähnten Fällen war es dagegen ein stillschweigendes Abkommen, das sich *rebus ipsis et factis* offenbarte.

Versteht man also unter Protektorat ein völkerrechtliches Rechtsverhältnis, so ist klar, daß es keine andere Basis als das Abkommen zwischen Protektor und Protegiertem hat noch haben

in „Revue de droit intern. et de lég. comp.", Serie III, Bd. VII, 1926, S. 126ff.; J. Verzijl, Die Rechtslage der freien Stadt Danzig, in „Ostrecht" 1926, S. 353ff.; K. L. Schroeder, Die völkerrechtliche Stellung Danzigs, Beiheft I zu Bd. XIV der „Zeitschrift für Völkerrecht": U. Harder, Danzig, Polen und der Völkerbund, Berlin 1928.

kann. Anders verhält es sich natürlich, wenn mit dem Namen Protektorat auch Abhängigkeitsbeziehungen bezeichnet werden, die ihre Grundlage im Landesrecht haben. Dahin gehörte wahrscheinlich, wie schon vorher gezeigt wurde, das britische Protektorat über Ägypten. Auf jeden Fall aber läßt sich die Frage, juristisch betrachtet, in folgenden zwei Formulierungen darstellen: entweder haben wir es mit einem völkerrechtlichen Rechtsverhältnis zu tun, und dieses ist auf ein Übereinkommen gegründet, oder wir haben es mit einem landesrechtlichen Rechtsverhältnis zu tun und die daraus folgende Rechtslage ist jener Zustand der Abhängigkeit, der dem Völkerrecht wesensgemäß fremd ist.

Wenn also ein abhängiger Staat, wie es z. B. die Regentschaft Tunis war, einen Protektoratsvertrag mit einem dritten Staat ohne die Zustimmung des suzeränen Staats abschließt, so ist die Frage, die sich dabei erhebt, die, ob der Vertrag nicht unvereinbar mit dem auch von dem das Schutzrecht beanspruchenden Staat schon anerkannten Abhängigkeitsverhältnis ist und daher eine völkerrechtlich unerlaubte Handlung darstellt. Hiervon abgesehen befindet sich der protegierte Staat dem Protektor gegenüber in keiner anderen Lage als der, in welcher sich jeder andere Staat, der den gleichen Vertrag abgeschlossen hätte, befinden würde.

Endlich muß man sich auch das vor Augen halten, daß ein Rechtsverhältnis, das ursprünglich ein Protektoratsverhältnis im völkerrechtlichen Sinne war, im Lauf der Zeit in ein landesrechtliches Abhängigkeitsverhältnis übergehen kann, wenn der protegierte Staat infolge von Krieg oder anderen Umständen dem Protektorstaat einverleibt wird und damit in die Stellung einer Provinz oder Kolonie mit mehr oder weniger großer Selbständigkeit herabsinkt. Das war das Ende verschiedener kolonialer Protektorate oder von solchen Protektoraten, die mit politischen Verbänden von niederer Zivilisation abgeschlossen worden waren. Es ist andererseits möglich, daß ein landesrechtliches Abhängigkeitsverhältnis sich in ein völkerrechtliches Protektorat umwandelt, wenn der oberherrliche Staat auf die eigene Oberherrschaft verzichtet und mit der ehemaligen untergeordneten politischen Organisation, die er als unabhängig anerkennt, einen Protektionsvertrag abschließt. So liegt es vielleicht im Fall des Iraq, eines ehemals türkischen Gebietes, das nach Art. 22 Abs. 4 der Völkerbundssatzung als Mandat konstituiert und Großbritannien zur Verwaltung übergeben wurde. Großbritannien schloß am 10. Oktober 1922 mit der Regierung von Iraq einen Vertrag ab, durch den es das Land in Anbetracht seiner rapiden Fortschritte als unabhängigen Staat anerkannte; gleichzeitig übernahm es durch eben diesen Vertrag die Gewähr für die Ausführung der dem Mandatar auferlegten Verpflichtungen.

Was die Wirkungen des Protektoratsvertrages betrifft, so muß man zwischen den Beziehungen zwischen Protektor- und protegiertem Staat und den Beziehungen zu dritten Staaten unterscheiden.

a) Es besteht kein Zweifel, und alle Schriftsteller erkennen dies an, daß die Beziehungen zwischen dem Protektorstaat und dem protegierten Staat durch den Protektionsvertrag oder andere zu seiner Ergänzung oder Abänderung später erfolgte Vereinbarungen geregelt werden. Der Protektorstaat kann in dieser seiner Eigenschaft dem protegierten Staat seinen Willen nicht aufzwingen, er kann von ihm nur die Erfüllung der Verpflichtungen, die der protegierte Staat ihm gegenüber eingegangen ist, verlangen, ebenso wie der protegierte Staat seinerseits das Recht hat, die Erfüllung der von dem Protektorstaat eingegangenen Verpflichtungen zu fordern. Ein Krieg, den der Protektorstaat gegen den protegierten Staat führt, ist Krieg, nicht Zwangsexekution, wie der Krieg, den der protegierte Staat gegen den Protektorstaat führt, ein wirklicher Krieg und kein Aufstand ist. Man kann in diesen Kriegen, von welcher Seite sie auch geführt werden, eine Verletzung der bestehenden Verträge erblicken. Doch hat das keine andere Bedeutung als bei jedem anderen Krieg, der entgegen den früher eingegangenen Verpflichtungen begonnen wird.

b) Der Protektoratsvertrag an und für sich ist für die dritten Staaten eine res inter alios acta, die sie von Rechts wegen ignorieren können und aus der ihnen weder Rechte noch Pflichten erwachsen. Aber es liegt vor allem im Interesse des Protektorstaats, daß die durch den Protektoratsvertrag hergestellten Beziehungen auch von den dritten Staaten anerkannt und geachtet werden. Wenn wir bedenken, daß das Protektoratsverhältnis normalerweise ein stärkeres oder schwächeres Recht des Protektorstaats zur Einwirkung auf die völkerrechtliche Tätigkeit des protegierten Staats mit sich bringt, so wird uns sofort klar, daß der Protektorstaat das Bedürfnis fühlen muß, diesen Sachverhalt auch dritten Staaten bekannt zu machen und es zu erreichen, daß sie sich derart verhalten, daß seine Stellung dem protegierten Staat gegenüber sich voll auswirken kann.

Hierzu dient die Notifikation des Protektorats, d. h. die dritten Staaten gegenüber erfolgende Anzeige von der Errichtung des Protektorats. Die Notifikation ist obligatorisch, wenn sie durch einen vorhergehenden Vertrag zur Pflicht gemacht worden ist: so verpflichtet Art. 34 der Generalakte der Berliner Konferenz vom 26. Februar 1885 (der in der Konvention von St. Germain vom 10. September 1919, die unter den vertragschließenden Teilen an die Stelle der Generalakte getreten ist, nicht wieder aufgenommen wurde) die Staaten, die ein Protektorat an den Küsten des afrikanischen Festlandes übernehmen, dies den Signatarmächten anzuzeigen und sie dadurch instand zu setzen, gegebenenfalls ihre Einsprüche geltend zu machen. In den anderen Fällen ist die Notifikation dem Belieben des einzelnen überlassen. Dadurch daß die Notifikation den dritten Staaten die Möglichkeit gibt, ihre Gründe gegen das Protektorat geltend zu machen, bewirkt sie die Anerkennung des Protektorats selbst, d. h. der Rechtsbeziehung, die sich zwischen Protektor und Protegiertem gebildet hat, und die sich aus ihr ergebende Verpflichtung, sich so zu verhalten, wie es die Beachtung dieser Beziehung erfordert, z. B. keine anderen Beziehungen zu dem protegierten Staat zu haben als durch den Protektorstaat. Auf diese Weise erhält die besondere Rechtslage des protegierten Staates den anderen Staaten gegenüber Geltung und Wirksamkeit. Das, was sonst an sich lediglich eine Beziehung zwischen Protektorstaat und protegiertem Staat wäre, wird so zu einem allgemein anerkannten Status des protegierten Staates, zu einer Eigenschaft, die besagtem Staat in der Gesamtheit seiner völkerrechtlichen Aktivität eignet.

Das Protektorat kann auch ein Kollektivprotektorat, d. h. ein von mehreren Staaten gemeinschaftlich auf Grund entsprechender Verträge zwischen ihnen ausgeübtes Protektorat sein. Abgesehen von dem Schutzrecht des Völkerbunds über Danzig, das in mehrfacher Hinsicht einen Sonderfall darstellt und anders gelagert ist, bietet die neueste Geschichte verschiedene Beispiele von Kollektivprotektoraten, darunter, um die beiden wichtigsten zu nennen, dasjenige Österreichs, Preußens und Rußlands über die Republik Krakau, das, wie schon erwähnt wurde, durch Art. 6 der Wiener Kongreßakte von 1815 errichtet wurde und mit der Einverleibung der Republik in den österreichischen Staat gemäß einem zwischen den drei Protektorstaaten am 6. November 1846 abgeschlossenen Vertrage aufhörte, und das Protektorat Großbritanniens, Deutschlands und der Vereinigten Staaten von Amerika über die Inselgruppe von Samoa, das durch den Berliner Vertrag vom 16. Juni 1889 errichtet wurde. Dieser Vertrag bestimmte, daß die drei Protektorstaaten gemeinschaftlich die Ausübung des Protektorats übernehmen sollten und regelte die Art der Ausübung in allen Einzelheiten; nach einigen Jahren fanden es die Protektorstaaten zweckmäßiger, diese Inseln zwischen sich aufzuteilen, und schritten am 14. November 1899 durch einen neuen Vertrag zu dieser Teilung.

Wir haben an anderer Stelle (S. 94 ff.) gesagt, daß viele Schriftsteller das sogenannte „Koloniale Protektorat" streng von dem völkerrechtlichen Protektorat trennen, indem sie dem mit einem Stamm abgeschlossenen Schutzbündnis jeden rechtlichen Wert absprechen. Nach diesen Schriftstellern beschränkt sich die Wirkung dieses Vorgehens auf die Schaffung einer Vormerkung für künftige Besitzergreifung, die von den dritten Staaten dadurch anerkannt und genehmigt wird, daß sie sich der ihnen gebührend angezeigten Errichtung des Protektorats nicht widersetzen. Nach der von uns angenommenen These unterscheidet sich das mit dem Stamm abgeschlossene Schutzbündnis seiner Natur nach nicht wesensgemäß von einem völkerrechtlichen Vertrag; für die kolonialen Protektorate gelten daher die allgemein aufgestellten Begriffsbestimmungen auch, natürlich bis auf die Unterschiede, die sich entweder aus dem Inhalt des Protektionsvertrages oder aus den Umständen, unter denen er abgeschlossen ist, ergeben.

Es ist übrigens gut, zu dieser Frage eine schon mehrfach von einem allgemeinen Gesichtspunkt aus geäußerte Bemerkung zu wiederholen. Das Protektorat ist kein Institut des Völkerrechts, wenn man unter einem rechtlichen Institut einen Komplex von Bestimmungen, die denselben Stoff behandeln, versteht. Das völkerrechtliche Protektorat existiert nicht, sondern es existieren nur völkerrechtliche Protektorate, d. h. Verträge, die zwar formal verschieden sind, die jedoch inhaltlich eine auffallende Verwandtschaft haben, woraus die Wissenschaft einige allgemeine Wesenszüge abgezogen hat; diese geben dann eine annähernd genaue Vorstellung von einem System partikulärer Rechtsordnungen, von denen jede einzelne, als Ordnung des positiven Rechts, vollkommen für sich steht. Dieses wissenschaftliche Verfahren ist sicherlich zulässig, vorausgesetzt jedoch, daß es ein wissenschaftliches Verfahren bleibt und die auf diesem Wege gewonnenen Grundbegriffe nicht fälschlicherweise für solche des positiven Rechts ausgegeben werden. Das positive Völkerrecht der Protektorate entsteht lediglich aus den Verträgen und Übereinkommen, die jedes einzelne Protektoratsverhältnis normieren.

Will man also feststellen, welches die Rechte und Pflichten sind, die sich aus dem von Frankreich über die Regentschaft Tunis ausgeübten Protektorat ergeben, so muß man sich ausschließlich an die zwischen diesen beiden Staaten abgeschlossenen Verträge halten (Vertrag von Casr-el-Said oder von Bardo vom 12. Mai 1881 und von La Marsa vom 8. Juni 1883); und falls es sich um die Wirkungen dieses Protektorats gegenüber einem dritten Staat, z. B. Italien, handelt, an die Akte, Erklärungen und Abmachungen, deren Ergebnis die Anerkennung des Protektorats ist. Das gleiche gilt für das Protektorat Frankreichs über Tonkin und Annam (Vertrag vom 6. Juni 1884) oder über Cambodja (Vertrag vom 17. Juni 1884); für das Protektorat Frankreichs und Spaniens hinsichtlich der französischen und spanischen Zonen Marokkos (französisch-marokkanischer Vertrag vom 30. März 1912, französisch-spanischer Vertrag vom 27. November 1912, Versailler Vertrag Art. 141ff. L. Félix, Le statut international du Maroc d'après les traités. Thése, Paris 1928), für das Protektorat Großbritanniens über Sansibar usw.

Aus demselben Grunde sind die von vielen Schriftstellern mit Vorliebe angestellten Erörterungen darüber, ob ein bestimmter Staat als protegierter Staat anzusehen ist oder nicht — ob z. B. das Fürstentum Monaco nach dem Vertrag zwischen Frankreich und Monaco vom 17. Juli 1918 ein französisches Protektorat darstellt — von ziemlich beschränktem Wert.[1]) Worauf es in Wirklichkeit ankommt, ist die Feststellung der Rechtslage des betreffenden Landes, wie sie sich aus den geltenden Verträgen und dem bestehenden Gewohnheitsrecht ergibt. Ob dann diese Rechtsstellung als Protektorat zu bezeichnen ist oder nicht, ist ziemlich nebensächlich und eine Frage der Terminologie. Es soll zwar nicht geleugnet werden, daß für die Auslegung eines Vertrags die Analogie zu anderen Verträgen einen Maßstab abgeben kann, aber es ist ein Maßstab, der mit großer Vorsicht anzuwenden ist (vgl. Ständiger Internationaler Gerichtshof, Urteil Nr. 9 vom 26. Juli 1927, Publications, zit., Serie A, Nr. 9, besonders S. 22) und der vor allem weder mit dem wirklichen Analogieschluß, der sich auf andere für dieselben Parteien bindende Normen gründet (S. 83ff.), verwechselt werden darf, noch mit dem Verfahren, das darin besteht, daß man einen Tatbestand auf bestimmte Weise qualifiziert, um ihn unter die eine oder andere Gruppe allgemeinerer Rechtsnormen, die zur Regelung gewisser Kategorien von rechtlichen Tatbeständen ausdrücklich vorher gebildet worden sind, subsumieren zu können (S. 67).

d) Neutralisierte Staaten.

Bibliographie. — a) Allgemeine Werke: T. Twiss, On international conventions for the neutralization of territory, London 1887;

---

[1]) Siehe hierzu u. a.: M. Prat, La Principauté de Monaco et le traité du 17 juillet 1918, thèse, Aix 1920; M. Moucharville, Le nouveau statut franco-monégasque, in „Revue gén. de dr. int. public" Bd. XXVII, 1920, S. 217ff.; R. Ruzé, Le nouveau traité franco-monégasque, in „Revue de dr. int. et de lég. comp." Serie III, Bd. 2, 1921, S. 330ff.; K. Strupp, Monaco, in „Wörterbuch des Völkerrechts", Bd. II, S. 61ff.

H. Rettich, Zur Lehre von der ewigen Neutralität, im „Archiv für öffentliches Recht", Bd. V, 1890, S. 113ff.; M. Morand, Origines de la neutralité perpétuelle, in der „Rev. gén. de dr. intern. publ.", Bd. I, 1894, S. 522ff.; D. Tswettkoff, De la situation juridique des Etats neutralisés en temps de paix, Paris 1895 (Diss.); H. Regnaut, Des effets de la neutralité perpétuelle en temps de paix, Paris 1898 (Diss.); C. Piccioni, Essai sur la neutralité perpétuelle, 2. Aufl., Paris 1902; J. Westlake, Notes sur la neutralité permanente, in der „Rev. de dr. intern. et de lég. comp.", Bd. XXXIII, 1901, S. 339ff.; F. Hagerup, La neutralité permanente, in der „Rev. gén. de dr. intern. publ.", Bd. XII, 1905, S. 577ff.; E. von Fischer-Treuenfeld, Die Beschränkung der völkerrechtlichen Handlungsfähigkeit der dauernd neutralen Staaten durch den Neutralitätsvertrag, Leipzig 1908; E. Winslow, Neutralization, in „Am. Journ. of intern. Law", Bd. II, 1908, S. 366ff.; C. F. Wicker, Some effects of neutralization, ibid., Bd. V, 1911, S. 639ff.; E. Descamps, L'Etat neutre à titre permanent, Paris-Brüssel 1912; A. Baldassarri, La neutralizzazione, Rom 1912; S. Richter, Die Neutralisation von Staaten, insbesondere die der Schweiz, Belgiens, Luxemburgs und des früheren Kongostaates, Berlin und Leipzig 1913; S. Samuel, Die ewige Neutralität, Grünstadt 1914 (Diss.); W. Krauel, Neutralität, Neutralisation und Befriedung im Völkerrecht, München-Leipzig 1915; S. M. Robinson, Autonomous Neutralization, in „Am. Journ. of intern. law", Bd. XI, 1917, S. 607ff.; C. F. Littel, The neutralisation of States, Meadville, Pa., 1920; A. Sottile, Nature juridique de la neutralité à titre permanent, Catania 1920; C. Ekdall, La neutralité perpétuelle avant le pacte de la Société des nations, Etude de droit des gens, Paris 1923; M. W. J. Graham, Neutralisation as a movement in international law, in „Am. Journ. of intern. Law", Bd. XXI, 1927, S. 79ff.

b) Werke, die sich auf einen bestimmten neutralisierten Staat beziehen. Diese sehr reichhaltige Bibliographie ist inhaltlich größtenteils mehr historisch-politischer als juristischer Natur. Wir nennen hier nur einige Werke, die für den Gesichtskreis unserer Abhandlung wichtiger sind.

α) Schweiz: C. Hilty, Die Neutralität der Schweiz in ihrer heutigen Auffassung, 2. Aufl., Bern 1889; F. L. Calonder, Ein Beitrag zur Frage der schweizerischen Neutralität, Zürich 1890 (Diss.); P. Schweizer, Geschichte der schweizerischen Neutralität, Frauenfeld 1895; E. Gagliardi, Die Entstehung der schweizerischen Neutralität, Zürich 1915; E. Payen, La première neutralité perpétuelle: la neutralisation de la Suisse et de la Savoie, Paris 1917; G. Sherman, The Neutrality of Switzerland, in „American Journal of International Law", 1918, S. 241—251, 462—475, 780—796; M. Huber, Die schweizerische Neutralität und der Völkerbund, Kopenhagen 1924, abgedruckt in „Les origines et l'oeuvre de la Société des Nations" publié par Rusk-Ørstedfonden sous la direction de P. Munch, Bd. II, S. 68ff.; E. v. Waldkirch, Artikel 435 des Versailler Vertrages in seiner rechtlichen Bedeutung für die dauernde Neutralität der Schweiz usw., Aarau 1924; Id., Die dauernde Neutralität der Schweiz, Basel 1926. Bezüglich der Beziehungen zwischen der Neutralität der Schweiz und den aus dem Völkerbundspakt sich ergebenden Pflichten sehe man die beiden wichtigen Botschaften des Bundesrats in der Bundesversammlung vom 4. August 1919 und vom 17. Februar 1920; R. Mettetal, La neutralité et la Société des Nations. Etude des principes et application au Statut Helvétique, Paris 1920; E. Borel, La neutralité de la Suisse au sein de la Société des Nations, in „Revue gén. de dr. int. publ.", Bd. XXVII, 1920, S. 153ff.; P. Guggenheim, Die schweizerische Neutralität und Art. 16 der Völkerbundsatzung, in „Zeitschrift für öffentliches Recht", Bd. VII, 1927—28, S. 266ff.

β) Belgien: G. A. Arendt, Essai sur la neutralité de la Belgique, considérée principalement sous le point de vue du droit public, Brüssel-Leipzig 1845; C. Messin, La neutralité de la Belgique, Paris 1902; E. Descamps, La neutralité de la Belgique au point de vue historique, diplomatique, juridique et politique, Brüssel-Paris 1902; G. Fourgassié, La neutralité de la Belgique, Paris 1902; A. Fuehr, The neutrality of Belgium; a study of the Belgian case under its aspects in political history and international law, New York-London 1915; H. de Hoon, La neutralité permanente de la Belgique en droit et en fait, Brüssel 1918; A. Roussel le Roy, L'abrogation de la neutralité de la Belgique, ses causes et ses effets: étude d'histoire diplomatique et de droit public international, Paris 1923; R. Frank, Die belgische Neutralität, ihre Entstehung, ihre Bedeutung und ihr Untergang, Tübingen 1915; K. Strupp, Die Neutralisation und die Neutralität Belgiens, Gotha 1917; Kunz, Belgien, in „Wörterbuch des Völkerrechts", Bd. I, S. 119ff.

γ) Luxemburg: G. Wampach, Le Luxembourg neutre: étude d'histoire diplomatique et de droit international public, Paris 1900; W. Mettgenberg, Luxemburg, in der „Zeitschrift für Völkerrecht", Bd. XI, 1920, S. 20ff., 409 S.; A. Wehrer, Le statut international du Luxembourg et la Société des Nations, in der „Revue gén. de dr. intern. public", 1924, S. 169ff.; U. Borsi, La neutralizzazione del Lussemburgo e la sua ammissione nella Società delle nazioni, in der „Rivista di diritto internazionale", Bd. XVII, 1925, S. 3ff.

Ein Staat kann sich gegenüber einem oder mehreren anderen Staaten verpflichten, dauernd neutral zu bleiben und keine völkerrechtlichen Verpflichtungen einzugehen, die damit unvereinbar sein könnten. Besteht eine solche besondere Rechtsbeziehung nur zwischen zwei oder doch nur wenigen Staaten, so hat die sich daraus für den verpflichteten Staat ergebende rechtliche Lage für diesen hinsichtlich seiner sonstigen Stellung im Rahmen der völkerrechtlichen Beziehungen nur beschränkte Bedeutung. Besteht jedoch diese Verpflichtung eines Staates zur Neutralität vielen Staaten gegenüber, die sich ihrerseits dazu verpflichten, jenen Staat als dauernd neutral anzusehen, und ihr Verhalten so einzurichten, daß er die übernommene Verpflichtung einhalten kann, so wird die dauernde Neutralität für eine ganze Reihe völkerrechtlicher Beziehungen erheblich und nimmt damit den Charakter einer besonderen rechtlichen Eigenschaft des betreffenden Staates, einer ihm gegenüber den anderen Staaten eigentümlichen Wesensart an, die eine Reihe von Sonderrechten und -pflichten in sich schließt.

Dies kann eintreten einerseits in dem Fall, wo der Vertrag, den wir den Neutralisationsvertrag nennen wollen, ab origine zwischen dem neutralisierten Staat und vielen anderen Staaten zustande gekommen ist, als auch andererseits dann, wenn die Neutralisation später ausdrücklich oder stillschweigend nach und nach auch von Staaten anerkannt wird, die an dem die Neutralität ursprünglich begründenden Vorgang nicht beteiligt waren; mit der von ihnen ausgehenden Anerkennung der Neutralität haben sie dem neutralisierten Staat gegenüber gleiche Pflichten übernommen und gleiche Rechte erworben. Da die dauernde Neutralisation eines Staates im allgemeinen integrierender Bestandteil eines bestimmten politischen Systems in einem bestimmten historischen Zeitpunkt ist, so kommt es fast stets zu der einen oder der anderen dieser Möglichkeiten, oder auch zu beiden gleichzeitig, weil die Neutralisation den Zwecken, denen sie dienen soll, nur dann gerecht werden kann, wenn sie allgemein anerkannt ist.

Die dauernde Neutralisation gründet sich also auf einen Vertrag oder allgemeiner auf ein Uebereinkommen, das auch in eine andere Form als die eines eigentlichen Vertrages gekleidet sein kann. Ausgeschlossen ist daher, daß die Neutralisation zustande kommen kann: a) durch die einseitige Erklärung des Willens, dauernd neutral bleiben zu wollen; diese Erklärung könnte zwar ein politisches Programm sein; sie könnte aber, da sie für sich allein nicht imstande ist, die anderen Staaten zu einem bestimmten Verhalten zu verpflichten, auch nicht die geringste völkerrechtliche Beziehung schaffen; man könnte in ihr höchstens einen Vertragsantrag erblicken, der aber nur im Fall seiner Annahme durch die Staaten, an die er gerichtet ist, und nur von diesem Zeitpunkt ab, Rechtswirkungen haben könnte. b) Durch Willenserklärung dritter Staaten, denn diese könnte nur für die Staaten, die an ihr teilhaben, Rechte und Pflichten ins Leben rufen. Diese Willenserklärung kann aber ein an den zu neutralisierenden Staat gerichteter Vertragsantrag sein, insbesondere in Gestalt einer Bedingung, die der Anerkennung eines neuen Staats beigefügt ist. Wird ein solcher Antrag ausdrücklich oder stillschweigend von dem Staat, an den er gerichtet ist, angenommen, so hat man damit das Abkommen, das die Rechtsgrundlage der Neutralisation bildet.

Die sich aus der Neutralisation ergebenden Rechte und Pflichten können nur auf Grund des Übereinkommens oder der Übereinkommen, die sich auf jeden einzelnen Fall beziehen, bestimmt werden. Auch hier ist es gut, sich klar zu machen, daß ein Neutralisation genanntes Institut im Völkerrecht nicht existiert. Es existieren Neutralisationen, die nach Inhalt und Wirkung naturgemäß verschieden, und zwar sehr verschieden sein können. Gleichwohl ist es möglich, einige allgemeine Grundsätze zu formulieren, die aber ganz wie im Fall des Protektorats nur entweder das Ergebnis der Anwendung von Grundbegriffen der Völkerrechtsordnung auf einen bestimmten Tatbestand sind, oder das Ergebnis wissenschaftlicher Arbeit, gegründet auf die Vergleichung verschiedener Verträge und auf die aus ihrem Inhalt gewonnenen Synthesen.

Eine Anwendung von Grundbegriffen des Völkerrechts auf unseren Fall ist der Grundsatz, daß die dauernde Neutralisation, da sie ein bloßes Vertragsverhältnis ist, nur zu gegenseitigen Ansprüchen und Verpflichtungen der Vertragsparteien Anlaß gibt.

In der Rechtslehre ist jedoch die Vorstellung weit verbreitet, daß der neutralisierte Staat ein Staat mit nur teilweiser rechtlicher Handlungsfähigkeit, oder, wie andere sagen, ein nicht voll souveräner Staat sei, weil er sich in einer Lage befinde, die ihm nicht erlaube, sich eines wesentlichen Attributs der Souveränität zu bedienen, nämlich zu den Waffen zu greifen, falls es nicht zur Selbstverteidigung geschähe. Einige Schriftsteller glauben dagegen einen Unterschied machen zu müssen, je nachdem ob der Neutralisationsakt nur die Verpflichtung der die Neutralisation anerkennenden Staaten einschließt, die Neutralität eines Staats nicht zu verletzen, oder auch die Verpflichtung dieses Staats, nicht zu den Waffen zu greifen. Im ersten Fall liegt, nach ihnen, keine Beschränkung der Souveränität vor: der neutralisierte Staat verpflichtet sich nicht, auf die Anwendung von Gewalt zu verzichten und bleibt daher souverän; im zweiten Fall dagegen hat man nach diesen Schriftstellern eine wirkliche Beschränkung der Souveränität vor sich. Wie man sieht, unterscheiden die beiden Theorien sich nicht wesentlich voneinander; behauptet doch auch die zweite, daß die von einem Staat eingegangene Verpflichtung, keinen Krieg zu führen, seine Souveränität beschränke, allerdings mit dem einen Vorbehalt, daß diese Verpflichtung nicht notwendigerweise in allen Fällen von dauernder Neutralisation vorliege. Nun ist sicher, daß die von dem neutralisierten Staat eingegangenen Verpflichtungen seine Handlungsfreiheit — man kann auch Souveränität sagen, wenn man die Handlungsfreiheit des Staates als Souveränität bezeichnen will — beschränken. Aber das kann man von jeglicher völkerrechtlichen Verpflichtung sagen. Der neutralisierte Staat ist ein Staat, der freiwillig gewisse Verpflichtungen übernommen und entsprechende Ansprüche erworben hat. Vom juristischen Standpunkt ist das alles.

Der wesentliche Inhalt des Neutralisationsverhältnisses so, wie es sich als der Inhalt der verschiedenen Verträge ergibt, ist die Pflicht des neutralisierten Staats, dauernd neutral zu bleiben (d. h. in jedem Krieg zwischen den anderen Staaten die Pflichten zu erfüllen, die das Völkerrecht den neutralen Staaten auferlegt) und sich infolgedessen solcher Handlungen zu enthalten, die die Verpflichtung, am Krieg teilzunehmen, mit sich bringen könnten (z. B. Bündnissen fernzubleiben, die nicht rein defensiver Natur sind, keine Garantien zu übernehmen usw.). Dieser allgemeinen Pflicht des neutralisierten Staats entspricht diejenige der diese Neutralität anerkennenden Staaten, keinen Krieg gegen den neutralisierten Staat zu führen und sich solcher Handlungen zu enthalten, die einen Krieg gegen ihn zur Folge haben könnten (z. B. keinem Bündnis gegen ihn beizutreten, welches nicht von der Bedingung abhängt, daß der neutralisierte Staat unter Verletzung der übernommenen Neutralitätspflichten einen anderen Staat angreift).

Zuweilen rechnet man unter diese Pflichten auch die Garantie der Neutralität, d. h. die Pflicht, ihr gegenüber jedem, der sie zu verletzen suchen sollte, Geltung zu verschaffen. Die Entscheidung, ob im Fall einer kollektiven Garantie die Garanten verpflichtet sind, nur kollektiv oder auch einzeln zu handeln, ist eine Frage der Auslegung des Vertrages. Man braucht hier kaum hinzuzufügen, daß die Garantiepflicht nicht zu vermuten ist, sie muß ausdrücklich vertraglich festgelegt sein, und in keinem Fall ist sie die Folge der bloßen Anerkennung der Neutralisation.

Einen ganz anderen Charakter als die dauernde Neutralisation eines Staates hat die sogenannte Neutralisation bestimmter Gebiete (wie Korfu, Paxos, Aalandsinseln usw.), die dahin zielt, gewisse Orte von Handlungen der Kriegsführung freizuhalten; sie ist daher anderen Betrachtungsweisen als den hier aufgestellten unterworfen; in ähnlicher Weise spricht man von Neutralisation bestimmter Personen, wie des Sanitätspersonals, der Hospitäler, Hospitalschiffe, Sanitätsformationen usw.

Neutralisierte Staaten in Europa waren bis zu den jüngsten, wohlbekannten Ereignissen außer der Schweiz, von der wir bald zu sprechen haben werden, Belgien auf Grund der Verträge von 1831 (die die Trennung von Holland anerkannten) und von 1839 (die die Verträge von 1831 bestätigten und außerdem die Anerkennung von seiten Hollands enthielten) und Luxemburg, auf Grund des Londoner Vertrages vom 11. Mai 1867, an dem auch Italien teilnahm. Im November 1918 gab Belgien offiziell seine Absicht kund, auf die Neutralisation zu verzichten, die sich als ein so wenig wirksamer Schutz erwiesen hatte. Infolgedessen setzt Art. 31 des Versailler Vertrages fest, daß Deutschland der Aufhebung der Verträge von 1839 zustimmt und sich zur Anerkennung und Beobachtung der Übereinkommen, die an Stelle der genannten Verträge etwa geschlossen werden sollten, verpflichtet. Ähnliche Bestimmungen wurden in die Verträge von St. Germain (Art. 83), Trianon (Art. 67) usw. aufgenommen. Was Luxemburg betrifft, das nicht Vertragspartei war, so beschränkt Art. 40 des Versailler Vertrages sich auf die Feststellung, daß Deutschland der Aufhebung der Neutralisierung des Großherzogtums zustimmt. Das spätere Verhalten dieses Staates und der Staaten, die am Londoner Vertrag von 1867 beteiligt gewesen waren, zeigt, daß die Neutralisation als tatsächlich aufgehoben anzusehen ist. Während die Schweiz, wie wir sehen werden, die Aufrechterhaltung der Neutralität für ihren Eintritt in den Völkerbund zur Bedingung machte und diese Bedingung vom Rat angenommen wurde, stellte Luxemburg — nachdem es im Februar 1920 einen Antrag auf Aufnahme in den Völkerbund gestellt hatte, in dem die eigene Neutralität ausdrücklich vorbehalten war — im darauffolgenden November einen zweiten Antrag ohne Vorbehalt und wurde auf Grund dessen in den Völkerbund aufgenommen.

Augenblicklich ist der einzige neutralisierte Staat die Schweiz. Die Schweizer Neutralität beruht heute, um von den historischen Vorgängen, die Vorläufer der augenblicklichen Ordnung waren (de facto-Neutralität und verschiedene mit den angrenzenden Ländern abgeschlossene Verträge auf ewigen Frieden) abzusehen, auf folgenden Akten: 1. auf der Erklärung der Signatarmächte des Pariser Friedens vom 30 Mai 1814, datiert Wien, 20. März 1815, durch die bestimmt wird, daß, wenn der Schweizer Bundesrat den die Schweiz betreffenden Artikeln der Konvention zugestimmt hat (Art. 74ff. der Schlußakte des Kongresses), „il sera expédié, au nom de toutes les puissances, un acte solennel pour reconnaître et garantir la neutralité permanente de la Suisse dans ses nouvelles frontières . . ."; 2. auf dem Beitritt der Schweizer Eidgenossenschaft, datiert 27. Mai 1815; 3. auf Art. 84 der Schlußakte des Wiener Kongresses vom 9. Juni 1815: „La déclaration adressée, en date du 20 mars par les puissances qui ont signé le traité de Paris, à la Diète de la Confédération Suisse et acceptée par la Diète, moyennant son acte d'adhésion du 27 mai, est confirmée dans toute sa teneur, et les principes établis ainsi que les arrangements arrêtés dans ladite déclaration seront invariablement maintenus"; 4. auf der Pariser Erklärung vom 20. November 1915: „. . . les puissances . . . reconnaissent, d'une matière formelle et authentique, par le présent acte, la neutralité perpétuelle de la Suisse et lui garantissent l'inviolabilité de son territoire, circonscrit dans ses nouvelles limites . . . Les puissances reconnaissent également la neutralité des parties de la Savoie qui ont été désignées, dans la déclaration du Congrès de Vienne en date du 20 mars, et dans la paix de Paris d'aujourd'hui comme devant avcir part à la neutralité de la Suisse. . . Elles font connaitre . . . que la neutralité et l'inviolabilité de la Suisse, ainsi que son indépendance de toute influence étrangère, est conforme aux véritables intérêts de la politique européenne."

Die Signatarmächte der Deklarationen vom 20. März und 20. November 1815 waren Österreich, Frankreich, Großbritannien, Portugal, Preußen und Rußland. Spanien und Schweden traten ihnen später bei.

Das Königreich Sardinien anerkannte die Neutralisation der Schweiz durch Annahme des Art. 92 der Wiener Schlußakte, auf Grund dessen „les provinces de Chablais et de Faucigny et tout le territoire de Savoie au nord d'Ugine, appartenant à S. M. le roi de Sardaigne, feront partie de la neutralité de la Suisse, telle qu'elle est reconnue et garantie par les puissances". Artikel 2 des Vertrages vom 24. März 1860, durch den Sardinien an Frankreich die Provinzen Nizza und Savoyen abtrat, erklärt ausdrücklich, daß „S. M. le roi de Sardaigne ne peut transférer les parties neutralisées de la Savoie qu'aux conditions auxquelles il les possède lui même . . .". Und da die Verträge des Königreichs Sardinien allgemein von dem Königreich Italien als eigen übernommen worden sind (und da auf den Vertrag vom 24. März 1860 auch spätere Noten des neuen Königreichs auslegungsweise verwiesen), so kann man sagen, daß seitdem eine nicht zu bezweifelnde Anerkennung der Schweizer Neutralität von seiten Italiens schon bestand. Trotzdem fanden sowohl am Anfang des europäischen Krieges (19.—26. August 1914) wie im Augenblick der italienischen Kriegserklärung an Österreich (23—24. Mai 1915) Notenwechsel zwischen den beiden Regierungen statt, in denen von seiten der Schweiz die Versicherung des entschiedenen Willens, eine absolute Neutralität zu beobachten und mit allen Mitteln die Unversehrtheit ihres Gebiets gegen jeglichen Angreifer zu verteidigen, zum Ausdruck gebracht wurde, von seiten Italiens der Wille, sich auch weiterhin, wie in der Vergangenheit, von den durch die Akte vom 20. November 1815 bestätigten Grundsätzen leiten zu lassen, wenngleich Italien nicht zu den Signatarmächten dieser Akte gehöre. Schon aus der Abfassung der Noten geht, was die bloße Anerkennung der Neutralität betrifft, ihr rein deklaratorischer Charakter hervor. Die Pflicht zur Garantierung der Neutralität konnte man dagegen aus den früheren Akten wohl nicht ableiten, und in dieser Hinsicht hat der Notenwechsel daher konstitutive Wirkung gehabt.

Was den Inhalt und die Grenzen dieser Verpflichtung anlangt, so muß man hier folgendes beachten: vor allem den Umstand, daß Italien sie hat übernehmen wollen und die Schweiz diese Übernahme entgegengenommen hat in genau denselben Ausdrücken, mit denen sie von den Signatarmächten der Pariser Deklaration vom 20. November 1815 übernommen wurde. Zweitens, daß hieraus keine Rechtsbeziehung zwischen Italien und den Signatarmächten der Deklaration entstanden ist, da diese Mächte völlig außerhalb des zwischen Italien und der Schweiz getroffenen Übereinkommens stehen. Die Wirkung dieses Übereinkommens läßt sich daher folgendermaßen zusammenfassen: Italien ist der Schweiz gegenüber zur Verwirklichung der Garantie verpflichtet, und die Schweiz ist ermächtigt, sie von Italien zu fordern, wenn und wann immer diese Verpflichtung und der ihr entsprechende Anspruch in den Beziehungen zwischen der Eidgenossenschaft und den Signatarmächten der Pariser Deklaration zur Entstehung kommen. Dagegen hat Italien den genannten Staaten gegenüber keine Verpflichtung, und diese ihrerseits haben Italien gegenüber kein Recht, die Verwirklichung der Garantie zu verlangen.

Die Schweizer Neutralität ist seit 1815 stets geachtet und eingehalten worden. Um das schwierige Problem zu lösen, das sich aus der Gründung des Völkerbunds, der seine Mitglieder in gewissen Fällen zu Handlungen verpflichtet, die mit der gewöhnlichen Auffassung von dem Wesen der Neutralität nicht vereinbar scheinen, ergab, sandte die Schweiz während der Pariser Konferenz an alle alliierten und assoziierten Mächte ein Memorandum, worin sie, nach einer Erklärung des Inhalts, daß die Aufrechterhaltung ihrer dauernden Neutralität conditio sine qua non ihres Beitritts zum

Völkerbund sei, Frankreich gegenüber die Bereitwilligkeit aussprach, auf die Vorteile der Neutralisation der Zone von Hochsavoyen verzichten zu wollen, wenn im Friedensvertrag ausdrücklich erklärt würde, daß die Neutralisation der Schweiz eine internationale Verbindlichkeit zur Aufrechterhaltung des Friedens darstelle (Art. 21 der Satzung). Art. 435 des Versailler Vertrags enthält auch tatsächlich diese Erklärung und vermerkt ausdrücklich die zwischen der französischen und der Schweizer Regierung getroffene Vereinbarung über die Aufhebung der auf die neutrale Zone in Savoyen bezüglichen Abmachungen. Diesen Voraussetzungen gemäß wurde der Beitritt der Schweiz zum Völkerbund vom Rat mit der ausdrücklichen Erklärung angenommen, daß die dauernde Neutralität dieses Staats im Interesse des allgemeinen Friedens gerechtfertigt und daher mit der Völkerbundssatzung vereinbar sei, — eine Vereinbarkeit, die sich wohl leichter als Grundsatz aufstellen, denn als auf den gegebenen konkreten Fall anwenden läßt, die aber jedenfalls der Neutralität der Schweiz schon die Anerkennung aller Mitglieder des Völkerbunds gesichert und ihr so einen allgemeinen Charakter verliehen hat, den keine andere dauernde Neutralisation bisher besessen hatte.

Zweites Kapitel.

Die Organe.

§ 1. Allgemeine Betrachtungen.

Bibliographie. — Besondere Werke über die allgemeine Lehre von den Organen im Völkerrecht konnte ich nicht feststellen: die hier angeführte Bibliographie befaßt sich mit dem Organbegriffe im öffentlichen Rechte. E. Bernatzik, Die juristische Persönlichkeit der Behörden, Sonderabdruck aus „Archiv für öffentliches Recht", Bd. V, 1890; G. Jellinek, Allgemeine Staatslehre, 3. Aufl., Berlin 1914, Kap. XVI, S. 540ff.; Id., System der subjektiven öffentlichen Rechte, 2. Aufl., Tübingen 1905, S. 139ff., 212ff.; O. Ranelletti, Gli organi dello Stato (concetto, natura, rapporti) in „Rivista di diritto pubblico", Bd. I, S. 17—22, 67—72, 123—134; H. Kelsen, Hauptprobleme der Staatsrechtslehre, Tübingen 1911, Kap. XVII, S. 450ff.; Allgemeine Staatslehre, Berlin 1925, Kap. VIII, S. 262ff.; M. Marinoni, La responsabilità degli stati per gli atti dei loro rappresentanti secondo il diritto internazionale, Rom 1914, Nr. 5ff.; A. Verdroß, Die Verfassung der Völkerrechtsgemeinschaft, zit.,

S. 46ff.; 75ff.; V. Miceli, La teoria degli organi del diritto pubblico, in „Rivista di diritto pubblico", Jahrg 1923, T. I, S. 361ff.; L. Waldecker, Allgemeine Staatslehre, Berlin 1927, S. 683ff.

Es war verschiedentlich von „Wille und Tätigkeit" des Staats die Rede; wir wollen jetzt sehen, in welchem Sinne diese Ausdrücke gebraucht werden.

Die Ausdrücke Wille und Tätigkeit haben in der Rechtswissenschaft eine besondere Bedeutung, abweichend von der, die sie in anderen Wissenschaften, in der Psychologie, der Ethik, der Physiologie usw. haben. Während z. B. für die Psychologie der Wille der konkrete Willensakt oder die „Wollung" ist, ist er für die Rechtswissenschaft das, was rechtlich als gewollt gilt, oder auch das, was das Recht einem bestimmten Rechtssubjekt als von ihm stammend zurechnet, ganz gleich, ob es sich mit einem wirklichen Willensakt deckt oder nicht. Und ebenso ist es mit der Tätigkeit: nicht die Muskelbewegung, sondern das, was dem Subjekt als Handlung zugerechnet wird, gilt juristisch als Handlung dieses Subjektes. Charakteristisch für die rechtliche Zurechnung ist, daß sie lediglich eine Wirkung der Norm ist; ein Wollen, ein Willensakt werden einem bestimmten Subjekt nur darum zugerechnet, weil die Norm es bestimmt. Die rechtliche Zurechnung unterscheidet sich also klar von der auf die bloße Kausalität gegründeten Beziehung: eine bestimmte Tat ist rechtlich betrachtet die eines bestimmten Subjektes, nicht weil sie von diesem herbeigeführt und gewollt ist in dem Sinne, den diese Worte etwa in der Physiologie oder Psychologie haben, sondern weil die Norm sie ihm zurechnet. Selbstverständlich kann sich die rechtliche Zurechnung mit der psychologischen oder physiologischen Kausalitätsbeziehung decken und tut dies oft, doch kann sie auch ohne sie und sogar im Gegensatz zu ihr bestehen.

So läßt es sich denn leicht erklären, was der Wille und die Tätigkeit des Staates sind. Begeben wir uns auf das Gebiet der Physiologie und der Psychologie, so finden wir nur von Individuen ausgehende Handlungen und Willensakte; aber es gibt von Individuen ausgehende Handlungen und Willensakte, die rechtlich als Handlungen und Willensakte des Staates gelten, weil das Recht sie dem Staate zurechnet, d. h. sie zur Voraussetzung von Pflichten und Rechten des Staates in dem auf S. 89ff. erläuterten Sinne macht. Diese Individuen sind die Organe des Staates (ὄργανον = Werkzeug). Da dies der Sinn ist, den die Rechtswissenschaft mit „Willen" und mit „Tätigkeit" verbindet, so wird damit die Personifikation von Wesenheiten, die nicht menschliche Individuen sind, möglich, und selbst die des menschlichen Individuums, das durch Alter oder Krankheit unfähig zum Wollen oder Handeln ist.

Die Analogie zwischen Organ und Stellvertreter ist offenkundig. Die Handlungen des einen wie des anderen gelten juristisch als Handlungen eines anderen Subjektes. Doch gibt es hier einen bemerkenswerten Unterschied: die Stellvertretung bedingt eine Rechtsbeziehung zwischen zwei Rechtssubjekten, denn, wenn man auch sagen kann, daß der Stellvertreter hinsichtlich der Normen, die Rechte und Pflichten des von ihm Vertretenen festsetzen, nicht Rechtspersönlichkeit ist, so ist er es doch hinsichtlich der Normen, die Rechte und Pflichten des Stellvertreters selbst gegenüber dem von ihm Vertretenen festsetzen. Das Organ dagegen kann auch nicht Rechtspersönlichkeit sein, oder es wenigstens nicht innerhalb der Rechtsordnung sein, um die es sich handelt. Die Stellvertretung für ein Subjekt des Völkerrechts kann nur einem anderen Subjekt des Völkerrechts zukommen. Aber nichts macht es unmöglich, daß ein Individuum auch auf dem Gebiet der völkerrechtlichen Beziehungen Organ des Staats sein kann.

Steht also fest, daß einem Subjekt eine Tatsache zurechnen heißt, daß man diese Tatsache damit zur Voraussetzung von dem betreffenden Subjekt zukommenden Rechten und Pflichten macht, so setzt die Zurechnung die Rechtspersönlichkeit voraus, oder besser, sie verschmilzt mit ihr. Subjekt der rechtlichen Zurechnung und Rechtspersönlichkeit sind Synonyma.

Die Völkerrechtsnormen rechnen den Willen und das Handeln der Organe den Subjekten der Völkerrechtsordnung zu. Zuweilen bezieht das Völkerrecht die rechtserhebliche Willenserklärung eines Organs nur auf ein bestimmtes Subjekt und macht sie als solche zur Voraussetzung bestimmter Rechtsfolgen, zuweilen dagegen bezieht es sie auf zwei oder mehrere Subjekte gemeinsam und macht sie dann so zur Voraussetzung dieser Rechtsfolgen. Im ersten Fall wird das Organ von dem betreffenden Subjekt allein eingesetzt, und das Völkerrecht rechnet dann, auf Grund dieser Einsetzung, die Handlungen dem Subjekt selbst zu. Im zweiten Fall wird das Organ von mehreren Subjekten kraft einer zwischen ihnen getroffenen Vereinbarung eingesetzt, und die Zurechnung erfolgt dann auf Grund dieser Vereinbarung.

Durch das erstgenannte Verfahren sorgt das Recht besonders für den Schutz der Sonderinteressen der einzelnen Subjekte untereinander, durch das zweite für den Schutz der mehreren Subjekten gemeinsamen Interessen.

Die Organe der völkerrechtlichen Beziehungen sind daher a) Organe, die von den einzelnen Subjekten völkerrechtlicher Beziehungen eingesetzt sind, somit Organe, deren Wille und Tätigkeit rechtlich als Wille und Tätigkeit eines bestimmten Subjektes gegenüber den anderen Subjekten gelten; hierher gehören in den meisten Fällen das Staatsoberhaupt, die diplomatischen Agenten, die Konsuln. Diese Organe werden hier mit dem Namen Individualorgane bezeichnet. b) Organe, die von einer Gesamtheit von Staaten eingesetzt sind, somit Organe, deren Wille und Tätigkeit vom Recht auf zwei oder mehr Subjekte zusammen bezogen werden. Hierhin gehören das Staatsoberhaupt in der Realunion, die diplomatischen Vertreter eines Bundesstaates, der Rat, die Versammlung und das Ständige Sekretariat des Völkerbundes, verschiedene internationale Kommissionen und Organisationen usw. Diese Organe sind hier mit dem Namen Kollektivorgane bezeichnet. Es braucht kaum gesagt zu werden, daß man den Fall, daß ein Organ von einer Staatengesamtheit eingesetzt ist, nicht damit verwechseln darf, daß ein Individuum Organ für mehrere gesonderte Staaten ist, so daß sein Wille und seine Tätigkeit bald dem einen, bald dem anderen Staat zuzurechnen sind, je nachdem, ob es als Organ des einen oder des anderen Staats handelt. Das gilt für das Staatsoberhaupt in einer Personalunion, oder für den Fall, daß ein und dasselbe Individuum gleichzeitig als Konsul für zwei oder mehr Staaten fungiert.

Die rechtliche Zurechnung erfolgt, da sie lediglich eine Wirkung der Norm ist, in jeder Rechtsordnung auf Grund der dieser Ordnung eigenen Normen, daher also in den völkerrechtlichen Beziehungen auf Grund der Völkerrechtsnormen. Das Völkerrecht ist es, das dem Staat die Willensakte und Handlungen bestimmter Individuen zurechnet, d. h. diese Willensakte und Handlungen zur Voraussetzung von Pflichten und Rechten des Staats gegen die anderen Staaten macht, was dem gleichkommt, daß die Völkerrechtsnormen es sind, die bestimmen, wann eine Willensäußerung oder ein Akt eines Individuums rechtlich als Wille und Handlung eines oder mehrerer Staaten gegenüber anderen Staaten gelten.

Wie aber, natürlicherweise, endlich jede Rechtsordnung die für die rechtliche Zurechnung notwendigen und zureichenden Bedingungen festsetzt, so kann sie die Zurechnung selbst auch der Tatsache unterordnen, daß das Individuum zu dem Subjekt der Zurechnung in einem bestimmten Verhältnis steht, das von einer anderen Rechtsordnung normiert ist. So kann es vorkommen, daß das Völkerrecht den Staaten den Willen und das Handeln gewisser Individuen zurechnet, wenn diese zu dem Staat in einem bestimmten Verhältnis stehen, das von dem öffentlichen Recht dieses Staates bestimmt wird; das geschieht aber, wie gesagt, nur kraft völkerrechtlicher Normen und nur in den Fällen und Grenzen, die in diesen Normen vorgesehen sind. Das bloße landesrechtliche Rechtsverhältnis als solches ist für die Völkerrechtsordnung unerheblich.

Die Feststellung und Sicherstellung der Voraussetzungen für die rechtliche Zurechnung geschieht häufig durch geeignete Verfahren, die sich in der Völkerrechtspraxis herausgebildet haben und welche im einzelnen in einer offiziellen Bescheinigung der rechtlichen Eigenschaft gewisser Individuen bestehen: in Notifikationen, Beglaubigungen, Vollmachten, äußeren Abzeichen usw. Solche Bescheinigung ist in der Regel erforderlich und ausreichend, um zu beweisen, daß das Individuum in einem bestimmten Verhältnis zu dem Staat steht. Ist dieses Verhältnis auf die gewünschte Art festgestellt, so geht das Völkerrecht in völlig selbständiger Weise vor und rechnet dem Staat zu: bald ganz allgemein alle die Willensäußerungen und -handlungen des betreffenden Individuums, die insoweit für die völkerrechtlichen Beziehungen rechtserheblich sind, als das betreffende Individuum als staatliches Organ auftritt, bald nur einzelne bestimmte Äußerungen, die mit den speziellen Funktionen des betreffenden Organs zusammenhängen. Die eventuellen Diskrepanzen zwischen den Völkerrechtsnormen, die festsetzen, welche Akte den Staaten zugerechnet werden können, und den landesrechtlichen Normen, die diesem Organ eine entsprechende Kompetenz nicht zuschreiben, haben keine andere Bedeutung und keine anderen Wirkungen als jede andere Diskrepanz zwischen Völkerrecht und Landesrecht; jede Norm ist in ihrer eigenen Sphäre wirksam, und nur in ihr. Weder hat die nach innerstaatlichem Recht bestehende Inkompetenz eines Organs Einfluß auf die Zurechnung eines Akts nach Völkerrecht, falls dieses die Rechtssätze, auf denen sie beruht, nicht einbezieht, noch kann die nach dem Völkerrecht bestehende Zurechenbarkeit eines Akts sich je verwandeln in die Schaffung einer landesrechtlich gültigen Kompetenz. Es gilt naturgemäß auch hier die Regel, daß die innerstaatlichen Normen möglichst so interpretiert werden müssen, daß sie in Übereinstimmung mit den Geboten des Völkerrechts bleiben.

§ 2. Individualorgane.

Bibliographie. — B. Hübler, Die Magistraturen des völkerrechtlichen Verkehrs, Berlin 1900; A. Cavaglieri, Gli organi esterni dello Stato e la loro posizione giuridica, Rom 1912.

Die Individualorgane völkerrechtlicher Beziehungen sind die Individuen oder Kollegien, die von einem einzelnen Subjekt der Völkerrechtsgemeinschaft eingesetzt sind, und deren Willenserklärungen und Handlungen vom Völkerrecht diesem Subjekt zugerechnet werden. Dies können eigentliche Organe für die zwischenstaatlichen Beziehungen, wie die diplomatischen Vertreter, sein, oder kraft des Völkerrechts errichtete Organe staatlicher Aktivität im Ausland, wie die Konsuln.

Die Rechtsnormen, die sich auf die rechtliche Stellung und die Funktionen dieser Organe beziehen, finden einen geeigneteren Platz in der Darstellung des Systems der völkerrechtlichen Rechtsbeziehungen. Es handelt sich in der Tat um Normen, die bald die Tätigkeit des Staats innerhalb seines eigenen Gebiets beschränken (wie es z. B. bei den Normen der Fall ist, welche die Immunitäten und Privilegien der ausländischen diplomatischen Vertreter festsetzen), bald den Staat ermächtigen, staatliche Aktivität auf fremdem Gebiet auszuüben, (wie z. B. jene Normen, durch die ein Staat seine Konsuln mit der Befugnis ausstatten kann, in gewissen Fällen die Befugnisse eines Verwaltungsbeamten oder Richters auszuüben). Hier soll nur der Begriff auseinandergesetzt und die wesentlichen Merkmale dieser Organe in ihrer Beziehung auf die allgemeine, vorher skizzierte Theorie angedeutet werden.

Auch die in folgendem als Individualorgane aufgeführten Organe können zuweilen Kollektivorgane sein. Es ist gelegentlich darauf hingewiesen worden (S. 190), daß hierhin das Staatsoberhaupt der Realunion und die diplomatischen Agenten eines Bundesstaats gehören. Die dafür geltenden Normen sind in der Regel die gleichen, vorbehaltlich der Verschiedenheiten, die möglicherweise aus dem Übereinkommen, auf Grund dessen sie eingesetzt sind, stammen können.

1. Das Staatsoberhaupt.

Bibliographie. — Mit Ausnahme des Artikels von Frisch, sind die übrigen 4 angeführten Schriften Dissertationen, die sich nur zum Teil mit den für das Völkerrecht relevanten Begriffen und Befugnissen des Staatshauptes befassen. Walther, Das Staatshaupt in den Republiken, 1907, S. 190ff.; K. Jung, Wahl und rechtliche Stellung der Präsidenten der Republik in Frankreich, der Schweiz und den Vereinigten Staaten von Nordamerika, Erlangen 1907, S. 63—72; G. Krusch, Die rechtliche Stellung der Präsidenten der Republik in den Vereinigten Staaten, Frankreich und der Schweiz, Erlangen 1907, S. 33—43 u. 91; H. Wandersleb, Der Präsident in den Vereinigten Staaten von Nordamerika, in Frankreich und im Deutschen Reiche, Berlin 1922, S. 31—36; von Frisch, Staatsoberhäupter, im „Wörterbuch des Völkerrechts" von K. Strupp, Bd. II; Das Buch von L. Bittner, Die Lehre von den völkerrechtlichen Vertragsurkunden, Berlin und Leipzig 1924, kann, wenn es auch hauptsächlich die Form der völkerrechtlichen Verträge behandelt, auch hier herangezogen werden: s. besonders S. 15ff. S. auch die bei der Lehre der Staatsverträge (Kap. III § 2 n. III) zitierte Literatur.

A. Jeder Staat zeigt den anderen Staaten (die ihrerseits von dieser Anzeige offiziell Kenntnis nehmen) offiziell das Individuum oder das Kollegium an, das generell Organ für die Verwaltung seiner Beziehungen zu ihnen sein soll, und ebenso jeden Wechsel dieses Organs. In der Regel ist dieses Organ landesrechtlich das höchste Staatsorgan, doch ist dies nicht nötig; und vielleicht besteht bei den Ländern, die unter demokratischem Regime stehen, die Neigung, dieses Zusammenfallen beider Organe einzuschränken, um den Vorteil, den es bietet, daß an der Spitze der völkerrechtlichen Beziehungen ein aus einer Person bestehendes Organ steht, mit der Tatsache der immer größeren Bedeutung zusammengesetzter Organe (repräsentativer Versammlungen) im politischen Leben der Staaten zu vereinigen. Die verfassungsmäßige Qualifikation des Staatsoberhauptes, d. h. ob es Monarch oder Präsident einer Republik ist, — in der Vergangenheit eine Frage von großer Bedeutung — geht heute fast ausschließlich das Zeremoniell an, d. h. mehr die Sitte als das Recht.

Die Notifikation und die entsprechende Anerkennung bezwecken und bewirken den Nachweis gegenüber den Staaten, welches das allgemeine Organ für die Verwaltung der völkerrechtlichen Beziehungen des betreffenden Staats ist, weiter nichts. Insbesondere haben sie als völkerrechtliche Akte keinerlei Wirkung in landesrechtlicher Hinsicht, und schaffen daher ebensowenig verfassungsmäßige Kompetenzen, wie sie einen eingetretenen Wechsel legitimieren. Die Legitimität oder Illegitimität eines Wechsels ist ausschließlich Sache des internen Rechts. Für die völkerrechtlichen Beziehungen ist der Wechsel selbst eine bloße Tatsache.

Hieraus folgt, daß mit Ausnahme dessen, was oben (S. 132ff.) über mögliche völkerrechtliche Rückwirkungen, die sich aus Veränderungen der inneren Verfassung eines Landes ergeben können und besonders über die mögliche Verletzung völkerrechtlicher Pflichten, die im Zusammenhang oder als Folge von Veränderungen der Verfassung erfolgen können, gesagt wurde, ein Staat sich nicht weigern kann, die Notifikation des eingetretenen Wechsels offiziell zur Kenntnis zu nehmen, ohne daß solche Weigerung eine unerlaubte Einmischung in die inneren Angelegenheiten des anderen Staats bedeutete — immer vorausgesetzt, daß der eingetretene Wechsel effektiv ist und Aussicht auf Dauer hat. Das ist eine Tatfrage, die jeder Staat nach eigenem Ermessen löst; und hier greift natürlich das Politische als Kriterium ein und bewirkt von sich aus, ohne daß der Rechtsgrundsatz verletzt würde, einen mehr oder minder frühen Zeitpunkt der Anerkennung. Die Sache wird besonders schwierig und heikel, wenn um dies Amt des Staatsoberhaupts von zwei oder mehr Prätendenten gestritten wird. Die fremden Staaten sind nicht berufen, über die Rechtmäßigkeit der betreffenden Ansprüche zu befinden; daraus folgt, daß, wenn ein Staatsoberhaupt einmal anerkannt ist, die Anerkennung der Notifikation eines Wechsels sich auf nichts anderes gründen kann als eben darauf, daß der Wechsel effektiv ist. Mit diesen Ausführungen soll natürlich der Frage, ob die Anerkennung einer aufständischen Regierung zu bestimmten Zwecken möglich ist, nicht vorgegriffen werden.

Erfolgt aus irgendeinem Grunde keine offizielle Notifikation, so gilt als Staatsoberhaupt in völkerrechtlicher Hinsicht das Individuum oder das Kollegium, das tatsächlich als Staatsoberhaupt auftritt: qui actu regit.

B. Das Völkerrecht rechnet dem Staate alle Willensäußerungen und alle Akte zu, die das Staatsoberhaupt in dieser seiner Eigenschaft auf dem Gebiet der völkerrechtlichen Beziehungen vollzieht (das sogenannte jus representationis omnimodae).

Zur Zeit der absoluten Monarchien entsprach dieser Regel, die ihren Ursprung in stillschweigenden Übereinkommen zwischen den Staaten hat, die unbeschränkte Zuständigkeit des Monarchen nach Landesrecht. Mit dem Übergang der Staaten zum Repräsentationssystem hörte diese Übereinstimmung mehr und mehr auf, weil viele Verfassungen die Zuständigkeit des Staatsoberhaupts beschränken, vor allem, was den Abschluß von Verträgen anlangt, indem sie hierfür die Zustimmung anderer Organe, insbesondere der Parlamente, fordern. Daher die Frage, die eine der am meisten umstrittenen des heutigen öffentlichen Rechts ist, ob die verfassungsmäßigen Beschränkungen der Zuständigkeit des Staatsoberhaupts für die völkerrechtlichen Beziehungen von rechtlicher Bedeutung sind, ob z. B. ein Vertrag, den das Staatsoberhaupt abgeschlossen hat, ohne die von der Verfassung geforderte Billigung der Kammern erhalten zu haben, völkerrechtlich gültig ist.

Die zahlreichen Erörterungen über diesen Punkt kranken fast alle an einem Grundfehler, nämlich dem, daß ihnen eine klare Vorstellung von dem Unterschied zwischen Völkerrecht und Landesrecht und dem, was diesen Unterschied ausmacht, fehlt. Wenn wir von der Auffassung ausgehen, daß Völkerrecht und Landesrecht zwei getrennte Rechtsordnungen sind, und daß die Normen der einen für die andere keine rechtliche Bedeutung haben, außer in den Fällen, wo eine Verweisung stattgefunden hat, so müssen wir zugeben, daß die durch die Verfassungen festgesetzten Beschränkungen der Kompetenz des Staatsoberhaupts nur auf Grund von Völkerrechtssätzen, die auf diese Beschränkungen verweisen, zur Voraussetzung für die Zurechenbarkeit bestimmter Handlungen des Staatsoberhauptes auf völkerrechtlichem Gebiet werden könnten. Zwar überläßt das Völkerrecht dem Staat die Einsetzung des Organs, doch kann es dann, diese Einsetzung als gegebenen Ausgangspunkt nehmend, dazu übergehen, dem Staat die Willenserklärungen dieses Organs zuzurechnen, und infolgedessen setzt es die Bedingungen dieser Zurechnung fest. Man müßte, mit anderen Worten, die Existenz einer Völkerrechtsnorm beweisen, die den Umstand, daß einem Staat die von seinem Oberhaupt gemachten Willenserklärungen zugerechnet werden, von der Bedingung abhängig macht, daß das Staatsoberhaupt den verfassungsrechtlichen Bestimmungen gemäß gehandelt hat. Diese Norm existiert indessen nicht. Die Staaten sind vielmehr der Überzeugung, daß eine Untersuchung zur Feststellung der Verfassungsmäßigkeit der von dem Staatsoberhaupt eines fremden Staates vollzogenen Akte weder erforderlich noch zulässig ist. Diese Akte werden daher immer dann dem Staat zugerechnet, wenn — aber auch nur dann — die durch das Völkerrecht selbst festgesetzten formellen äußeren Bedingungen erfüllt sind.

Ein Vertrag wird daher, wenn die vom Völkerrecht gewollten Bedingungen in ihm vereinigt sind, Gültigkeit haben, auch wenn das Staatsoberhaupt Handlungen vollzogen hat, zu denen es nicht ermächtigt war, oder irgendwie die ihm eigenen verfassungsmäßigen Pflichten verletzt hat; andererseits hindert die Gültigkeit des Vertrags, die nur innerhalb der völkerrechtlichen Sphäre vorhanden ist, nicht den Eintritt der landesrechtlich gebotenen Rechtsfolgen, die sich aus der Verletzung der Verfassung ergeben. Wir werden an gegebener Stelle sehen, daß die auf den Abschluß von Verträgen bezüglichen Regeln des Völkerrechts sich in einem Stadium der Umwandlung befinden, so daß es möglich wird, daß die Pflichten eingehalten werden können, die viele Verfassungen dem Staatsoberhaupt auferlegen.

C. Der Person des Staatsoberhauptes als Organ der völkerrechtlichen Beziehungen analog ist die des Papstes als Oberhaupt der katholischen Kirche, sofern man ihr völkerrechtliche Rechtspersönlichkeit zuerkennt. Diese Analogie ist von Italien ausdrücklich sanktioniert worden durch das Garantiegesetz, das dem Papst eine Rechtsstellung zuweist, die der des Königs gleich ist, und ihm die ihm von den katholischen Herrschern zuerkannten Ehrenvorrechte erhält. Man kann daher wohl die Rechtsstellung des Papstes als die eines fremden Souveräns mit Wohnsitz im Königreich Italien bezeichnen (Gabba).

2. Der Minister der Auswärtigen Angelegenheiten.

Bibliographie. — Eine selbständige Monographie über den Außenminister konnte nicht festgestellt werden. Die folgenden, meistens in anderem Zusammenhange zitierten Werke enthalten einige für die in dem Text behandelten Fragen interessante Bemerkungen: P. Pradier-Fodéré, Cours de droit diplomatique, 2 ed., Paris 1899, Bd. I, S. 256ff.; E. Nys, Le droit international etc., zit., Bd. II, S. 383ff.; P. Fauchille, Traité de droit international public, zit., Bd. I, T. I, S. 648ff.; E. Satow, A guide to diplomatic practice, 2nd ed., London 1922, Bd. I, S. 8ff.; L. Bittner, Die Lehre von den völkerrechtlichen Vertragsurkunden, zit., insbesondere S. 26ff.; E. Wolgast, Die Auswärtige Gewalt des Deutschen Reiches unter besonderer Berücksichtigung des auswärtigen Amtes, in „Archiv des öffentlichen Rechts", N. F. Bd. 5, 1923, S. 1ff.; G. Vidal y Saura, Tratado de derecho diplomatico, Madrid 1925, S. 36ff.; A. Cavaglieri, Lezioni di diritto internazionale, zit., S. 221ff. Die Bedeutung einer Willenserklärung des Außenministers und in wieweit seine Nachfolger durch eine solche gebunden sind, ist aus Anlaß des dänisch-norwegischen Streites über Ostgrönland von Castberg in der „Revue de dr. int. et de lég. comp.", Serie III, Bd. V, 1924, S. 261—263 und von Rasmussen in derselben Revue, Serie III, Bd. VIII, 1927, S. 665—666, erörtert worden.

Überall existiert unter der unmittelbaren Abhängigkeit vom Staatsoberhaupt ein Organ, das gemeinsam mit ihm die Führung der zwischenstaatlichen Beziehungen leitet und überwacht und seinerseits unterstützt wird von einem Stab von Beamten, die auf verschiedene Abteilungen verteilt sind, aus denen sich das sogenannte „Ministerium der Auswärtigen Angelegenheiten" zusammensetzt, das unter diesem oder anderen Namen in allen Ländern besteht. Es ist der Mittelpunkt der völkerrechtlichen Beziehungen eines Staates, der Punkt, in den sozusagen alle Beziehungen, die der Staat zu den anderen Staaten unterhält, zusammenlaufen.

Die politische Funktion des Außenministers ist von größter Bedeutung. War er in den absoluten Monarchien lediglich ein Werkzeug, ein Ausführungsorgan für den Willen des Monarchen, so ist er unter der Herrschaft des repräsentativen Regimes der eigentliche Urheber der gesamten auswärtigen Politik des Staates. Man versteht daher, welche Bedeutung auch die ausländischen Staaten seiner Ernennung beilegen, und daß es fester Brauch geworden ist, ihnen diese Ernennung offiziell zur Kenntnis zu bringen. Rechtlich deckt der Außenminister mit seiner Verantwortlichkeit die nach Landesrecht bestehende Nichtverantwortlichkeit des Staatsoberhaupts, und durch die Vermittlung des Außenministers spricht sich das Parlament über die Führung der auswärtigen Beziehungen aus.

Vom Standpunkt des Völkerrechts ist der Außenminister in der Regel nicht selbständiges Organ der völkerrechtlichen Beziehungen; seine nie aussetzende Aktivität verschmilzt mit der des Staatsoberhauptes. Nur ausnahmsweise rechnen Völkerrechtsnormen dem Staat Akte zu, die vom Außenminister in seiner Eigenschaft als solcher vollzogen sind (als Beispiel das Wiener Reglement vom 19. März 1815 über den Rang der diplomatischen Agenten, Art. 1, Ziff. 4).

3. Die diplomatischen Agenten.

Bibliographie. — Als umfassende historische Darstellung der Bildung und Entwicklung der ständigen Gesandschaften siehe besonders O. Krause, Die Entwicklung der ständigen Diplomatie vom 15. Jahrhundert bis zu den Beschlüssen von 1815 und 1818, Leipzig 1885 (in „Staats- und sozialwissenschaftliche Forschungen", V, Nr. 3).

Es gibt eine Fülle von Arbeiten über die diplomatischen Agenten und über die Diplomatie, die bis in die Anfänge der wissenschaftlichen Behandlung des Völkerrechts zurückreichen. Viele dieser Arbeiten sind jedoch, wenigstens vom juristischen Standpunkt, von geringem Wert. Wichtiger sind in dieser Hinsicht die Studien, die sich auf die rechtliche Stellung der diplomatischen Agenten und auf die sogenannte Exterritorialität beziehen, die, wie im Text gesagt wurde, außerhalb der hier behandelten Fragen stehen. Andererseits ist zu beachten, daß die Literatur zu diesen Fragen zur Hauptsache aus Handbüchern zum praktischen Gebrauch besteht, die sich sowohl auf den diplomatischen wie den konsularischen Dienst eines bestimmten Landes beziehen und den Zweck haben, den Beamten bei Erledigung ihrer Obliegenheiten als Ratgeber und Hilfe zu dienen. Nachdem wir dies vorausgeschickt haben, beschränken wir uns darauf, einige Arbeiten zu nennen, die in der Vergangenheit größere Autorität hatten und noch heute haben, oder die dazu dienen können, das im Text Gesagte zu ergänzen. Außer dem schon zitierten „De legationibus libri tres" von A. Gentile, nennen wir in zeitlicher Reihenfolge: A. de Wicquefort, L'ambassadeur et ses fonctions, 2 Bde., Haag 1680—81 (mit verschiedenen Auflagen und Übersetzungen in deutscher und englischer Sprache); J. J. Moser, Versuch eines europäischen Gesandtschaftsrechts, Frankfurt a. M.

1778; A. Miruss, Das europäische Gesandtschaftsrecht, Leipzig 1847; L. Alt, Handbuch des europäischen Gesandtschaftsrechtes, Berlin 1870; P. Pradier-Fodéré, Cours de droit diplomatique, 2. Aufl., 2 Bde., Paris 1899; F. H. Geffcken, Das Gesandtschaftsrecht und die diplomatischen Verkehrsformen, im „Handbuch des Völkerrechts" von F. von Holtzendorff, Bd. III, Hamburg 1887, S. 605ff.; J. Foster, The practice of diplomacy as illustrated in the foreign relations of the United States, Boston 1906; Ph. Zorn, Deutsches Gesandtschafts- und Konsularrecht auf der Grundlage des allgemeinen Völkerrechts, im „Handbuch des Völkerrechts" von F. Stier-Somlo, Stuttgart 1920, Kap. I: Das Gesandtschaftsrecht; E. Satow, A guide to diplomatic practice, 2 Bde., London, 2. Aufl., 1922; von Frisch, Gesandte und Gesandtschaftsrecht, im „Wörterbuch des Völkerrechts" von K. Strupp, Bd. I; G. Vidal y Saura, Tratado de derecho diplomatico, Madrid 1923; J. de Szilassy, Traité pratique de diplomatie moderne, Paris 1928; s. auch die bei der Lehre der Konsuln angeführte Literatur, welche zum Teil die diplomatischen und konsularischen Beamten umfaßt.

A. Die Entsendung von Personen, die damit betraut sind, die Angelegenheiten eines Staates durch Verhandlungen mit anderen Staaten zu besorgen, ist, wenn sie auch sicher eine sehr alte Einrichtung ist, lange Zeit nur eine gelegentliche Einrichtung geblieben, da die Beziehungen zwischen den Völkern auch nur gelegentlichen Charakter trugen und immer wieder aussetzten. Die Einrichtung der ständigen Gesandtschaften ist italienischen Ursprungs. Die Republik Venedig hatte solche seit dem 13. Jahrhundert und andere italienische Staaten folgten ihrem Beispiel.

Im 16. Jahrhundert begann sich der Gebrauch auszudehnen und wurde in der zweiten Hälfte des 17. Jahrhunderts in Europa fast allgemein, besonders durch den Impuls, den Ludwig XIV. und der Kardinal Richelieu gaben. Heute sind es verhältnismäßig wenige Staaten, die wegen ihrer Kleinheit oder aus wirtschaftlichen Gründen keine festen Gesandtschaften halten oder ein und derselben Gesandtschaft die Wahrnehmung ihrer Geschäfte bei mehreren Staaten übertragen.

Das Recht, diplomatische Agenten zu entsenden, d. h. bei anderen Staaten Personen zu beglaubigen, die mit diplomatischem Charakter bekleidet und zum Genuß der Privilegien und Immunitäten, die dieser Charakter mit sich bringt, berechtigt sind, wird allgemein das aktive Gesandtschaftsrecht genannt. Es erstreckt sich auf alle Mitglieder der Völkerrechtsgemeinschaft, die sich nicht verpflichtet haben, ihre diplomatische Vertretung einem anderen Mitglied zu übertragen (z. B. die Regentschaft Tunis, S. 170 und die Freie Stadt Danzig, S. 172ff.) oder die nicht von einem anderen Staat abhängen. Die abhängigen Staaten können das aktive Gesandtschaftsrecht haben oder nicht, je nach der Stellung, in der sie sich gegenüber dem Staat, von dem sie abhängen, befinden. Zuweilen entsenden und empfangen sie statt wirklicher diplomatischer Agenten solche ohne diplomatischen Charakter. Bei den Staatenverbindungen wird das Gesandtschaftsrecht zuweilen nur kollektiv ausgeübt. Zuweilen besteht neben der kollektiven Ausübung für die Geschäfte von gemeinsamem Interesse auch das individuelle Recht der einzelnen Mitglieder. Der erste Fall tritt gewöhnlich in der Realunion ein (S. 142ff.), der zweite im Staatenbund (S. 143).

Dem aktiven Gesandtschaftsrecht entspricht das sogenannte passive Gesandtschaftsrecht, d. h. das Recht, mit diplomatischem Charakter bekleidete Vertreter ausländischer Staaten zu empfangen — ein Recht, das die Verpflichtung mit sich bringt, den in dieser Eigenschaft empfangenen Personen die vom Völkerrecht gebotene privilegierte Sonderstellung einzuräumen.

Es scheint dagegen nicht richtig, von einer Pflicht zur Entsendung und zum Empfang diplomatischer Agenten zu sprechen. Früher wurde diese Pflicht zuweilen vertraglich geschaffen. Heutzutage werden diplomatische Beziehungen, von besonderen Umständen abgesehen (sogenannter Abbruch der diplomatischen Beziehungen), der Tatsache nach von fast allen Mitgliedern der Völkerrechtsgemeinschaft unterhalten, und kein Staat könnte sich ihnen ganz entziehen, ohne sich damit außerhalb der Gemeinschaft zu stellen. Aber ein Rechtsanspruch auf Entsendung und Empfang diplomatischer Agenten für jeden Staat gegenüber jedem anderen Staat scheint sich nicht beweisen zu lassen.

B. Der Gesandte ist das Organ der Beziehungen zwischen dem Staat, der ihn entsendet, und dem Staat, bei welchem er beglaubigt ist. Außer diesen Gesandten, die diplomatische Agenten zur Besorgung der Geschäfte sind, gibt es die sogenannten Zeremonialgesandten, die zu besonderen Gelegenheiten wie Festen, Thronbesteigungen, Beisetzungen usw. entsendet werden. Im übrigen pflegt man zu unterscheiden zwischen ständigen diplomatischen Agenten, die mit dauernder Wirkung beauftragt sind, alle Beziehungen zwischen zwei Staaten zu verwalten — und nicht ständigen, die mit einer bestimmten Mission beauftragt sind (Teilnahme an einem Kongreß, Abschluß eines Vertrages usw.) und die meistens mit dem Namen Delegierte bezeichnet werden.

Diese Unterscheidungen haben übrigens eine ziemlich geringe

rechtliche Bedeutung. Von Wichtigkeit ist noch heutzutage die durch das Wiener Reglement vom 19. März 1815 (das Anlage 4 der Schlußakte des Wiener Kongresses bildet) festgesetzte Rangordnung der Gesandten, die durch das Aachener Protokoll vom 21. November 1818 ergänzt wurde. Um zahllose Fragen über Rang und Etikette, die eine der Hauptbeschäftigungen der auswärtigen Politik im 17. und 18. Jahrhundert gebildet hatten, zum Abschluß zu bringen, setzten die in Wien zusammengekommenen Staaten die Einteilung der Gesandten in 3 Klassen fest: 1. Päpstliche Legaten und Nuntien, Botschafter, 2. Gesandte oder Bevollmächtigte Minister, 3. Geschäftsträger. Das Aachener Protokoll führte noch die Klasse der Ministerresidenten ein, die von der Praxis schon im 18. Jahrhundert geschaffen worden war; sie wurde zwischen die 2. und 3. Klasse des Wiener Reglements eingeschoben, wodurch sich die Gesamtzahl der Rangklassen endgültig auf vier erhöhte. Innerhalb jeder Klasse gilt nach dem Reglement (Art. 4) das Prinzip des Vorrangs der örtlichen Anciennität, und diese hängt von dem Datum der offiziellen Beglaubigung ab. Diese Klassifizierung wurde ausdrücklich oder stillschweigend von den meisten Staaten anerkannt, so daß diese Regeln, die anfangs nur zwischen einer beschränkten Zahl von Staaten festgesetzt wurden, heute allgemein gelten. Die Unterschiede zwischen den 4 Rangklassen der Gesandten betreffen fast ausschließlich Fragen der Etikette und des Vorrangs. Der wichtigste ist, daß die Gesandten der drei ersten Klassen bei dem Staatsoberhaupt, die der vierten bei dem Minister der Auswärtigen Angelegenheiten beglaubigt werden. Im übrigen sind die Funktionen die gleichen, und auch die Verpflichtungen, die das Völkerrecht den Staaten betreffs der Behandlung der auswärtigen Gesandten auferlegt, sind, wie wir sehen werden, für alle Klassen die gleichen.

Das Wiener Reglement (Art. 2) fügt hinzu, daß nur die diplomatischen Agenten der ersten Klasse repräsentativen Charakter haben; das soll heißen, daß sie die Person des Staatsoberhaupts vertreten und daher Anrecht auf die gleichen Ehren haben. Eine Folge dieses repräsentativen Charakters, die zur Zeit der absoluten Monarchien äußerst wichtig war, heutzutage in den konstitutionell regierten Staaten jedoch fast alle Bedeutung verloren hat, ist das Recht, unmittelbar mit dem Staatsoberhaupt, bei dem sie beglaubigt sind, zu verhandeln.

Die Ernennung des Gesandten ist eine innere Angelegenheit des Absendestaates. Jedoch kann kein Staat gezwungen werden, eine ihm nicht genehme Persönlichkeit als Gesandten zu empfangen; daher geht der Ernennung stets die Anfrage beim Empfangsstaat voraus, ob die betreffende Person genehm ist. Die Ablehnung einer persona ingrata braucht nicht mit Gründen versehen zu sein; es kann dafür auch keine Rechenschaft verlangt werden; das scheint jedenfalls die allgemeine Praxis zu sein, wenn auch Großbritannien und die Vereinigten Staaten von Nordamerika manchmal eine hiervon abweichende Haltung eingenommen haben.

C. Die Bestätigung der Eigenschaft eines diplomatischen Agenten erfolgt durch die Akkreditierung. Der Gesandte erhält ein Beglaubigungsschreiben (literae credentiales, lettre de créance), das für die Gesandten der ersten drei Rangklassen vom Staatshaupt des Absendestaates an das des Empfangsstaates, für die der 4. Klasse vom Außenminister an den Außenminister gerichtet ist. Das Schreiben gibt den Zweck der Mission, den Namen und die offizielle Eigenschaft des Gesandten an und schließt gewöhnlich mit der Bitte, den Aussagen der Person, für die es ausgestellt ist, Glauben zu schenken. Die Überreichung des Beglaubigungsschreibens erfolgt in besonderer Audienz, infolge derer dann der diplomatische Agent als solcher anerkannt und zur Ausübung seines Amtes zugelassen ist.

Den mit einer besonderen Mission betrauten diplomatischen Agenten und den zu den Kongressen und Konferenzen entsandten Delegierten werden statt des Beglaubigungsschreibens in der Regel Vollmachten (plenipotentia, plein pouvoir) mitgegeben; der offizielle Charakter ihrer Entsendung wird durch die Nachprüfung dieser Urkunde gesichert und legitimiert.

Ist die Eigenschaft einer Person als diplomatischer Agent auf diese Weise bestätigt, so rechnet das Völkerrecht dem Staat, der sie entsendet hat, alle von ihr bei der Ausübung der Funktionen, für die sie beglaubigt oder legitimiert ist, vollzogenen Akte zu. Das ist der Fall für die Gesamtheit der Beziehungen zwischen zwei Staaten, wenn es sich um ständige Gesandte handelt; bei einer Sondergesandtschaft gilt dies nur in dem Umfang, der sich aus dem Inhalt der Akkreditierung ergibt, oder aus dem Inhalt der Vollmachten, wenn es sich um Zeremonialgesandte oder mit einer besonderen Mission beauftragte Agenten handelt. Willenserklärungen oder Akte, die außerhalb dieser Wirkungsbereiche liegen — z. B. eine Erklärung, die gegenüber einem anderen Staat als dem, bei dem der Gesandte beglaubigt ist, gemacht ist — sind dem Absendestaat nicht zuzurechnen. Dagegen ist es unerheblich, ob der Gesandte sich innerhalb der Grenzen der Befugnisse, die das Landesrecht ihm zuweist, gehalten hat, oder ob er nach den ihm erteilten Instruktionen gehandelt hat.

D. Die Beendigung des diplomatischen Auftrages erfolgt, wenn sie durch die Abberufung des Gesandten eintritt, auf dieselbe Weise wie der Beginn: der Gesandte überreicht das Abberufungsschreiben (lettre de rappel) in besonderer Abschiedsaudienz und nimmt das Antwortschreiben (Rekriditiv, lettre de recréance) in Empfang, das gewöhnlich von dem Staatshaupt an das Staatshaupt oder vom Außenminister an den Außenminister gerichtet ist, je nach der Rangklasse, der der abberufene diplomatische Agent angehört.

Ein besonderes Verfahren zur Bestätigung dessen, daß die Amtstätigkeit beendet ist, erübrigt sich in folgenden Fällen:

a) bei Beendigung des Auftrages für die Gesandten ad hoc,

b) bei Erlöschen des einen oder anderen Staates, oder beider Staaten,

c) beim Tode des Gesandten.

Die Beendigung der Gesandteneigenschaft wird in folgenden Fällen durch Zustellen der Pässe an den diplomatischen Agenten angezeigt:

a) bei dem Ausbruch des Krieges zwischen den beiden Staaten,

b) bei dem Abbruch der diplomatischen Beziehungen, unabhängig vom Ausbruch eines Krieges,

c) bei der Rücksendung des Gesandten, die als Verteidigung oder als Retorsion erfolgt. In diesen Fällen ist der Zustellung der Pässe die Aufforderung beigefügt, das Land binnen einer bestimmten Frist zu verlassen, während derer allein der Gesandte noch weiter die Privilegien und den besonderen Schutz, den das Völkerrecht vorschreibt, genießen soll.

Die diplomatischen Gebräuche erfordern ein neues Beglaubigungsschreiben im allgemeinen auch dann, wenn der Gesandte in eine höhere Rangklasse aufsteigt, oder wenn ein Wechsel in der Person des Staatshauptes eingetreten ist, wenigstens in den Monarchien und für die Gesandten der drei ersten Klassen; durch die Ausstellung eines neuen Beglaubigungsschreibens wird jedoch in diesen Fällen die Anciennität nicht berührt; ihre Wirkungen laufen weiter, als hätte es keine Unterbrechung gegeben.

Im Falle eines Wechsels der Regierungsform ist diese letztere Frage eng verknüpft mit der Anerkennung der neuen Regierung. Erfolgt die Anerkennung schnell und erhalten die Gesandten neue Beglaubigungsschreiben, so haben wir es, wie in den vorher erwähnten Fällen, zwar mit einem neuen Auftrag zu tun, was aber keine Unterbrechung hinsichtlich der Anciennität zur Folge hat. Oft verzögert sich die Anerkennung jedoch und es erfolgen, in Abwartung der künftigen Ereignisse, weder Abberufungen noch Neubeglaubigungen der Gesandten. Es ist in solchem Fall üblich, daß die Gesandten, wenigstens eine Zeitlang, die diplomatischen Immunitäten und Privilegien weiter genießen. Doch scheinen darüber keine festen Regeln zu existieren. Es ist auch zuweilen vorgekommen, daß in einem Staate gleichzeitig die offiziellen Vertreter der gestürzten Regierung und die der neuen Regierung waren, jene im vollen Besitz der diplomatischen Stellung, diese nur im Besitz des beschränkten Schutzes, den das Völkerrecht dieser Kategorie von Organen sichert.

4. Die Konsuln.

Bibliographie. — Auch für die Literatur über die Konsuln und das Konsularrecht gelten zur Hauptsache die betreffs der Literatur über die Gesandten gemachten Bemerkungen. Über die geschichtliche Entwicklung des Instituts der Konsuln seien außer dem ersten Bande des weiter unten zitierten Handbuchs von A. de Miltitz folgende Werke genannt: E. Genevois, Histoire critique de la juridiction consulaire, Paris-Nantes 1866; F. Martens, Das Konsularwesen und die Konsularjurisdiktion im Orient (aus dem Russischen übersetzt von H. Skerst), Berlin 1874; G. Salles, L'institution des consulats, son origine, son développement au moyen âge chez les différents peuples, Paris 1898. — Von den zahlreichen Handbüchern und praktischen Leitfäden, die im allgemeinen unter Berücksichtigung der in einem betreffenden Lande geltenden Bestimmungen abgefaßt sind, seien folgende genannt: A. de Miltitz, Manuel des consuls, 2 Bde., London und Berlin 1837—39; B. W. von König, Handbuch des deutschen Konsularwesens, 8. Aufl., Berlin 1914; E. Lehr, Manuel théorique et pratique des agents diplomatiques et consulaires français et étrangers, Paris 1888; A. de Clercq und C. de Vallat, Guide pratique des consulats, publié sous les auspices du Ministère des affaires étrangères, 5. Aufl., 2 Bde., Paris 1898; S. von Malfatti di Monte Tretto, Handbuch des österreichisch-ungarischen Konsularwesens, 2 Bde., Wien 1904. In Italien: L. Testa, le voci del servizio diplomatico consolare italiano e straniero, 3. Aufl., Rom 1912; F. P. Contuzzi, Trattato teorico-pratico di diritto consolare e diplomatico, 2 Bde., Turin 1910—11 (in Wirklichkeit ist es eine reine Kompilation und läßt, auch als solche, vieles zu wünschen übrig); J. Pillaut, Manuel de droit consulaire, 2 Bde., Paris 1910—12; T. H. Lay, The foreign service of the United States, New York 1915; A. de Heyking, Les principes et la pratique des services consulaires, Paris 1928. Mehr wissenschaftlicher Art sind die folgenden Monographien: A. von Bulmerincq, Konsularrecht, im „Handbuch des Völkerrechts" von F. von Holtzendorff, Bd. III, Hamburg 1887, S. 685—797; E. C. Stowell, Le Consul:

fonctions, immunités, organisation, exéquatur. Essai d'exposé systématique, Paris 1909; Ph. Zorn, Deutsches Gesandtschafts- und Konsularrecht, zit., im „Handbuch des Völkerrechts" von F. Stier-Somlo, Stuttgart 1920, Kap. II: Das Konsularrecht; Giese, Konsuln, im „Wörterbuch des Völkerrechts" von K. Strupp, Bd. I. Zwei bemerkenswerte Artikel über die rechtliche Natur und die Funktionen der Konsuln sind folgende: G. Tosti, Il carattere odierno della missione consolare, in der „Rivista di diritto internazionale", Bd. IV S. 9ff.; G. Morelli, Alcune considerazioni sulle funzioni amministrative delle rappresentanze all'estero, ibid., Bd. 1921—22, S. 315ff., 507ff. Die Werke, die sich auf die Konsulargerichtsbarkeit in den Ländern mit Kapitulationen beziehen, werden an anderer Stelle genauer bezeichnet werden.

Der Konsul ist weniger ein Organ eigentlicher zwischenstaatlicher Beziehungen als ein Organ staatlicher Aktivität (auf dem Gebiete der Verwaltung und Rechtsprechung) in dem Gebiet eines anderen Staates, insbesondere zum Nutzen der dort wohnenden Bürger des Staates, der ihn ernennt. Aber, was seine Tätigkeit möglich macht, ist das Völkerrecht, und da sie auch für den Staat, in dessen Gebiet sie ausgeübt wird, rechtliche Wirkungen hat, so ist es das Völkerrecht, das diese Ausübung gegenseitiger Rechte und Pflichten der beiden Staaten bestimmt; diese Tätigkeit erfolgt in so engem Zusammenhang mit den zwischenstaatlichen Beziehungen, daß sie nur als Funktion dieser verstanden werden kann.

A. Man kannte im Altertum bei den Griechen und Römern Institutionen und Magistraturen, die den Zweck hatten, die Ausländer zu beschützen (*προξένοι*, Patrone, praetor peregrinus, recuperatores usw.), aber sie beruhen auf einer Anschauung, die von der der heutigen konsularischen Institutionen verschieden ist. Dort war es der Aufenthaltsstaat, der durch besondere Organe für die in seinem Gebiet zugelassenen Ausländer sorgte, heute ist es der eigene Staat, der seine Bürger beschützt, indem er in dem fremden Staat, wo sie wohnen, besondere Beamte einsetzt.

Die Institution der Konsuln, wie sie heute ist, ist historisch der unmittelbare Ausfluß der sozialen und politischen Verhältnisse des Mittelalters. Die Zünfte, in denen damals Gewerbe und Handel organisiert waren, genossen große Selbständigkeit und hatten u. a. eigene Richter zur Schlichtung von Streitigkeiten zwischen den Mitgliedern der Gilde oder auch zwischen diesen und den Außenstehenden. Besagte Richter hießen Konsuln. Als bei der weiteren Ausdehnung der Handelsbeziehungen zahlreiche Gruppen von Individuen sich in fremden Ländern niederließen, um dort Handel und Gewerbe zu treiben, schlossen sie sich auch in den Kolonien wieder zu derselben Organisation zusammen, die sie im Mutterlande gehabt hatten, bildeten Gilden und wählten ihre Oberhäupter, denen unter anderem auch die Aufgabe des Rechtsschutzes für die Mitglieder der Gilde zufiel. Die Richter der Kaufleute im Ausland behielten den Namen Konsuln, der als Bezeichnung für diese besondere Kategorie von Organen auch dann bestehen blieb, als die soziale Organisation, deren Ergebnis sie ursprünglich waren, nicht mehr existierte. Anfangs waren es die im Auslande lebenden Kaufleute selbst, die, wenn sie sich zu Gilden zusammenschlossen, ihre Konsuln wählten; als dann die Staaten, Hand in Hand mit ihrer Erstarkung, den Schutz ihrer Untertanen im Auslande selbst in die Hand nahmen, traten an die Stelle der gewählten die vom Staat ernannten Konsuln. Ausnahmsweise finden wir auch den Fall, daß Staatsangehörige des fremden Staates den Schutz der dort lebenden Untertanen eines anderen Staates übernehmen (consules hospites).

In seinen Ursprüngen war das Institut der Konsuln fast überall gleich. Die Schwäche der Staatsorganismen, die bestehenden kräftigen Organisationen, die zwischen dem Individuum und dem Staate vermittelten, und denen letzterer ohne Schwierigkeiten die Ausübung wesentlicher Funktionen des bürgerlichen Lebens überließ, das germanische Prinzip der Personalität des Rechts, auf Grund dessen jeder nach dem Gesetz des eigenen Landes lebte, — das sind die Umstände, in denen sich die historischen Ursachen der hier besprochenen Institutionen, wie sie in allen Ländern in fast gleicher Weise existierten, kurz zusammenfassen lassen. Nach einiger Zeit beginnt jedoch die konsularische Tätigkeit in den Ländern des christlichen West-Europa ein ganz anderes Aussehen zu erhalten als in denen des islamitischen Ostens.

Im Westen nimmt die Macht des Staates immer mehr zu, und der Staat übernimmt selbst die Gerichtsbarkeit und übt sie unter gleichzeitiger Anwendung seiner eigenen Gesetze auch den Ausländern gegenüber aus. So verliert der Konsul seine erste charakteristische Aufgabe, die Ausübung der Gerichtsbarkeit über seine Landsleute. Er wird hauptsächlich zum Verwaltungsbeamten, zum Beschützer einer Reihe von Interessen insbesondere wirtschaftlicher Art, welche die Anwesenheit von Untertanen des einen Staates auf dem Gebiet des anderen mit sich bringt. Nach einer Zeit des Niederganges im 17. und 18. Jahrhundert, dessen Ursache vor allem in dem Primat der politischen Gegebenheiten vor denen wirtschaftlicher und sozialer Natur zu suchen ist, erlangte das Konsularwesen im verflossenen Jahrundert eine Bedeutung allerersten Ranges, entsprechend der Bedeutung, die den sozialökonomischen Interessen und, in Ländern wie Italien, einer so tiefgreifenden Erscheinung wie der Auswanderung zukam.

Im islamitischen Osten, wo die tiefgreifenden Kulturunterschiede es dem Staat unmöglich machten, die einheimischen und ausländischen Elemente in eine einzige Rechtsgemeinschaft zusammenzufassen, erhielten sich im wesentlichen die Bedingungen, unter denen die Konsuln richterliche Funktionen ausübten; folglich erhielten sich auch diese Funktionen und zwar mit einem ganzen System von Ausnahmen und Privilegien zugunsten der Ausländer, das unter dem Namen: System oder Regime der Kapitulationen bekannt ist; war dieses Regime ursprünglich eine einseitige Konzession der Hohen Pforte an die Ausländerkolonien gewesen, die sich in den Hafenstädten der Levante niedergelassen hatten, so wurde sie bald durch zahlreiche Verträge, eben die sogenannten Kapitulationen, sanktioniert und weiterentwickelt; ferner auch durch Gewohnheitsrechtssätze, die die Verträge ergänzten und ihnen zuweilen vorgingen. Dies System der Kapitulationen hat in der normalen Rechtsstellung der Ausländer in den Staaten unseres Zivilisationsbereichs kein Gegenstück.

Das Regime der Kapitulationen war, oder ist seit mehr als einem halben Jahrhundert in Ägypten, wo die Unzulänglichkeiten und Mißbräuche unerträglicher geworden waren als anderswo, durch Schaffung der sogenannten „Gemischten Gerichtshöfe" (tribunaux mixtes) Gegenstand einer durchgreifenden Reform geworden. Diese Gerichtshöfe, die in formeller Hinsicht ägyptische Gerichte sind, weil sie von der ägyptischen Regierung eingesetzt wurden, setzen sich aber vorwiegend aus ausländischen Richtern zusammen und zwar auf Grund von Übereinkommen, die vorher zu diesem Zweck von Ägypten mit den europäischen Staaten abgeschlossen worden waren, nachdem diese sich angesichts der Einsetzung der neuen Gerichtshöfe bereit erklärt hatten, die von ihren Konsuln ausgeübte Gerichtsbarkeit bedeutend einzuschränken.

Die Bestrebungen nach Aufhebung oder wenigstens nach einer radikalen Reform des Kapitulationssystems waren seiner Zeit in der Türkei nie zur Ruhe gekommen. Vor dem Kriege hatte sie von verschiedenen Staaten die förmliche Einwilligung zur Aufhebung der Kapitulationen erhalten, allerdings unter dem Vorbehalt, daß auch alle anderen Staaten ihre Zustimmung gäben, was niemals eingetreten ist. Bei Ausbruch des Krieges hob die Türkei durch einen einseitigen Akt die Kapitulationen vom 1. Oktober 1914 ab auf. Die europäischen Mächte protestierten gegen diesen Akt und erklärten ihn für illegal und ungültig. Durch Art. 261 des Vertrages von Sèvres hatten die alliierten und assoziierten Mächte sich ausdrücklich alle aus den Kapitulationen stammenden Rechte und Vorteile vorbehalten. Dagegen enthält Art. 28 des Lausanner Friedensvertrages folgende Bestimmung: „Les Hautes Parties contractantes déclarent accepter, chacune en ce qui la concerne, l'abolition complète des Capitulations en Turquie à tous les points de vue". Und dementsprechend bestimmt Art. 15 der „Convention relative à l'Etablissement et à la Compétence judiciaire", Anlage zum Friedensvertrage (Nr. IV), daß „en toutes matières, sous réserve de l'article 16, les questions de compétence judiciaire seront, dans les rapports entre la Turquie et les autres Puissances contractantes, réglées conformément aux principes du droit international". Art. 16 reserviert die Kompetenz der nationalen Gerichtshöfe in Angelegenheiten des Personalstatutes; außerhalb dieses Falles wird die Zuständigkeit der Gerichte in den Beziehungen zwischen der Türkei und den anderen Kontrahenten durch das gemeine Völkerrecht geregelt; das heißt soviel, als daß die Ausländer in der Türkei den türkischen Gerichtshöfen unterstehen in eben den Fällen, wo sie, ohne daß das Völkerrecht verletzt würde, den Gerichtshöfen jedes anderen Staates unterstehen könnten. Vergl. das Urteil des Ständigen Internationalen Gerichtshofes in der „Lotus" Sache. (Urteil Nr. 9, 7. September 1927, Publications de la Cour, Serie A, Nr. 10, bes. S. 16f.).

Ähnliche Systeme wie das in der Türkei geltende wurden in den asiatischen Ländern Hand in Hand mit ihrer allmählichen Durchdringung mit europäischen Einflüssen eingeführt, wenn auch nicht ohne mehr oder weniger weitgehende Änderungen, die dann von den besonderen Bedingungen des betreffenden Landes herrührten. Einige dieser Länder haben in kurzer Zeit die vollständige Abschaffung der Kapitulationen fordern und erreichen können (Japan); andere haben sie schon zur Hauptsache erreicht und sehen das Ende in erreichbarer Nähe (Siam); noch andere endlich haben sich die durch die Kriegsergebnisse geschaffene günstige Lage zunutze gemacht und suchen energisch denselben Weg einzuschlagen (China).

B. Was das Recht, Konsuln zu entsenden und zu empfangen, anlangt, so wird gewöhnlich gelehrt, daß es im Unterschied vom aktiven und passiven Gesandtschaftsrecht ohne weiteres auch den abhängigen Staaten eignet. Der wirtschaftliche, verwaltungsmäßige Charakter der konsularischen Behörden kann hier sicher gewisse Unterschiede schaffen, doch muß man hierzu gleich sagen, daß es unmöglich ist, allgemeine Regeln festzusetzen. Mag es sich um abhängige Staaten oder um Staatenbünde handeln, so muß man auch hier stets, im ersten Fall auf das Abhängigkeitsverhältnis, im zweiten auf den Bündnisvertrag und die ihn ergänzenden Übereinkommen zurückgehen. So hatten z. B. die Bundesstaaten des deutschen Kaiserreichs vor dem Kriege das Recht, ausländische Konsuln zu empfangen, doch nicht zu entsenden. Die jetzige Verfassung des Deutschen Reiches hat den Bundesstaaten auch das Recht, ausländische Konsuln zu empfangen, genommen. Das Reich allein läßt sie zu und erteilt ihnen das Exequatur. In der jetzt erloschenen Personalunion zwischen Schweden und Norwegen wurden das aktive und passive Gesandtschaftsrecht kollektiv ausgeübt; von einem gewissen Zeitpunkt ab beanspruchte Norwegen jedoch das Recht, von sich aus Konsuln zu entsenden und zu empfangen. Bis Ende 1927 ernannten die britischen Dominien keine Konsuln; wohl hatten sie im Ausland eigene Handelsagenten und Kommissare, die offiziellen Charakter hatten, in den Foreign Office Listen geführt wurden und einige konsularische Funktionen ausübten, aber keinen eigentlichen konsularischen Charakter trugen und nicht die Stelle der britischen Konsuln beim Schutze der Angehörigen der Dominien einnehmen konnten. Jm Jahre 1927 wurde jedoch zwischen Großbritannien und den Dominien ein Einvernehmen des Inhalts erzielt, daß letztere von jetzt an Konsuln ernennen dürfen. Kanada nahm auch diesbezügliche Verhandlungen mit den Vereinigten Staaten auf: am 29. August 1927 fand in Washington eine Besprechung zwischen Mitgliedern der Royal Canadian Custom Commission und Vertretern des amerikanischen Staats und Finanzdepartements über die eventuelle Errichtung kanadischer Konsulate in den Vereinigten Staaten statt. Es scheint aber, daß bis jetzt noch keine Ernennung erfolgt ist. Desgleichen waren die ausländischen Konsuln vom brit. Staatssekretär des Äußern in den Dominien zugelassen. Bisher wurden die Dominien nur bei der Ernennung der Wahlkonsuln (s. unten) zu Rate gezogen; für die Ernennung eines Berufskonsuls (s. unten) wurde die Regierung des betreffenden Dominion nicht zu Rate gezogen. Im Jahre 1926 erhielt dies System zwei wichtige Änderungen; erstens: jeder Antrag einer ausländischen Regierung auf Zulassung eines Konsuls, der seine Tätigkeit in einem Dominion entfalten soll, muß der Regierung dieses Dominions zur Prüfung unterbreitet werden; zweitens: falls diese Regierung nicht dagegen opponiert, soll die Gewährung des Exequatur nicht unmittelbar von seiten des Foreign Office erfolgen, sondern von einem Minister des Dominions gegengezeichnet werden.

C. Man unterscheidet zwei Arten von Konsuln: Berufskonsuln (consules missi) und Wahlkonsuln (consules electi) oder „Lokalagenten"[1]), wie das italienische Konsulargesetz sie nennt. Die einen wie die anderen haben offiziellen Charakter und üben in der Regel die gleichen Funktionen aus. Doch sind erstere Berufsbeamte, die ad hoc an den Ort, wo sie ihr Amt ausüben sollen, entsandt sind (daher der Name consules missi); sie empfangen staatliche Besoldung, und die Ausübung anderer Berufe ist ihnen in der Regel untersagt. Letztere werden aus im fremden Lande angesessenen Personen gewählt (daher der Name consules electi), vorzugsweise aber nicht notwendigerweise unter den Angehörigen des Staates, der sie ernennt; sie sind unbesoldet, und die Ausübung anderer Berufe ist ihnen nicht untersagt. Einige Staaten wie Frankreich und Großbritannien haben fast ausschließlich Berufskonsuln, die Schweiz nur Wahlkonsuln; die meisten ernennen Berufskonsuln und Wahlkonsuln je nach ihren finanziellen Mitteln und nach der Wichtigkeit der verschiedenen Konsulate.

Angesichts der Tatsache vor allem, daß die Wahlkonsuln Angehörige des Staates sein können, in dem sie ihr Amt ausüben, betreffen verschiedene durch die Konsulatsverträge festgesetzte Rechte und Vorrechte ausschließlich die Konsuln der ersten Kategorie, und darin liegt die Bedeutung, die die Unterscheidung in völkerrechtlicher Hinsicht hat. Andere völkerrechtserhebliche Unterscheidungen existieren nicht. Diejenigen, die von den verschiedenen Konsulargesetzen (z. B. dem italienischen Konsulargesetz vom 28. Januar 1866, Art. 4ff.) gemacht werden, haben lediglich landesrechtliche Gründe und Wirkungen, z. B. was Fragen der Laufbahn, Besoldung usw. betrifft.

D. Die Ernennung der Konsuln ist ein landesrechtlicher Akt; sie stellt das Dienstverhältnis zwischen dem Beamten und dem Staate her.

Die Bestätigung, daß einer Person die Eigenschaft eines Konsuls zukommt, erfolgt durch die auf diplomatischem Wege vor sich gehende und von dem Antrag auf Exequatur begleitete Notifikation der Ernennung. Die Gewährung des Exequatur bedeutet die Annahme des Konsuls von seiten des Empfangsstaates und die Ermächtigung zur Ausübung der ihm zustehenden Funktionen, sowie der aus ihnen folgenden Rechte und Vorrechte. Nach den in Italien geltenden Bestimmungen (r. r. decreti 3 dicembre 1854 e 12 maggio 1861) wird das Exequatur von der königlichen Regierung auf Antrag des Außenministers erteilt, wenn die Ernennung unmittelbar vom Staatshaupt des fremden Staates ausgeht; in den anderen Fällen wird es durch Verfügung des Außenministers erteilt.

---

[1]) Agenti locali. (Anm. d. Übers.)

Wenn die Amtstätigkeit des Konsuls endet, weil er aus irgendeinem Grunde (Beförderung, Versetzung, Absetzung) abberufen wird, so wird diese Abberufung der Regierung des Staates, in dem der Konsul amtiert, offiziell bekanntgegeben. Es bedarf dagegen keiner besonderen Bestätigung, wenn die Amtstätigkeit durch Zurücknahme des Exequatur endet, sei es infolge der Führung des Konsuls, sei es aus politischen Gründen; und ferner auch nicht, wenn das Ende ipso jure durch den Ausbruch des Krieges zwischen den beiden Staaten oder durch den Untergang eines der beiden herbeigeführt wird (nicht infolge eines bloßen Wechsels in der Person des Staatshauptes und auch nicht notwendigerweise durch den Abbruch der diplomatischen Beziehungen).

E. Das Völkerrecht rechnet dem Staate alle von seinem Konsul in Ausübung seiner Amtstätigkeit vollzogenen Akte zu. Worin diese Amtstätigkeit besteht, sei es hinsichtlich der Personen, denen gegenüber sie ausgeübt wird (Staatsangehörige, evtl. Schutzgenossen, in besonderen Fällen Staatsangehörige dritter Staaten) sei es hinsichtlich des Gebietes, in dem sie ausgeübt wird (sogenannter Konsularbezirk) und des Inhalts (Funktionen kommerzieller Art, Leistung von Beistand, Ausübung von Polizeigewalt, standesamtliche, notarielle und richterliche Tätigkeit), das richtet sich nach den Übereinkommen und dem Gewohnheitsrecht; es kann sich auch in bezug auf die landesrechtliche Wirkung nach den Konsulargesetzen der verschiedenen Staaten richten. Akte, die außerhalb der eigentlichen Tätigkeit des Konsuls, d. h. der Ausübung staatlicher Hoheitsakte im Ausland, liegen, sind dem Staat nicht zuzurechnen; doch ist es in völkerrechtlicher Hinsicht ohne Bedeutung, wie weit der Konsul die landesrechtlichen Vorschriften über seine Zuständigkeit und die Instruktionen des Staates, der ihn ernannt hat, eingehalten hat.

5. Agenten und Kommissare.

Mit diesem Namen werden gemeinhin die verschiedenen Organe, die in die Beziehungen zwischen den Staaten eingeschaltet sind, ohne die Qualifikation und Beglaubigung der diplomatischen Agenten zu besitzen und ohne in die Kategorie der Konsuln zu gehören, bezeichnet. Der Begriff ist eher negativ als positiv; er umfaßt Organe, die nicht in den beiden eben besprochenen Kategorien enthalten sind, obgleich sie Tätigkeiten ausüben, die der der diplomatischen Agenten nicht unähnlich sind.

Eine genaue Unterscheidung zwischen Agenten und Kommissaren gibt es nicht; gewöhnlich hat der Agent einen Dauerauftrag, während der Kommissar mit einer einzelnen Aufgabe betraut ist. Die Agenten treten z. B. an die Stelle wirlicher diplomatischer Gesandten und erfüllen im wesentlichen deren Funktionen in Fällen, wo es aus politischen, wirtschaftlichen oder anderen Gründen für opportun erachtet wird, keinen diplomatischen Agenten zu senden. Kommissare werden ernannt zur Vorbereitung eines Vertrages, für die Festlegung von Grenzen, zur Teilnahme an einer Konferenz usw.

Die Bestätigung der Eigenschaft dieser Personen erfolgt auf verschiedene Weise, je nach der Mission, mit der sie beauftragt sind. Für die Agenten, die die Stelle diplomatischer Gesandter einnehmen, erfolgt in der Regel eine offizielle Beglaubigung, aber ohne den feierlichen Empfang. Die Ernennung eines Kommissars wird offiziell auf diplomatischem Wege bekannt gemacht und der Kommissar mit Ausweisen versehen, die seine amtliche Eigenschaft und den Zweck seiner Mission bestätigen.

Das Völkerrecht rechnet dem Staat die von diesen Organen vollzogenen Akte zu, falls sie in offiziell bestätigter Eigenschaft auftreten, wie besagte Akte auch sonst gegenüber dem internen Recht des Staates, der sie ernannt hat, bewertet werden mögen.

Zu dieser Kategorie gehören nicht und sind auch in juristischem Sinne keine Organe völkerrechtlicher Beziehungen:

a) die Agenten politischer, nicht anerkannter Organisationen,

b) die Geheimagenten im eigentlichen Sinne des Worts, d. h. jene Agenten, deren Tätigkeit dem Staat, in dem sie sie ausüben, nicht angezeigt wird (Polizeiagenten, Agenten des Nachrichtendienstes usw.). Sie sind nicht zu verwechseln mit den sogenannten geheimen Unterhändlern oder Vertrauenspersonen, die offiziell beglaubigt werden, wenn die Beglaubigung der Öffentlichkeit auch nicht mit den bei der diplomatischen Beglaubigung üblichen Formalitäten bekannt gemacht wird. Doch sind diese Personen wirkliche Agenten im vorher erläuterten Sinne.

6. Legitime Kombattanten.

Legitime Kombattanten sind Organe des Staates zur Anwendung von Gewaltmaßnahmen in den zwischenstaatlichen Beziehungen. Ihre Bestätigung als solche ist damit gegeben, daß sie ein bestimmtes, aus der Ferne erkennbares Abzeichen tragen (Uniform), mit dem der Staat sie ausrüsten muß (Ordnung der Gesetze und Gebräuche des Landkriegs, Anlage zum 4. Abkommen der 2. Haager Konferenz vom 18. Oktober 1907, Art. 1).

Das Völkerrecht rechnet dem Staat die von ihnen vollzogenen Akte kriegerischer Gewalt zu, ob sie mit den völkerrechtlichen Kriegsregeln übereinstimmen oder nicht. Doch hat der Staat die Pflicht, jeden Akt, der eine Übertretung dieser Regeln darstellen sollte, zu verbieten und zu bestrafen. Die Strafbarkeit von kriegsrechtswidrigen Akten, ausgeführt von legitimen Kombattanten, die später in die Gewalt des Feindes geraten, die strafausschließende Wirkung der Befolgung höherer Befehle, die Anwendung des Prinzips nullum crimen sine lege, die Bedeutung, die man in dieser Hinsicht den Gesetzen des besetzten Landes in bezug auf das Invasionsheer zumessen kann — das alles sind lebhaft umstrittene und ziemlich verwickelte Fragen, da sich hier völkerrechtliche und strafrechtliche Grundsätze eng durchdringen; die Prüfung dieser Rechtslage wird bei der Behandlung des Kriegsrechts einen geeigneteren Platz finden. Gewaltakte, die von anderen als legitimen Kombattanten vollzogen werden, werden dem Staat nicht zugerechnet; sie sind daher unerlaubt und strafbar bis auf besondere Ausnahmen (bewaffnete Handelsschiffe, Anlage zum Haager Abkommen, Art. 2).

7. Militärische Befehlshaber im Kriege.

Die militärischen Befehlshaber sind Organe der kriegführenden Staaten zum Abschluß von militärischen Abkommen: Waffenstillständen, Waffenruhe, Kapitulationen usw. Bestimmte und allgemein anerkannte Regeln für ihre Legitimation scheinen nicht zu existieren. Jeder der Parteien steht es frei, die Legitimation der andern für genügend zu befinden oder nicht; ist das Abkommen aber einmal ohne Vorbehalt abgeschlossen, so ist es ohne weiteres rechtsverbindlich. Ratifizierung ist nicht nötig. Die Verhandlungen werden im allgemeinen durch Parlamentäre geführt, die unter dem Schutz spezieller Normen des Völkerrechts stehen und deren Legitimation erstens durch äußere Abzeichen, wie sie durch Kriegsbrauch festgesetzt sind (Haager Reglement, Art. 23) und ferner durch die Dokumente, mit denen sie versehen sein müssen, erfolgt.

§ 3. Kollektivorgane.

Bibliographie. — In diesem Abschnitte sind nur Schriften allgemeinen Inhalts angegeben und nicht etwa die Literatur über einzelne Kollektivorgane und deren technische Befugnisse, da solche, wie im Texte gesagt, später in anderen Teilen des Werkes ihren Platz finden soll. Nur in den Fällen, wo solche, einzelnen Organen gewidmete Schriften, auch eine allgemeine Bedeutung für die Beurteilung der Rechtsnatur und die Konstruktion von Kollektivorganen überhaupt besitzen, sind sie hier erwähnt worden. G. Jellinek, Die Lehre von den Staatenverbindungen, Wien 1882, S. 158ff.; F. Meili, Die internationalen Unionen, Leipzig 1889; G. Moynier,

Les bureaux internationaux des Unions universelles, Genf-Paris 1892; P. Kazanski, Les premiers éléments de l'organisation universelle in „Rev. de dr. int. et de lég. comp.", Bd. XXIX, 1897, S. 238ff., von demselben: Théorie de l'Administration internationale in „Rev. gén. de dr. int. pub.", Bd. IX, 1902, S. 353ff.; D. Donati, I trattati internazionali nel diritto costituzionale, Bd. I, Turin 1906, S. 407—430; B. von Toll, Die internationalen Bureaux der allgemeinen völkerrechtlichen Verwaltungsvereine, Tübingen 1910; F. von Liszt, Das Wesen des völkerrechtlichen Staatenverbandes und der internationale Prisenhof in der „Festgabe der Berliner juristischen Fakultät für O. Gierke", Breslau 1910; P. S. Reinsch, Public international Unions, their work and organization, Boston 1906, 2. Aufl.; G. Fusinato, Avis sur la question touchant la personnalité juridique de l'Institut international d'agriculture, in „Rivista di diritto internazionale" Bd. VIII, 1914, S. 149—155 und in seinen „Scritti giuridici", Torino 1921, Bd. II, S. 697—703; D. Anzilotti, Gli organi comuni nelle società di Stati in „Riv. di dir. intern.", Bd. VIII, 1914, S. 156ff., G. Salvioli, La natura giuridica della Corte internazionale delle prede, Modena 1914, S. 21—29; von demselben: Studi sui caratteri dell'ordinamento giuridico internazionale in „Riv. di dir. intern.", Bd. XIV, 1921—22, S. 20ff.; A. C. Jemolo, La Commissione delle Riparazioni, ebenda Bd. XIII, 1919—20, S. 433ff.; U. Borsi, Il rapporto d'impiego nella società delle nazioni in der „Riv. di dir. intern.", Bd. XV, 1923, S. 261ff., 425ff.; K. Neumeyer, Les unions internationales, in „Revue de droit international, des sciences diplomatiques et politiques" hrsg. von A. Sottile, Bd. II, 1924, S. 16—40, 139—144, 343—362 und Bd. III, 1925, S. 20—35, 102—108; Ph. Zorn, Weltunionen, Haager Friedenskonferenzen und Völkerbund, in „Völkerrechtsfragen" H. I, Berlin 1925; A. Rapisardi Mirabelli, Théorie générale des unions internationales, in „Recueil des cours de l'Académie de droit international" 1925, Bd. I, S. 345ff.; Derselbe, Die internationalen Unionen als Form der Völkerrechtlichen Organisation, in „Zeitschrift für öffentliches Recht", Bd. VII, 1927, S. 11ff.; K. Strupp, Internationale Verwaltungsgemeinschaften im „Wörterbuch des Völkerrechts", Bd. I, S. 573ff.; A. Verdroß, Die Verfassung der Völkerrechtsgemeinschaft, zit., S. 75ff.; F. Ruffini, La protection internationale des droits sur les oeuvres littéraires et artistiques, chap. IV (Les organes de la protection et leur nature juridique) in „Recueil des cours de l'Académie de droit international" 1926, Bd. II, S. 471ff.; Derselbe, La natura giuridica delle unioni internazionali amministrative, in „Rivista di diritto pubblico", 1928, S. 241—270.

A. Begriff und Wesensmerkmale.

Wir haben bereits gesagt, daß Kollektivorgane diejenigen sind, die von mehreren Staaten zusammen eingesetzt sind und deren Willenserklärung vom Völkerrecht auf eine Gesamtheit von Subjekten bezogen und dergestalt zur Voraussetzung bestimmter Rechtsfolgen gemacht wird.

Die Einsetzung von Kollektivorganen setzt ein Abkommen zwischen Staaten voraus und kann nur als Wirkung eben dieses Abkommens richtig verstanden werden. Die auf die einzelnen Organe bezüglichen Rechtssätze sollen daher erst erläutert werden, wenn wir uns mit den verschiedenen völkerrechtlichen Beziehungen, die sie betreffen, beschäftigen werden; hier beschränken wir uns auf einige Grundsätze allgemeinen Charakters, die an geeigneter Stelle weiter entwickelt und verwertet werden sollen.

Ebenso wie die Individualorgane können auch die Kollektivorgane Einzelorgane — wie das Staatshaupt in der Realunion, die diplomatischen Agenten eines Staatenbundes usw. — oder zusammengesetzte Organe sein; aus leicht verständlichen Gründen ist dieser zweite Fall der häufigere. Diese zusammengesetzten Kollektivorgane sind es vor allem, deretwegen sich das Problem erhebt, welches die Unterschiede zwischen Kollektivorganen und den Vereinigungen von Organen verschiedener Staaten sind.

Um eine Vereinigung von Organen und um kein bloßes Kollektivorgan handelt es sich, wenn die rechtserheblichen Willenserklärungen solche der einzelnen Individualorgane sind — mit anderen Worten, wenn das Völkerrecht diese Erklärungen gesondert betrachtet und sie den einzelnen Subjekten gesondert zurechnet. Die zeitweilige oder dauernde Vereinigung mehrerer Organe dient nur dazu, gesonderte aber übereinstimmende Willenserklärungen vorzubereiten und möglich zu machen, sofern ein bestimmtes Zusammenwirken verschiedener Willensäußerungen die Voraussetzung der Rechtswirkungen ist, die hervorgerufen werden sollen. Beim Kollektivorgan dagegen liegt nur eine einzige rechtserhebliche Willenserklärung vor, das soll heißen, daß das Völkerrecht nur eine Erklärung in Betracht zieht und dieser eine rechtliche Wirksamkeit für alle Subjekte gibt. Ist das Organ eine Körperschaft oder ein Kollegium, so sind rechtserheblich nicht die Erklärungen der einzelnen Mitglieder, aus denen sie sich zusammensetzen, sondern rechtserheblich ist die in gebührender Weise gefaßte Entschließung des Kollegiums als solche.

In einer internationalen Konferenz, die den Abschluß eines Vertrages zum Gegenstand hat, sehen wir ein typisches Beispiel einer

Vereinigung von Organen verschiedener Staaten. Die Konferenz bezweckt nur, das schließliche Zustandekommen übereinstimmender Willenserklärungen vorzubereiten; diese Willenserklärungen gehören gesondert jede zu den einzelnen Staaten, die an ihr beteiligt sind, und aus jeder können in ihrem Verhältnis zu den anderen rechtliche Folgen fließen; man braucht nicht hinzuzufügen, daß die Willenserklärungen, um die es sich handelt, bald inhaltlich identisch sind, bald nicht; sie stehen jedoch immer miteinander in Beziehung, welcher Art diese auch sein mag.

Nehmen wir dagegen die in Art. 1, Absatz 2 der Völkerbundssatzung vorgesehene Entschließung (Zulassung neuer Bundesmitglieder) oder die in Art. 4, Absatz 2 (Zustimmung zur Erhöhung der Mitgliederzahl des Rats) oder in Art. 16, Abs. 4 (Ausschließung eines Mitglieds) vorgesehenen Erklärungen, so sehen wir sofort, daß die rechtserhebliche Handlung in allen diesen Fällen die Entscheidung der Körperschaft, der Versammlung oder des Rats als solcher ist, also eine einzige Willenserklärung, während die Willenserklärungen der einzelnen Mitglieder, die an ihrem Zustandekommen mitgewirkt haben, unerheblich sind.

Wohlverstanden ist die Einheit der Willenserklärung hier in rein juristischem, nicht soziologischem Sinne gemeint; dieser Ausdruck dient nur dazu, darzutun, wie die Normen des Rechts den Tatbestand, an den sie gewisse Folgen knüpfen, ansehen. Man darf nicht vergessen, daß die Willenserklärungen für den Juristen nichts sind als einfache Tatbestände, die nur darum rechtlich bedeutsam werden, weil die Rechtsordnung an sie das Entstehen von Ansprüchen und Verpflichtungen knüpft. Das, worauf es ankommt, ist daher nur die Art und Weise, wie der jeweilige Tatbestand von der Rechtsordnung betrachtet wird. In unserem Fall läßt nun die Rechtsordnung des Völkerbunds nur die Beschlüsse der beiden Körperschaften als solche rechtlich von Bedeutung sein und macht sie so zur Voraussetzung von Rechten und Plfichten für alle Mitglieder des Völkerbundes. In diesem Sinne — und nur in diesem — spricht man hier von Kollektivorganen. Zwar sind die Mehrheitsbeschlüsse der Versammlung und des Rates verbindlich für die nicht beipflichtenden oder die nicht vertretenen Bundesglieder auf Grund von Normen, die auch sie angenommen haben. Das hindert aber nicht, daß der rechtlich erhebliche Vorgang so ist, wie wir ihn hier aufgezeigt haben, nämlich nicht so sehr verschiedene übereinstimmende Willenserklärungen der Bundesglieder, als vielmehr ein gerade von den Normen des Völkerbundes ermöglichter Beschluß eines Kollegiums. Übrigens ist es rechtlich unerheblich, ob der Beschluß des Kollegiums ein Mehrheitsbeschluß, wie in den angeführten Fällen, oder, wie in anderen Fällen, ein Einstimmigkeitsbeschluß ist, vorausgesetzt, daß die Rechtsordnung den Beschluß als solchen betrachtet. Der das Statut des Ständigen Internationalen Gerichtshofs billigende Einstimmigkeitsbeschluß der Völkerbundsversammlung vom 13. Dezember 1920 ist ein anderer rechtlicher Tatbestand als es die einzelnen Annahmen desselben Statuts von seiten jedes Bundesgliedes durch Unterschrift und Ratifizierung des in dem Versammlungsbeschlusse vorgesehenen Protokolles sind; hier betrachtet die Rechtsordnung jede Willenserklärung der Bundesglieder gesondert, dort das Ergebnis einer beratenden Versammlung, welche aus allen Bundesgliedern besteht; dementsprechend sind auch die rechtlichen Folgen, welche die Rechtsordnung an jeden Tatbestand knüpft, verschieden.

Daraus folgt, was schon gesagt wurde, daß zur Entscheidung dessen, ob man es in einem bestimmten Fall mit einer Vereinigung von Organen mehrerer Staaten oder mit einem Kollektivorgan zu tun hat, die auf diesen Fall bezüglichen Rechtsnormen befragt werden müssen. Zweifelhafte Fälle können vorkommen und tun es bestimmt, eben weil die Lösung der Frage von Auslegungen abhängt und es obendrein keineswegs ausgeschlossen ist, daß das Recht eine bestimmte Wirkung bald durch das Medium eines Kollektivorgans, bald durch das einer Vereinigung von Individualorganen zu erreichen sucht. Es handelt sich letzten Endes um technische Mittel, deren wir uns zum besseren Verständnis der Beziehung zwischen gewissen Tatbeständen und der Rechtsordnung bedienen, und es ist daher natürlich, daß man schließlich zu demjenigen greift, das am zweckentsprechendsten scheint.

B. Verfahren für die Bildung von Kollektivorganen.

Wenn für die Bildung von Kollektivorganen auch immer die Basis und die rechtliche Regelung in völkerrechtlichen Vereinbarungen zu suchen ist, so erfordert sie im allgemeinen doch die Entfaltung von staatlicher Tätigkeit, die mehr oder weniger an landesrechtliche Normen gebunden ist. Das Völkerrecht verpflichtet die Staaten, etwas zu tun, das für die Entstehung eines bestimmten Organs notwendig ist. Die Tätigkeit des Staats entwickelt sich dann nach den seiner Rechtsordnung eigenen Normen. Diese Normen sind als solche für das Völkerrecht unerheblich. Rechtserheblich, d. h. völkerrechtlich bewertbar ist die von dem Staat entfaltete Tätigkeit. Auch hier jedoch kann es vorkommen, daß das Völkerrecht ausdrücklich oder stillschweigend auf landesrechtliche Normen verweist, wenn es z. B. fordert, daß das als Mitglied eines zusammengesetzten Organs zu ernennende Individuum gewisse durch eine bestimmte Rechtsordnung bestimmbare Eigenschaften besitzen soll oder nicht, sei es, daß es Beamter einer bestimmten Kategorie oder eines bestimmten Grades, oder mit gewissen akademischen Würden bekleidet sein oder sich in einem Dienstverhältnis zu öffentlichen Körperschaften befinden soll oder nicht usw.

Die vom Völkerrecht angewandten Verfahren zur Bildung von Kollektivorganen unterscheiden sich wesentlich voneinander.

a) Eines der wichtigsten und das am häufigsten angewandte, wenn es sich um zusammengesetzte Organe handelt, besteht in der Ernennung der Mitglieder der Körperschaft oder des Kollegiums durch die einzelnen Staaten, bald aller zusammengeschlossenen Staaten (Völkerbundssatzung, Art. 3; Versailler Vertrag, Teil XIII, „Arbeit", Art. 389, Z. 1 und die entsprechenden Bestimmungen der anderen Friedensverträge), bald nur einiger (Völkerbundssatzung, Art. 4, Versailler Vertrag, T. VIII, Sektion 1a, Anlage II, § 2, Teil XIII, Art. 393), bald in gleicher Zahl für jeden (Völkerbundssatzung, Art. 3, Versailler Vertrag, Art. 389), bald in ungleicher (Versailler Vertrag, Art. 340, 341, 347, 355). Der Fall der Ernennung der Mitglieder von seiten aller Staaten in gleicher Zahl für jeden ist derjenige, der der bloßen Vereinigung von Organen verschiedener Staaten am nächsten kommt; doch unterscheidet er sich von dieser insofern, als die rechtserhebliche, also die von den Rechtsnormen in Betracht gezogene Willenserklärung, der Beschluß der Körperschaft als solcher ist; und das nicht nur dann, wenn die Tätigkeit dieses Organs sich auf die überwiegende Mehrheit, wie sie auch immer berechnet werden mag, gründet, sondern auch dann, wenn der Beschluß zu seiner Gültigkeit, sei es im allgemeinen, sei es in gewissen Fällen, einstimmig erfolgt sein muß (Völkerbundssatzung, Art. 5).

Falls nicht das Völkerrecht etwas anderes bestimmt, z. B. für die zu ernennenden Personen bestimmte Eigenschaften fordert (Haager Abkommen vom 18. Oktober 1907 über die friedliche Erledigung internationaler Streitfälle, Art. 44, Abs. 1) oder den Staaten ein bestimmtes Verfahren für die Ernennung vorschreibt (Versailler Vertrag, Teil XIII, Arbeit, Art. 389, Abs. 3), ist die Ermessensfreiheit der einzelnen Staaten unbeschränkt und keiner Kontrolle unterworfen. Die vom Völkerrecht vorausgesetzte Beziehung, in welcher die betreffende Person zu dem Staat steht, wird durch das offizielle Dokument, das die Ernennung enthält und anzeigt, bezeugt. Die formelle Ordnungsmäßigkeit dieses Dokuments, die gewöhnlich von dem betreffenden Kollegium selbst bestätigt wird, legitimiert den, für welchen es ausgestellt ist, bezüglich der darin bezeugten rechtlichen Eigenschaft endgültig; nur in Ausnahmefällen und nur auf Grund präexistenter Normen ist eine Kontrolle über die rechtlichen Eigenschaften der Person und über die Art und Weise, in der die Ernennung erfolgt ist, erlaubt (Versailler Vertrag, Art. 389, Abs. 7). Die landesrechtlichen Normen, die festsetzen, wie die Ernennung zu erfolgen hat, sind für das Völkerrecht unerheblich, desgleichen diejenigen, die gegebenenfalls die Richtlinien aufstellen, nach denen die ernannte Person ihre Amtstätigkeit ausüben soll oder welche diese Ausübung gemeinhin regeln.

Die Wirkung des Ausbleibens oder der Verzögerung der Ernennung von Mitgliedern eines Kollegiums von seiten irgendeines der daran beteiligten Staaten ergibt sich aus dem durch Auslegung zu ermittelnden Inhalt der Rechtsnormen, welche die Zusammensetzung des Organs bestimmen, falls diese Normen den Fall nicht schon ausdrücklich vorsehen. (Man sehe z. B. Art. 304, Ziff. a, Abs. 3 und die Art. 340, 341, 347, 355 letzter Absatz des Versailler Vertrages). Es handelt sich mit anderen Worten darum, herauszufinden, ob die vertragschließenden Parteien eine bestimmte Zusammensetzung des Organs gewollt hatten, mit der Wirkung, daß wo diese Zusammensetzung nicht vorliegt, auch das Organ selbst nicht existiert und daher auch die Rechte und Pflichten, die an seine Existenz geknüpft sind, wegfallen; oder aber, ob sie einfach nur dem einzelnen Staate die Befugnis zuerkennen wollten, von sich aus an der Bildung des Kollektivorgans mitzuwirken; oder, endlich, ob sie ganz einfach die Mitwirkung aller Staaten als nicht unentbehrlich für die rechtliche Existenz des Organs betrachteten. Auf jeden Fall gleicht die Zustimmung der Beteiligten die Mängel in der Zusammensetzung der Kollektivorgane aus; auf diesem Prinzip beruht wahrscheinlich die Rechtmäßigkeit des Bestehens und die rechtliche Gültigkeit der Tätigkeit verschiedener durch die Friedensverträge eingesetzter Organe, trotz des Fehlens der vorgesehenen Beteiligung der Vereinigten Staaten. Ähnliche Erwägungen gelten für den Fall, daß ein Staat davon absteht, das Mitglied oder die Mitglieder eines Kollektivorgans zu ernennen, eine Frage, die gewöhnlich zusammenfällt mit derjenigen des Rechts eines Staates, aus dem Verband, zu dem das Organ gehört, zurückzutreten (s. z. B. Versailler Vertrag Teil VIII, Anl. II, § 2 am Schluß). Das Recht des Staates, die erfolgte Ernennung zu widerrufen und eine andere Persönlichkeit an die Stelle zu setzen, kann durch Völkerrechtssätze ausgeschlossen oder geregelt werden (Haager Abkommen vom 18. Oktober 1907 zur friedlichen Erledigung internationaler Streitfälle, Art. 44, Abs. 6); fehlen solche Normen, wie es gewöhnlich der Fall ist, ist auch dieses Recht unbegrenzt und keiner Nachprüfung unterworfen.

b) Zuweilen bestimmt das Völkerrecht, daß die Ernennung des Kollektivorgans oder irgendeines Mitglieds dieses Organs gemeinschaftlich von den beteiligten Staaten erfolgen soll (Haager Abkommen zur friedlichen Erledigung internationaler Streitfälle, Art. 45, Versailler Vertrag, Art. 304, Abs. 1 und entsprechende Bestimmungen der anderen Friedensverträge). In solchem Fall ist vom Standpunkt des Völkerrechts die Ernennung als eine Vereinbarung über diesen Fall zu bezeichnen, während man es vom Standpunkt des Landesrechts aus je nachdem mit einzelnen, aufeinanderfolgenden Ernennungen ein und derselben Person zu tun hat oder auch mit einem Simultanakt, d. h. also mit mehreren ihrer rechtlichen Form nach verschiedenen, aber der tatsächlichen Wirklichkeit nach in einem einzigen Akt vereinigten Ernennungen. Ein eigentümliches Beispiel einer Einsetzung eines Kollektivorgans durch unmittelbare Vereinbarung der beteiligten Staaten haben wir in der Ernennung des ersten Generalsekretärs des Völkerbunds, die Gegenstand der Anlage II der Völkerbundssatzung ist. Dieses Ausnahmeverfahren war durch die Notwendigkeit geboten, die tatsächliche Errichtung des Sekretariats möglich zu machen, ehe noch, solange der Friedensvertrag entsprechend den Schlußbestimmungen des Vertrages erst auf dem Wege zu seinem Inkrafttreten war, der Völkerbund im Rechtssinne bestand und seine Hauptorgane ihre Tätigkeit aufgenommen hatten.

Wenn die Ernennung des Organs oder irgendeines Mitgliedes des Organs in Übereinstimmung von zwei oder mehr Staaten erfolgen muß, sieht man gewöhnlich den keineswegs seltenen Fall vor, daß das Übereinkommen nicht zustande käme, und trifft für solche Möglichkeit andere Vorkehrungen, meistens die Ernennung durch andere Staaten, Organe oder auch Privatpersonen (Haager Vertrag vom 18. Oktober 1907 zur friedlichen Regelung internationaler Konflikte, Art. 45, Abs. 2ff. Versailler Vertrag, Art. 304, Abs. 2, und die entsprechenden Bestimmungen der anderen Friedensverträge).

Wo Rechtsnormen fehlen, die anderes bestimmen, da ist, wenn die Ernennung in Übereinstimmung von zwei oder mehr Staaten erfolgt, auch für den Widerruf der Ernennung die Übereinstimmung derselben Staaten erforderlich. Bezüglich der Wirkung des Widerrufs gelten sowohl für das Völkerrecht als auch für das Landesrecht die schon bei den Ausführungen über die Ernennung gemachten Bemerkungen.

Die Rechtssätze, die das Anstellungsverhältnis regeln, werden für jeden einzelnen Fall besonders festgesetzt; es können Rechtssätze einer bestimmten Rechtsordnung sein, z. B. diejenigen, die an dem Ort, wo das Organ seinen Sitz hat und normalerweise seine Tätigkeit ausübt, gelten, oder es können besondere Rechtssätze sein, die aus einem ausdrücklichen oder stillschweigenden, direkten oder indirekten

Abkommen der Staaten, die das Organ eingesetzt haben, hervorgegangen sind.

c) Wenn schon Kollektivorgane bestehen, beschränkt sich das zur Ernennung weiterer Organe und Beamten bestimmte Abkommen oft darauf, den bestehenden Organen die dann nötige Kompetenz zuzuweisen. Die von dem Kollektivorgan in Ausübung dieser Zuständigkeit vollzogenen Wahlen oder Ernennungen gehen dann auf die einzelnen Staaten zurück und unterscheiden sich daher nicht wesentlich von den Ernennungen, die von den Staaten durch gesonderte, aufeinander folgende Akte oder auch durch einen Simultanakt, wie es die Ernennung von seiten einer Vereinigung von Organen sein könnte, vollzogen werden.

Aus verschiedenen Gründen wird dieses Verfahren bei Übereinkommen zwischen den Staaten weitgehend angewandt. Man kann sagen, daß es die normale Verfahrensweise bei der Ernennung von Beamten für den Dienst bei einem Kollektivorgan ist (Völkerbundssatzung, Art. 6; Versailler Vertrag Teil VIII, Sekt. 1, Anl. II, § 7; Teil XIII, Art. 394—95); aber es kann auch für die Zusammensetzung eines neuen Organs von überragender Bedeutung angewandt werden, wofür der Ständige Internationale Gerichtshof ein Beispiel bietet, dessen Mitglieder auf Grund gesonderter Wahl von dem Völkerbundsrat und der Völkerbundsversammlung gewählt werden (Statut, Art. 8).

Es gelten auch in diesen Fällen die bei Gelegenheit der Erörterung der Probleme, welche die Ernennung durch die einzelnen Staaten betreffen, aufgestellten Regeln: sowohl hinsichtlich des freien Ermessens bei der Wahl als auch hinsichtlich der eventuellen Erheblichkeit von Landesrechtssätzen, die vom Völkerrecht einbezogen werden (z. B. Statut des Ständigen Internationalen Gerichtshofs, Art. 2: „Personnes qui réunissent les conditions requises pour l'exercice, dans leurs pays respectifs, des plus hautes fonctions judiciaires"); hinsichtlich der völkerrechtlichen Irrelevanz des landesrechtlichen Rechtsverhältnisses, das zwischen dem Organfunktion ausübenden Individuum und den einzelnen Staaten entsteht; hinsichtlich der Irrelevanz der Landesrechtssätze, die gegebenenfalls vorschreiben, auf welche Weise die Organtätigkeit ausgeübt werden soll usw. Die Berechtigung zum Widerruf ist dem für die Ernennung zuständigen Organ vorbehalten, abgesehen natürlich von gegenteiligen Fällen, wofür Art. 18 des Statuts des Ständigen Internationalen Gerichtshofs ein Beispiel bietet.

d) Diese verschiedenen Verfahren können auch untereinander kombiniert werden, z. B. unmittelbare Ernennung einiger Mitglieder und gemeinschaftliche Ernennung anderer (Versailler Vertrag, Art. 304,

Abs. 1); unmittelbare Ernennung einiger und Ernennung der anderen durch ein Kollektivorgan (Versailler Vertrag. Teil X, Sekt. 6, Anl. § 5; Teil XIII, Art. 393); gemeinschaftliche Benennung eines Organs und darauf folgende Vervollständigung des Amts durch von dem Organ selbst oder andere Organe vollzogene Ernennungen (Völkerbundssatzung Art. 6 bezüglich des ersten Generalsekretärs).

e) Zuweilen wird ein Staat mit der Einsetzung des Organs beauftragt, gewöhnlich derjenige, in dessen Gebiet das Organ seinen Sitz haben wird.

Dieses Verfahren kommt insbesondere zur Anwendung bei der Bildung von Ämtern rein technischen Charakters, deren Aufgaben sich im wesentlichen auf das Sammeln und Weitergeben von Informationen, die einen bestimmten Stoff betreffen, beschränken. So enthält Art. 27 der Vereinbarung zur Ausführung des Abkommens betreffs Schaffung des allgemeinen Postvereins (später Weltpostverein), das am 9. Oktober 1874 in Bern abgeschlossen und in diesem Teil von dem späteren Abkommen von Washington 1897, Rom 1906, Madrid 1920 und Stockholm 1924 ohne wesentliche Änderungen beibehalten wurde, den Auftrag an die Leitung der schweizerischen Postverwaltung, die Zentralstelle des Weltpostvereins, von der in Art. 15 des Weltpostvertrags die Rede ist, zu organisieren. Art. 77 des eine Anlage zum internationalen Telegraphenvertrag von Petersburg vom 10. bis 22. Juli 1875 bildenden Reglements betraut die oberste Verwaltung der schweizerischen Eidgenossenschaft mit der Organisation des in Art. 14 dieses Vertrages vorgesehenen Zentralorgans. Dasselbe sehen vor die Bestimmungen der Pariser Übereinkunft zum Schutz des gewerblichen Eigentums (Art. 13 und Schlußprotokoll Nr. 5) vom 26. März 1883 (revidiert in Washington am 2. Juni 1911 und im Haag am 6. November 1925) und der Berner Übereinkunft zum Schutze von Werken der Literatur und Kunst (Art. 16 und Schlußprotokoll Nr. 5) vom 9. September 1886 (revidiert in Berlin am 13. November 1908 und in Rom am 2. Juni 1928) und ferner die Berner Übereinkunft über den Eisenbahnfrachtverkehr (Art. 57 und Anl. II) vom 14. Oktober 1890 (teilweise abgeändert und ergänzt durch die Vereinbarungen vom 20. September 1893, 16. Junli 1895, 16. Juni 1898, 19. September 1906 und 23. Oktober 1924; hier ist Anlage VI an die Stelle der früheren Anlage II getreten). Durch die Brüsseler Übereinkunft vom 5. Juli 1890, welche die Veröffentlichung der Zolltarife betrifft, wurde in Brüssel ein Zentralbüro errichtet mit der Aufgabe, die betreffenden Tarife zu übersetzen und zu veröffentlichen. Art. 5 erteilte Belgien den Auftrag, das notwendige Personal zu ernennen und für den geordneten Geschäftsgang des Instituts zu sorgen.

In den eben erwähnten Fällen und in anderen, die sich noch anführen ließen, scheint man es mit einem wirklichen völkerrechtlichen Auftrag zu tun zu haben, der die Einsetzung eines Kollektivorgans zum Gegenstand hat. In anderen Fällen dagegen — der Unterschied ist nicht immer leicht zu erkennen — besteht die von dem Staat übernommene Verpflichtung mehr in der Schaffung eigener Organe mit festgelegtem Aufgabenkreis und dem Zweck, Kollektivinteressen zu verwirklichen — Organe, die schließlich auch irgendwie unter die Aufsicht und in Abhängigkeit von Kollektivorganen gestellt sein können. So erscheinen die Inspektoren für die Rheinschiffahrt nach Art. 41 der Rheinschiffahrtsakte (Mannheim, 17. Oktober 1868) als Organe der einzelnen Uferstaaten, obgleich sie auf Grund eines völkerrechtlichen Übereinkommens eingesetzt sind und der Zentralkommission (Art. 45a), die ein wirkliches Kollektivorgan ist, unterstehen. Das gleiche läßt sich von den Rheinschiffahrtsgerichten sagen (Rheinschiffahrtsakte, Art. 33ff.), gegen deren Erkenntnisse Berufung bei der genannten Kommission eingelegt werden kann (Art. 45c), die das Recht hat, Berufungssachen konkurrierend mit den Obergerichten der einzelnen Staaten zu entscheiden (Art. 37, Abs. 1, Art. 38).

C. Normen für die Amtstätigkeit der Kollektivorgane.

Wenn ein bestimmter Staat mit der Einsetzung des Kollektivorgans beauftragt ist, so kommt ihm gewöhnlich auch die Bestimmung der Normen zu, nach denen das Organ seine Tätigkeit ausüben soll. Handelt es sich dagegen um zusammengesetzte Organe, die durch Ernennung der einzelnen Mitglieder von seiten der verschiedenen Staaten oder durch gemeinschaftliche unmittelbare oder durch Vermittlung eines anderen Kollektivorgans erfolgte Ernennung gebildet worden sind, so hat das auf diese Weise gebildete Organ meistens das sogenannte Selbstbestimmungsrecht, d. h. das Recht, von sich aus die Art und Weise zu bestimmen, in der es die ihm zukommenden Obliegenheiten auszuüben hat. Zuweilen wird diese Befugnis ausdrücklich zuerkannt (Statut des Ständigen Internationalen Gerichtshofs, Art. 30; Versailler Vertrag, Art. 403 am Anfang); doch gilt sie ein für allemal als gewährt, wenn sich nicht aus den Normen, die das Organ einsetzen, das Gegenteil ergibt, und dann nur insoweit als dieser gegenteilige Wille angenommen werden muß.

Die Rechtsnatur dieser Reglements, von denen einige große Bedeutung besitzen — man braucht nur an die internen Reglements des Völkerbundsrats und der Völkerbundsversammlung zu erinnern und an die Prozeßordnung des Ständigen Internationalen Gerichtshofs — ist von der Wissenschaft noch keiner Betrachtung unterzogen worden.

Man scheint diese Reglements als eine besondere Form von Übereinkommen, die anstatt auf direktem Wege durch Vermittlung der Organe zustande gekommen sind, ansehen zu müssen. Es handelt sich daher immer um vereinbarte Normen, deren formaler Geltungsgrund sich nicht von dem des Übereinkommens, auf dem die Einsetzung des Organs beruht, und mit dem sie daher verknüpft sind, unterscheidet. Das schließt natürlich nicht aus, daß ihre Abänderung oder Aufhebung kraft dieses Übereinkommens an andere Voraussetzungen gebunden sein kann als diejenigen, welche für die Abänderung und Aufhebung des Übereinkommens selbst gelten. So hat das Prozeßreglement des Ständigen Internationalen Gerichtshofes, das auf Grund des Art. 30 des Statuts, Anlage zum Genfer Protokoll vom 16. Dezember 1920, geschaffen wurde, wie dieses die Geltung eines völkerrechtlichen Abkommens, das alle die Staaten, die das Protokoll ratifiziert haben, bindet; aber nach dem Willen derselben Staaten können die Normen durch den Gerichtshof abgeändert oder aufgehoben werden, während das Protokoll nur durch einen weiteren völkerrechtlichen Vertrag, der von allen den Staaten, die das Protokoll ratifiziert haben, ratifiziert werden müßte, abgeändert oder aufgehoben werden könnte.

Verschiedene Verpflichtungen, welche in den Abkommen, durch welche die Kollektivorgane eingesetzt wurden, häufig den Staaten auferlegt werden, zielen auf Sicherung und Erleichterung der Amtstätigkeit dieser Organe ab. Vor allem sind dies Verpflichtungen, welche die notwendigen Betriebskosten für das Organ betreffen; diese Kosten werden in der Regel von allen Staaten in einem bestimmten Verhältnis (Völkerbundssatzung, Art. 6, Abs. 5) oder in einer von anderen Organen zu bestimmenden Weise (Statut des Ständigen Internationalen Gerichtshofs, Art. 33) getragen. Nur ausnahmsweise werden die Kosten einem bestimmten Staat auferlegt (Versailler Vertrag Art. 240, Abs. 4). Zuweilen übernehmen die Staaten die Verpflichtung, den von dem Organ ausgehenden Ersuchen um Beistand zur Ermöglichung der besseren Ausübung seiner Amtstätigkeit (Haager Abkommen vom 18. Oktober 1907 zur friedlichen Erledigung internationaler Streitfälle, Art. 75—76; Statut des Ständigen Internationalen Gerichtshofes, Art. 44) Folge zu leisten, den Personen, die das Organ bilden, besondere Immunitäten und Privilegien zu gewähren, insbesondere die diplomatischen Privilegien (das oben erwähnte Haager Abkommen, Art. 46, Abs. 4; Völkerbundssatzung, Art. 7, Abs. 4 und 5; Versailler Vertrag Art. 240, Abs. 3; Statut des Ständigen Internationalen Gerichtshofes, oben zitiert, Art. 19) und gegebenenfalls auch ein durch völkerrechtliche Vereinbarung geschaffenes Institut mit den Privilegien einer gemeinnützigen Anstalt zu versehen (Art. 3 des Reglements, Anlage zur Internationalen Meterkonvention Paris, 20. Mai 1875) usw.

D. Zurechnung und Wirkung der Akte von Kollektivorganen.

Wir haben bereits gesagt, daß und in welcher Weise die von den Kollektivorganen vollzogenen Akte allen denjenigen Staaten zugerechnet werden können, aus deren Übereinkommen die Einsetzung des Organs stammt. Hier ist, wie stets, die völkerrechtliche Zurechnung ausschließlich eine Wirkung des Völkerrechts; sie ist vorhanden, wenn, und in dem Umfang wie die vom Völkerrecht geforderten Voraussetzungen gegeben sind. Zu diesen Voraussetzungen gehört stets, daß es sich um einen Tatbestand handelt, welchen die einschlägigen Rechtssätze zum Gegenstand haben, oder auch, daß das Organ innerhalb der ihm durch diese Normen selbst zugewiesenen Sphäre gehandelt hat; dagegen gewöhnlich nicht, daß die Kompetenz des Organs von dem internen Recht der verschiedenen Staaten anerkannt sein muß.

Wenn wir sagen, daß die vom Kollektivorgan vollzogenen Akte allen denjenigen Staaten zurechenbar sind, die das Organ konstituiert haben, so soll das nur heißen, daß sie für besagte Staaten von rechtlicher Erheblichkeit sind, nicht aber, daß sie Wirkungen und noch weniger gleiche Wirkungen für alle haben Zuerst ist zu erwägen, ob die Organtätigkeit nur für die Staatengesellschaft, die das Organ eingesetzt hat, als solche rechtliche Erheblichkeit hat. Aber auch abgesehen davon kann es sich in der Tat aus der Natur des Akts und aus den Rechtssätzen, welche die Einsetzung und die Tätigkeit des Organs bestimmen, ergeben, daß dieser Akt nur für einen oder einige der betreffenden Staaten Wirkungen hat oder auch, daß die Wirkungen, die das Völkerrecht an ihn knüpft, für die verschiedenen Subjekte verschieden sind. So ist eine Entscheidung des Ständigen Internationalen Gerichtshofes nur für die streitenden Parteien verbindlich (Statut, Art. 59); für die übrigen Staaten können sich, soweit sie Mitglieder des Völkerbunds sind, nur die in Art. 13, letzter Absatz der Satzung vorgesehenen Wirkungen ergeben; keinerlei Wirkung dagegen wird sich für die Staaten ergeben, die, wenn sie auch dem Genfer Protokoll vom 16. Dezember 1920 beigetreten sind, nicht Mitglieder des Völkerbunds sind.

Was die Geltung und die Wirkung der von Kollektivorganen vollzogenen Akte betrifft, so gilt hier ganz allgemein der Satz, daß es die von den Rechtsnormen festgesetzten, und nur diese sind. Doch sind einige Betrachtungen und Unterscheidungen zu diesem Thema nötig.

Es kann vorkommen, daß der Akt nur völkerrechtlich rechtserheblich ist — z. B. der Abschluß eines Vertrages durch das Staatsoberhaupt in einer Realunion, die Aufnahme eines neuen Mitgliedes in den Völkerbund — doch kann es auch vorkommen, daß dieser Akt auch vom Standpunkt des internen Rechts aus rechtserheblich ist, da, wie wir wissen, nichts dem im Wege steht, daß mehrere Rechtsordnungen Wirkungen an einen und denselben Tatbestand knüpfen. Was unseren Fall betrifft, so tritt er besonders dann in Erscheinung, wenn die durch das völkerrechtliche Abkommen geforderte Tätigkeit eine Tätigkeit ist, die sich auf dem Gebiet der inneren Organisation eines Staates entfalten muß, und die beteiligten Subjekte übereinkommen, diese Tätigkeit ganz oder teilweise durch ein von ihnen geschaffenes besonderes Organ sich entfalten zu lassen. Die Tätigkeit dieses Organs, die vom Standpunkt des Völkerrechts einfach die Verwirklichung des durch das Übereinkommen zum Ausdruck gebrachten Willens ist, wird vom Standpunkt des Landesrechts je nach den vorliegenden Fällen eine legislative, administrative oder jurisdiktionelle oder auch ein bloß privatrechtliches Handeln sein (Kauf, Verkauf oder Verpachten von Sachen, Lieferungsverträge usw.).

Diese einfache oder mehrfache Rechtserheblichkeit ist daher so zu verstehen, daß ein und derselbe gegenständliche Tatbestand, der Akt des Organs, sowohl vom Völkerrecht wie von einer oder mehreren innerstaatlichen Rechtsordnungen als Voraussetzung bestimmter Rechtswirkungen angesehen wird. Da sämtliche Rechtsordnungen von einander geschieden sind, ist das nur insofern möglich, als in jeder Rechtsordnung Normen in Kraft sind, die jenem Tatbestand jene bestimmten Wirkungen zuschreiben. Lassen wir die Folgen, welche das Völkerrecht an die Tätigkeit des Organs knüpft, unerwähnt und betrachten nur die Rechtswirkungen, welche mehrere innerstaatliche Rechtsordnungen aus jener Tätigkeit herleiten, so ist zu bemerken, daß aus der gegenständlichen Einheit des von dem Kollektivorgan vollzogenen Akts und aus dem Erlaß einheitlicher innerstaatlicher Normen in jedem Staat, der dadurch erfolgt, daß der Vertrag, der das Organ konstituiert, in den verfassungsmäßigen Formen publiziert wird, folgt, daß der Akt in jedem dieser Staaten in gleicher Weise qualifiziert wird und gleiche Wirkungen hervorruft. So wird das betreffende Organ als jeder Rechtsordnung zugehörig angesehen, und da seine Akte die gleiche Geltung haben, so erscheint es von einem außerhalb der einzelnen Rechtsordnungen liegenden Standpunkt betrachtet als ein Organ innerstaatlicher Tätigkeit, das zwei oder mehr Staaten gemeinsam ist. Vom Standpunkt des Landesrechts aber gibt es soviel Organe als es Rechtsordnungen gibt, für welche ihre Tätigkeit von rechtlicher Bedeutung ist. So sind die gemischten Schiedsgerichtshöfe, die gemäß Art. 304 des Versailler Vertrages (und gemäß den entsprechenden Bestimmungen der anderen Friedensverträge) eingesetzt sind, sofern sie Streitigkeiten zwischen Privaten oder zwischen diesen und dem Staat entscheiden, Gerichtshöfe, die sowohl im Rahmen der einen als auch in dem der anderen der beiden Rechtsordnungen tätig sind. Da nun ihre Zusammensetzung auf jeden Fall die gleiche ist und die Normen, nach denen sie verfahren, dieselben und von jedem der beiden Staaten durch die ordnungsmäßige Veröffentlichung des Vertrages als eigene Normen übernommen worden sind, und da endlich die Geltung ihrer Entscheidungen die gleiche ist, so erscheinen sie als beiden Staaten gemeinsame Gerichtshöfe, als ein einziges Organ, das gleichzeitig in den beiden Rechtssphären wirkt.

E. Klassifikation der Kollektivorgane.

Wenn wir davon ausgehen, daß jede Tätigkeit eines Organs für das Recht ein Tatbestand ist, an den es gewisse Rechtsfolgen knüpft, so müßte sich eine Unterscheidung oder Klassifikation der Organe auf die Verschiedenheit der Folgen gründen, die die Rechtsordnung an ihre Tätigkeit knüpft. Und auf diesen Gesichtspunkt kann man wohl die gewöhnliche Unterscheidung in gesetzgebende, richterliche und ausführende Organe zurückführen, je nachdem, ob die normale Wirkung ihrer Akte das Entstehen von Rechtsnormen, oder die autoritative Lösung einer Streitfrage oder die Rechtsverwirklichung ist.

Die der Völkerrechtsordnung eigene Struktur und besonders die Tatsache, daß die Rechtssubjekte gleichzeitig die Schöpfer der Normen sind, machen jene Unterscheidung der Wirkungen ziemlich unsicher und vage. Dennoch können wir uns, da es auch in der Völkerrechtsordnung Tatbestände gibt, an die man vorzugsweise das Entstehen von Rechtsnormen, welche für das Verhalten verbindlich sind, knüpft — solche Tatbestände, die die Lösung eines bestimmten Streitfalles darstellen und solche, die einfach die Verwirklichung schon bestehender Abkommen bedeuten, — dieser allgemeinen Unterscheidung bedienen, um summarisch die wichtigsten Kategorien von Kollektivorganen zu nennen, die das Völkerrecht kennt.

1. Kollektivorgane, an deren Tätigkeit die Völkerrechtsordnung als Hauptwirkung das Entstehen von Rechtsnormen knüpfte, gibt es nicht. Das gesetzgebende Organ im Völkerrecht ist noch nicht erstanden und scheint auch noch nicht so bald aus dem Reich der Utopien erstehen zu sollen. Der Abschluß von Verträgen, ein Vorgang, der sozusagen den normalen Prozeß darstellt, durch den die Schaffung neuer Normen sowie die Abänderung oder das Erlöschen bestehender Normen in der Völkerrechtsordnung vor sich geht,

erfolgt durch Individualorgane. Die große Bedeutung und die äußerst heikle Natur dieses Prozesses, durch den der Freiheit der Staaten Grenzen gezogen werden, und die verfassungsmäßigen Bestimmungen, die fast in allen den Ländern gelten, in denen das Staatsoberhaupt nicht — wenigstens nicht in schwerwiegenden Fällen — zum Vertragsschluß schreiten kann, ohne die Einwilligung anderer Organe erhalten zu haben, geben diesem Stand der Dinge in weitem Umfang Recht und beweisen, wie tief er im Wesen der Völkerrechtsgemeinschaft verwurzelt ist. Die Vorbereitung des Textes der Verträge, d. h. des definitiven Entwurfs, bezüglich dessen dann die Willenserklärungen (die sogenannten Ratifikationen) erfolgen müssen, die den Vertragsabschluß vollenden, geschieht gewöhnlich auf Konferenzen, die bloße Vereinigungen von Individualorganen im schon erläuterten Sinne sind.

Die Verfassung des Völkerbunds hat in dieser Hinsicht keine Neuerung gebracht. Wir haben schon darauf hingewiesen, wie falsch es ist, in den Entschließungen der Versammlung und des Rats eine Quelle von Rechtsnormen sehen zu wollen. Abgesehen von der Funktion, die sie bei der Lösung einer bestimmten Streitfrage ausüben können und abgesehen vielleicht von dem besonderen in Art. 22, Abs. 8 vorgesehenen Fall, der noch keine praktische Anwendung gefunden hat, sind Versammlung und Rat lediglich Ausführungsorgane. Die Entscheidungen dieser Körperschaften, denen die Völkerbundssatzung bindende Geltung verleiht, sind konkrete Maßnahmen, welche bestimmte, von der Satzung selbst im einzelnen vorgesehene Fälle betreffen: Aufnahme oder Ausschluß von Mitgliedern, Heraufsetzung der Zahl der ständigen oder wählbaren Mitglieder des Rats, Wechsel des Bundessitzes und einige wenige andere. Außerhalb dieser genau festgelegten Fälle kann die Versammlung selbst nichts anderes tun als „Empfehlungen geben", auch wenn es sich um die in Art. 23 bezeichneten Materien handelt, die dem Völkerbund speziell zugewiesene Aufgaben darstellen. Der erste Paragraph dieses Artikels sagt ausdrücklich, daß die Aktion des Völkerbunds „sous la réserve et en conformité des dispositions des conventions internationales actuellement existantes ou qui seront ultérieurement conclues" erfolgt, und meint damit ganz klar einen Rechtsbildungsprozeß, der außerhalb des Völkerbunds liegt. Selbst die Errichtung des Ständigen Internationalen Gerichtshofs ist durch ein Protokoll, d. h. einen Vertrag gemacht worden, obwohl ihm eine einstimmige Entschließung der Versammlung vorausging (anderer Meinung D. Schindler, Die Verbindlichkeit der Beschlüsse des Völkerbundes [Schweizerische Vereinigung für internationales Recht, H. 20], Zürich 1927). Was die in Art. 26 erwähnten Amendements zur

Satzung betrifft, so ist man in keiner Weise berechtigt, zu behaupten, sie könnten anders als durch Verträge eingeführt werden; betrifft doch die einzige Ausnahme von den allgemeinen Regeln, die man aus dem erwähnten Art. 26 ableiten kann, die zum Inkrafttreten der Amendements nötigen Ratifikationen.

Die Bestimmungen des Art. 405 des Versailler Vertrages und die entsprechenden der anderen Friedensverträge, nach denen die allgemeine Arbeitskonferenz mit Zweidrittelmehrheit der Stimmen der anwesenden Vertreter Konventionsentwürfe zur Annahme bringen kann, welche die Mitglieder der Organisation der Arbeit[1]) innerhalb eines bestimmten Zeitraums den je nach den betreffenden Verfassungen zuständigen Behörden zur eventuellen Ratifikation zu unterbreiten haben, stellen eine wichtige Änderung des bis dahin beim Abschluß der Verträge üblichen Verfahrens dar, indem an die Stelle der Konferenz der Bevollmächtigten (eine einfache Vereinigung von Organen) die Entscheidung eines Kollektivorgans tritt. Doch kann man nicht sagen, daß dies den hinsichtlich des Abschlusses von Verträgen geltenden Rechtssätzen zuwiderläuft, da ja die Staaten volle Freiheit behalten, den Vertrag zu ratifizieren oder nicht, d. h. den Vertrag abzuschließen oder nicht (s. C. Reuterskjöld, Ce que l'on appelle la „ratification" des conventions internationales du travail, in „Scientia", 1926, S. 310ff.). Der Tatumstand, durch den hier die Rechtsnormen ins Leben gerufen werden, ist der in Abs. 7 des Artikels vorgesehene Austausch und die Hinterlegung der Ratifikationsurkunden, nicht die Entscheidung der Konferenz, von der in Abs. 2 die Rede ist.

Von einem Fehlen von Kollektivorganen, deren besondere Aufgabe es wäre, Völkerrechtsnormen zu schaffen, kann mit folgenden Einschränkungen gesprochen werden:

a) Wenn die Vertretung von zwei oder mehr Staaten völkerrechtlich einem einzigen, einfachen oder zusammengesetzten Organ übertragen ist, so fungiert dieses bei dem Abschluß von Verträgen in Vertretung aller dieser Staaten. Das gilt für das Staatsoberhaupt in der Realunion und gegebenenfalls für die ständische Vertretung eines Staatenbundes. Die von dieser oder jenem ausgehende Willenserklärung, den Vertrag abschließen zu wollen, wird vom Völkerrecht auf alle die Staaten, die zu der betreffenden Gemeinschaft gehören, bezogen.

b) Verneint man auch, daß es augenblicklich Kollektivorgane gebe, an deren Tätigkeit das Völkerrecht als ihnen eigentümliche

[1]) Dies ist die offizielle deutsche Übersetzung der Überschrift zu Sect. I, Teil XIII. V. V. (d. Übers.).

Hauptfunktion die Schaffung von Rechtsnormen knüpfte, so soll damit nicht die Möglichkeit verneint werden, daß solche Normen von diesen Organen als zufällige und akzessorische Nebenprodukte geschaffen werden können; wir hatten schon Gelegenheit, in diesem Zusammenhang auf die internen Reglements gewisser zusammengesetzter Kollektivorgane hinzuweisen; wir fügen jetzt hinzu, daß die Befugnisse, die gewissen Flußkommissionen (vgl. den Berliner Vertrag vom 13. Juli 1878, Art. 55 oder Art. 7 des Londoner Vertrages vom 10. März 1883 über die Schiffahrtsregelung auf der unteren Donau, und dazu das Reglement, Anlage zu diesem Vertrag) oder Gesundheitskommissionen (vgl. Pariser Übereinkommen vom 3. Dezember 1903 betreffend die Maßnahmen gegen die Pest, die Cholera und das Gelbe Fieber, Art. 164 und 165) oder anderen zuerkannt worden sind, zuweilen den wirklichen Erlaß von Völkerrechtsnormen durch das jeweilige Kollektivorgan bedingen, während es sich in anderen Fällen um interne Rechtsnormen handelt, die durch das sogenannte gemeinsame Organ für jeden einzelnen Staat erlassen werden.

c) Endlich und vor allem muß bemerkt werden, daß auf dem Gebiet des Völkerrechts, weit mehr noch als auf dem des Landesrechts, die Entscheidung einer Streitfrage durch den Spruch eines Kollektivorgans die Schaffung regelrechter Normen darstellen kann, die sich in nichts von der unterscheidet, die dann erfolgt, wenn der Interessenkonflikt durch den Abschluß eines Vertrages gelöst wird. Da ja die Subjekte der Völkerrechtsordnung gleichzeitig die Schöpfer der Normen sind, aus denen sich diese Ordnung zusammensetzt, so hängt es grundsätzlich von ihrem Willen ab, ob die Entscheidung des Organs die bloße Anwendung des geltenden Rechts auf einen Streitfall oder aber die Setzung neuer Rechtsnormen bedeuten soll.

2. Wichtiger sind die Kollektivorgane, deren Hauptfunktion die Entscheidung internationaler Streitfälle ist. Die pazifistische Bewegung, die im letzten Viertel des vorigen Jahrhunderts und in den Jahren, die dem Weltkrieg vorausgingen, soviel von sich reden machte, sah auf Grund einer Auffassung von der Wirklichkeit, über die sich streiten ließe, in diesen Organen das wirksamste Instrument, um bewaffnete Konflikte zwischen den Völkern zu vermeiden, und bemühte sich, die Schaffung solcher Instrumente auf jede Weise zu begünstigen, wobei sie zu Ergebnissen gelangte, die nicht zu übersehen sind, wenn ihre Bedeutung auch beschränkter ist, als man glauben machen wollte.

Man erkennt sofort den grundsätzlichen Unterschied, der besteht zwischen den Organen, deren einzige Aufgabe es ist, den Ausgleich unmittelbar zwischen den Parteien zu erleichtern und denen, deren Willensäußerung die Rechtsordnung als eine verbindliche Erledigung des Streitfalles bewertet.

a) Zur ersten Kategorie gehören die „Untersuchungskommissionen", wie sie im Haager Abkommen vom 18. Oktober 1907 zur friedlichen Erledigung internationaler Streitfälle (Art. 9—36) vorgesehen sind, ferner die durch die Bryan-Verträge — so genannt nach dem Staatssekretär der Vereinigten Staaten, der die Anregung dazu gab, gebildeten Kommissionen (vgl. Riv. di dir. intern. 1915, S. 270ff.), weiter die „Versöhnungskommissonen" die in der Entschließung des Völkerbundsrats vom 22. September 1922 empfohlen werden, der Rat und die Versammlung des Völkerbunds, insofern sie eine auf die Erledigung von Streitfällen gerichtete Tätigkeit ausüben usw.

Unter dem Gesichtspunkt der Erledigung des Streitfalls ist die Tätigkeit dieser Organe, streng genommen, ohne rechtliche Bedeutung. Eine solche hat nur das Übereinkommen, das auf Grund dieser Tätigkeit zustande kommt und das fast stets einen Vergleich darstellt, durch den die streitenden Parteien sich gegenseitig Rechte und Pflichten zuerkennen oder zuschreiben.

Das Völkerrecht legt jedoch den streitenden Parteien zuweilen unabhängig von der Lösung der Streitfrage Beschränkungen in ihrer Freiheit zu handeln auf, im Hinblick darauf, daß Organe der geschilderten Art tätig werden, oder es verleiht besagter Tätigkeit bestimmte rechtliche Wirkungen. So stellen z. B. — was die erste Möglichkeit anlangt — die Bryan-Verträge und die Völkerbundssatzung die Verpflichtung auf, nicht zu den Waffen zu greifen, ehe die Kommission oder der Rat ihre Untersuchung vorgenommen und ihren Bericht (übrigens innerhalb eines meist vorher bestimmten Termins) erstattet haben oder auch für eine bestimmte Zeit, die von der Vorlegung des Berichts ab gerechnet wird (Völkerbundssatzung, Art. 12). Was die zweite Möglichkeit anbetrifft, so ist hier die Bestimmung des Art. 15, Abs. 6 der Völkerbundssatzung besonders bemerkenswert, nach der, wenn der Bericht des Rats einstimmig angenommen wird — wobei die Stimme der Repräsentanten der streitenden Parteien nicht mitgerechnet wird —, die Mitglieder des Völkerbunds gegen den Staat, der sich den Schlußfolgerungen des betreffenden Berichts unterwirft, keinen Krieg führen dürfen. Dieser Bericht kann zwar nicht als für die streitenden Parteien bindend bezeichnet werden, und er bringt den Streitfall auch nicht zur Erledigung. Aber wenn er diese auch offen läßt, so hat er doch die Wirkung, die Mitglieder des Völkerbunds zu verpflichten, sich jeglicher Waffengewalt gegen irgendeinen Staat, der die Bestimmungen des Berichts beobachtet, zu enthalten.

b) Die Organe der zweiten Kategorie sind die „internationalen Schiedsgerichte“, wobei unter diesem Namen im weiteren Sinne des Wortes die Organe zu verstehen sind, deren Meinung über den Streitfall für die Parteien rechtsverbindlich ist.

Unter abstrakten Gesichtspunkten könnte man hier einen Unterschied machen, je nachdem, ob es die Funktion dieser Organe ist, auf definitive und unwiderrufliche Weise für den jeweiligen Fall das geltende Recht zu verwirklichen, oder ob es ihres Amtes ist, die Art und Weise, wie die Parteien sich verhalten sollen, zu bestimmen, unabhängig davon, was die Anwendung des geltenden Rechts auf den jeweiligen Streitfall gebieten würde. Im ersten Fall nähern die Internationalen Schiedsgerichte sich den internen Rechtsprechungsorganen und ihre Tätigkeit ist Durchsetzung des Rechts; im zweiten Fall sind sie viel eher als Organe, die Rechtsnormen schaffen, zu bezeichnen. Die Tatsache, daß die Parteien, die vor den internationalen Schiedsgerichten streiten, gleichzeitig die Schöpfer und die Subjekte der Rechtsordnung, die Gesetzgeber und die dem Gesetz Unterworfenen sind, erklärt diese doppelte Funktion jener Organe und zeigt sie in der richtigen Beleuchtung gegenüber den entsprechenden Organen des Landesrechts, bei denen man gewöhnlich den Unterschied zwischen dem „arbiter“ und dem „arbitrator“ macht.

In Wirklichkeit hat der Unterschied jedoch eine rein theoretische Bedeutung. Es lassen sich sicherlich Fälle nachweisen, wo das anzurufende Organ ausdrücklich und absichtlich mit der Funktion, Rechtsnormen zu bilden, betraut worden ist (man sehe z. B. den Schiedsspruch vom 20. März resp. 2. April 1901 zwischen der Türkei und Griechenland, abgedruckt in der „Revue de dr. intern. et de législ. comp.“, 2. Serie, Bd. IV, 1902) und andere ziemlich zahlreiche Schiedssprüche, bei denen die dem Schiedsrichter übertragene Aufgabe nur darin bestand, in dem betreffenden Fall das Recht festzustellen und zu definieren. Doch gibt es auch viele Fälle, wo beide Funktionen sich in ein und demselben Schiedsspruch mit der ausdrücklichen oder stillschweigenden Zustimmung der Parteien durchdringen und miteinander verschmolzen sind. Jedenfalls ist es sicher, daß auch nach Errichtung des Ständigen Internationalen Gerichtshofes man nicht sagen kann, daß dieser doppelten Funktion notwendig getrennte Organe entsprechen müssen. Wenn tatsächlich die Schiedsgerichte einerseits nach dem Willen der Parteien als Organe der Rechtsdurchsetzung tätig werden können und dies oft getan haben, so ermächtigt andererseits Art. 38 des Statuts des Ständigen Gerichtshofes, wenn die Parteien einverstanden sind, diesen, ex aequo et bono zu entscheiden und so eine Erledigung des Streitfalls vorzunehmen, die weit über die bloße Anwendung und Durchsetzung des geltenden Rechts hinausgehen kann.

Wichtiger ist der Unterschied zwischen gelegentlich gebildeten und ständigen Organen. Die Schiedsgerichte sind bis jetzt gelegentliche, d. h. angesichts eines bestimmten Streitfalles, wenn auch kraft und gemäß schon bestehender Normen gebildete Organe gewesen. Die Bildung des Organs kommt, sofern es sich nicht um einen einzigen, auf Grund gemeinsamer Vereinbarung ernannten Schiedsrichter handelt, im allgemeinen auf Grund eines gemischten Verfahrens zustande: Ernennung einiger Mitglieder (meistens ein oder zwei) von seiten jedes der streitenden Staaten und Ernennung des Vorsitzenden des Kollegiums auf Grund einer Vereinbarung der Parteien. Ist diese Vereinbarung nicht möglich, so werden zuweilen andere Arten von Ernennung vorgesehen (Ernennung durch die schon ernannten Schiedsrichter, oder durch einen dritten Staat oder durch Auslosung unter mehreren vorgeschlagenen Namen usw.).

Der „Ständige Schiedshof", der von der ersten Friedenskonferenz (1899) eingesetzt und ohne wesentliche Änderungen von der zweiten (1907) beibehalten wurde, änderte nichts an diesem Stand der Dinge. Der sogenannte Schiedshof ist tatsächlich nichts als eine lange Liste der Namen von Persönlichkeiten, die von den verschiedenen Regierungen (als Höchstzahl 4 für jede) als besonders geeignet zur Übernahme des internationalen Schiedsrichteramtes bezeichnet worden sind. Unter diesen Persönlichkeiten können dann die streitenden Parteien zum gegebenen Zeitpunkt die 3 oder 5 Schiedsrichter wählen, die das mit der Lösung ihres Streitfalles beauftragte Schiedsgericht bilden sollen. Das Organ ist also das in jedem einzelnen Fall eingesetzte Schiedsgericht, nicht der Ständige Schiedshof als solcher, der wenig mehr ist als ein bloßer Name.

Die Konferenz von 1907 machte den Versuch, neben dem Ständigen Schiedshof einen „Ständigen Schiedsgerichtshof" zu errichten, der aus einer beschränkten Anzahl fest angestellter Richter mit festem Gehalt bestehen sollte, die jederzeit bereit wären, dem Ersuchen der Staaten, die einen Streitfall zu schlichten hätten, zu folgen. Es war der Übergang vom System der gelegentlichen von den Parteien gewählten Schiedsrichter zu dem schon vorher konstitutionellen und feststehenden Schiedsrichterkollegium, welches dies Angehen des Schiedsgerichts erleichtern und wirtschaftlicher gestalten sollte und das gleichzeitig, dank der ständigen Verwendung und Tätigkeit der Richter, die allmähliche Bildung einer Judikatur, die imstande wäre, das Völkerrecht weiter zu entwickeln, ermöglichen sollte. Der Gedanke als solcher fand ungeteilte Zustimmung, aber heillose Uneinigkeit brach zwischen den großen und kleinen Staaten aus, als es sich darum handelte, die Zusammensetzung des Gerichtshofes zu bestimmen, da die großen Staaten ständig dort vertreten sein wollten und die kleinen diesen Anspruch und die sich daraus ergebende Folge, daß einige von ihnen abwechselnd von der Teilnahme ausgeschlossen sein sollten, für unvereinbar mit dem Grundsatz der Rechtsgleichheit hielten.

Das Problem, das im Jahre 1907 unlöslich war, hat jetzt dank der Organisation des Völkerbunds gelöst werden können. Am 13. Dezember 1920 billigte die Völkerbundsversammlung einstimmig mit einigen von ihr gemachten Amendements den Entwurf zu dem Statut des „Ständigen Internationalen Gerichtshofes", der vom Rat auf Grund von Art. 14 der Satzung vorbereitet worden war und beauftragte, angesichts der besonderen Bestimmungen dieses Artikels (. . . soumettre aux Membres de la Société) den Rat, ihn den Mitgliedern in der Form eines gebührend ratifizierten Protokolls zur Annahme vorzulegen. Das Unterzeichnungsprotokoll, zu dem das Statut eine Anlage bildet, wurde in Genf am 16. Dezember 1920 aufgelegt; es ist von allen oder fast allen Mitgliedern des Völkerbundes (52) unterzeichnet und von den meisten ratifiziert worden (41 am 30. August 1928). Die rechtliche Grundlage des Ständigen Internationalen Gerichtshofs bildet daher weniger die Entschließung der Völkerbundsversammlung, als ein wirklicher völkerrechtlicher Vertrag, der nicht ohne die Zustimmung aller der Staaten, die das Protokoll ratifiziert haben oder ihm beigetreten sind, verändert werden kann.

Der Ständige Internationale Gerichtshof tritt nicht an die Stelle des sogenannten Ständigen Schiedshofes, sondern besteht neben ihm. Er setzt sich zusammen aus 11 Titularrichtern und 4 Ersatzrichtern, die gewählt werden in getrennten Abstimmungen von der Versammlung und dem Rat des Völkerbundes auf Grund von Kandidatenlisten, die von den nationalen Gruppen des Ständigen Schiedshofs oder, wo diese fehlen, von nationalen Gruppen von 4 Juristen vorgelegt werden. Letztere Gruppen werden unter denselben Bedingungen gebildet, wie das Abkommen vom 18. Oktober 1907 sie für die Mitglieder des Schiedshofs vorsieht. Die erste Richterwahl fand im September 1921 statt und der Ständige Internationale Gerichtshof begann seine Tätigkeit im darauf folgenden Januar. Eine Darlegung der Rechtssätze, die seine Verfassung und seine Tätigkeit regeln, und eine Untersuchung der nicht leichten Fragen, welche das Wesen dieses neuen Organs betreffen, werden besser an anderer Stelle gegeben werden.

3. Die am häufigsten vorkommenden Kollektivorgane sind diejenigen, die wir als „Ausführungsorgane" bezeichnen, insofern als ihre Tätigkeit darauf gerichtet ist, bestimmte, durch ein völkerrechtliches Übereinkommen festgesetzte Aufgaben zu verfolgen und so den in diesem Übereinkommen ausgedrückten Willen zur Ausführung zu bringen. In weiterem Sinne könnte man von den weiter oben behandelten Organen sagen, daß sie gebildet sind zur Verwirklichung des in dem Übereinkommen ausgedrückten Willens, der hier auf die friedliche Lösung eines Streitfalls oder aller Streitfälle im allgemeinen ausgeht. Der Unterschied mit den hier behandelten Organen besteht darin, daß die Tätigkeit der Organe, von denen wir sprechen, nicht aus Anlaß völkerrechtlicher Streitfälle erfolgt. Auch hier ist die Ausführung von Rechtssätzen in dem vorher erläuterten Sinne die normale und eigentliche Funktion dieser Organe; doch schließt das nicht aus, daß ihre Tätigkeit sich nebenbei auch auf die Schaffung von Rechtsnormen oder die Schlichtung von Streitfällen, die mit dem besonderen Gebiet ihrer Aufgaben zusammenhängen, erstrecken kann. Dieser Fall ist im Gegenteil für einige Arten von Ausführungsorganen, wie die Flußkommissionen, ziemlich häufig und wichtig.

Es gehören zu dieser Kategorie von Organen die Versammlung und der Rat des Völkerbunds, sofern sie nicht als Organe zur Schlichtung internationaler Streitfragen handeln, das Ständige Sekretariat, die von den Artikeln 9 und 22 der Satzung vorgesehenen Kommissionen, verschiedene andere Kommissionen, die zur Erledigung der dem Völkerbund durch Art. 23 der Völkerbundsatzung zugewiesenen Aufgaben gebildet sind; ferner gehören hierher die Organe der ständigen Organisation der Arbeit des Versailler Vertrages, die in Art. 388 aufgeführt sind, nämlich die Hauptversammlung der Vertreter der Mitgliedstaaten und das Internationale Arbeitsamt sowie der Verwaltungsrat, außer den in Art. 412 Versailler Vertrag vorgesehenen Untersuchungskommissionen; ferner eine ganze Reihe durch die Friedensverträge, oder infolge dieser Verträge eingesetzter Kommissionen, wie die zur zeitweiligen Verwaltung bestimmter Gebiete (z. B. die Regierungskommission des Saarbeckens, Kap. II der Anlage V zu den Artt. 45—50 des Versailler Vertrages, und die Hohe Interalliierte Kommission in dem zum Zweck der Gatantie besetzten Rheinland), die Reparationskommission usw.

Allgemein betrachtet lassen sich die Ausführungsorgane in zwei Kategorien teilen: kollegiale Organe oder Kommissionen und bürokratische Organe oder Ämter.

I. Ziemlich fest umrissene Gruppen der ersten Kategorie sind:
a) die zur Erleichterung, Regelung und Überwachung der

Schiffahrt auf bestimmten internationalen Flüssen eingesetzten Flußkommissionen. Dazu gehören:

a) Die Donaukommissionen. Der Pariser Vertrag vom Jahre 1856 setzte, als die Donau für die freie Schiffahrt aller Staaten freigegeben wurde, zwei Kommissionen ein: die „Europäische Kommission", die aus je einem Abgesandten der folgenden Staaten bestand: Österreich, Frankreich, Großbritannien, Preußen (später Deutschland), Rußland, Sardinien (später Italien), Türkei, und die Uferstaaten-Kommission, die aus je einem Abgesandten für jeden der Uferstaaten bestand. Im Sinne des Vertrages von 1856 war die auf die untere Donau beschränkte Aufgabe der europäischen Kommission im wesentlichen eine zeitlich begrenzte und bezog sich vor allem auf die Ausführung bestimmter Arbeiten von Isaktscha bis an die See; nach 2 Jahren sollte die Uferstaaten-Kommission an ihre Stelle treten. Tatsächlich jedoch wurde die Europäische Kommission immer wieder verlängert und es wurden ihr, auf Kosten der Uferstaaten-Kommission, welche niemals eingesetzt wurde, immer ausgedehntere Territorialzuständigkeit und Aufgaben zugewiesen, und zwar durch die Donauschiffahrtsakte vom 2. November 1856, den Londoner Vertrag vom 13. März 1871, den Berliner Vertrag vom 13. Juli 1878, die Zusatzakte zur Donauschiffahrtsakte vom 28. Mai 1881 und den Londoner Vertrag vom 10. März 1883.

Art. 346 des Versailler Vertrags (und die entsprechenden Artikel der anderen Friedensverträge) bestimmt, daß die Europäische Donaukommission wieder die Befugnisse ausüben solle, die sie vor dem Krieg inne hatte, vorläufig jedoch lediglich von Vertretern Großbritanniens, Frankreichs, Italiens und Rumäniens gebildet werden soll. Art. 347 setzt eine andere Kommission ein, die Internationale Kommission, die sich aus zwei Vertretern der deutschen Uferstaaten, aus je einem Vertreter der anderen Uferstaaten und aus je einem Vertreter der jetzt oder in Zukunft in der Europäischen Kommission vertretenen Nichtuferstaaten zusammensetzt. Die Zuständigkeit dieser Kommission betrifft die mittlere Donau, oder Binnen-Donau (Danube fluvial) von der Stelle, wo die Befugnisse der Europäischen Kommission enden, bis nach Ulm (Art. 347 Abs. 1 u. 331 Abs. 1).

Der Pariser Vertrag vom 23. Juli 1921, durch den das Statut der Donau endgültig festgelegt wurde, sieht in Art. 4 die Möglichkeit vor, daß neue Mitglieder zur Europäischen Kommission zugelassen werden. Bezüglich der Zuständigkeit beschränkt Art. 5 sich auf die Feststellung, daß die Kommission die Befugnisse ausübt, die sie vor dem Kriege inne hatte, und Art. 6 auf die Feststellung, daß die Zuständigkeit der Europäischen Kommission sich auf die

Unter-Donau (Danube maritime), d. h. von den Flußmündungen bis zu der Stelle wo die Befugnisse der Internationalen Kommission beginnen, unter denselben Bedingungen wie in der Vergangenheit und ohne Abänderung der jetzigen Grenzen erstreckt. Die Zuständigkeit der Internationalen Donaukommission wird in Kap. III, das von der sogenannten Binnen-Donau handelt, bestimmt.

Die Europäische Donau-Kommission übt ihre Tätigkeit völlig unabhängig von der Staatsgewalt, der das jeweilige Gebiet unterworfen ist, aus. Diese Tätigkeit umfaßt legislative Befugnisse (Erlaß von Schiffahrstordnungen), richterliche Tätigkeit (strafrichterliche Befugnisse bei Übertretung der Schiffahrtsordnungen) und Verwaltung (Anordnung und Ausführung von Arbeiten, Baggern, Lootsen, die Polizeigewalt usw.). Die Befugnisse der Europäischen Donau-Kommission sind dieselben auf der ganzen Unter-Donau. Die Zuständigkeit der Kommission ist nicht ausgeschlossen von territorialbegrenzten und als Häfen bezeichneten Zonen: die Kommission ist vielmehr zuständig, auch in den Häfen die Schiffahrt, d. h. die Bewegung der Schiffe, insofern als diese Bewegung ein Teil ihrer Reise ist, zu regeln; sie muß außerdem auch in den Häfen die nötige Kontrolle ausüben, um die Freiheit der Schiffahrt und die gleiche Behandlung aller Fragen zu sichern, (vgl. das Gutachten Nr. 14, 8. Dezember 1927, des Ständigen Internationalen Gerichtshofes, in „Publications de la Cour" Serie B, Nr. 14, Leiden 1927). Die Internationale Donaukommission hat ähnliche Befugnisse, die aber zugunsten der Staatsgewalt, der das jeweilige Gebiet unterworfen ist, beschränkt sind.

β) Die Zentralkommission für die Rheinschiffahrt wurde durch die Rheinschiffahrtsakte von 1831, revidiert 1868 (Mannheimer Abkommen), eingesetzt; sie setzte sich zusammen aus Delegierten eines jeden der Uferstaaten: Hessen, Baden, Bayern, Frankreich und Holland und übte außer reglementierender und verwaltender auch richterliche Tätigkeit aus, indem sie als Berufungsgericht für die Urteile der „Rheinschiffahrts-Gerichtshöfe" (S. 222) fungierte.

Art. 354 des Versailler Vertrages hat die Kommission samt den Befugnissen, die sie früher inne hatte, beibehalten, aber hat ihren Sitz von Mannheim nach Straßburg verlegt und ihre Zusammensetzung geändert. Nach diesem Artikel besteht sie aus zwei Vertretern der Niederlande (in der Folge auf drei erhöht), 2 Vertretern der Schweiz, 4 Vertretern der deutschen Uferstaaten, 4 Vertretern Frankreichs (das außerdem den Vorsitzenden des Ausschusses ernennt), 2 Vertretern Großbritanniens, 2 Vertretern Italiens und 2 Vertretern Belgiens. Die Kommission beschließt nach Mehrheit und jeder Staat hat Anrecht auf soviel Stimmen als ihm Vertreter gewährt sind. Die Zentralkommission ist zurzeit mit der Ausarbeitung eines Entwurfs zur Abänderung des Mannheimer Abkommens beschäftigt.

γ) Die Elbkommission, eingesetzt durch Art. 340 des Versailler Vertrags,

δ) und die Oderkommission, eingesetzt durch Art. 341 des gleichen Vertrags, haben gleiche Zusammensetzung und Funktion wie die Rheinkommission, abgesehen natürlich davon, daß andere Staaten zur Ernennung der Delegierten in Betracht kommen, und daß die Zahl der Vertreter jedes Staats eine andere ist.

Das Statut der Elbe ist durch das Abkommen vom 22. Februar 1922 und die Zusatzakte vom 27. Januar 1923 festgelegt worden. Gemäß Art. 2 des Abkommens soll die Kommission über die Aufrechterhaltung der Freiheit der Schiffahrt sowie den guten Unterhaltungszustand und die Verbesserung des schiffbaren Wasserwegs wachen, sich über die Beschwerden erklären, zu denen die Anwendung dieses Übereinkommens und der darin vorgesehenen Verordnungen Anlaß gibt, feststellen, ob die zur Anwendung kommenden Tarife den in dem Übereinkommen festgesetzten Bedingungen entsprechen, über die Berufungen entscheiden, die bei ihr eingelegt werden, und ganz allgemein die Befugnisse ausüben, die sich aus den Bestimmungen des Übereinkommens ergeben. Art. 4 und die folgenden Artikel regeln bis ins Einzelne die richterlichen Funktionen der Kommission als Berufungsinstanz für die Urteile erster Instanz der territorialen Gerichtshöfe.

Die Kongo- und Niger-Kommissionen, die durch die Kongoschiffahrtsakte (Generalakte der Berliner Konferenz vom 26. Februar 1885) vorgesehen waren, sind tatsächlich nie ins Leben getreten, und die entsprechenden Bestimmungen sind in den Vertrag von St. Germain vom 10. September 1919, der die genannte Akte in den Beziehungen zwischen den vertragschließenden Parteien ersetzt hat, (Art. 13) nicht mit aufgenommen worden.

b) Die internationalen Sanitätskommissionen, die eingesetzt sind, um die Anwendung von Maßnahmen zur Verhütung der Einschleppung und Verbreitung von Epidemien zu beschließen, zu leiten und zu überwachen. Dazu gehören:

α) Der Internationale Gesundheitsrat in Bukarest, der durch die Donauschiffahrtsakte (Galatz, 28. Mai 1881) zur Überwachung des Sanitätsdienstes an den Donaumündungen eingesetzt wurde.

β) Der Gesundheitsrat für See und Quarantäne in Alexandrien in Ägypten, der eine Reorganisation (1881) der alten „Intendence sanitaire générale d'Egypte" darstellt, und welcher Gegenstand der verschiedenen internationalen Gesundheits-Abkommen geworden ist, wo ihm seine Befugnisse verliehen wurden (besonders in dem Abkommen von Venedig [1892]). Er hat die durch besondere völkerrechtliche Abkommen festgesetzten Maßnahmen anzuwenden, die zur Verhütung der Einschleppung von Epidemien, besonders der Cholera und der Pest, auf dem Wege durch das Rote Meer und den Suezkanal erlassen worden sind. Er umfaßte 18 Mitglieder, 4 Ägypter und 14 Nichtägypter. Kraft des Schlußabsatzes von Art. 152 des Versailler Vertrages hat Deutschland auf die Teilnahme an diesem Rat verzichtet und sich einverstanden erklärt, daß seine Befugnisse auf die ägyptischen Behörden übergehen. Das gleiche gilt für Österreich (Vertrag von St. Germain, Art. 107, Schlußabsatz). Art. 117 des Lausanner Friedensvertrags anerkennt die Existenz dieses Rats und sichert ihm eine Vertretung in der in folgendem Absatz genannten Kommission zu.

γ) Die Sanitätskommission für die Pilgerfahrten, die in Artt. 117 und 118 des Lausanner Vertrages vorgesehen ist, bezweckt die sanitäre Überwachung der Pilgerfahrten nach Jerusalem und Hedschas. Der Vertrag bestimmt die Zusammensetzung im Einzelnen nicht, sichert aber den Gesundheitsämtern der Türkei und dem Gesundheits-See- und Quarantänerat Ägyptens eine Vertretung zu.

Der Oberste Gesundheitsrat zu Konstantinopel wurde ursprünglich von der Türkei eingesetzt, die Abgeordnete der Hauptmächte Europas zur Teilnahme aufforderte. Seine Verfassung und Funktion wurde dann durch völkerrechtliches Abkommen anerkannt und geregelt, zuletzt durch das Pariser Abkommen vom 3. Dezember 1903 (Artt. 165ff.). Nach diesem Abkommen setzte sich der Rat aus 17 Mitgliedern zusammen, darunter 4 türkische, die übrigen wurden von den europäischen Mächten, den Vereinigten Staaten von Amerika und Persien ernannt. Wie der Gesundheitsrat für See und Quarantäne von Ägypten, (der übrigens ursprünglich sein Ableger war) hatte er die Anwendung der Maßnahmen zur Verhütung der Einschleppung und Verbreitung von Epidemien zur Hauptaufgabe. Der Vertrag von Sèvres hob diesen Rat auf und übertrug seine Funktionen an die Meerengen-Kommission; Art. 114 des Lausanner Vertrages behält die Aufhebung bei, fügt aber hinzu, daß die türkische Verwaltung mit der Organisation des Gesundheitswesens an den Küsten und Grenzen der Türkei betraut wird.

c) Die Finanzkommissionen, die zur Überwachung der Verwaltung stark verschuldeter Staaten im Interesse der Gläubiger oder ausländischer Garanten eingesetzt wurden, befinden sich augenblicklich in einem Zustand von Unsicherheit und werden wahrscheinlich einer Umbildung unterworfen worden. Bemerkenswerte Beispiele sind oder waren:

α) Der Verwaltungsrat der türkischen Staatsschuld, eingesetzt im Jahre 1878; Art. 56 des Lausanner Friedensvertrages bestimmt, daß die Delegierten der deutschen, österreichischen und ungarischen Gläubiger nicht mehr daran teilnehmen. Der Rat selbst wird jedoch beibehalten und die finanziellen Klauseln des Vertrages weisen ihm verschiedene Aufgaben zu (Art. 46). Doch im Vergleich zu der Vorkriegszeit ist ihm nur ein Schatten seines früheren Einflusses verblieben. Durch den Vertrag vom 13. Juni 1928 zwischen der Türkei und den Gläubigervertretern, der sehr eingehend den Dienst der verteilten ottomanischen Schuld regelt, wird sein Sitz aus Konstantinopel nach Paris verlegt, seine Überwachungsfunktionen in der Türkei werden von einem von ihm eingesetzten Agenten wahrgenommen. Neben diesem Rat (Conseil de la Dette), für den die Bestimmung des Art. 56 des Lausanner Vertrages über den Ausschluß der deutschen, österreichischen und ungarischen Gläubiger beibehalten wurde, hat der Vertrag vom 13. Juni 1928 für die Verwaltung anderer, im sog. Mouharrem Dekret vom 20. Dezember 1880 nicht vorgesehener türkischer Schulden einen zweiten Rat (Conseil des Porteurs) ins Leben gerufen, in dem neben drei französischen und einem belgischen auch zwei Vertreter der deutschen Gläubiger zugelassen worden sind (näheres im Buche von H. Alphand. Le partage de la dette ottomane et son règlement, Paris 1928, wo auch der Vertrag vom 13. Juni 1928 abgedruckt ist).

β) Die Kommission der ägyptischen Staatsschuld, die im Jahre 1880 eingesetzt und deren Kompetenz im Jahre 1885 erweitert wurde, als die sechs Großmächte die Garantie der ägyptischen Anleihe übernahmen; mit Art. 151 des Versailler Vertrags hat Deutschland sich verpflichtet, der Aufhebung oder den Abänderungen der Verordnung des Khediven vom 28. November 1904, betreffend die Kommission der ägyptischen öffentlichen Schuld, die die ägyptische Regierung für angebracht erachten sollte, zuzustimmen.

δ) Die Kommission der griechischen Staatsschuld, deren Einsetzung auf Art. 2 des Präliminarfriedens mit der Türkei vom 18. September 1897 zurückgeht; im Interesse der Gläubiger Griechenlands wurde festgesetzt, daß gewisse Einkünfte ausschließlich zur Befriedigung der Gläubiger bestimmt und unter die uneingeschränkte Kontrolle einer aus den Delegierten der sechs Großmächte gebildeten Kommission gestellt werden sollten.

γ) Eine wichtige Kommission dieser Art aus neuster Zeit ist das Komitee zur Kontrolle der österreichischen Anleihe. Das zweite der beiden Genfer Protokolle vom 4. Oktober 1922, das den Plan zum finanziellen Wiederaufbau Österreichs unter dem Schutz des Völkerbunds enthält, gewährt der österreichischen Regierung das Recht, eine Anleihe von 650 Millionen Goldkronen aufzunehmen. Der Zinsendienst dieser Anleihe wird bis zu einem Höchstsatz von 84% von Italien, Großbritannien, Frankreich und der Tschechoslowakei garantiert, in den gemäß Sonderabkommen zwischen den Interessenten festgesetzten Proportionen. Diese Operation und der ganze folgende Anleihedienst geschieht unter der Leitung und der Überwachung eines Kontroll-Komitees, das aus den Delegierten der vier Garantenstaaten gebildet ist, von denen jeder über 20 Stimmen verfügt. Die Regierungen, die es übernehmen, den nicht durch die Garantie der vier genannten Regierungen gedeckten Annuitätenrest zu garantieren, sollen das Recht haben, jede einen Delegierten zu ernennen oder sich über die Ernennung gemeinsamer Delegierter zu verständigen; jeder Delegierte soll für jedes Prozent der durch seine Regierung garantierten Quote eine Stimme bekommen. Das Kontrollkomitee verkehrt nur mit dem von dem Völkerbund zur Überwachung der Ausführung des finanziellen Wiederaufbaus Österreichs ernannten Generalkommissar; es entscheidet mit absoluter Stimmenmehrheit der Anwesenden, und in einigen besonders schwerwiegenden Fällen mit Zweidrittelmehrheit. Ein ähnliches System kam in der Folge auch Ungarn gegenüber zur Anwendung (Genfer Protokoll vom 14. März 1924). Durch Beschlüsse des Völkerbundsrates vom 9. und 10. Juni 1926 haben die Funktionen der Generalkommissare in Österreich und Ungarn mit Wirkung vom 30. Juni 1926 ein Ende genommen.

Eine gewisse Ähnlichkeit mit dieser Gruppe von Organen zeigt die „Reparationskommission", die durch die Friedensverträge eingesetzt wurde und deren Hauptaufgabe es sein sollte, den Betrag der von den besiegten Staaten geschuldeten Schadensersatzleistungen auf Grund der durch die Verträge selbst geschaffenen Rechtssätze festzusetzen, die Mittel, wie von diesen Staaten Zahlung zu erhalten sein könne und die Formen, unter denen diese erfolgen solle, anzugeben, diese Zahlungen in Empfang zu nehmen und die Verteilung unter den Gläubigern vorzunehmen. Gemäß Anlage II des Teils VIII des Versailler Vertrags setzt die Kommission sich aus den Delegierten der Vereinigten Staaten von Amerika, Großbritanniens, Frankreichs, Italiens, Japans, Belgiens und des serbo-kroatisch-slovenischen Staats zusammen, doch nur die Delegierten der vier erstgenannten Mächte nehmen an allen Zusammenkünften teil. Die übrigen Friedensverträge (St. Germain, Art. 179, Trianon, Art. 163, Neuilly-sur-Seine, Art. 121) verweisen auf die durch den Versailler Vertrag geschaffene Kommission, wobei die Zusammensetzung angesichts der besonderen Interessen, für die die Kommission Sorge tragen soll, entsprechende kleine Änderungen erfährt. Außerdem können die nicht in der Kommission vertretenen alliierten und assoziierten Mächte einen Beisitzer mit beratender Stimme entsenden, wenn ihre Ansprüche und Interessen behandelt werden. Die Kommission hat ihren Hauptsitz in Paris, kann aber auch anderswo zusammentreten. Was Bulgarien anbetrifft, so gibt es hier einfach eine interalliierte Kommission in Sofia, die die Aufgabe hat, die Ausführung der diesem Staat auferlegten Verpflichtungen zu erleichtern. Die Reparationskommission entscheidet mit Stimmenmehrheit, ausgenommen bei bestimmten Sonderfragen, wo Einstimmigkeit gefordert wird (vgl. § 13 der Anlage II zu Abschnitt I von Teil VIII des Versailler Vertrags). Die Stimmenthaltung gilt als Ablehnung des zur Erörterung stehenden Vorschlags. Beachtenswert ist § 11 der angeführten Anlage, nach dem die Kommission an keine Gesetzgebung, keine bestimmten Gesetzbücher, noch an besondere Vorschriften über das Verfahren gebunden ist; sie läßt sich, wie es in dem Paragraphen heißt, von der Gerechtigkeit, der Billigkeit und von Treu und Glauben leiten. Die Kommission besitzt weitgehendes Selbstbestimmungsrecht; sie ernennt ihre Beamten und ruft sie ab. Jeder Staat kann sich unter Beobachtung eines bestimmten Verfahrens von der Kommission zurückziehen: es gibt keine Normen, die die Möglichkeit vorsehen, das kollektive Vorgehen, für welches die Kommission das Organ ist, durch eine Einzelhandlung der einzelnen beteiligten Staaten zu ersetzen; und die zahlreichen und verschiedenen Fragen, die sich unter diesem Gesichtspunkt ergeben, sind mit heiklen Interpretationsproblemen verknüpft, mit denen wir uns jetzt nicht beschäftigen können.

Die Londoner Protokolle vom 9. und 16. August 1924, die unterzeichnet wurden, um den sogenannten Dawes-Plan in Wirksamkeit zu setzen, haben die Kommission erweitert, indem ein amerikanisches Mitglied zugelassen wurde (die Vereinigten Staaten hatten sich, da sie den Versailler Vertrag nicht ratifiziert haben, der Teilnahme an diesem Organ wie an den anderen durch den Friedensvertrag geschaffenen Organen enthalten) und haben an den Befugnissen der Kommission in Anbetracht des neuen Zahlungs- und Garantiesystems einiges geändert; sie haben außerdem verschiedene Schiedsgerichte vorgesehen, die auch die Reparationskommission für die verschiedenen Arten von Streitfällen, zu denen die Anwendung der genannten Verträge Anlaß geben kann, anrufen muß.

Ehe wir die Gruppe der Kollektivorgane verlassen, für deren Organisation die kollegiale Verfassung charakteristisches Merkmal ist, müssen wir auch die durch das Pariser Abkommen vom 13. Oktober 1919 geschaffene internationale Kommission für Luftschiffahrt und die durch das Lausanner Abkommen vom 24. Juli 1923, Anlage zum Friedensvertrage vom gleichen Datum, geschaffene Meerengen-Kommission erwähnen.

Gemäß Artikel 34 (in der Fassung des Abänderungsprotokolls vom 30. Juni 1923, in Kraft seit 14. Dezember 1926) des Pariser Abkommens soll unter dem angegebenen Titel unter der Autorität des Völkerbunds (vgl. Art. 24, Abs. 1 der Völkerbundssatzung) eine ständige internationale Kommission gebildet werden, die aus je zwei Vertretern für jeden der folgenden Staaten: Vereinigte Staaten von Amerika, Frankreich, Japan, Italien, aus einem Vertreter Großbritanniens und je einem für jedes der britischen Dominien und Indien und je einem Vertreter für jeden der übrigen Vertragsstaaten bestehen soll. Jeder in der Kommission vertretene Staat (Großbritannien mit seinen Dominien und Indien rechnet für diesen Zweck als ein einziger Staat) hat eine Stimme. Die Kommission hat weitgehendes Selbstbestimmungsrecht, sie entscheidet nach Stimmenmehrheit, doch sind manchmal drei Viertel und manchmal zwei Drittel der absoluten Gesamtzahl der Stimmen nötig, d. h. der Gesamtzahl aller der Stimmen, die gezählt werden könnten, wenn alle Vertreter der Staaten anwesend wären. Die Befugnisse der Kommission werden in Art. 34 aufgezählt und gehen auch sonst aus verschiedenen anderen Artikeln des Abkommens hervor. Ganz allgemein kann man sagen, daß die Kommission Verbindungsorgan zwischen den Vertragsstaaten ist und zwar beratendes Organ, das vor allem die Aufgabe hat, das Völkerrecht gegenüber den Fortschritten der Luftschiffahrtstechnik auf dem Laufenden zu halten. Dem kommt sie nach, indem sie selbst mit Dreiviertelmehrheit — (diese Mehrheit muß außerdem mindestens drei der folgenden Staaten umfassen: Vereinigte Staaten, Britisches Reich, Frankreich, Italien und Japan) — Amendements zu den Anlagen des Abkommens annimmt, und mit Zweidrittelmehrheit Änderungen zu den Artikeln des Abkommens zur Annahme von seiten der Vertragsstaaten vorschlägt, sei es, daß der Vorschlag von einem der Vertragsstaaten ausgeht, sei es, daß die Kommission selbst die Anregung dazu gibt. Die Kommission ist am 11. Juli 1922 konstituiert worden (s. Actes de la 4me Assemblée, séances plénières, p. 275).

Artikel 10 des Lausanner Abkommens vom 24. Juli 1923 sieht die Einsetzung einer internationalen Kommission in Konstantinopel vor, die Meerengen-Kommission heißen soll. Aufgabe dieser Kommission ist es, die Beobachtung der Bestimmungen über die Durchfahrt der Kriegsschiffe und der Militärflugzeuge durch die Meerenge sicherzustellen. Diese Bestimmungen sind in der Anlage zu Artikel 2 der Konvention enthalten. Nach Art. 1 umfassen die „Meerengen" die Dardanellen, das Marmarameer und den Bosporus. Den Vorsitz über die Meerengen-Kommission führt der Vertreter der Türkei, und ihr gehören an die Vertreter Frankreichs, Großbritanniens, Japans, Italiens, Bulgariens, Griechenlands, Rumäniens, Rußlands und des serbisch-kroatisch-slovenischen Staats, immer unter der Voraussetzung, daß diese Staaten das Abkommen ratifizieren; den Vereinigten Staaten von Amerika und den unabhängigen Uferstaaten am Schwarzen Meer, die nicht in der vorhergehenden Aufzählung genannt sind, ist das Recht vorbehalten, gegebenenfalls Vertreter für die Kommission zu ernennen. Die Kommission ist der Kontrolle des Völkerbunds unterstellt, dem sie jedes Jahr einen Bericht senden und den sie mit allen für Handel und Schiffahrt nützlichen Informationen versehen muß. Am 25. Oktober 1924 ist sie zum erstenmale zusammengetreten.

II. Die Internationalen Ämter üben ihre Befugnisse durch eine einzige Person oder auch durch mehrere Personen aus, die aber jeder für sich, wenn auch in hierarchischer Abhängigkeit von einander, handeln; hierdurch vor allem unterscheiden sie sich von den vorhergehenden Gruppen, bei denen der Charakter der Kollegialität vorherrscht, in dem Sinne, daß bei diesen gleichzeitiges, meist gleichwertiges Zusammenwirken mehrerer Personen zur Ausübung der Organfunktionen nötig ist. Internationale Ämter im eben erläuterten Sinne, d. h. bürokratische Ämter, die auf dem Prinzip hierarchischer Abhängigkeit unter Ausschluß des Prinzips der Kollegialität beruhen, werden oft zur Verfügung kollegialer Kollektivorgane und zum Dienst bei ihnen eingesetzt; solcher Art sind das Ständige Sekretariat des Völkerbunds, das Internationale Arbeitsamt usw. Spricht man aber von Internationalen Ämtern im engeren Sinne („bureaux internationaux"), so meint man damit die Ämter der sogenannten „Internationalen Verwaltungs-Unionen", Staatenverbände, die gebildet sind zu dem Zweck, ein bestimmtes Gesamtinteresse zu verfolgen, das in das gewöhnlich mit Verwaltungstätigkeit des Staats bezeichnete Gebiet gehört; es sind dies im allgemeinen offene Verbände von langer oder unbestimmter Dauer. Die Befugnisse dieser Ämter beschränken sich im allgemeinen auf das Sammeln, Aufbewahren und Veröffentlichen von Dokumenten und Informationsmaterial, wozu häufig noch das Recht kommt, Abschriften und Auszüge der jeweiligen Reglements herauszugeben. Ferner überträgt man ihnen zuweilen die Vorbereitung gelegentlicher oder periodisch wiederkehrender Revisionen des Unionsvertrages, das Erstatten von Gutachten usw.

Die wichtigsten augenblicklich existierenden internationalen Ämter lassen sich folgendermaßen gruppieren:

a) in Verbindung mit Abkommen auf dem Gebiet des Verkehrswesens:

α) Das „Bureau des Welttelegraphenvereins" (Bureau international des administrations télégraphiques). Der Welttelegraphenverein selbst wurde erstmalig durch das Pariser Abkommen vom 17. Mai 1865 konstituiert, das Bureau aber erst drei Jahre später geschaffen. Das Abkommen von 1865 wurde durch das Petersburger Abkommen vom 10.—22. Juli 1875 ersetzt. Art. XIV dieses Abkommens und die Artt. 81ff. der Anlage (revidierter Text von London vom 10. Juli 1903, von Lissabon vom 11. Juni 1908 und zuletzt von Paris vom 29. Oktober 1925) gelten dem Bureau, bestimmen die Art seiner Verfassung, seine Befugnisse, die Teilung der Kosten usw. Das im Jahre 1925 revidierte Reglement beschäftigt sich mit dem Bureau in Art. 83—86. Durch Art. 87 wurde ein beratendes internationales Comité für technische Fragen geschaffen. Das Organ des Bureaus ist das „Journal télégraphique".

Der Funkentelegraphenvertrag von Berlin vom 3. November 1906 (ersetzt durch den wenig geänderten Londoner Vertrag vom 5. Juli 1912) beauftragte (Art. 13) das Internationale Bureau des Welttelegraphenvereins mit der Besorgung der seiner ursprünglichen Aufgabe entsprechenden Aufgabe für die Funkentelegraphie; vervollständigt wurde diese Bestimmung durch Artt. 37 und 38 des Reglements. (Im Londoner Vertrag vom 5. Juli 1912 sind es Art. 43 und 44 des Reglements.) Sowohl der Welttelegraphenverein wie die Schweizer Eidgenossenschaft waren mit dieser Erweiterung der Befugnisse des Bureaus einverstanden, das daraufhin in zwei Abteilungen gegliedert wurde. Im Jahre 1927 wurde auf einer Konferenz in Washington eine neue Revision vorgenommen. Das Washingtoner Abkommen vom 25. November 1927 behandelt das Bureau im Art. 16, sowie in Art. 34 des Reglements. (Die Numerierung der Artikel ist nach der sog. édition de Berne, d. h. der vom Berner Bureau des Welttelegraphenvereins ausgefertigten Ausgabe des Abkommens angegeben.)

β) Das „Bureau des Weltpostvereins" (Bureau international

de l'Union postale universelle) wurde im Jahre 1875 in Bern geschaffen gemäß Art. 15 des Berner Abkommens vom 9. Oktober 1874 und Art. 27 des Ausführungsreglements, deren Bestimmungen mit den vorher erwähnten, das Bureau des Welttelegraphenvereins betreffenden, nahezu identisch sind; beide sind in erster Linie Verbindungs- und Informationsorgane. Das Pariser Abkommen vom 1. Juni 1878, durch das der ehemalige „Allgemeine Postverein" zum „Weltpostverein" wurde, änderte den Titel des Bureaus entsprechend, ließ dabei im übrigen die früheren Bestimmungen unverändert. Das gleiche gilt, mit Ausnahme geringer Änderungen zur Erleichterung des Betriebs, für die späteren Postabkommen von Wien (4. Juli 1891), Washington (15. Juni 1897), Rom (26. Mai 1906), Madrid (30. November 1920) und Stockholm (28. August 1924); im letzteren gelten dem Bureau Artt. 23, 24 des Abkommens selbst und Artt. 72—85 des Ausführungsreglements. Zu den Befugnissen des Bureaus gehört auch auf Ersuchen der Parteien das Erstatten von Gutachten über Streitfragen (Art. 23 des jetzt in Kraft befindlichen Abkommens von Stockholm). Das Bureau gibt eine Monatsschrift in drei Sprachen (französisch, deutsch und englisch) heraus, „L'union postale".

γ) Das „Zentralbureau des internationalen Transportwesens" (Office central des transports internationaux), das ebenfalls seinen Sitz in Bern hat, entstand durch Art. 57 des Berner Abkommens vom 14. Oktober 1890 über den Eisenbahnfrachtverkehr. Es hat die Aufgabe, alle das internationale Transportwesen betreffenden Nachrichten zu sammeln und weiterzugeben, auf Begehren der Parteien Entscheidungen über Streitigkeiten der Eisenbahnverwaltungen untereinander abzugeben, die Forderungen auf Abänderungen des Abkommens zu untersuchen, und die finanziellen Beziehungen der beteiligten Verwaltungen zu erleichtern. Art. 58 bestimmt die Befugnisse des Bureaus hinsichtlich der Hinzufügung oder der Streichung von Eisenbahnen in den Listen, in denen die Linien, auf welche die Konvention Anwendung findet, verzeichnet sind. Eine besondere Anlage zu dem Abkommen (in der neuen Konvention vom 23. Oktober 1924 — Anlage VI) — die nach ausdrücklicher Verfügung des Art. 57 § 2 des Abkommens gleiche Gültigkeit wie das Abkommen hat — beauftragt den Bundesrat der schweizerischen Eidgenossenschaft mit der Organisation und der Überwachung des Bureaus, gibt außerdem nähere Anweisungen über einige seiner Befugnisse, regelt die Kostenfrage usw. Die späteren Abkommen vom 20. September 1893, 16. Juli 1895, 16. Juni 1898 und 19. September 1906 haben an der Verfassung und den Funktionen des Bureaus nichts geändert. Auch das Abkommen vom 23. Oktober 1924 stimmt in diesem Teil mit den früheren Fassungen im wesentlichen überein; nur das in den Anlagen enthaltene Reglement weist einige Änderungen, insbesondere in bezug auf die Kosten, auf. Das am 23. Oktober 1924 unterzeichnete und am 1. Oktober 1928 in Kraft getretene Abkommen über die internationale Personenbeförderung hat kein eigenes Organ geschaffen, sondern das Office Central des transports internationaux mit der Besorgung seiner Aufgaben beauftragt; die Funktionen des Bureau werden in gleicher Weise wie im Frachtenabkommen umschrieben (Art. 57 und Anlage II sind mit Art. 57 und Anlage VI des Frachtenabkommens gleichlautend).

b) In Verbindung mit Abkommen zum Schutz bestimmter Interessen, vorwiegend wirtschaftlicher Art:

α) Das „Internationale Maß- und Gewichtsbureau" (Bureau international des poids et mesures) wurde in Paris durch die „Internationale Meterkonvention" vom 20. Mai 1875 gegründet. Das Bureau untersteht der ausschließlichen Kontrolle eines „Internationalen Komitees für Maße und Gewichte", das aus 14 Mitgliedern besteht, welche sämtlich verschiedenen Staaten angehören und von der Konferenz nach im Reglement, Anlage zum Abkommen, festgesetzten Normen gewählt werden. Das Komitee handelt seinerseits unter der Leitung der „Generalkonferenz für Maß und Gewicht", die aus Delegierten aller vertragschließenden Regierungen zusammengesetzt ist und unter dem Vorsitz des Präsidenten der Pariser Akademie der Wissenschaften tagt. Das Bureau besteht aus einem Direktor, zwei Adjunkten und der nötigen Anzahl von unteren Beamten. Der Direktor und die Adjunkten werden im Wege geheimer Abstimmung vom Komitee ernannt, das diese Ernennungen den vertragschließenden Staaten zur Kenntnis bringen muß; die anderen Beamten werden vom Direktor ernannt. Dem Bureau obliegt insbesondere die Aufbewahrung des internationalen Prototyps des Gewichts und des Maßes und die Kontrolle der nationalen Prototype. Gemäß Art. 3 des Reglements hat die französische Regierung sich bereit erklärt, auf Ersuchen des Komitees die nötigen Maßnahmen zu treffen, um dem internationalen Bureau die Privilegien einer gemeinnützigen Anstalt verleihen zu lassen. Das Abkommen von Sèvres vom 6. Oktober 1921 (s. Soc. d. Nat. Recueil des traités vol. 17, p. 46) hat die Zahl der Mitglieder des Komitees auf 18 erhöht und zu den anderen Aufgaben des Bureaus die der Kontrolle über die elektrischen Maßeinheiten hinzugefügt.

β) Das „Bureau des Verbandes zum Schutze des gewerblichen Eigentums" (Bureau international de l'Union pour la protection de la propriété industrielle). Der Verband bildete sich durch das Pariser Abkommen vom 20. März 1883; dieses wurde später durch Zusatzakte vervollständigt und revidiert durch das Abkommen von Washington vom 2. Juni 1911. Art. 13 des Abkommens von 1883 bestimmte die Errichtung eines Bureaus des Verbandes in Bern, das der Oberhoheit und Aufsicht der Regierung der Schweizerischen Eidgenossenschaft unterstellt sein sollte; die Kosten dieses Bureaus sollten gemeinsam von den Regierungen sämtlicher vertragschließender Staaten in einem bestimmten Verhältnis getragen werden. Nr. 6 des Schlußprotokolls vervollständigt die Bestimmungen von Art. 13 und setzt die Befugnisse des Bureaus fest, die in der Hauptsache folgende sind: Sammeln und Weitergeben von Mitteilungen aller Art, die Vorbereitung der Arbeiten der künftigen Konferenzen und die Veröffentlichung einer Zeitschrift in französischer Sprache, die monatlich unter dem Titel „La propriété industrielle" erscheint. Die später ergangenen Bestimmungen haben die Verteilung der Kosten des Bureaus besser geregelt und seine Befugnisse um einiges erweitert, ohne seinen Charakter und seine Organisation zu ändern. Der ganze Stoff ist jetzt in Art. 13 des Abkommens von Washington zusammengefaßt, das für die Staaten, die es ratifiziert haben, an die Stelle des Abkommens von 1883 und der Ergänzungsabkommen von Madrid, 15. April 1891 (das zum Teil die Funktionen des Bureaus betrifft) und von Brüssel, 14. Dezember 1900, getreten ist. Bei der Revision im Haag am 6. November 1925 hat der Text dieses Artikels keine wesentlichen Änderungen erfahren.

γ) Das „Bureau des internationalen Verbandes zum Schutze der Werke der Literatur und Kunst" (Bureau international de l'Union pour la protection des œuvres littéraires et artistiques) wurde in Bern auf Grund von Art. 16 des Berner Abkommens vom 9. September 1886 begründet und nach den Bestimmungen von Art. 13 des Abkommens zum Schutz des gewerblichen Eigentums konstituiert. Nr. 5 des Schlußprotokolls besagt, daß die Organisation des Bureaus durch ein Reglement festgelegt werden soll, mit dessen Ausarbeitung die Regierung der schweizerischen Eidgenossenschaft betraut werden soll, und fügt einige Bestimmungen über die Befugnisse des Bureaus (die denen des vorhergenannten Bureaus gleich sind), über die Sprache und die Verwaltungskosten hinzu. Das Abkommen von 1886 wurde in Berlin am 13. November 1908 revidiert und durch ein Zusatzprotokoll vom 20. März 1914 vervollständigt. Die Artt. 21—23 des neuen Abkommens enthalten alle Bestimmungen über das Bureau in Bern, teilweise in besserer Anordnung und Fassung, aber ohne erhebliche Änderungen. Dasselbe gilt von der neuesten Revision in Rom vom 2. Juni 1928. Das Bureau veröffentlicht eine Monatsschrift in französischer Sprache unter dem Titel „Le droit d'auteur".

δ) Das „Bureau des internationalen Verbandes zur Veröffentlichung der Zolltarife". Der Verband trat durch das Brüsseler Abkommen vom 5. Juli 1890 ins Leben; Art. 3 des Abkommens ordnet die Errichtung eines internationalen Bureaus in Brüssel an, das mit der Übersetzung und Veröffentlichung der genannten Tarife, sowie der auf dem Wege der Gesetzgebung oder der Verwaltung erlassenen Bestimmungen, durch welche diese Tarife Abänderungen erfahren sollten, beauftragt wird. Nach den Bestimmungen des Art. 3 wird das Personal des Bureaus vom belgischen Ministerium des Auswärtigen ernannt, dem es auch obliegt, für den ordnungsgemäßen Geschäftsgang zu sorgen. Besondere Bestimmungen regeln die Verteilung der Unkosten (Artt. 9—11) und die Verpflichtung der vertragschließenden Staaten, dem Bureau die in seinen Aufgabenkreis fallenden Dokumente zu übermitteln (Art. 12). Ein Ausführungsreglement (Anlage zum Vertrag) sieht die Veröffentlichung des „Bulletin international des douanes" vor, das in fünf Sprachen erscheint.

ε) Durch das Abkommen von Rom vom 7. Juni 1905 wurde das „Internationale Landwirtschaftsinstitut" geschaffen. Das Abkommen sieht eine „Generalversammlung" vor, die aus einer nicht festgesetzten Anzahl von Vertretern der Mitgliedstaaten besteht und ein „Ständiges Komitee", das die Exekutivgewalt darstellt und aus je einem Mitglied für jeden Vertragsstaat besteht, wobei die Staaten jedoch das Recht haben, einen und denselben Delegierten zu ernennen, vorausgesetzt, daß die Gesamtzahl der Delegierten nicht unter 14 bleibt. Der Aufgabenkreis des Instituts ist für das Gebiet der Landwirtschaft ähnlich dem, den für andere Gebiete einige der von uns besprochenen internationalen Verbände haben: Sammeln, Ordnen und Veröffentlichen von Mitteilungen technischer oder wirtschaftlicher Art, welche die Landwirtschaft betreffen, das Vorschlagsrecht für Maßnahmen zum Schutz der landwirtschaftlichen Interessen und zur Verbesserung der Lage der Landwirte. Für die Ausführung dieser Arbeit des Sammelns, Ordnens und Veröffentlichens besteht eine bürokratische Organisation, ein wirkliches „Bureau", das sich von den vorher erwähnten nicht unterscheidet. Das geht auch aus Art. 8 des Abkommens hervor, der dem Komitee das Recht gibt, die Beamten und Angestellten „seines Bureaus" zu ernennen und abzusetzen. In der Praxis spricht man jedoch oft vom internationalen Landwirtschaftsinstitut, um das

Bureau zu bezeichnen und nicht die internationale Organisation als Ganzes; und diese ungenaue und ohne jeden Grund von der früher üblichen abweichende Bezeichnung ist oft die Ursache von Mißverständnissen und Schwierigkeiten geworden, die sich vermeiden ließen durch die Erkenntnis, daß wir auch hier nichts anderes als einen internationalen Verband gleich all den anderen vor uns haben, für dessen Dienst ein Bureau eingerichtet worden ist. Die Rechtspersönlichkeit des Instituts nach italienischem Landesrecht ist keine neue Erscheinung (man vergleiche den Schluß des vorher über das internationale Gewicht- und Maßbureau Gesagten) und ändert nichts an der Natur des völkerrechtlichen Rechtsverhältnisses, das durch das Abkommen vom 7. Juni 1905 geschaffen worden ist.

c) In Verbindung mit den Abkommen auf dem Gebiet des Gesundheitswesens wurde das „Internationale Gesundheitsamt" geschaffen. Art. 181 der in Paris am 3. Dezember 1903 unterzeichneten internationalen Gesundheitskonvention, der die von einer besonderen Kommission (Anlage III) vorgelegten Beschlüsse betr. die Errichtung eines internationalen Gesundheitsamtes verzeichnet, beauftragte die französische Regierung, den Staaten an einem geeigneten Zeitpunkt auf diplomatischem Wege die nötigen Vorschläge zu unterbreiten. Als Folge hiervon wurde am 9. Dezember 1907 in Rom ein Übereinkommen zur Schaffung eines internationalen Amtes für öffentliches Gesundheitswesen unterzeichnet. Das Amt hat seinen Sitz in Paris und arbeitet unter der Leitung und Kontrolle eines Komitees, das aus den Delegierten der vertragschließenden Staaten zusammengesetzt ist. Dem Übereinkommen beigefügt ist ein Organisationsstatut für das Amt. Dieses Amt ist unabhängig von der Regierung des Staats, in dem es seinen Sitz hat; es verkehrt unmittelbar mit den obersten Gesundheitsbehörden der verschiedenen Länder und mit den (kraft völkerrechtlicher Abkommen geschaffenen) Gesundheitsräten. Seine Hauptaufgabe ist, Tatsachen und Dokumente von allgemeinem Charakter, die die öffentliche Gesundheit betreffen, insbesondere alles Material über ansteckende Krankheiten, wie die Cholera, die Pest und das Gelbe Fieber, und ferner über die zu ihrer Bekämpfung getroffenen Maßnahmen zu sammeln und den Staaten zur Kenntnis zu bringen. Der Informationsdienst erfolgt durch die Veröffentlichung einer Monatsschrift. Das Amt besteht aus einem Direktor und einem Generalsekretär, die von dem Komitee ernannt werden, und aus der nötigen Zahl von Angestellten, die vom Direktor, der dem Komitee darüber Rechenschaft gibt, ernannt und entlassen werden. Die Kosten werden von den verschiedenen

Staaten in dem durch das Statut bestimmten Verhältnis getragen. Die französische Regierung übernahm es auch in diesem Fall, auf Ersuchen des Komitees die nötigen Schritte zu tun, um dem Amt die Privilegien einer gemeinnützigen Anstalt zuerkennen zu lassen.

Andere internationale Ämter, die früher von Bedeutung waren, haben, jedenfalls tatsächlich, aufgehört zu existieren. Wir denken dabei besonders an die durch die Brüsseler Generalakte vom 2. Juli 1890 in Zanzibar und Brüssel geschaffenen Bureaus zur Bekämpfung des Sklavenraubs und des Sklavenhandels. Tatsächlich werden in den drei am 10. September 1919 in St. Germain-en-Lay unterzeichneten Abkommen — das erste betr. die Revision der Berliner Generalakte vom 26. Februar 1885, das zweite betr. die Behandlung alkoholischer Getränke in Afrika, das dritte betr. die Kontrolle des Handels mit Waffen und Munition — die für die vertragschließenden Parteien die Berliner Generalakte von 1885 sowie die Brüsseler Akte von 1890 aufheben, die genannten Ämter nicht erwähnt. Zwar gelten die alten Verträge für die Staaten, die bei diesen neuen Abkommen nicht Vertragsparteien sind oder sie nicht ratifiziert haben, weiter, doch handelt es sich lediglich um ein Übergangsstadium, da die neuen Abkommen sicherlich die bisherigen vollständig ersetzen werden. So scheinen also jene Ämter den Krieg nicht überlebt zu haben und es scheint auch keine Wahrscheinlichkeit dafür zu bestehen, daß sie eines Tages wieder aufleben sollten. Dagegen ist die baldige Errichtung anderer Ämter vorgesehen, z. B. die eines zentralen internationalen Amts zum Zweck des Sammelns und Aufbewahrens von Dokumenten jeder Art, die zwischen den vertragschließenden Parteien bezüglich der Einfuhr und Fabrikation von alkoholischen Getränken in Afrika, gemäß Art. 7 des vorher zitierten zweiten Abkommens ausgetauscht werden, oder die Errichtung eines ähnlichen Amts zum Zwecke des Sammelns und Aufbewahrens von Dokumenten jeder Art, die zwischen den vertragschließenden Parteien bezüglich der Kontrolle des Handels mit Waffen und Munition gemäß Art. 5 des dritten Abkommens ausgetauscht werden.

Es erübrigt sich wohl hinzuzufügen, daß die hiermit abgeschlossene Aufzählung keineswegs den Anspruch auf Vollständigkeit erhebt. Es gibt sicherlich noch andere internationale Ämter von geringerer Bedeutung, von deren Erwähnung wir hier absehen müssen.

Drittes Kapitel.

Die rechtserheblichen Tatsachen.

§ 1. Allgemeine Betrachtungen.

Bibliographie. — Über die Lehre von den rechtserheblichen Tatsachen: B. Windscheid, Pandekten, ins Italienische übersetzt von Fadda und Bensa, Bd. I, § 68; A. Thon, Rechtsnorm und subjektives Recht, Weimar 1878, S. 71ff.; C. Fadda, Teoria del negozio giuridico (Lezioni), Neapel 1909, S. 126ff.; P. Klein, Die Rechtshandlungen im engeren Sinne, 1912, S. 7ff.; A. v. Tuhr, Der allgemeine Teil des deutschen bürgerlichen Rechts, Bd. II, drittes Buch (die rechtserheblichen Tatsachen) München 1914; T. Perassi, Introduzione alle scienze giuridiche, Neapel 1922, S. 51 ff.

Über die rechtserheblichen Tatsachen im Völkerrecht im allgemeinen: C. Gareis, § 22; F. v. Liszt, § 20, I; K. Strupp, § 19; Hatschek, S. 122ff.

Eine rechtserhebliche Tatsache ist jeder Tatbestand, an den eine Rechtsordnung bestimmte Wirkungen, d. h. bestimmte Rechte und Pflichten der Rechtsgenossen knüpft. Die Rechtserheblichkeit einer Tat existiert also nur in Beziehung auf eine bestimmte Rechtsordnung; eine Tatsache ist nicht rechtserheblich allein aus sich heraus, sondern aus der Beziehung heraus, in der sie zu einer bestimmten Rechtsordnung steht.

Daraus folgt, daß ein dem Stoff nach einheitlicher Vorgang deswegen, weil sich zwei oder mehr verschiedene Rechtsordnungen auf ihn beziehen, ebensoviel verschiedene rechtserhebliche Tatsachen vorstellen kann, als die Zahl dieser Rechtsordnungen beträgt. So erfaßt die interne Rechtsordnung Italiens (Art. 402 des italienischen „Codice penale") den von einem italienischen Staatsangehörigen im Ausland begangenen Diebstahl, um an ihn die von Art. 5 des Codice penale vorgesehenen Wirkungen zu knüpfen; aber die gleiche Tat wird sicherlich auch von der Rechtsordnung des Landes, wo sie geschehen ist, erfaßt werden; wir haben hier also zwei voneinander zu scheidende rechtserhebliche Tatsachen (Vergehen) und dem Stoffe nach doch nur einen einzigen Tatbestand.

Die rechtlichen Folgen, d. h. die Rechte und Pflichten der Rechtsgenossen sind niemals eine bloße Wirkung des Tatbestandes als solchen — dieser ist lediglich die Voraussetzung für ihren Eintritt —, sondern sind die Auswirkung der Normen einer bestimmten Rechtsordnung. Es ist daher durchaus möglich, daß zwei oder mehr Rechtsordnungen an ein und denselben Tatbestand verschiedene oder entgegengesetzte Wirkungen knüpfen, derart daß der betreffende Tatbestand in jeder dieser Rechtsordnungen eine andere oder gar eine entgegengesetzte rechtliche Eigenschaft annimmt. Eine von einem italienischen Staatsangehörigen auf einem fremden Staatsgebiet in Zuwiderhandlung gegen Artt. 55ff. des Codice civile vollzogene Ehe ist eine Ehe, die in Italien auf Verlangen für ungültig erklärt werden kann, doch kann sie dabei sehr wohl in dem Lande, in dem sie vollzogen wurde, als gültig angesehen werden. Die Enthüllung politischer oder militärischer Geheimnisse, welche die Sicherheit des Staates betreffen, ist nach italienischem Landesrecht (Codice penale Art. 107) eine strafbare Handlung, während sie nach der Rechtsordnung des Landes, zu dessen Nutzen sie erfolgte, eine rechtlich unerhebliche Tatsache sein wird.

Eine Rechtsordnung kann auch eine Tatsache insofern zur Voraussetzung bestimmter Wirkungen machen, als ihr in einer anderen Rechtsordnung eine bestimmte rechtliche Qualifikation zukommt oder sie darin bestimmte Folgen nach sich zieht; in diesem Fall verweist sie zur Bestimmung des Vorliegens dieser betreffenden Tatsache auf die Normen der fremden Rechtsordnung; so ist z. B. der im Ausland in gehöriger Form erfolgte Vollzug einer Ehe die Voraussetzung der Gültigkeit oder der Rechtswirkungen dieser Ehe in der italienischen Rechtsordnung (Codice civile, Art. 100 Abs. 1).

Diese Grundsätze der allgemeinen Rechtslehre gelten auch für das Völkerrecht. Die Normen des Völkerrechts machen die Verwirklichung bestimmter Rechtswirkungen von sehr verschiedenen Umständen abhängig. Diese Umstände sind die völkerrechtserheblichen Tatsachen, Tatsachen, mit denen die Völkerrechtsnormen sich befassen, um an sie das Entstehen oder das Erlöschen bestimmter Rechte und Pflichten der Rechtssubjekte zu knüpfen. Es ist keineswegs ausgeschlossen — und kommt sogar sehr häufig vor —, daß sich mit diesen Tatsachen auch noch eine oder mehrere interne Rechtsordnungen befassen, um an sie die diesen Rechtsordnungen eigenen Wirkungen zu knüpfen, so daß man dann trotz der Einheit des gegenständlichen Tatbestands auf diese Weise verschiedene rechtserhebliche Tatsachen, völkerrechtliche und landesrechtliche, vor sich hat. So ist die Eheschließung eine rechtserhebliche Tatsache für die interne Rechtsordnung, die damit Rechte und Pflichten bestimmter Personen verbindet; sie kann es aber auch für die Völkerrechtsordnung sein, insofern diese z. B. davon die Pflicht des Staates abhängen läßt, eine bestimmte Form der Eheschließung zu erlauben, ihre Gültigkeit anzuerkennen, bestimmte Normen anzuwenden usw. (vgl. Haager Abkommen vom 12. Juni 1912 zur Regelung des Geltungsbereichs der Gesetze auf dem Gebiet der Eheschließung).

Es kann auch vorkommen, daß die Völkerrechtsnormen sich mit einem Tatbestand insofern befassen, als er durch eine interne Rechtsordnung auf bestimmte Weise qualifiziert ist; sie befassen sich z. B. mit einem Tatbestand insofern als er als Delikt zu bewerten ist, und machen die Pflicht zur Auslieferung davon abhängig, daß dieser Tatbestand erfüllt ist. Und ebenso kann es vorkommen, daß die Normen des internen Rechts einem Tatbestand insoweit Rechtserheblichkeit zuschreiben, als und insoweit er von der Völkerrechtsordnung in bestimmter Weise qualifiziert wird. So befassen sie sich z. B. mit der Existenz von Krieg oder Neutralität, um daraus die verschiedensten Wirkungen öffentlich-rechtlicher und privatrechtlicher Art folgen zu lassen.

Es ist Sache der Auslegung, zu bestimmen, welches die Tatsachen sind, an welche die Rechtsnormen bestimmte Wirkungen knüpfen; ebenso wie durch Auslegung ermittelt werden muß, welches die rechtlichen Auswirkungen sind, die von diesen Tatsachen abhängen.

Wir haben schon gesagt, daß die rechtserheblichen Tatsachen im Völkerrecht sehr mannigfaltig sind. Es lassen sich folgende Kategorien aufzeigen:

1. Naturereignisse: die Veränderungen im Lauf eines Flusses, der die Grenze zwischen zwei Staaten bildet, die Entstehung einer Insel im Küstenmeer, das Vordringen oder Zurücktreten des Meeres, die Schiffbarkeit eines Wasserlaufs und seine Verbindung mit dem Meer, die Größe des Zugangs zu einem Golf oder einer Bucht usw. usw. sind Tatsachen, mit denen sich die Völkerrechtsnormen auf verschiedene Weise befassen; so machen diese beispielsweise von dem Dasein dieser Tatsachen die Ausdehnung oder Einschränkung der räumlichen Grenzen der Staatsgewalt, das Recht der freien Schiffahrt, das Durchgangsrecht oder die Bedingungen, unter denen es gehandhabt werden kann usw. abhängig.

In diese Kategorie gehört auch der Zeitablauf.[1]) Es gibt eine große Anzahl von völkerrechtlichen Vereinbarungen, die mit der Tatsache des Zeitablaufs den Erwerb oder Verlust von Rechten

[1]) A. Cavaglieri, Il decorso del tempo ed i suoi effetti sui rapporti giuridici internazionali, in „Rivista di diritto internazionale" Bd. XVIII, 1926, S. 169 ff. Näheres in der Bibliographie über die einseitigen Rechtsgeschäfte (S. 261).

verbinden, vor allem unter der Form von Anfangs- oder Endterminen, von Terminen mit peremptorischer oder nicht peremptorischer Wirkung; die Wirkungen sind dann jeweils nach dem Sinn oder Zweck der einzelnen Normen zu bestimmen. Dagegen fehlt im Völkerrecht das Institut der Verjährung, und zwar sowohl in der Form, die zum Erwerb, als in der, welche zum Verlust von Rechten führt, sowie auch in der Form der sogenannten „unvordenklichen Verjährung". Der Zeitablauf genügt in der Regel nicht zum Erwerb oder Verlust von Rechten; dazu bedarf es noch des Dazutritts von Willenserklärungen der beteiligten Staaten. Wir werden an gegebener Stelle davon handeln.

2. Tatsachen, die von privaten Individuen gesetzt werden, und mit denen das Völkerrecht sich befaßt, ohne sie einem Staat zuzurechnen: wie die Anwesenheit eines Ausländers auf dem Gebiet eines fremden Staats, die Flucht eines Delinquenten, Geburt und Tod, die Einfuhr und Ausfuhr von Waren, der Erwerb und Verlust von Staatsangehörigkeit, die Eheschließung, der Antrag auf Eintragung eines Warenzeichens oder Zulassung eines Patents, die Veröffentlichung eines Werks usw. usw. Es braucht kaum bemerkt zu werden, daß dies alles Tatsachen sind, denen gewöhnlich durch das interne Recht und häufig durch mehr als eine interne Rechtsordnung Rechtserheblichkeit verliehen wird. Aber das Völkerrecht — sei es nun, daß es dem Tatbestand als einem bloßen stofflichen Geschehen Rechnung trägt, oder sei es, daß es auf das interne Recht verweist und den Tatbestand lediglich dann aufnimmt, wenn ihm eine bestimmte landesrechtliche Bewertung zukommt — betrachtet diese Geschehnisse stets unter seinem eigenen Gesichtswinkel. Es knüpft an den Eintritt dieser Ereignisse gegenseitige Rechte und Pflichten der Staaten: die Rechtspflicht, dem Ausländer einen gewissen Rechtsschutz zu gewähren, und das Recht des Staats, dem der Ausländer angehört, solchen Schutz zu fordern; die Pflicht für den einen Staat, den Delinquenten in Gewahrsam zu nehmen, und das Recht für den anderen Staat, dieses Tun zu verlangen; die Verpflichtung, einen bestimmten Zolltarif anzuwenden, und das Recht für den Vertragsgegner, seine Anwendung zu fordern; die Verpflichtung, gewisse Rechtssätze zur Regelung bestimmter Verhältnisse (Ehe, Erbfolge, Vormundschaft usw.) einzuführen und der entsprechende Anspruch hierauf usw.

3. Tatsachen, die von Staaten gesetzt sind, d. h. solche von Individuen herrührende Tatsachen, die das Völkerrecht einem Staate zurechnet. Diese Handlungen scheidet man allgemein in erlaubte und unerlaubte; erstere werden, da sie den Erfordernissen des sozialen Zusammenlebens, dessen Verwirklichung das Recht

sichern will, entsprechen, von diesem dadurch geschützt, daß es mit ihnen rechtliche Folgen verbindet, die den praktischen Zielen, welche die handelnden Rechtssubjekte mit diesen Handlungen erreichen wollten, entsprechen. Den unerlaubten Handlungen dagegen, in denen die Verletzung der Pflichten, die die Rechtsordnung den Rechtsgenossen auferlegt, zum Ausdruck kommt, tritt das Recht entgegen, indem es ihnen entweder jede Rechtswirkung abspricht, (nichtige Handlungen) oder indem es aus ihnen Rechtsfolgen herleitet, die dem praktischen Ziel, das die handelnden Rechtssubjekte zu erreichen suchten, zuwiderlaufen und so zu einem Druck auf diese werden, der sie von solchen Handlungen abhält. Unter den erlaubten Handlungen haben für uns die Willenserklärungen der Staaten auf dem Gebiet der zwischenstaatlichen Beziehungen besondere Bedeutung; mit ihnen und den unerlaubten Handlungen des Völkerrechts beschäftigen wir uns gesondert in den beiden folgenden Paragraphen.

§ 2. Die Willenserklärungen der Staaten im Völkerrecht.

I. Allgemeine Lehre.

Bibliographie. — Über die juristische Theorie vom Staatswillen im allgemeinen außer den in § 1 von Kapitel 2 zitierten Schriftstellern: H. Kelsen, Hauptprobleme, S. 162ff., 405ff.; A. Bonucci, Saggio di una costruzione giuridica della volontà dello Stato, in der „Rivista italiana per le scienze giuridiche", Bd. LIII, 1914, S. 191ff., wiedergegeben als erstes Kapitel des Werkes „Il fine dello Stato", Rom 1915; S. Trentin, L'atto amministrativo. Contributo allo studio delle manifestazioni di volontà della pubblica amministrazione, Rom 1915; Somlo, Juristische Grundlehre, Leipzig 1917, S. 269ff.; M. Wenzel, Juristische Grundprobleme, Berlin 1920, Der Zeitablauf genügt in der Regel nicht zum Erwerb oder Verlust besonders S. 211ff.; A. Tecklenburg, Die Staatswillensbildung, in der „Zeitschrift für öffentliches Recht", Bd. I 1919—20, S. 228ff. S. 337ff.

Und mit besonderer Berücksichtigung des Völkerrechts: F. v. Liszt, § 20, II; A. Zorn, § 19; P. Heilborn, Völkerrecht, § 13; M. Marinoni, La responsabilità degli Stati per gli atti dei loro rappresentanti secondo il diritto internazionale, Rom 1914; B. Breschi, La volontà dello Stato nell'ordine giuridico internazionale, in der „Rivista di diritto internazionale", Bd. VIII, 1914, S. 417ff.; Derselbe, Volontà e azione nella teoria giuridica dello Stato, ebendort, Bd. IX, 1915, S. 555ff.; Kunz, Rechtsgeschäfte (völkerrechtliche) im „Wörterbuch des Völkerrechts" von K. Strupp, Bd. II, S. 337ff.

Die folgende, vorzugsweise den völkerrechtlichen Verträgen gewidmete Literatur, ist infolge des Zusammenhanges der darin behandelten Fragen mit der allgemeinen Lehre des völkerrechtlichen Rechtsgeschäftes hier angegeben — a) Objekt des Rechtsgeschäftes: L. Challandes, Das völkerrechtliche Rechtsverhältnis, in „Archiv des öffentlichen Rechts", Bd. XVI, 1901, S. 575ff.; M. Fröhlich, Die Sittlichkeit in völkerrechtlichen Verträgen (Diss.), Zürich 1924. — b) Willensmängel, insbesondere Gewalt: G. Grosch, Der Zwang im Völkerrecht mit besonderer Berücksichtigung des völkerrechtlichen Vertragsrechts, in „Abhandlungen aus dem Staats- und Verwaltungsrecht", hrsg. von Brie und Fleischmann, H. 27, Breslau 1912; A. Hold-Ferneck, Zur Frage der Rechtsverbindlichkeit des Friedensvertrags von Versailles, in „Niemeyers Zeitschrift für internationales Recht", Bd. XXX, 1923, S. 110ff.; E. Zitelmann, Die Gültigkeit des Versailler Friedensvertrages, in „Deutsche Juristen-Zeitung", 1923, S. 1ff.; L. Francke, Ist der Friedensvertrag von Versailles rechtsgültig? (Diss.), Breslau 1927; A. D. Mc Nair, Equality of States in international law, Sonderabdruck aus „The Michigan Law Rewiew", Bd. XXVI, Nr. 2, Dezember 1927, bes. § IIa, S. 139ff.; V. Scialoja, Violenza, errore e dolo nei trattati internazionali e nelle leggi, in „Scritti della Facoltà giuridica di Roma in onore di Antonio Salandra", Milano 1928, S. 251ff.

Wir haben schon gesagt, daß Willenserklärung des Staats auf den von dem Völkerrecht beherrschten Gebieten jede beliebige Willenserklärung ist, die das Völkerrecht einem Staat als von ihm ausgehend zuschreibt, und aus der es in den Beziehungen der Staaten untereinander Rechtswirkungen folgen läßt. Diese Willenserklärungen sind also insofern möglich und bringen insofern Rechtswirkungen hervor, als eine Völkerrechtsordnung besteht. Hier wie immer gilt die Regel, daß nicht der Wille als solcher Rechtswirkungen erzeugt, sondern daß das Recht, vorausgesetzt daß eine Willenserklärung vorliegt, welche bestimmte Erfordernisse aufweist, daran das Entstehen oder Erlöschen bestimmter Ansprüche und Pflichten der Beteiligten knüpft.

Die vier Erfordernisse, die von der allgemeinen Rechtslehre für das Vorhandensein oder für die Gültigkeit der jeweiligen Akte, welche in der Kategorie der rechtserheblichen Tatsachen zusammengefaßt sind und welche die Praxis meist durch die Bezeichnung Rechtsgeschäfte (oder Rechtshandlungen) von den anderen unterscheidet, verlangt werden, nämlich rechtsfähiges Subjekt, taugliches Objekt, das Vorhandensein eines nicht fehlerhaften Willens, gehörige Formen, kehren auch im Völkerrecht wieder, aber unter besonderen Abwandlungen, die durch den Charakter der Rechtsordnung, um die es sich handelt, bedingt sind.

So ist, was das Subjekt angeht, allgemein erforderliche und genügende Voraussetzung, daß die Willenserklärung dem Staat nach den Regeln, die wir bei der Besprechung der Organe der zwischenstaatlichen Beziehungen entwickelten, zugerechnet werden kann. Es ist überflüssig, die Rechtspersönlichkeit oder allgemeine Rechtsfähigkeit des Subjekts als selbständige Voraussetzung aufzustellen, weil rechtliche Zurechnung und Rechtspersönlichkeit zusammenfallende Begriffe sind. Auch scheint es nicht angängig, die Begriffe beschränkte Rechtsfähigkeit und Handlungsfähigkeit auf unser Gebiet zu übertragen, da man hier anstatt von mangelnder Rechtsfähigkeit eher von aus Vereinbarungen entstandenen Beschränkungen der Freiheit sprechen muß; es gibt hier keine handlungsunfähigen Rechtssubjekte im eigentlichen Sinne des Worts, sondern solche Rechtssubjekte, die sich anderen Rechtssubjekten gegenüber verpflichtet haben, sich gewisser Rechtshandlungen zu enthalten. Die im Widerspruch zu diesen Verpflichtungen vollzogene Handlung ist eine unerlaubte Handlung; darüber hinaus muß in den einzelnen Fällen noch festgestellt werden, ob die Völkerrechtsordnung sich darauf beschränkt, dieser Handlung jede Gültigkeit abzusprechen, (Nichtigkeit der Handlung) oder ob sie für diese Handlung nur eine Haftbarkeit eintreten läßt, ohne sie für nichtig zu erklären, oder alles beides.

Was den Gegenstand (Objekt) des Rechtsgeschäfts anbetrifft, so beziehen sich hierauf (wie bekannt) gewisse einschränkende Normen, welche die Rechtsordnung für die Bestimmung seiner Tauglichkeit aufstellt. Und sicher muß man auch auf unserem Gebiet zugeben, daß der Wille weder auf etwas materiell Unmögliches, (natürliche Unmöglichkeit) noch auf etwas rechtlich Verbotenes gerichtet sein kann (rechtliche Unerlaubtheit oder Unmöglichkeit); dazu gehört auch der Fall der sittenwidrigen Handlung, weil auch die Gebote der Ethik rechtliche Bedeutung gewinnen können, insofern sie ausdrücklich oder stillschweigend vom Recht übernommen worden sind. Der Fall der natürlichen Unmöglichkeit kommt in den Beziehungen zwischen den Staaten offenkundig selten vor; und was die rechtliche Unmöglichkeit anbetrifft, so ist auch hier zu beachten, daß es nur verhältnismäßig wenige Regeln des Völkerrechts gibt, die den möglichen Inhalt des Willens der Staaten einschränken. Ein wichtiges und charakteristisches Beispiel liefert jetzt Art. 20 Abs. 1 der Völkerbundssatzung, auf Grund dessen die Mitglieder des Völkerbunds anerkennen, daß die gegenwärtige Satzung Verpflichtungen und Einzelverständigungen[1]) inter se, die mit dieser Satzung unvereinbar sind, aufhebt, und sich infolgedessen feierlich verpflichten, solche in Zukunft nicht mehr einzugehen. Im allgemeinen beziehen sich die damit zusammenhängenden Fragen jedoch sehr viel mehr darauf, was die Parteien tatsächlich wollten, als darauf, was sie von Rechts wegen wollen durften. Man muß auch bedenken, daß während im internen Recht die Tauglichkeit des Gegenstandes häufig mit der Unterscheidung verschiedener Arten und Kategorien von Rechtsgeschäften und mit den verschiedenen sich aus dieser Einteilung ergebenden Folgen in Verbindung gebracht wird, dies alles für das Völkerrecht ohne Bedeutung ist, bei dem die Einteilung der Rechtshandlungen in abstrakte Typen in erster Linie lehrhaften Charakter hat und bei dem das Besondere einer jeden Handlung den Vorrang hat vor dem Typischen, das fast zum bloßen Mittel der Auslegung des Parteiwillens im Einzelfall herabsinkt (S. 66ff.).

Eine von den Schriftstellern viel erörterte Frage ist die, ob Gegenstand der völkerrechtlichen Rechtsgeschäfte notwendigerweise die Ausübung jener Tätigkeit sein müsse, die man unter den Begriff „die Souveränitätsbefugnisse des Staats“ zusammenzufassen pflegt. Ganz abgesehen von der Frage, was unter dem Begriff „Souveränitätsbefugnisse“ zu verstehen ist, scheint die Frage schlecht gestellt. Die Hingabe einer Geldsumme von seiten eines Staates an einen anderen kann ebensogut Gegenstand eines einfachen Darlehensvertrages als auch eines völkerrechtlichen Vertrages sein. Das kommt daher, daß wir mit dem Wort Staat nicht nur etwas bezeichnen, das dem Völkerrecht, sondern auch etwas, das möglicherweise internen Rechtsordnungen unterworfen ist (S. 39ff.). Ein Staat kann einen zivilrechtlichen Darlehensvertrag mit einem anderen Staat abschließen, sofern beide Kontrahenten als einer bestimmten internen Rechtsordnung unterworfene Personen handeln, sei es der des Staates, der das Darlehen gibt, oder der des Staates, der das Darlehen nimmt, oder auch der eines dritten Staates. Als Subjekte des Völkerrechts können diese Staaten statt dessen einen Staatsvertrag abschließen, der genau so wie der Darlehensvertrag die Hingabe einer bestimmten Geldsumme zum Gegenstand hat. Es kommt also nicht auf den Gegenstand der Rechtsgeschäfte an, sondern auf das Subjekt, das diese Geschäfte unternimmt.

Auch hinsichtlich der völkerrechtlichen Rechtsgeschäfte stellt sich, wie übrigens hinsichtlich der anderen Rechtsgeschäfte im

[1]) Text der offiziellen deutschen Übersetzung der Völkerbundssatzung (Reichsgesetzblatt 1919 S. 737). Anm. d. Übers.

allgemeinen, das Problem des Willens vor allem unter dem Gesichtspunkt des Verhältnisses zwischen den beiden Betrachtungsweisen, die man dem Willen angedeihen lassen kann, d. h. dem Verhältnis zwischen dem erklärten Willen und dem wirklichen Willen dessen, von dem die Rechtshandlung ausgeht, dar; in zweiter Linie stellt sich dieses Problem unter dem Gesichtspunkt der Wirkungen, die ein Auseinandergehen von wirklichem oder erklärtem Willen nach sich ziehen kann, dar. Genau festgesetzte und gesicherte Völkerrechtssätze scheinen bezüglich dieser Punkte nicht zu existieren. Die Antwort auf diese Frage muß jedoch aus dem Geist und dem Charakter der Rechtsordnung heraus, um die es sich handelt, gesucht werden.

Der für die erste der beiden Fragen entscheidende Gesichtspunkt liegt in der Erwägung, daß das Völkerrecht dem Staat nicht den psychologischen Willen des Individuums, welches das Staatsorgan ausmacht, zurechnet, sondern nur einzelne und bestimmte Erklärungen dieses Willens. Wenn auch kein Zweifel darüber bestehen kann, daß das Recht hier wie überall von der Grundannahme einer vollkommenen Übereinstimmung zwischen dem erklärten und dem wirklichen Willen ausgeht, so ist doch ebenso sicher, daß hierbei das wesentliche Moment in der Tatsache der Erklärung liegt. Der erklärte Wille geht deshalb dem inneren Willen des Individuums, welches das Staatsorgan ausmacht, vor. Folglich ist der in der Urkunde zum Ausdruck gebrachte Wille, mehr als der Wille der Individuen, welche die Urkunde aufsetzten, in der Auslegung zu suchen.

Bezüglich der zweiten Frage muß man zwischen den verschiedenen Ursachen und Umständen unterscheiden, von denen die Diskrepanz zwischen dem erklärten und dem wirklichen Willen herrühren kann. Nach einer von der Wissenschaft des Privatrechts herausgearbeiteten und allgemein angenommenen Einteilung lassen sich diese Ursachen und Umstände auf zwei allgemeine Kategorien zurückführen, je nachdem, ob die Diskrepanz von dem handelnden Subjekt selbst gewollt wurde oder nicht. Zur ersten Kategorie gehören die Fälle von Simulation, Mentalreservation und Scherz. Zur zweiten die Fälle von Gewalt, Irrtum und arglistiger Täuschung. Dazu ist auszuführen, daß die Vereinbarungen, durch die die Staaten bestimmt haben, daß gewisse Willensäußerungen gewisser Individuen Pflichten und Rechte der Staaten erzeugen, sich logischerweise auf den normalen Willen des Organs beziehen; dieses muß in der Lage sein, den eigenen Willen frei bekunden zu können; eine durch Gewalt, Irrtum oder arglistige Täuschung hervorgerufene Willenserklärung erzeugt daher keine Rechtswirkungen für den Staat. Das Gegenteil scheint jedoch in den Fällen gewollter Diskrepanz zwischen dem wirklichen und dem erklärten Willen des Organs zu gelten; es entspricht nicht dem Geist des Völkerrechts, einem Staat die Möglichkeit zu geben, sich den Folgen einer unlauteren Willenserklärung eines seiner Organe zu entziehen.

Zuweilen wird eine bestimmte Form des Rechtsgeschäfts, d. h. eine bestimmte Art der Willenserklärung, durch besondere völkerrechtliche Vereinbarungen mittelbar oder unmittelbar vorgeschrieben. In einem solchen Fall wird sich aus der Auslegung der Vereinbarung ergeben, einmal, welches die gewollte Form ist, und dann, ob da wo ausdrückliche Bestimmungen fehlen, ein Nichteinhalten dieser Form die Nichtigkeit des Rechtsgeschäfts zur Folge hat oder nicht. Dagegen gibt es keine Sätze des gemeinen Völkerrechts, die eine bestimmte Form der Erklärung des Willens verlangten. Man bedient sich gewöhnlich der schriftlichen Form oder der sogenannten Notifikation auf diplomatischem Wege, d. h. durch Vermittlung von ordnungsgemäß beglaubigten, diplomatischen Agenten. Doch ist die Möglichkeit mündlicher Erklärungen nicht ausgeschlossen; und verhältnismäßig häufig sind Fälle von stillschweigenden Erklärungen, d. h. solchen, die aus konkludenten Handlungen resultieren.

Zu diesen muß man auch das Stillschweigen rechnen[1]); hierbei können jedoch naturgemäß die Grundsätze zu seiner Bewertung als eine mehr oder weniger einen Willen offenbarende Tatsache nicht durch allgemeine Regeln ausgemacht werden, weil seine Bewertung von den konkreten Umständen abhängt, unter denen es in Erscheinung tritt. So kann z. B. das Schweigen, das nach der ordnungsgemäßen Notifikation einer Tatsache oder auch nach deren allgemeinem Bekanntwerden bewahrt wird — während der betreffende Staat in der Lage und kraft besonderer Vereinbarungen oder gemäß der allgemeinen Praxis auch verpflichtet war, seinen Protest oder seine Vorbehalte zum Ausdruck zu bringen — sehr wohl als ein Hinnehmen der Tatsache und ein Aufgeben der entgegenstehenden Ansprüche, die hätten geltend gemacht werden können, ausgelegt werden. Andererseits sind sehr wohl Umstände denkbar, bei denen das Schweigen eines Staats nicht anders denn als Gleichgültigkeit und Enthaltung jeder Willensäußerung aufgefaßt werden kann. Die in neuerer Zeit aufgestellte Meinung, daß im Völkerrecht der Satz „qui tacet consentire videtur" uneingeschränkt gelte, kann in so allgemeiner Weise nicht hingenommen werden, auch wenn es wahr ist, daß die Staaten aus vor-

---

[1]) Darüber Henningsen, Stillschweigen, qualifiziertes, in Strupps Wörterbuch des Völkerrechts, Bd. III, S. 108 b.

wiegend politischen Gründen vom Protest weitgehendsten Gebrauch machen.

Die völkerrechtliche Rechtshandlung kann auch — und tut es häufig — jene Elemente in sich einbegreifen, welche in der Rechtswissenschaft akzessorische Bestimmungen des Willens genannt werden, insbesondere Termine und Bedingungen. Das Wesen und die Wirkungen dieser Elemente hängen nicht von allgemeinen Regeln ab; meistens kommt es lediglich auf die Auslegung des Willens im konkreten Fall hinaus. Die von der Wissenschaft des Privatrechts entwickelten Grundsätze haben sich mit Nutzen auch auf unserem Gebiet anwenden lassen, weil sie größtenteils nur das vernünftigerweise von den Beteiligten Gewollte ausdrücken.

Auch die völkerrechtlichen Rechtsgeschäfte werden in einseitige und zweiseitige eingeteilt, je nachdem ob das Recht die Rechtswirkung an die Willenserklärung eines einzelnen Subjekts knüpft, oder ob es dafür das Zusammenwirken des Willens von zwei oder mehr Subjekten verlangt.

II. Einseitige Rechtsgeschäfte.

Bibliographie. — Heilborn, System, S. 374ff., Völkerrecht, § 14; L. Oppenheim, Bd. I, Teil IV, Kap. 1, III; K. Strupp, § 19; A. Cavaglieri, Alcune osservazioni sul concetto di rinuncia nel diritto internazionale, in „Rivista di diritto internazionale", Bd. XII, 1918, S. 3ff.; Kunz, Protest im Völkerrecht, im „Wörterbuch des Völkerrechts" von K. Strupp, Bd. II, S. 329ff.; Henningsen, Verzicht, ibid.; Bd. III, S. 163ff.; Rödiger, Völkerrechtliche Notifikation, ibid., Bd. III, S. 185ff.; G. Rothmann, Vom völkerrechtlichen Protest, in „Danziger juristische Monatsschrift", 1927, S. 89ff.

Über die Verjährung, die hier im Zusammenhange mit der Anerkennung und dem Verzicht betrachtet wird, siehe u. a. E. Audinet, De la prescription acquisitive en droit international public", in „Revue générale de droit international public", Bd. III, 1896, S. 313ff.; J. H. Ralston, Prescription, in „American Journal of international law", Bd. IV, 1920, S. 133ff.; Derselbe, The law and procedure of international tribunals, 2. Aufl., Stanford Univ. 1926, chap. XIII (prescription), S. 375ff.; Annuaire de l'Institut de droit international, 1925, S. Iff. (rapport Politis-de Visscher) und 467ff.; Kunz, Usucapion, in Strupps Wörterbuch des Völkerrechts, Bd. II, S. 778ff.; Gareis-Wehberg, Verjährung, ibid., Bd. III, S. 29ff. S. auch den Seite 253 angeführten Artikel von Cavaglieri über den Zeitablauf und seine Folgen im Völkerrecht.

Wenn wir sagen, daß bei den einseitigen Rechtsgeschäften das Recht die Willenskundgebung eines einzigen Subjekts verlangt, so soll das heißen, daß es in der Hauptsache allein auf diesen Willen ankommt. Das schließt aber weder aus, daß daneben in untergeordneter Weise auch der Wille und das Handeln anderer Subjekte mitwirken können, noch daß diese Subjekte ihrerseits durch ihre Haltung verhindern können, daß der geäußerte Willen wirksam wird.

Es kann auch vorkommen, und kommt tatsächlich ziemlich häufig vor, daß eine einseitige Willenserklärung die Annahme eines vorhergehenden, in der Schwebe gebliebenen Angebots bedeutet, oder ihrerseits ein neues Angebot ist, das, wenn auch für einen unbestimmten Zeitpunkt, auf Annahme wartet. Im einen wie im anderen dieser beiden Fälle bringt die Willenserklärung den Vertrag zustande; aus diesem und nicht aus der einseitigen Willenserklärung rühren dann die Rechtswirkungen, um die es sich handelt, her.

Die gewöhnlichsten und bekanntesten Fälle von einseitigen Rechtsgeschäften im Völkerrecht sind folgende:

1. Die Notifikation.

Die Notifikation ist die Rechtshandlung, durch welche ein Staat einem oder mehreren anderen Staaten eine bestimmte Tatsache zur Kenntnis bringt, an die sich rechtliche Folgen knüpfen können. Die Notifikation wird häufig von den besonderen Rechtssätzen, die eine bestimmte Materie regeln, vorgesehen und normiert; sie ist dann obligatorisch oder fakultativ, je nachdem die betreffenden Rechtssätze es bestimmen, und erzeugt die Wirkungen, die diese mit ihr verbinden. So forderte Art. 34 der Berliner Generalakte vom 26. Februar 1885, daß die Signatarmächte jede Besetzung von Gebiet oder Errichtung von Protektoraten an den Küsten des afrikanischen Kontinents den anderen Signatarmächten mitteilen sollten, „afin de les mettre à même de faire valoir, s'il y a lieu, leurs réclamations". Die Notifikation war obligatorisch, und das Schweigen, das ein Staat nach der ordnungsgemäß erhaltenen Notifikation beobachtete, hieß soviel wie die Äußerung eines Verzichts auf die Geltendmachung eventueller Ansprüche. So verlangt auch das völkerrechtliche Gewohnheitsrecht (vgl. die Londoner Deklaration, betreffend die Gesetze des Seekriegs vom 26. Februar 1909, Artt. 11ff.), daß der kriegführende Staat die von ihm verhängte Blockade den neutralen Staaten bekanntgibt. Das Wesen und die Wirkungen dieser Notifikation sind aber ziemlich strittige Punkte, und ihre Handhabung weist bei den verschiedenen Staaten erhebliche Abweichungen auf.

In allen anderen Fällen ist die Notifikation fakultativ und ihre eigentliche Wirkung ist die, die Tatsachen, die ihren Inhalt bilden, dem Staat, an den sie gerichtet ist, zur Kenntnis zu bringen, so daß dieser niemals Unkenntnis vorschützen kann und sich gegebenenfalls in der Weise verhalten muß, zu der ihn bei dieser Sachlage das Völkerrecht verpflichtet. Weitere Wirkungen scheinen sich aus der Notifikation als solcher nicht herleiten zu lassen; doch können solche aus der Haltung, die der betreffende Staat nach der empfangenen Notifikation beobachtet, sich ergeben.

2. Die Anerkennung.

Die Anerkennung ist die Willenserklärung, derzufolge eine gegebene Sachlage, ein bestimmter Anspruch usw. als rechtmäßig anerkannt werden soll. Es kann vorkommen, daß die Anerkennung in Wirklichkeit nichts ist als die Annahme eines früheren Angebots und daher nichts tut als ein regelrechtes Übereinkommen zustandezubringen. Aber das Völkerrecht knüpft Rechtswirkungen an die bloße Tatsache, daß eine Anerkennung erfolgt, in dem Sinne, daß der Staat, der einen gewissen Anspruch oder eine bestimmte Sachlage anerkannt hat, deren Legitimität später nicht mehr bestreiten kann, und zwar ohne daß es eines Übereinkommens mit dem Subjekt, zu dessen Gunsten die Anerkennung erfolgte, bedürfte. Die allgemein geübte, ständige Praxis, die übrigens von Vernunfts- und Nützlichkeitserwägungen eingegeben wurde, hat so der Anerkennung den Stempel eines einseitigen Rechtsgeschäfts aufgedrückt.

Für das Völkerrecht hat die Anerkennung grundlegende Bedeutung, weil sie äußerst häufige Anwendung findet, und weil sie das Institut der Verjährung ersetzt. Wir sagten schon, daß es im Völkerrecht kein allgemeines Prinzip gibt, nach dem der bloße Zeitablauf genügt, um den Erwerb oder Verlust von Rechten zu bewirken. Doch bringen die Notwendigkeiten, welche die Wirklichkeit mit sich bringt, die Beteiligten im Lauf der Zeit, früher oder später fast stets dahin, eine Sachlage, deren Legitimität sie von Anfang an bestritten haben, die sich aber dann als dauerhaft und lebenskräftig erwiesen hat, hinzunehmen. Ist die Anerkennung einmal erfolgt, so wird der anerkannte Sachverhalt rechtmäßig gegenüber denjenigen, die ihn anerkannt haben; mag sein Ursprung sein welcher auch immer. Nicht der Zeitablauf als solcher, sondern der durch den dank dem Zeitablauf erfolgten Akt der Anerkennung geäußerte Wille verwandelt also den tatsächlichen Sachverhalt in eine Rechtslage.

Mit Ausnahme von Bestimmungen besonderer Übereinkommen, deren es nicht gerade viele gibt, kann dergestalt die Anerkennung sowohl aus ausdrücklichen Erklärungen als auch aus konkludenten Handlungen hervorgehen. Die bloße Art und Weise wie ein Staat sich verhält, wozu unter gewissen Umständen auch sein Schweigen (s. S. 260) gerechnet werden kann, kann bedeuten, daß er gewillt ist, eine gegebene Sachlage als rechtmäßig anzuerkennen. Leicht begreifliche politische Erwägungen veranlassen die Staaten häufig, diesen Weg dem einer ausdrücklichen Anerkennung vorzuziehen.

Die Wirkungen der Anerkennung im einzelnen hängen eng zusammen mit den Umständen, unter denen sie erfolgt und mit dem Gegenstand, auf den sie sich bezieht. Ganz allgemein kann man sagen, daß Anerkennung bedeutet, daß man die Rechtmäßigkeit dessen, was man anerkannt hat, nicht mehr bestreiten kann. Es erübrigt sich hinzuzufügen, daß auch diese Wirkung nur genau in dem Umfang, in dem die Anerkennung erfolgt ist, eintritt.

Es ist keineswegs ausgeschlossen, und es gibt sogar bekannte Beispiele hierfür, daß die Anerkennung befristet oder bedingt erfolgt.

3. Der Protest.

Der Protest ist die Erklärung des Willens, einen bestimmten Anspruch, ein bestimmtes Verhalten, eine bestimmte Sachlage nicht als rechtmäßig anzuerkennen. Man kann sagen, daß der Protest das Gegenteil der Anerkennung ist; während diese die dem Recht ursprünglich zuwiderlaufenden Zustände nachträglich legalisiert, dient der Protest dazu, sich die Möglichkeit vorzubehalten, die Rechtsmäßigkeit eines bestimmten Sachverhalts, eines bestimmten Verhaltens oder eines Anspruchs zu bestreiten. Daher hören auch seine Wirkungen auf, wenn der Staat die Ansprüche oder die Tatsachen, gegen die er protestiert hatte, anerkennt. Doch muß, wer sich darauf berufen will, beweisen können, daß die Anerkennung erfolgt ist.

Der Protest muß, um die genannten Wirkungen erzeugen zu können, ein Staatsakt sein, der auf dem Gebiet der völkerrechtlichen Beziehungen ergangen ist, und er muß daher von dem Organ ausgehen, das nach Völkerrecht zuständig ist, den Willen des Staats kundzutun. Ein von anderen, auch den einflußreichsten Organen, z. B. dem Parlament, ausgehender Protest hat keine rechtliche Bedeutung, wenn er auch große politische Bedeutung haben kann.

Abgesehen von besonderen Übereinkommen, durch die ein Staat anderen Staaten gegenüber verpflichtet ist, das bedrohte oder verletzte Recht zu wahren (Protest Luxemburgs gegen die Verletzung seiner Neutralität von seiten Deutschlands), ist der Protest in das Belieben der Staaten gestellt. Doch kann er notwendig sein, um die Rechte eines Staates vorzubehalten in den Fällen, wo Schweigen Anerkennung bedeuten würde.

4. Der Verzicht.

Es handelt sich hier natürlich um den Verzicht im eigentlichen Sinne, d. h. um den Verzicht als einseitigen Akt, der durch den alleinigen Willen des Verzichtenden erfolgt und nur aus ihm heraus Wirkungen hervorbringt, nicht um den Verzicht, der in einem zweiseitigen Rechtsgeschäft enthalten und auf Grund einer Gegenleistung erfolgt ist; dieser Verzicht stellt kein Rechtsgeschäft für sich dar.

Der so verstandene Verzicht besteht in der freiwilligen Aufgabe eines Rechts. Nicht alle Rechte sind derart, daß ein Verzicht auf sie möglich wäre; insonderheit nicht diejenigen, die das notwendige Mittel zur Erfüllung einer Rechtspflicht darstellen, oder bei denen ein Verzicht gleichzeitig den Verzicht auf eine Verpflichtung einschließen würde, was stets unzulässig ist. Außerhalb dieser Fälle, und stets dann, wenn das Gegenteil sich nicht aus dem Wortlaut oder dem Geist des Übereinkommens ergibt, dem das Recht, auf das verzichtet werden will, entstammt, gilt jedoch der Satz, daß die Möglichkeit, daß darauf verzichtet werden kann, ein Charakteristikum der subjektiven völkerrechtlichen Rechte der Staaten ist; die Übereinkommen, durch welche diese gegenseitige Ansprüche und Pflichten festsetzen, schließen in der Regel die Berechtigung zur freiwilligen Aufgabe von Ansprüchen von seiten der Berechtigten in sich; diese Aufgabe gereicht ganz und gar dem Verpflichteten zum Vorteil, weshalb man daher nicht vermuten darf, daß er ihre Möglichkeit nicht gewollt habe.

Ein Verzicht, dessen Wirkung das Erlöschen dieses Rechts ist, ist nicht zu vermuten, doch braucht er auch nicht ausdrücklich erklärt zu werden. Nichts berechtigt zu der Behauptung, es bestehe eine Völkerrechtsnorm, die den allgemeinen Grundsatz (S. 260) durchbrechend die Forderung aufstellte, daß der Wille zu verzichten immer durch Worte ausgedrückt werden müsse; und die Völkerrechtspraxis kennt Fälle, bei denen zur Diskussion stand, ob die angeführten Tatsachen als ein Verzicht ausgelegt werden könnten oder nicht, während man keine Fälle kennt, bei denen die Notwendigkeit einer ausdrücklichen Erklärung behauptet worden wäre. Der Wille zur Aufgabe eines Rechts wird sich also auch aus dem bloßen Verhalten eines Subjekts ergeben können.

Doch sind zwei Umstände zu beachten. Vor allem muß der Wille zum Verzicht tatsächlich vorhanden sein. Es genügt daher nicht bloße Untätigkeit, die Nicht-Ausübung eines Rechts, weil dies alles nicht notwendigerweise den Willen zum Verzicht bedingt und weil ferner, wie schon gesagt wurde, der bloße Zeitablauf Rechte nicht auszulöschen vermag. In zweiter Linie darf der Verzicht, wie er ja auch nicht vermutet werden darf, so auch nur genau in dem Umfang, in dem er wirklich gewollt ist, und im Zweifel eher nach der engeren als nach der weiteren der möglichen Auslegungen hin als gegeben betrachtet werden; daher bedeutet z. B. der Verzicht auf die Ausübung einiger Möglichkeiten, die zu einem bestimmten Rechtsbereich gehören, nicht auch den Verzicht auf alle anderen dazugehörigen Möglichkeiten, wenn diese unabhängig von jenen, auf die verzichtet worden ist, weiter bestehen können. Besteht Zweifel, ob Verzicht auf zeitweilige Ausübung eines Rechts oder Verzicht auf das Recht selbst vorliegt, so muß eher das erstere als das letztere angenommen werden; ebenso muß im Zweifel eher angenommen werden, daß ein Verzicht von bestimmten Vorteilen abhängig gemacht worden ist, als daß er unbedingt erfolgt ist, u. a. m.

III. Zweiseitige Rechtsgeschäfte.

Bibliographie. — Die Materie wird bei allen Schriftstellern ausführlich behandelt. Monographien von allgemeinem Charakter: G. Jellinek, Die rechtliche Natur der Staatenverträge, Wien 1880; F. Laghi, Teoria dei trattati internazionali, Bologna 1882; L. Geßner, Die Staatsverträge im allgemeinen, in Bd. III des „Handbuch für Völkerrecht" von F. v. Holtzendorff (1887), S. 5ff.; E. Seligmann, Beiträge zur Lehre vom Staatsgesetz und Staatsvertrag. II.: Abschluß und Wirksamkeit der Staatsverträge, Freiburg i. B. 1890; O. Nippold, Der völkerrechtliche Vertrag, seine Stellung im Rechtssystem und seine Bedeutung für das internationale Recht, Bern 1894; D. Donati, I trattati internazionali nel diritto costituzionale, Bd. I, Turin 1906; W. J. M. van Eysinga, Proeve eener inleiding tot het nederlandsch Tractatenrecht, s'Gravenhage 1906; S. B. Crandall, Treaties, their making and enforcement, 2. Aufl., Washington 1916; G. Coumoul, Des conditions de validité des traités internationaux, Toulouse 1911 (Dissertation); J. Otetéléchano, De la valeur obligatoire des traités internationaux, Paris 1916 (Dissertation); O. Hoijer, Les traités internationaux, 2 Bde, Paris 1928. Ferner seien folgende zusammenfassende Übersichten genannt: Berner, Staatenverträge im „Staatswörterbuch" von J. C. Bluntschli und K. Brater; F. Stoerk, Staatsverträge, in der ersten Auflage des „Wörterbuch des deutschen Staats- und Verwaltungsrechts" von K. von Stengel; M. Fleischmann, Staatsverträge, ibid., 2. Aufl.; Hanke, Staatsverträge im „Österreichisches

Staatswörterbuch" von E. Mischler und J. Ulbrich; v. Frisch, A. Verdroß, J. Hatschek, Schoen, L. Bittner und H. Wehberg, Staatsverträge, im „Wörterbuch des Völkerrechts" von K. Strupp, Bd. II, S. 651ff.

Die bekanntesten Monographien über einzelne Punkte dieses weiten Gebiets werden an geeigneter Stelle genannt werden.

Begriff und Terminologie.

Bibliographie. — A. Rapisardi Mirabelli, La classification des traites internationaux: aperçus de systématique, in „Revue de droit int. et de lég. comparée", Série III, Bd. IV, 1923, S. 653ff.; R. Vaugham Williams, Les méthodes de travail de la diplomatie, Chap. IV: Termes techniques relatifs aux accords, in „Recueil des cours de l'Académie de droit international", 1924, Bd. III, S. 255ff.; E. Satow, A guide to diplomatic practice, zit., Bd. II, S. 212ff.; L. Bittner, Die Lehre von den völkerrechtlichen Vertragsurkunden, zit., S. 298ff.

Ein zweiseitiges Rechtsgeschäft ist im Völkerrecht jede Übereinstimmung des Willens zweier oder mehrerer Subjekte bezüglich einer Sache, die Gegenstand ihrer Beziehungen ist, wobei unter Willen der Wille zu verstehen ist, der vom Völkerrecht besagten Subjekten zugerechnet wird. Diese Willenseinigungen stattet die Rechtsordnung des Völkerrechts dann, wenn gewisse Erfordernisse erfüllt sind, mit Rechtswirkungen aus.

Der Begriff umfaßt, allgemeiner gesagt, alle möglichen zweiseitigen Rechtshandlungen, sei es nun, daß man sie nach der traditionellen Lehre alle einheitlich auf den Begriff vom Staatsvertrag zurückführt oder sei es, daß man, mit neueren Lehrmeinungen, es für richtiger hält, zwischen mehreren Arten zu unterscheiden, die man dann auf verschiedene Grundbegriffe zurückführt. Diese neueren Schriftsteller unterscheiden insbesondere zwischen eigentlichen Staatsverträgen einerseits, die auf den Austausch von Nutzen und Leistung gerichtet sind, und bei denen daher die Willenserklärungen der Parteien verschiedenen Inhalt haben und lediglich im gemeinsamen Endziel zusammenlaufen, und zwischen Vereinbarungen im engeren Sinne oder Gesamtakten andererseits, welche die Befriedigung gemeinsamer Interessen oder die Ausübung gemeinsamer Befugnisse zum Ziele haben und bei denen daher die Willenserklärungen der Parteien auch inhaltlich übereinstimmen. Die allgemeine Lehre von den völkerrechtlichen Rechtsgeschäften kann von diesen Unterschieden absehen und sich darauf beschränken, da, wo es nötig ist, auf einige praktische Anwendungsmöglichkeiten hinzuweisen.

In der Sprache der Diplomatie und auch im allgemeinen Sprachgebrauch wendet man verschiedene Ausdrücke an zur Bezeichnung dessen, was wir hier „zweiseitige völkerrechtliche Rechtsgeschäfte" nennen; wir sprechen von Verträgen (trattati), Konventionen (convenzioni), Deklarationen (dichiarazioni), Übereinkommen (accordi), Protokollen (protocolli), Notenwechsel (scambi di note) usw., und entsprechende Ausdrücke finden sich auch in den anderen Sprachen. Alle sollen dieselbe grundlegende juristische Tatsache bezeichnen: die Willenseinigung von zwei oder mehr Staaten, die das Völkerrecht mit bestimmten Rechtswirkungen ausstattet. Einige dieser Ausdrücke werden durcheinander oder ohne Bedeutungsunterschied gebraucht, z. B. Vertrag und Konvention; andere dieser Ausdrücke werden gewählt, um gewisse Unterschiede zu bezeichnen, die mit der Form des Übereinkommens oder mit der Art, in der der Wille der Parteien zum Ausdruck kommt, zusammenhängen — Unterschiede, die nicht zwingender Natur sind und denen daher auch kein bestimmter Unterschied im Inhalt entspricht, wenn auch naturgemäß ja die feierlicheren Formen für die schwerwiegenderen und wichtigeren Akte vorbehalten werden. Der von uns am häufigsten gebrauchte Ausdruck, um die zweiseitigen völkerrechtlichen Rechtsgeschäfte gemeinhin zu bezeichnen, ist der Ausdruck „internationale Verträge". Natürlich läßt sich nichts gegen den Gebrauch dieses Ausdrucks in diesem allgemeinen Sinne sagen, doch muß beachtet werden — und diese Bemerkung ist, wie wir sehen werden, nicht ohne praktische Bedeutung — daß es vorkommt, daß der Ausdruck „internationale Verträge" zuweilen in rechtlichen Dokumenten, unter Ausschluß anderer, zur Bezeichnung solcher Vereinbarungen angewandt wird, die durch einen bestimmten förmlichen Charakter ausgezeichnet sind, und daß gewisse Regeln, die für die als Verträge bezeichneten Übereinkommen angenommen worden sind, nicht ohne weiteres für jedes beliebige zweiseitige völkerrechtliche Rechtsgeschäft gelten. Im Verlauf dieser Darlegung bezeichnet das Wort Verträge, wo nichts anderes hinzugesetzt ist, ganz allgemein die zweiseitigen völkerrechtlichen Rechtsgeschäfte.

Wesentliche Erfordernisse.

Hier gelten die für die völkerrechtlichen Rechtsgeschäfte im allgemeinen aufgestellten Regeln (S. 256ff.); an dieser Stelle soll nur ihre Anwendung auf die zweiseitigen Rechtsgeschäfte einer näheren Betrachtung unterzogen werden.

1. Das Subjekt.

Vertragssubjekte können ausschließlich die Rechtssubjekte der Völkerrechtsordnung sein, d. h. jene gleichgeordneten und keiner gemeinsamen höheren Macht untergeordneten Wesenheiten, deren wechselseitige Beziehungen durch Rechtsnormen bestimmt werden, deren verbindliche Kraft auf den Satz pacta sunt servanda (S. 32ff.) als auf ihren letzten Geltungsgrund zurückgeht.

Hieraus folgt, daß keine völkerrechtlichen Verträge sind:

a) die Rechtsgeschäfte, bei denen als Parteien ein Individuum oder mehrere Individuen oder juristische Personen des internen Rechts fungieren, ob sie nun die Eigenschaft von Organen eines Staats besitzen oder auch nicht; und das gilt selbst dann, wenn das Rechtsgeschäft die äußere Form eines Staatsvertrages haben sollte, sei es, weil in dem gleichen Akt ein oder mehrere völkerrechtliche Verträge und ein oder mehrere Verträge des internen Rechts sachlich vereinigt sind, sei es, weil ein landesrechtlicher Vertrag aus irgendeinem Grunde in den den völkerrechtlichen Verträgen eigenen Formen abgeschlossen worden ist. So sind die Eheverträge[1]) zwischen Mitgliedern regierender Häuser Verträge des internen Rechts, wenn sie auch nach Gewohnheitsrecht oder nach ausdrücklichen Gesetzesbestimmungen (so z. B. Art. 56 der spanischen Verfassung) in einer Form abgeschlossen werden, die der der völkerrechtlichen Verträge ähnlich ist. Dies scheint sicher zu sein; es ist aber nötig, zwei Möglichkeiten in Betracht zu ziehen: *α*) Es ist möglich, daß die Ehe zwischen Mitgliedern regierender Häuser Veranlassung zu Vertragsabschlüssen auch zwischen den Staaten, denen die beiden Familien angehören (z. B. zu Verträgen zur Anerkennung der offiziellen Stellung, die sich auf Grund der Ehe ergibt, zur Fortsetzung eventueller Thronfolgerechte usw.), gibt, so daß ein landesrechtlicher und ein völkerrechtlicher Vertrag sachlich in derselben Urkunde vereinigt sein können; *β*) ein völkerrechtlicher Vertrag kann hinsichtlich einer der obenerwähnten Ehen abgeschlossen werden um das Fehlen politischer Hindernisse und die Einwilligung beider Regierungen festzustellen (s. z. B. den englisch-schwedischen Ehevertrag vom 27. Oktober 1923 in „Recueil des Traités et des Engagements internationaux enregistrés par le Secrétariat de la Société des Nations", Bd. XXII, S. 388ff.).

b) Die irgendwie gearteten Verträge oder Vereinbarungen, welche zwischen politischen Organisationen, die von der gleichen

---

[1]) Über diese Eheverträge s. J. Barthélemy, Du caractère international des contrats de mariage des princes de familles souveraines, in „Revue gén. de droit intern. public", Bd. XI, 1904, S. 325ff.

Obergewalt abhängen und Glieder der Rechtsordnung sind, der diese Obergewalt untersteht, abgeschlossen werden, und das nicht nur dann, wenn die betreffenden politischen Organisationen keine völkerrechtliche Rechtspersönlichkeit haben, z. B. ein Abkommen zwischen zwei Kolonialregierungen, die demselben Staate unterstehen, oder zwischen zwei autonomen Teilen desselben Staats, wie diese Autonomie auch immer näher zu qualifizieren sein mag, sondern auch dann, wenn sie durchaus in der Lage sind, in völkerrechtliche Beziehungen zu politischen Wesenheiten zu treten, die nicht von der Obergewalt abhängen, der sie selbst unterstellt sind. So ist ein Abkommen zwischen Kanada und Australien kein völkerrechtlicher Vertrag, wenngleich Abkommen zwischen Kanada und den Vereinigten Staaten von Amerika oder zwischen Australien und Japan völkerrechtliche Verträge sind. Aus dem gleichen Grunde sind nicht völkerrechtliche Verträge, sondern Rechtsgeschäfte des internen Rechts die Abkommen zwischen einer abhängigen, wenn auch in ihrer Verwaltung selbständigen politischen Organisation und der übergeordneten politischen Organisation, z. B. ein Abkommen zwischen Kanada und dem britischen Reich, zwischen einem Staat der nordamerikanischen Union und der Bundesregierung usw. (S. 92, 162ff.).

c) Die zwischen zwei oder mehr Staaten in ihrer Eigenschaft als Subjekte des internen Rechts abgeschlossenen Verträge (S. 39).

Zum Thema der Konkordate sehe man S. 103ff. nach und betreffs der mehr theoretischen als praktischen Frage, ob die im Namen gewisser Staatenbünde abgeschlossenen Verträge auf eine personifizierte Kollektiveinheit zu beziehen oder ob sie nicht eher als gemeinsame Ausübung einer die Staaten *uti singuli* betreffenden Rechtsfähigkeit zu betrachten sind, vergleiche man S. 112ff.

Es braucht nicht wiederholt zu werden, daß die Frage nach der Fähigkeit, völkerrechtliche Verträge abzuschließen, mit derjenigen nach der völkerrechtlichen Rechtspersönlichkeit der vertragschließenden Subjekte identisch ist: die sich aus etwa eingegangenen Verpflichtungen ergebenden Einschränkungen begrenzen zwar die Handlungsfreiheit der Staaten, doch ist es unmöglich zu sagen, daß sie die betreffenden Staaten in den Zustand völliger oder teilweiser Geschäftsunfähigkeit versetzen (S. 152ff., 170, 182ff.).

2. Der Gegenstand.

Bibliographie. — Die oben, Seite 256, angeführten Schriften von L. Challandes und M. Fröhlich müssen hier wieder erwähnt werden, weil beide sich auf die völkerrechtlichen Verträge beziehen.

Die Lehre vom Gegenstand der Verträge erfordert keine besonderen, über die hinsichtlich des Gegenstandes der völkerrechtlichen Rechtsgeschäfte allgemein angestellten hinausgehenden Betrachtungen. Der einzige Punkt, der zu Erörterungen Anlaß gegeben hat, ist der, ob ein völkerrechtlicher Vertrag notwendigerweise die Ausübung der sogenannten „Herrschaftsgewalt" zum Gegenstand haben muß, oder, wie man genauer sagen müßte, eine Tätigkeit des Staats, die vom Standpunkt des internen Rechts als Ausübung der Herrschaftsgewalt zu bezeichnen ist. Die Frage ist, wie wir schon zeigten (S. 257ff.), falsch gestellt, weil sie den entscheidenden Faktor beim Gegenstand der vertraglichen Beziehungen sucht, während es vielmehr darauf ankommt, welches die Subjekte sind, zwischen denen die vertragliche Bindung eintritt. Der Gegenstand eines Vertrages muß notwendigerweise eine Tätigkeit sein, die zu der zwischenstaatlichen Rechtssphäre der Subjekte gehört. Diese Tätigkeit nach internem Recht zu qualifizieren, ist nicht notwendig und die Art der Qualifikation auf jeden Fall unerheblich.

3. Der Wille.

Bibliographie. — Die Arbeiten von allgemeinerem Charakter, die am Anfang dieser Rubrik (S. 266ff.) aufgeführt sind, behandeln alle auch die besondere Frage, mit der wir uns jetzt beschäftigen; besonders hervorgehoben sei wegen der umfassenden, vollständigen und genauen Entwicklung des Themas das Werk von Donati, Sektion III, S. 477ff. Grundlegend sind die Bemerkungen von Triepel, Völkerrecht und Landesrecht, zit. S. 134ff. Bedeutendere spezielle Monographien, wenn wir auch der historischen Entwicklung der Frage Rechnung tragen, sind folgende: E. Meier, Über den Abschluß von Staatsverträgen, Leipzig 1874; R. Gneist, Gutachten zum Artikel 48 der preußischen Verfassung, in E. Meier, op. zit. S. 339ff.; J. Unger, Über die Gültigkeit von Staatsverträgen, in der „Zeitschrift für das Privat- und öffentliche Recht der Gegenwart", Bd. VI, 1879, S. 349ff.; A. Leoni, Ein Beitrag zur Lehre von der Gültigkeit der Staatsverträge in den Verfassungsstaaten, im „Archiv f. öff. Recht," Bd. I, 1886, S. 498ff.; C. Schanzer, Il diritto di guerra e dei trattati negli Stati a governo rappresentativo, Turin 1891; F. Wegmann, Die Ratifikation von Staatsverträgen, insbesondere das Verhältnis der Ratifikation zur parlamentarischen Zustimmung beim Vertragsabschluß, Berlin 1892; F. Tezner, Zur Lehre von den Staatsverträgen, in der „Zeitschrift f. d. Privat- u. öff. Recht d. Gegenwart", Bd. XX, 1893, S. 120ff.; F. Despagnet, Les difficultés internationales venant de la constitution de certains pays, in „Revue gén. de droit intern. public", Bd. II, 1895, S. 184ff.; A. Dauzat, Du rôle des Chambres en matière de traités internationaux, Paris 1899; L. Michon, Les traités internationaux devant les Chambres, Paris 1901; C. H. Butler, The treaty-making power of the United States, 2 Bde., New York 1902; A. Rieß, Die Mitwirkung der gesetzgebenden Körperschaften bei Staatsverträgen, in den „Abhandlungen aus dem Staats- und Verwaltungsrecht" von S. Brie, Nr. X, Breslau 1904; B. Weil, Die Mitwirkung der Volksvertretung bei Staatsverträgen, Straßburg 1906; D. Anzilotti, Volontà e responsabilità nella stipulazione dei trattati internazionali, in der „Rivista di diritto internazionale", Bd. V, 1910, S. 3ff. (diese Arbeit ist zitiert, weil sie die Verbindungslinie von der Theorie der durch das Verfassungsrecht bestimmten Kompetenz zu der hier aufgestellten darstellt); Schoen, Die völkerrechtliche Bedeutung staatsrechtlicher Beschränkungen der Vertretungsbefugnis der Staatsoberhäupter beim Abschlusse von Staatsverträgen, in der „Zeitschrift f. Völkerrecht und Bundesstaatsrecht", Bd. V, 1911, S. 400ff.; E. Radnitzky, Über den Anteil des Parlaments an Staatsgesetz und Staatsvertrag, in „Jahrbuch des öffentlichen Rechts", Bd. V, 1911, S. 49ff.; L. Pitamic, Die parlamentarische Mitwirkung bei Staatsverträgen in Österreich, Wien-Leipzig 1915 (in den „Wiener staatswissenschaftlichen Studien" von E. Bernatzik und E. von Philippovitch, Nr. XII); Quincy Wright, Constitutionality of treaties, in „American Journal of international law", Bd. XIII, 1919, S. 242ff.; Ch. Tansill, The treaty-making power of the Senate, ibid., Bd. XVIII, 1924, S. 459ff.; K. König, Volksbefragung und Registrierung beim Völkerbund: neue Erfordernisse für die Gültigkeit von Staatsverträgen, Leipzig 1927 (S. 1—42): A. D. McNair, When do British treaties involve legislation? in „British Year-Book of international law", Bd. IX, 1928, S. 59ff. Das an anderer Stelle in bezug auf die Form der internationalen Verträge zitierte Werk von L. Bittner enthält auch für die hier behandelte Frage sehr wichtiges Material; s. besonders S. 81ff.

Bei den zweiseitigen Rechtsgeschäften stellt das Recht auf die Willenserklärungen insoweit ab, als sie zueinander im Verhältnis der Übereinstimmung stehen. Die Grundbedingungen dieses Verhältnisses sind Antrag und Annahme: eine der Parteien beantragt und die andere nimmt an; die genaue Entsprechung zwischen dem quid promessum und dem quid acceptum schafft die Übereinstimmung. Natürlich können Antrag und Annahme sehr vielfältig und untereinander so verknüpft sein, daß dem Antrag einer der Parteien ein Antrag der anderen gegenübersteht und der Annahme jenes Antrags die Annahme dieser usw. Wo keinerlei Entsprechung zwischen Antrag und Annahme besteht, hat dies die Nichtigkeit des Rechtsgeschäfts zur Folge; entsprechen sie einander nur teilweise — gehen z. B. Antrag und Annahme teilweise auseinander oder fehlt es an der Übereinstimmung bei einem von vielen Gegenständen des Rechtsgeschäfts, z. B. bei einer der verschiedenen angenommenen Rechtsnormen — so ist es eine Frage der Auslegung des Parteiwillens festzustellen, ob das Rechtsgeschäft in dem Umfang, in dem die Übereinstimmung besteht, gültig ist, oder ob das teilweise Fehlen der Übereinstimmung die Nichtigkeit des ganzen Rechtsgeschäfts bedingt. Ein einzigartiges und in mehrfacher Hinsicht interessantes Beispiel von teilweise fehlender Übereinstimmung bietet die Geschichte des Artikels 23 Ziffer h des Reglements betr. die Gesetze und Gebräuche des Landkriegs, Anlage zur 4. Haager Konvention vom 18. Oktober 1907, aus der hervorgeht, daß diese Bestimmung von einigen Staaten nur darum angenommen wurde, weil sie sie ganz anders auffaßten als die übrigen Staaten.

Wenige Fragen haben zu so lebhaften Debatten und so zahlreichen und tiefgehenden Meinungsverschiedenheiten Anlaß gegeben wie die Bestimmung der Bedingungen, die als notwendig erachtet werden, damit eine auf den Abschluß eines Vertrages gerichtete Willenserklärung einem Staate zugerechnet werden kann.

Wir haben schon bemerkt (S. 194ff.), daß mit dem Übergang von der absoluten Monarchie zu den modernen Repräsentativsystemen Bestimmungen in die Verfassungen aufgenommen worden sind, welche die Kompetenz des Staatsoberhaupts hinsichtlich des Abschlusses von Verträgen auf die verschiedenste Weise beschränken. Das in den verschiedenen Staaten geltende positive Recht zeigt hierfür verschiedene Systeme.

Nach dem einen System liegt die Kompetenz, Verträge abzuschließen, einzig und allein bei dem Staatsoberhaupt. Das ist das traditionelle englische System, das, wenigstens was die Mehrzahl der Staatsverträge anlangt, von der Ausnahmestellung bestimmter Kategorien von Verträgen abgesehen, in verschiedene europäische Verfassungen übergegangen ist. In den parlamentarisch regierten Staaten wird die ausschließliche Kompetenz des Staatsoberhauptes auch in diesem Falle durch die erforderliche Mitarbeit eines oder mehrerer verantwortlicher Minister beschränkt; im übrigen schließt die Prärogative des Staatsoberhaupts in Sachen des Abschlusses von Verträgen nicht aus, daß für die Ausführung gewisser Verträge ein Parlamentsakt nötig sein kann; aber weder die Mitwirkung des oder der verantwortlichen Minister noch diejenige des Parlaments schließen aus, daß der Vertrag auch verfassungsrechtlich durch die Willenserklärung des Staatsoberhaupts zustande kommt.

Während man nach dem eben erwähnten System verfassungsrechtlich nicht unterscheidet zwischen der Kompetenz, den Willen des Staats zu bilden und der, ihn zu erklären (d. h. dem anderen Kontrahenten zur Kenntnis zu bringen), da beide Kompetenzen in der Person des Monarchen vereinigt sind, macht ein zweites System zwischen diesen beiden Seiten des Willensproblems einen Unterschied und stattet mit der Kompetenz zur Bildung des Vertragswillens ein anderes Organ aus als dasjenige, dem die Zuständigkeit für die Erklärung des Willens zukommt. So liegt nach dem Schweizer Verfassungsrecht die Kompetenz zum Abschluß von Verträgen bei der Bundesversammlung, deren Entscheidung im übrigen für gewisse Kategorien von Verträgen dem Referendum unterworfen sein kann. Dagegen kommt es ausschließlich dem Bundesrat zu — dem kollegialen Organ, das als Staatsoberhaupt fungiert — den Willen zum Abschluß eines Vertrages völkerrechtlich zu erklären. Einige französische Verfassungen aus der Revolutionszeit teilten dem Parlament die Kompetenz zum Abschluß von Verträgen zu, überließen es aber dem Staatsoberhaupt, die Entscheidung des Parlaments den anderen kontrahierenden Staaten zur Kenntnis zu bringen; dieses System gilt noch heute in Portugal und in verschiedenen Ländern Latein-Amerikas. Man hat gesagt, in diesen Fällen sei das Staatsoberhaupt ein einfacher nuntius, doch scheint uns dies nicht richtig, da es ihm obliegt, vor der Erklärung an den Vertragsgegner erst festzustellen, ob der Wille vorhanden ist.

Das am häufigsten in den verschiedenen Verfassungen zur Anwendung gekommene System ist in gewisser Hinsicht ein Mittelding zwischen den beiden eben genannten: es teilt dem Staatsoberhaupt die Kompetenz zu, den Willen des Staates zu bilden und zu erklären, doch wirken, was die Bildung des Willens anbetrifft, mit ihm verschiedene andere Verfassungsorgane, besonders die Kammern, zusammen und zwar entweder bei allen, oder nur bei bestimmten Kategorien von Verträgen. Ein Beispiel für den ersteren Fall bietet die amerikanische Verfassung, nach der der Präsident die Befugnis hat, „die Verträge nach Anweisung und Zustimmung des Senats zu schließen, falls zwei Drittel der anwesenden Senatoren dafür stimmen". Ein Beispiel für den zweiten Fall haben wir im italienischen Verfassungsrecht: Artikel 5 der Verfassung bestimmt, daß der König „die Friedens-, Bündnis-, Handels- und andere Verträge abschließt und den Kammern davon unter Hinzufügung geeigneter Mitteilungen Kenntnis gibt, sobald das Interesse und die Sicherheit des Staats es erlauben. Verträge, die etwa eine Belastung der Finanzen oder Veränderungen des Staatsgebiets mit sich bringen, sollen, wenn sie nicht die Zustimmung der Kammern erhalten haben, ohne Wirksamkeit sein." Aus dieser Norm ergibt sich, daß normalerweise dem König die ausschließliche Kompetenz erteilt wird, sowohl den Willen des Staats zu bilden wie ihn zu erklären, aber mit Ausnahme der beiden eben bezeichneten Kategorien von Verträgen, bei denen eine Mitwirkung der Kammern erforderlich ist; diese Mitwirkung erfolgt normalerweise dadurch, daß der König ermächtigt wird, einen bestimmten Vertrag abzuschließen, und ausnahmsweise dadurch, daß ein schon erfolgter Vertragsabschluß genehmigt wird.

Legen wir die Grundsätze, von denen vorliegende Abhandlung betreffs des Verhältnisses von Völkerrecht und Landesrecht (S. 36ff.) und des Wesens und der charakteristischen Züge der rechtlichen Zurechnung (S. 187ff.) ausgeht, unseren Erwägungen zugrunde, so ist es für uns sicher, daß es dem Völkerrecht und nur diesem zukommt, zu bestimmen, welche Willenserklärungen den Tatbestand bilden, dem es die Wirkungen und daher die Eigenschaft eines völkerrechtlichen Vertrags zuerkennt. Sagt man, daß die Bestimmung der Kompetenz, Verträge abzuschließen, notwendigerweise Sache des innerstaatlichen Verfassungsrechts ist, dem es daher ausschließlich zustehe, die Bedingungen festzusetzen, unter denen ein auf den Abschluß von Verträgen gerichteter staatlicher Wille ins Leben treten kann, so ist das gleichbedeutend damit, daß die Sätze des Verfassungsrechts auf dem eigentlichen Gebiet des Völkerrechts gelten (S. 190ff.), oder daß das Völkerrecht keine selbständige Rechtsordnung ist. Die Sache liegt nicht anders, wenn man diese These in dem Sinne auffaßt, daß zwar die Beziehung des Vertragswillens auf den Staat Werk des Völkerrechts sei, daß dieses aber dem Staat natürlich nur seinen Willen, und damit nur den Willen des nach dem Verfassungsrecht kompetenten Organs zurechnen kann. Es ist in der Tat juristisch undenkbar, daß das Völkerrecht Notwendigkeiten dieser Art unterworfen sein könne.

Denkbar ist dagegen, daß das Völkerrecht auf das Landesrecht verweist, indem es bestimmt, daß die zum Vertragsabschluß erforderliche Willenserklärung dem Staat zuzurechnen ist, wenn und insofern als sie von dem nach der Verfassung zuständigen Organ ausgeht. Die Kompetenz nach Verfassungsrecht wäre dann, weil es die Völkerrechtsordnung so will, eine Voraussetzung für die Anwendbarkeit der Völkerrechtsnormen, von denen die rechtliche Zurechnung abhängt.

Von dem Gedanken der Einheit der Rechtsordnung und dem Primat des Völkerrechts ausgehend, hat man neuerdings behauptet, daß das Völkerrecht den einzelnen Staaten die Kompetenz zur Bestimmung des zum Vertragsabschluß kompetenten Organs delegiere. Diese These ist ihrem Wesen nach von der oben erwähnten nicht verschieden, da beide die Kompetenz des Verfassungsrechts als von einer Völkerrechtsnorm abhängig betrachten. Doch knüpft die letzte These an andere Voraussetzungen an als diejenigen, auf denen diese Abhandlung beruht. Und damit kehrt man die Art der Fragestellung um, denn während nach dem hier vertretenen Standpunkt die positive Beantwortung der Frage, ob es auf die Rechtssätze der Verfassung rechtlich ankomme, von dem Vorhandensein einer vom Völkerrecht ausgehenden Verweisungsnorm abhängt, käme es nach dem hier bekämpften Standpunkt auf eine Völkerrechtsnorm heraus, die unter Durchbrechung des Grundsatzes der generellen Delegation die Kompetenz des internen öffentlichen Rechts ausschlösse.

Lehnt man aus den an anderer Stelle (S. 37ff.) entwickelten Gründen diese Auffassung des Verhältnisses von Völkerrecht und Landesrecht ab, so läßt sich der ganze Streit über die Bedeutung, welche den verfassungsrechtlichen Bestimmungen über die Zuständigkeit zum Vertragsabschluß völkerrechtlich zukommt, darauf reduzieren, daß festzustellen ist, ob eine völkerrechtliche Norm vorliegt, die auf das Verfassungsrecht verweist (S. 194ff.).

Das Vorhandensein einer solchen Norm scheint im übrigen durchaus verneint werden zu müssen. Bis jetzt ist kein zuverlässiger Beweis für ihr Gelten erbracht worden; denn einen solchen kann man sicher nicht in der Konstruktion einer angeblichen Willensübereinstimmung der Staaten sehen, die sich darin geoffenbart hätte, daß die Staaten die Kompetenz zum Abschluß von Verträgen in ihren Verfassungen regeln. Gewiß haben diese Verfassungsbestimmungen keineswegs den Zweck, den Willen des Staats betreffend den Vertragsabschluß im Verhältnis zu anderen Staaten zum Ausdruck zu bringen: der gute Grund dieser Bestimmungen liegt in den Erfordernissen der Verfassungsordnung, der sie angehören und innerhalb derer sie einen genau umschriebenen Rahmen von Rechten und Pflichten schaffen. Andererseits wissen wir (S. 54ff.), daß die Bestimmungen landesrechtlicher Normen auch dann, wenn sie bei den verschiedenen Staaten inhaltlich übereinstimmen und sich auf Materien beziehen, welche die zwischenstaatlichen Beziehungen angehen, niemals eine Völkerrechtsnorm schaffen können. Ein solcher Beweis ist auch nicht in dem Hinweis auf den bekannten Satz von Ulpian „qui cum alio contrahit vel est vel debet esse non ignarus conditionis eius“ zu finden. Selbst dann, wenn man zugibt, daß diese Regel auf dem Gebiet des Völkerrechts gilt, ist doch klar, daß ihre Anwendung zur Voraussetzung hat. daß die Tatsachenlage oder die Rechtslage, für die man sie in Anspruch nimmt, innerhalb dieser Rechtsordnung liegt; mit anderen Worten: diese Regel könnte auch bezüglich der verfassungsrechtlichen Einschränkungen der Kompetenz zum Abschluß von Verträgen angerufen werden, wenn diese verfassungsrechtlichen Bestimmungen auf dem Gebiet des Völkerrechts Geltung hätten; sie ist jedoch zum Beweis für die Geltung dieser Einschränkungen im Völkerrecht völlig untauglich.

Dagegen fehlt es nicht an Gründen für die Behauptung, daß die Auffassung der Staaten vielmehr dahin gehe, die Erheblichkeit der Verfassungsnormen, von denen wir sprechen, für das Völkerrecht völlig auszuschließen.

Soweit uns bekannt ist, kennt die Geschichte der völkerrechtlichen Beziehungen keinen Fall, wo die Vertragsparteien die verfassungsrechtliche Rechtmäßigkeit des Akts, durch den das Staatsoberhaupt den Vertragsschluß zu vollziehen erklärt, Untersuchungen und Erörterungen unterworfen hätten; sie haben diese Erklärung stets sowohl als notwendig, als auch als ausreichend für die vollgültige Konstituierung der vertraglichen Bindung hingenommen, obwohl es nichtsdestoweniger sicherlich nicht an Gelegenheiten gefehlt hat, wo, wenn die andere These zu recht bestände, Untersuchungen und Erörterungen über die Legitimität des Staatsoberhaupts sicher angebracht und wohl auch nötig gewesen wären.

Diese Feststellung wird hinreichend bestätigt durch das Ergebnis der Prüfung der vorhandenen völkerrechtlichen Dokumente. Diese Prüfung ist neuerdings von Bittner auf breiter Grundlage unternommen und mit großer Genauigkeit durchgeführt worden. Es geht daraus hervor, daß die verfassungsrechtlichen Bestimmungen, die doch so verschieden voneinander sind, nie oder fast nie im Text der Verträge oder in den zwischen den Parteien ausgetauschten Dokumenten zum Ausdruck kommen. Als einziger völkerrechtlich erheblicher Akt erscheint darin die Erklärung des Staatsoberhaupts, dem es deswegen ausschließlich zusteht, festzustellen, daß die von der Verfassung gewollten Bedingungen erfüllt sind. Die ein oder zwei Fälle, wo ein Staat unter Berufung auf Verstöße gegen das Verfassungsrecht hinterher versucht hat, sich den sich aus einem Vertrag ergebenden Verpflichtungen zu entziehen, können offensichtlich gegenüber der sich aus den oben angeführten Tatumständen ergebenden allgemeinen Anerkennung des Prinzips nicht ins Gewicht fallen.

Es ist auch nicht schwer einzusehen, daß diese von den Staaten dauernd beobachtete Haltung Erfordernissen und festgegründeten Grundsätzen der Völkerrechtsordnung entspricht. Einerseits handelt es sich um die Auslegung und Anwendung von Normen, die dem Verfassungsrecht der Staaten angehören, und daher um ein Gebiet, dem in der Regel eifersüchtig jede Kontrolle und jede fremde Einmischung ferngehalten wird; auf der anderen Seite ist nichts dem Rechtsempfinden der Staaten fremder als die Zulässigkeit des Bezweifelns und des Bestreitens der Beglaubigung, die das Staatsoberhaupt ausdrücklich oder stillschweigend, aber notwendigerweise immer in eben dem Akt, durch den es zum Vertragsschluß schreitet und gerade dadurch, daß es zu diesem Akte schreitet, über die eigene Kompetenz abgibt.

Betrachtet man die Frage unter praktischen Gesichtspunkten, so wird wohl jedermann einsehen, welche Unsicherheiten und Schwierigkeiten in den Abschluß der völkerrechtlichen Verträge hineingetragen würden, wenn die Rechtsgültigkeit dieser Verträge ständig von der Art der Auslegung von so heiklen und viel umstrittenen Normen, wie es diejenigen sind, die die verfassungsrechtliche Kompetenz des Staatsoberhaupts beschränken, abhängen sollte.

Man leugnet darum aber nicht, daß sich nicht auch bei der hier verfochtenen These in der Praxis Unzuträglichkeiten ergeben können, da sie die Möglichkeit zuläßt, daß sich ein Staat in der Lage sieht, völkerrechtlich durch eine Handlung verpflichtet zu sein, zu der er verfassungsrechtlich niemand ermächtigt hatte. Doch ist diese Unzuträglichkeit ihrer ganzen Natur nach eine Ausnahme, und wie man sagen könnte, ein pathologischer Fall, weil sie voraussetzt, daß das Staatsoberhaupt seine verfassungsrechtlichen Pflichten verletzen will, während die Unzuträglichkeiten, die sich aus der entgegengesetzten These ergeben, durchaus einen sich aus der physiologischen Struktur selbst ergebenden Normalfall darstellen würden.

Man braucht kaum hinzuzufügen, daß die Annahme, unsere These nähme den verfassungsrechtlichen Bestimmungen, die die Kompetenz des Staatsoberhaupts beschränken, ihre Wirksamkeit, ein schwerer Irrtum ist. Diese Normen behalten vielmehr ihre volle Bedeutung, aber unter Beschränkung auf das ihnen eigentümliche Gebiet und auf die dem Verfassungsrecht eigentümlichen Garantien und Wirkungen. Es wäre aber seltsam, wenn es Sache des Völkerrechts wäre, für die Wirksamkeit der praktischen Anwendung der Normen des Verfassungsrechts zu sorgen. Wir werden sogleich sehen, daß die sich mit dem Abschluß von Verträgen befassenden Völkerrechtssätze sich so entwickelt haben, daß sie in jeder Lage dem Staatsoberhaupt die peinlich genaue und vollständige Erfüllung seiner verfassungsrechtlichen Pflichten möglich machen.

Die Schlußfolgerung, zu der wir gelangen, ist also die, daß das Völkerrecht dem Staat jede Erklärung eines Vertragswillens, die in den gehörigen Formen durch das Staatsoberhaupt abgegeben wird, zurechnet, ohne Rücksicht auf die verfassungsrechtlichen Bestimmungen, welche, wie auch immer, die Kompetenz des Staatsoberhaupts einschränken und unbeschadet der Pflichten, welche sie ihm auferlegen. Wir sagten „durch das Staatsoberhaupt" und treffen damit den wichtigsten und schwerwiegendsten Fall; wir möchten aber gleich hinzufügen, daß, wenn nach heutzutage fest eingebürgerter Praxis völkerrechtliche Verträge ohne Mitwirkung der Staatsoberhäupter der vertragschließenden Staaten abgeschlossen werden, unsere Schlußfolgerung für die Willenserklärung der Organe gilt, die in der gehörigen Form ermächtigt sind, die Verhandlungen zu führen und den Vertrag abzuschließen. Die verfassungsrechtliche Frage, ob in solchen Fällen die Kompetenz der Organe auf eine Delegation der Kompetenz des Staatsoberhaupts zurückzuführen ist und ob eine solche Delegation gültig ist, ist völkerrechtlich ohne Erheblichkeit.

Was das Verhältnis zwischen dem erklärten und dem wirklichen Willen und die Wirkungen eines etwaigen Auseinandergehens beider betrifft, so gelten hierfür die Grundsätze, welche wir bei der Behandlung der allgemeinen Lehre von den völkerrechtlichen Rechtsgeschäften (S. 258ff.) dargelegt haben.

4. Form.

Bibliographie. — Grundlegendes Werk: L. Bittner, Die Lehre von den völkerrechtlichen Vertragsurkunden, Berlin und Leipzig 1924. Unter praktischen Gesichtspunkten und besonders um die typischen Formen moderner völkerrechtlicher Dokumente kennen zu lernen, kann man mit Nutzen auch das schon zitierte Werk von E. Satow, A guide to diplomatic practice, heranziehen. Ferner: J. Basdevant, La conclusion et la rédaction des traités et des instruments diplomatiques autres que les traités, in „Recueil des cours de l'Académie de droit international", 1925, Bd. V, S. 539ff.; Mastný et Rundstein, Procédure des conférences internationales et procédure pour la conclusion et rédaction des traités (Berichte an den Kodifikationsausschuß des Völkerbundes; Völkerbundsdokument C. 47 M. 24, 1926, V, 4), und darüber M. O. Hudson in „American Journal of international law", Bd. XX, 1926, S. 747ff. Über die Ratifikation insbesondere, außer den Seite 271 zit. Schriftstellern, siehe: O. Creutz, Die Ratifikation von Staatsverträgen (Diss.), Greifswald 1912; E. Bremer, Begriff und Rechtswirkung der Ratifikation von Staatsverträgen (Diss.), Greisfwald 1913; J. E. Harley, The obligation to ratify treaties, in „American Journal of international law", Bd. XIII, 1919, S. 389ff.; P. Vexler, De l'obligation de ratifier les traités régulièrement conclus (Diss.), Paris 1921.

Es wird heutzutage allgemein gelehrt, daß die Form der Verträge wie die der völkerrechtlichen Rechtsgeschäfte im allgemeinen nicht besonderen zwingenden Regeln unterstehe. Von einem sehr allgemeinen Gesichtspunkt aus trifft dieser Satz zu: es kann, in einem weiteren Sinne genommen, ein Übereinkommen zwischen Staaten mit rechtsverbindlicher Wirkung zustandekommen, auf welche Weise sich auch der Wille dieser Staaten kundgetan haben mag.

Doch muß man hier sogleich zwei Erwägungen anfügen, welche die praktische Tragweite und die Bedeutung des Satzes ziemlich einschränken. Vor allem haben sich die von der Völkerrechtspraxis zum Abschluß von Staatsverträgen angewandten Verfahren, auch wenn ihre Anwendung nicht rechtsverbindlich ist, heutzutage so fest eingebürgert und sich an so heikle und wichtige Interessen geknüpft, daß ein Nichtbeachten dieser Verfahren kaum möglich scheint, und es durchaus nicht ausgeschlossen ist, daß, wenn ein regelwidriger Vertragsabschluß festgestellt sein sollte, der Weg zu einer begründeten Nichtigkeitseinrede offensteht. Zweitens hat Art. 18 der Völkerbundsatzung in einem weiten und stets wachsenden Kreis von Staaten die Regel von der Öffentlichkeit der Staatsverträge und völkerrechtlichen Abmachungen jeder Art eingeführt — eine Regel, die indirekt auf andere Seiten des beim Abschluß von Verträgen angewandten formalen Verfahrens einwirkt, und so z. B. praktisch die schriftliche Form notwendig macht usw.

Wir haben schon gelegentlich darauf hingewiesen, daß die Völkerrechtspraxis außer den unter Mitwirkung des Staatsoberhaupts abgeschlossenen Verträgen andere Übereinkommen kennt, die ohne diese Mitwirkung abgeschlossen werden; erstere, für die zuweilen die Bezeichnung „Internationale Verträge" im engeren Sinne vorbehalten wird, kommen im allgemeinen auf Grund eines komplizierteren und feierlicheren Verfahrens zustande, dessen Verlauf wir hier beschreiben werden, wobei wir des weiteren zeigen werden, worin sich die für andere weniger feierliche Übereinkommen üblichen Verfahrensweisen von ihm unterscheiden. Wir machen darauf aufmerksam, daß, wo wir an dieser Stelle von internationalen Verträgen sprechen, wir nur jene Übereinkommen meinen, die unter Mitwirkung der Staatsoberhäupter abgeschlossen werden.

Wenn die Vertragsschließung, was heutzutage durchaus die Regel ist, nicht durch unmittelbaren und direkten Austausch der Willenserklärungen der hierzu kompetenten Organe erfolgt, gehen dem Vertragsabschluß Vertragsverhandlungen voraus zu dem Zweck, den Text des Abkommens festzulegen, auf den dann schließlich sich die endgültigen Willenserklärungen der Vertragsparteien beziehen werden. Die Vertragsverhandlungen setzen die Existenz eines Abkommens voraus, das den Eintritt in Verhandlungen, die zum Abschluß eines Vertrags führen sollen, zum Gegenstand hat: besondere Erfordernisse sind für dieses Abkommen, welches etwas anderes als ein pactum de contrahendo ist, nicht erforderlich. Die Verhandlungen werden von besonderen Organen geführt, die mit den hierzu erforderlichen Vollmachten ausgestattet sind und daher Bevollmächtigte genannt werden. Die Vollmachten werden meist vom Staatsoberhaupt ausgestellt, seltener vom Minister des Auswärtigen im Auftrag des Staatsoberhauptes, und bescheinigen die Befugnis zur Führung der Vertragsverhandlungen. Daher ist die erste offizielle Handlung, die beim Zusammentritt der Delegierten vollzogen wird, die gegenseitige Mitteilung der Vollmachten, d. h. die Vorlegung der Urkunden, durch welche die Eigenschaft und Stellung ihrer Inhaber ausgewiesen werden, und die Prüfung ihrer Regelmäßigkeit.

Haben die Verhandlungen Erfolg, so führen sie zu der endgültigen Festlegung eines Textes; dieser wird häufig zuerst nur paraphiert (durch Beisetzung der Anfangsbuchstaben der Namen der Unterhändler unter den Entwurf beglaubigt), um dann später von den Bevollmächtigten förmlich unterzeichnet zu werden. Doch ist damit der Inhalt der von den Bevollmächtigten unterzeichneten Urkunde noch nicht verbindlich für die Staaten; denn es steht ihnen immer noch frei, ihn anzunehmen oder zu verwerfen. Die Unterzeichnung der Bevollmächtigten ist lediglich die Beglaubigung eines Vertragsentwurfs, der zum Gegenstand der annehmenden oder verwerfenden Willenserklärungen der Parteien wird.

Diese — annehmenden — Willenserklärungen sind die Ratifikationen. Der Ratifikationsakt geht gewöhnlich vom Staatsoberhaupt aus und enthält die Erklärung des Willens, den Vertrag, dessen Text von den Bevollmächtigten unterschrieben worden ist, und der in der Ratifikationsurkunde wörtlich wiedergegeben wird, aufrichtig und unverbrüchlich einzuhalten; zuweilen, aber selten, erwähnt der Ratifikationsakt die erfolgte parlamentarische Genehmigung oder die Erfüllung anderer, durch die Verfassung geforderter Formalitäten und Bedingungen.

Der Ratifikationsakt als solcher ist also eine einseitige Willenserklärung, die dem anderen Kontrahenten zur Kenntnis gebracht werden muß, damit jenes Aufeinandertreffen der Willen erzielt wird, welches die Willenseinigung schafft. Es erfolgt durch den Austausch der Ratifikationsurkunden zwischen den Parteien; bei Kollektivverträgen, bei denen der Austausch sich zu schwierig gestalten würde, greift man gewöhnlich zur Hinterlegung der Ratifikationsurkunden bei einer der Parteien oder bei einem gemeinsamen Organ, die davon allen anderen Kontrahenten Mitteilung machen. Der Austausch und die Hinterlegung der Ratifikationsurkunden werden gewöhnlich durch ein besonderes Protokoll beglaubigt. Die Modalitäten und Fristen für diese Akte werden meist in dem Vertrag selbst, und zwar in besonderen Schlußbestimmungen, deren rechtliche Bedeutung später behandelt werden wird, bestimmt.

In der Regel und von ausdrücklichen, entgegengesetzten Bestimmungen abgesehen, wird der völkerrechtliche Vertrag also in dem Augenblick und an dem Ort vollzogen, wo der Austausch oder die Hinterlegung der Ratifikationsurkunden erfolgt. Der Ausdruck „Ratifikation" wird deshalb hier in einem ganz besonderen und anderen Sinne, als man mit ihm im allgemeinen in der Rechtswissenschaft verbindet, gebraucht: er bezeichnet keine Erklärung der Genehmigung, sondern die Erklärung des Willens zum Vertragsschluß selbst. Die Ratifikation genehmigt nicht etwa ein schon bestehendes Rechtsgeschäft, sondern bringt ein eigenes neues zur Entstehung.

Historische Gründe erklären die falsche Verwendung dieses Ausdrucks. Wenn es auch seit weit zurückliegenden Zeiten eine fest eingebürgerte Gewohnheit war (und schon Bynkershoek erwähnt sie als solche), die Verträge als sub spe rati abgeschlossen und der definitiven Genehmigung durch den Monarchen unterworfen anzusehen, so lag doch allgemein der Führung der Geschäfte und Verhandlungen zur Zeit der absoluten Monarchie die Auffassung zugrunde, daß der Monarch, der den Staat verkörperte, die Verträge durch Vermittlung seiner Beauftragten abschließe und sich nur das Recht vorbehalte, zuerst festzustellen, ob sich seine Beauftragten in den Grenzen ihres Auftrags gehalten hatten, und dann ihr Werk zu ratifizieren. Der Vertrag wurde also schon von den Bevollmächtigten abgeschlossen, und die Ratifikation durch den Monarchen hatte wirklich nur den Charakter einer Genehmigung; infolgedessen konnte sie nur beim Vorliegen schwerwiegender Gründe, insbesondere also nur bei Überschreitung der Vollmacht durch die Bevollmächtigten, verweigert werden.

Diese Auffassung, welche zur Zeit der absoluten Monarchen vollkommen verständlich war und in der Praxis keinerlei Schwierigkeiten bot, erscheint dagegen heutzutage unvereinbar mit dem internen öffentlichen Recht fast aller modernen Staaten, das in dem Monarchen oder dem Staatsoberhaupt nichts anderes sieht als das oberste Organ des Staates und das oft seine Zuständigkeit zum Abschluß von Verträgen einschränkt, oder ihm die Verpflichtung auferlegt, nicht zum Vertragsabschluß zu schreiten, ohne die Zustimmung der Kammern erhalten zu haben, oder das ihn in die Notwendigkeit versetzt, sich der Mitwirkung der Kammern zum Erlaß der erforderlichen Maßnahmen, welche die Ausführung der Verpflichtungen, die sich aus dem Vertrag ergeben werden, erfordert, zu versichern. Die Zustimmung der Kammern, welches ihre Natur und ihre Wirkung auch sein mag, kann nur auf der Grundlage eines vollständigen und in allen seinen Teilen wohl gefaßten und ausgeführten Vertragsentwurfs gefordert und gewährt werden; denn nur ein solcher ermöglicht eine gebührende Würdigung der Bedeutung und der Folgen des Vertrags; dabei ist es erforderlich, daß das Staatsoberhaupt seine volle Freiheit behält, den Abschluß des Vertrags zu unterlassen, wenn es nicht die verfassungsrechtlich erforderliche Zustimmung und Mitwirkung der anderen verfassungsmäßigen Organe erhält. Die große Kompliziertheit der mit dem Abschluß und der Ausführung eines Staatsvertrages verbundenen verfassungsrechtlichen Vorgänge würde sich einer schon bestehenden, aus dem, den Text des Vertrages überhaupt zum ersten Male festlegenden, Abkommen der Bevollmächtigten hervorgegangenen völkerrechtlichen Verpflichtung nicht anpassen lassen. Diesem Abkommen kann heutzutage nur noch die Rolle zugewiesen werden, der erste Akt zu sein, durch den es den verschiedenen Organen des Staats ermöglicht wird, die Bedeutung und die Wirkungen des Vertrages, der abgeschlossen werden soll, einer Würdigung zu unterziehen.

In Übereinstimmung mit diesen neuen Auffassungen und Erfordernissen hat eine jetzt schon völlig gefestigte Völkerrechtspraxis unter Abänderung der früher geltenden Regeln den Satz aufgestellt, daß die Ratifikation stets verweigert werden kann, und daß der Grund der Verweigerung rechtlich unerheblich ist. Das heißt soviel, als daß vor der Ratifikation für die Staaten keine rechtlichen Bindungen bestehen, weil eine unter der Klausel „si voluero" eingegangene Verpflichtung rechtlich keine Erheblichkeit zu haben vermag. Dieses System, das dem Staat bis zum Augenblick der Ratifikation volle Freiheit läßt, setzt das Organ, das die Ratifikation zu vollziehen hat, in die Lage, seinen verfassungsrechtlichen Pflichten nachzukommen, indem es die Beurteilung des Vertragsentwurfs durch andere Organe heischt und deren Zustimmung und Mitwirkung verlangt, ohne daß aber die anderen Staaten sich im geringsten einmischen oder über die Gründe der verweigerten Ratifikation Rechenschaft fordern könnten. Man braucht kaum hinzuzufügen, daß dies sich moralisch oder politisch betrachtet anders verhalten kann; hier ist lediglich der streng juristische Standpunkt erläutert worden.

Es muß ferner bemerkt werden, daß damit, daß man jede Rechtsverbindlichkeit des Vertrages vor der Ratifikation verneint, nicht gesagt sein soll, daß der betroffene Staat ihn völlig ignorieren und so vorgehen könne, als wenn nichts geschehen sei. Diese Behauptung wäre nicht richtig. Der betroffene Staat hat vielmehr, solange das Verfahren zur Ratifikation eines ordnungsgemäß unterschriebenen Vertrages noch schwebt, die Pflicht, sich solcher Handlungen, welche die regelrechte Ausführung des einmal ratifizierten Vertrages unmöglich oder schwieriger machen würden, zu enthalten. Aber es ist klar, daß es sich dann nicht um eine eigentliche Wirkung des Vertrages als solchen handelt, sondern um einen Anwendungsfall der Sätze über den Mißbrauch eines Rechts (vgl. Cour permanente de justice internationale, Urteil Nr. 7, cit. Publications Serie A, Nr. 7, S. 37ff.).

Dem Staat steht es also immer frei zu ratifizieren oder nicht, doch kann sich die Ratifikation nur auf den von den Bevollmächtigten unterschriebenen Text in seiner Vollständigkeit erstrecken. Die teilweise Ratifikation oder eine solche, die den Text des Entwurfs irgendwie abändert oder einschränkt, gilt als gleichbedeutend mit der Ablehnung der Ratifikation, die von einem neuen Antrag begleitet ist, der dann von den anderen Beteiligten angenommen werden kann oder nicht.

Über eine wichtige, wenn auch nicht entscheidende Abänderung des oben beschriebenen Verfahrens, die durch Art. 405 des Versailler Vertrages — und die entsprechenden Bestimmungen der anderen Friedensverträge — eingeführt wurde, s. S. 228.

Nicht alle völkerrechtlichen Verträge müssen ratifiziert werden, um verbindlich zu sein. Dem Gewohnheitsrecht gemäß, bedürfen die kriegsrechtlichen Konventionen nicht der Ratifikation. Es ist auch möglich, daß die Parteien auf die Ratifikation verzichten, oder auch, daß eine Ratifikation durch die Natur des Abkommens ausgeschlossen ist. Dies ist vielleicht der Fall hinsichtlich der Bestimmungen, welche sich auf den Zeitpunkt, die Form usw. der Ratifikation beziehen. Bestimmungen dieser Art begegnet man in allen völkerrechtlichen Verträgen unter dem Titel „Schlußbestimmungen" (Dispositions finales) und ähnlichen. Es ist sicher, daß die Natur und Wirksamkeit solcher Bestimmungen sich von der Natur und Wirksamkeit der anderen Bestimmungen des Vertrages, in welchen sie aufgenommen sind, unterscheiden. Haben diese Bestimmungen rechtliche Wirksamkeit, so kann sie nicht von der Ratifikation abhängen, die sie regeln wollen.

Die Form der völkerrechtlichen Abmachungen, die — es handelt sich gewöhnlich um solche technischer oder administrativer Art oder um solche, welche im Zusammenhang mit schon bestehenden Verträgen erforderlich werden — von den Regierungen ohne Mitwirkung der Staatsoberhäupter abgeschlossen werden, wechselt beträchtlich. Zuweilen unterscheidet sich das Verfahren von dem beschriebenen nur dadurch, daß man an Stelle der vom Staatsoberhaupt ausgestellten und unterzeichneten Vollmacht eine einfache, durch den Chef der Regierung oder den Außenminister erteilte Ermächtigung treten läßt und an Stelle der feierlichen Ratifikation durch das Staatsoberhaupt die Billigung oder Genehmigung des Verhandlungsergebnisses durch die Regierung setzt. In anderen Fällen fehlt jede Billigung oder Genehmigung; die Urkunde, in welcher das Ergebnis des Abkommens niedergelegt ist — dieses kann übrigens die verschiedensten Bezeichnungen haben (Abkommen, Erklärung, Protokoll usw.) — wird lediglich von den Delegierten (diplomatischen Agenten, Außenministern und anderen), die sich als hierzu in gehöriger Form ermächtigt ausweisen, unterzeichnet; das Unterzeichnete ist damit ohne weiteres rechtsverbindlich. Eine häufig angewandte Form ist der Austausch von Noten: er findet im allgemeinen zwischen dem Haupt der Regierung oder dem Außenminister eines der beiden Länder und dem in gehöriger Form beglaubigten diplomatischen Agenten des anderen Landes statt. Eine feststehende völkerrechtliche Praxis anerkennt die verpflichtende Wirkung dieser Übereinkommen, auf welche Weise sie auch abgeschlossen sein mögen. Bei der großen Verschiedenheit und Unsicherheit der angewandten Terminologie kommt es in jedem Fall nur auf den Inhalt des Rechtsgeschäfts an. Die Bezeichnung, die man ihm gibt, ist in der Regel unerheblich; sie kann höchstens für die Auslegung des Parteiwillens dienlich und wichtig sein.

Die Eintragung der Verträge.

Bibliographie. — L'enregistrement et la publication des traités aux termes de l'article 18 du Pacte de la Société des Nations. Mémorandum approuvé par le Conseil de la Société des Nations le 19. Mai 1920, in „Recueil des traités enregistrés etc.", Bd. I, S. 8ff.; M. Adatci u. Ch. de Visscher, Projet de rapport relatif à l'article 18 du Pacte, in „Annuaire de l'Institut de droit international", Bd. XXX, 1923, S. 47ff.; M. O. Hudson, The registration and publication of treaties, in „American Journal of international law", Bd. XIX, 1925, S. 273ff.; E. Sevens, Le régime nouveau des traités internationaux: l'article 18 du Pacte et la suppression des tractations diplomatiques secrètes, Gand 1925; J. Lambiris, l'enregistrement des traités d'après l'article 18 du Pacte de la Société des Nations, in „Revue de droit int. et de lég. comparée", Serie III, Bd. VII, 1926, S. 697ff.; G. Ripken, Artikel 18 der Völkerbundsatzung, in „Völkerbundsfragen", 1927, S. 45ff.; K. König, Volksbefragung und Registrierung beim Völkerbund, zit., S. 43ff.; H. Stieger, Das Vertragsrecht eines Völkerbundsstaates gemäß Art. 18 bis 21 der Völkerbundssatzung, in „Zeitschrift für öffentliches Recht", Bd. VIII, 1928, S. 221ff.; W. Schücking u. H. Wehberg, Die Satzung des Völkerbundes, 2. Aufl., Berlin 1924, S. 644ff.; J. Hatschek, Völkerrecht, zit., S. 232ff.; P. Fauchille, Traité de droit international, zit., Bd. I, Nr. 825ff.; v. Freytag-Loringhoven, Die Satzung des Völkerbundes, Berlin 1926, S. 207ff.

A. Artikel 18 der Völkerbundssatzung bestimmt, daß „tout traité ou engagement international conclu à l'avenir par un Membre de la Société devra être immédiatement enregistré par le Secrétariat et publié par lui aussitôt que possible. Aucun de ces traités ou engagements internationaux ne sera obligatoire avant d'avoir été enregistré".

Es bedarf wohl kaum eines Hinweises darauf, daß diese Bestimmung historisch ihren Ursprung in dem ersten der berühmten vierzehn Punkte des Präsidenten Wilson hat, die er in der Botschaft an den amerikanischen Kongreß vom 8. Januar 1918 als Richtlinie für den künftigen Frieden verkündete: „Die Friedensverträge müssen öffentlich sein und öffentlich abgeschlossen werden; nach ihnen darf es keine geheimen völkerrechtlichen Verträge irgendwelcher Art mehr geben; die Diplomatie muß vielmehr künftig stets aufrichtig und in voller Öffentlichkeit vorgehen." Welche Bedeutung man dem Grundsatz der Öffentlichkeit der Verträge zugewiesen hat, erhellt aus der Tatsache, daß er ausdrücklich in der Präambel der Satzung ausgesprochen wird. Sonst kommt dieser Grundsatz noch vor in Art. 8, letzter Absatz, und Art. 15 der Völkerbundssatzung. Dieses Prinzip der Öffentlichkeit der Verträge entspricht ohne Frage dem Wesen und den Erfordernissen einer Gesellschaft von Staaten, die sich gegenseitig ihren Bestand und Verteidigung gegen jeden Angriff zugesichert haben, und ist im übrigen die natürliche Garantie für die Durchführung der Verpflichtung, welche die 2. Klausel des 1. Absatzes von Art. 20 der Völkerbundssatzung den Bundesmitgliedern auferlegt, wenn sie ihnen verbietet, Verträge abzuschließen, die mit den Bestimmungen der Völkerbundssatzung unvereinbar sind.

B. Doch, wenn es auch leicht sein mag, die politische ratio und die politische Bedeutung dieses Prinzips einzusehen, so macht die genaue Interpretation der Bestimmung des Artikels 18 doch ziemliche Schwierigkeiten.

Im Kernpunkt der Problemstellung steht die Frage nach der Natur und der Wirkung der Eintragung, oder, vielleicht besser ausgedrückt, nach dem Verhältnis zwischen Ratifikation und Eintragung.

Hierüber sind schon verschiedene Auffassungen geäußert worden: nach den einen soll der Vertrag vor der Eintragung keinerlei verbindliche Wirkungen haben; die Parteien seien zwischen Ratifikation und Eintragung ebenso frei wie zwischen Unterzeichnung und Ratifikation; diese Meinung vertrat van Karnebeek auf der ersten Bundesversammlung; sie beruht vor allem auf einer buchstabenmäßigen Auslegung des Art. 18.

Andere sind der Ansicht, daß die Parteien zwar schon durch die Ratifikation gebunden sind, daß sie aber die Erfüllung des Vertrages erst nach der Eintragung fordern können; so der Bericht, der von Adatci und de Visscher im Jahre 1923 dem Institut de droit international vorgelegt wurde.

In der Diskussion, die auf der ersten Bundesversammlung stattfand, stellte Tittoni die Behauptung auf, der Vertrag werde mit der Ratifikation für die Parteien (inter partes) verbindlich, dem Völkerbund gegenüber könnten sich die Parteien jedoch erst nach der Eintragung auf ihn berufen.

Schücking und Wehberg vertreten in ihrem Kommentar zur Völkerbundssatzung die Ansicht, daß der Vertrag zwar erst durch die Eintragung (nicht die Veröffentlichung) rechtsverbindlich werde, aber dann ex tunc wirke, d. h. mit rückwirkender Kraft vom Augenblick der Ratifikation an gelte. Von diesem letzteren Zeitpunkt an sind die Parteien daher nicht mehr vollkommen frei wie in der Zeit zwischen der Unterzeichnung und der Ratifikation; sie können nichts tun, was im Widerspruch zum Vertrag steht; und wenn Vertragsparteien, die Mitglieder des Völkerbunds sind, die unverzügliche Eintragung beim Sekretariat unterlassen, so komme dieser Umstand einem stillschweigenden Widerruf der Ratifikation gleich und der Vertrag werde unwirksam.

Nach Hatschek hat die Ratifikation künftig nur noch die Bedeutung eines Zeitpunkts, von dem an jede der Vertragsparteien sofort das Recht erlangt, durch einseitigen Akt (durch Anmeldung des Vertrages beim Ständigen Sekretariat) die anderen Parteien zu binden.

Die vom Völkerbundsrat auf Ersuchen der Bundesversammlung ernannte Juristenkommission, die über die Frage der Anwendung des Art. 18 mit Beziehung auf die Gültigkeit der Verträge berichten sollte, war der Ansicht, daß die Eintragung nicht die Stelle der Ratifikation einnehme und daß sie der Einigung der Parteien nicht jede rechtliche Bedeutung nehmen sollte; sie sei jedoch eine notwendige Vorbedingung dafür, daß der Vertrag nun auch tatsächlich verbindlich werde, und zwar dies nicht nur dem Völkerbund gegenüber sondern auch zwischen den Parteien; sie sei also eine Bedingung, welche die Wirksamkeit und Verbindlichkeit des völkerrechtlichen Vertrages oder Abkommens in der Schwebe lasse. Seien ein Vertrag oder ein Abkommen einmal abgeschlossen, so könnten zwar die Parteien sich nicht einseitig davon losmachen; aber solange die Eintragung nicht erfolgt sei, hätten der Vertrag oder das Abkommen keinerlei verpflichtende Wirkung. Es sei hier festgestellt, daß weder dieser Vorschlag noch andere Vorschläge von der Völkerbundsversammlung angenommen wurden; diese zog es vor, auf die nächste Sitzungsperiode zu verweisen, wo dann eine Entschließung angenommen wurde, die Frage auf unbestimmte Zeit zu vertagen; sie blieb also offen und ist daher nach wie vor lediglich eine Frage der Interpretation des zweiten Satzes von Art. 18 der Völkerbundssatzung.

Für die Prüfung dieser Frage müssen wir vor allem zwei Punkte klarstellen: a) Der zweite Satz von Art. 18 bezieht sich ausdrücklich auf alle im ersten Satz erwähnten völkerrechtlichen Verträge oder Verpflichtungen: „aucun de ces traités ou engagements internationaux ne sera obligatoire . . .“; „no such treaty or international engagement shall be binding . . .“; der italienische Text bringt denselben Gedanken zum Ausdruck, wenn auch vielleicht mit weniger Nachdruck und Genauigkeit; auf jeden Fall aber kann man bei der vollständigen Übereinstimmung des französischen und englischen Textes, die in diesem Teil authentisch dieselbe Tragweite haben, von ihm absehen. b) Auf alle völkerrechtlichen Verträge oder Verpflichtungen, auf die sich der Art. 18 bezieht, kommt ohne Unterschied eine und dieselbe Regel zur Anwendung. Aus diesen ganz sicheren Prämissen folgt der ebenso sichere Schluß, daß die anzuwendende Interpretation derart sein muß, daß sie sich ohne Unterschied auf alle diese völkerrechtlichen Verträge und Abmachungen anwenden läßt; eine Auslegung, die zu einer unterschiedlichen Behandlung dieser oder jener Rechtsgeschäfte führte und die für die einen möglich, für andere dagegen völlig untauglich wäre, ist eine unrichtige Auslegung, denn entweder macht sie da Unterschiede, wo das Gesetz keine macht noch machen will, oder sie läßt Vorgänge, auf welche das Gesetz sich ausdrücklich erstreckt, unberücksichtigt.

Nachdem dies nun festgestellt ist, ist zu bemerken, daß die im ersten Teil des Art. 18 erwähnten völkerrechtlichen Verträge und Abmachungen nicht nur solche sind, welche zwischen Mitgliedern des Völkerbunds, sondern solche, die von einem Mitglied des Völkerbunds abgeschlossen worden sind, folglich auch alle Verträge oder Abmachungen zwischen einem Mitgliedstaate und einem oder mehreren Nicht-Mitgliederstaaten. Hierüber kann kein Zweifel bestehen; diese Feststellung wird auch tatsächlich allgemein anerkannt, und zwar sowohl in der einschlägigen Literatur, als auch in der herrschenden Praxis. Die vorher erwähnte Kommission der Völkerbundsjuristen stellt das ausdrücklich fest: „Pour qu'un traité ou engagement international soit soumis à l'enregistrement obligatoire, il faut — mais il suffit — qu'une des parties contractantes soit membre de la Société des nations. Un traité conclu par un Etat membre de la Société avec un Etat non membre doit donc être enregistré. Le texte de l'article et les travaux préparatoires ne laissent aucun doute à cet égard."

Wenn dem so ist, so muß die im zweiten Satz von Art. 18 aufgestellte Regel so verstanden werden, daß sie nicht nur auf die Verträge zwischen Mitgliedern des Völkerbunds, sondern auch auf diejenigen, welche zwischen Mitgliedern und Nichtmitgliedern abgeschlossen werden, angewandt werden kann. Wenn nun auch sicher nichts der Annahme entgegen stünde, daß die Mitglieder des Völkerbunds inter se eine Bestimmung hätten annehmen wollen, nach der, unter Abänderung des früheren Rechts, die Rechtsverbindlichkeit der Verträge in gewisser Weise auch inter partes durch die Eintragung bedingt sein solle, so kann man dagegen ganz offenkundig unmöglich zugeben, daß die Satzung des Völkerbundes auch für die Staaten, die außerhalb des Völkerbundes bleiben, rechtsverbindliche Normen geschaffen und ihnen gegenüber das geltende Recht irgendwie abgeändert habe. Ein Vertrag zwischen einem Mitgliedstaat und einem Nichtmitglied steht auch weiterhin unter der Herrschaft des gemeinen Rechts, trotz der für ersteren bestehenden Verpflichtung, den Vertrag zur Eintragung zu bringen. Die namhaftesten Schriftsteller erkennen in der Tat diese grundlegende juristische Wahrheit ausdrücklich an und geben zu, daß trotz Art. 18 der Völkerbundssatzung ein Vertrag zwischen einem Mitglied und einem Nichtmitglied schon allein durch die Ratifikation rechtsverbindlich wird. Nimmt man aber mit der Kommission der Völkerbundsjuristen an, daß die „sanction prévue par cet article (18) s'applique aux traités conclus entre membres et non membres", so ergibt sich daraus richtigerweise die Folge, daß die rechtliche Sanktion dergestalt sein muß, daß durch sie die Rechte und Pflichten, welche die Nichtmitglieder auf Grund des gemeinen Völkerrechts erworben haben, keiner Einschränkung unterworfen werden.

Fragen wir uns nun, welches denn dann die Tragweite des im zweiten Satz von Art. 18 aufgestellten Satzes sein kann, so scheint nur eine einzige Antwort möglich: die Rechtsverbindlichkeit von der in dieser Bestimmung die Rede ist, betrifft nicht die Vertragsparteien, sondern nur den Völkerbund; für die Parteien ist der Vertrag, wie im früheren Recht, rechtsverbindlich und gültig kraft der durch den Austausch oder die Hinterlegung der Ratifikationsurkunden zum Ausdruck gebrachten Willenseinigung der Parteien; dem Völkerbund und seinen Organen gegenüber kann man sich jedoch so lange nicht auf ihn berufen, als er nicht gemäß Art. 18 eingetragen worden ist. Alle anderen Auslegungen, welche man dieser Bestimmung gegeben hat, sind unannehmbar, weil sie sich nicht auf eine Kategorie von Akten anwenden lassen, auf welche diese Bestimmung sich zweifellos mit bezieht und welche sie derselben Regelung unterwirft, nämlich die Verträge oder Abmachungen zwischen Mitgliedern und Nichtmitgliedern des Völkerbunds.

Gegen diese Auslegung sind zwei Einwände erhoben worden: man hat gesagt, daß sie zu dem klaren Wortlaut des Artikels im Widerspruch stehe und daß sie außerdem zu widersinnigen Resultaten führe, insofern als ein und derselbe Vertrag von gewissen Organen als gültig angesehen und angewandt werden müßte (z. B. von den Staatsorganen der Parteien oder von einem besonderen Schiedsgericht), während andere, vom Völkerbund eingesetzte Organe von ihm keine Notiz nehmen dürften.

Was den ersten Einwand betrifft, so geben wir ohne weiteres zu, daß nach dem bloßen Wortlaut des Artikels den nicht eingetragenen völkerrechtlichen Verträgen oder Abmachungen die Verbindlichkeit allgemein und völlig abgesprochen zu sein scheint. Aber wenn es auch wahr ist, daß man einen klaren Text so nehmen soll wie er ist, ohne seinen Wortsinn einzuschränken oder zu erweitern, so trifft doch nicht weniger auch der andere Satz zu, daß den Worten nur insofern Bedeutung zukommt, als sie Ideen ausdrücken, und daß man nicht annehmen darf, daß die Beteiligten sich einen Gedanken hätten zu eigen machen wollen, der zu unsinnigen Ergebnissen führt, oder der, besser gesagt, geradezu eine juristische Unmöglichkeit bedeutet. Hier hört die Auslegung nach dem bloßen Wortsinn auf, und die sogenannte restriktive Interpretation, die an ihre Stelle tritt, tut im wesentlichen nichts anderes, als festzustellen, daß zwischen den angewandten Worten und dem wahren Inhalt der Norm ein Mißverhältnis besteht und welcher Art es ist; alsdann stellt sie die natürliche Beziehung zwischen Wortlaut und Sinn wieder her.

Dieser allgemeine Auslegungsgrundsatz ist von ganz besonderer Bedeutung bei der Auslegung des Völkerbundspakts, dessen sicher sehr große Verdienste nicht gerade in der Genauigkeit der juristischen

Formulierung zu suchen sind. Und in unserem Fall kann man vielleicht auch den Grund des Mißverhältnisses angeben, das, was die Formulierung anlangt, zwischen dem ersten und zweiten Satz des Art. 18, also zwischen Regel und Sanktion besteht. Art. 21 des Vertragsentwurfs, der von den amerikanischen und englischen Delegationen als Diskussionsgrundlage vorbereitet und der Kommission der Pariser Konferenz am 3. Februar 1919 unterbreitet worden war, hatte folgende Fassung: „Les Hautes Parties Contractantes conviennent de faire enregistrer et publier sans délai par le chancelier tous traités ou conventions internationales passés entre Etats Membres de la Société." Auf der siebenten Tagung der Kommission schlug Präsident Wilson vor, dem Artikel die folgenden Worte beizufügen: „et qu'aucun traité ou engagement international ne sera obligatoire avant cet enregistrement". Das war die Sanktion, die man der Regel beifügte, eine vollkommen logische Sanktion, da die Regel sich nur auf die Verträge zwischen Mitgliedern des Völkerbunds bezog. Später erschien es als nötig, auch die Verträge eintragungspflichtig zu machen, bei denen nur eine der Parteien Mitglied des Völkerbunds wäre, und so wurde dann der erste Satz des Artikels dementsprechend abgeändert; aber aller Wahrscheinlichkeit nach bemerkte man nicht die Inkongruenz, die sich zwischen dem neuen Anfangssatz und der Sanktion in ihrer ursprünglichen, nur auf die Verträge zwischen Mitgliedern des Völkerbunds bezüglichen Fassung ergab; die Sanktion bekam damit notwendigerweise eine andere Bedeutung, jedoch ohne daß diese Änderung auch in der Form ihren entsprechenden Ausdruck gefunden hätte.

Was den anderen Einwand anbetrifft, eine These, die dazu führe, daß derselbe Akt auf verschiedene Weise gewertet werden müsse, müsse zu widersinnigen Ergebnissen führen, so braucht man hierzu nur zu bemerken, wie häufig es im Rechtsleben vorkommt, daß ein Akt nach einer Richtung Wirkungen entfaltet, die ihm sonst versagt sind. Man denke nur an die zahlreichen Anwendungsfälle des sogenannten negotium claudicans; und will man ein Beispiel, das unserem Fall näher liegt, so denke man an einen Grundstückskaufvertrag, der nach italienischem bürgerlichen Recht zwischen den Parteien in dem Augenblick wirksam wird, und durch den das Eigentum von dem Verkäufer an den Käufer in dem Augenblick übergeht, wo die Parteien über die Sache und den Preis einig geworden sind (Cod. civ. Art. 1448), während er Dritten gegenüber ohne Wirkung bleibt, solange er nicht eingetragen ist (Art. 1832, Nr. 1 und 1942, 1. Absatz). Man wird jedoch einwenden, daß, wenn es auch in allen diesen Fällen zutreffe, daß das Rechtsgeschäft nach einer Richtung Wirkungen entfalte, die ihm nach einer anderen Richtung hin versagt seien, es andererseits ebenso zutreffe, daß ihm diese Wirkungen einheitlich zuerkannt oder versagt werden, welches auch das Organ sei, vor dem sie geltend gemacht würden; in unserem Falle dagegen wäre es so, daß gewisse Organe anerkennten, daß der Vertrag inter partes wirke, während andere diese Wirkung verneinen müßten. Diesem Einwand kommt Beachtung nur zu, wenn er sich auf Organe derselben Rechtsordnung und folglich in unserem Falle auf Völkerrechtsorgane bezieht; es handelt sich dabei daher im wesentlichen um die Möglichkeit, daß ein nicht eingetragener Vertrag von einem von den Parteien eingesetzten Schiedsgericht angewandt werden könnte, während er von den Organen des Völkerbunds außer acht gelassen wird. Wir sehen davon ab zu untersuchen, ob die Sache wirklich so eigenartig ist, wie man glauben machen will; sicher ist jedenfalls, daß sich alles auf das eine zurückführen läßt, daß die Parteien eben den Vertrag anwenden, sei es nun unmittelbar, oder sei es durch Vermittlung eines gemeinsamen Organs, wie es das Schiedsgericht ad hoc ist, daß sie aber dafür nicht auch den Schutz und die Garantien in Anspruch nehmen können, die der Völkerbund den eingetragenen Verträgen vorbehält. Man vermag nicht recht einzusehen, was an dieser Konstruktion und an ihren logischen Folgen widersinnig sein sollte; dieser Einwand ist um so seltsamer, als er von Schriftstellern wie Schücking und Wehberg vorgebracht wird, die ja ohne weiteres einräumen, daß im Falle von Verträgen zwischen Mitgliedern und Nichtmitgliedern (die schon durch die bloße Ratifikation verbindlich sind, unabhängig von den nach Art. 18 einzuhaltenden Verfahren) die Mitglieder sich dem Völkerbund gegenüber nicht auf den Vertrag berufen können, wenn sie der Eintragungspflicht nicht nachgekommen sind; damit geben aber diese Autoren selbst stillschweigend zu, daß ein Vertrag, der zwar zwischen den Parteien wirksam ist, aber auf den sie sich dem Völkerbund gegenüber nicht berufen können, rechtlich möglich ist.

C. Was die Wirkung der Eintragung von Verträgen oder Abmachungen, bei denen nur ein Teil der Parteien Mitglied des Völkerbunds ist, anbetrifft, so sind wir mit den oben zitierten Verfassern der Ansicht, daß Art. 18 die Wirkung hat, daß die Mitglieder des Völkerbunds, die der Pflicht zur Eintragung nicht nachgekommen sind, sich dem Völkerbund gegenüber nicht auf den Vertrag oder die Abmachung berufen können, während die Parteien, für die als Nichtmitglieder die Verpflichtung zur Eintragung nicht bestand, dies sicherlich tun können. Der Einwand, den man aus dem Prinzip der grundsätzlichen Gleichstellung der Kontrahenten hat herleiten wollen (Hatschek) scheint uns nicht stichhaltig zu sein, weil dieser allgemeine Grundsatz der Sondernorm nicht vorgehen kann, und zwar besonders dann nicht, wenn demjenigen, der aus dem Vertrag Rechte herleiten will, die Erfüllung der notwendigen Formalitäten — womit das Prinzip der Gleichstellung der Parteien ganz zu seinen Gunsten erhalten bleibt — vollständig freigestellt ist.

D. Zur Eintragung verpflichtet sind nur die Mitglieder des Völkerbunds, und diese, wie schon gesagt, nicht nur hinsichtlich der Verträge oder Abmachungen, die sie mit anderen Mitgliedern des Völkerbunds abschließen und eingehen, sondern auch hinsichtlich derer, die sie mit Staaten oder politischen Gemeinschaften abschließen, die außerhalb des Völkerbunds stehen. Für letztere ist die Eintragung niemals obligatorisch, ob es sich nun um Abkommen mit Mitgliedern oder Nichtmitgliedern handelt; doch können sie in beiden Fällen die Eintragung beantragen, und wenn sie es tun, hat das Generalsekretariat nicht das Recht, die Eintragung zu verweigern (Entschließung des Völkerbundsrats vom 19. Mai 1920).

E. Gemäß Art. 18 bezieht sich die Pflicht zur Eintragung auf die künftig (à l'avenir; hereafter) abzuschließenden Verträge, d. h. a) die völkerrechtlichen Verträge oder Abmachungen, die für die ursprünglichen Mitglieder des Völkerbunds am 10. Januar 1920 in Kraft getreten sind oder von diesem Zeitpunkt ab in Kraft treten werden; b) da, wo es sich um auf Grund von Art. 1, Abs. 1 Völkerbundssatzung zugelassene Mitglieder handelt, die völkerrechtlichen Verträge oder Abmachungen, die vom Datum der Aufnahme der betreffenden Staaten in den Völkerbund an in Kraft getreten sind oder in Kraft treten werden. Die vor diesem Zeitpunkt in Kraft getretenen völkerrechtlichen Verträge oder Abmachungen fallen nicht unter Art. 18, doch ist das Generalsekretariat ermächtigt, die Eintragung vorzunehmen, wenn die Parteien dies gemeinsam beantragen (vgl. die vorher zitierte Resolution).

F. Was die Art und den Gegenstand der Verträge anbetrifft, so faßt sich hier Art. 18 in ganz allgemeine Ausdrücke: „Tout traité ou engagement international". Es fallen unter Art. 18 folglich ohne Ausnahme alle Abkommen, aus denen sich völkerrechtliche Verpflichtungen ergeben, auf welche Weise sie auch abgeschlossen und als was sie auch bezeichnet worden sein mögen. Weder Verschiedenheiten der Wesensart, noch solche der Form, der Bedeutung oder der Dauer schaffen bei solchen Abkommen einen Unterschied in der Behandlung; nicht zum Anwendungsgebiet des Art. 18 gehören lediglich die im engsten Sinn des Wortes sogenannten einseitigen Rechtsgeschäfte.

Aber wenn diese Bestimmung des Art. 18 auch vollkommen klar ist und derjenige, der sie auslegt, sie daher so hinnehmen muß, wie sie einmal lautet, so kann man doch andererseits nicht verschweigen, daß die Eintragung und Veröffentlichung eines jeden völkerrechtlichen Vertrages und einer jeden völkerrechtlichen Abmachung über das politische Ziel, das Art. 18 sich setzt, hinausgeht, und nicht geringe Schwierigkeiten und Gefahren mit sich bringt. Der eigentliche Zweck von Art. 18 ist, daß die Verträge öffentlich sein sollen, die wegen ihres politischen Charakters das Zusammenspiel der zwischenstaatlichen Beziehungen beeinflussen können und die infolgedessen für den Weltfrieden von Erheblichkeit sind. Ist es aber zur Erreichung dieses Zweckes etwa nötig, daß jedes finanzielle und jedes technische Abkommen eingetragen und veröffentlicht werde? Und ist es andererseits, wenn und solange die Völkerbundssatzung zuläßt, daß die Mitglieder des Völkerbunds Defensivbündnisse schließen, vernünftig zu fordern, daß die Einzelheiten eines militärischen Abkommens, welches das eventuelle Zusammenwirken der verbündeten Heere regelt, der Öffentlichkeit bekannt gegeben werden? Zwei praktische Fälle haben die Aufmerksamkeit auf diesen Punkt gelenkt; im Jahre 1921 teilte die englische Regierung dem Generalsekretariat und den Mitgliedern des Völkerbunds mit, daß sie mit verschiedenen Staaten eine Reihe finanzieller Abkommen abgeschlossen habe, welche die Liquidation der Kriegskosten beträfen. Ohne zu dieser Frage endgültig Stellung zu nehmen, gab die englische Regierung dabei doch ihrer Meinung Ausdruck, daß solche Abkommen nicht unter die Bestimmung von Art. 18 der Völkerbundssatzung fielen, und daß es daher ganz überflüssig sei, die Einzelheiten derartiger Transaktionen öffentlich bekannt zu geben. Ein sehr heikler Fall anderer Art war im November 1920 vorgekommen, als die belgische Regierung dem Generalsekretariat einen Notenwechsel mit Frankreich mitteilte, aus dem der Abschluß eines Militärabkommens hervorging, welches eine Reihe von Maßnahmen vorsah, die für den Fall eines erneuten deutschen Angriffs vorzunehmen wären; der Text dieses Abkommens, das offenbar geheim bleiben sollte, war jedoch nicht beigefügt.

Die Vernunft gebietet anzunehmen, daß die Verfasser des Art. 18 sich ähnlichen Erwägungen nicht entzogen haben. Wenn sie trotzdem die Eintragungspflicht so weit gefaßt haben, so haben sie dies wohl sicher getan, um der großen Gefahr vorzubeugen, die darin liegt, daß jede Ausnahme von der Regel oder jede Einschränkung des Grundsatzes dazu verleiten würde, daß die Verpflichtung als Ganzes dadurch umgangen wird, daß die Parteien auf die eine oder andere Weise diejenigen Verträge und Abkommen, welche sie eben wegen ihres politischen Charakters und ihrer politischen Bedeutung geheim halten wollen, als Verträge der nicht eintragungspflichtigen Art aufmachen. Sicher ist, daß es ungeheuer schwierig ist, irgendeine Ausnahme von der Regel so zu formulieren, daß sie genau umschrieben und nicht zu übertreten ist. Das beweisen die Arbeiten der vom Völkerbund eingesetzten Juristenkommission, der, gerade angesichts der eben erwähnten Unzulänglichkeiten auch die Aufgabe übertragen wurde, etwaige Amendements zum Text des Art. 18 vorzuschlagen, die dann auf Grund des einschlägigen Verfahrens nach Art. 26 der Völkerbundssatzung anzunehmen wären. Die Kommission war durchaus dagegen, die Schwierigkeiten, deren ganzen Ernst und deren Tragweite sie durchaus erkannte, dadurch aus dem Wege zu räumen, daß man bestimmte Kategorien von Verträgen oder Abmachungen von der Eintragungspflicht ausschlösse, und zog es vor, andere Vorschläge zu machen, z. B. die Sanktion, welche für die Unterlassung der Eintragung vorgesehen ist, einfach aufzuheben, oder wenigstens ihre Schärfe durch eine Formel zu mildern, welche die rückwirkende Kraft der Eintragung ausdrücklich feststellt, oder auch der Bundesversammlung das Recht vorzubehalten, durch ein besonderes Reglement, das sie selbst von Zeit zu Zeit revidieren und abändern könnte, den Grundsatz der Eintragungspflicht den sich aus der Erfahrung ergebenden Einsichten in die praktischen Notwendigkeiten anzupassen. Keiner dieser Vorschläge ist bis jetzt angenommen worden; und das ist vielleicht gut so; denn entweder sind sie nicht zweckmäßig, oder sie öffnen noch schlimmeren Mißständen Tür und Tor als es diejenigen sind, welche sie bekämpfen sollten.

Damit ergibt sich aber ein neuer Beweis praktischer Art zugunsten der These, welche die Wirkung der Eintragung auf die Beziehungen zwischen den Vertragsparteien und dem Völkerbund beschränkt. Die größten Unzuträglichkeiten fallen in der Tat fort oder verlieren an Gewicht, wenn man sich nicht darauf versteift, in Art. 18 eine Bestimmung zu sehen, welche die nicht eingetragenen Verträge auch inter partes mit Nichtigkeit bedroht. Die Kommission erkennt diese ausdrücklich an und wünscht, von der unserer Meinung nach falschen Auffassung ausgehend, daß Art. 18 jeder nicht eingetragenen völkerrechtlichen Abmachung ihre Rechtsverbindlichkeit nehme, daß das Amendement vor allem in einer Milderung dieser scharfen Sanktion bestehen müsse.

Man sage auch nicht, die Eintragungspflicht werde dadurch

erheblich abgeschwächt. Die Wahrheit ist, daß das Institut der Eintragung der Verträge unlöslich mit dem Leben und den Geschicken des Völkerbunds verknüpft ist. Wenn dieser sich entwickelt und stärker wird, werden auch die Garantien, die er Verträgen bieten kann, stärker und so sehr bedeutungsvoll werden, daß die Parteien schwerlich werden darauf verzichten wollen, es sei denn, daß es sich um solche Abkommen rein technischer oder bloß praktisch ausführender Art (sogenannte Ausführungsvereinbarungen) handelt, welche die politischen Beziehungen, die zwischen den Staaten bestehen, nicht berühren und daher, wenn sie auch dem Buchstaben nach unter Art. 18 fallen, es dem Sinne nach doch nicht tun. Andererseits werden gleichzeitig und aus denselben Ursachen die Gründe für die politischen Verträge, welche die Staaten geheim zu halten suchen, immer schwächer werden und mehr und mehr verschwinden. Verhält es sich aber anders, so wäre es müßig zu glauben, daß die Zuspitzung des Grundsatzes von der zwangsläufigen Nichtigkeit der nicht eingetragenen Verträge dazu beitragen könnte, eine Einrichtung am Leben zu erhalten, die geradezu notwendigerweise in Widerspruch zu gar zu vielen und zu ernsten Interessen der Staaten treten muß. Der Grundsatz von der Öffentlichkeit der Verträge kann nur gewinnen und nichts verlieren, wenn er von gewissen allzu theoretischen Auffassungen befreit und den praktischen Anforderungen des zwischenstaatlichen Lebens angepaßt, sowie in enger Fühlung mit ihnen weiter entwickelt wird.

G. Nach dem Grundgedanken des Art. 18 scheint es nicht zweifelhaft, daß die Eintragung erst vorgenommen werden soll, nachdem der Vertrag oder die Abmachung rechtens zustandegekommen sind, d. h. nach der Ratifikation oder, wenn diese nicht stattfindet, nach dem Akt (Unterzeichnung, Notenaustausch usw.), welcher nach der geltenden Praxis das Abkommen verbindlich macht. Immerhin aber läßt die mehrfach zitierte Entschließung des Völkerbundsrats zu, daß die Parteien, wenn sie darüber einig sind, die Eintragung eines Vertrages oder einer Abmachung schon dann beantragen können, wenn ihre Fassung endgültig festgelegt ist und zwar auch dann, wenn der Austausch der Ratifikationsurkunden erst später stattfinden sollte. In solchem Falle muß aber einerseits das Generalsekretariat klar zum Ausdruck bringen, daß der Vertrag oder die Abmachung noch nicht endgültig ist, und die Parteien andererseits sind verpflichtet, dem Generalsekretariat später den Akt mitzuteilen, durch den der Vertrag oder die Abmachung in Kraft gesetzt wird.

Ist jedoch der Vertrag oder die Abmachung endgültig, so muß

die Eintragung unverzüglich erfolgen. Der Text ist hier zwingend und läßt keinen Spielraum (immédiatement — forthwith) und diese Bestimmung ist von größter Bedeutung, weil sie verhindern soll, daß die Verträge bis zu dem Zeitpunkt geheim bleiben, an welchem die Parteien oder auch nur eine von ihnen, sei es wegen eines Streitfalls oder sei es aus irgendeinem anderen Grunde, ein plötzliches Interesse an der Eintragung haben. Eine derartige Praxis stände in schroffem Gegensatz zu dem Zweck und dem Entstehungsgrund des Art. 18. Das scheint von der Kommission des Völkerbunds nicht genügend gewürdigt worden zu sein, als sie unter anderen Abänderungsvorschlägen zum Art. 18 auch den machte, den zweiten Satz folgendermaßen abzufassen: „Aucun de ces traités ou engagements internationaux soumis à l'enregistrement ne sera obligatoire sans avoir été enregistré"; es scheint tatsächlich, als habe sie damit den Zeitpunkt, an dem die Eintragung stattfindet, als nebensächlich hinstellen und somit dem Wort immédiatement, das im ersten Satz des Artikels steht, alle Bedeutung nehmen wollen.

Es ist vielleicht nicht überflüssig zu bemerken, daß die Bedeutung der Klausel, von der wir sprechen, noch größer ist, wenn man von der hier verfochtenen Auslegung ausgeht, nach der die Wirkungen der Eintragung nur die Beziehung zwischen den Vertragsparteien und dem Völkerbund betreffen; ohne diese Auslegung würde in der Tat nichts die Parteien daran hindern, die Verträge in dem Augenblick zur Eintragung zu bringen, wo sie sich vor dem Völkerbund ihrer bedienen müssen. Demgegenüber ist aber daran festzuhalten, daß eine verspätete Eintragung der durch Art. 18 auferlegten Verpflichtung nicht gerecht wird und daher auch nicht die Wirkungen, welche der ordnungsgemäß vorgenommenen Eintragung eigen sind, erzeugt.

Das Wort unverzüglich hat zweifellos eine nur relative Bedeutung und schließt eine gewisse Freiheit des Ermessens nicht aus: die Eintragung muß eben sobald als es billigerweise möglich ist erfolgen. Die Entfernung, der Zustand der Verkehrsmittel, die inneren Zustände der Länder usw. sind dabei sicherlich in Betracht zu ziehen. Es würde dagegen dem Geist des Art. 18 zuwiderlaufen, wenn man sich, um die Verspätung zu rechtfertigen, auf die Art des Vertrages oder der Abmachung, die Interessen, die sie betreffen, die Rückwirkungen, die ihre Veröffentlichung haben kann usw. beriefe. Man hat sich bisher auf keine Regel zur besseren Bestimmung der Zeitpunkte, innerhalb derer die Eintragung erfolgen soll, geeinigt. Doch scheint im übrigen nichts dem entgegenzustehen, daß solche Regeln aufgestellt werden. Die Verspätung der Eintragung kann von allen Beteiligten und von Amts wegen geltend gemacht werden.

H. Die Eintragung kann vom Generalsekretär von Amts wegen oder auf Antrag der Partei vorgenommen werden; in der ersten Form kann sie nur beim Vorliegen besonderer Bestimmungen erfolgen, wie wir sie z. B. in Artt. 406 und 407 des Versailler Vertrages — und den entsprechenden Artikeln der anderen Friedensverträge — für die Abkommen der Internationalen Arbeitsorganisation, in der Entschließung der Völkerbundsversammlung vom 10. Dezember 1920 betreffend die Abkommen der internationalen Hygieneorganisation, sowie in den Abkommen von Barcelona von 1921 betreffend den Verkehr und die Verkehrswege, haben; es ist zu beachten, daß in allen diesen Fällen der Generalsekretär noch Mitteilung von den erfolgten Ratifikationen erhält.

Gewöhnlich findet die Eintragung auf Antrag der Parteien oder einer von ihnen statt. Wer die Eintragung eines Vertrages beantragt, muß dem zuständigen Büro des Sekretariats ein Exemplar des Vertrages mit allen darauf bezüglichen Erklärungen, Protokollen, Ratifikationen usw. einreichen und dabei die authentische Versicherung abgeben, daß der vorgelegte Text den einzutragenden Vertrag oder die einzutragende Abmachung vollständig enthalte.

Für diese Eintragungen führt das Ständige Sekretariat zwei Register. Im ersten werden die Verträge chronologisch aufgezählt unter Anführung der Vertragsparteien, der Bezeichnung des Akts, des Unterzeichnungstages, des Zeitpunkts der Ratifikation und der Einreichung des Vertrags zur Eintragung, und endlich unter Angabe der Nummer, unter welcher der Akt eingetragen wird; die bei dem Sekretariat eingereichten Vertragsexemplare werden als Anhang zu diesem Register verwahrt und vom Generalsekretär mit der Formel ne varietur versehen. Das zweite Register enthält das, was man das „Standesregister" der eingetragenen Verträge nennen könnte; für jeden Vertrag wird eine besondere Seite geführt, auf der auch alle rechtlichen Ereignisse, welche der Eintragung folgen und den Vertrag betreffen, wie Beitritte, Kündigungen usw. verzeichnet werden.

Der Generalsekretär stellt den beteiligten Parteien über die erfolgte Eintragung Bescheinigungen aus, welche in der Reihenfolge der Ausstellungsdaten numeriert sind. Es können auch Regierungen, Behörden und Privatpersonen beglaubigte Auszüge des Registers mitgeteilt werden, zu dem Zweck, das Bestehen und den jeweiligen rechtlichen Stand der verschiedenen völkerrechtlichen

Verträge oder Abmachungen, das Datum des Inkrafttretens der Ratifikation, Beitritte und Kündigungen, den Inhalt von etwaigen Vorbehalten usw. zu bescheinigen. Doch ist zu bemerken, daß das Ständige Sekretariat mit der Mitteilung solcher Auszüge keinerlei Verantwortung übernimmt.

Während die Eintragung gewöhnlich auf den Antrag der Parteien hin erfolgt, ist die Veröffentlichung ausschließlich Sache des Generalsekretärs. Sie geschieht durch Abdruck des Originaltextes, der eventuell von einer Übersetzung in die offiziellen Völkerbundsprachen begleitet ist, in einer besonderen Sammlung, die den Titel führt „Recueil des traités et des engagements internationaux enregistrés par le Secrétariat de la Société des nations" und regelmäßig an alle Mitglieder des Völkerbunds versandt wird.

Alles in allem genommen scheint es, daß nach einer anfänglichen Periode der Schwierigkeit und Unsicherheit die Praxis der Eintragung der Verträge sich jetzt geregelt hat und sich unter immer geringerem Widerstand von seiten der Regierungen entwickelt: eine Auskunft dieser Art, welche das Sekretariat erteilte, war es auch, welche die Bundesversammlung veranlaßte, in ihrer Sitzung vom 23. September 1922 die Entschließung anzunehmen, durch welche die Diskussion über eventuelle Abänderung des Art. 18 der Satzung auf unbestimmte Zeit verschoben wurde.

Nebenbestimmungen.

Bibliographie. — D. H. Miller, Reservations to treaties, their effect and the procedure in regard thereto, New York 1919; Ch. P. Anderson, The ratification of treaties with reservations, in „American Journal of intern law", Bd. XIII, 1919, S. 526ff.; A. Pomme de Mirimonde, Les traités imparfaits. Les réserves dans les traités internationaux (Diss.), Paris 1920; A. Rapisardi Mirabelli, I limiti di obbligatorietà delle norme giuridiche internazionali. Auto-limitazioni, Catania 1922; F. Deak, Computation of time in international law, in „American Journal of international law", Bd. XX, 1926, S. 505ff.; A. Cavaglieri, Il decorso del tempo ed i suoi effetti sui rapporti giuridici internazionali, zit.; Wehberg, Staatsverträge: Vorbehalte, im „Wörterbuch des Völkerrechts", von K. Strupp, Bd. II, S. 672; H. W. Malkin, Reservations to multilateral Conventions, im „British Yearbook of international law", Bd. VII, 1926, S. 141ff.; Quincy Wright, The interpretation of multilateral treaties in „American Journal of intern. law", Bd. 23, 1929, S. 94ff. (Unterschied zwischen Vorbehalten und Erklärungen, welche in einem diplomatischen Notenwechsel der dem Vertragsabschlusse vorausgeht, enthalten sind (bezüglich des sogenannten Kellog-Abkommens. Darüber s. auch E. M. Borchard, ibid., S. 116ff.).

In jeder Willenserklärung können sich besondere, für das Rechtsgeschäft nicht begriffswesentliche Bestimmungen befinden, nach denen das Gewollte nicht einfach und ausschließlich, sondern nur innerhalb gewisser Grenzen und Bedingungen gewollt sein soll. Drei dieser Nebenbestimmungen tauchen in den völkerrechtlichen Rechtsgeschäften, von denen wir sprechen, häufiger auf und sind von größerer Bedeutung; es sind dies der Termin, die Bedingung und der Vorbehalt. Wir machen hier gleich darauf aufmerksam, daß von anderen Nebenbestimmungen, die den eben genannten nicht selten ähnlich sind, besser im Zusammenhang mit den Wirkungen der Verträge und ihrem Erlöschen die Rede sein wird.

1. Der Termin ist der Zeitpunkt, von dem an oder bis zu dem ein Abkommen nach dem Willen der Parteien gelten soll. Im ersten Fall spricht man von Anfangstermin (dies a quo), im letzteren von Endtermin (dies ad quem); jener hat aufschiebende, dieser auflösende Wirkung.

Was den Anfangstermin anbetrifft, so muß vor allem bemerkt werden, daß damit nicht der Zeitpunkt gemeint ist, an dem die Akte, welche für das rechtliche Zustandekommen der Abkommen erforderlich sind, vollzogen werden sollen. Bestimmungen, die sich auf den Zeitpunkt beziehen, an welchem der Austausch oder die Hinterlegung der Ratifikationsurkunden stattfinden sollen, finden sich häufig in den von den Bevollmächtigten unterschriebenen Texten. Aber wie auch die Bestimmung eines solchen Zeitpunktes ihrer äußeren Form nach lauten möge, so ist doch soviel sicher, daß es sich dabei niemals um die Bestimmung eines Vertragstermins handeln kann. Wenn man die hier besprochenen Bestimmungen, welche von vornherein dazu bestimmt sind, in dem Augenblick, wo der Vertrag, von dem sie scheinbar einen Teil bilden, ins Leben tritt, ihre Daseinsberechtigung ausgeschöpft zu haben, als ein selbständiges Abkommen auffaßt, das allein durch die Unterzeichnung der Bevollmächtigten verpflichtet, ohne daß Ratifikation nötig wäre (s. oben S. 284), so kann die genannte Bestimmung vielleicht für dieses Abkommen einen Endtermin darstellen. Einer solchen Zeitbestimmung wäre dagegen dann keinerlei rechtlicher Charakter zuzuschreiben, wenn die auf die Zeit und Art des Austauschs oder der Hinterlegung der Ratifikationsurkunden bezüglichen Bestimmungen selbst nicht eigentlich rechtlicher Natur sind, sondern lediglich eine freundschaftliche Verständigung über die Art und Weise, wie die Unterzeichnung des Aktes vor sich gehen soll, darstellen.

Anfangstermine sind diejenigen Zeitbestimmungen, welche ausgehend von dem Zeitpunkt, an dem das Abkommen rechtlich zustandegekommen ist (gewöhnlich der Tag des Austauschs oder der Hinterlegung der Ratifikationsurkunden), die Ausführung, oder wie man häufig weniger genau sagt, das Inkrafttreten dieses Abkommens auf einen späteren Zeitpunkt verschieben. Praktische Erwägungen, die auf der Hand liegen, haben zu dem Verfahren geführt, die Ausführung gewisser Verträge bis zu einem mehr oder weniger weit hinausliegenden Termin aufzuschieben. Als Beispiel hierfür mögen die am 12. Juni 1902 und am 17. Juli 1905 im Haag unterzeichneten international privatrechtlichen Konventionen gelten, die alle eine Klausel folgenden Inhalts haben: „La présente Convention entrera en vigueur le soixantième jour à partir du dépôt des ratifications etc." In diesen Fällen handelt es sich um einen Fall von vacatio actus, der in vieler Hinsicht der sogenannten vacatio legis entspricht. Der Vertrag besteht und ist perfekt. Der hinzugefügte Termin hat keine andere Folge als die, den Augenblick der Ausführung hinauszuschieben. Es würde sich nicht um einen Termin, sondern um eine aufschiebende Bedingung handeln, wenn die Parteien die Bestimmung des Zeitpunktes, an dem der Vertrag zur Ausführung kommen soll, einem weiteren Abkommen ihrerseits vorbehielten (s. z. B. Art. 14 des Übereinkommens zwischen Italien und Frankreich betr. die Betriebsunfälle, vom 9. Juni 1906).

Im Gegensatz zum Anfangstermin, der einfach die Ausführung aufschiebt, löscht der Endtermin den Vertrag aus. Seine Gesetze werden daher bei der Behandlung der verschiedenen Möglichkeiten, unter denen Verträge erlöschen können, näher untersucht werden. Doch ist zu beachten, daß Endtermine häufig einzelnen Bestimmungen oder Gruppen von Bestimmungen eines Vertrages, der an sich ohne Endtermin ist, beigefügt werden. Ihre Wirkung ist natürlich auf die Bestimmung beschränkt, auf die sie sich beziehen und deren weitere Anwendung sie nach ihrem Eintritt ganz oder teilweise ausschließen. Die jüngsten Friedensverträge bieten dafür zahlreiche Beispiele (s. z. B. den Versailler Friedensvertrag, Art. 49, Absatz 2, und § 34ff. der Anlage zu Teil II Sektion 4).

Da im Völkerrecht allgemeine, verbindliche Regeln für die Berechnung der Termine fehlen, so kommt es bei den hier auftauchenden Fragen im wesentlichen auf die Auslegung des Willens der Parteien an. Es kann vorkommen, daß die Parteien ausdrücklich gewisse Regeln vereinbart haben(s. z. B. den zweiten Teil von Absatz 4 der Schlußbestimmungen des Versailler Vertrages); andernfalls wird man feststellen müssen, welches ihre Absicht war, sowohl was den Zeitpunkt, von dem an der Termin zu laufen beginnt, als auch was den Maßstab für die Berechnung anbetrifft (Stunden, Tage, Monate, Jahre usw.). Die hierfür in den internen Rechtssystemen geltenden Regeln haben als solche keinerlei Gültigkeit im Völkerrecht; doch kann es wohl vorkommen, daß eine vernünftige Auslegung des Parteiwillens zu dem Ergebnis führt, daß die Parteien sich entweder auf gewisse allgemein anerkannte Auffassungen beziehen wollten, oder die übereinstimmend in ihren Gesetzgebungen wechselseitig geltenden Regeln im Sinne gehabt haben.

2. Die Bedingung. Während die Setzung eines Termins bedeutet, daß die Parteien wollen, daß ihre Verpflichtungen an einem bestimmten Zeitpunkt beginnen oder aufhören sollen, zeigt die Aufstellung von Bedingungen an, daß die Parteien wollen, daß ihre Verpflichtungen dann anfangen (aufschiebende Bedingung) oder aufhören (auflösende Bedingung) sollen, wenn ein bestimmtes, zukünftiges und objektiv ungewisses Ereignis entweder eintritt (affirmative Bedingung) oder nicht eintritt (negative Bedingung).

Wie man leicht einsehen wird, wird auch im völkerrechtlichen Verkehr häufig der Wille der Parteien auf diese Weise bestimmt. In der Tat begegnet man in den völkerrechtlichen Abkommen äußerst zahlreichen und mannigfaltigen Bedingungen. Die schon zitierten Bestimmungen des Versailler Vertrages über das Saarbecken und besonders § 35 der Anlage zu Teil II Sektion 4 ermöglichen auf einfache Weise die Bildung konkreter Beispiele, bei denen die aufgestellte Bedingung entweder aufschiebenden Charakter (wie in § 35, Ziffer a und b, welche die Verpflichtung Deutschlands, zugunsten des Völkerbunds oder Frankreichs auf seine Souveränität über das Saargebiet zu verzichten, von einer bestimmten Entschließung des Völkerbunds, die unter Berücksichtigung der Ergebnisse der Volksabstimmung erfolgen soll, abhängig machen) oder auflösenden Charakter trägt (wie in § 35, Ziffer b und c, welche das Erlöschen der dem Völkerbund zukommenden Regierungsrechte von einer Entscheidung abhängig machen, die gleichermaßen nach dem Ergebnis der Volksabstimmung entweder zugunsten der Vereinigung des Saargebiets mit Frankreich oder zugunsten des Verbleibens unter der deutschen Souveränität ergehen kann). Die drei Alternativen der Volksabstimmung, wie sie im zweiten Absatz von Art. 34 vorgesehen sind, stellen jede gegenüber der entsprechenden Entscheidung auf Grund von § 35 eine positive Bedingung dar und eine negative gegenüber den beiden anderen hypothetisch möglichen Entscheidungen.

Es entstehen auf die Weise naturgemäß Lagen, welche denjenigen entsprechen, welche den Kennern des Privatrechts, auf dessen Boden die Lehre von den Bedingungen ja ihre bedeutendsten Entwicklungen erlebt hat, wohlbekannt sind. Diese Analogie erklärt es, daß gewisse Schriftsteller geglaubt haben, Unterscheidungen und Regeln der Privatrechtslehre auch auf das Gebiet des Völkerrechts übertragen zu können. Wir brauchen hier nicht zu wiederholen, daß diese Regeln als solche keinen Anspruch auf völkerrechtliche Geltung haben. Im übrigen sei hier sogleich hinzugefügt, daß, da im Völkerrecht Normen fehlen, welche die Bedeutung und die Wirkungen der Bedingungen bindend bestimmten, die zu lösenden Fragen zu bloßen Fragen der Auslegung des Parteiwillens werden. Nun sind aber die vom Privatrecht ausgearbeiteten Regeln zum größten Teil nichts anderes als logische Kriterien für die Auslegung eines vernünftigen Willens; es ist daher ganz natürlich, daß sie auch auf unserem Gebiet mit Nutzen angewandt werden können, aber nicht als Sätze des positiven Rechts, sondern als Kriterien für die Willensauslegung. Hinzugefügt sei noch, daß man auch bei dieser Materie häufig mit gutem Grund behaupten kann, daß die Parteien selbst wohl die Absicht gehabt haben, sich auf gewisse allgemein anerkannte, gemeinsame Begriffe oder auf in ihren Gesetzgebungen übereinstimmend geltende Regeln zu beziehen.

Das Grundprinzip ist daher, daß es bei allem auf den Willen der Parteien ankommt. Es ist eine Frage der Auslegung des Parteiwillens, festzustellen, welches das zukünftige und ungewisse Ereignis ist, das die Parteien gemeint haben, wann man die Bedingung als noch in der Schwebe befindlich, wann als verwirklicht oder wann als nicht eingetreten betrachten muß, und welche Wirkungen sich an jedes dieser drei Stadien knüpfen sollen. Eine Auslegungsfrage ist auch die Bestimmung der Wirkungen, die sich aus der Beifügung tatsächlich oder rechtlich unmöglicher Bedingungen ergeben können. In der Tat kann eine einem Rechtsgeschäft beigefügte unmögliche Bedingung einer vollständigen Verneinung des Willens, sich verpflichten zu wollen, gleichkommen und aus diesem Grunde zu der Nichtigkeit des Rechtsgeschäfts führen. Doch ist die Möglichkeit nicht auszuschließen, daß die Auslegung dazu führt, daß dann diese Bedingung so behandelt werden muß als wäre sie nicht gestellt worden; angesichts dessen, daß es keine Regel gibt, welche die eine oder andere der beiden Lösungen vorschreibt, ist auch hier das entscheidende Kriterium für die jeweilige Entscheidung der Frage die Feststellung dessen, was die Parteien effektiv gewollt haben. Eine Frage der Auslegung ist es ferner, festzustellen, ob wir in einem bestimmten Fall eine wirkliche Bedingung vor uns haben, welche das Entstehen und Erlöschen bestimmter Verpflichtungen bewirkt, oder ob lediglich der eine oder andere Kontrahent mit einer Verpflichtung beschwert ist, welche weder aufschiebende, noch aufhebende Wirkung haben soll, deren Erfüllung aber von demjenigen verlangt werden kann, der jene mit dieser Verpflichtung beschwerte, und so gewissermaßen verminderte Leistung angenommen hat (Auflage). Zweifel dieser Art erhoben sich betreffs der Artt. 27, 34 und 43 des Berliner Vertrages vom 13. Juli 1878 (s. 129ff.). Als Auflage und nicht als Bedingung ist die Plebiszitklausel in Art. 5 des Prager Vertrages vom 23. Aug. 1866 anzusehen, von dem später bei der Behandlung der Verträge zugunsten Dritter die Rede sein wird.

Wir wollen endlich noch bemerken, daß, wenn es auch im Völkerrecht keine allgemeinen Regeln gibt, die, wie es im internen Recht der Fall ist, bei gewissen Rechtsgeschäften entweder grundsätzlich die Zulässigkeit von Bedingungen überhaupt oder wenigstens die Zulässigkeit gewisser Arten von Bedingungen ausschlössen, es doch vorkommen kann, daß Bedingungen überhaupt oder wenigstens gewisse bestimmte Bedingungen durch die Natur des Rechtsgeschäfts oder durch die es beherrschenden besonderen Rechtsnormen ausgeschlossen werden können. Die Ratifikation, der Beitritt zu Verträgen und der Rücktritt von solchen sind ihrer Natur nach bedingungsfeindliche Rechtsgeschäfte. Eine Ratifikation, ein Beitritt oder ein Rücktritt, die mit Bedingungen versehen sind, stellen in Wirklichkeit einen Antrag auf Abschluß eines neuen Übereinkommens dar. Damit ist gesagt, daß sie nicht die der Ratifikation, dem Beitritt und dem Rücktritt eigenen Rechtswirkungen erzeugen. Die Klausel „sans aucune réserve" im ersten Absatz von Art. 1 der Völkerbundssatzung schließt aus, daß an die Übernahme irgendeiner, den Mitgliedern des Völkerbunds aus der in diesem Absatz vorgesehenen Beitrittserklärung erwachsenden Verpflichtung die geringste Bedingung geknüpft wird.

Auf die Grundsätze des Rechtes der Bedingung, genauer dem der Resolutivbedingung, werden von einigen Juristen gewisse besondere Arten des Erlöschens völkerrechtlicher Verträge zurückgeführt, wie der Ausbruch des Krieges zwischen den Vertragsparteien und die Veränderung der tatsächlichen Umstände, angesichts derer der Vertrag abgeschlossen wurde (sogenannte clausula rebus sic stantibus). Ohne den Wert einer solchen Gleichbehandlung erörtern zu wollen, halten wir es für besser, uns mit diesen Fragen an der Stelle zu befassen, an welche sie ihrer Natur nach gehören,

d. h. bei der Prüfung der verschiedenen Arten des Erlöschens internationaler Verträge.

3. Der Vorbehalt. Termin und Bedingung sind akzessorische Willenserklärungen, deren Wesen auf dem Gebiet des Völkerrechts dem der entsprechenden Erklärungen auf dem des internen Rechts von Grund aus entspricht, so daß sie weder im Grundsätzlichen der allgemeinen Lehre, noch in der Behandlung der wesentlichsten Anwendungsmöglichkeiten grundsätzlich voneinander abweichen. Sehr viel eigenartiger und mit den Besonderheiten gewisser völker rechtlicher Verträge in besonderem Maße verwachsen ist der Vorbehalt.

In dem hier angewandten Sinne bedeutet das Wort Vorbehalt eine Willenserklärung, durch welche der betreffende Staat, wenn er auch den Vertrag als ganzes annimmt, doch bestimmte Bestimmungen daraus von der Annahme ausschließt, so daß er durch sie nicht gebunden wird.

Es ist wiederholt gesagt worden (S. 284), daß die Ratifikation eines Vertrages ohne Nebenerklärungen erfolgen muß. Eine von Vorbehalten im oben bezeichneten Sinne begleitete Ratifikation wäre keine wirkliche Ratifikation, sondern ein Antrag auf Abschluß eines neuen Übereinkommens, das von dem durch die Bevollmächtigten unterzeichneten verschieden ist, und auf das die anderen Kontrahenten eingehen können oder auch nicht. Anders ist die Sachlage jedoch, wenn die Vorbehalte schon bei der Unterzeichnung gemacht worden sind. Diese Vorbehalte bilden einen Teil des Vertragstextes, sind allen Signatarmächten bekannt, und wenn diese den Vertrag mit den beigefügten Vorbehalten ratifizieren, so heißt das, daß sie auch mit diesen einverstanden sind und sie so gegenseitig verbindlich machen. Es trifft daher nicht zu, wie fälschlich gesagt worden ist, daß der verpflichtende Charakter des Vorbehaltes aus der Unterzeichnung des Vertrages stamme; die Vorbehalte werden, wie jeder andere Bestandteil des Vertrages, rechtsverbindlich durch den Austausch oder die Hinterlegung der Ratifikationsurkunden. Doch ist hierzu die Voraussetzung nötig, daß der Vorbehalt schon in dem Vertragstext steht, der durch die Unterzeichnung durch die Bevollmächtigten festgelegt wird. Da ganz allgemein die Vorbehalte ihre Entstehung einem Sonderinteresse des Staates, von dem sie ausgehen, verdanken, so steht auch grundsätzlich nichts dem im Wege, daß die in dem Unterzeichnungsprotokoll gemachten Vorbehalte später im Augenblick der Ratifikation aufgegeben werden.

Wie schon gezeigt wurde, besteht die Wirkung des Vorbehaltes darin, daß der den Vorbehalt machende Staat durch die Bestimmungen, die unter den Vorbehalt fallen, nicht gebunden wird. Natürlich sind die anderen Parteien insoweit ihm gegenüber auch nicht gebunden, so daß in den Beziehungen zwischen dem Staat, der den Vorbehalt macht, und den anderen Staaten die unter den Vorbehalt fallenden Bestimmungen wie nicht im Vertrag stehend anzusehen sind. Dagegen entfalten sie alle ihre Wirkungen in den Beziehungen zwischen den Parteien, die keine Vorbehalte gemacht haben.

Schon aus dem Wesen und dem Begriff des Vorbehalts ergibt sich, daß er bei nur zweiseitigen Verträgen unanwendbar ist; denn hier würde er lediglich die Aufhebung der mit dem Vorbehalt versehenen Bestimmungen bedeuten. Dagegen kann ihm bei den Verträgen, an denen viele Staaten beteiligt sind, eine äußerst nützliche Aufgabe zufallen. Da für internationale Konferenzen die Regel der Einstimmigkeit gilt, würde die abweichende Meinung eines oder weniger Staaten, auch wenn sie sich nur auf den einen oder anderen Punkt beschränkte, verhindern, daß die erforderliche Übereinstimmung zustande käme, und könnte so den ganzen Zweck der Konferenz vereiteln. Durch die Möglichkeit, mit Vorbehalten zu unterzeichnen und zu ratifizieren, ist eine Handhabe gegeben, diesem Mißstand abzuhelfen, ohne daß einem Staat allzu schwer erträgliche Opfer auferlegt werden müßten und ohne daß auf seine trotz der Vorbehalte nützliche und wünschenswerte Teilnahme an dem Vertrag verzichtet zu werden brauchte. Es läßt sich daher leicht erklären, wieso die Praxis, mit bestimmten Vorbehalten zu unterzeichnen, auf den neueren internationalen Konferenzen, an denen eine große Zahl von Staaten teilgenommen hat, immer weitere Verbreitung gefunden hat. Als Beispiel möge die zweite Haager Konferenz gelten (1907): Von 14 Abkommen und einem Schlußakt sind 12 von Vorbehalten begleitet, die zusammen die Zahl 65 erreichen und von 28 der 45 auf der Konferenz vertretenen Staaten gemacht worden sind. Man darf übrigens nicht verschweigen, daß jeder Vorbehalt den praktischen Wert des Vertrages beeinträchtigt; es ist eine politische Frage, ob man besser daran tut, auf die Teilnahme eines bestimmten Staates zu verzichten oder sie um den Preis von Vorbehalten der bezeichneten Art anzunehmen; und desgleichen ist es eine politische Frage, ob man beim Vorliegen zahlreicher und bedeutsamer Vorbehalte nicht besser daran tut, auf den Abschluß eines Vertrages zu verzichten.

Es ist auch durchaus nicht unmöglich, daß der Vorbehalt, statt eine oder mehrere Bestimmungen des Vertrages von der Verpflichtung auszunehmen, sich auf die Erklärung beschränkt, daß der ihn machende Staat die Bestimmungen des Vertrages nur in gewissen Grenzen oder nur mit gewissen Modalitäten annimmt, oder daß er sie nur in einer ganz bestimmten Sinnbedeutung auf sich nimmt. In diesem letzteren Fall erhält der Vorbehalt den Namen und die Form einer sogenannten „interpretativen Erklärung"; verschiedene der den Konventionen der zweiten Haager Konferenz beigefügten Vorbehalte sind in der Tat solche interpretativen Erklärungen. Die Rechtsnatur und die Wirkungen dieser Erklärungen unterscheiden sich nicht von denen der anderen Vorbehalte. Der Staat erklärt, sich nur innerhalb der sich aus jener bestimmten Auslegung ergebenden Grenzen verpflichten zu wollen, eine Auslegung, die, wenn sie von den anderen Kontrahenten angenommen ist, für ihre Beziehungen mit dem Staat, von dem die Erklärung ausgeht, verbindlich wird. Diese allgemeine Feststellung möge genügen. Doch ist zu beachten, daß derartige Erklärungen zuweilen nichts sind als theoretische Bekenntnisse zu Grundsätzen, welche zu einem politischen Zweck, ohne bestimmte rechtliche Tragweite, abgelegt werden; zuweilen bedeuten sie aber nichts als eine bloße Verneinung und infolgedessen Ausschließung der Normen, die man zu interpretieren behauptet. Die oben erläuterten allgemeinen Grundsätze stehen fest, und so ist es bei jedem einzelnen Fall eine Frage der Interpretation, festzustellen, ob es sich um einen wirklichen Vorbehalt handelt, welches seine Tragweite ist und in welchem Umfang infolgedessen eine wechselseitige Verpflichtung der Vertragsparteien gegeben ist.

Wirkungen der Verträge.

Wir wollen die Wirkungen der Verträge zwischen den Parteien und die Wirkungen gegenüber Dritten gesondert untersuchen.

A. Die Wirkungen zwischen den Parteien.

Bibliographie. — Zu der hier untersuchten Hauptfrage, d. h. der des Unterschieds und der Beziehungen zwischen dem völkerrechtlichen Vertrag und den landesrechtlichen Ausführungsnormen vgl. man D. Anzilotti, Alcune considerazioni sull' approvazione parlamentare dei trattati la cui esecuzione importa provvedimenti di natura legislativa, in der „Rivista di diritto internazionale", Bd. IV, 1909, S. 467ff. und die dort zitierten Werke. Unter den späteren Schriften wollen wir hier folgende erwähnen: H. Brack, Zusammenhang zwischen völkerrechtlichem Vertrag und Staatsgesetz (Leipziger Diss.), Zofingen 1914; Quincy Wright, The legal nature of treaties, in „American journal of intern. law", Bd. X, 1916, S. 706ff.; Derselbe, Treaties and the constitutional separation of powers in the

United States, ibid., Bd. XII, 1918, S. 64ff.; D. P. Myers, Violation of treaties by adverse national act, ibid., Bd. XII, 1918, S. 96ff.; M. Noël, De l'autorité des traités comparée à celle des lois. Contribution à l'étude des rapports du droit international et du droit public (Diss.), Paris 1921; P. Kafka, Internationale Verträge und innerstaatliches Recht, in „Prager Juristische Zeitschrift", 1914, S. 143f.; W. Jerusalem, Welche Bedeutung haben zwischenstaatliche Verträge für die innerstaatliche Gesetzgebung? Zweiter deutscher Juristentag in der Tschechoslowakei, Gutachten, Prag 1925, S. 133ff.; A. Verdroß, Welche Bedeutung haben zwischenstaatliche Verträge für die innerstaatliche Gesetzgebung? Zweiter deutscher Juristentag usw. Verhandlungen, S. 232ff.; A. D. McNair, When do Britisch treaties involve legislation? in „Britisch Yearbook of international law", Bd. IX, 1928, S. 59ff.

Nachdem die alte Unterscheidung zwischen Personalverträgen — die zugunsten der Person oder der Familie des Monarchen abgeschlossen waren, und welche solange dauern sollten wie besagte Person oder Familie existierte — und Realverträgen — die unmittelbar zugunsten des Staats abgeschlossen wurden, und deren Lebensdauer unabhängig war von dem Wechsel, dem die Person des Monarchen oder der regierenden Familie unterworfen sein konnte — verschwunden ist, bestehen die Wirkungen der Verträge stets und ausschließlich in gegenseitigen Pflichten und Rechten der Staaten, wobei das Wort Staat natürlich gleichbedeutend mit „Subjekt der Völkerrechtsordnung" (S. 89) gebraucht ist. Das soll soviel heißen, als daß die Verpflichtungen und die Ansprüche, welche das Völkerrecht an die Rechtstatsache „Vertrag" knüpft, von dieser Rechtsordnung auf die soziale Gruppe in ihrer Gesamtheit bezogen werden, so daß die auferlegte Verpflichtung und der gewährte Anspruch nicht Pflichten oder Rechte der Einzelnen, aus denen die Gruppe besteht, sondern der einheitlich aufgefaßten Gesamtheit sind. „Pacta non obligant nisi gentes inter quas inita." Die Klauseln, die man häufig in den Verträgen findet und die scheinbar die Zuerkennung von Rechten oder die Auferlegung von Pflichten an Individuen oder Organe ausdrücken (z. B. das Recht, die Gerichte anzurufen, Güter zu erwerben, Handel auszuüben, gewerbliche Patente zu erlangen usw. usw. und entsprechende Pflichten anderer Individuen oder staatlicher Organe), sind in Wirklichkeit, insoweit als sie Teile des Vertrages sind, nur eine falsche Form des Ausdrucks dafür, daß ein Staat einem anderen Staat verspricht, die in der Klausel aufgestellten Rechte zu gewähren oder die darin bestimmten Pflichten aufzuerlegen.

Ganz allgemein gesagt ist die Wirkung, die das Völkerrecht an die regelrecht zustandegekommenen Verträge knüpft, die, daß derjenige, der eine Leistung verspricht, erfüllen muß, was er versprochen hat, und daß der Staat, dem die Leistung versprochen wurde, die Erfüllung des Leistungsversprechens verlangen kann. Wenn alle Vertragsparteien sich zu einer Leistung verpflichtet haben, — was bei den völkerrechtlichen Verträgen meistens der Fall ist — so ist natürlich jeder Kontrahent gehalten, seine Verpflichtung zu erfüllen und berechtigt, von den anderen die Erfüllung ihrer Leistungsversprechen zu fordern. Es ist eine Frage der Auslegung des Vertrages festzustellen, ob eine der Parteien die Erfüllung des fälligen Versprechens fordern kann, solange sie ihrer eigenen Verpflichtung noch nicht nachgekommen ist. Im Zweifelsfall ist jedoch daran festzuhalten, daß die Leistungsversprechen derart verbunden sind, daß von der Gegenpartei Erfüllung der Leistungspflicht nur Zug um Zug gegen Erfüllung der eigenen Verpflichtung gefordert werden kann.

Es wird gewöhnlich gelehrt, daß die rechtens zustandegekommenen völkerrechtlichen Verträge Gesetzeskraft haben. Wenn man mit diesem Ausdruck nur sagen will, daß diese Verträge die Staaten, welche sie abgeschlossen haben, rechtlich binden, so ist nichts gegen ihn einzuwenden. Zuweilen ist der Sinn dieser Redeweise aber der, daß der völkerrechtliche Vertrag in jedem der vertragschließenden Staaten Gesetz sei; diese Auffassung hat Bezug auf einen rechtlichen Vorgang, der grundlegende Bedeutung hat, und von dem man deswegen ganz klare, scharf umrissene Vorstellungen besitzen muß.

Bei näherer Betrachtung sehen wir, daß es unmöglich ist, daß ein völkerrechtlicher Vertrag zur selben Zeit ein innerstaatliches Gesetz sein oder werden kann. Vertrag und Gesetz sind etwas verschiedenes, so wie die Rechtsordnungen, denen jedes von ihnen angehört, voneinander verschieden sind. Der Form nach ist der Vertrag ein Leistungsversprechen, das seine verpflichtende Kraft aus der Grundnorm „pacta sunt servanda" herleitet, während das Gesetz ein Befehl ist, der kraft der Grundnorm, die in der betreffenden Rechtsordnung erheischt, daß diesen Befehlen gehorcht werde, verpflichtet (S. 32ff.). Dem Wesen nach hat der Vertrag auf ein Verhalten Bezug, das dem Staat als Subjekt des Völkerrechts und daher nach der dieser Rechtsordnung eigenen vereinheitlichenden Auffassung zugerechnet wird (S. 89ff.), während das Gesetz auf das Verhalten von Wesenheiten Bezug hat, welche der Hoheitsgewalt des Gesetzgebers unterstehen; unter diese Wesenheiten ist auch der Staat eingeschlossen, wobei aber Staat in dem ganz anderen Sinne aufgefaßt ist, den dieses Wort hat, wenn es das Subjekt einer bestimmten internen Rechtsordnung bezeichnet (S. 39ff.).

Aber wenn der völkerrechtliche Vertrag als solcher weder ein Gesetz ist noch ein solches werden kann, kann er dagegen — und dieser Fall tritt häufig ein — der Anlaß zum Erlaß eines Gesetzes oder besser von landesrechtlichen Rechtsnormen sein, die zur Ausführung der Verpflichtungen oder zur Ausübung der aus dem Vertrag entstehenden Rechte erforderlich sind. Die Leistungen aus völkerrechtlichen Verträgen, die so unendlich verschieden und veränderlich sind, wie die Gegenstände des internationalen Verkehrs, dessen wichtigste rechtliche Gestalt der völkerrechtliche Vertrag ist und den das Völkerrecht nur als Tätigkeit des Staats wertet, zerfallen im konkreten Fall in eine Summe von verschiedenartigsten Tätigkeiten von Organen und Individuen. Diese Tätigkeiten wären besonders bei der Struktur des modernen Staats ohne entsprechende landesrechtliche Normen nicht möglich. Wenn z. B. der Staat die Auslieferung von Verbrechern, den Schutz von Warenzeichen, die Übermittlung von Briefpost und Telegrammen usw. versprochen hat, so bedarf es gesetzlicher Bestimmungen oder Verordnungen, welche die Beamten ermächtigen, die Verbrecher zu verhaften und auszuliefern, und welche gestatten, die zuständigen Verwaltungs- und Rechtsprechungsorgane anzurufen, um die zum Schutz des Warenzeichens erforderlichen Rechtshandlungen zu erfüllen und um Fälschungen zu unterdrücken, welche Richtlinien geben, wie die Übermittlung der Korrespondenz in die Wege zu leiten ist usw.

Sicher wäre es möglich, — und es fehlt nicht an konkreten Beispielen dafür — daß die landesrechtlichen Normen in der gewöhnlichen Form eines selbständigen Gesetzes oder einer selbständigen Verordnung erlassen würden, in denen die angesichts der Erfüllung der eingegangenen Verpflichtungen oder der Ausübung der durch den Vertrag erworbenen Rechte für nötig oder nützlich gehaltenen Rechtssätze formuliert wären. In allen oder fast allen Staaten gibt man aber einem anderen Verfahren den Vorzug. Statt besondere Ausführungsnormen zu erlassen, übernimmt man den Text des Vertrages, indem man ihn in den amtlichen Gesetzblättern veröffentlicht mit der ausdrücklichen oder stillschweigenden Erklärung des Willens, daß sein Inhalt eingehalten und ausgeführt werden solle. So bestimmt z. B. in Italien ein Gesetz oder eine königliche Verordnung je nach dem Fall, daß „der in . . . am . . . usw. unterzeichnete Vertrag (oder die Konvention, das Abkommen usw.) voll und ganz ausgeführt werden soll"; der Vertragstext ist dem Gesetz oder der Verordnung als Anlage beigefügt.

Daher stammt eben die Meinung, der Vertrag als solcher erhalte in dem Staat die Geltungskraft eines Gesetzes oder einer Verordnung.

Wenn aber die vorstehenden Erwägungen nicht ohne Grundlage sind, so scheint die rechtliche Bewertung dieser Vorgänge unbedingt eine andere sein zu müssen. Man denkt dabei sofort an das, was wir über die durch Verweisung erfolgende sogenannte Rezeption von Völkerrecht durch das Landesrecht ausgeführt haben (S. 44ff.). Bei dem Unterschied der Rechtsordnungen, deren jede in ihrer eigenen Sphäre souverän ist, bedeutet jede Rezeption einen Akt der Normensetzung und bedingt damit eine mehr oder weniger tief gehende Transformation der zu rezipierenden fremden Normen. So ist es auch in unserem Fall. Die scheinbare Rezeption des völkerrechtlichen Vertrages durch das Landesrecht ist in Wirklichkeit Setzung landesrechtlicher, sich mit den Bestimmungen des Vertrages deckender und gleichzeitig notwendigerweise von ihnen verschiedener Normen; mit anderen Worten: von Normen, welche nicht ausdrücklich formuliert, sondern durch Verweisung auf den Inhalt des völkerrechtlichen Vertrages bestimmt werden. Es ist also nicht so, daß die Bestimmungen des völkerrechtlichen Vertrages als Gesetz oder Verordnung übernommen, sondern so, daß Gesetze oder Verordnungen mittelst einer Verweisung auf diese Bestimmungen geschaffen werden. Die mehr oder weniger große Übereinstimmung dieser landesrechtlichen Normen mit dem Text der einzelnen Artikel des völkerrechtlichen Vertrages ist ganz offenbar etwas durchaus Zufälliges und Unerhebliches.

Wie beschaffen nun im einzelnen die Normen sind, welche durch Verweisung auf den völkerrechtlichen Vertrag geschaffen worden sind, das zu bestimmen ist also Sache der Auslegung. Was die allgemeinen Maßstäbe betrifft, mit denen man an diese Bestimmung herantreten muß, so scheint man vor allem zwischen der Erfüllung der Verpflichtungen und der Ausübung der Rechte, die sich aus dem Vertrag ergeben, unterscheiden zu müssen.

Für den ersteren Fall gilt sicher der allgemeine Grundsatz, daß alle zu einer lückenlosen und korrekten Ausführung des Vertrages erforderlichen Normen, und nur die hierzu erforderlichen, als angenommen anzusehen sind.

Es ist aber auch möglich, daß die in Ausführung eines völkerrechtlichen Vertrages zu erlassenden landesrechtlichen Normen in dem Vertrage selbst genau formuliert werden, so daß die aus dem Vertrage herstammende Verpflichtung in dem verfassungsmäßigen Erlaß gerade jener Normen besteht. Das Gutachten Nr. 15 des Ständigen Internationalen Gerichtshofes vom 7. März 1928 (Publications de la Cour, Série B, Nr. 15) bezieht sich auf einen Fall dieser Art. Dieses Gutachten steht gar nicht im Widerspruch zu den oben dargelegten Grundsätzen. Es sagt durchaus nicht, daß ein Vertrag als solcher Rechte und Pflichten der Individuen schaffen kann, ohne daß die hierzu nötigen Bestimmungen in das Landesrecht übernommen worden sind. Das Gutachten sagt vielmehr nur, daß der Wille der vertragschließenden Parteien sich auf die Aufnahme bestimmter, Individualrechte und Pflichten schaffender und von den nationalen Gerichten anwendbarer Normen beziehen kann. Wenn in dem gegebenen Falle der Ständige Internationale Gerichtshof sich jeder Feststellung der tatsächlichen Aufnahme der in dem Abkommen festgesetzten Bestimmungen in das Landesrecht enthielt, so geschah dies, weil er der Meinung war, daß eine Vertragspartei, die sich zur Aufnahme einiger landesrechtlicher Bestimmungen verpflichtet hat, in keinem Falle die Nichterfüllung dieser Verpflichtung geltend machen kann, um sich den Pflichten zu entziehen, welche ihr das Abkommen gegen die andere Vertragspartei auferlegt.

Alle zur lückenlosen Ausführung des Vertrags erforderlichen Normen müssen also als angenommen betrachtet werden. — Der durch die Tatsache der Verweisung auf den völkerrechtlichen Vertrag ausgedrückte Wille, mag er in Erscheinung treten wie auch immer (als Ausführungsbestimmung, Veröffentlichung, Promulgation usw.), ist ohne Zweifel der, daß der Vertrag so wie er ist, lückenlos und gehörig ausgeführt werden soll; daß also alle hierzu erforderlichen Rechtsnormen angenommen werden sollen, auch wenn sie tiefgehende Änderungen der geltenden Rechtsordnung mit sich bringen.

Es dürfen aber auch nur die hierzu erforderlichen Normen als angenommen betrachtet werden. — Der durch die Verweisung auf den Vertrag ausgedrückte Wille ist auf das gerichtet, was zur Ausführung des Vertrages nötig ist und auf nichts anderes. Es würde daher an jeder Grundlage dafür fehlen, daraus Normen zu entnehmen, welche für diesen Zweck nicht erforderlich sind, so nützlich und vernünftig sie auch sein mögen. Ein völkerrechtlicher Vertrag kann zwar ein Antrieb zur Änderung des geltenden Rechtes sein, doch dürfen diese Änderungen nur auf dem üblichen Wege der Gesetzgebung eingeführt werden, und nicht durch einen Akt, der den ausschließlichen Zweck hat, die Normen zu schaffen, deren es bedarf, damit ein völkerrechtlicher Vertrag richtig ausgeführt wird. Wohlverstanden: das soll nicht heißen, daß die durch diesen Akt gesetzten Normen, die damit zu einem Teil einer bestimmten Rechtsordnung werden, keinen Einfluß auf die Interpretation anderer Normen dieser Ordnung haben könnten. So hat z. B. die italienische Rechtsprechung ganz richtigerweise den Satz aufgestellt, daß, da das Haager Abkommen vom 12. Juni 1902 betreffend die Gesetze und die Gerichtsbarkeit auf dem Gebiet der Ehescheidung und der Trennung von Tisch und Bett (dessen Art. 7 festsetzt, daß die Vertragsstaaten verpflichtet sind, die von den gemäß den Klauseln des Abkommens zuständigen ausländischen Gerichtshöfen ausgesprochenen Ehescheidungsurteile anzuerkennen), für das Königreich Italien durch das Gesetz vom 7. Sept. 1905 zur Ausführung gekommen ist, ohne weiteres zuzugeben sei, daß die Anerkennung der ausländischen Ehescheidungsurteile dem italienischen Rechtszustand (ordre public) nicht zuwiderlaufe und daß sie daher aus diesem Grunde selbst in den Fällen, wo das Abkommen keine Anwendung findet, nicht verweigert werden könne. Auf diese Weise ist eine strittige, die Auslegung einiger italienischer Gesetzartikel betreffende Frage von dem Gesetz, welches die Ausführung eines völkerrechtlichen Abkommens bezweckt, gelöst worden.

Was die Ausübung der sich aus dem Vertrag ergebenden Rechte anlangt, so ist hier die Sache heikler.

Wollte man einfach behaupten, der durch die Verweisung auf den völkerrechtlichen Vertrag ausgedrückte Wille sei der, alle Rechte auszuüben, die sich aus dem Vertrag ergeben, so schösse man damit über das Ziel hinaus. Wenn man auch sicherlich die Vermutung aufstellen darf, daß der verpflichtete Staat alle Pflichten, die er gegenüber den anderen Staaten hat, erfüllen will, so darf es doch durchaus nicht als notwendig angesehen werden, daß er auch alle Rechte, die ihm zustehen, ausüben will. Der Wille, die Rechte auszuüben, kann vermutet werden, wenn ihre Nichtausübung dem Staat zum Schaden gereichen müßte, oder wenn die Verpflichtungen, die übernommen worden sind und die ausgeführt werden sollen, eine Daseinsberechtigung nur haben unter der Voraussetzung, daß diese Rechte ausgeübt werden. Aber das ist nicht immer der Fall. Die Vielgestaltigkeit der Situationen, deren Niederschlag dann manche völkerrechtlichen Abkommen, insbesondere solche, welche zwischen einer beträchtlichen Anzahl von Staaten abgeschlossen werden, bilden, kann es zweifellos häufig mit sich bringen, daß ein Staat durch das unter diesen Umständen abgeschlossene Abkommen in den Besitz von Rechten gekommen ist, für deren Ausübung bei dem Stand seiner gegenwärtigen Rechtsordnung weder Interesse noch Grund vorliegt. Wenn gewisse Staaten z. B. durch das Abkommen das Recht bekommen haben, ausländischen Urteilen, die bestimmte Voraussetzungen nicht erfüllen, die Anerkennung zu verweigern, so hätte ein Staat, dessen gemeines Recht die Vollstreckung ausländischer Urteile von weniger rigorosen Voraussetzungen als den von dem Abkommen vorgesehenen abhängig macht, keinerlei Ursache, von der ihm durch das Abkommen eingeräumten Freiheit Gebrauch zu machen, Urteilen die Anerkennung zu versagen, weil sie einige Voraussetzungen, deren Aufstellung er für unerheblich oder unzweckmäßig gehalten hat, nicht erfüllen. Es wird daher daran festzuhalten sein, daß die Verweisung auf den völkerrechtlichen Vertrag nicht ohne weiteres die restlose Aufnahme der ihn betreffenden Normen bedingt, und daß die einschlägigen Materien weiterhin durch das bisher geltende gemeine Recht geregelt bleiben können, wenn damit auch der betreffende Staat die Ausübung eines Rechtes, das er dem Abkommen nach ausüben könnte, unterläßt. Die Sachlage wäre natürlich erheblich anders, und die Schlußfolgerung, welche daraus zu ziehen wäre, in das gerade Gegenteil des eben Gesagten verkehrt, wenn etwa die durch das Abkommen aufgestellten Voraussetzungen für die Anerkennung ausländischer Urteile weniger scharf wären als die von dem gemeinen Recht des Staates aufgestellten. Die Logik gebietet hier in der Tat die Annahme, daß der betreffende Staat von dem System, das anzunehmen er in Fragen der Anerkennung ausländischer Urteile für praktisch gehalten hat, nur in dem von dem Vertrag genau umgrenzten Umfang abweichen wollte. Die Verweisung auf den völkerrechtlichen Vertrag hat hier also die völlige Aufnahme der Normen, welche sich auf die Anerkennung jener Urteile beziehen, zur Folge.

Aus dem Gesagten ergibt sich, daß die Frage, welche Normen nun durch die Verweisung auf den völkerrechtlichen Vertrag zur Annahme gekommen sind, nur auf Grund einer zwiefachen Untersuchung gelöst werden kann. Zuerst muß man den Inhalt und die Tragweite der sich aus dem völkerrechtlichen Vertrag ergebenden Verpflichtungen genau bestimmen, weil man nur auf dieser Grundlage sagen kann, welches die zu ihrer Ausführung erforderlichen Normen sind. Dann muß man sich nach dem Stand des Landesrechts richten, sei es, weil die Erfüllung einer bestimmten völkerrechtlichen Verpflichtung Normen erfordern kann, welche je nach der Lage des geltenden Rechts verschieden sind, sei es, weil es der Wille des Staates ist — so wie er in der Rechtsordnung zum Ausdruck gekommen ist —, der bei der Entscheidung der Frage, ob auch die Normen als angenommen gelten müssen, welche die Ausübung eines durch den Vertrag übertragenen Rechts eher als die Erfüllung einer von dem Vertrage auferlegten Verpflichtung bezwecken, als Richtschnur dienen soll. Wille des Staates bedeutet in diesem Falle nichts anderes als Wille der Rechtsordnung. Die landesrechtlichen Normen, die in den verschiedenen Vertragsstaaten in Ausführung eines und desselben völkerrechtlichen Vertrages gesetzt werden, sind daher nicht nur der Form nach, sondern oft auch dem Gehalt nach voneinander verschieden.

Die Schwierigkeit und die Gefährlichkeit dieses Verfahrens brauchen nicht weiter dargelegt zu werden; die Praxis liefert häufige Beweise dafür. Doch bietet es auch große Vorteile, welche die Mängel bei weitem aufwiegen und eine Erklärung dafür sind, warum es so allgemeine Anwendung findet.

Erstens vermeidet man bei diesem Verfahren die ungeheuren Schwierigkeiten und die schwere Verantwortung, die sich ergeben könnten, wenn die zu der Ausführung eines völkerrechtlichen Vertrages nötigen Normen vom ersten Augenblick an und ein für allemal von den obersten Staatsorganen festgestellt werden müßten; bei dem hier beschriebenen System geschieht die Feststellung dieser Normen nach und nach, so wie es die Gelegenheit ergibt, und daher ständig im Zusammenhang mit konkreten Anwendungsfällen, und oft auch durch untergeordnete Organe und ohne daß dabei Grundsätze aufgestellt zu werden brauchten, durch die man kompromittiert werden könnte. Zweitens ist bei diesem Verfahren eine vollständigere Anpassung der landesrechtlichen Normen an den völkerrechtlichen Vertrag möglich, nicht nur was den Inhalt anbetrifft, sondern auch was Beginn und Ende der jeweiligen Wirksamkeit, etwaige Gründe für Aufschub und Erlöschen der Verpflichtung, Vergrößerung oder Verringerung der Zahl der Vertragskontrahenten usw. anlangt. Alle Vorgänge innerhalb des völkerrechtlichen Zustandes können so unmittelbar auf die entsprechenden landesrechtlichen Normen zurückwirken; das ist dem Wesen und Zweck dieser Normen ohne Zweifel in hohem Grade angemessen und wäre kaum zu erreichen, wenn sie auf dem normalen Gesetzgebungs- oder Verordnungsweg geschaffen werden müßten.

Die Kundgebung des Willens, daß der völkerrechtliche Vertrag ausgeführt werden soll, verbunden mit der Verweisung auf den Vertrag selbst, durch welche die eben zu diesem Zweck in die Landesrechtsordnung aufgenommenen Normen inhaltlich bestimmt werden sollen, ist zweifellos eine Rechtshandlung, welche dem Landesrecht angehört, und zwar sowohl was die Zuständigkeit hierfür, als was ihre Form, ihre Wirkungen usw. anlangt. Insbesondere ist sie eine Handlung, welche von dem Abschluß des Vertrages, der ihre logische Voraussetzung bildet, völlig verschieden ist. Daraus ergibt sich unter verschiedenen anderen auch — was für das italienische Landesrecht von besonderer Bedeutung ist — diejenige Folge, daß die Zuständigkeit zum Abschluß von Verträgen (Art. 5 der italienischen Verfassung) an sich nicht notwendigerweise die Zuständigkeit zum Erlaß der Anordnung, daß der Vertrag ausgeführt werden soll, einschließt. Wo besondere Normen fehlen, ist daran festzuhalten, daß diese Zuständigkeit dem nach dem gemeinen Recht hierfür zuständigen Organ zukommt, d. h. dem Parlament (Art. 3 der italienischen Verfassung) oder der Regierung (Art. 6 ibid.) je nachdem, ob es sich um eine Materie handelt, welche durch Gesetz normiert werden muß, oder welche durch Verordnung geregelt werden darf. Hierüber entscheidet der Inhalt des völkerrechtlichen Vertrages. Die auf solche Weise in die italienische Rechtsordnung eingereihten Normen haben dann, wenn ein völkerrechtlicher Vertrag vom Parlament zur Ausführung gebracht worden ist, die formale Geltung von Gesetzen, und in den Fällen, wo dies von seiten der Regierung geschehen ist, die formale Geltung von Verordnungen. Die Folgen, die sich daraus für die Ausführung des Vertrages und daher für die Beziehungen des betreffenden Staates zu den anderen Vertragsparteien ergeben können, sind unerheblich; der Grundsatz von der Scheidung der beiden Rechtsordnungen entfaltet auch hier seine Wirksamkeit. Es ist jedoch verfassungsmäßige Pflicht des Königs, die Ratifikation eines Vertrages, dessen Ausführung Bestimmungen erfordert, welche nur auf dem Wege der Gesetzgebung erlassen werden dürfen, nicht zu vollziehen, ohne sich zuvor der Mitwirkung der Kammern versichert zu haben; verführe er anders, so würde er dadurch die Kammern zwingen, entweder ihre Zustimmung unter allen Umständen zu geben, oder aber sonst den Staat gegenüber rechtmäßig eingegangenen völkerrechtlichen Verpflichtungen vertragsbrüchig zu machen (S. 273ff.).

Die durch die Verweisung auf einen völkerrechtlichen Vertrag gesetzten landesrechtlichen Normen haben deutlich den Charakter eines Sonderrechts. Ihre Koordination mit den Normen des gemeinen Rechts geschieht nach den Grundsätzen, die in den jeweiligen Rechtsordnungen dafür gelten.

B. Die Wirkungen der Verträge gegenüber Dritten.

Bibliographie. — R. F. Roxburgh, International conventions and third states, London 1917; G. Salvioli, I terzi stati nel diritto internazionale, in der „Rivista di diritto internazionale", Bd. VII, 1918, S. 229ff. und als besonderen Fall, G. Diena, Der Plan eines neuen interozeanischen Kanals in Nicaragua, in „Niemeyers Zeitschrift für internationales Recht", Bd. XXV, 1915, S. 14ff.; Quincy Wright, Conflict between international law and treaties, in „American Journal of international law", Bd. XI, 1917, S. 568ff.; A. C. J. Mulder, De Rechtsgevolgen van internationale verdragen voor deerde staten, s'Gravenhage 1925 (Sonderdruck aus „Themis" 1925, Nr. 4).

Die völkerrechtlichen Verträge sind nur für die Vertragsparteien verbindlich: obbligatio tertio non contrahitur. Für Dritte sind die Verträge eine res inter alios acta, aus der weder Rechte noch Pflichten für sie abgeleitet werden können; wenige Grundsätze des Völkerrechts sind so sicher und allgemein anerkannt wie dieser. „Un traité ne fait droit qu'entre les Etats qui y sont parties", so führt der Ständige Internationale Gerichtshof in seinem Urteil Nr. 7 vom 25. Mai 1926 aus (Publications, zit., Serie A, Nr. 7, S. 29).

Aber wenn auch dieser Grundsatz an und für sich für Erörterungen wenig Raum bietet, so ist doch andererseits nicht sicher, ob er nicht Ausnahmen zuläßt, vor allem aber ist es nicht immer einfach den Satz anzuwenden und ihn mit anderen Sätzen des Völkerrechts in Einklang zu bringen. Man muß der Frage daher etwas tiefer auf den Grund gehen, und hierzu wird es gut sein, getrennt zu untersuchen a) ob und wie sich aus einem völkerrechtlichen Vertrag für Dritte nachteilige Folgen ergeben können (Verträge zum Nachteil Dritter), b) ob und wie sich aus einem völkerrechtlichen Vertrag günstige Folgen für Dritte ergeben können (Verträge zugunsten Dritter).

a) Schon der Begriff des Völkerrechts postuliert, daß ein Staat auf Grund eines Vertrages, an dem er selbst nicht beteiligt ist, nicht verpflichtet werden kann. Dieser im Schrifttum fast einmütig anerkannte Grundsatz findet in der ständigen Staatenpraxis seine Bestätigung. Die wiederholten Erklärungen der amerikanischen Regierung, sich durch die „alte Regel" des ottomanischen Reichs, nach welcher der Bosporus und die Dardanellen für Kriegsschiffe gesperrt waren, rechtlich nicht gebunden zu halten, weil diese Regel in den Verträgen von London (1841), von Paris (1856) und von London (1871), denen die Vereinigten Staaten nicht beigetreten waren, niedergelegt worden war, sind hierfür ein charakteristisches Beispiel aus der Fülle der fast täglich vorkommenden Fälle, die mit Leichtigkeit angeführt werden könnten.

Die kürzlich von einigen Verfassern angesichts des Art. 17 der Völkerbundssatzung geäußerten Zweifel, ob sich aus ihm nicht Verpflichtungen auch für die Nichtmitglieder ergäben, scheinen unbegründet zu sein. Art. 17 kann und muß so ausgelegt werden, daß er in voller Übereinstimmung mit dem oben erläuterten Grundsatz bleibt. Die grundlegende Auffassung, von welcher Art. 17 ausgeht, ist offensichtlich im ersten Absatz dieser Bestimmung ausgedrückt, wo ausdrücklich anerkannt wird, daß, während die Bundesmitglieder kraft der Satzung verpflichtet werden, die Nichtmitglieder es nur sein sollen, wenn sie der Aufforderung, sich den den Bundesmitgliedern für die Beilegung der Streitfrage obliegenden Verpflichtungen zu unterwerfen, Folge geleistet haben. Die Untersuchung, die der Rat einleiten, die Vorschläge, die er machen und die Maßnahmen, die laut Absatz 2 und 4 er ergreifen kann „dès l'envoi de l'invitation" oder wenn „les deux parties invitées refusent d'accepter les obligations de membre de la Société", haben für die Nichtmitglieder keine rechtliche Bedeutung und unterscheiden sich in nichts von einer politischen Aktion, die ein Staat oder eine Staatengruppe stets in die Wege leiten können, um einem Streitfall vorzubeugen, oder um ihn zu schlichten, wenn er ausgebrochen ist; es ist ganz natürlich, daß solche Aktionen jetzt zu dem Aufgabenkreis des Völkerbundes gehören und in den von dieser Organisation gewollten Formen verlaufen; doch liegt keinerlei Grund vor, ihnen eine andere Sinnbedeutung zu geben als man bisher getan hat. Die rechtliche Wirkungskraft dieser Bestimmungen darf nicht da gesucht werden, wo sie sich an dritte Staaten, sondern da wo sie sich an die Bundesmitglieder wenden: sie ermächtigen vor allem den Rat, im Interesse des allgemeinen Friedens oder in dem besonderen Interesse einer oder mehrerer Mitglieder Akte zu vollziehen, welche die Verantwortung des Völkerbunds schwer belasten können. Dann legen sie den im Völkerbund vereinigten Staaten im Zusammenhang mit der Aktion des Rats Pflichten auf, unter denen eine der schwerwiegendsten die ist, dem Bundesmitglied unter den in Absatz 3 vorgesehenen Voraussetzungen zu Hilfe zu kommen. Für die Beziehungen zwischen den Bundesmitgliedern und den Nichtmitgliedern behält das gemeine Völkerrecht seine Geltung.

Neben dem Grundsatz, nach dem sich aus einem Vertrag für dritte Staaten Verpflichtungen nicht ergeben können, wirken natürlich die Rechtssätze, welche das Institut der Anerkennung regeln, weiter (S. 263ff.). Es kann in der Tat vorkommen — und man hat häufig Gelegenheit gehabt, es zu beobachten (S. 153, 175ff, 181 usw.) —, daß dritte Staaten einen Vertrag anerkennen (z. B. auf die ihnen von den Beteiligten zugegangene Notifikation hin) und daß aus dieser Anerkennung für sie Verpflichtungen entstehen, deren Inhalt zu diesem Vertrag in Beziehung steht, Verpflichtungen, welche ein Verbot für sie darstellen, etwas zu tun, was mit der Existenz dieses Vertrages unvereinbar ist. Die Quelle derartiger Verpflichtungen ist lediglich die Anerkennung; und sie erstrecken sich nicht weiter als es der mit der Anerkennung geäußerte Wille zuläßt, für dessen Auslegung es auf die Umstände, unter denen die Anerkennung erfolgt ist, die Gründe, die sie veranlaßt haben und den Zweck, der mit ihr angestrebt wurde, usw. ankommt. Die Verletzung dieser Verpflichtungen stellt eine unerlaubte Handlung gegenüber dem Staat oder den Staaten dar, zu dessen oder deren Gunsten die Anerkennung erfolgt war und für welche sich daraus die entsprechenden Ansprüche ergeben. Man braucht wohl nicht besonders zu sagen, daß diese Anerkennung keine Teilnahme am Vertrag ist und nicht die Wirkungen einer solchen erzeugt; der Staat steht Verpflichtungen gegenüber nicht etwa deshalb, weil dieser Vertrag besteht, der für ihn eine res inter alios acta bleibt, sondern deshalb, weil er erklärt hat, die sich aus dem Vertrage ergebende Rechtslage anerkennen und achten zu wollen. Wenn man auch der Anerkennung die Natur einer Vereinbarung zusprechen will, dann handelt es sich einfach in solchen Fällen um eine neue, von dem Vertrag, der ihre Veranlassung gebildet hat, verschiedene Vereinbarung.

Auf der Grundlage der hier auseinandergesetzten Grundsätze ist eine wichtige Frage zu prüfen und zu lösen, die in den letzten Jahren häufig aufgetaucht ist: die Frage nach der rechtlichen Bedeutung eines Vertrages, durch den ein Staat über etwas verfügt, über das er schon in einem früheren Vertrage zugunsten eines anderen Staates verfügt hatte. Es handelt sich um folgenden Fall: zwei Staaten, A und B, schließen einen Vertrag; später schließt A mit C einen anderen Vertrag, der zu dem, den er früher mit B geschlossen hatte, im Gegensatz steht. Z. B.: A verspricht B, daß alle Schiffe, die einen in seinem Gebiet angelegten Kanal durchfahren, denselben Abgaben unterworfen sein sollen; später schließt A mit C einen Vertrag, in dem er allen Schiffen dieses Staats Befreiung von diesen Abgaben gewährt (Konflikt zwischen dem Hay-Pauncefote-Vertrag, welcher zwischen den Vereinigten Staaten von Nordamerika und Großbritannien im Jahre 1901 abgeschlossen worden war, und dem Hay-Varilla-Vertrag, welchen die Vereinigten Staaten von Nordamerika mit Panama im Jahre 1903 abgeschlossen hatten); oder der Staat A gewährt, nachdem er sich dem Staat B gegenüber verpflichtet hat, auf einem bestimmten Gebiete gewisse Konzessionen nicht zu erteilen, ohne B zu Rate gezogen und gegebenenfalls seine Zustimmung erlangt zu haben, dem Staat C Rechte auf diesem Gebiet, ohne B zu Rate zu ziehen (Konflikt zwischen dem Vertrag Canas-Jeres, im Jahre 1858 abgeschlossen zwischen Nicaragua und Costa Rica, und dem Vertrag Bryan-Chamorro, abgeschlossen zwischen Nicaragua und den Vereinigten Staaten von Nordamerika im Jahre 1914) — oder der Staat A schließt, nachdem er dem Staat B versprochen hat, daß in seiner Gesetzgebung und Verwaltung alle fremden Staaten in Sachen des Handels und der Industrie vollkommen gleich behandelt werden sollten, mit dem Staat C einen Vertrag ab, der diesem besondere Vorrechte gewährt (Konflikt zwischen dem Vertrag Root-Takahira, abgeschlossen zwischen den Vereinigten Staaten von Nordamerika und China im Jahre 1908 und den chinesisch-japanischen Verträgen und Notenaustauschen vom 25. Mai 1915). Es erhebt sich die Frage, ob B verlangen kann, daß der Vertrag zwischen A und C annulliert wird, oder ob er sich damit begnügen muß, von A den Ersatz des ihm entstehenden Schadens zu fordern.

Angenommen, C hätte den Vertrag zwischen A und B anerkannt, so würde sich der von ihm mit A abgeschlossene Vertrag zweifellos auf einen unerlaubten Gegenstand bezogen haben, weil die Anerkennung dieses Vertrages durch ihn notwendigerweise die Anerkennung dessen bedeutet hatte, daß A über das, was er B zugestanden hatte, nicht mehr verfügen durfte. Daß, insoweit es sich um A handelt, der zweite Vertrag unerlaubt ist, ist klar; aus all dem folgt nun, daß bei solcher Lage des Falls B (als dritter Staat) die Annullierung des zwischen A und C geschlossenen Vertrages verlangen kann, da er einen unzulässigen Inhalt hat (S. 257ff., 271).

Heikler und schwieriger ist der Fall, wenn C den Vertrag zwischen A und B nicht anerkannt hatte. Nach der bekannten Regel „pacta tertiis nec nocent nec prosunt" kann ihm dieser Vertrag nicht entgegengehalten werden, und von unerlaubtem Vertragsabschluß kann nur insoweit die Rede sein, als es sich um A handelt. Wenn der zweite Vertrag nichtig sein sollte, so müßte sich diese Nichtigkeit auf einen Satz des gemeinen Völkerrechts gründen, dem C unterworfen wäre; einen solchen Rechtssatz scheint es jedoch nicht zu geben. Die bekannten Sätze „nemo plus juris transferre potest quam ipse habet" oder „prior in tempore, potior in jure" haben in der Staatenpraxis bisher noch keine Anwendung gefunden, wenigstens nicht in der Bedeutung, die sie hier haben müßten; die Staaten gehen vielmehr von der Auffassung aus, daß nur die freiwillige Anerkennung die Verpflichtung schaffen kann, einen zwischen anderen Staaten abgeschlossenen Vertrag zu achten. Das Ergebnis, zu dem man gelangt, ist also, daß bei dieser Sachlage B nicht die Annullierung des zweiten Vertrages beanspruchen kann, ebensowenig wie C die Aufhebung des ersten. Der Staat, dessen Vertrag nicht zur Ausführung gelangt ist, wird von A nur Schadenersatz erlangen können. Die Unmöglichkeit, hinsichtlich des Kontrahenten C die Ungültigkeit des von ihm abgeschlossenen Vertrages auszusprechen, wurde ausdrücklich vom mittelamerikanischen Gerichtshof anerkannt in dem Urteil vom 30. Sept. 1916 betreffend den Konflikt zwischen den Verträgen Canas-Jeres und Bryan-Chamorro; doch begnügt sich dieser Gerichtshof damit, sein Urteil auf Unzuständigkeit des Gerichts zu gründen; die sich auf die Anerkennung des ersten Vertrages durch die Vereinigten Staaten von Nordamerika beziehenden Fragen wurden nicht erörtert.

Der Grundsatz, nach dem ein Vertrag keine Verpflichtungen zu Lasten dritter Staaten erzeugen kann, schließt natürlich keineswegs aus, daß sich aus einem Vertrag tatsächlich für dritte Staaten nachteilige Folgen ergeben können. Es liegt nicht weniger im Wesen des zwischenstaatlichen Lebens, als in dem des gewöhnlichen gesellschaftlichen Zusammenlebens, daß rechtmäßig zustandegekommene Beziehungen zwischen einigen Rechtsgenossen anderen, ohne daß dadurch ihre Rechte verletzt würden, Schaden zufügen können (damnum sine iniuria). Ein zwischen A und B geschlossener Handelsvertrag kann sicherlich dem Staate C Schaden zufügen, selbst wenn er nichts enthält, das zu C's Rechten im Widerspruch stände, und nichts ist als der rechtsmäßige Gebrauch, den A und B von ihrer Freiheit machen. Kein Zweifel, daß in diesen Fällen der dritte Staat hingegen ein rechtliches Mittel nicht besitzt. Im Völkerrecht, das ja ganz und gar auf individualistischen Grundsätzen aufgebaut ist, gilt, mehr noch als im internen Recht, der Satz, daß nicht jeder Schaden, der durch das Tun eines anderen verursacht worden ist, die Grundlage für einen Rechtsanspruch abgeben kann, sondern nur derjenige Schaden ,welcher rechtswidrig zugefügt worden ist (damnum iniuria datum). Die Geltendmachung eines Rechtsanspruchs durch den dritten Staat, sei es, daß er auf Aufhebung des Vertrages, sei es, daß er auf Schadenersatz abzielt, wird daher nur dann zulässig sein, wenn durch den betreffenden Vertrag eines seiner Rechte verletzt worden ist. Das gilt ebensosehr für den Fall, wo es sich um ein durch Normen des gemeinen Völkerrechts geschütztes Recht handelt — z. B. im Falle eines Vertrages zwischen zwei oder mehr Staaten, der in irgendeiner Weise die Freiheit der Meere beschränkte — als für den Fall, wo es sich um ein Recht handelt, das aus einem anderen, früher abgeschlossenen Vertrage erwachsen ist (s. S. 320).

Einige Schriftsteller fügen diesen Fällen, die nicht kontrovers sind, noch den hinzu, daß ein zwischen zwei Staaten abgeschlossener Vertrag eine Gefahr für die Sicherheit und den Bestand eines dritten Staates darstellt. Die Geschichte kennt viele Beispiele dafür, daß sich Staaten dem Abschluß oder der Ausführung von Verträgen zwischen anderen Staaten, die sie für ihre politischen Interessen für besonders gefährlich erachteten, widersetzt haben; dahin gehören z. B. die Interventionen gegen Friedensverträge, welche eine bestimmte politische Sachlage zugunsten des Siegers allzusehr ändern würden. Wenn man aber nicht die Existenz eines Rechts auf Selbsterhaltung, das so weit gespannt ist, daß es mit den Erfordernissen einer positivistischen Auffassung von der Völkerrechtsordnung unvereinbar ist, annehmen will, muß man zugeben, daß in diesen Fällen die Staaten zum Schutze nichtrechtlicher Interessen handeln. Das Problem der Zulässigkeit und Rechtmäßigkeit eines solchen Handelns ist eben das Problem der Intervention und des Krieges, dessen Behandlung völlig über den Rahmen dieser Untersuchung hinausführen würde.

b) Während wohl ganz allgemein anerkannt wird, daß ein völkerrechtlicher Vertrag dritten Staaten keine Verpflichtungen aufbürden kann, so wird auf der anderen Seite doch keineswegs übereinstimmend zugegeben, daß es unmöglich sei, daß aus einem Vertrag für dritte Staaten Rechte erwachsen könnten. Das hängt sicher damit zusammen, daß während in allen internen Gesetzgebungen gleichermaßen der Satz gilt, daß aus Verträgen, welche zwischen anderen abgeschlossen worden sind, keine Verpflichtungen für dritte erwachsen können, in vielen internen Rechtssystemen, in der einen oder anderen Form, innerhalb mehr oder weniger weiter Grenzen, die Möglichkeit besteht, daß in bestimmten Fällen auch Dritte Rechte aus einem Vertrag herleiten können, an dem sie nicht Partei sind. Wir wollen uns nicht damit aufhalten, die verschiedenen Systeme auseinanderzusetzen, nach denen die einzelnen Rechtsordnungen sich in dieser Hinsicht gerichtet haben; es genüge uns hier, die verschiedenen Seiten, welche in den verschiedenen Rechtssystemen an dem Problem aufgezeigt worden sind, uns vor Augen haltend die mannigfaltigen Möglichkeiten, welche in der Völkerrechtspraxis auftauchen, zu betrachten und zu sehen, welche Lösung sie dort faktisch und nach der Rechtsüberzeugung der Staaten gefunden haben.

Es ist ohne weiteres klar, daß, wie aus einem Vertrag für dritte Staaten zufällig und als bloße Reflexwirkung nachteilige Folgen entstehen können, ohne daß die Betroffenen dem rechtlich irgendwie abhelfen könnten, so auch aus einem Vertrag für sie zufällig und als bloße Reflexfolge vorteilhafte Wirkungen entspringen können, denen keinerlei rechtliche Erheblichkeit zukommt. Es ist in dieser Beziehung belanglos, ob der Vorteil des dritten Staates von den Parteien vorgesehen und in Betracht gezogen war und sogar zu den Zwecken des Vertrages gehörte; auch in diesem Fall erhält der dritte Staat kein Recht, die Ausführung des Vertrages zu fordern, und die Parteien behalten für alle Zeiten die Freiheit, ihre Verträge abzuändern oder aufzuheben.

Die Völkerrechtspraxis zeigt verschiedene Fälle, aus denen man schließen kann, daß dieser Grundsatz der Rechtsüberzeugung der

Staaten entspricht. So hat man z. B., obwohl der Berliner Vertrag von 1878, wie ausdrücklich in der Präambel gesagt ist, im allgemeinen Interesse Europas abgeschlossen wurde, beharrlich daran festgehalten, daß die Staaten, die daran nicht als Partei beteiligt waren, nicht berechtigt seien, seine Anwendung zu fordern, auch wenn diese ihnen unmittelbar zum Vorteil gereicht hätte; diese Auffassung ist unter den verschiedensten Umständen geltend gemacht und auch von den Staaten, gegen die man sich auf sie berufen hatte, als richtig anerkannt worden.

Durch einen in Paris am 16. April 1856 unterzeichneten Vertrag verpflichteten sich Großbritannien, Österreich und Frankreich, jegliche Verletzung der Unabhängigkeit und Integrität des Ottomanischen Reiches, von welcher Seite sie auch kommen möge, als casus belli zu betrachten; später erhob sich die Frage, ob die Türkei als Nutznießerin dieses Vertrages seine Ausführung fordern könne. Lord Derby zögerte nicht, in Übereinstimmung mit der britischen Regierung zu erklären, daß die Türkei auf Grund eines Vertrages, bei dem sie nicht Vertragspartei sei, kein Recht geltend machen könne, und daß Großbritannien nur Österreich und Frankreich gegenüber verpflichtet sei.

Man hat ebenso allgemein behauptet, daß Schweden kein Recht auf die Entmilitarisierung der Alandsinseln erhalten habe, die in der Pariser Konvention vom 30. März 1856 zwischen Frankreich, Großbritannien und Rußland vereinbart und in den Pariser Vertrag gleichen Datums aufgenommen worden ist, wenngleich dieser Vertrag zweifellos im Interesse Schwedens abgeschlossen worden ist. (Man vergleiche die Genfer Konvention vom 20. Okt. 1921, die Nichtbefestigung und Neutralisation der Alandsinseln betreffend, an der auch Schweden beteiligt ist, und die nach der Präambel den Zweck hat, „de compléter, sans y porter atteinte, l'effet de l'engagement pris par la Russie dans la Convention du 30 mars 1856 etc.").

Das vielleicht wichtigste und charakteristischste Beispiel bietet jedoch die Aufhebung des Art. 5 des Prager Vertrages vom 23. Aug. 1866 zwischen Österreich und Preußen. Dieser Artikel bestimmte, daß der Kaiser von Österreich alle seine Rechte auf die Herzogtümer Schleswig und Holstein an den König von Preußen abtrete, „mit der Maßgabe, daß die Bevölkerung der nördlichen Distrikte von Schleswig, wenn sie durch freie Abstimmung den Wunsch zu erkennen geben, mit Dänemark vereinigt zu werden, an Dänemark abgetreten werden sollen". Da dieser Artikel auf Wunsch Napoleons III. in den Vertrag aufgenommen wurde, ist es nicht zweifelhaft, daß die Abmachung Dänemark zum Vorteil gereichen sollte, das auf diese Weise ein von vorwiegend dänischer Bevölkerung bewohntes Gebiet wiedererlangt hätte. Die Volksabstimmung fand jedoch niemals statt und ein Sonderabkommen zwischen Österreich und Preußen vom 11. Okt. 1878 hob den zweiten Teil des Art. 5, der gerade die Abtretung der nördlichen Distrikte Schleswigs betraf, auf. Durch den Abschluß dieses Abkommens bewiesen die beiden Staaten, daß sie der Überzeugung waren, volle Freiheit zur Abänderung des betreffenden Vertrages behalten zu haben, mochte es sich dabei auch um eine Abmachung handeln, welche zugunsten Dänemarks getroffen war. Dies hatte übrigens Fürst Bismarck von Anfang an gesagt, als er vor dem preußischen Landtag erklärte, daß „nur der Kaiser von Österreich das Recht habe, von Preußen die Ausführung des Prager Vertrages zu fordern". Das Verhalten der beiden Staaten ist von den meisten Schriftstellern als rechtlich einwandfrei bewertet worden; nur ganz vereinzelt findet sich eine abweichende Meinung, die sich auf Argumente von höchst zweifelhaftem Wert stützt. Die Schleswigsche Frage wurde bekanntlich auf Verlangen Dänemarks von der Pariser Konferenz einer erneuten Prüfung unterzogen und in den Artt. 109—114 des Versailler Vertrages auf der Grundlage einer nach Maßgabe der Ergebnisse einer Volksabstimmung zu vollziehenden Neugestaltung der deutsch-dänischen Grenze geregelt. Dänemark ist nicht Vertragspartei; aus Absatz 3 des Art. 110 des Versailler Vertrags geht klar hervor, daß durch diese Bestimmung des Vertrages nur zwischen Deutschland einerseits und den alliierten und assiozierten Hauptmächten andererseits eine rechtliche Beziehung hergestellt worden ist. Diese Mächte haben dann Dänemark die Gebiete übertragen, die ihm gemäß den Ergebnissen der Volksabstimmung angegliedert werden sollten.

Während eine innerstaatliche Gesetzgebung bestimmen kann, daß bei einem Vertrag zugunsten eines Dritten dieser ohne weiteres das Recht erhält, die Erfüllung des Vertrages zu fordern, oder daß er es durch eine einfache Willenserklärung seinerseits erwerben kann, geht aus der Struktur der Völkerrechtsordnung hervor, daß da, wo eine partikuläre Rechtsnorm fehlt, welche den Sätzen des gemeinen Rechts vorgeht, ein Recht des dritten Staats, die Ausführung einer ihn begünstigenden Abmachung zu fordern, nur aus einem Abkommen zwischen den Vertragsparteien einerseits und dem dritten Staat andererseits hervorgehen kann.

Es kommt daher vor allem darauf an, daß die Vertragsparteien zu dem dritten Staat in rechtliche Beziehung treten wollen: hierin liegt das Kriterium, das den Fall, von dem wir sprechen, von den anderen bisher genannten unterscheidet; bei diesen wollten die

Vertragsparteien Verpflichtungen und Rechte nur im Verhältnis zueinander auf sich nehmen, wenngleich sich ihre Abmachungen auch für Dritte vorteilhaft auswirken sollten oder mußten. Dieser Wille der Parteien äußert sich naturgemäß in zwei verschiedenen Stufen und nach zwei verschiedenen Richtungen. Zuerst will jede der Parteien sich der anderen gegenüber verpflichten, zu dem dritten Staat in die erwähnte Rechtsbeziehung zu treten; auf der zweiten Stufe steht der Wille der Vertragsparteien als Ganzes genommen, die vorgesehene Beziehung zu dem dritten Staat anzuknüpfen. Dem dritten Staat gegenüber bedeutet diese zweite Willenserklärung der Vertragsparteien einen Vertragsantrag, der wie jeder Antrag entweder ohne Nebenbestimmungen ist oder Terminen, Bedingungen, Modalitäten usw. unterworfen sein kann. Wird der Antrag von dem dritten Staat, an den er gerichtet ist, angenommen, so wird damit ein neues Übereinkommen geschaffen, das zu dem ursprünglich aus dem zwischen den Parteien abgeschlossenen Vertrag hervorgegangenen hinzukommt. Auf Grund dieses Abkommens erwirbt der dritte Staat das Recht, von den Parteien die Ausführung der zu seinen Gunsten getroffenen Abmachungen zu fordern, und die Vertragsparteien sind rechtlich verpflichtet, diese Abmachungen auszuführen — dies alles, wohlverstanden, unter den Bedingungen und Modalitäten, von welchen der von dem dritten Staat angenommene Antrag begleitet war. Solange dieses Abkommen mit dem dritten Staat nicht zustande gekommen ist, sind die Parteien nur gegenseitig verpflichtet und können daher, wenn sie dazu übereingekommen sind, ihre Abmachungen zugunsten des dritten Staates aufheben oder abändern.

Einen praktischen Beweis zu dem hier Gesagten ergibt die Geschichte der Verhandlungen, die zum Abschluß des Hay-Pauncefote-Vertrages führten, der am 18. Nov. 1901 zwischen den Vereinigten Staaten von Nordamerika und Großbritannien über den Panamakanal abgeschlossen wurde. Artikel III dieses Vertrages enthält unter den anderen, von den Vereinigten Staatena ls grundlegende Voraussetzung für die Neutralisation dieses Wasserweges angenommenen Regeln auch folgende: „der Kanal soll für die Handels- und Kriegsschiffe aller Staaten, welche diese Regeln beobachten, auf dem Fuß der völligen Gleichberechtigung frei und offen sein". Diesem Vertrag ging ein anderer vom Februar 1900 voraus, der nicht ratifiziert wurde; in ihm fehlten die Worte „welche diese Regeln beobachten", und man fand dort statt dessen eine Klausel folgenden Inhalts: „Sofort nach dem Austausch der Ratifikationsurkunden sollen die Hohen Vertragschließenden Parteien den Vertrag den anderen Staaten mitteilen und sie auffordern, ihm beizutreten." Diese Klausel wurde von dem amerikanischen Senat nicht gebilligt, weil er nicht wollte, daß andere Mächte außer Großbritannien den Vereinigten Staaten gegenüber vertragliche Rechte erwürben. Großbritannien, welches nicht Gefahr laufen wollte, sich im Kriegsfall gebunden zu sehen, während es den anderen Staaten freistünde, die durch den Vertrag für die Benutzung des Kanals auferlegten Einschränkungen nicht zu beachten, schlug daraufhin vor, nach den Worten „alle Staaten" den Zusatz anzufügen „welche einwilligen diese Regeln zu beobachten". Aber auch dieser Vorschlag fand nicht die Billigung der amerikanischen Unterhändler, die hierin nicht mit Unrecht einen vollwertigen Ersatz für die von dem Senat verworfene Beitrittsklausel sahen; man einigte sich schließlich auf die gegenwärtige Formel, die ausdrücklich nur eine Bedingung nennt, von der die Vereinigten Staaten England gegenüber die freie Benutzung des Kanals abhängig zu machen verpflichtet sind.

Aus allem diesem geht in zweifelsfreier Weise hervor, daß die Vereinigten Staaten und Großbritannien übereinstimmend daran festhielten, daß für dritte Staaten aus ihren Abmachungen keine solchen Rechte erwachsen könnten, sondern daß dritten Staaten das Recht auf die Benutzung des Kanals nur dann hätte erwachsen können, wenn die beiden Vertragsparteien dies gewollt und den dritten Staaten die Gelegenheit gegeben hätten, einen diesem Wollen entsprechenden Willen zu erklären; daß weiter ohne dies nur Großbritannien den Vereinigten Staaten gegenüber ex contractu das Recht habe, zu fordern, daß der Kanal für die Schiffe aller Staaten unter den in dem Vertrag festgesetzten Bedingungen frei- und offengehalten werde. Und es ist wirklich merkwürdig, daß es Schriftsteller gibt, für welche gerade der Hay-Pauncefote-Vertrag der Anlaß für die Behauptung war, daß dritte Staaten auf die ihnen gewährten Vorteile einfach dadurch ein Recht erwerben könnten, daß sie irgendwie erklären, es erwerben zu wollen. Dabei vergißt man, daß die Willenserklärung eines dritten Staats nur insofern rechtliche Bedeutung haben kann, als sie mit einem Willen der Vertragsparteien auf Übernahme der dem begehrten Recht entsprechenden Verpflichtung zusammentrifft, und daß im Fall des Hay-Pauncefote-Vertrages ein solcher Wille vollständig fehlt.

Wenn der Wille der Parteien darauf gerichtet ist so vorzugehen, daß dritte Staaten ein Recht auf die durch den Vertrag gebotenen Vorteile sollen erwerben können, so pflegen die Parteien den Vertrag mit der sogenannten „Beitrittsklausel" zu versehen, die, wie wir alsbald ausführlicher darlegen werden, es dritten Staaten möglich macht, alle aus dem Vertrag entstehenden Rechte und Pflichten zu erwerben. Doch ginge es zu weit, wollte man sagen, daß sich nur dann, wenn der Vertrag eine Beitrittsklausel enthält, die zur Entstehung gegenseitiger Rechte und Pflichten notwendige rechtliche Beziehung zwischen den Parteien und dritten Staaten bilden könne. Da eine allgemeine Norm fehlt, welche für den Abschluß von Übereinkommen zwischen den Staaten eine bestimmte Form vorschreibt, muß vielmehr ein Übereinkommen zwischen den Vertragsparteien und einem dritten Staat, zu dem Zweck, diesen letzteren ganz oder teilweise in den Genuß der durch den Vertrag gebotenen Vorteile zu setzen, immer möglich sein, wenn nur der hierzu erforderliche Wille vorhanden ist. Der Umstand, daß die Beitrittsklausel fehlt, läßt zwar vermuten, daß die Parteien dritten Staaten gegenüber keine Verpflichtungen übernehmen wollten, schließt aber einen anderen Willen nicht vollkommen aus, besonders wenn es sich um einige wenige bestimmte Staaten handelt; und wie nicht daran gezweifelt werden kann, daß in einem ausdrücklichen Abkommen zwischen den Vertragsparteien und dem dritten Staat dieser Wille zum Ausdruck kommen könnte, so verbietet nichts, daß er nicht auch rebus ipsis et factis in Erscheinung treten könnte. Das wäre sicherlich ein Ausnahmefall, und es ist auch tatsächlich die Ausnahme, doch wäre es ein ganz willkürliches Vorgehen, wollte man diese Möglichkeit völlig von der Hand weisen, und es erscheint auch nicht gerechtfertigt, diese Möglichkeit, wie dies einige Schriftsteller tun, von vornherein auf bestimmte Kategorien von Verträgen zu beschränken. Im letzten Grunde handelt es sich hier um eine Frage des Tatbestandes, die nur von Fall zu Fall gelöst werden kann.

Beitritt (Adhäsion oder Akzession) zu Verträgen.

Bibliographie. — Eine Monographie kann nicht angeführt werden und auch in den Lehrbüchern ist die Behandlung dieser Materie ziemlich mangelhaft. Ausführlicher, z. B., P. Fauchille, Traité, zit., Bd. I, § 833—834; L. Oppenheim-A. McNair, Intern. Law, zit., Bd. I, S. 742ff.; E. Satow, Guide to diplomatic practice, zit., Bd. II, S. 613—618.

So richtig und praktisch brauchbar der Satz ist, daß die Verträge nur für die Vertragsparteien Pflichten und Rechte erzeugen, so kann doch andererseits in vielen Fällen das von den Parteien erstrebte Ziel sicherlich leichter erreicht werden, wenn der Kreis der Staaten, zwischen denen bestimmte Verpflichtungen gelten sollen, möglichst weit ist. Man denke an die sogenannten „internationalen Verwaltungsgemeinschaften", wie den Weltpostverein, die Telegraphenunion, die Staatengemeinschaft zum Schutz des gewerblichen

Eigentums, des Urheberrechts usw., an die Abkommen zur Vereinheitlichung des internationalen Privatrechts, an die Abkommen, welche das Recht des Krieges und der Neutralität usw. betreffen. Die Ausbreitung dieser Gemeinschaften zu erleichtern, ist der Zweck der sogenannten Beitritts- (Adhäsions-Akzessions-) Klausel.

Als Beispiel für diese Klausel möge der Art. 6 des 4. Haager Abkommens vom 18. Oktober 1907 betr. die Gesetze und Gebräuche des Landkrieges gelten:

„Les Puissances non signataires sont admises à adhérer à la présente convention.

La Puissance qui désire adhérer notifie par écrit son intention au Gouvernement des Pays-Bas en lui transmettant l'acte d'adhésion qui sera déposé dans les archives dudit Gouvernement.

Ce Gouvernement transmettra immédiatement à toutes les autres Puissances copie certifiée conforme de la notification ainsi que de l'acte d'adhésion, en indiquant la date à laquelle il a reçu la notification."

Einige Schriftsteller unterscheiden zwischen Adhäsion und Akzession; nach ihnen liegt Akzession vor, wenn der Staat dem Vertrag im ganzen beitritt, und Adhäsion dagegen dann, wenn er nur einige Teile oder Bestimmungen des Vertrages annimmt. Es steht sicherlich nichts im Wege, daß die Beitrittsklausel eine nur teilweise Adhäsion gestatten oder dem dritten Staat die Freiheit lassen kann, nur Teilen des Vertrags beizutreten. Aber diese Terminologie entspricht nicht der Praxis, welche die beiden Worte durcheinander gebraucht und welche insbesondere auch den Akt Adhäsion nennt, der nach dieser Terminologie als Beitritt (Akzession) zu bezeichnen wäre: so gestatten beispielsweise die Abkommen der 2. Friedenskonferenz (1907) und die Abkommen über das internationale Privatrecht von 1902 und 1905 dritten Staaten die Adhäsion, womit hier die Annahme des Abkommens als Ganzes gemeint ist.

Von einer anderen Sinngebung ausgehend wollen andere Schriftsteller mit dem Wort Adhäsion lediglich das bezeichnen, daß ein Vertrag gebilligt wird ohne den Willen, damit die sich aus dem Vertrage ergebenden Verpflichtungen zu übernehmen noch die sich aus ihm ergebenden Rechte zu erwerben; letzteres geschähe nach ihnen im Wege des Beitritts (Akzession). Diese beiden Hypothesen sind zweifellos etwas verschiedenes und sind beide juristisch möglich: Adhäsion bedeutet nach dieser Sinngebung das, was wir Anerkennung genannt haben; aber auch hier entsprechen die vorgeschlagenen Ausdrücke nicht der Praxis und sie scheinen überdies dazu angetan, Verwirrung zu erzeugen.

Juristisch gesprochen ist die Beitrittsklausel ein Angebot, das die Vertragsparteien bald, wie in dem angeführten Beispiel, den dritten Staaten im allgemeinen, bald bestimmten dritten Staaten machen (man sehe z. B. Art. 93 des Haager Abkommens vom 18. Oktober 1907 zur friedlichen Erledigung internationaler Streitfälle" .. Puissances ... qui ont été conviées à la deuxième Conférence internationale de la paix ...), mit jedem von ihnen einen Vertrag abzuschließen, der wörtlich identisch mit jenem ist, den sie untereinander abgeschlossen haben. Der Beitrittsakt ist die Annahme dieses Angebots, deren Erklärung gewöhnlich von einem der Vertragsstaaten im Namen und in Vertretung aller übrigen entgegengenommen wird. Der sogenannte „Beitritt zu einem Vertrag" ist also in Wirklichkeit ein besonderes abgekürztes Verfahren, um einen Vertrag abzuschließen, der mit einem schon bestehenden identisch ist; die praktische Wirkung besteht darin, daß der Kreis der Staaten, die Träger seiner Pflichten und Rechte sind, erweitert wird.

Man pflegt zu sagen, daß durch den Beitritt der ihn vornehmende Staat Vertragspartei wird. Genau genommen wird dieser Staat durch den Beitritt nicht Partei an dem ursprünglichen, sondern an einem neuen mit diesem gleichlautenden Vertrage. Da er aber dieselben Rechte und Pflichten erwirbt wie die ursprünglichen Vertragsparteien, ist seine Rechtsstellung praktisch keine andere als die, welche ihm zukäme, wenn er am Abschluß des ersten Vertrages teilgenommen hätte, abgesehen davon, daß er an den einschlägigen Rechten und Pflichten zu einem anderen Zeitpunkt teilnimmt.

Die zuweilen in der Literatur erörterte Frage, ob ein dritter Staat einem Vertrage, der die Beitrittsklausel enthält, ohne die Zustimmung der ursprünglichen Vertragsparteien, beitreten kann, scheint einem Mißverständnis zu entspringen. Da der Beitritt ein Vertrag ist, der zwischen den ursprünglichen Vertragsparteien einerseits und dem dritten Staat andererseits geschlossen wird, setzt er voraus, daß zwischen jenen Staaten und dem dritten Staat Willensübereinstimmung besteht. Die Zustimmungserklärung der ursprünglichen Vertragsparteien ist aber schon in der Beitrittsklausel ausgesprochen; diese schafft für die ursprünglichen Vertragsparteien die gegenseitige Verpflichtung, beim Vorliegen der in der Beitrittsklausel aufgestellten Bedingungen mit dem dritten Staate den vorgesehenen Vertrag abzuschließen; diesem dritten Staate gegenüber bedeutet sie ein Angebot, das auf den Abschluß dieses Vertrages mit ihm gerichtet ist und das, wenn nichts anderes ausdrücklich bestimmt ist, nur angenommen zu werden braucht, um zum Vertragsband zu werden. Solange das Angebot nicht angenommen ist, steht es den ursprünglichen Vertragsparteien frei, es nach gemeinsamer Abrede zurückzuziehen oder umzugestalten; tun sie dies nicht, so besteht das Vertragsangebot weiter und mit ihm die Zustimmung der ursprünglichen Vertragsparteien, welche für den Abschluß des neuen Vertrages erforderlich ist.

Wichtiger als diese Feststellung ist der Umstand, daß der Beitritt seinem Wesen nach nur den Staaten offensteht, an welche sich die Beitrittsklausel richtet, da das Vertragsangebot nur für sie und nicht für andere Staaten gilt: der Beitritt anderer Staaten erfordert eine neue ad hoc erklärte Zustimmung aller ursprünglichen Vertragsstaaten. So behält Art. 94 des Haager Abkommens vom 18. Oktober 1907 zur friedlichen Erledigung internationaler Streitigkeiten die Bestimmung der Bedingungen, unter denen die nicht durch die Beitrittsklausel des Art. 93 betroffenen Staaten dem Abkommen sollen beitreten können, ausdrücklich einem später zwischen den Vertragsmächten zu treffenden Übereinkommen vor. Und als in neuester Zeit einige infolge des europäischen Krieges neu entstandene Staaten (Finnland, die Tschechoslowakei, das Königreich der Serben, Kroaten und Slowenen und Polen) den Wunsch ausdrückten, den Abkommen des internationalen Privatrechts vom 12. Mai 1902 und 17. Juli 1905 beizutreten, deren Beitrittsklausel sich nur an die Staaten wendet, welche auf der Konferenz, die das Abkommen ausgearbeitet hat, vertreten waren, da wurde auf Vorschlag der holländischen Regierung für jedes dieser Abkommen ein Protokoll aufgelegt, das den Beitritt der nicht auf der Konferenz vertretenen Staaten „dont le désir d'adhérer a été accueilli favorablement par les Etats contractants" zuließ; mit anderen Worten: die Zulässigkeit des Beitritts hängt ab von der vorherigen einhelligen Billigung der Staaten, zwischen denen das Abkommen gilt (s. Riv. di dir. intern. Bd. XVI, 1924, S. 140ff.).

Man hat auch die Frage erörtert, ob der Beitritt durchaus in der von dem Vertrag vorgeschriebenen Weise erfolgen muß, oder ob er nicht auch auf andere Art, z. B. stillschweigend, erfolgen kann. Diese praktisch fast bedeutungslose Frage ist leicht zu lösen, wenn man bedenkt, daß die Zustimmung der ursprünglichen Vertragsparteien für einen Beitritt gegeben ist, der unter den in dem Vertrag vorgeschriebenen Bedingungen und Modalitäten erfolgt, und daß die gegenseitige Verpflichtung der ursprünglichen Vertragsparteien nur für einen in der vorgeschriebenen Weise erklärten Beitritt gilt und sonst nicht. Das schließt weder aus, daß die Beitrittsklausel nicht auch ausdrücklich oder stillschweigend die Möglichkeit anderer Formen der Beitrittserklärung zulassen kann, noch auch, daß die ursprünglichen Vertragsparteien nicht nachträglich ihre Zustimmung zu Beitrittserklärungen erteilen könnten, die in anderer als der in dem Vertrag vorgesehenen Weise erfolgt sind.

Ganz allgemein ist der Beitritt ein Rechtsgeschäft, das der Staat vollzieht, wenn und insofern er es will. Doch ist nicht ausgeschlossen, daß ein Staat sich verpflichten kann, bestimmten Verträgen beizutreten, so daß der Beitritt die Erfüllung einer vorher eingegangenen Verpflichtung darstellt. Man vgl. z. B. die Artt. 239 und 240 des Friedensvertrages von St. Germain-en-Laye, durch welche Österreich sich verpflichtet, dem internationalen Abkommen von Bern vom 9. September 1886 betreffend den Schutz von Werken der Literatur und Kunst und anderen weniger wichtigen Abkommen beizutreten.

Meistbegünstigungsklausel.

Bibliographie. — In der reichen Literatur über die Meistbegünstigungsklausel (s. neuerdings H. Wehberg, Völkerrechtliche Literatur über die Frage der Meistbegünstigung, in „Weltwirtschaftliches Archiv", Bd. XXVI, 1927, H. 2; S. 127ff.) ist die rechtliche Seite der Frage sehr häufig mit wirtschaftlichen und politischen Betrachtungen vermischt. Mit diesem Vorbehalt seien hier erwähnt: M. Schraut, System der Handelsverträge und der Meistbegünstigung, Leipzig 1884; W. v. Melle, Die Meistbegünstigungsklausel, in Holtzendorffs Handbuch des Völkerrechts, Bd. III, Hamburg 1887, S. 204ff.; E. Lehr, La clause de la nation la plus favorisée, in der „Revue de droit intern. et de lég. comparée", Bd. XXV, 1893, S. 313ff.; Derselbe, La clause de la nation la plus favorisée, spécialement d'après les règles en vigueur en Angleterre et aux Etats Unis, ibid., Série II, Bd. XII, 1910, S. 657ff.; J. R. Herod, Favored Nation treatment, New York 1901; M. L. E. Visser, La clause de la nation la plus favorisée, in der „Revue de droit intern. et de lég. comp.", Serie 2, Bd. IV, 1902, S. 66ff., 159ff., 270ff.; Calwer, Die Meistbegünstigung in den Vereinigten Staaten von Nordamerika, Bern 1902; L. Glier, Die Meistbegünstigungsklausel. Eine entwicklungsgeschichtliche Studie, Berlin 1905; F. Borchardt, Entwicklungsgeschichte der Meistbegünstigung im Handelsvertragssystem, Königsberg i. Pr. 1906; G. Cavarretta, La clausola della nazione più favorita, Palermo 1906; F. Lusensky, Unbeschränkte gegen beschränkte Meistbegünstigung (Reziprozität), Stuttgart 1908; S. K. Hornbeck, The most favored nation clause, in „American Journal of international law", Bd. III, 1909, p. 304ff., 619ff., 797ff.; H. Schweinfurt, Die Meistbegünstigungsklausel. Eine völkerrechtliche Studie, Heidelberg 1911; La clausola della nazione più favorita nei trattati dell' Italia, Roma 1912 (Veröffentlichung des

Finanzministeriums); E. v. Teubern, Die Meistbegünstigungsklausel in den internationalen Handelsverträgen (Anhang I zu Bd. VII der „Zeitschrift für Völkerrecht und Bundesstaatsrecht"), Breslau 1913; S. B. Crandall, The American construction of the most-favoured nation clause, in „American Journal of international Law", Bd. VII, 1913, S. 708ff.; P. Hepp, Théorie générale de la clause de la nation la plus favorisée en droit international privé (Diss.), Paris 1914; Ch. Poznanski, La clause de la nation la plus favorisée, Etude historique et théorique (Freiburger Diss.), Bern 1917; H. Isay, Meistbegünstigungs- und Gleichberechtigungsklauseln im internationalen Rechte, in „Zeitschrift für Völkerrecht", Bd. XV, 1923, S. 276ff.; F. Hoffmann, Meistbegünstigungsklausel, in Strupps Wörterbuch des Völkerrechts, Bd. II, S. 37; H. Meine, Die Beschränkungen in den Meistbegünstigungsklauseln (Diss.), Berlin 1927; R. Riedl, Die Meistbegünstigung in den europäischen Handelsverträgen, Wien 1928.

In der sogenannten Meistbegünstigungsklausel ist eine besondere und auf dem Gebiet der zwischenstaatlichen Beziehungen besonders wichtige Möglichkeit gegeben, daß dritte Staaten das Recht erwerben können, für sich Vorteile in Anspruch zu nehmen, welche andere Staaten in Abkommen, die sie unter sich abgeschlossen haben, für sich vereinbart haben. Ein Staat verspricht einem andern, ihm ohne oder mit entsprechender Gegenleistung die Vorteile zu gewähren, die er anderen Staaten gewährt hat oder in der Folgezeit gewähren wird. Gewöhnlich wird diese Abmachung zum Bestandteil eines Vertrages (eines Handelsvertrages, Schiffahrtsvertrages, Konsularvertrages, Niederlassungsvertrages usw.) gemacht und gilt dann nur für den Inhalt dieses Vertrages (daher der Name Klausel); aber es ist natürlich nicht ausgeschlossen, daß sie in der Form eines selbständigen und allgemeinen Vertrages vereinbart werden kann.

Die Abmachung kann gegenseitig oder einseitig sein. Der erste Fall ist der bei weitem häufigere; als Beispiel für den zweiten kann man den Art. 267 des Versailler Vertrages anführen, durch den Deutschland die Verpflichtung auferlegt worden ist, den alliierten und assoziierten Staaten alle Vergünstigungen, Befreiungen oder Vorzugsrechte in bezug auf die Einfuhr, Ausfuhr oder Durchfuhr von Waren, die es irgendeinem der genannten Staaten oder irgendeinem anderen fremden Staat zubilligen sollte, einzuräumen, während die alliierten und assoziierten Staaten Deutschland gegenüber keinerlei entsprechende Verpflichtung übernommen haben.

Man pflegt auch zu unterscheiden zwischen einer uneingeschränkten Klausel, welche die Einräumung der an jeden anderen Staat gewährten Vorteile vorsieht, und einer eingeschränkten Klausel, die nur für die Vorteile gilt, welche einem bestimmten Kreis von Staaten gewährt werden. Die uneingeschränkte Klausel wird jedoch fast immer in einigen mehr oder weniger wichtigen Punkten Einschränkungen unterworfen; so werden beispielsweise manchmal der Grenzverkehr oder bestimmte Positionen des Zolltarifs oder die einem Nachbarlande gewährten Erleichterungen usw. von ihr ausgenommen.

Wichtiger ist die Unterscheidung zwischen bedingungsloser und bedingter Klausel: man spricht von bedingungsloser Klausel, wenn die Vergünstigungen ohne entsprechende Gegenleistung gewährt werden, von bedingter Klausel aber dann, wenn die Gewährung der Vergünstigung von einer Gegenleistung, welche der dem dritten Staat angebotenen Vergünstigung entspricht, abhängig gemacht wird. Als Beispiele für die bedingungslose Klausel mögen die folgenden Bestimmungen des Handels und Schiffahrtsvertrages zwischen Italien und Rußland vom 7. Februar 1924 gelten:

Art. 19, Abs. 1: „Sans préjudice des dispositions plus favorables existant dans le présent Traité, toutes les facilitations, les droits et les privilèges d'ordre général qui, dans l'Union des Républiques Soviétistes Socialistes ou en Italie, sont ou seront accordés, en matière de commerce, aux ressortissants de toute autre nation étrangère ou à leurs biens, seront étendus, sous conditions de pleine réciprocité, aux ressortissants italiens et à leurs biens dans l'Union et aux ressortissants de l'Union et à leurs biens en Italie."

Art. 20, Abs. 2: „Tout privilège et toute franchise accordés à cet égard (Schiffahrt) à une tierce Puissance par une des parties contractantes, sera accordé, à l'instant même et sans conditions, à l'autre."

Und als Beispiel für die bedingte Klausel möge der Art. 24 des Handels- und Schiffahrtsvertrages zwischen Italien und den Vereinigten Staaten von Amerika vom 26. Februar 1871 gelten, welcher lautet:

„Das Königreich Italien und die Vereinigten Staaten von Amerika verpflichten sich gegenseitig, den anderen Nationen in Angelegenheiten des Handels und der Schiffahrt keinerlei Vergünstigungen zu gewähren, die nicht sofort auch für die andere Vertragspartei zur Anwendung käme; letztere soll, wenn die Einräumung bedingungslos gemacht wurde, in ihren Genuß ohne Gegenleistung gelangen oder, wenn es sich um eine bedingte Einräumung handeln sollte, gegen eine entsprechende Entschädigung."

Die bedingungslose Klausel ist die von den europäischenStaaten in ihren gegenseitigen Beziehungen bevorzugte Form; der bedingten Klausel bedienen sich in der Regel die Vereinigten Staaten von Nordamerika, und zwar sowohl in ihren Beziehungen zu den europäischen Staaten wie in denen, welche sie zu den anderen amerikanischen Staaten unterhalten; auch Japan bedient sich vorwiegend der bedingten Form.

Der Umstand, daß ein Staat einem anderen Staate die dritten Staaten gewährten Vorteile einräumt, kommt in der Geschichte der zwischenstaatlichen Beziehungen schon frühzeitig als Einrichtung vor; man findet es z. B. häufig in den im 14. und 15. Jahrhundert von den italienischen Republiken mit dem ottomanischen Reich abgeschlossenen Kapitulationen; doch kann man in dieser Epoche noch nicht eigentlich von einer Meistbegünstigungsklausel sprechen, weil es sich bei den gewährten Vorteilen nur um solche handelte, welche einem bestimmten Staate eingeräumt worden waren (z. B. wurden den Venetianern die Rechte und Privilegien eingeräumt, welche die Genueser genossen) und nicht um solche, die ganz allgemein den Staat betrafen, der am meisten begünstigt war.

Die Meistbegünstigungsklausel im eigentlichen Sinn des Wortes findet man in den Verträgen, die am Ende des 17. und in den ersten Jahren des 18. Jahrhunderts zum Abschluß kamen; im Lauf dieses Jahrhunderts findet sie immer weitere Ausbreitung und zwar unter der Form der bedingungslosen Klausel, die bald mit Einschränkungen versehen war, bald keine solchen aufzuweisen hatte. Die bedingte Form tritt auf mit Art. 2 des Vertrages zwischen den Vereinigten Staaten und Frankreich vom 6. Februar 1778; sie setzt sich auch in Europa in den nach Beendigung der napoleonischen Kriege und dann besonders von 1825 bis 1860 abgeschlossenen Verträgen immer entschiedener durch; die Verschiedenheit in den Einzelheiten hängt im allgemeinen mit der Handelspolitik der verschiedenen Staaten zusammen, denn dies ist das Gebiet, auf welchem die Meistbegünstigungsklausel ihre hauptsächlichste Rolle spielt; zuweilen kommen die beiden Formen, die bedingte und die bedingungslose, in demselben Vertrage vor; letztere ist dann ersterer gegenüber die Ausnahmebestimmung.

Das Jahr 1860 bezeichnet ein wichtiges Datum in der Geschichte der Meistbegünstigungsklausel. Die liberale Partei, die in England am Ruder war, gab auch die letzten Reste des alten schutzzöllnerischen Systems auf; zur selben Zeit folgte Napoleon III. dem Beispiel des Grafen Cavour und schlug kühn den Weg des wirtschaftlichen Liberalismus ein, dem man in Frankreich bisher stets abgeneigt gewesen war.

Die neue Richtung, welche die beiden Staaten nunmehr eingeschlagen hatten, wirkte sich aus in Art. 5 des Ergänzungsvertrages vom 16. November 1860, welcher die Meistbegünstigungsklausel in der bedingungslosen Form, die damals fast ganz außer Gebrauch gekommen war, wieder zu Ehren brachte; von diesem Zeitpunkt an hat dann die bedingungslose Klausel, die in zahlreiche von Frankreich und Großbritannien mit verschiedenen Staaten abgeschlossene Handelsverträge Eingang fand, in Europa endgültig den Sieg davongetragen.

Die Herrschaft des wirtschaftlichen Liberalismus war nicht von langer Dauer; auch später hat sich die Meistbegünstigungsklausel jedoch in dieser Form behauptet, sei es um die Ermäßigungen des allgemeinen Tarifs (wie er in den Staaten, welche das System des durch Handelsverträge modifizierbaren Einheitstarifs angenommen haben, üblich ist), sei es, um die Vergünstigungen des Minimaltarifs oder der Zwischentarife (wie sie in den Staaten, welche das System des modifizierbaren Maximal- und des durch Handelsverträge nicht modifizierbaren Minimaltarifs angenommen haben, gelten) anderen Staaten zukommen zu lassen.

Die Wirkung der Meistbegünstigungsklausel besteht also darin, daß der Staat, zu dessen Gunsten sie vereinbart wurde, alle die Rechte beanspruchen kann, die einem dritten Staat im Wege des Vertrags eingeräumt worden sind. Wir sagen im Wege des Vertrags, weil die Klausel in der Regel den durch sie Berechtigten nicht das Recht gibt, für sich die Vorteile in Anspruch zu nehmen, die ein dritter Staat lediglich de facto genießt; es ist aber natürlich nicht nötig, daß die Vereinbarung, auf welche diese Vorteile zurückgehen, ihren Niederschlag in einem förmlichen Vertrag gefunden hat. Man braucht kaum hinzuzufügen, daß die Einräumung der Meistbegünstigung nur mit den Einschränkungen und unter den Bedingungen, welche in die Klausel aufgenommen wurden, gefordert werden kann; ist die Klausel bedingt, so erlischt im Falle der Unmöglichkeit der entsprechenden Gegenleistung das Recht auf den dem dritten Staat eingeräumten Vorteil.

Voraussetzung für die Gewährung der Vergünstigung ist, daß ein dritter Staat in den Genuß des einschlägigen Rechts gekommen ist; daraus folgt, daß der begünstigte Staat das betreffende Recht beanspruchen kann, wenn und solange es dem dritten Staat zusteht. Erlischt der Vertrag, welcher zwischen diesem und dem Staat, der die Meistbegünstigung eingeräumt hat, bestand, so verliert der Begünstigte das Recht, die Gewährung der Vergünstigung zu fordern. Dabei kommt es auf den Beweggrund, aus welchem der Vertrag erloschen ist, nicht an, vorausgesetzt, daß er nach Völkerrecht nicht unrechtmäßig ist; so war beispielsweise — angenommen, es gelte der Satz, daß der Krieg die Verträge aufhebt — die Verordnung des deutschen Bundesrats vom 10. August 1914[1]), in welcher er erklärte, daß er den neutralen Staaten die Vorteile, welche ihnen auf Grund der Meistbegünstigungsklausel aus den zwischen dem Deutschen Reich einerseits und Frankreich, Großbritannien und Rußland andererseits abgeschlossenen Verträgen erwachsen seien, fortan nur noch widerruflich und als freiwillige Vergünstigung gewähren werde, sicherlich durchaus dem Recht entsprechend.

Die Lage des Staats, der im Genuß der Meistbegünstigung ist, ist darum unsicher und Veränderungen unterworfen, was eine der praktischen Schattenseiten dieser Klausel ist; eine andere, erheblichere ist die, daß sie die Handlungsfreiheit des durch sie verpflichteten Staats bei seinen Verhandlungen mit dritten Staaten beträchtlich einschränkt. Auf der anderen Seite gewährleistet jedoch die Meistbegünstigungsklausel dadurch, daß sie die in den verschiedenen Verträgen enthaltenen Sondervergünstigungen allgemein macht, eine Gleichheit und Einheitlichkeit in den Bedingungen der Verträge, welche in vieler Hinsicht einen die Nachteile bei weitem überwiegenden Vorteil darstellt. Dies alles gilt natürlich für den Normalfall, d. h. für den Fall, daß die Meistbegünstigungsklausel gegenseitig eingeräumt ist; die nur einseitige Klausel hat ihre Wurzel fast immer in besonderen politischen Erwägungen und kann daher nicht allgemein, sondern nur im Rahmen der Umstände, denen sie ihre Entstehung verdankt, bewertet werden.

Wir wollen, ehe wir diese Frage verlassen, nicht versäumen, daran zu erinnern, daß die vorstehenden Ausführungen nur die Gestalt der Meistbegünstigungsklausel umreißen wollen, so wie sie uns aus der Masse der Verträge, in denen sie vorkommt, im allgemeinen entgegentritt. Man darf dabei nicht vergessen, daß es, juristisch gesprochen, die Meistbegünstigungsklausel nicht gibt; was es hier gibt, sind ebensoviele einzelne, voneinander zu sondernde Vertragsbestimmungen als es Verträge gibt, in welchen sie vorkommt, so daß jede Frage nach der Natur und den Wirkungen der Klausel in erster Linie Frage der Auslegung einer bestimmten Klausel in einem bestimmten Vertrage ist. Diese Bemerkung ist wichtig, schon um die vielen Erörterungen, welche in der Literatur über die juristische Tragweite der Klausel angestellt worden sind, und nicht wenige der Schlüsse, zu denen man dabei gelangt ist, auf ihre wahre Bedeutung zurückzuführen.

---

[1]) Reichsgesetzblatt 1914, Nr. 4462. (Anm. d. Übers.)

Die Endigungsgründe der Staatsverträge.

Bibliographie. — C. H. Breuning, Dissertatio de causis iuste soluti foederis ex iure gentium, Leipzig 1762; C. E. Waechter, Dissertatio de modis tollendi pacta inter gentes, Stuttgart 1779; L. von Dresch, Über die Dauer der Völkerverträge, Landshut 1808; C. W. von Troeltsch, Versuch einer Entwicklung der Grundsätze nach welchen die rechtliche Fortdauer der Völkerverträge zu beurteilen ist, Landshut 1809; A. C. G. von Oldeneel, De causis quae foederum auctoritatem tollunt, Trajecti ad Rhenum 1851; L. Olivi, Sull' estinzione dei trattati internazionali, in „Annuario delle scienze giuridiche, sociali e politiche", Bd. IV, 1883, S. 1—67; R. Jacobi, Die Endigungsgründe völkerrechtlicher Verträge, Breslau 1908; Th. Bertram, Die Aufhebung der völkerrechtlichen Verträge, Borna-Leipzig 1915 (Diss.); J. Chronz, Die Aufhebung der Staatsverträge, Frankenstein in Schlesien, 1920 (Diss.). A. Mc Nair, La terminaison et la dissolution des traités, in „Recueil des cours, Académie de droit international", Bd. 22 (1928, II) S. 461ff.

Die Gründe für die Beendigung der Staatsverträge werden entweder ipso jure d. h. unmittelbar, oder auf Verlangen einer Partei d. h. mittelbar wirksam; im ersteren Falle erlischt der Vertrag in dem Augenblick der Entstehung des Endigungsgrunds, im letzteren erst dann, wenn der Berechtigte sein Recht geltend macht, den Vertrag als erloschen anzusehen.

Man darf das, was wir die mittelbare oder unmittelbare Wirkung der Endigungsgründe genannt haben, nicht verwechseln mit dem Bestehen oder Nichtbestehen eines Streites darüber, ob ein solcher Endigungsgrund im einzelnen Fall wirklich vorliegt oder nicht, beispielsweise Unmöglichkeit der Leistung. Die hier gemachte Unterscheidung sieht völlig davon ab, ob zwischen den Parteien Streit darüber besteht, ob ein Endigungsgrund eingetreten ist oder nicht; es soll damit lediglich gesagt sein, daß dann, wenn ein Endigungsgrund vorhanden ist (entweder weil die Parteien ihn übereinstimmend anerkannt haben oder weil sein Bestehen auf eine der völkerrechtlich zulässigen Arten festgestellt worden ist) der Vertrag, auf den er sich bezieht, entweder automatisch erlischt oder aber weiterbesteht, daß jedoch den Parteien ein Recht ihn aufzuheben, erwachsen ist.

Die Hauptursachen für das unmittelbare Erlöschen der Verträge sind: ein besonderes, ausdrücklich oder stillschweigend mit diesem Ziel abgeschlossenes Abkommen der Parteien; die Erfüllung des Vertrages; der Verzicht; der Zeitablauf; die in dem Vertrag eventuell zugelassene Kündigung; der Untergang der Vertragsparteien; die Unmöglichkeit der Erfüllung und der Eintritt einer ausdrücklich oder stillschweigend vereinbarten auflösenden Bedingung. Mittelbar kann der Vertrag wegen Nichterfüllung seitens einer Vertragspartei zum Erlöschen kommen.

Übereinkommen der Parteien.

Das neue Übereinkommen der Vertragsparteien kann ausschließlich die Aufhebung des früheren Vertrages zum Inhalt haben; in diesem Fall pflegt man zu sagen, daß das Erlöschen infolge wechselseitigen Dissenses eintritt; genauer ausgedrückt: durch Übereinstimmung des auf Beendigung der Wirkungen einer früher erklärten Übereinstimmung gerichteten Willens der Parteien. Wir wissen aber (s. S. 69ff.), daß das die Aufhebung des bisherigen Vertrags bewirkende Übereinkommen auch darin bestehen kann, daß an seine Stelle ein neuer Vertrag gesetzt wird; der alte Vertrag hört dann entweder infolge der ausdrücklichen Erklärung der Parteien oder wegen der Unvereinbarkeit der neuen Bestimmungen mit den alten zu existieren auf; in diesem letzten Fall pflegt man von Substitution zu sprechen.

Die Erfüllung.

Erfüllung eines Vertrags ist die erschöpfende und in der gegeschuldeten Weise bewirkte Leistung dessen, was versprochen war. Da die rechtliche Wirkung eines Vertrages gerade darin besteht, daß er zur Ausführung der versprochenen Leistung verpflichtet (s. S. 309), so erlischt diese Verpflichtung, sobald die Leistung bewirkt worden ist; man kann dann nicht mehr davon sprechen, daß der betreffende Vertrag als rechtliches Instrument weiterbestehe; zwar besteht er zweifellos weiter; jedoch nur noch als geschichtliches Ereignis, was etwas ganz anderes ist. Die Einwände, die von einigen neueren Schriftstellern gegen die herrschende Lehre, für welche die Erfüllung des Vertrages eine der Arten seines Erlöschens ist, erhoben werden, scheinen daher der Begründung zu entbehren.

Der Verzicht.

Was den Verzicht anlangt, der nicht unbedingt eine annahmebedürftige Willenserklärung zu sein braucht, und dessen Wirkungen sich daher nicht immer auf ein durch beiderseitige Einwilligung bewirktes Erlöschen des Vertrags zurückführen lassen, so genüge es hier, auf das zu verweisen, was oben S. 265ff. darüber gesagt worden ist.

Der Zeitablauf.

Der Zeitablauf verdient eingehendere Betrachtung. Wir haben schon gesagt (S. 69, 301), daß der Eintritt des Endtermins den Vertrag zum Erlöschen bringt und daß der Endtermin, da er eine akzessorische Bestimmung darstellt, in einem die Beendigung des Vertrages betreffenden Abkommen vereinbart wird, das von dem Augenblick an gilt, in welchem der Vertrag zur Entstehung kommt, und das ihn begleitet; dieses Vertragselement ist daher für das politische Problem der Dauer der völkerrechtlichen Verpflichtungen von besonderer Bedeutung.

Es gibt sicher Verträge, die ihrer Natur nach als für die (wenn auch natürlich nur sehr hypothetisch gemeinte) Ewigkeit geschlossen gelten sollen. Dahin gehören die nach Beendigung eines Krieges abgeschlossenen Friedensverträge. Es kommt auch vor, daß andere Verträge auf unbestimmte Zeit abgeschlossen werden, sei es, weil politische Gründe es ratsam machen, von einer besonderen Befristung abzusehen, sei es, weil für eine andere Handlungsweise keine Gründe vorhanden zu sein scheinen.

Im allgemeinen besteht aber zwischen dem Prinzip des ewigen Fortbestands oder der unbegrenzten Dauer der Verträge und der Wirklichkeit der dauernden, und nicht abzustellenden Veränderlichkeit der Tatsachen, welche das zwischenstaatliche Leben ausmachen, ein unlösbarer Widerspruch; daraus entsteht die Gefahr, daß solche Verpflichtungen schließlich unerträglich und deshalb um so leichter verletzt werden. Man begreift daher, daß man es häufig vorzieht, beim Abschluß von Verträgen ein Verfahren zur Anwendung zu bringen, das es gestattet, die Dauer der Verträge der Dauer der Verhältnisse, denen sie entsprungen sind, anzupassen.

Die Setzung eines vorherbestimmten und feststehenden Endtermins oder aber auch eines zwar unbestimmten, aber später auf Grund eines bestimmten Ereignisses bestimmbaren Termins ist bei jenen Verträgen angebracht, deren Dauer man auf sichere Weise im voraus — absolut oder relativ — festsetzen will und kann. In vielen Fällen ist es jedoch fast unmöglich, schon im Augenblick des Vertragsabschlusses zu wissen, wie lange die tatsächlichen Verhältnisse und Gründe, welche Abschluß und Inhalt eines Abkommens bestimmt haben, dauern werden; ferner tritt sehr häufig der Fall ein, daß diese Verhältnisse und Gründe für die einen Vertragspartner aufhören zu existieren, während sie für die anderen bestehen bleiben. Um den Mißständen zu entgehen, welche sich daraus ergeben, daß entweder durch den Abschluß von Verträgen auf lange und unbegrenzte Zeit die Freiheit der Staaten über das nötige Maß hinaus gebunden werden muß oder daraus, daß andernfalls neue Verträge mit erneuernder oder aufschiebender Wirkung nötig werden, wenn den nur für eine kurze Zeit abgeschlossenen Verträgen längere Geltung verliehen werden soll, hat man ein Verfahren entwickelt, das große Verbreitung gefunden hat. Danach wird der Vertrag an sich auf unbeschränkte Zeit geschlossen, den Parteien aber die Möglichkeit gegeben, jede für sich nach ihren besonderen Bedürfnissen vermittels der in periodischen Zeitabschnitten, die im Vertrag selbst festgelegt sind, möglichen Kündigung den dies ad quem zu bestimmen.

So enthalten z. B. die Haager international-privatrechtlichen Abkommen vom 12. Juni 1902 und 17. Juli 1905 sämtlich einen Artikel folgenden Inhalts:

„La présente Convention aura une durée de 5 ans à partir de la date indiquée dans l'article . . . (Datum der ersten Hinterlegung der Ratifikation).

Ce terme commencera à courir de cette date, même pour les Etats qui auront adhéré postérieurement . . .

La Convention sera renouvelée tacitement de cinq ans en cinq ans, sauf dénonciation.

La dénonciation devra être notifiée, au moins six mois avant l'expiration du terme visé aux alinéas deux et trois, au Gouvernement des Pays Bas, qui en donnera connaissance à tous les autres Etats.

La dénonciation ne produira son effet qu'à l'égard de l'Etat qui l'aura notifiée. La Convention restera exécutoire pour les autres Etats contractants."

In diesem Falle folgen die jeweiligen Endtermine, durch die die Kündigung geschaffen werden kann, in periodisch wiederkehrenden Gruppen einer gleichen Zahl von Jahren aufeinander. In anderen Fällen folgen sich die späteren Kündigungstermine in Zeitfolgen, welche kürzer sind als die erste Periode, nach deren Ablauf gekündigt werden kann; diese dauert meistens verhältnismäßig lange, z. B. zehn oder zwölf Jahre, während die späteren Kündigungstermine sich in ein- oder zweijährigen Abständen folgen. Dieser und andere sonst noch mögliche Unterschiede haben geringe Bedeutung. Dagegen darf man nicht außer acht lassen, daß es in diesen Fällen ungenau ist davon zu sprechen, ein solcher Vertrag sei mit einem Endtermin versehen, wie viele Schriftsteller es tun. In Wirklichkeit haben wir es mit Verträgen zu tun, welche zwar unbefristet sind, die aber die Aufhebung durch einen Vertragspartner allein zulassen. Diese Aufhebung ist bestimmten Verfahrensregeln unterworfen, unter denen auch ein Endtermin eine Rolle spielt, der aber nicht für den Vertrag als solchen, sondern nur für die Ausübung des Kündigungsrechts Endtermin ist. In dem Fehlen dieser Befristung besteht der einzige Unterschied zwischen den Verträgen, von denen wir hier sprechen, und anderen auf unbegrenzte Zeit abgeschlossenen, bei welchen lediglich die Möglichkeit der Kündigung oder des Rücktritts vorgesehen ist. In diesen Fällen kann die Kündigung jederzeit erfolgen, wenn sie auch in der Regel ihre Wirkungen erst zu einem späteren, in dem Vertrag vorgesehenen Zeitpunkt auszuüben vermag. Diesen Typus stellen z. B. die Abkommen der zweiten Friedenskonferenz dar, die eine Klausel folgenden Inhalts enthalten:

„S'il arrivait qu'une des Puissances contractantes voulût dénoncer la présente Convention, la dénonciation sera notifiée par écrit au Gouvernement des Pays Bas qui communiquera immédiatement copie certifiée conforme de la notification à toutes les autres Puissances en leur faisant savoir la date à laquelle il l'a reçu.

La dénonciation ne produira ses effets qu'à l'égard de la Puissance qui l'aura notifiée et un an après que la notification en sera parvenue au Gouvernement des Pays Bas."

Die Kündigung.

Die hier angeführten Beispiele zur Beleuchtung des Unterschiedes, der besteht zwischen den mit einem Endtermin versehenen Verträgen, die nach Ablauf der Zeit, für welche sie abgeschlossen worden waren, erlöschen, und den auf unbestimmte Zeit abgeschlossenen Verträgen, bei denen innerhalb vorher festgesetzter periodisch wiederkehrender Zeiträume eine Kündigungsmöglichkeit vorgesehen ist, und welche trotz des entgegenstehenden Anscheins keine befristeten Verträge sind, können uns auch einen Begriff davon geben, was die Kündigung eigentlich ist: die Erklärung, nicht mehr durch den Vertrag gebunden sein zu wollen. Das Wort Kündigung wird zuweilen auch gebraucht, um die von dem Erlöschen eines Vertrages gemachte Mitteilung zu bezeichnen, welche dadurch erfolgt, daß der Eintritt irgendeines Erlöschungsgrundes förmlich festgestellt wird; aber in dem hier vertretenen eigentlichen Sinne des Worts bedeutet das Wort „Kündigung" in den Fällen, wo es sich um Kollektivverträge handelt, die Erklärung, von dem Recht, aus dem Vertragsnexus auszuscheiden (Rücktritt), Gebrauch machen und da, wo es sich um zweiseitige Verträge handelt, die Erklärung, das Recht ausüben zu wollen, den Endtermin des Vertrages zu bestimmen. Daraus ersieht man, daß es ein ungenauer Sprachgebrauch ist, wenn man die Ausdrücke Rücktritt und Kündigung (oder Aufkündigung) durcheinander gebraucht, wie es von vielen Schriftstellern getan wird; die Kündigung erfolgt in Fällen (zweiseitige Verträge), wo man richtigerweise nicht von Rücktritt sprechen kann, der die Fortdauer des Vertrages voraussetzt; und auch in den Fällen, wo es sich um wirklichen Rücktritt handelt (Kollektivverträge), ist die Kündigung nichts anderes als eine Bedingung für die Ausübung dieses Rechts.

Die Kündigung und das ihr folgende Erlöschen des Vertrages, sei es, daß dieser seinem vollen Umfang nach untergeht (so in den Fällen, wo es sich um einen zweiseitigen Vertrag handelt), sei es, daß lediglich die Beziehungen zwischen dem Kündigenden und den anderen Vertragsparteien aufhören (so dann, wenn es sich um einen Kollektivvertrag handelt) lassen sich letzten Endes auf die rechtliche Kategorie, welche gewöhnlich gegenseitiger Dissens genannt wird, d. h. auf eine Vereinbarung, den Vertrag aufheben zu wollen, zurückführen. Die Besonderheit des Falls liegt darin, daß diese Vereinbarung schon im Augenblick des Vertragsabschlusses erfolgt ist und in einer Klausel des Vertrages Gestalt gewonnen hat. Es ist daher klar, daß man von einem Kündigungsrecht nur dann sprechen kann, wenn es ausdrücklich oder stillschweigend vertraglich vereinbart worden ist. Wir sagen ausdrücklich oder stillschweigend, weil, da es im Völkerrecht zwingende Formvorschriften nicht gibt (s. S. 260), hier der bekannte Satz gilt „eadem est vis taciti ac expressi". Damit ist natürlich die Schwierigkeit nicht gelöst, die sich im einzelnen ergibt, wenn die stillschweigende Zustimmung zu einem so heiklen Punkt bewiesen werden soll; läßt es sich aber beweisen, daß die Parteien die Absicht hatten, sich gegenseitig das Kündigungsrecht zu gewähren, so ist das Fehlen einer ausdrücklichen Abmachung hierüber ohne rechtliche Bedeutung.

Die Bedingungen für die Ausübung des Kündigungsrechts werden in der Regel durch den Vertrag festgesetzt. Stets wird dabei die ausdrückliche Erklärung des Willens, das Recht auszuüben, erfordert, und meistens werden noch obendrein die Wirkungen der Kündigung bis zu einem bestimmten Zeitpunkt aufgeschoben. Bei Kollektivverträgen ist die förmliche Erklärung der Kündigung fast stets an einen der Vertragsstaaten gerichtet, der in dem Vertrag selbst bezeichnet ist, und der sie im eigenen Namen und in Vertretung der anderen entgegennimmt.

Der Untergang der Rechtspersönlichkeit der Vertragsparteien.

Wir werden an gegebener Stelle sehen, daß die völkerrechtlichen Verträge deswegen, weil sie intuitu personae abgeschlossen sind, in der Regel nicht übertragbar sind; daher bewirkt der Untergang der Rechtspersönlichkeit einer der Parteien das Erlöschen der zwischen ihnen bestehenden zweiseitigen Verträge, während die Kollektivverträge, an denen das untergegangene Rechtssubjekt beteiligt war, zwischen den übrigen Vertragsparteien weiter in Geltung bleiben. Es versteht sich, daß es sich dabei um ein wirkliches Erlöschen der Rechtspersönlichkeit des betreffenden Völkerrechtssubjekts handeln muß, und daß bloße Modifikationen der konstitutiven Elemente eines Völkerrechtssubjekts nicht genügen. Diese löschen die Verträge nicht aus (s. S. 132ff.) und wenn die Verträge dabei aufgehoben werden, so geschieht das nicht aus dem Grund, von welchem oben die Rede war.

Die Unmöglichkeit der Erfüllung.

Es ist allgemein anerkannt, daß die unerwartet eintretende Unmöglichkeit der Erfüllung den Vertrag beendet; das wäre z. B. der Fall bei einem Vertrag, der sich auf ein Gebiet bezieht, das etwa infolge eines Krieges aufgehört hat, dem betreffenden Staat zu gehören. Die Unmöglichkeit der Erfüllung liegt, juristisch gesprochen, dann vor, wenn ihr Vorliegen von den Parteien anerkannt oder es auf eine sonstige völkerrechtlich zulässige Art festgestellt worden ist; auf alle diesbezüglichen Streitfälle sind die Normen anwendbar, welche die Schlichtung internationaler Streitfälle zum Gegenstand haben. Es ist eine Frage der Auslegung zu sehen, ob eine zeitweilige Unmöglichkeit der Leistung den Vertrag zum Erlöschen bringt oder ob sie die Ausführung des Vertrags lediglich aufschiebt; im Zweifel ist das letztere zu vermuten.

Die auflösende Bedingung.

Die Wirkung einer einem Vertrag beigefügten auflösenden Bedingung bedarf zu dem auf S. 302ff. vom allgemeinen Standpunkt aus Gesagten, hier keiner besonderen Darlegung mehr.

Aber wie dort gezeigt worden ist, werden zwei wegen ihrer Bedeutung und Schwierigkeit besonders zu beachtende Gründe für den Untergang von Verträgen begrifflich auf die Sätze von der auflösenden Bedingung zurückgeführt: der Ausbruch des Krieges zwischen den Vertragsparteien und die unvermutet eingetretene Veränderung der Verhältnisse, angesichts derer der Vertrag geschlossen worden ist. Indessen muß man beim Zusammenbringen dieser Endigungsgründe mit dem Begriff der auflösenden Bedingung mit einiger Vorsicht zu Werke gehen. Es ist zwar, wie wir sehen werden, vollkommen richtig, daß es in jedem dieser beiden Fälle der Wille der Parteien ist, welcher die Dauer ihrer Vertragsbeziehungen davon abhängig macht, daß diese ungewissen und zukünftigen Ereignisse nicht eintreten: in diesem Sinne kann man von ihnen gut als von stillschweigenden auflösenden Bedingungen sprechen. Dagegen ist es unangebracht und sogar gefährlich, diese verschiedenen Dinge zusammenzubringen, wenn man dabei auf einen wirklichen und scharf umgrenzten juristischen Begriff der Bedingung abstellt, sei es auf den Gattungsbegriff überhaupt, sei es auf den Begriff einzelner Bedingungen und ihrer Wirkungen. Es ist z. B. bekannt, daß nach einer noch weit verbreiteten und anerkannten Lehre für die auflösende Bedingung die rückwirkende Kraft, d. h. die Auflösung ex tunc charakteristisch sein soll; dagegen ist es sicher, daß es sich in den Fällen, von denen wir hier sprechen, nur um Auflösung ex nunc handeln kann.

Nachdem wir dies vorausgeschickt haben, wollen wir die Wirkungen des Krieges auf die Verträge und die sogenannte clausula rebus sic stantibus in getrennten Untersuchungen betrachten.

a) Die Wirkungen des Krieges auf die Verträge.

Bibliographie. — P. A. C. Leopold, Commentatio de effectu novi belli quoad vim obligandi pristinarum pacificationum, Helmstedt 1792; G. F. de Martens, Über die Erneuerung der Verträge in den Friedensschlüssen der Europäischen Mächte, Göttingen 1797; J. H. van der Meer de Wijs, De quaestione an bello aborto pereat inter bellum gerentes foederum auctoritas, Amsterdam 1830; Ch. Swaving, De invloed van het oorlogsrecht op wroeger gesloten tractaten (Diss.), Rotterdam 1888; R. Jacomet, La guerre et les traités, Paris 1909; Annuaire de l'Institut de droit international, Bd. XXIII, 1910, S. 251ff.; XXIV, 1911, S. 200ff. und XXV, 1912, S. 611ff.; s. dazu Bemerkungen von Ch. Dupuis in „Revue générale de droit internat. public", 1913, S. 372ff.; W. Schätzel, Der Krieg als Endigungsgrund von Verträgen (Diss.), Berlin 1911, besprochen von K. Strupp im „Archiv des öffentlichen Rechts", Bd. 31 (1913), S. 600ff.; G. Billerbeck, Der Einfluß des Kriegsbeginns und des Friedensschlusses auf die zwischen den kriegführenden Staaten vor dem Ausbruch des Krieges geschlossenen Verträge (Diss.), Breslau 1911; M. Buonvino, Gli effetti della guerra sulla validità dei trattati, Aquila 1912 (und hierüber Ghirardini, in „Riv. di diritto internazionale", Bd. XI, 1912, S. 639ff.); P. Wachsmann, Der Einfluß des Kriegsbeginns und des Friedensschlusses auf die zwischen den kriegführenden Staaten vor dem Ausbruch des Krieges geschlossenen Verträge (Diss.), Breslau 1912; G. B. Davis, The effect of war upon public treaties, in „Proceedings of the American Society of international Law", 1912, S. 124ff.; S. Rothholz, Der Einfluß des Krieges auf Bestand und Wirksamkeit veröffentlichter Verträge (Diss.), Greifswald 1913; A. von Burgsdorff, die Kriegserklärung und ihre Wirkungen unter besonderer Berücksichtigung der öffentlich-rechtlichen und privat-rechtlichen Verträge, Düsseldorf 1914; L. Beer, Krieg und Völkerrecht vor dem deutschen Reichsgericht, in „Niemeyers Zeitschrift für internationales Recht", Bd. XXV, 1915, S. 321ff.; G. Kleinfeller, Der Einfluß des Krieges auf völkerrechtliche Verträge, ibid., S. 383ff.; Junck, Der Krieg und die Pariser Übereinkunft zum Schutze des gewerblichen Eigentums, in „Leipziger Zeitschrift für deutsches Recht" 1915, S. 329ff.; M. Ghiron, Gli effetti della guerra odierna sulle convenzioni per la tutela dei diritti industriali, in „Rivista di diritto internazionale", Bd. X, 1916, S. 355ff. und Bd. XI, 1917, S. 13ff.; C. Wolf, Staatsverträge und Weltkrieg, insbesondere der Weltpostverein und die Welttelegraphenverträge im Weltkrieg (Diss.), Greifswald 1918; D. Anzilotti, in „Rivista di diritto internazionale", Bd. XII, 1918, S. 53ff.; C. J. B. Hurst, The effect of war on treaties im „British Year Book of international law", Jahrg. 2, 1921—1922, S. 37ff.; C. Rühland, Zur Theorie und Praxis des Einflusses des Kriegsbeginns auf Staatsverträge, in „Niemeyers Zeitschrift für internationales Recht", Bd. XXXII, 1924, S. 74ff.; von Frisch und Schätzel, Kriegsausbruch und Staatsverträge, in Strupps Wörterbuch des Völkerrechts, Bd. I, S. 708ff.

Es ist eine in der Rechtswissenschaft nicht nur unserer Zeit viel erörterte Frage, ob der Ausbruch des Krieges ein Grund für das Erlöschen der zwischen den kriegführenden Staaten geltenden Verträge ist. Viele Schriftsteller sind der Meinung, daß, wenn früher wirklich einmal der Satz, daß der Krieg die Verträge — abgesehen von einigen mehr scheinbaren als wirklichen Ausnahmen — aufhebe, gegolten haben sollte, dieser Satz mit dem heutigen Stand des Völkerrechts, nach dem von Fall zu Fall unterschieden werden müsse, nicht länger vereinbar sei. Handelt es sich dann aber darum zu bestimmen, welches nun die Verträge sind, welche erlöschen sollen, und welche nicht, so sind hier die Schriftsteller alles andere als einig und eindeutig; und während einige von ihnen behaupten, daß die alte Regel noch jetzt in Geltung sei, wenn auch die Ausnahmen zahlreicher und wichtiger geworden seien, fehlt es nicht an anderen, die behaupten, die alte Regel habe sich in folgenden neuen Rechtssatz verwandelt: der Krieg hebe, von einigen Ausnahmen abgesehen, die Verträge nicht auf; diese Ausnahmen beständen nach ihrer Ansicht im allgemeinen in den politischen Verträgen (Bündnis-, Bundesverträgen usw.) und in den Wirtschaftsverträgen (Handels- und Zollverträgen usw.), Vertragsgattungen, zu denen, wie jeder sieht, die große Masse der Verträge so sehr gehört, daß die Ausnahme zur Regel würde. Ferner ist zu beachten, daß es sich nach der Meinung einiger Autoren um ein wirkliches Erlöschen des Vertrags handelt, nach der Ansicht anderer aber nur um einen Aufschub der Ausführung; manchmal weiß man auch nicht recht, ob das eine oder das andere gemeint ist.

Auch in der Praxis fehlt es nicht an Unsicherheiten; doch kann man wohl sagen, daß sie sich nach dem Grundsatz richtet, daß der Krieg die Verträge zwischen den Kriegführenden beendigt, mit Ausnahme derer, die ganz speziell für den Kriegsfall abgeschlossen worden sind. Alle oder fast alle Friedensverträge enthalten eine Klausel, welche die früheren Verträge wieder in Kraft setzt, und zuweilen heißt es dabei noch ausdrücklich „die durch den Krieg ausgelöschten" Verträge. Dagegen wird aber der Umstand ins Feld geführt, daß in verschiedenen Kriegen der Neuzeit die Kriegführenden gewisse Verträge weiter beobachtet und angewandt haben, und zwar besonders solche, die sich auf Materien des Privatrechts bezogen; darauf kann man aber erwidern, daß es durchaus nicht erwiesen ist, ob die Staaten, wenn sie während des Krieges gewisse Verträge weiter beobachtet haben, dies mit der Überzeugung, dazu verpflichtet zu sein, getan haben, oder ob sie nicht vielmehr dabei aus einem freien Willensentschluß heraus gehandelt haben, zu dem sie vielleicht durch Nützlichkeitserwägungen und durch die Möglichkeit, dadurch gewisse Interessen schützen zu können, veranlaßt worden waren, Interessen, angesichts derer sie sich entschlossen haben, etwas zu tun, wozu sie streng genommen nicht verpflichtet waren.

Die jüngsten Friedensverträge (der von Versailles, Artt. 282 bis 289, der von St. Germain, Artt. 234—241 ff. usw.) machen überdies einen Unterschied zwischen mehrseitigen oder Kollektivverträgen und zweiseitigen Verträgen.

Hinsichtlich der ersten bestimmen die Friedensverträge mit peinlicher Genauigkeit, welche von ihnen „dès la mise en vigueur du présent Traité" in den Beziehungen zwischen dem ehemals feindlichen Staat und den alliierten und assoziierten Mächten, die Kontrahenten der betreffenden Verträge sind, zur Anwendung gelangen sollen; bei einigen Verträgen wird die Möglichkeit der Anwendung besonderen Bedingungen unterworfen. Was die hier nicht aufgeführten Verträge anlangt, so haben sie sicherlich als außer Kraft gesetzt zu gelten und das bedeutet, wenigstens praktisch, daß sie für die genannten Staaten erloschen sind; dabei ist aber nicht gesagt, ob dieses Erlöschen eine Folge des Krieges ist und daher ex tunc, oder ob es eine Wirkung des Friedensvertrages ist und folglich ex nunc wirkt.

Die zweiseitigen, d. h. die zwischen dem ehemals feindlichen Staat und einer alliierten und assoziierten Macht abgeschlossenen Verträge sind in den Friedensverträgen nach folgenden Grundsätzen behandelt worden: unter Berücksichtigung des Geistes und der Bestimmungen des Friedensvertrages bezeichnet jede der alliierten und assoziierten Mächte dem ehemals feindlichen Staat innerhalb 6 Monaten nach dem Inkrafttreten des Vertrages die Konventionen oder die Verträge, deren Wiedergeltung sie verlangt; nur die zweiseitigen Verträge, welche so bezeichnet worden sind, sollen, so heißt es in den Friedensverträgen, zwischen den alliierten und assoziierten Mächten und dem ehemals feindlichen Staat wieder gelten; in einigen der genannten Verträge (z. B. dem von Versailles, Neuilly-sur-Seine) findet sich der Zusatz „alle anderen sind und bleiben aufgehoben". Hier findet sich also eine klare Bestätigung der herkömmlichen und überlieferten Auffassung, nach welcher die Verträge durch den Krieg aufgehoben und bei Friedensschluß wieder in Kraft gesetzt werden; nur daß man es, statt sie en bloc in Kraft zu setzen, abgesehen von einigen zwischen den Parteien besonders vereinbarten Ausnahmen, dem Willen des Siegers überlassen hat, zu bestimmen, welche Verträge wieder in Kraft gesetzt werden sollen.

Prüfen wir die Frage nunmehr vom grundsätzlichen Standpunkt aus, so sehen wir, daß man nicht sagen kann, daß der Krieg an sich mit dem Bestehen von Verträgen zwischen den Kriegführenden unvereinbar sei; kommt es doch sogar vor, daß Verträge gerade für den Kriegsfall abgeschlossen werden. Diese Ansicht, welche, von der Vorstellung ausgehend, daß der Krieg, als völlig entfesselte Gewalt, die Aufhebung der Rechtsordnung bedeute, die bindende Kraft auch dieser Verträge leugnet, steht im Widerspruch zur Geschichte, zur tatsächlichen Wirklichkeit und zu der Überzeugung der Staaten, welche bezüglich der Wirksamkeit der Verträge keinerlei Unterschied zwischen den für die Friedenszeit eingegangenen und für den Kriegsfall abgeschlossenen Vereinbarungen macht, wenn diese letzteren auch in Wirklichkeit leichter verletzt werden. Es ist daher ohne weiteres jede Ansicht abzulehnen, die aus dem Krieg als solchem schlechthin den Untergang der früher abgeschlossenen Verträge ableitet.

Wenn wir aber andererseits daran denken, in welch verschiedener Lage ein Staat sich in Kriegs- und Friedenszeiten befindet, und noch mehr daran, wie unwahrscheinlich es ist, daß die vertragschließenden Staaten ihre Handlungsfreiheit jeweils zum Nutzen des anderen gerade für den Fall einschränken wollten, in welchem sie alle ihre Kräfte in Bewegung setzen, um sich gegenseitig zu überrumpeln, so scheint die Behauptung nicht unbegründet, daß die völkerrechtlichen Verträge in der Regel, wenn sie nicht gerade für den Krieg geschlossen worden sind, unter der stillschweigenden Voraussetzung abgeschlossen werden, daß normale friedliche Beziehungen zwischen den Vertragsparteien bestehen. Mit dem Ausbruch des Krieges tritt also ein Umstand ein, der nach dem Willen der Parteien die eingegangenen Verpflichtungen löst. Es ist nicht der Krieg, der die Verträge aufhebt, sondern es ist in der Regel so, daß die Parteien gemeinhin die Absicht haben, sich nur für die Friedenszeit zu verpflichten.

Ist ein Vertrag unter dem Vorbehalt zustandegekommen, daß zwischen den Kontrahenten friedliche Beziehungen bestehen, so kann man nicht annehmen, daß der Krieg den Vertrag selbst in Kraft läßt und lediglich seine Ausführung suspendiert. Es soll hier sicher nicht geleugnet werden, daß es sich in einigen Fällen nachweisen läßt, daß in einem Vertrag der Krieg als eine Möglichkeit angesehen wurde, welche die Ausführung der Vertragsverpflichtung suspendieren, aber nicht die Verpflichtung selbst auslöschen solle. In der Regel ist dies aber nicht die Art und Weise, wie sich die Staaten zu dem Fall eines mit den Waffen geführten gegenseitigen Kampfes stellen. Mit dem Krieg, der nun einmal den Zweck hat, dem Besiegten den Willen des Siegers aufzuzwingen, geht immer bewußtermaßen Hand in Hand die Absicht der Kriegführenden, die sich bietenden Möglichkeiten zu einschneidenden und im voraus unberechenbaren Veränderungen in der Stellung der Streitenden auszunützen; man fängt nicht Krieg an, um nachher die Dinge beim alten zu lassen, und man kann daher logischerweise nicht annehmen, daß zwei Staaten, die gegenseitige Verpflichtungen auf der Grundlage ihrer augenblicklichen friedlichen Beziehungen eingehen, sich auch für die unbekannten und unberechenbaren Verhältnisse, denen sie sich nach dem Ende eines Krieges gegenüber sehen werden, verpflichten wollen. Solange das Gegenteil nicht bewiesen ist, hat man es daher als den Willen der Parteien anzusehen, daß der Vertrag so lange gelten solle, wie die friedlichen Beziehungen zwischen den Parteien dauern; hören sie auf, so erlischt der Vertrag, und nur ein neues Abkommen kann ihn wieder in Kraft setzen.

Was im folgenden behandelt wird, stellt keine Ausnahmen, sondern logische Folgen des Grundsatzes dar:

a) Da das Erlöschen der Verträge nicht ein Ausfluß des Krieges als solchen, sondern ein Ausfluß des Willens der Vertragsparteien ist, ist es stets möglich, einen entgegenstehenden Willen der Vertragsparteien zu beweisen, d. h. den Willen, daß der Vertrag auch während des Krieges in Kraft bleiben und daß lediglich seine Ausführung suspendiert werden soll oder auch nicht einmal dies. Wenn ausdrückliche Abmachungen über diesen Punkt fehlen, wird man den Willen der Parteien aus dem Geist und Zweck der einzelnen Verträge und zum Teil auch der einzelnen Vertragskategorien ableiten können; wenn auch normalerweise die nicht gerade für den Kriegsfall abgeschlossenen Verträge friedliche Beziehungen voraussetzen, so kann doch zuweilen bewiesen werden, daß die Parteien sich sowohl für den Frieden als auch für die Kriegszeit verpflichten wollten. Und man kann auch zugeben, daß die Erfordernisse des heutigen vergesellschafteten Lebens diese Möglichkeiten erleichtert und etwas weniger selten gemacht haben als sie in der Vergangenheit waren.

β) Auch dann, wenn ein Vertrag aus in ihm selbst liegenden Gründen in seinem Bestand von dem Fortbestehen friedlicher Beziehungen zwischen den Parteien abhängig ist, ist es doch immer möglich, daß die kriegführenden Parteien sich durch eine ausdrückliche oder stillschweigende Abmachung verpflichten, ihn in Geltung zu lassen. Noch viel eher ist es aber möglich, daß jede von ihnen für sich und aus eigenem stets widerruflichem Entschluß fortfährt, den Vertrag anzuwenden, auch wenn sie sich dazu nicht für verpflichtet hält. Das Wesen vieler heutiger Verträge, die äußerst heikle Verflechtung der Interessen, die geschützt werden sollen, die Verwirrung, die aus ihrer unvorhergesehenen Unterdrückung entstehen muß, können die Staaten leicht zu einem solchen Verhalten bestimmen. Die Geschichte der neuesten Zeit bietet hierfür nicht wenige Beispiele, die man zu Unrecht zur Unterstützung der These ins Treffen führt, daß die Verträge in der Regel auch im Kriegsfall in Kraft bleiben, während diese Beispiele nur beweisen, daß die Staaten es nicht immer günstig finden, von der Freiheit, die ihnen nach dem Buchstaben des Rechts zusteht, Gebrauch zu machen. Die beiden hier betrachteten Möglichkeiten sind ihrem rechtlichen Gehalt nach grundverschieden voneinander. Bei der ersten hat der Staat die Verpflichtung, den Vertrag einzuhalten, kraft und in den Grenzen des neuen Abkommens; bei der zweiten kann man eigentlich nur davon reden, daß die landesrechtlichen Normen, die bei der Annahme des Vertrages geschaffen worden sind, in Kraft bleiben (s. S. 310ff.), allerdings im Widerspruch zu dem allgemeinen Grundsatz, wonach die Wirksamkeit solcher Normen durch die Existenz des völkerrechtlichen Vertrages bedingt ist.

γ) Die Frage betrifft die bei Ausbruch des Krieges noch gültigen Verträge, nicht diejenigen, welche schon vorher durch schon erfolgte Erfüllung (s. S. 338) zu bestehen aufgehört hatten; daher werden z. B. die Verträge, die schon erfolgte und noch bestehende Gebietsveränderungen betreffen, vom Kriege nicht betroffen.

δ) Die Erwägungen, auf welche das Erlöschen der Verträge beim Ausbruch eines Krieges zwischen den Vertragsparteien gegründet wird, haben recht eigentlich die zweiseitigen Verträge im Auge. Zu ziemlich anderen Schlüssen führt bezüglich der Kollektivverträge der Standpunkt, welcher hier eingenommen wird, dann, wenn nur einige der Staaten, zwischen denen diese Verträge gelten, sich im Krieg miteinander befinden. Es besteht kein Zweifel darüber, daß der Krieg den Vertrag nicht berührt, soweit es sich um die Beziehungen zwischen Neutralen und zwischen Kriegführenden und Neutralen handelt, abgesehen natürlich von der Möglichkeit, auf Grund des Vertrages selbst den Vertrag zu kündigen und abgesehen von der eventuellen Anwendbarkeit der clausula rebus sic stantibus. Aber was soll für die Beziehungen der Kriegführenden untereinander rechtens sein? Sehen wir davon ab festzustellen, ob die Kollektivverträge sich samt und sonders in einen Komplex zweiseitiger Verträge gleichen Inhalts auflösen lassen, ist es doch sicher, daß die hierhergehörigen Beziehungen zwischen den kriegführenden Staaten zu einem ganzen System von eng untereinander verknüpften Wechselbeziehungen gehören, das mit seiner Ordnung auch während des Krieges weiterbesteht und auch nach dem Kriege noch weiter bestehen wird, bis alle Beteiligten übereingekommen sind, es abzuändern. Unter diesen Umständen ist kaum anzunehmen, daß es der Wille der Parteien gewesen wäre, das Bestehen dieser Verträge von der Fortdauer des Friedenszustandes abhängig zu machen. Andererseits scheint es ebenso sicher, daß es nicht Wille der Parteien gewesen sein kann, sich dazu zu verpflichten, die versprochene Leistung auch einem Staat gegenüber zu bewirken, mit dem man sich im Krieg befindet. Der Umstand, daß trotz des Krieges und auch nach dem Kriege das System von Wechselbeziehungen, von dem die zwischen den Kriegführenden bestehenden Beziehungen nur ein Teil sind, fortbesteht, zwingt also zu dem Schluß, daß es in diesen Fällen dem bei den Parteien vorauszusetzenden Willen besser entspricht, daß die Ausführung bestimmter Leistungen suspendiert wird: der Vertrag bleibt weiter in Kraft, aber im Bereich der gegenseitigen Beziehungen der Kriegführenden wird seine Ausführung suspendiert; genauer gesagt: es werden die Leistungen, die ein Staat einem anderen Staat, mit dem er sich im Krieg befindet, schuldet, suspendiert, nicht diejenigen, die ein kriegführender Staat einem neutralen Staat schuldet, noch diejenigen, welche ein kriegführender Staat allen anderen Vertragsstaaten zusammen schuldet, und deren Erfüllung (z. B. die Zahlung des Beitrags zur Erhaltung der gemeinsamen Organe) daher jeder von ihnen fordern kann.

Die praktische Folge dieser These ist, daß, wenn der Krieg aufhört, die Kollektivverträge ohne weiteres wieder zwischen den ehemals feindlichen Staaten anzuwenden sind, wenn nichts Gegenteiliges vereinbart wird; während es also für die zweiseitigen Verträge, von den oben dargelegten Ausnahmen abgesehen, eines besonderen Abkommens bedarf, um sie wieder in Kraft zu setzen, stellt sich für die Kollektivverträge ohne weiteres der status quo ante bellum wieder ein, falls der Friedensvertrag nicht anders bestimmt.

Wenn, wie es der Fall zu sein scheint, die jüngsten Friedensverträge von der hier dargelegten Auffassung ausgehen, daß die Kollektivverträge mit der Absicht geschlossen werden, sie durch den Eintritt eines Krieges auch zwischen Kriegführenden nicht erlöschen zu lassen (wenn diese auch die Ausführung dieser Verträge unter sich suspendieren können), so folgt daraus, daß die rechtliche Wirkung der Artt. 282ff. des Versailler Vertrags (und der entsprechenden Artikel der anderen Friedensverträge) nicht so sehr darin besteht, die in seinem Text erwähnten mehrseitigen Abkommen von neuem anwendbar zu machen, als darin, daß die Anwendbarkeit der darin nicht aufgezählten Abkommen endgültig ausgeschlossen wird. Die Folge daraus wäre, daß zwischen den ehemals feindlichen Staaten die nicht aufgeführten Kollektivverträge ex nunc, d. h. vom Inkrafttreten des Friedensvertrages an, und nicht ex tunc, d. h. schon von der Kriegserklärung an erloschen sind, während die zweiseitigen Verträge schon mit dem Ausbruch des Krieges erloschen und diejenigen, welche nach dem Krieg in Geltung geblieben sind, als neue Verträge angesehen werden müssen, die mit den alten inhaltlich übereinstimmen.

b) Die „Clausula rebus sic stantibus".

Bibliographie. — L. Olivi, D'un cas controversé de cessation de la force obligatoire des traités internationaux, in „Revue de droit intern. et de lég. comparée", Bd. XXIII, 1891, S. 590ff.; A. Cavaglieri, La funzione della clausola „rebus sic stantibus" nei trattati internazionali, Sonderabdruck aus „Archivio guiridico", Bd. LXXI, H. 1, Modena 1903; B. Schmidt, Über die völkerrechtliche Klausula „rebus sic stantibus", Leipzig 1907 (Bd. VI, Nr. 1 der „Staats- und völkerrechtlichen Abhandlungen" von G. Jellinek, G. Meyer, G. Anschütz und F. Fleiner) und darüber A. Cavaglieri in „Rivista di diritto internazionale", Bd. II,

1907, S. 481ff.; M. Knoefel, Die Klausula „rebus sic stantibus", im Völkerrecht, Breslau 1908; S. Bonucci, La clausola „rebus sic stantibus" nel diritto internazionale, Perugia 1909; Derselbe in „Zeitschrift für Völkerrecht und Bundesstaatsrecht, 1920, S. 449ff.; E. Kaufmann, Das Wesen des Völkerrechts und die Klausula „rebus sic stantibus", Tübingen 1911; H. Taylor, The rule of treaty construction known as rebus sic stantibus, in „Proceedings of the American Society of intern. law", 1913, S. 223ff.; G. Salvioli, Sulla clausola „rebus sic stantibus" nei trattati internazionali, in „Riv. di dir. intern.", Bd. VIII, 1914, S. 264ff.; H. Lammasch, Das Völkerrecht nach dem Kriege; VII. Hauptstück: die clausula rebus sic stantibus, in „Publications de l'Institut Nobel norvégien", Bd. III, Kristiania 1917, S. 142ff.; B. Pouritch, De la clause „rebus sic stantibus" en droit international public, Dissertation, Paris 1918; P. J. Idenburg, Over den Grondgedachte van den clausula „rebus sic stantibus" in het Volkenrecht, Zutphen 1923 (Diss.); G. Wackernagel, Zur Lehre von der einseitigen Auflösung völkerrechtlicher Verträge, in der „Festgabe" der juristischen Fakultät von Basel für P. Speiser, Basel 1926; I. L. Brierly, Some considerations on the obsolescence of treaties, in „Transactions of the Grotius Society", Bd. 12, 1926, S. 11ff.; L. H. Woolsey, The unilateral termination of treaties in „American Journal of international Law", Bd. XX, 1926, S. 346ff.; J. W. Garner, The doctrine of rebus sic stantibus and the termination of treaties, ibid., Bd. XXI, 1927, S. 509ff.; J. Fischer Williams, The permanence of treaties. The doctrine of rebus sic stantibus and article 19 of the Covenant of the League, ibid., Bd. XXII, 1928, S. 89ff.

Nicht anders als mit der eben geprüften Frage verhält es sich im Grunde damit, ob man die völkerrechtlichen Verträge als stillschweigend unter der „clausula rebus sic stantibus" abgeschlossen ansehen kann mit der Folge, daß sie aufhören zu gelten, wenn in den tatsächlichen Verhältnissen, angesichts derer sie abgeschlossen worden sind, eine wesentliche Veränderung eingetreten ist.

Die Geschichte des Völkerrechts kennt verschiedene Fälle, wo ein Staat für sich in Anspruch genommen hat, von den sich aus einem Vertrag für ihn ergebenden Verpflichtungen befreit zu sein, weil die faktischen Bedingungen, unter denen die betreffenden Verpflichtungen eingegangen worden waren, sich verändert hätten. Natürlich haben diese Ansprüche nicht verfehlt, bei dem Gegenkontrahenten auf Widerspruch zu stoßen, und es haben sich daran Erörterungen geknüpft, welche von großer Wichtigkeit für die Bestimmung der diesbezüglichen Rechtsüberzeugung der Staaten sind; die Rechtslehre ist allerdings in ihrer Bewertung alles andere als einig. Nach der Meinung der einen wäre es durchaus willkürlich zu behaupten, daß die clausula rebus sic stantibus durch völkerrechtliches Gewohnheitsrecht sanktioniert sei, wenn es auch zutreffen möge, daß die Berufung auf die clausula in den Beziehungen zwischen den Staaten eine gewisse Rolle gespielt habe; vielmehr wäre gerade das Gegenteil wahr (Schmidt). Andere dagegen sind auf Grund des Studiums der zwischenstaatlichen Praxis zu dem Schluß gelangt, daß die Rechtsüberzeugung der Staaten eine Bestätigung dafür biete, daß die clausula als notwendig erkannt und von den Staaten zur Bedeutung einer Rechtsinstitution erhoben worden sei (Kaufmann).

Den am meisten erörterten und in gewisser Hinsicht interessantesten Fall liefert die berühmte Note vom 19.—31. Oktober 1870, in welcher die russische Regierung, welche sich den politisch günstigen Augenblick zunutze machte, um ein zäh verfolgtes Ziel zu verwirklichen, erklärte, daß sie angesichts der veränderten Umstände und wegen der außerdem von vornherein den Abmachungen anhaftenden Ungerechtigkeiten nunmehr von der Verpflichtung zur Ausführung der Artt. 11, 13 und 14 des Pariser Vertrages vom 30. März 1856 betreffend die Neutralisation des Schwarzen Meers und die daraus folgende Beschränkung der Streitkräfte, die Rußland dort halten durfte, für entbunden erachte. Die an die Signatarmächte des Pariser Vertrages gerichtete Note des Fürsten Gortschakoff rief Antworten hervor, die auf einen sehr verschiedenen Ton gestimmt waren: während Großbritannien, das von dem Vorgehen der russischen Regierung am unmittelbarsten betroffen wurde, ohne weiteres erklärte, daß eine Abänderung des Vertrages nicht ohne die Zustimmung aller Signatarmächte erfolgen könne, bestritten die Antworten Österreichs und Italiens, die beträchtlich gemäßigter klangen, durchaus nicht die grundsätzliche Geltung der clausula rebus sic stantibus; sie bestritten lediglich, daß sie im vorliegenden Fall und so wie sich Rußland auf sie berufen hatte, anwendbar sei. Die Frage wurde auf Anregung Deutschlands vor eine eigens dafür einberufene Konferenz gebracht, die im Jahre 1871 in London zusammentrat; und auch auf der Konferenz bewegte sich die Aussprache offenkundig auf derselben Grundlage: bestritten wurde nicht die Geltung der clausula rebus sic stantibus als solche, sondern lediglich ihre Anwendbarkeit im vorliegenden Fall und vor allem das Recht Rußlands, so vorzugehen, wie es vorgegangen war.

Zwar ist es richtig, daß dem Protokoll der ersten Sitzung der Konferenz eine von den Vertretern aller Staaten, einschließlich

Rußlands, unterzeichnete feierliche Erklärung folgenden Inhalts angehängt wurde: „. . . les Puissances reconnaissent que c'est un principe essentiel du droit des gens qu'aucune d'elles ne peut se délier des engagements d'un traité, ni en modifier les stipulations, qu'à la suite de l'assentiment des parties contractantes, au moyen d'une entente amicale." Diese Erklärung, zusammen mit der Tatsache, daß durch das Abkommen vom 17. März 1871 der Vertrag von 1856 in dem von Rußland gewünschten Sinne abgeändert wurde, ist von einigen als förmliche und ausdrückliche Verurteilung der clausula rebus sic stantibus angesehen worden. Setzt man diese Erklärung aber in das richtige Verhältnis zu den ihr vorangehenden Ereignissen und zu dem politischen Zweck, der mit ihr angestrebt wurde, so sieht man, wenn man sich an die Wirklichkeit halten will, daß es falsch wäre, hierin mehr zu sehen als eine Verurteilung Rußlands wegen seines Verhaltens in diesem einen besonderen Fall. Vor allem aber muß man sich vor Augen halten, daß der richtige Grundsatz, dessen Bestätigung durch die betreffende Erklärung ausgesprochen wird, und der lautet, daß ein Staat sich nicht aus seinem Willen allein unter Berufung auf die veränderten Verhältnisse von den eingegangenen Verpflichtungen lösen kann, durchaus nicht unvereinbar mit der clausula rebus sic stantibus ist. Das Recht, sich auf diese Klausel als Grund für die Auflösung von Verträgen zu berufen, ist etwas ganz anderes als der Anspruch, einseitig darüber entscheiden zu können, ob die Umstände vorliegen, bei deren Vorhandensein man sich auf die Klausel berufen kann. Dieser Anspruch und nicht die Klausel ist es, welche durch das Londoner Protokoll verurteilt wird.

Ein anderes Beispiel liefert uns der Fall der Aufhebung der Freihafenstellung des Hafens von Batum. Art. 59 des Berliner Vertrages vom 13. Juli 1878 hat folgende Fassung: „S. M. l'Empereur de la Russie déclare que son intention est d'ériger Batoum (Hafen am Schwarzen Meer, der durch den vorhergehenden Artikel des gleichen Vertrages von der Türkei an Rußland abgetreten worden war) en port franc essentiellement commercial." Durch einen Ukas vom 23. Juni 1886 schloß Rußland den Freihafen und teilte dies den Signatarmächten des Berliner Vertrages durch die Note vom 3. Juli des gleichen Jahres mit. Zur Rechtfertigung dieses Schrittes machte die russische Regierung zwei Gründe geltend: einmal und vor allem die Form des Art. 59, der nicht eine Vereinbarung enthalte, sondern sich darauf beschränke, eine freiwillige und spontane einseitige Erklärung des Zaren zu verzeichnen; und zweitens die im kaukasischen Handelsverkehr eingetretene Veränderung der Umstände, welche es mit sich gebracht hätte, daß Batum zu einem gewöhnlichen Einfuhrhafen geworden sei; dadurch sei einerseits der den fremden Staaten eingeräumten Vergünstigung ein großer Teil ihres Werts genommen worden, während auf der anderen Seite dadurch die Last dieser Vergünstigung für Rußland unvergleichlich schwerer geworden sei. Nur Großbritannien erhob gegen diese Maßnahme Protest; und auch dieser englische Protest ist lediglich gegen die Behauptung gerichtet, daß der Art. 59 eine bloße Registrierung einer Erklärung des Zaren sei; die Berufung auf die clausula rebus sic stantibus greift er durchaus nicht an. Wenn man aus diesem Fall eine Schlußfolgerung ziehen kann, so ist es darum die, daß die Berufung auf die clausula von den beteiligten Mächten nicht beanstandet worden ist.

Wir erinnern hier endlich an die Annexion Bosniens und der Herzegowina durch Österreich. Am 3. Oktober 1908 gab die österreichisch-ungarische Regierung den Signatarmächten des Berliner Vertrages vom 13. Juli 1878 bekannt, daß sie sich gezwungen sehe, den Art. 25 des genannten Vertrages zu kündigen und infolgedessen die Truppen aus dem Sandschak Novipasar zurückzuziehen und die eigene Souveränität über Bosnien und die Herzegowina auszudehnen. Der einzige Grund, den sie zur Rechtfertigung dieses Schrittes anführte, war die eingetretene wesentliche Veränderung der tatsächlichen Verhältnisse; was a) die militärische Besetzung des Sandschaks anbetreffe, so sei diese notwendig gewesen durch die Schwäche des türkischen Reichs zur Zeit des Vertrages, während die Türkei jetzt, wesentlich gestärkt, selbst imstande sei, Ordnung und Sicherheit zu gewährleisten; b) was Bosnien und die Herzegowina betreffe, so betrachte Österreich-Ungarn nunmehr den ihm durch den Berliner Vertrag übertragenen Auftrag als erfüllt: die beiden Provinzen hätten sich zu einem solchen Grad entwickelt und seien nunmehr so zivilisiert, daß es notwendig geworden sei, ihnen endgültig die Wohltaten einer selbständigen und verfassungsmäßigen Regierung zu sichern; aus diesem Grunde sehe Österreich-Ungarn sich in die gebieterische Notwendigkeit versetzt, sich von den Beschränkungen des Vertrages zu befreien und seine volle Handlungsfreiheit wiederzugewinnen. Weder in dieser Note noch auch in den ihr folgenden amtlichen und halbamtlichen Erklärungen verließ die österreichisch-ungarische Regierung den Boden der clausula rebus sic stantibus. Wenngleich es auch diesmal nicht an Protesten fehlte, so erhoben doch die Großmächte keinen Einspruch gegen die Begründung der österreichisch-ungarischen Note und erklärten sich bereit, die vollzogene Tatsache anzuerkennen; man ging eine Weile mit dem Gedanken um, es müßte ordnungsgemäß — wie im Jahre 1871 — eine Konferenz einberufen werden, doch gab man diesen Gedanken bald wieder auf, und die Anerkennung erfolgte im Wege des Notenaustauschs. Natürlich war eine Einigung mit der Türkei schwer zu erzielen, doch kam auch sie durch ein Protokoll vom 26. Februar 1909 zustande, nachdem Oesterreich-Ungarn sich bereit erklärt hatte, eine Geldsumme zu bezahlen, doch wohlgemerkt nicht, um damit etwa Schadensersatz zu leisten, sondern um den Wert des türkischen Staatsgutes, das in den annektierten Provinzen belegen war, abzugelten. Damit haben wir den Beweis, daß die Kündigung des Art. 25 des Berliner Vertrages, deren Berechtigung Österreich-Ungarn lediglich mit der clausula rebus sic stantibus begründet hatte, anerkannt worden ist.

Zusammenfassend kann man sagen, daß eine sorgfältige Prüfung der Praxis zu folgenden Feststellungen führt: 1. Die Staaten haben, obwohl sie sich manchmal zu Grundsätzen bekannt haben, welche mit der clausula rebus sic stantibus unvereinbar erscheinen könnten, nicht verneint, daß die clausula im allgemeinen gelte, sondern vielmehr nur bestritten, daß sie auf den einzelnen Fall, für den man sie in Anspruch nehmen wollte, anwendbar sei; 2. nach der Völkerrechtspraxis ist es nicht zulässig, daß die auf die clausula rebus sic stantibus gegründete Kündigung von dem Staat, der sich ihrer bedienen will, einseitig oktroyiert wird; vielmehr ist ihre Anerkennung durch die anderen Signatarmächte erforderlich.

Wie lassen sich die so gewonnenen Ergebnisse in das System der grundlegenden Rechtssätze einfügen?

Die Frage der clausula rebus sic stantibus umfaßt eigentlich zwei Fragen, die jede für sich geprüft werden sollen:

a) Kann eine wesentliche Änderung der tatsächlichen Verhältnisse das Erlöschen eines Vertrages bewirken?

Es ist dies eine Frage der Auslegung der Willenserklärungen. Das Völkerrecht läßt aus den Verträgen Verpflichtungen und Ansprüche erwachsen, wobei es auf den Willen der Parteien abhebt, mit anderen Worten: diese sind verpflichtet, wenn und soweit sie sich verpflichten wollen. Wenn sie bestimmte tatsächliche oder rechtliche Verhältnisse zur Voraussetzung der Übernahme gewisser Verpflichtungen gemacht haben, so ist die Folge eines Aufhörens dieser Verhältnisse eben, daß man sich nicht mehr auf dem Boden des durch den Vertrag ausgedrückten Willens befindet, des Vertrags, welcher die Annahme der Verpflichtungen gerade von dem Bestehen der genannten Verhältnisse abhängig gemacht hat. Auch hier kann man, wie in den Fällen, wo der Krieg den Auflösungsgrund bildet, sagen, daß es nicht die Veränderung der Verhältnisse als solcher ist, welche den Vertrag zum Erlöschen bringt; dies tut der Wille der Parteien, welcher das Bestehen des Vertrags von der Fortdauer gewisser Umstände, unter denen er und für die er abgeschlossen wurde, abhängig macht. Der Unterschied liegt darin, daß der Krieg eine in ihrer Wesenheit und ihren Folgen so fest umrissene Veränderung der Verhältnisse ist, daß es möglich wurde, eine allgemeine Regel aufzustellen, die stets anwendbar ist, wenn sich nicht ein anderer Wille der Parteien erweisen läßt. Die anderen Veränderungen dagegen müssen von Fall zu Fall auf ihre Bedeutung hin gewertet werden.

Die Entscheidung, ob in einem gegebenen Fall bestimmte Umstände von den Parteien zur Geschäftsgrundlage des Vertrages oder einzelner in ihm enthaltener Abmachungen gemacht worden sind, hängt von den Tatsachen ab; der Grund und der Zweck des Vertrages, seine Dauer, die Möglichkeit, ob die Parteien ihn innerhalb vorherbestimmter Termine kündigen können oder nicht, sind, zusammen mit der Natur und der Bedeutung der Verhältnisse und der eingetretenen Veränderungen, die hauptsächlichsten Elemente für die Lösung dieser Frage. Im Falle eines zu bestimmten Zeitpunkten kündbaren Vertrages ist in der Regel eine Berufung auf die clausula nicht erlaubt, weil die Vereinbarung eines Kündigungsrechts normalerweise bedeutet, daß die Parteien selbst die Art und Weise vorgesehen und geregelt haben, in der jede von ihnen sich auf Grund veränderter Verhältnisse von den eingegangenen Verpflichtungen befreien kann; das Gegenteil muß für einen Vertrag gelten, der auf lange oder unbegrenzte Dauer, und ohne daß eine Kündigungsmöglichkeit vereinbart wäre, abgeschlossen worden ist. Besonders schwierig liegt der Fall bei einem Vertrag, der ein Kündigungsrecht nur zugunsten der einen und nicht auch der anderen Vertragspartei vorsieht. Immer kommt es darauf an, ob die Verhältnisse, die sich geändert haben, von den Parteien zur Geschäftsvoraussetzung gemacht worden sind; hierin liegt der Unterschied zwischen der clausula rebus sic stantibus als eines rechtlichen Begriffs (Rechtsgrund für die Auflösung von Verträgen) und der Revision und der Abänderung von Verträgen, welche auf Grund freiwilliger Vereinbarungen der Parteien erfolgen, deren wesentlich politische Gründe sich einer Bewertung nach Rechtsgrundsätzen entziehen (vgl. Völkerbundssatzung Art. 19). So aufgefaßt entkräftet die clausula rebus sic stantibus durchaus nicht den Grundsatz von der Achtung der Verträge; sie verdient daher nicht die von diesem Gesichtspunkt aus an ihr geübte Kritik; doch muß man hinzufügen, daß die clausula weit davon entfernt ist, etwa alle in den Verhältnissen eingetretenen Veränderungen, welche die Revision und Abänderung bestehender Verträge wünschenswert oder zur Vermeidung eines Konflikts sogar notwendig machen könnten, zu decken.

β) Wer hat zu bestimmen, ob die Bedingungen vorliegen, welche erforderlich sind, damit sich eine Vertragspartei auf die clausula rebus sic stantibus berufen kann?

Wie sich aus der Prüfung der Fälle ergibt, welche die Praxis bietet, betreffen die Schwierigkeiten und Widerstände, welche bei den bisherigen Berufungen auf die clausula rebus sic stantibus laut geworden sind, nicht so sehr die Geltung der Klausel an sich, als vielmehr den ab und zu erhobenen Anspruch, durch einseitigen Akt bestimmen zu können, daß und wann sie zur Anwendung zu kommen habe. Daß dem so ist, ist auch vollkommen in der Ordnung: denn wenn es auch sicher ist, daß ein Wechsel in den tatsächlichen Verhältnissen das Erlöschen eines Vertrages bewirken kann, so kann es doch nicht den Parteien überlassen werden, einseitig zu bestimmen, ob ein solcher Wechsel tatsächlich eingetreten ist oder nicht, und ob und auf welche Art der Vertrag zu lösen ist. Diese Frage kann, wie jede Frage, welche sich bei der Auslegung von Verträgen ergibt, auf völkerrechtlich verbindliche Art nur durch ein unmittelbar zwischen den Parteien geschlossenes Abkommen gelöst werden, oder, wo ein solches nicht zustandekommt, durch einen Akt, dem das Völkerrecht eine diesbezügliche Wirkung verleiht, z. B. einen Schiedsspruch. Wenn also eine der Parteien sich auf die clausula rebus sic stantibus beruft, um sich von einem Vertrag zu lösen, und die anderen Parteien die Berechtigung dieses Anspruchs anerkennen, so ist dazu weiter nichts zu sagen; sind die Parteien dagegen darüber uneins, so gelten die Meinung und der Wille der einen Partei ebensoviel wie die der anderen; wir haben es dann mit einem internationalen Streitfall zu tun, der beigelegt werden muß wie jeder andere Streitfall dieser Art.

Es folgt daraus jedoch nicht, daß die Auflösung des Vertrages hier auf wechselseitigen Dissens zurückzuführen ist. Die Partei, die sich auf die clausula rebus sic stantibus beruft, macht kein Vertragsangebot, sondern macht damit ein Recht geltend, und die anderen Parteien anerkennen entweder oder bestreiten durch ihre Einlassung das Vorliegen der Voraussetzungen für die Ausübung dieses Rechtes; die Meinungsverschiedenheit, wenn eine solche besteht, betrifft hier die Frage, ob das geltendgemachte Recht besteht oder nicht, und damit, wie wir sagen, eine Frage der Auslegung des Vertrages.

Daraus ergibt sich eine sehr wichtige praktische Folge. Wenn ein Vertrag die Schiedsklausel enthält, oder wenn sich die Parteien sonst irgendwie verpflichtet haben, die Streitfälle, welche die Auslegung dieses Vertrages zum Gegenstand haben, einem Schiedsgericht oder dem Ständigen Internationalen Gerichtshof zu unterbreiten (und das ist ohne weiteres der Fall bei den Staaten, welche gemäß Art. 36 des Statuts des Ständigen Internationalen Gerichtshofs die Fakultativklausel bezüglich der obligatorischen Gerichtsbarkeit des Gerichtshofs angenommen haben), so muß die Beilegung des Streites darüber, ob die clausula rebus sic stantibus im vorliegenden Fall in Anspruch genommen werden darf oder nicht, entweder dem vorgesehenen Schiedsspruch oder dem Ständigen Internationalen Gerichtshof überlassen werden.

Die Nichterfüllung des Vertrags durch eine der Parteien.

Erfüllt eine der Vertragsparteien den Vertrag nicht, so bringt dies den Vertrag noch nicht zur Auflösung; die andere Partei gewinnt aber daraus das Recht, den Vertrag aufzuheben, indem sie erklärt, daß sie sich von der Verpflichtung, ihn einzuhalten, für entbunden erachte. Der Wille, sich zur Bewirkung der versprochenen Leistung zu verpflichten, wird angesichts einer Gegenleistung erklärt; es ist daher durchaus logisch, den Satz aufzustellen, daß die Staaten sich nicht auch für den Fall haben verpflichten wollen, wo die Gegenleistung ausbleibt; natürlich ist der Beweis eines entgegengesetzten Willens nie ausgeschlossen. Aber die Verträge erlöschen nicht automatisch. Vielmehr erwirbt im Falle der einseitigen Nichterfüllung der andere Kontrahent lediglich das Recht, zu bestimmen, daß der Vertrag aufgelöst sei und zwar dadurch, daß er sich von der Verpflichtung, den nicht ausgeführten Vertrag zu befolgen, für entbunden erklärt; er kann sich aber durchaus auch dafür entscheiden, den Vertrag weiter bestehen zu lassen, und lieber, statt den Vertrag zur Auflösung zu bringen, von der anderen Partei Erfüllung und gegebenenfalls Ersatz des erlittenen Schadens fordern.

Daraus folgt, daß, solange der berechtigte Staat seinen Willen, sich von dem Vertrag zu lösen, nicht erklärt hat, dieser Vertrag in Kraft bleibt und weiter alle seine Wirkungen ausübt. Natürlich muß die Erklärung des auf Aufhebung des Vertrages gerichteten Willens innerhalb eines angemessenen Zeitraums nach der erfolgten Vertragsverletzung erfolgen; wenn der berechtigte Staat aber lange zuwartet und vor allem, wenn er inzwischen fortfährt, von sich aus den Vertrag auszuführen, dann wird man daraus folgern müssen, daß er auf sein Recht verzichtet hat. Durch einen einfachen Protest gegen die erfolgte Verletzung des Vertrags wird das Auflösungsrecht weder ausgeübt noch seine Ausübung vorbehalten.

Einige Schriftsteller möchten zwischen den wesentlichen und den nicht wesentlichen Bestimmungen der Verträge unterscheiden und das Recht auf die Aufhebung des Vertrags auf die Fälle beschränken, wo die ersteren verletzt worden sind; es ist aber nicht abzusehen, wer anders als die Partei, die von der Nichterfüllung betroffen ist, die verhältnismäßige Bedeutung der verschiedenen Vertragsbestimmungen sollte in richtiger Weise bewerten können, wobei man nicht außer acht lassen darf, daß das Vertragsband alle Bestimmungen des Vertrags in gleicher Weise umschließt und verbindlich macht. Gerade deswegen bewirkt die einseitige Nichterfüllung die Auflösung des Vertrages nicht automatisch; es bleibt vielmehr dem davon Betroffenen freigestellt, ob er sich für die Auflösung oder die Fortsetzung des Vertrags entscheiden will. Selbstverständlich können die Vertragsparteien die Bestimmung treffen, daß die Verletzung gewisser Klauseln nicht die Berechtigung geben soll, den Vertrag als Ganzes zu lösen.

§ 3. Die völkerrechtliche unerlaubte Handlung.

Allgemeine Bibliographie. — H. Triepel, Völkerrecht und Landesrecht, zit., Kap. 13; D. Anzilotti, Teoria generale della responsabilità dello Stato nel diritto internazionale, Florenz 1902; H. Buxbaum, Das völkerrechtliche Delikt (Diss.), Erlangen 1915; P. Schoen, Die völkerrechtliche Haftung der Staaten aus unerlaubten Handlungen, Breslau 1917 (Anhang 2a zu Bd. X der „Zeitschrift für Völkerrecht"); K. Strupp, Das völkerrechtliche Delikt, Stuttgart 1920 (im „Handbuch des Völkerrechts" von Stier-Somlo, Bd. III); Ch. de Visscher, La responsabilité des Etats. Cours professé à l'Académie de droit international de la Haye, in Bd. 2 der „Biblioteca Visseriana", Leiden 1924; W. Burkhardt, Die völkerrechtliche Verantwortlichkeit der Staaten, Bern 1924; J. H. Ralston, The law and procedure of international tribunals, revised edition, Stanford Univ. 1926, Chapt. XII (Responsibility of Government), S. 326—374; H. Lauterpacht, Private law sources and analogies of international law, zit. Chapt. VII (State responsibility), S. 58—66; C. Eagleton, The responsibility of States in international law, New York 1928.

Begriff. — Aus der Tatsache, daß es eine Völkerrechtsordnung gibt, folgt mit Notwendigkeit das Postulat, daß die Rechtssubjekte, welche Träger von Verpflichtungen sind, für die Nichterfüllung dieser Verpflichtungen einzustehen haben. Außerdem entspricht es zweifellos der Überzeugung der Staaten, wie sie in ständiger feststehender Übung und zuweilen auch in ausdrücklichen Vertragsbestimmungen (vgl. z. B. Art. 3 der IV. Haager Konvention vom 18. Oktober 1907) zum Ausdruck kommt, daß der Staat, der seine einem anderen Staat gegenüber bestehenden Verpflichtungen verletzt, verpflichtet ist, das begangene Unrecht wieder gut zu machen. „C'est un principe de droit international que la violation d'un engagement entraîne l'obligation de réparer dans une forme adéquate: la réparation est donc le complément indispensable d'un manquement à l'application d'une convention, sans qu'il soit nécessaire que cela soit inscrit dans la convention même". So der Ständige Internationale Gerichtshof in seinem Urteil Nr. 8 (Publications, cit., Serie A., Nr. 9, S. 21: vgl. Arrêt Nr. 13 vom 13. Sept. 1928, Publications Série A, Nr. 17, p. 29).

Mit der unerlaubten Handlung, d. h. allgemein gesprochen mit der Verletzung einer völkerrechtlichen Verpflichtung kommt so ein neues Rechtsverhältnis zum Entstehen, das den Staat, dem die Handlung, um welche es sich dabei handelt, zuzurechnen ist und der daher zur Wiedergutmachung verpflichtet ist, mit dem Staat, dem gegenüber die Erfüllung der entsprechenden Verpflichtung unterlassen worden ist und der daher berechtigt ist, Wiedergutmachung zu fordern, verbindet. Das ist die einzige Wirkung, welche das Völkerrecht, dessen Sätze ja ihren Entstehungsgrund in gegenseitigen Leistungsversprechen der Staaten haben, an die unerlaubte Handlung knüpfen kann, während es möglich ist, daß innerhalb der staatlichen Verbände, bei denen ja auch die Beziehungen zwischen den Verbandsgliedern und dem Verband Gegenstand rechtlicher Normen sind, die unerlaubte Handlung nach zwei verschiedenen Seiten hin Beziehungen auslöst: einmal Beziehungen zwischen dem Urheber der unerlaubten Handlung oder besser zwischen demjenigen, dem ein entsprechender Rechtssatz diese Handlung zurechnet, und dem verletzten Subjekt, und dann Beziehungen zwischen dem Urheber der unerlaubten Handlung und dem im Staate verkörperten Personenverband. Daher hier die Unterscheidung zwischen zivilrechtlicher und strafrechtlicher Verantwortlichkeit, zwischen Schadenersatz und Strafe, — eine Unterscheidung, welche dem Völkerrecht unbekannt ist und seinem Wesen sogar widerstrebt; denn das Völkerrecht trägt auch in diesem Punkte die Merkmale einer jetzt überwundenen Epoche der Gesellschaftsordnung, an sich einer Epoche, in welcher das Recht deswegen, weil der Staat noch nicht stark genug war, es in seine Obhut zu nehmen, lediglich so zur Auswirkung kam, daß das verletzte Individuum oder die verletzte Personengruppe gegen den Rechtsbrecher vorgingen. Der Schadensersatz stellte gleichzeitig die Strafe dar und diese wiederum bestand in der Leistung des Ersatzes für den zugefügten Schaden[1]).

[1]) Die Idee einer strafrechtlichen Verantwortlichkeit im Völkerrecht wurde neuerdings von einigen Autoren im Zusammenhang mit den Bestrebungen, eine völkerrechtliche Strafgerichtsbarkeit, insbesondere eine Strafkammer bei dem Ständigen Internationalen Gerichtshofe zu schaffen, verfochten. Diese wissenschaftliche Bewegung scheint zwar auf sehr anfechtbare Voraussetzungen gegründet zu sein; doch wollen wir, mit diesem Vorbehalte, einige bemerkens-

Voraussetzungen.

Eine völkerrechtliche unerlaubte Handlung ist jegliche Verletzung einer durch eine Völkerrechtsnorm auferlegten Verpflichtung, d. h. jede Handlung, durch welche einem Leistungsversprechen, das ein Staat anderen Staaten gegenüber abgegeben hat, zuwidergehandelt wird. Und da jede völkerrechtliche Verpflichtung darin besteht, daß ein Staat sich anderen Staaten gegenüber auf eine bestimmte Weise zu verhalten hat, so haben wir dann eine unerlaubte Handlung vor uns, wenn ein Staat sich anders verhält als er es versprochen hat. Damit eine völkerrechtliche unerlaubte Handlung erfüllt sei, bedarf es somit des Vorliegens folgender Voraussetzungen: A. es muß sich um das Verhalten eines Staates handeln, d. h. um ein Verhalten, das einem Staat zugerechnet werden kann; B. das Verhalten dieses Staates muß von dem durch eine Norm gebotenen Verhalten abweichen. Wir wollen diese beiden Voraussetzungen getrennt voneinander untersuchen

A. Die Zurechenbarkeit.

Wir wissen, daß die Tätigkeit eines Staates nichts anderes ist als ein Tun von Individuen, welches von der Rechtsordnung diesem Staate zugerechnet wird; und wir wissen gleichfalls, daß diese Zurechnung im Bereiche einer jeden Rechtsordnung nur durch eine der Normen, aus denen diese Ordnung besteht, bewirkt werden kann (S. 190ff.). Es handelt sich hier also darum zu erkennen, welches die Voraussetzungen sind, bei deren Zusammentreffen das Völkerrecht einem Staat die Handlungen Einzelner zurechnet, Handlungen,

---

werte Schriften, welche diese Frage behandeln, hier erwähnen: Lord Phillimore, An international criminal court and the resolutions of the committee of jurists, in „British Yearbook of international law", Bd. II, 1922—23, S. 79ff.; Q. Saldaña, La justice pénale internationale, in „Recueil des cours de l'Académie de droit international", Bd. X, 1925, S. 227ff.; H. L. Bellot, Statute for the permanent international criminal court, in „Report of 33rd Conference of the international Law Association" (Stockholm 1924), S. 75ff. und in „Report of the 34th Conference" (Wien 1926), S. 106ff., 279ff.; V. Pella, La criminalité collective des États et le droit pénal de l'avenir, 2me éd. Bucarest 1926; J. L. Brierly, Do we need an international criminal court? in „British Yearbook of international law", Bd. VII, 1927, S. 81ff.; R. Frank, Strafrecht und Völkerrecht, in Strupp's Wörterbuch des Völkerrechts, Bd. III, S. 1087ff.; P. da Silva, A Sociedade das Nacôes e o direito penal internacional, Lisboa 1928; V. H. Rutgers, Strafbaarstelling van aanvalsoorlog, Amsterdam 1928; J. Reliquet, De l'utilité et de l'organisation d'une juridiction criminelle internationale (Thèse), Rennes 1928 — siehe auch die „Revue internationale de droit pénal", Bd. III, 1926, mit Aufsätzen von Bellot (S. 333ff.); Saldaña (S. 338ff.), Politis (S. 370ff.) und Pella (S. 391ff.).

welche dem objektiven Tatbestand nach sich als ein Tun darstellen, das im Widerspruch zu Verpflichtungen steht, welche dieser den anderen Staaten gegenüber übernommen hat.

Wenn wir sagen, daß die völkerrechtlichen Verpflichtungen Verpflichtungen des Staates sind, so wollen wir damit sagen, daß sie nicht von diesem oder jenem einzelnen Mitglied der im Staate organisierten Personengemeinschaft, sondern von dieser als Einheit aufgefaßten Personengemeinschaft als solcher zu tragen sind. Da aber die Erfüllung oder Nichterfüllung dieser Verpflichtungen notwendigerweise in Handlungen Einzelner zum Ausdruck kommt, so entspricht der Behauptung, daß die völkerrechtlichen Verpflichtungen Verpflichtungen des Staates als solchen sind, der Satz, daß es eine ausschließlich innere Angelegenheit der Staaten ist, zu bestimmen, welches die Individuen sein sollen, welche die auf die völkerrechtlichen Verpflichtungen bezügliche staatliche Tätigkeit zu entfalten haben. Deswegen ist es, obwohl die Zurechnung auf dem Gebiet des Völkerrechts ausschließlich Sache der Völkerrechtsnorm ist, doch nicht ausgeschlossen, daß diese Normen auf das Landesrecht verweisen und bestimmen, daß nur diejenigen Handlungen als völkerrechtswidrige Staatsakte anzusehen sind, welche von Individuen unternommen werden, denen das Landesrecht die entsprechende Zuständigkeit übertragen hat. Auch dann ist die rechtliche Zurechnung dieser Handlung eine Wirkung des Völkerrechts: dieses macht aber diese Zurechnung von dem Bestehen eines bestimmten, auf Landesrecht gegründeten Verhältnisses zwischen dem handelnden Individuum und dem entsprechenden Staate abhängig (s. S. 191ff.).

1. Die Handlungen der Staatsorgane.

Bibliographie. — F. Benjamin, Haftung des Staates aus dem Verschulden seiner Organe nach Völkerrecht (Diss.), Breslau 1900; M. Marinoni, La responsabilità degli Stati per gli atti dei loro rappresentanti secondo il diritto internazionale, Roma 1914; E. von Ullmann, De la responsabilité internationale de l'Etat en matière judiciaire, à propos de l'affaire White (Grande Bretagne-Perou), Paris 1911, und in De Lapradelle-Politis Recueil des arbitrages internationaux, Bd. II, S. 330ff.; A. Otken, De la responsabilité internationale des Etats en raison de décisions de leurs autorités judiciaires, in „Revue de droit international, de sciences diplomatiques et politiques", Bd. IV, 1926, S. 33ff.; A. S. Hershey, Denial of justice, in „Proceedings of the American Society of international Law", 1927, S. 27ff.; C. Eagleton, Denial of justice in international Law, in „American Journal of international Law", Bd. XXII, 1928, S. 583ff.

Eine von den Organen eines Staates innerhalb der Grenzen ihrer Zuständigkeit und daher gemäß dem Landesrecht dieses Staates unternommene Handlung ist sicherlich der Schulfall einer dem Staat zuzurechnenden Handlung: wenn die auf diese Weise vollbrachte Handlung völkerrechtswidrig ist, so steht die Verpflichtung des Staates, hierfür die Verantwortung zu tragen, außer jedem Zweifel. Ein Beispiel hierfür läge vor, wenn die italienische Regierung gemäß Abs. 1 des Art. 9 des italienischen Strafgesetzbuches die Auslieferung eines italienischen Staatsangehörigen an einen auswärtigen Staat, mit dem sie einen Vertrag, der zu der Auslieferung eigener Staatsangehöriger verpflichtet, geschlossen hat, verweigerte.

Es gibt aber unbestrittenermaßen eine Völkerrechtsnorm, das Ergebnis einer ständigen und allgemein geübten Praxis, welche den Staaten auch dann die von ihren Organen begangenen unerlaubten Handlungen zurechnet, wenn diese außerhalb der ihnen von ihrem Landesrecht erteilten Zuständigkeit und entgegen dem Landesrecht gehandelt haben. Man kann daher den Satz aufstellen, daß im Völkerrecht alle diejenigen Handlungen, die von Personen begangen worden sind, die sich den tatsächlichen Umständen nach als staatliche Organe betragen haben, als Handlungen des Staates gelten, ohne daß es dabei darauf ankäme, ob die handelnden Personen diese Eigenschaft wirklich besessen haben oder nicht, und — im ersteren Fall — ob sie innerhalb der ihnen übertragenen Machtbefugnisse gehandelt haben. So ist z. B. einem Staate zuzurechnen das Verhalten des Kommandanten eines in einem ausländischen Hafen vor Anker liegenden Kriegsschiffes, der ohne Instruktion seiner Regierung oder entgegen erhaltenen Instruktionen einen Teil der Besatzung an Land schickt und mit Gewalt die Verhaftung eines Deserteurs vornehmen läßt (Fall des deutschen Kanonenbootes „Panther" im brasilianischen Hafen Itajahi, 1905[1]); dem Staate zuzurechnen ist ferner die unrechtmäßig vorgenommene Beschlagnahme eines Schiffes, die willkürliche Mißhandlung von Personen, die gesetzlich weder gebotene noch erlaubte Durchsuchung, welche die Polizei in einer ausländischen Gesandtschaft vornehmen läßt, usw. Hier erfolgt, wie man sieht, die rechtliche Zurechnung durch das Völkerrecht durchaus unabhängig von dem Rechtsverhältnis, in welchem die Person, welche die entsprechende Organtätigkeit ausübt, zum Staate steht; es kann sehr wohl sein, daß eine unter solchen Um-

---

[1]) Siehe Revue générale de droit international public, Bd. XIII, 1906, S. 200ff.; Strupps Wörterbuch des Völkerrechts, Bd. II, S. 232.

ständen begangene Handlung nach Landesrecht nicht als Staatsakt, sondern lediglich als private Handlung des betreffenden Individuums gilt, d. h. daß sie nicht die Fähigkeit hat, rechtliche Wirkungen für den Staat zu erzeugen: das hindert nicht, daß sie völkerrechtlich als Staatsakt zu bewerten ist und die den völkerrechtlichen unerlaubten Handlungen eigenen Rechtswirkungen erzeugt. Der praktische Grund für die Geltung dieser Norm liegt darin, daß es für die Staaten unmöglich ist mit Sicherheit zu wissen, wann ein Individuum, das faktisch als Organ eines Staates auftritt, innerhalb der Grenzen seiner Zuständigkeit handelt, oder wann es sie überschreitet, und daß es infolgedessen nötig ist, daß jeder Staat die anderen Staaten vor den Gefahren schützt, die seine innere Organisation, hinsichtlich derer er ja die weitgehendste Freiheit genießt, für sie im Gefolge haben könnte.

Anders liegt der Fall dann, wenn ein Individuum, obwohl es an und für sich die Eigenschaft eines Staatsorgans hat, beim Begehen einer Handlung nicht in dieser seiner Eigenschaft als Organ gehandelt hat. Ein solches Verhalten gehörte in die Kategorie der Handlungen privater Personen, eine Kategorie, welche wir später noch zu behandeln haben werden; ein Beispiel dafür wäre der Diebstahl von Garderobe- oder Wertgegenständen, den ein Zoll- oder Polizeibeamter etwa zum Schaden eines ausländischen Diplomaten begehen würde.

Bei der dem Völkerrecht eigenen Auffassung des Staates als einer Einheit ist es hinsichtlich der völkerrechtlichen Zurechnung von Handlungen und der Verantwortlichkeit dafür völlig unerheblich, wie sich die Tätigkeit, welche sich als Verletzung der anderen Staaten gegenüber bestehenden Verpflichtungen auswirkt, vom Standpunkt des Landesrechts aus darstellt. Damit soll nicht gesagt sein, daß die Natur und das besondere Wesen der verschiedenen staatlichen Tätigkeiten keinen Einfluß auf den Inhalt der völkerrechtlichen Verpflichtungen hätten; gewöhnlich übernehmen die Staaten keine völkerrechtlichen Verpflichtungen, welche zu der landesrechtlichen Ordnung der Staatsfunktionen in Widerspruch stehen; dies darf man nicht aus den Augen verlieren, wenn es sich darum handelt, die Normen auszulegen, aus denen sich jeweils die Verpflichtungen ergeben. Steht aber einmal fest, welches Verhalten in dem auszulegenden Vertrag versprochen worden ist, so ist es belanglos, ob die Handlung, in welcher die Nichterfüllung der betreffenden Verpflichtung zu erblicken ist, vom Standpunkt des Landesrechts aus betrachtet zu dem Aufgabenkreis der einen oder anderen der verschiedenen Staatsfunktionen gehört.

a) Es kann eine unerlaubte Handlung in einem Tun oder einer

Unterlassung beruhen, das innerhalb der Tätigkeit erfolgt, die vom Standpunkt des internen Rechts aus als gesetzgeberische Tätigkeit zu bezeichnen ist.

Den Einzelindividuen gegenüber, seien es nun Staatsangehörige oder Ausländer, vermag ein verfassungsgemäß erlassenes Gesetz zwar ungerecht, jedoch nicht unrechtmäßig zu sein; denn in den meisten modernen Staaten sind in der Regel der gesetzgeberischen Gewalt materiell keine rechtlichen Grenzen gesetzt. Aber im Verhältnis zu den anderen Subjekten der Völkerrechtsordnung ist das Gesetz nicht als solches Gegenstand der Wertmaßstäbe des Völkerrechts, sondern nur insoweit, als in ihm ein bestimmtes Verhalten eines Staates zum Ausdruck kommt. (Vgl. Ständ. Internationaler Gerichtshof, Urteil Nr. 7 vom 25. Mai 1926; Publications, cit., Serie A., Nr. 7, S. 19.)

So ist ein Gesetz, das gewissen Ausländern ein Recht vorenthält, zu dessen Gewährung und Achtung der Staat, welcher das Gesetz erlassen hat, völkerrechtlich verpflichtet ist, darum als Gesetz doch nicht weniger verbindlich und es hat auch sicherlich die Wirkung, diesen Individuen das betreffende Recht zu nehmen; aber den fremden Staaten gegenüber, welche die Gewährung und Achtung dieses Rechtes fordern können, stellt dieses Gesetz völkerrechtlich eine unerlaubte Handlung dar, aus welcher ein Anspruch auf Wiedergutmachung und die Verpflichtung dazu entspringt.

Hierher gehören die zahlreichen Gesetze, durch welche unter den verschiedensten Formen und Umständen Ausländer enteignet worden sind, ohne daß dabei zum Ausgleich die billige Entschädigung, die der enteignende Staat entweder kraft einer gemeinen, gewohnheitsrechtlichen Norm oder auf Grund besonderer vertraglicher Bestimmungen hätte gewähren müssen, geleistet worden ist. Wichtige neuere Fälle, in denen diese besondere Seite des Rechts der unerlaubten Handlung zur Anwendung kam, findet man in den Urteilen des Ständigen Haager Schiedshofs vom 2.—4. September 1920 und vom 13. Oktober 1922, ersteres die Konfiskation der Güter ausländischer Religionsgemeinschaften in Portugal, letzteres die Requisition der auf den amerikanischen Werften im Bau befindlichen norwegischen Schiffe betreffend (Rivista di diritto internazionale, Bd. XIV, 1921—22, S. 176 und Bd. XV, S. 516), und im Urteil Nr. 7 des Ständigen Internationalen Gerichtshofs vom 25. Mai 1926, betreffend die Interessen der deutschen Staatsangehörigen in Polnisch-Oberschlesien (Publications, cit., Serie A., Nr. 7)[1]. Ein Fall anderer

[1]) Siehe über diese Fälle: J. B. Scott, Arbitration resumed at the Hague, in „American Journal of international law, Bd. XV, 1921, S. 73ff.; Derselbe, United States-Norway arbitration award, ibid., Bd. XXII, 1923, S. 287ff.;

Art ergab sich anläßlich des Art. 61, Absatz 2 der Verfassung des Deutschen Reichs vom 11. August 1919, der die Teilnahme Österreichs am Reichsrat „nach seinem Anschluß an das Deutsche Reich" regelte und bis dahin den Vertretern Deutsch-Österreichs eine beratende Stimme gewährte. Die alliierten und assoziierten Mächte protestierten gegen diese Bestimmung und forderten ihre Aufhebung, indem sie behaupteten, sie stehe im Widerspruch zum Art. 80 des Versailler Friedensvertrages, auf Grund dessen „l'Allemagne reconnaît et respectera strictement l'indépendance de l'Autriche, dans les frontières qui seront fixées par traité entre cet Etat et les principales puissances alliées et associées; elle reconnaît que cette indépendance sera inaliénable, si ce n'est du consentement du Conseil de la Société des Nations". Ohne im geringsten den Grundsatz, um den es sich hier handelt, zu bestreiten, behauptete die deutsche Regierung anfangs, es bestehe kein Widerspruch zwischen dem Vertrag und der angegriffenen Verfassungsbestimmung, willigte dann aber ein, eine Erklärung zu unterzeichnen, welche die Zulassung der österreichischen Vertreter zum Reichsrat von einer durch den Rat des Völkerbundes gebilligten Änderung der völkerrechtlichen Stellung Österreichs abhängig machte.

Eine unerlaubte Handlung kann auch darin liegen, daß ein Gesetz nicht erlassen wird, wenn eine bestimmte Ausgestaltung der Gesetzgebung eines Staates durch das Völkerrecht geboten ist; man vgl. z. B. den Art. 1 der Reblauskonvention vom 3. Nov. 1881, demzufolge die vertragschließenden Staaten sich verpflichten, sofern sie es nicht bereits getan haben, ein Gesetz zu erlassen, das zum Gegenstand hat usw. . . . Im allgemeinen jedoch schreibt das Völkerrecht den Erlaß bestimmter Gesetze nicht vor, es beschränkt sich darauf, ein bestimmtes Verhalten vorzuschreiben und läßt den Staaten volle Freiheit in der Wahl der Mittel, die imstande sind, dieses Verhalten zu gewährleisten. In diesen Fällen besteht die unerlaubte Handlung auch dann, wenn es zur Erreichung dieses Ziels mittelbar erforderlich wäre, ein bestimmtes Gesetz zu erlassen, nicht darin, daß dieses Gesetz nicht erlassen, sondern darin, daß das durch das Völkerrecht gebotene Verhalten nicht eingehalten worden ist. Es kann daher der Fall eintreten, daß es trotz Fehlens des Gesetzes, das zur Gewährleistung des völkerrechtlich gebotenen

---

K. Strupp, Portugiesischer Kirchenstreit, in Strupps Wörterbuch des Völkerrechts, Bd. II, S. 295; Derselbe, Der norwegisch-amerikanische Schiffsbeschlagnahmestreit, ibid., S. 481—82; R. Ruzé, Sentences arbitrales au sujet des réclamations relatives aux biens saisis par le Gouvernement de la République portuguise, in „Revue gén. de droit int. public", Bd. XXIX, 1922, S. 283ff.

Verhaltens nötig wäre, doch niemals zu einer unerlaubten Handlung kommt, weil sich die Gelegenheit, bei welcher der betreffende Staat sich in dieser bestimmten Weise verhalten müßte, nie bietet.

b) Eine unerlaubte Handlung kann auch in einem Tun oder Unterlassen beruhen, das innerhalb des Bereichs derjenigen staatlichen Tätigkeit erfolgt, welche vom Standpunkt des internen Rechts aus als administrative Gewalt bezeichnet wird.

Auch hier hat die Bewertung der Handlung, soweit ihre völkerrechtlichen Wirkungen in Betracht kommen, ausschließlich auf Grund der Normen des Völkerrechts zu erfolgen, wenn ein Verwaltungsakt die Verletzung von Verpflichtungen, welche ein Staat gegenüber anderen Staaten übernommen hat, bewirkt; so ist es völlig belanglos, ob der völkerrechtswidrige Akt gesetzmäßig ist oder nicht. Die entgegen den geltenden völkerrechtlichen Verträgen angeordnete Beschlagnahme eines Schiffes (embargo) hört darum nicht auf, eine völkerrechtlich unerlaubte Handlung zu sein, weil die Behörde, welche die betreffende Anordnung getroffen hat, gesetzlich ermächtigt war, dies zu tun. Die von Verwaltungsbeamten in Ausübung des ihnen gesetzlich zustehenden freien Ermessens ausgeführten Verwaltungsakte können eine völkerrechtlich unerlaubte Handlung darstellen und die völkerrechtliche Verantwortlichkeit des Staates nach sich ziehen, auch wenn der betreffende Beamte sich der ihm vom Gesetz eingeräumten Befugnisse in einer Weise bedient hat, die nach Landesrecht jede Verantwortlichkeit ausschließt.

Nach diesen Rechtssätzen sind Verwaltungsakte immer zu beurteilen, ohne Rücksicht darauf, was für ein Organ tätig geworden ist, mag dies nun gewesen sein das Staatsoberhaupt, ein Minister, abhängige Beamte, bewaffnete Streitkräfte (hinsichtlich derer an Art. 3 des 4. Haager Abkommens vom 18. Oktober 1907 erinnert sei) oder Kolonialgesellschaften (man vgl. Art. 4, Abs. 1 der Brüsseler Generalakte vom 2. Juli 1890, die in die Konvention von St. Germain-en-Laye vom 10. September 1919 nicht aufgenommen worden ist) usw. Diese Sätze sind anzuwenden auch auf die von mit Selbstverwaltung ausgestatteten Gebietskörperschaften jeder Art (Gemeinden, Provinzen usw.) und von Kolonialverwaltungen, die keine eigene Völkerrechtspersönlichkeit besitzen, ausgeübte Tätigkeit. Und wenn von diesen Körperschaften andere als verwaltende, insbesondere gesetzgeberische oder richterliche Tätigkeit ausgeübt wird, so gelten die aufgezeigten Rechtssätze auch für sie, da, wie schon gesagt wurde, die landesrechtliche Qualifikation eines Staatsakts völkerrechtlich unerheblich ist.

Diese Rechtssätze gelten auch für den Bundesstaat[1]), sofern

---

[1]) Ch. N. Gregory, The rights of foreigners in the United States in case

man ihn, da die sogenannten Gliedstaaten keine völkerrechtliche Rechtspersönlichkeit besitzen, völkerrechtlich als Einheitsstaat mit sehr weitgehender Dezentralisation auffaßt (vgl. oben S. 114). Bei dieser Annahme besteht in der Tat, was die Frage, welche uns hier beschäftigt, anlangt, keinerlei Unterschied zwischen der Tätigkeit der Gliedstaaten und derjenigen einer Gemeinde, einer Provinz oder der Regierung einer Kolonie.

Faßt man dagegen den Bundesstaat als einen wirklichen Bund von Staaten auf (unio aequali iure), der zwar auf einen Vertrag gegründet ist, bei dem aber das unitarische Moment sich so stark auswirkt, daß jede zwischenstaatliche Tätigkeit der Gliedstaaten uti singuli ausgeschlossen ist (s. S. 143ff.), so greift der Begriff der gesamtschuldnerischen Haftung ein: der Bund haftet für die Handlungen seiner Glieder und nur gegen ihn kann sich der Anspruch des verletzten Staates richten.

In der praktischen Auswirkung unterscheiden sich die beiden Hypothesen nicht wesentlich voneinander. Es ist zwar eine interne Angelegenheit der Staaten oder der Staatenbünde, sich eine Organisation zu geben, durch welche die mit eigener Entscheidungsgewalt ausgestatteten Körperschaften oder die Gliedstaaten nach Möglichkeit daran gehindert werden, Verletzungen des Völkerrechts zu begehen, oder durch welche wenigstens die Folgen solcher Handlungen abgeschwächt werden, insoweit sie es dem Staate oder dem Bundesstaate möglich macht, den Verpflichtungen nachzukommen, die aus solchen Handlungen entstehen können. Aber auch hier wird die Freiheit, sich so zu organisieren, wie sie wollen, durch eine entsprechende Verantwortlichkeit der Staaten ergänzt; und so haben wir in der Tat den allgemein anerkannten Grundsatz, daß, wie groß die Schwierigkeiten auch sein mögen, welche manchen Arten von Verfassungen oder Staatenbünden gerade deswegen anhaften, weil bei ihnen gewisse Körperschaften weitgehende Freiheit genießen, und diesen gegenüber die Befugnisse der Zentralgewalt begrenzt sind, der Bundesstaat sich nicht auf seine interne Verfassung berufen kann, um sich der Erfüllung gewisser völkerrechtlicher Ver-

---

of conflict between federal treaties and State laws, in „Proceedings of the American Society of international law", 1907, S. 150ff.; M. Donot, De la responsabilité de l'Etat fédéral à raison des actes des Etats particuliers (thèse), Paris 1912; N. Gammans, The responsibility of the Federal Government for violation of the rights of aliens, in „American Journal of International Law", Bd. VIII, 1914, S. 73ff.; Ch. H. Watson, Need of federal legislation in respect to mob violence in cases of lynching of aliens, in „Yale Law Journal", Bd. XXV, 1915—16, S. 561ff.; K. Strupp, Passau-, Stettin- und Ingolstadt-Fälle, in Strupps Wörterbuch des Völkerrechts, Bd. II, S. 247ff.

pflichtungen oder der Haftung für die Folgen der Nichterfüllung zu entziehen.

So haben die Vereinigten Staaten von Nordamerika, welche lange Zeit hindurch immer wieder in Fällen, wo sie aufgefordert wurden, für unerlaubte Handlungen, die von einzelnen Gliedstaaten der Union begangen worden waren, einzutreten (besonders bemerkenswert der Fall McLeod, 1841), — wenn sie auch ihrerseits in den Beziehungen zu den Bundesstaaten von Lateinamerika (Fall Cutting) eine andere Haltung einnahmen, — versucht hatten, Einreden zu erheben, die sie ihrer Bundesverfassung entnahmen, dann schließlich doch sich ohne Vorbehalt und in fortdauernder Übung zu dem oben erläuterten Grundsatz bekannt. Im Jahre 1891 wurden ein paar Italiener, die angeklagt waren, den Polizeipräfekten ermordet zu haben und von dieser Anklage freigesprochen worden waren, in der Stadt New Orleans von der Menge gelyncht; die amerikanische Regierung gab zwar zu, daß die Behörden insoweit pflichtwidrig gehandelt hätten, weil sie nicht die durch die Umstände gebotenen Maßnahmen getroffen hatten; sie wandte jedoch zuerst ein, sie verfüge nicht über die Befugnis, gegen die Behörden von Louisiana vorzugehen; dagegen hat die italienische Regierung jedoch mit Erfolg geltend machen können, daß der Staat Louisiana und seine rechtliche Stellung nach der Bundesverfassung Dinge seien, die Italien nichts angingen, worauf dann auch den Familien der Opfer eine Entschädigung ausgezahlt wurde[1]). Ähnlich lagen die Dinge, als in den letzten Jahrzehnten des verflossenen Jahrhunderts einige Oststaaten der Union und vor allem Kalifornien im Widerspruch zu den zwischen den Vereinigten Staaten von Nordamerika und China geltenden Verträgen die chinesischen Arbeiter von den öffentlich vergebenen Arbeiten ausschlossen und sogar so weit gingen, ihnen die Niederlassung im Lande zu verbieten; da wurde die Erklärung der Regierung von Washington, nichts tun zu können, weil ihr ein verfassungsmäßiges Mittel fehle, die Gliedstaaten zu zwingen, ihre Gesetze abzuändern, von China mit Recht zurückgewiesen, und zahlreiche Urteile amerikanischer Gerichtshöfe erklärten diese Maßnahmen, weil völkerrechtswidrig, für null und nichtig, wobei das Völkerrecht nach

---

[1]) Siehe: Incident italo-américain de la Nouvelle Orleans, in „Journal du droit international privé" (Clunet), Bd. XVIII, 1891, S. 1147ff.; A. Pierantoni, I fatti di Nuova Orleans e il diritto internazionale, Roma 1891; F. Auriti, Questioni giuridiche nella vertenza fra l'Italia e la Federazione americana pei fatti die Nuova Orleans, in „Rivista italiana per le scienze giuridiche", 1893, S. 161ff.; P. Schoen, Der italienisch-amerikanische Zwischenfall von 1891, in Strupps Wörterbuch des Völkerrechts, Bd. II, S. 145.

angelsächsischer Auffassung als Teil des Landesrechts angesehen wurde. Genau so war es im Jahre 1906, als Kalifornien sich weigerte, japanischen Kindern den Besuch der öffentlichen Schulen zu gestatten. Infolge des von Japan erhobenen Protestes strengte Präsident Roosevelt bei dem obersten Bundesgericht eine Nichtigkeitsklage an, um die von Kalifornien erlassene Verfügung für ungültig erklären zu lassen[1]).

c) Eine unerlaubte Handlung kann endlich in einer Tätigkeit oder in einer Unterlassung zum Ausdruck kommen, die vom Standpunkt des internen Rechts aus in den Aufgabenkreis der richterlichen Gewalt fällt.

Ein Urteil kann auf verschiedene Weise völkerrechtswidrig sein: entweder weil der Richter eine an sich völkerrechtsgemäße Norm des Landesrechtes falsch ausgelegt hat (er hat z. B. aus einem Gesetz, das eine Zone der hohen See lediglich zum Zweck der Zollpolizei oder der militärischen Überwachung bestimmten Normen unterstellt, abgeleitet, daß diese Zone vollständig zu den Hoheitsgewässern gehöre) oder weil er eine Norm des Landesrechtes, die eventuellen Verpflichtungen des Staates widerspricht, richtig ausgelegt und dadurch eine unerlaubte Handlung, die bis dahin nur im Bereich der Möglichkeit lag, zur Verwirklichung gebracht hat (siehe S. 367ff.; so z. B. wenn er eine ausgelieferte Person für verschiedene Vergehen verurteilt hat, statt nur für dasjenige, für welches die Auslieferung gewährt worden war); oder endlich, weil er sich bei der Auslegung von Normen des Völkerrechts geirrt hat, denen er bei der Anwendung des Landesrechts zur Entscheidung von Vor- oder Nebenfragen Rechnung tragen mußte. (Er hat sich z. B. in der Bestimmung der mit diplomatischem Charakter bekleideten Personen geirrt und infolgedessen die vom Gesetz im allgemeinen den mit dieser Eigenschaft bekleideten Personen gewährte Immunität von der Gerichtsbarkeit und Steuerfreiheit verweigert.)

---

[1]) A. S. Hershey, The Japanese school question and the treaty making power, in „American political science Review", Bd. I, 1906—07, S. 393ff.; S. E. Baldwin, Schooling rights under our treaty with Japan, in „Columbia Law Review", 1907, S. 85ff.; J. Barthélemy, L'exclusion des élèves japonais des écoles publiques ordinaires de San Francisco, in „Revue gén. de droit intern. public", Bd. XIV, 1907, S. 636ff.; E. Root, The real question under the japanese treaty and the San Francisco school board resolution, in „American Journal of international law", Bd. I, 1907, S. 273ff.; R. Cahen, Die amerikanische Union und die Einzelstaaten, namentlich in bezug auf die Kalifornische Frage, in „Zeitschrift für Völkerrecht", Bd. VIII, 1914, S. 134ff.; Th. S. Woolsey, The California Japanese question, in „American Journal of international law", Bd. XV, 1921, S. 55ff.; R. Buell, Some legal aspects of the Japanese question, ibid., Bd. XVII, 1923, S. 29ff.

In völkerrechtlicher Hinsicht ist auch ein Urteil nichts anderes als eine Äußerung staatlicher Tätigkeit, auf welche die dem Völkerrecht eignenden Wertmaßstäbe Anwendung finden müssen; wenn in diesem Urteil eine Verletzung völkerrechtlicher Verpflichtungen Gestalt gewinnt, so kann man sagen, daß es zwar nicht in seiner Eigenschaft als Urteil, aber als Staatsakt eine völkerrechtliche unerlaubte Handlung darstellt. Ein charakteristisches Beispiel hierfür ist ein Urteil, das, entgegen dem Grundsatz von der Spezialität der Auslieferung, den Ausgelieferten für Vergehen verurteilt, für das die Auslieferung nicht gewährt worden ist.

Es ist zweifellos ein Irrtum, unter Berufung auf die Unanhängigkeit der richterlichen Gewalt, die es der Exekutive nicht erlaube, sich in die Gerichtsbarkeit einzumischen, und auf die Bedeutung des Institutes der Rechtskraft, das jede Erörterung über die Gültigkeit und Richtigkeit des Urteils ausschließe, zu behaupten, daß ein Staat für die Urteile seiner Rechtsprechungsorgane nicht verantwortlich gemacht werden könne. Wer so argumentiert, verkennt, daß die Unabhängigkeit der Richter und die Wirkung der Rechtskraft Institutionen sind, welche nur die interne Rechtsordnung betreffen. Die Unabhängigkeit der richterlichen Gewalt ist ein verfassungsrechtliches Prinzip, das die Beziehungen zwischen dieser Gewalt und den anderen Gewalten des Staates angeht; fremden Staaten gegenüber ist es dagegen der Staat als Subjekt des Völkerrechts, d. h. der Staat als Ganzes, um den es sich handelt und nicht die einzelnen Gewalten im Staate. Was das Institut der Rechtskraft anbetrifft, so bedeutet es dem hier allein in Betracht kommenden Wesen nach nichts anderes, als daß das rechtskräftige Urteil in jedem künftigen Prozeß als rechtsverbindlich zu beachten ist, was lediglich die Folge einer Norm des internen Rechts ist und daher außerhalb des Landesrechts nicht gilt; eine endgültige Entscheidung der italienischen Gerichtshöfe gilt auf Grund der Artt. 1350 und 1351 des Codice civile als innerhalb der italienischen Rechtsordnung, nicht dagegen als innerhalb der Völkerrechtsordnung oder irgendeiner anderen fremden Rechtsordnung mit Rechtskraft ausgestattet. Es ist daher die Annahme auszuschließen, daß es Gründe allgemeiner Art gebe, kraft derer richterliche Urteile keine völkerrechtliche unerlaubte Handlung darstellen könnten.

Von einem anderen Gesichtspunkt aus gesehen enthält jedoch der hier bekämpfte Satz etwas Wahres, das hier ins richtige Licht gesetzt werden muß. Wir haben schon bemerkt (S. 365), daß, wenn auch die Erfassung des Staates als einer Einheit — eine Lehre, welche die Grundlage dieser Fragestellung ist — es verbietet, die völkerrechtliche Beurteilung des staatlichen Tuns von der Bewertung, die ihm im internen Recht zuteil wird, abhängig zu machen, es andererseits vollkommen gerechtfertigt ist, daß man dieser Bewertung Rechnung trägt, wenn es sich darum handelt, die Tragweite und den genauen Inhalt der von den Staaten übernommenen Verpflichtungen festzustellen. In der Tat muß vernünftigerweise vermutet werden, daß die Staaten keine Pflichten übernehmen wollen, die zu den wesentlichen Merkmalen ihres inneren Aufbaus im Widerspruch stehen; im Zweifelsfall wird man daher der Auslegung den Vorzug geben müssen, die eine etwa vorhandene Spannung dieser Art ausgleicht oder mildert. Und daher kommt es, daß in vielen Fällen, wo die völkerrechtlichen Pflichten eines Staates die Ausübung richterlicher Tätigkeit erfordern, diese Verpflichtung in Wirklichkeit in dem Sinne verstanden werden muß, daß der verpflichtende Staat es möglich machen muß, daß diese Tätigkeit sich in normaler Weise entfalten kann; er muß z. B. den Ausländern das Recht auf freien Zutritt zu den Gerichten geben und Personen, welche sich bestimmter Taten schuldig gemacht haben, der richterlichen Gewalt übergeben. In diesen Fällen hat die Verpflichtung als erfüllt zu gelten, wenn der verpflichtete Staat, insoweit sein Richterstand so beschaffen ist, daß alle Garantien für Unparteilichkeit und Unabhängigkeit gewährleistet sind, den Ausländern das Recht, vor Gericht zu gehen, gewährt, und die Schuldigen dem Richter übergeben hat; in Übereinstimmung mit dem Grundsatz, dem zufolge die völkerrechtlichen Verpflichtungen nach Möglichkeit so ausgelegt werden müssen, daß sie den Aufbau der staatlichen Gewalten, so wie er durch das interne Recht geschaffen worden ist, nicht stören, ist eine Verpflichtung des betreffenden Staates, für einen bestimmten Inhalt des Urteils (z. B. eine Verurteilung) die Gewährleistung zu übernehmen, als ausgeschlossen zu betrachten, ebenso wie die Befugnis, die innere Berechtigung dieses Urteils einer Nachprüfung zu unterwerfen usw., es sei denn, daß das Gegenteil sich in zweifelsfreier Weise aus einem hierüber zwischen den Staaten getroffenen Übereinkommen ergäbe. Selbst wenn das Urteil fehlerhaft ist, stellt es eine unerlaubte Handlung, die den betreffenden Staat völkerrechtlich verantwortlich machen könnte, nicht dar. Von diesem Gesichtspunkt aus betrachtet kann man der Kritik, die an dem Schiedsspruch von F. v. Martens in dem berühmten Costa-Rica-Packet-Fall (1891) geübt wurde, die Berechtigung nicht absprechen. Der Schiedsrichter verurteilte die holländische Regierung zur Zahlung einer Entschädigungssumme an den Kapitän des australischen Schiffes Costa-Rica-Packet, der des Diebstahls angeklagt, verhaftet und kurz darauf freigelassen worden war, weil die Untersuchung den Nachweis erbracht hatte, daß der Diebstahl außerhalb der Küstengewässer und folglich nicht im Bereich der holländischen Gerichtsbarkeit erfolgt war, obwohl sich dabei herausgestellt hatte, daß das Verfahren rechtmäßig und der Irrtum bezüglich des Tatorts sehr entschuldbar gewesen war[1]). Es liegt übrigens auf der Hand, daß Fälle dieser Art sehr verschieden von jenen sind, bei denen es sich um Urteile handelt, in denen ein völkerrechtswidriges Verhalten eines Staates zur Verwirklichung gekommen ist.

Im übrigen ist die Geltung des allgemein anerkannten und durch eine ständige Praxis sowie durch zahlreiche Vertragsbestimmungen erhärteten Grundsatzes, daß der Rechtsweg nicht als erschöpft gelten kann (daß insbesondere die zur Erhebung von Ansprüchen auf diplomatischem Wege erforderliche Grundlage fehlt), wenn nicht alle Rechtsmittel, die das geltende Landesrecht zuläßt, versucht worden sind, nichts anderes als eine Nutzanwendung der Anschauung, die man in modernen Staaten vom Verlauf des Rechtsschutzes hat.

Auch die Nichtausübung einer richterlichen Tätigkeit kann eine völkerrechtlich unerlaubte Handlung darstellen, wenn — und das ist sehr häufig der Fall — die Ausübung dieser Tätigkeit den Inhalt einer Verpflichtung eines Staates gegen andere Staaten bildet. In der Unterlassung der Ausübung richterlicher Tätigkeit kommt in gewissem Sinne die typische, wenn auch nicht einzige Form der Rechtsschutzverweigerung zum Ausdruck, die von allen alten und neuen Schriftstellern und in der ständigen Staatenpraxis als einer der wichtigsten und wenigst umstrittenen Fälle einer völkerrechtlichen unerlaubten Handlung angesehen wird. Wir werden Gelegenheit haben, darauf zurückzukommen, wenn wir das zweite wesentliche Element der unerlaubten Handlung, den Widerspruch mit den völkerrechtlichen Verpflichtungen des Staates, prüfen werden. Hier genügt es zu bemerken, daß es hinsichtlich der Verantwortlichkeit belanglos ist, ob die unterlassene Ausübung der richterlichen Tätigkeit ihren Grund in dem Gesetz hat, das den Rechtsweg da nicht eröffnet hat, wo dies geboten war, oder in der falschen Auslegung, die der Richter dem Gesetz gegeben hatte; von dieser zweiten Möglichkeit ist das auszunehmen, was wir oben

[1]) A. E. Bless, L'affaire de Costa-Rica-Packet et le droit international, in „Revue de droit international et de législation comparée", Bd. XXVIII, 1896, S. 452ff.; G. Regelsperger, L'affaire du Costa-Rica-Packet et la sentence arbitrale de M. de Martens, in „Revue générale de droit international public", Bd. IV, S. 375ff.; J. Valéry, Courtes observations sur la sentence arbitrale rendue dans l'affaire du Costa-Rica-Packet, ibid., Bd. V, 1898, S. 57ff.; H. A. van Karnebeek, De Costa-Rica-Packet arbitrage (Diss.), Utrecht 1900.

über den Inhalt und die Grenzen der völkerrechtlichen Verpflichtungen gesagt haben, die ja lediglich darin bestehen könnten, daß der Staat seine Gerichte in den Stand zu setzen hat, daß sie darüber urteilen können, ob ein Klaganspruch vorliegt oder nicht.

2. Handlungen von Privatpersonen.

Bibliographie. — E. Clunet, Offenses et actes hostiles commis par des particuliers contre un Etat etranger, Paris 1887; D. Anzilotti, L'azione individuale contraria al diritto internazionale, in der „Riv. di dir. intern. e di leg. comparata", Neapel 1902, S. 8ff.; A. Adler, Über die Verletzung völkerrechtlicher Pflichten durch Individuen, in „Zeitschrift für Völkerrecht und Bundesstaatsrecht", Bd. I, 1907, S. 614ff.; A Jeß, Politische Handlungen Privater gegen das Ausland und das Völkerrecht, Breslau 1923 (Nr. 37 der „Abhandlungen aus dem Staats- und Verwaltungsrecht", hrsg. von S. Brie, M. Fleischmann und F. Giese); W. Burkhardt und P. Ruegger, Die völkerrechtliche Verantwortlichkeit des Staates für die auf seinem Gebiete begangenen Verbrechen (Nr. XVII der „Drucksachen der Schweizer. Vereinigung für internationales Recht", Zürich 1924); C. Eagleton, The responsibility of the State for the protection of foreign officials, in „American Journal of international law", Bd. XIX, 1925, S. 293ff.; K. Strupp, Die völkerrechtliche Haftung des Staates insbesondere bei Handlungen Privater, Kiel 1927; M. Bourquin, Crimes et délits contre la sûreté des Etats étrangers, in „Recueil des cours de l'Académie de droit international", Bd. XVI, 1927, S. 121ff.; J. L. Brierly, The theory of implied State complicity in international claims, in „British Year Book of international law", Bd. IX, 1928, S. 42ff.; E. D. Dickinson, The defamation of foreign governments, in „American Journal of international law", Bd. XXII, 1928, S. 840ff.

Die Frage, wem eine bestimmte Handlung zuzurechnen ist, wirft dann andere und mannigfaltigere Probleme auf, wenn die Handlungen, durch welche fremde Staaten geschädigt oder beleidigt werden, von einzelnen Privatpersonen begangen worden sind, wie es der Fall ist bei Attentaten gegen das Staatsoberhaupt oder die Vertreter eines fremden Landes, bei Schmähungen der Landesflagge oder der Hoheitszeichen des fremden Staates, bei Anstiftung zu aufrührerischen oder separatistischen Bewegungen oder bei deren Begünstigung, bei beleidigenden Veröffentlichungen usw. Handlungen dieser Art hat es immer gegeben; sie sind aber in unseren Tagen besonders häufig geworden und tragen zuweilen einen äußerst ernsten Charakter; man braucht hier nur an das

Attentat von Serajewo vom Juni 1914 und das Gemetzel von Janina vom 27. August 1923 zu erinnern. Zuweilen handelt es sich um Handlungen einzelner Personen, zuweilen um solche von Personengemeinschaften oder um solche, die ihrer Natur nach notwendigerweise von einer Gesamtheit begangen werden müssen (ein wichtiges Beispiel dafür sind Boykottmaßnahmen gegen den Handel eines fremden Staates[1]), noch häufiger haben wir es mit Massenpsychosen oder Massenbewegungen zu tun, die sich in Handlungen Einzelner entladen.

Das, was diese Kategorie von unerlaubten Handlungen von der vorhergehenden unterscheidet, ist nicht so sehr der Umstand, daß dem Urheber der Tat die Eigenschaft, Organ des Staates zu sein, fehlt — eine Eigenschaft, die, wie wir sahen, auch in den früher untersuchten Fällen fehlen kann — als der objektive Charakter der Handlungen selbst; diese stellen sich nämlich äußerlich betrachtet nicht als, sei es gesetzliche oder ungesetzliche, Ausübung staatlicher Aktivität dar und geschehen auch nicht in den Formen, in denen diese ausgeübt zu werden pflegt; in jenen ersteren Fällen handelt der Täter — ob er das Recht dazu hat oder nicht, tut wenig zur Sache — faktisch als Staatsorgan, in diesen letzteren tut er das nicht.

Das Problem, das sich erhebt, ist, ob und unter welchen Bedingungen ein Staat völkerrechtlich verpflichtet ist, für Handlungen dieser Art einzustehen.

Betrachten wir die geschichtliche Entwicklung der Lehre und den geschichtlichen Verlauf der Staatenpraxis in dieser Frage, so sehen wir, daß sie von zwei verschiedenen Grundauffassungen beherrscht sind.

Die eine kann man die Auffassung von der Solidarität der Gruppe nennen. Die vollendetste von der Geschichte überlieferte Verkörperung fand der Begriff der Gruppensolidarität, die als Einrichtung wahrscheinlich allen Völkern auf einer bestimmten Stufe ihrer Entwicklung gemeinsam war, wie es die mehr oder weniger deutlichen Überreste und Überlieferungen, auf die man fast überall stößt, zeigen, in der germanischen Sippe. Die von einem Mitglied der Gruppe gegen eine andere Gruppe oder die Mitglieder dieser Gruppe begangenen Vergehen sind solche der Gesamtheit, die mit Gut und Blut für alle ihre Mitglieder haftet. Dementsprechend ist es die Gruppe, welche die einem ihrer Mitglieder angetanen

[1]) Über Boykottmaßnahmen gegen fremde Staaten siehe z. B. J. Laferrière, Le boycott et le droit international, in „Révue gén. de droit international public", Bd. XVII, 1910, S. 288ff.; St. Sériadès, Réflexions sur le boycottage en droit international, Paris 1912.

Beleidigungen rächt und Vergeltung dafür fordert, sei es im Wege des Waffenganges, sei es, daß man sich auf Zahlung einer Geldsumme als Entschädigung einigt (Wergeld, Buße): „compositionem solvat vel faidam portet" (Lex Salica, Kap. 18). Wollte die Gruppe den schweren Folgen, die sich aus dieser Ordnung ergeben, entgehen, so blieb ihr die Möglichkeit, das Mitglied, für das sie einzustehen hatte, aus der Gemeinschaft auszustoßen, wodurch dann der Grund ihrer Haftbarkeit, nämlich eben die Zugehörigkeit des Täters zu der Gruppe, beseitigt wurde. Das aus der Gemeinschaft ausgestoßene Glied wird vogelfrei, einem in den Wäldern umherirrenden Wolf vergleichbar, der Verfolgung und der Rache der beleidigten Gruppe preisgegeben. Dieses System solidarischer Haftung war während des ganzen Mittelalters die Grundlage der Beziehungen der politischen Verbände zueinander. Allerdings ist es verschiedentlich abgeändert und gemildert worden; insbesondere wurde die Möglichkeit, eine Tat mit Wergeld abzulösen, erweitert und das Wergeld selbst ausführlicher geregelt; zuweilen wurden auch die Vorbedingungen zur Ausübung des Fehde- und Repressalienrechts enger gefaßt.

Im Gegensatz zu diesem wesentlich germanischen Begriff der Gruppensolidarität entwickelte sich nach und nach ein anderes Prinzip römisch-rechtlichen Ursprungs und römisch-rechtlicher Ausgestaltung. Der Grundsatz des römischen Rechts, den Rudolf Ihering in dem bekannten Satz „ohne Schuld keine Haftung" zusammenfaßt, wurde von Grotius auf das Gebiet des Völkerrechts übertragen und zur Grundlage einer Lehre von der Haftung des Staates für die Handlungen Einzelner gemacht, die bis auf unsere Tage, man kann wohl sagen im wesentlichen unverändert geblieben ist.

„Communitas ut alia, ita et civilis non tenetur ex facto singulorum sine facto suo aut omissione" (de jure belli ac pacis, 2. Buch, Kap. XXI, § 2, Nr. 1). Nachdem Grotius diesen grundlegenden Satz, der, wie jeder sieht, die Antithese zu dem Grundsatz von der Solidarität der Gruppe bildet, aufgestellt hat, untersucht er des weiteren, auf welche Weise der Staat an dem Vorgehen einer Privatperson beteiligt sein und so dafür haftbar werden kann; es sind besonders zwei Fälle, die er als die wichtigsten und gewöhnlichsten heraushebt, die patientia und den receptus. Der Staat, welcher weiß, daß ein Individuum ein Verbrechen gegen einen Staat oder einen fremden Herrscher im Schilde führt und es nicht verhindert, wo er es verhindern müßte (patientia), und der Staat, der einen Verbrecher aufnimmt und ihn der Strafe entzieht, indem er sich weigert, ihn auszuliefern oder zu bestrafen (receptus), werden gewissermaßen Mittäter des Verbrechens; es entsteht eine Art von Solidarität zwischen ihnen und dem Schuldigen, die aus der stillschweigenden Billigung der Handlung zu folgern ist; das und nicht der Umstand, daß der Einzelne zu der im Staate zusammengeschlossenen Gemeinschaft in Beziehung steht, ist es, was die Verantwortlichkeit des Staates begründet.

Wir haben schon darauf hingewiesen, daß der grundlegende Satz dieser Lehre bis auf unsere Tage der über diese Frage verfaßten Literatur des Völkerrechts als Grundlage gedient hat. Zuweilen haben die Schriftsteller sich darauf beschränkt, die Lehre des Grotius' zu wiederholen, die Möglichkeiten ihrer Anwendung zu erforschen; zuweilen haben sie sich damit befaßt, diese Lehre zu vervollständigen, indem sie aus ihr Folgerungen ableiteten, die logischerweise in ihr einbegriffen waren, oder sich bemühten, mit verschiedenen, im einzelnen mehr oder weniger glücklichen Mitteln die praktischen Schwierigkeiten zu überwinden, zu denen sie insbesondere bei der Frage, wie der Beweis für die Mitwirkung des Staates bei den Handlungen Einzelner zu führen ist, Anlaß gab. Eine neuere Richtung von Schriftstellern hat sogar versucht, die Ergebnisse der grotianischen Thesen ihrem Gehalt nach aufrecht zu erhalten, wobei sie sie allerdings auf völlig andere Grundlagen stellte und dabei soweit ging, sogar den Begriff der Schuld auszuschalten.

Man darf aber nicht glauben, daß die Wissenschaft immer bewußt und konsequent bei der Entwicklung des grundlegenden Satzes der Lehre des Grotius diesen der Lehre von der solidarischen Verantwortlichkeit entgegengesetzt habe. Es wäre sogar leicht, das häufige Fehlen einer klaren Erfassung dieses Gegensatzes zu zeigen; dieser Fehler hat dann nicht selten zur Folge, daß die Schriftsteller, welche ihm verfallen sind, sich mehr oder weniger bedeutsame Folgerungen, die sich aus dem Begriff der solidarischen Verantwortlichkeit ergeben, zu eigen machen und sie, fast ohne sich dessen bewußt zu sein, auf die Schuldtheorie aufpfropfen. Man findet vielleicht bei denjenigen Autoren, welche die Verantwortlichkeit des Staates auf die Idee der Gruppensolidarität gründen, größere Klarheit und Folgerichtigkeit; diese Autoren sind jedoch an Zahl gering und fast ausschließlich Vertreter der germanischen Rechtsauffassung.

Auch die Völkerrechtspraxis ist nicht immer klar und konsequent, so daß sich sowohl die Verfechter der einen wie die der anderen Auffassung auf sie haben berufen können. Die diplomatischen Erörterungen, zu denen die Fälle der hier geschilderten Art Anlaß gegeben haben, scheinen in der Tat bald von der Auffassung getragen zu sein, daß der Staat schlechthin für das einzelne Individuum haftet, bald sich auf die Vorstellung zu stützen, daß man von einer Verantwortlichkeit des Staates nur dann sprechen könne, wenn seine Organe die Handlungen, um die es sich hier handelt, begünstigt oder geduldet haben. Als charakteristisches Beispiel aus der neueren Zeit vergleiche man die von der Botschafterkonferenz an Griechenland anläßlich des Zwischenfalles von Janina gesandte Note vom 4. September 1923 mit dem Rechtsgutachten, das bei dem gleichen Anlaß die Juristenkommission, die vom Völkerbundsrat ernannt worden war, um einige Fragen zu prüfen, welche die Auslegung der Völkerbundssatzung betrafen, und welche gelegentlich des italienisch-griechischen Streitfalls (Rivista di dir. intern., Jahrg. XVI, 1924, S. 346—47 und 354—55) aufgetaucht waren, erteilt hat[1]). Natürlich spielen bei den diplomatischen Erörterungen Erwägungen, die mit den besonderen Umständen des Einzelfalls zusammenhängen und die Voreingenommenheit, die sich aus dem Umstand ergibt, daß ein bestimmter Standpunkt verteidigt werden muß, eine große Rolle; doch wenn dies auch eine Abschwächung bedeutet, so nimmt es doch der eben gemachten Feststellung nichts von ihrem Wert.

Es ist übrigens nicht schwer, die Gründe dieser Unsicherheiten und Schwankungen einzusehen, wenn man bedenkt, daß die beiden Auffassungen, die theoretisch Gegensätze darstellen, in der Praxis schließlich zu ähnlichen Ergebnissen führen, sobald man die primitive germanische Rechtsauffassung dahin abändert, daß die Bestrafung des schuldigen Individuums genügt, um den Verband, dem es angehört, von der Haftung zu befreien. Wenn in der Tat bei dem System der solidarischen Haftung der Staat für die Handlung des Individuums einzustehen hat, er sich aber durch die Bestrafung des Täters von der Verantwortlichkeit befreien kann (Bestrafung = Auswirkung der Verantwortlichkeit), und wenn bei dem anderen System der Staat den Täter in Strafe nimmt, weil er sonst zur Ver-

[1]) Über den sogenannten Korfu-Fall ist eine große Literatur entstanden; an dieser Stelle würde genügen, einige wichtigere Aufsätze und Werke zu erwähnen: Ch. de Visscher, L'interprétation du Pacte au lendemain du différend italo-grec, in „Revue de droit international et de lég. comparée", 3me série Bd. V, 1924, S. 213ff., 536ff.; K. Strupp, L'incident de Janina, in „Revue gén. de droit intern. public", Bd. XXXI, 1924, S. 260ff.; A. Cavaglieri, L'interpretazione di alcuni articoli del Patto della Società delle Nazioni nella risposta del Comitato dei giuristi (estratto dalla, „Rivista di diritto pubblico"), Roma 1924; Q. Wright, Opinion of commission of jurists on Janina-Corfu affair, in „American Journal of international law", Bd. XVIII, 1924, S. 536ff.; A. Philippe, Le rôle de la Société des Nations dans l'affaire de Corfu (Diss.), Lille 1924; St. Nicoglou, L'affaire de Corfu et la Société des Nations (Diss.), Dijon 1925.

antwortung gezogen würde (Bestrafung = Bedingung, um die Verantwortlichkeit zu vermeiden), so begegnen sich die einander entgegengesetzten Grundauffassungen auf dem gemeinsamen Boden der Bestrafung des schuldigen Individuums; diese bildet aber in der Praxis das wesentliche und charakteristische Moment der Materie, um welche es sich hier handelt.

Dabei ist auch zu beachten, daß Fälle dieser Art, die sich nicht, mit Recht oder Unrecht, mit irgendeinem Handeln oder Nichthandeln öffentlicher Beamten in Verbindung bringen lassen, sehr selten vorkommen. Natürlich verfehlt der interessierte Staat niemals, die Seite der Frage geltend zu machen, welche für ihn besonders günstig ist; so kommt es, daß es recht schwierig ist, aus den Erörterungen, die im Gefolge eines solchen Falls angestellt worden sind, deutlich zu erkennen, welches die Bedeutung ist, welche der Handlung des einzelnen Individuums gegenüber dem tatsächlichen oder dem angeblichen Verhalten der Staatsorgane zugeschrieben wird, und welches dabei der Anteil ist, welcher der Auffassung von einer Verantwortlichkeit für das von Privaten begangene Delikt gegenüber dem Gedanken einer Verantwortlichkeit für die Handlungen der Staatsorgane eingeräumt wird.

Hier kommt es darauf an, die Abgrenzung der Fragestellung so genau wie nur möglich vorzunehmen und zwar so, wie sie sich nach dem geltenden Rechte darstellt.

Es steht außer Zweifel, daß die Völkerrechtsnormen an die Tatbestände, von denen wir hier sprechen, gewisse Rechtsfolgen knüpfen; das punctum pruriens des ganzen Problems besteht darin, das Wesen und den Inhalt dieser Rechtsfolgen zu bestimmen. Um sich hier auf die wichtigste und charakteristischste Rechtsfolge zu beschränken: der Staat, auf dessen Gebiet die Handlung begangen worden ist, ist demjenigen gegenüber, gegen den die Handlung gerichtet war, verpflichtet, gegen die Schuldigen ein ordentliches Strafverfahren einzuleiten. Wenn man dieses „Verpflichtet sein" mit Verantwortlichkeit und die Bestrafung des Schuldigen mit „Genugtuung" gegenüber dem beleidigten Staat gleichsetzen will, so steht nichts dem im Wege, von Verantwortlichkeit des Staates für die Tat des Einzelnen zu sprechen. Daran wird durch die Erwägung, daß dem einzelnen Individuum innerhalb der Völkerrechtsordnung keine Rechtssubjektivität zukommt, nichts geändert, nicht so sehr darum, weil — wie schon bei der Berufung auf die bekannten Fälle der Verantwortlichkeit für Schäden, die durch Sklaven, Tiere usw. hervorgerufen sind, dargelegt worden ist — die Haftpflicht nicht notwendigerweise daran geknüpft ist, daß das Wesen, das den Schaden verursacht hat, Rechtspersönlichkeit besitzt, als darum, weil die Handlung des Einzelnen hier einfach eine Voraussetzung dafür ist, daß zwischen Subjekten der Völkerrechtsordnung bestimmte Rechtsverhältnisse entstehen (S. 254ff.). Inwieweit sich in diesen Rechtsverhältnissen die alte Idee wiederfindet, welche der Einrichtung der solidarischen Haftung zugrunde lag, das ist zwar eine recht interessante Frage; sie kann hier jedoch beiseite bleiben.

Nimmt man dagegen das Wort in einem engeren und präziseren Sinn und versteht so unter Verantwortlichkeit die Verpflichtung, ein begangenes Unrecht wieder gutzumachen, so kann man offensichtlich von Verantwortlichkeit nicht sprechen, wenn man lediglich auf die Tat des Individuums an sich abhebt. Ein völkerrechtliches Unrecht ist das Nichteinhalten einer vom Völkerrecht auferlegten Verpflichtung. Nun kann die Pflicht des Staates nicht darin bestehen — und sie tut es tatsächlich auch nicht — es unmöglich zu machen, daß Handlungen, durch welche fremde Staaten beleidigt oder geschädigt werden, von Personen begangen werden, die seiner Autorität unterstehen. Die Verpflichtung der Staaten kann nur soweit gehen, die zur Verhütung solcher Handlungen geeigneten Maßnahmen zu ergreifen, oder, wo sie dennoch zur Ausführung kommen, gegen den Schuldigen strafrechtlich vorzugehen. Das ist der Inhalt der Verpflichtung der Staaten und nur insoweit, als dieser Verpflichtung nicht Genüge getan wird, ist ein völkerrechtliches Delikt möglich.

Trotz der Unsicherheiten und des Mangels an Folgerichtigkeit, auf welche wir oben hingewiesen haben, kann nicht in Zweifel gezogen werden, daß dieses Ergebnis unserer Darstellung der Rechtsüberzeugung der Staaten entspricht. Zwei Umstände sind in dieser Hinsicht besonders bedeutungsvoll. Einmal wird in den diplomatischen Noten, vor allem denjenigen, die wichtigere Fälle betreffen (wir verweisen auch hier wieder auf den Notenaustausch über die Morde in Serajewo und Janina), stets besonderer Nachdruck gelegt auf die wirkliche oder angebliche Duldung der Tat durch die Behörden, und auf den Anteil, den sie durch ihre Stellungnahme oder ihre Teilnahmlosigkeit an der Vorbereitung und Verwirklichung des Ereignisses gehabt haben; aus diesen Noten geht klar hervor, daß es in dem Bewußtsein des verletzten Staates nicht so sehr die Handlung des Einzelnen an und für sich ist, welche für die Beurteilung der Schwere des Falles bestimmend ist und die Energie der Reaktion rechtfertigt, als vielmehr das Verhalten der Staatsgewalt. Dann ist weiter hervorzuheben, daß in Fällen, wo die Staaten — obwohl ein Verschulden öffentlicher Beamten weder bewiesen noch von ihnen zugegeben war — eingewilligt haben, zugunsten von Ausländern, welche durch gegen sie gerichtete Volksbewegungen zu Schaden gekommen waren, eine Geldsumme zu bezahlen, nicht verfehlt haben, förmlich zu erklären, daß die Zahlung als ein Akt der Freundschaft und Freiwilligkeit und nicht als Erfüllung einer Verpflichtung anzusehen sei.

Dagegen hat man einige Bestimmungen interner Gesetze angeführt, wie den Art. 113 des italienischen Strafgesetzbuchs, die denjenigen, der durch feindselige „von der Regierung nicht gebilligte" Handlungen gegen fremde Staaten den eigenen Staat der Kriegsgefahr oder Vergeltungsmaßnahmen aussetzt, mit Strafe bedrohen. Durch Bestimmungen dieser Art würde die Möglichkeit zugegeben, daß ein Staat auch für rein individuelle Handlungen einzustehen habe. Aber abgesehen von anderen Erwägungen scheint man hiermit der Klausel „von der Regierung nicht gebilligt" eine Bedeutung zuzulegen, welche ihr nicht zukommt, da sie ganz offenbar nichts anderes als eine Bedingung für die Strafbarkeit der Tat schaffen soll: eine an ihrem Ursprung rein individuelle Handlung kann sehr wohl der Ausgangspunkt internationaler Verwicklungen sein, deren Entwicklung und Folgen sich nicht voraussehen lassen; und dann ist das Völkerrecht sicherlich noch viel zu weit davon entfernt, die Möglichkeit nicht gerechtfertigter Kriege auszuschließen, als daß man nicht zugeben müßte, daß der Gesetzgeber auch dieser Annahme Rechnung getragen haben könnte.

Fassen wir das Ergebnis des Gesagten zusammen: das Völkerrecht betrachtet die von Individuen begangenen Handlungen, durch die fremde Staaten verletzt oder beleidigt werden, als individuelle Handlungen, die dem Staat nicht zuzurechnen sind, knüpft aber an diese Handlungen bestimmte völkerrechtliche Verpflichtungen und die entsprechenden Ansprüche; eine Haftung des Staates für unerlaubtes Handeln entsteht daher nicht aus der Handlung des Individuums, sondern nur aus der Nichterfüllung der Verpflichtungen, die das Völkerrecht daran knüpft.

Die Tatbestände, von denen wir hier sprechen, gehören daher in die Kategorie der Handlungen Privater, welche durch interne Normen verboten sind und unterdrückt werden, weil dies infolge von völkerrechtlichen Verpflichtungen oder Ansprüchen der Staaten geboten ist; andere bekannte Beispiele dafür sind die Seeräuberei und der Sklavenhandel (s. Artt. 320ff., 335ff. des italienischen Handelsmarine-Gesetzbuchs); wir haben es also hier nicht mit von Privaten begangenen Übertretungen des Völkerrechts zu tun, delicta juris gentium, wie sie häufig genannt werden, sondern mit Handlungen, welche auf Grund interner Normen verboten und bestraft werden, weil dies völkerrechtlich geboten ist. In allen diesen Fällen stehen wir vor der Tatsache, daß ein und derselbe Tatbestand gleichzeitig sowohl vom internen Recht, das aus ihm Verpflichtungen und Ansprüche Einzelner, der öffentlichen Verwaltung usw. ableitet, als auch vom Völkerrecht erfaßt wird, das ihn zur Quelle von Verpflichtungen und Ansprüchen der Staaten unter sich macht. Und da man in diesem Fall in Wirklichkeit (S. 251ff.) rechtlich zwei verschiedene Tatbestände vor sich hat, so kann es sich sehr wohl ergeben, daß völkerrechtlich die Verantwortlichkeit des Staates gegeben ist, während eine strafrechtliche Verantwortlichkeit des Individuums, das die Tat begangen hat, nicht besteht, oder daß umgekehrt letztere gegeben ist und jene nicht; oder auch daß sowohl die eine wie die andere, aber nebeneinander und aus verschiedenen Ursachen, bestehen. Wenn der Staat die Norm, welche die Handlungen verbietet, die zu verbieten er völkerrechtlich verpflichtet ist, nicht erlassen hat, so haftet er für die rechtswidrige Unterlassung, aber das Individuum, das die Tat begangen hat, kann infolge des Satzes nulla poena sine lege nicht bestraft werden. Wenn der Staat diese Norm erlassen hat, und sie in korrekter Weise gegen das Individuum, das sie verletzt hat, anwendet, so besteht dessen strafrechtliche Verantwortlichkeit, aber keine völkerrechtliche Verantwortlichkeit des Staates, weil dieser alles das getan hat, wozu er völkerrechtlich verpflichtet war. Wenn der Staat endlich die betreffende Verbotsnorm erlassen hat, die zuständigen Behörden aber versäumen, gegen den, der sie übertreten hat, das Strafverfahren einzuleiten, so kann gleichzeitig sowohl die strafrechtliche Handlung des Einzelnen, der das Gesetz verletzt hat, als auch die völkerrechtliche Verantwortlichkeit des Staates, der die Schuldigen nicht bestraft, vorliegen.

B. Die Rechtswidrigkeit.

Das dem Staat nach den hier erläuterten Kriterien zuzurechnende Verhalten muß den völkerrechtlichen Verpflichtungen gerade dieses Staates und somit den Verpflichtungen, die sich aus den zwischen dem genannten Staat und anderen Staaten getroffenen Übereinkommen ergeben, zuwiderlaufen. Der Umstand, daß ein Schaden zugefügt worden ist, genügt für sich allein noch nicht, um eine unerlaubte Handlung zu statuieren, sofern dieser Umstand nicht die Folge der Verletzung einer durch eine bestimmte Vereinbarung auferlegten Verpflichtung ist: es sei nun, weil bei dem noch so streng individualistischen Charakter der völkerrechtlichen Rechtsverhältnisse die Staaten nicht die Verpflichtung haben, sich solcher Handlungen zu enthalten, die anderen Staaten Schaden zufügen können, es sei denn, daß sie diese Verpflichtung übernommen hätten, sei es, weil die völkerrechtlichen Verpflichtungen in der Regel keinen wirtschaftlichen Inhalt haben und eine Schädigung, um rechtlich in Betracht kommen zu können, nicht von der Verletzung eines bestimmten Rechtes weggedacht werden kann.

Aus diesem selben Grunde kommt dem Begriff des Schadens im gewöhnlichen Sinne einer „Minderung des Vermögens" in der Lehre von der völkerrechtlichen Verantwortlichkeit lange nicht eine ähnlich große Bedeutung und Selbständigkeit zu wie im bürgerlichen Recht. Das, worauf es in den zwischen den Staaten bestehenden Rechtsverhältnissen wesentlich ankommt, ist nicht das wirtschaftliche Moment, wenn dieses auch letzten Endes ihr Substrat bildet; es handelt sich dabei vielmehr um ein ideelles Moment: die Ehre, die Würde, den ethischen Wert der Subjekte. Daraus folgt, daß ein Staat allein in der Tatsache, daß eines seiner Rechte ihm von einem anderen Staat aberkannt wird, eine Schädigung erblicken kann, die zu leiden er auch dann nicht verpflichtet sein kann, wenn sich daraus keinerlei materielle Folgen ergeben. Auf keinem Gebiet des menschlichen Lebens macht sich so sehr die Wahrheit der bekannten Worte geltend: „Wer sich Wurm macht, er muß getreten werden". Daher eben kommt es, daß in der Regel einer jeden Rechtsverletzung die Verpflichtung zur Wiedergutmachung entspricht. Das hindert natürlich nicht, daß der Begriff des Schadens im allgemeinen und der des wirtschaftlichen Schadens im besonderen einen Einfluß auf die Bestimmung der Folgen der unerlaubten Handlung ausübt; so ist es z. B. sicher, daß man eine Entschädigungssumme für den von Privaten infolge einer einem Staate zurechenbaren Verletzung des Völkerrechts erlittenen Schaden nur dann beanspruchen kann, wenn ein solcher Schaden faktisch vorhanden ist (Ständiger Internationaler Gerichtshof, Urteil Nr. 5 vom 26. März 1925, Publikationen, zit., Serie A, Nr. 5, S. 40ff. und der erkennende Teil auf S. 51; Urteil Nr. 13 vom 13. September 1928, Publikationen, zit., Serie A, Nr. 17, S. 30ff.) und das selbst dann, wenn möglicherweise andere Formen der Genugtuung gerechtfertigt wären, die Zahlung eines Betrages zur bloßen Genugtuung (Busse) einbegriffen.

Will man bestimmen, ob ein gegebenes Verhalten den völkerrechtlichen Verpflichtungen eines Staates zuwiderläuft oder nicht, so bedeutet das, daß man den Tatbestand an der Norm messen muß, genauer noch, daß man das, was wirklich geschehen ist, mit dem von der Norm geforderten Verhalten vergleichen muß. Die Feststellung dessen, was geschehen ist, ist eine bloße Tatsachenfrage. Dagegen gehört es in den Bereich der rechtlichen Fragen, festzustellen, wie die Norm, durch welche die angeblich verletzte Verpflichtung aufgestellt worden ist, ausgelegt werden muß.

Auch bei völkerrechtlichen Verpflichtungen kann es vorkommen, daß sie ohne weiteres Dazutun schlechthin bestehen; häufiger jedoch sind sie bloß hypothetisch, d. h. bedingt durch bestimmte Tatsachenvoraussetzungen, oder auch davon abhängig, daß der Wille, eine bestimmte Rechtswirkung hervorzurufen, erklärt worden ist. Eine bestimmte Handlung kann daher immer ohne weiteres eine unerlaubte völkerrechtliche Handlung darstellen, so z. B. eine gegen ein fremdes Staatsoberhaupt gerichtete Beleidigung; oder aber es kann vorkommen, daß sie eine unerlaubte Handlung nur dann darstellt, wenn bestimmte, durch die Norm vorgesehene Voraussetzungen erfüllt sind, beispielsweise die Verweigerung der Auslieferung in einem Fall, wo alle Bedingungen, bei deren Vorliegen der Vertrag die Auslieferung vorschreibt, zusammentreffen. Oder endlich kann es vorkommen, daß diese Handlung gar keine unerlaubte Handlung darstellt, sondern nur die Ursache dafür ist, daß gewisse Rechtsfolgen nicht zur Verwirklichung kommen; so hat z. B. die Unterlassung der Notifikation einer Blockade die Wirkung, daß die betreffende kriegführende Partei von den neutralen Schiffen nicht fordern kann, daß sie die verhängte Blockade achten. Ich brauche nicht hinzuzufügen, daß man dagegen dann eine unerlaubte Handlung vor sich hätte, wenn die betreffende kriegführende Partei trotzdem, daß sie die Notifikation unterlassen hat, die Einhaltung der Blockade fordern würde — eben deswegen weil die Notifikation die Bedingung ist, von der die Verpflichtung der Neutralen abhängt, die Blockade zu achten.

Im übrigen ist zu bemerken, daß die durch die Völkerrechtsnormen vorgesehene staatliche Tätigkeit durch diese Normen derart geregelt sein kann, daß die Art ihrer Entfaltung und der Inhalt der Einzelhandlungen, in denen sie zur Auswirkung kommt, durch genau bestimmte rechtliche Vorschriften vorgeschrieben ist; die Regelung kann andererseits auch so getroffen sein, daß es den Staaten freisteht, ihre Tätigkeit in dem Augenblick zu entfalten, der ihnen als der günstigste erscheint, oder ihr den einen oder anderen Inhalt zu geben, je nach Maßgabe eines von den anderen Staaten unüberprüfbaren Ermessens; es ist klar, daß man von Rechtswidrigkeit nicht sprechen kann, solange diese Tätigkeit innerhalb der Grenzen des freien Ermessens erfolgt.

Über diese allgemeinen Betrachtungen hinaus scheint es weder vorteilhaft noch möglich, zu bestimmen, was eine völkerrechtswidrige Handlung ist; es ist dies ein Problem, das sich, wie wir schon sagten, in die Frage nach der Auslegung der einzelnen Normen auflöst. Man kann keine allgemeine Aussage des Inhalts machen, welches nun im einzelnen die völkerrechtswidrigen Handlungen sind; man kann nur darüber etwas aussagen, ob eine bestimmte Handlung einer bestimmten Norm zuwiderläuft. Fügen wir hier noch hinzu, daß gerade hier die größten Schwierigkeiten unseres Arbeitsgebietes offenbar werden; einige Feststellungen, die schon an früherer Stelle über die Zurechnung der Handlungen Privater gemacht worden sind, und einige weitere, die binnen kurzem bei Gelegenheit der Erörterungen über das Problem der Schuld gemacht werden sollen, zeigen uns, daß die schwerwiegendsten unter den Kontroversen, zu denen die Frage nach der völkerrechtlichen Verantwortlichkeit der Staaten Anlaß gibt, daher rühren, daß man sich über Art und Inhalt gewisser Verpflichtungen streitet.

Das Problem des Verschuldens.

Bibliographie. — Außer den auf S. 360ff. zitierten Werken kann man zu dieser Frage heranziehen: P. Heilborn, Deliktsschuld und Erfolgshaftung im Völkerrecht, in der „Zeitschrift für öffentliches Recht", Bd. VII, 1927, S. 1ff.

Sind Verletzung des Völkerrechts und Zurechenbarkeit, so wie sie oben bestimmt worden sind, die einzigen wesentlichen Elemente der Verantwortlichkeit eines Staates gegenüber anderen Staaten, oder ist es außerdem nötig, daß die objektiv rechtswidrige Handlung dolos oder schuldhaft verursacht ist? Mit anderen Worten: ist die völkerrechtliche Verantwortlichkeit rein objektiv gegeben oder setzt sie das Vorhandensein einer bestimmten Willenshaltung voraus?

Die Praxis ist hier sehr geteilt und völlig unbestimmt; es lassen sich leicht Beispiele und Kundgebungen anführen, die sowohl in dem einen wie in dem anderen Sinne gedeutet werden können; doch läßt sich schwerlich behaupten, daß sie auf eine klare und bewußte Erfassung des hier behandelten Problems gegründet sind.

Die Rechtswissenschaft betrachtet nach der bis heute vorherrschenden Lehre das Verschulden als eine der Bedingungen für die völkerrechtliche Verantwortlichkeit des Staates. Das geht zweifellos zum größten Teil auf den Einfluß des römischen Rechts zurück, wie es die geschichtlichen Anfänge dieser Lehre erweisen: auch dieses Hauptstück ist wie alle anderen Kapitel des Völkerrechts unter Verwendung der Begriffe des römischen Privatrechts, die von den Vertretern des Naturrechts verallgemeinert und idealisiert wurden, aufgebaut worden; und da in dem römischen, so streng individualistischen Recht die Haftbarkeit eben auf dem Verschulden basierte, zögerte man nicht, auch die Haftbarkeit der Staaten auf diesen Begriff zu gründen. Erst in unseren Tagen hat sich, und zwar zweifellos im Zusammenhang mit den neuen Ideen über Verantwortlichkeit, die sich nach und nach im bürgerlichen Recht und im internen öffentlichen Recht Bahn gebrochen haben, auch auf dem Gebiet des Völkerrechts eine Reaktion gegen die traditionelle Lehre herausgebildet; es ist dabei der Versuch gemacht worden, die völkerrechtliche Haftbarkeit auf eine Grundlage zu stellen, die es erlaubt, vom Verschulden abzusehen.

Diese Auffassung hat sich zuerst im Rahmen der überlieferten Lehre entwickelt, und zwar in der Form, daß für Sonderfälle, welche anders aufgefaßt und rechtlich anders bewertet wurden, Ausnahmen von der Regel aufgestellt wurden (Schäden, die Ausländer bei Gelegenheit von Unruhen oder Bürgerkriegen erlitten haben); später ging dann die Entwicklung außerhalb dieser Lehre und im Gegensatz zu ihr vor sich, wobei diese Materie einer kritischen Revision unterworfen wurde, die mit einer strengeren Auffassung des Völkerrechts und seiner Beziehungen zum internen Recht im Zusammenhang stand (Triepel, Anzilotti). Aber auch diejenigen Autoren, welche übereinstimmend die Notwendigkeit betonen, die Lehre von der völkerrechtlichen Verantwortlichkeit unabhängig von den überlieferten privatrechtlichen Theorien aufzubauen, sind noch weit davon entfernt, bezüglich der Bewertung der Bedeutung und des Anteils, welche dabei dem Begriff des Verschuldens zukommen können, einheitlicher Meinung zu sein; und während die einen den Begriff des Verschuldens beibehalten und ihm lediglich eine andere Bedeutung geben als im internen Recht (Hatschek), andere ihn vollständig ablehnen (Diena), anerkennen wieder andere ihn nur für bestimmte Kategorien von unerlaubten Handlungen, insbesondere für die sogenannten „Unterlassungsdelikte“ entweder allgemein (Strupp) oder nur für einige Delikte dieser Art (Schoen); andere endlich halten daran fest, daß das Verschulden die notwendige Vorbedingung für die Verwirklichung gewisser Folgen der unerlaubten Handlung, z. B. die Schadensersatzpflicht ist, während sie nach ihnen für den Anspruch auf bloße Genugtuung (Triepel) nicht erforderlich ist, oder aber zwar für den Anspruch auf Genugtuung, aber nicht für den Anspruch auf Ersatz des Vermögensschadens (Jeß) entbehrt werden kann.

Vor allem ist es nötig zu bestimmen, wo eigentlich der Schwerpunkt der Frage liegt.

Dolus und Verschulden im eigentlichen Sinne des Wortes bedeuten einen bestimmten Zustand des Willens als psychologische Tatsache, und man kann daher von ihnen nur insoweit sprechen, als sie auf einen Menschen bezogen werden. Es handelt sich daher darum zu sehen, ob ein völkerrechtswidriges Verhalten, um einem Staat zugerechnet werden zu können, von den Individuen, aus welchen die Organe dieses Staates bestehen, dolos oder schuldhaft verursacht worden sein muß; mit anderen Worten: ob Dolus und Verschulden dieser Personen Bedingungen sind, welche das Recht aufstellt, damit die geschilderten Handlungen für die Staaten die Folgen erzeugen können, von denen hier die Rede ist.

Wenn dem so ist, so scheint es mir, daß man daraus vor allem eine Folgerung ziehen muß, die wichtig genug ist und der man bisher vielleicht nicht genügend Beachtung geschenkt hat; da es sich um das mögliche Vorliegen einer Bedingung dafür handelt, ob dem Staat Handlungen von Einzelpersonen zugerechnet werden können, und da die Zurechenbarkeit stets und ausschließlich eine Wirkung der jeweiligen Rechtsnormen ist (s. S. 187ff.), so ist das Problem in erster Linie ein Auslegungsproblem. Überall da, wo eine Rechtsnorm besteht, welche die völkerrechtliche Verantwortlichkeit eines Staates für bestimmte Tatbestände vorsieht, muß untersucht werden, ob diese Norm, ausdrücklich oder stillschweigend, dem Sinne und dem Geist nach, die Zurechenbarkeit von dem Verschulden (oder dem Dolus) der Organe abhängig macht, oder aber ob sie lediglich auf das Vorhandensein einer objektiv völkerrechtswidrigen Handlung abstellt.

Ein bemerkenswertes Beispiel dafür bietet Art. 3 der IV. Haager Konvention vom 18. Oktober 1907, die Gesetze und Gebräuche des Landkriegs betreffend, nach denen der Kriegführende, der die Bestimmungen des Reglements (Anlage zum Abkommen) verletzt, verpflichtet ist, Schadenersatz zu leisten und zu diesem Zweck für „responsable de tous actes commis par les personnes faisant partie de sa force armée" erklärt wird. Aus den vorbereitenden Arbeiten sowohl wie aus dem Text der Bestimmung geht in zweifelsfreier Weise hervor — und das erkennen selbst die Schriftsteller an, die grundsätzlich die Verschuldenstheorie vertreten — daß dieser Artikel ein System hat sanktionieren wollen, bei dem es für die Frage der Verantwortlichkeit nur auf objektive Gesichtspunkte ankommt.

In vielen Fällen ist es freilich unmöglich, die Frage lediglich an Hand einer bestimmten Norm zu lösen; dann muß man notwendigerweise auf die allgemeinen Grundsätze des Rechts zurückgreifen; die folgenden Bemerkungen beziehen sich ausschließlich auf diesen Fall.

Der Satz, nach dem eine völkerrechtswidrige Handlung, um die Verantwortlichkeit der Staaten auszulösen, von den Organen dolos oder schuldhaft verursacht worden sein muß, kann auf zwei recht verschiedene Weisen verstanden werden. Er kann sich tatsächlich beziehen: a) auf den Dolus oder das Verschulden des Organs, das die rechtswidrige Handlung begangen hat, z. B. des Justizbeamten, der in den Räumen einer auswärtigen Botschaft eine Pfändung vorgenommen hat; b) auf den Dolus oder das Verschulden der Organe im allgemeinen, z. B. Dolus oder Verschulden der Urheber des Gesetzes, kraft dessen der Justizbeamte zu der betreffenden Pfändung hat schreiten können oder müssen.

Im ersten Fall wird der Ausdruck ,,Verschulden" in seiner eigentlichen Bedeutung gebraucht; und es ist hierbei zweifellos möglich, Nachforschungen, ob ein Verschulden vorliegt, anzustellen; aber es stellt sich dann vor den Satz ein gewichtiges und schwer zu umgehendes Hindernis. Die Handlung des Organs kann völkerrechtswidrig und dennoch landesrechtlich rechtmäßig sein; der Justizbeamte kann die Pfändung in den Räumen der ausländischen Botschaft vorgenommen haben, weil die Gesetze des Staates ihm nicht gestatteten, sich dem Pfändungsauftrag zu entziehen. Niemand wird hier bezweifeln, daß der betreffende Staat für diese Handlungen einstehen muß, um so mehr, als sie, wie schon gesagt (S. 364), den typischen und am wenigsten umstrittenen Fall völkerrechtlicher unerlaubter, dem betreffenden Staat zurechenbarer Handlungen darstellen. Und dennoch kann man nicht von einem Verschulden der Person, welche die Stellung des Organs bekleidet, sprechen; denn sie hat genau das, was sie tun mußte, getan. Ebensowenig kann man sagen, daß in diesem Fall der Inhaber der Organfunktion, wenn ihn auch nach Landesrecht kein Verschulden treffe, doch vom Völkerrecht aus gesehen schuldhaft gehandelt habe, weil er wußte oder wissen mußte, daß er völkerrechtswidrig handele und quamvis coactus tamen voluit; abgesehen von allen anderen Erwägungen tritt hier klar zutage, daß ein so verstandenes Verschulden für die Handlung nicht kausal ist und daher für die Frage der Zurechenbarkeit außer Ansatz bleiben muß.

Faßt man dagegen den Satz in dem Sinne auf, daß es nicht auf ein Verschulden des Organs, das die Handlung vollzogen hat, sondern ganz allgemein auf ein Verschulden irgendeines Organs, mit dem man, wenn auch nur mittelbar, die betreffende Handlung in Verbindung bringen kann, ankommt, so vermeidet man zwar die Schwierigkeit, von der oben gesprochen wurde, aber man nimmt damit, ohne es einzugestehen, dem Begriff des Verschuldens jede Festigkeit. Man braucht nur an die heiklen und vielfältigen Vorgänge zu denken, die bei der Bildung des staatlichen Willens im Spiele sind, und welche das staatliche Handeln bestimmen, um zu sehen, wie sehr man bei der Untersuchung nach einem Verschulden, in dem so verstandenen Sinn, im Dunkeln und im Leeren tappen würde. Man müßte dann schließlich so weit zurückgehen, sie bei denjenigen, welche das Gesetz, ja vielleicht sogar die Verfassung des betreffenden Staates erlassen haben, zu suchen, weil sie — und das für einen unbestimmten Zeitraum — es nicht verstanden haben vorauszusehen, daß eine bestimmte Gesetzesbestimmung würde so aufgefaßt und angewandt werden können, daß sie die Verletzung einer völkerrechtlichen Verpflichtung des Staates möglich machte; es ist wohl keine Übertreibung, hier zu sagen, daß auf diesem Boden das Verschulden immer bejaht und immer verneint werden kann. Und man darf hier ferner fragen, ob eine solche Kontrolle der inneren Ordnung und des internen Funktionierens der staatlichen Tätigkeit sich wirklich mit dem Geist verträgt, von dem die zwischenstaatlichen Beziehungen getragen sind, oder ob mit diesem Geist die Auffassung nicht besser in Einklang steht, daß die Staaten, welche ja volle Freiheit haben, sich die Rechtsordnung zu geben, die sie für gut befinden, jede Verletzung des Völkerrechts, die von dieser internen Ordnung ihren Ausgang nimmt, dadurch zu decken haben, daß sie schlechthin die Verantwortung dafür übernehmen.

Noch weniger vereinbar mit dem Wesen des Staates und der zwischenstaatlichen Beziehungen sind die privatrechtlichen Begriffe der culpa in eligendo — der Staat soll dafür haften, daß er seine Beamten schlecht ausgewählt hat — oder in custodiendo — der Staat soll dafür haften, daß er seine Organe nicht genügend überwacht hat — Begriffe, die heutzutage tatsächlich fast allgemein aufgegeben sind. Wir sind daher berechtigt, zu dem Schluß zu kommen, daß im Völkerrecht der animus der Person, welche Trägerin der Organfunktion ist, in der Regel nicht Ursache oder Bedingung für die Verantwortlichkeit ist; diese entsteht lediglich infolge der Tatsache, daß eine völkerrechtliche Verpflichtung eines Staates verletzt worden ist.

Wir haben schon darauf hingewiesen, daß diese Schlußfolgerung besonders hinsichtlich der sogenannten „Unterlassungsdelikte" bestritten wird; das sind unerlaubte Handlungen, die darin bestehen, daß ein Staat unterlassen hat, etwas, wozu das Völkerrecht ihn verpflichtete, zu tun. Bei den Schriftstellern, für welche das Verschulden keine für die Zurechenbarkeit allgemein erforderliche Bedingung ist, will diese These im wesentlichen eine Auslegung des geltenden Rechts sein, aus dem sich ergeben soll, daß ein Staat, der etwa zu tun unterläßt, wozu er völkerrechtlich verpflichtet wäre, dafür nur dann verantwortlich ist, wenn die Unterlassung schuldhaft ist, d. h. wenn die unerlaubte Handlung bei Anwendung vernünftiger Sorgfalt hätte vermieden werden können (Schoen S. 55ff.; Strupp S. 48ff.).

Es ist oben festgestellt worden, daß es bei dieser Frage vor allem auf die Auslegung der einzelnen Normen ankommt (S. 388) und so wird man daher sagen können, daß die These vom Erfordernis eines Verschuldens in dieser Auffassung zu den Grundgedanken dieser Abhandlung, welche das Erfordernis eines Verschuldens nur da verneinen, wo die allgemeinen Grundsätze des Völkerrechts zur Anwendung kommen müssen, nicht in Widerspruch steht. Das entbindet aber nicht von der näheren Prüfung ihres Wertes und ihrer Tragweite, um so weniger, als die Möglichkeit einer grundsätzlichen Unterscheidung zwischen Begehungs- und Unterlassungsdelikten zweifelhaft genug ist und die Vernünftigkeit eines Kriteriums für die Zurechenbarkeit, das für die einen anders ist als für die anderen, uns zweifelhaft erscheinen muß.

Es ist unbestreitbar, daß wir der Auffassung, der Staat hafte nur dann, wenn er es bei der Ausführung seiner Verpflichtungen an der nötigen Sorgfalt habe fehlen lassen, häufig in diplomatischen Noten, Vertragsbestimmungen und in Schiedsurteilen begegnen; es bleibt jedoch zu untersuchen, ob die fehlende Sorgfalt, von der die Rede ist, hier wirklich ein und dasselbe ist wie Verschulden, dieser Begriff in des Wortes eigentlicher Bedeutung gefaßt.

Als wir über die Lehre des Grotius von der Verantwortlichkeit der Staaten für von privaten Individuen begangene Delikte sprachen (s. S. 377ff.), hatten wir Gelegenheit zu bemerken, daß für Grotius diese Lehren nur eine logische Folge der Idee „keine Verantwortlichkeit ohne Verschulden" sind. In Wirklichkeit kann man diese Lehre aber auch lediglich in dem Sinne auffassen, daß die völkerrechtliche Verantwortlichkeit nicht aus der Handlung des Einzelnen, sondern aus einer Handlung des Staates ihren Ursprung nimmt; oder besser gesagt, daß der Grund für das Bestehen einer unerlaubten völkerrechtlichen Handlung nicht darin liegt, daß ein Delikt begangen worden ist, sondern darin, daß die Organe des betreffenden Staates dazu eine bestimmte Haltung eingenommen haben.

Es ist in der Tat ziemlich häufig der Fall, daß einem Staat die völkerrechtliche Verpflichtung obliegt, zwar nicht das Eintreten gewisser Ereignisse zu verhindern — ein Anspruch, der unmöglich zu erfüllen und unsinnig wäre —, sondern die, eine gewisse Überwachung auszuüben und gewisse Maßnahmen zu ergreifen, die den Eintritt solcher Ereignisse verhindern sollen. Und nicht darum wird die betreffende Rechtspflicht verletzt und nicht darum entsteht die Verantwortlichkeit, weil das betreffende

Ereignis eingetreten ist, sondern deshalb, weil man es unterlassen hat, die gebotene Überwachung auszuüben oder die dem gegebenen Fall angemessenen Maßnahmen zu ergreifen.

Ein typisches Beispiel hierfür liefert uns die erste der drei sogenannten „Regeln von Washington"; diese wurden in dem in Washington am 9. Mai 1871 unterzeichneten Vertrag aufgestellt, um die Streitigkeiten zwischen den Vereinigten Staaten von Amerika und Großbritannien einem Schiedsspruch zu unterwerfen — Streitigkeiten, die aus angeblichen Neutralitätsverletzungen entstanden waren, welche Großbritannien während des Sezessionskrieges begangen haben sollte (der Schiedsspruch ist unter dem Namen „Alabama-Fall" bekannt); die erste dieser Regeln, nach der sich die Schiedsrichter bei ihrem Urteil richten sollten, besagt, daß „eine neutrale Regierung verpflichtet ist, die gehörige Sorgfalt (due diligence) anzuwenden, um innerhalb ihrer Jurisdiktion die Ausrüstung, Bewaffnung oder Bemannung irgendeines Schiffs zu verhindern, von dem sie mit hinreichendem Grund annehmen kann, daß es bestimmt ist, gegen eine Macht, mit der sie im Frieden lebt, zu kreuzen oder Krieg zu führen" usw. Es ist also nicht von der Verpflichtung die Rede, um jeden Preis zu verhindern, daß Schiffe bewaffnet und ausgerüstet werden und also auch nicht von schlechthinniger Haftbarkeit, falls dies geschieht, sondern nur von der Verpflichtung, die gehörige Sorgfalt anzuwenden, damit keine Schiffe ausgerüstet und bewaffnet werden und also auch von Haftbarkeit nur dann, wenn die gehörige Sorgfalt unterlassen worden ist. Und es ist sicherlich ein Ausfluß der gleichen Auffassung, wenn es in Artikel 8 des 13. Haager Abkommens vom 18. Oktober 1907, betreffend die Pflichten und Rechte der neutralen Mächte im Seekrieg, mit größerer Präzision formuliert heißt, daß „un gouvernement neutre est tenu d'user des moyens dont il dispose pour empêcher dans sa juridiction l'équipement ou l'armement de tout navire qu'il a des motifs raisonnables de croire destiné à croiser etc."[1])

Ein anderer Fall, der praktisch sehr bedeutsam ist, betrifft den Schutz der Ausländer bei eventuellen Volksunruhen, die gegen sie gerichtet sind. Offenbar geht das Völkerrecht nicht soweit, von den Staaten zu verlangen, daß sie dafür zu sorgen haben, daß solche Vorkommnisse ausgeschlossen sind und daß keinem Ausländer irgendwelche Beleidigung oder Schädigung widerfahren kann.

---

[1]) Die sehr große Literatur, welche über den sogenannten Alabama-Fall und die Washingtoner Regeln entstanden ist, betrifft den Begriff und die Folgen der Neutralität im Seekriege mehr als die hier behandelte Schuldfrage. Daher beschränken wir uns hier auf die Erwähnung der letzten ausführlicheren Behandlung des gesamten Falles in De Lapradelle-Politis Recueil des arbitrages internationaux, Bd. II, 1924, S. 713—983.

Das läge sowohl außerhalb des Bereiches des Menschenmöglichen, wie außerhalb der normalen Aufgaben des Staates. Die Verpflichtung der Staaten besteht vielmehr darin, daß ihnen aufgegeben ist, die gebotene Wachsamkeit walten zu lassen und die geeigneten Maßnahmen zu ergreifen, um entweder Unruhen dieser Art vorzubeugen, oder dann, wenn sie sich dennoch ereignen, den bedrohten Fremden einen wirksamen Schutz sichern zu können; und nur wenn diese Verpflichtung nicht erfüllt wird, kann eine völkerrechtliche Verantwortlichkeit des betreffenden Staates zur Entstehung kommen.

Man kann nicht leugnen, daß in diesen Fällen — und die Beispiele ließen sich leicht vermehren — die Analogie mit dem überlieferten Begriff des Verschuldens augenfällig ist. Die Staaten sind verantwortlich nur dann, wenn sie es unterlassen haben, bei der Erfüllung ihrer Verpflichtung mit der Sorgfalt vorzugehen, die ihnen geboten war. Fügt man hinzu, daß die gebotene Sorgfaltspflicht entweder an der Sorgfalt, welche die Staaten bei ihren eigenen Angelegenheiten anwenden, oder an derjenigen, welche ein wohlgeordneter Staat unter solchen Umständen anwenden würde, gemessen werden kann, so läßt sich der erste Fall leicht mit der diligentia quam in rebus suis, und der zweite mit der diligentia diligentis patris familias vergleichen, wodurch dann die Analogie als vollkommen erscheinen wird.

Nun ist es aber gerade unsere Meinung, daß man nicht darüber hinausgehen darf, darin eine bloße und bequeme Analogie zu sehen; das soll heißen, daß man von einem Verschulden der Staaten nur sprechen kann, um auf synthetische Weise einen Komplex von a priori nicht definierbaren Fällen zu bezeichnen, bei denen es sich um die Nichterfüllung von Rechtspflichten handelt, deren besonderer Inhalt darin besteht, Überwachungsmaßnahmen zu gebieten, die den Eintritt gewisser Ereignisse verhindern sollen. Wollte man über die einfache Analogie hinausgehen, so würden sich uns die Einwände entgegenstellen, deretwegen wir verneinen zu müssen glaubten, daß das Verschulden allgemein eine Vorbedingung der völkerrechtlichen Verantwortlichkeit ist. In der Tat wäre es schwierig, bei dem Verschulden des Organs, das gewisse Maßnahmen zu ergreifen unterlassen hat, Halt zu machen; es ist sehr gut möglich, daß dieses Organ sie deswegen nicht ergriffen hat, weil es an entsprechenden internen Gesetzen oder Anweisungen fehlte, und sicher gibt es niemand, der behaupten wollte, daß fehlerhafte Gesetze oder das Fehlen tauglicher Gesetze den Staat von einer Verantwortlichkeit entbinden könnten, die auf die Nichterfüllung einer völkerrechtlichen Rechtspflicht gegründet ist (s. S. 41ff.).

Die Rechtslage ist bei beiden Deliktsarten die gleiche: auch bei den sogenannten Unterlassungsdelikten kann es an einem Verschulden des Organs, das die Unterlassung begangen hat, fehlen, ohne daß dadurch die Verantwortlichkeit des Staates geringer würde, und was das Verschulden der Staatsorgane im allgemeinen anbetrifft, so löst sich dieses in eine angreifbare und daher nutzlose Abstraktion auf.

Umstände, welche die Haftung ausschließen.

Bibliographie. — Eine ausführliche Behandlung des Themas findet sich in K. Strupp, Völkerrechtliches Delikt, zit., S. 120ff.; von demselben „Notstand im Völkerrecht" im „Wörterbuch des Völkerrechts", Bd. II, S. 152—154. Spezielle Monographien: S. Cybichowski, Studien zum internationalen Recht, Berlin 1912, S. 27—71; The collected papers of J. Westlake on public international law, ed. by L. Oppenheim, Cambridge 1914, S. 111—125; U. Borsi, Ragione di guerra e stato di necessità nel diritto internazionale, in „Riv. dir. intern.", Bd. X, 1916, S. 157ff.; Ch. de Visscher, Les lois de la guerre et la théorie de la necessité, in „Rev. gén. de dr. intern. pub.", Bd. XXIV, 1917, S. 74ff.; A. Cavaglieri, Lo stato di necessità nel diritto internazionale, in „Riv. italiana per le scienze giuridiche", Bd. LX, 1917—1918, S. 89ff., 171ff.; A. Rapisardi Mirabelli, In tema di stato di necessità nel diritto internazionale, ibid., Bd. LXII, 1919, S. 170ff.; B. C. Rodick, The doctrine of necessity in international law, New York 1928. Sehr wichtig wegen ihrer Beziehungen zum Thema, wenn sie dieses auch nicht direkt behandeln, sind die Monographien von H. Lammasch, Das Völkerrecht nach dem Kriege, Kristiania 1917 (bes. S. 135ff.) und L. Strisower, Der Krieg und die Völkerrechtsordnung, Wien 1919. Ferner können zwei sorgfältige Doktordissertationen der Universität Greifswald und eine der Universität Freiburg hier erwähnt werden: A Hertel, Notstand und Notwehr im Völkerrecht, Greifswald 1918; Faatz, Notwehr und Notstand im Völkerrecht, Greifswald 1919; J. E. S. Steger, Notwehr und Notstand im Völkerrecht, Freiburg 1927.

Es wird allgemein zugegeben, daß es Fälle gibt, wo eine an sich rechtswidrige Handlung entweder nicht die den rechtswidrigen Handlungen eigenen Rechtsfolgen erzeugt, oder vollständig den Charakter der Rechtswidrigkeit verliert, oder endlich sich als die Ausübung eines Rechts darstellt, das vor dem durch die Handlung selbst verletzten oder mißachteten Recht den Vorrang hat. Was das Völkerrecht betrifft, so verdienen drei Fälle einer kurzen Prüfung unterzogen zu werden: a) Notwehrhandlungen; b) Notstandshandlungen; c) Handlungen, welche in Ausübung einer berechtigten Selbsthilfe vorgenommen werden.

a) Das Notwehrrecht. — Der Begriff der Notwehr — die Notwehrhandlung ist eine objektiv rechtswidrige Handlung, die begangen wird, um eine gegenwärtige und rechtswidrige Gewaltanwendung zurückzuweisen — spielt in den Rechtsgemeinschaften eine Rolle, in denen der Schutz des Rechts ausschließlich die Aufgabe von eigens dazu bestellten Organen ist und es daher den Mitgliedern verboten ist, sich selbst ihr Recht zu verschaffen. Das Notwehrrecht bedeutet hier eine Ausnahme von diesem Verbot. Wo dagegen die Rechtsordnung die Selbsthilfe der Rechtssubjekte anerkennt und bestimmten Vorschriften unterwirft, da verliert das Notwehrrecht den Charakter einer autonomen Institution und ist dann nichts weiter als eine der verschiedenen Kategorien und Formen, in welche man die Selbsthilfehandlungen einteilen kann. Das ist, allgemein gesagt, der Fall im Völkerrecht; nur da, wo das Völkerrecht ausnahmsweise die Selbsthilfe ausschließt oder einschränkt, kann der Begriff der Notwehr Anwendung finden. Wer also annimmt, daß Zwangsmaßnahmen im allgemeinen oder wenigstens gewisse derartige Maßnahmen unter Mitgliedern des Völkerbunds unzulässig sind, ehe nicht das Verfahren zur friedlichen Lösung des Streitfalls versucht worden ist, muß zugeben, daß eine Handlung, welche von einem Völkerbundsmitglied begangen worden wäre, um eine gegenwärtige und rechtswidrige Gewaltanwendung von seiten eines anderen Mitglieds zurückzuweisen, nicht den Charakter der Rechtswidrigkeit an sich tragen würde.

Bedingung für die Ausübung des Notwehrrechts ist also das Vorliegen eines nach dem Völkerrecht verbotenen Angriffs; doch ist es durchaus nicht nötig, daß der Angriff gegen den Bestand des Staates gerichtet ist. Es gehört ferner zum Begriff der Notwehr, daß sie sich damit begnügen muß, den rechtswidrigen Angriff abzuwehren und daß sie nicht über die durch dieses Ziel gesteckten Grenzen hinausgehen darf; außerhalb dieser Grenzen hätte man es entweder mit Überschreitung der Notwehr und daher einer unerlaubten Handlung (falls die Selbsthilfe verboten ist) oder gegebenenfalls mit (erlaubter) Selbsthilfe zu tun.

b) Das Notstandsrecht. — Wir haben hier von folgender Lage auszugehen: ein Staat begeht unter dem Zwang der Notwendigkeit, sich aus einer ernsten und gegenwärtigen Gefahr zu retten, die er nicht aus freien Stücken verursacht hat, und die er nicht anders abwenden kann, eine Handlung, die einem anderen Staat gegenüber rechtswidrig ist. Wenn z. B. zu seiner Kenntnis gelangt ist, daß in unmittelbarer Nähe seiner Grenze, aber auf dem Gebiet des angrenzenden fremden Staates, der gewaltsame Einmarsch von politischen Flüchtlingen, der den Zweck haben soll, eine revolutionäre oder separatistische Bewegung hervorzurufen, vorbereitet wird und loszubrechen droht, so entsendet er, wenn es ihm unmöglich ist, die ausländischen Behörden mit Aussicht auf Erfolg von diesen Vorgängen in Kenntnis zu setzen, bewaffnete Kräfte über die Grenze, um die Verschwörer niederzuwerfen. Es erhebt sich dabei die Frage, wie diese Handlung in Anbetracht der Umstände, unter denen sie begangen wurde, rechtlich zu bewerten ist.

Schon die Art der Stellung des Problems zeigt, daß nicht nur die Fälle außerhalb seines Bereichs bleiben müssen, bei denen die Nichterfüllung einer Verpflichtung die Folge wirklicher Unmöglichkeit, sie zu erfüllen, ist, sondern auch diejenigen, bei denen die anzuwendende Rechtsnorm ausdrücklich oder stillschweigend das Vorliegen der Verpflichtung davon abhängig macht, daß ihre Erfüllung nicht durch das Vorhandensein bestimmter Umstände zu drückend und gefährlich wird. Derartige Normen finden sich vor allem sehr häufig im Kriegsrecht (man sehe z. B. das Reglement, Anlage zum 4. Haager Abkommen vom 18. Oktober 1907, Artt. 23g, 27, 43, 48, 51, 52 usw.): man kann nicht von objektiv normwidrigen Handlungen sprechen, wenn die Norm selbst sie billigt.

Die traditionelle Rechtslehre hat sich die Lösung des Problems recht leicht gemacht, indem sie sich auf das Selbsterhaltungsrecht des Staates stützte, ein Grundrecht erster Ordnung, das die Verletzung der Rechte anderer Staaten in den Ausnahmefällen rechtfertige, wo zur Ermöglichung der eigenen Rettung eine solche Verletzung nicht zu vermeiden sei. Und nicht anders ist die Lösung, die diejenigen Vertreter der modernen oder modernsten Richtung, welche die Theorie von den Grundrechten aufrecht erhalten oder wieder aufnehmen, vorschlagen; um so leichter ist dann die Lösung, wenn man die Grundrechte auf ein einziges beschränkt, nämlich das Selbsterhaltungsrecht, das dann natürlich seinem Wesen nach jedem anderen Recht vorgeht; und wenn man auf diese Weise dann auch die Schwierigkeiten beseitigt, welche sich daraus ergeben könnten, daß zwischen dem Selbsterhaltungsrecht und einem anderen, ebenfalls als Grundrecht zu bezeichnenden Recht (z. B. dem Unabhängigkeitsrecht) sich ein Konflikt erhebt.

Da die Annahme der Existenz von Grundrechten von den neueren Richtungen verworfen wurde, ergab sich die Notwendigkeit, entweder eine Grundlage für das Notstandsrecht zu finden oder aber es aus dem System der völkerrechtlichen Institutionen auszumerzen. Die eine wie die andere Lösung hat in der Tat ihre Anhänger gefunden. Nach einigen Juristen kennt die Völkerrechtsordnung ein Notstandsrecht nicht; es folgt daraus, daß also auch die unter den Voraussetzungen des Notstands begangene Handlung eine unerlaubte Handlung bleibt, wenn sie die für eine solche wesentlichen Begriffsmerkmale aufweist, mag sie auch in ethischer oder politischer Hinsicht wie auch immer zu bewerten sein (de Visscher, Strisower, Borsi, Cavaglieri). Die Ansicht der meisten Rechtslehrer geht jedoch dahin, daß die Völkerrechtsordnung ein Notstandsrecht kennt. Die einen beschränken sich dabei entweder darauf festzustellen, daß die Notstandshandlung nicht die Rechtsfolgen der unerlaubten Handlung erzeuge, und die anderen erkennen, wie es kürzlich von Strupp getan wurde, dem bedrohten Staat ein wirkliches und eigentliches subjektives Recht zu, so zu handeln, wie es seine Rettung erfordert, und das selbst auf Kosten des Rechts anderer Staaten.

Es gibt sicherlich keinen Zweig der Rechtsordnung, bei dem sich nicht in der einen oder anderen Form der Gedanke durchgesetzt hätte, daß es Ausnahmefälle gibt, wo Notstand dazu zwingt, die Sätze der Rechtsordnung nicht einzuhalten, und wo er gleichzeitig diesen Verstoß legitimiert; andererseits aber ist es nicht weniger wahr, daß man nicht ohne weiteres argumentieren kann, daß es auch in der Völkerrechtsordnung so sein müsse, und noch weniger kann man daraus folgern, welches die Regeln sind, unter welche das geltende Völkerrecht die Ausübung des Notstandsrechts gestellt hat. Bei der Untersuchung dieser Frage muß nach Maßgabe ihrer Eigengesetzlichkeit vorgegangen werden und auch hierbei kommt es wesentlich wie immer darauf an, festzustellen, welches dabei die Rechtsüberzeugung der Staaten ist.

Die Nachforschung danach ist nicht einfach, vor allem weil Fälle von wirklichem Notstand sich ziemlich selten praktisch ereignet haben. Das kann nicht wundernehmen, wenn man bedenkt, daß die Existenz eines Staates ein viel zu vielfältiges Phänomen ist, um durch eine bestimmte und einmalige Handlung, wie diejenigen, von welchen hier die Rede ist, gefährdet werden zu können. Es gibt jedoch eine ganze Reihe von Fällen, wo Staaten sich auf Notstand berufen haben, um es zu rechtfertigen, daß sie zu Selbsthilfehandlungen gegriffen haben; aus den Erörterungen, die sich an diese Vorgänge geschlossen haben, kann man mit ziemlicher Sicherheit ableiten, welches ihr Standpunkt hinsichtlich des uns hier beschäftigenden Problems ist. Man muß sich aber davor hüten, hier bei einer äußeren Betrachtung des Falles als eines geschlossenen

Ganzen und der Lösung, die er gefunden hat, stehen zu bleiben. Die Betrachtung des ersteren kann uns nicht das zeigen, was uns am meisten interessiert, nämlich die Punkte der streitigen Thesen, in denen die Parteien voneinander abweichen und diejenigen, in denen sie übereinstimmen; und was die Lösung anbetrifft, so wird sie oft sehr viel mehr durch politische Umstände als durch Rechtsgründe bestimmt. Man muß da vielmehr in den diplomatischen Noten und offiziellen Erklärungen danach forschen, auf welche Gesichtspunkte und Argumente die streitenden Staaten sich berufen haben und daraus entnehmen, ob man überhaupt darüber einig ist, dem Notstand eine Bedeutung als Unrechtsausschließungsgrund zuzuerkennen und welches diese Bedeutung ist.

Eine sorgfältige Untersuchung, welche sich auf die unmittelbare Prüfung der Dokumente (vgl. Strupp, S. 138ff., 152ff.) gründet, beweist, daß die Staaten gar nicht daran denken zu leugnen, daß an und für sich völkerrechtswidrige Handlungen rechtmäßig sein können, wenn sie im Stande der Not begangen worden sind. Wenn die beteiligten Staaten auch, und dies oft mit Recht, bestritten haben, daß im jeweils vorliegenden Fall für den Täter wirklich die vorgegebene Notwendigkeit, so zu handeln, wie er es getan hatte, bestehe, so haben sie daneben doch auch entweder ausdrücklich erklärt oder doch wenigstens klar zu verstehen gegeben, daß der angeführte Entschuldigungsgrund unter anderen Umständen voll beachtlich gewesen wäre; man läßt den Unrechtsausschließungsgrund also abstrakt gelten, wenn man auch seine Anwendbarkeit auf den konkreten Fall ablehnt. Man würde dagegen vergeblich auch nur eine einzige offizielle Erklärung suchen, in der die Notstandstheorie grundsätzlich abgelehnt worden wäre.

Wir brauchen jetzt nur noch dieses Ergebnis unserer Nachforschungen in eine Reihe mit den Normen der Völkerrechtsordnung zu bringen und so das Wesen der Notstandshandlung zu bestimmen.

Es ist kein Zweifel, daß offizielle Regierungserklärungen vorliegen, in denen von einem Recht der Staaten die Rede ist, die Maßnahmen vorzunehmen, welche die Sorge um ihre eigene Selbsterhaltung erfordert, selbst wenn dies auf Kosten des Rechts anderer Staaten vor sich gehen müßte; es scheint jedoch durch nichts gerechtfertigt, daß man diesen Erklärungen genügend große Bedeutung zumessen könne, um daraus, wie einige es getan haben, folgern zu dürfen, daß nach Völkerrecht der Staat, welcher im Notstand handle, dabei ein wirkliches und eigentliches subjektives Recht ausübe, dem eine Verpflichtung des verletzten Staates, die Folgen hiervon zu tragen, entspreche. Es ist klar, daß jene Erklärungen durchaus nicht den Zweck haben, die Rechtsnatur der Notstandshandlungen zu definieren, sondern nur den, zu erklären, daß Notstand Rechtsverletzungen rechtmäßig erscheinen lassen kann. Die Rechtswissenschaft hat den von den dazu berufenen Organen der Staaten geäußerten Meinungen die größte Beachtung zu zollen, wenn es sich darum handelt, festzustellen, ob das Völkerrecht einen bestimmten Grundsatz kennt oder nicht; sie hat indessen sehr viel freiere Hand, wenn es sich darum handelt, den gefundenen Grundsatz durch Subsumtion unter das logische System, das sie aufgebaut hat, auszudeuten.

Man hat behauptet, und zwar ist dies speziell in bezug auf unser Thema geschehen, daß das Interesse der Staaten an ihrer Selbsterhaltung kein vom Völkerrecht anerkannter Grundsatz sei. In dieser Fassung ist dieser Satz nicht annehmbar, selbst nicht für den, der sich in den Gedankengang versetzt, aus dem heraus er aufgestellt worden ist. Auch das Völkerrecht, wie übrigens jede andere Rechtsordnung, trägt der Forderung nach Selbsterhaltung der Subjekte Rechnung; freilich aber tut es dies in einer Weise, die seiner besonderen Struktur entspricht. Gesetzt den Fall, die Völkerrechtsordnung sei nicht imstande, die Existenz ihrer Subjekte wirksam zu gewährleisten, oder gesetzt, sie könne dies nur in reichlich beschränktem Umfang tun, so überläßt sie die Durchführung dieser Aufgabe den Subjekten selbst, und gibt damit zu, daß diese die Freiheit dazu haben — eine Freiheit also, die, wenn sie vom Rechte auch nicht geradezu gewährt wird, so doch wenigstens von ihm gewollt ist. Wie von anderen Juristen richtig bemerkt wurde, zieht eine jede Rechtsordnung von dem Augenblick an, wo sie existiert, welches auch immer der Grad ihrer Entwicklung sein mag, die gesamte Tätigkeit der Rechtssubjekte in ihren Bereich in dem Sinne, daß jede Handlung, die ein Rechtssubjekt vornimmt, rechtserheblich wird, und wenn sie dies auch nur durch ein negatives Urteil, d. h. dadurch tut, daß sie für diese Handlung das Vorliegen einer jeden Schranke verneint. Die Freiheit der Staaten, von sich aus für ihre eigene Erhaltung Vorsorge zu treffen, ist also auch dann, wenn man unter dieser Freiheit die Verneinung des Vorhandenseins rechtlicher Schranken versteht, eine rechtliche Freiheit, ein Reflex des Rechts.

Diese Freiheit entfaltet sich gewöhnlich unter Anwendung der Erscheinungsformen des Selbsthilferechts, welche den verwickelten und vielfältigen Erfordernissen der staatlichen Selbsterhaltung besser entsprechen und häufig als ein minus quod in majori inest den eigentlichen Notstand absorbieren. Aus der Haltung, welche das Völkerrecht hinsichtlich der Selbsterhaltung seiner Rechtssubjekte einnimmt, ergibt sich jedoch als logische Folge auch das, daß diese, unabhängig von jedem Rückgriff auf die umfassenderen und ernsteren Möglichkeiten der Selbsthilfe, nicht zur Beobachtung der Normen verpflichtet sind, wenn dies mit ihrer Selbsterhaltung unvereinbar sein sollte. In einer Rechtsordnung, die jede Form von Selbsthilfe verbieten könnte und wollte und darin so weit ginge, von ihren Mitgliedern gegebenenfalls Selbstaufgabe zu verlangen, könnte man den Ausschluß des Notstandsrechts verstehen; unverständlich wäre dies aber in einer Rechtsordnung, deren wesentlicher Bestandteil die Selbsthilfe ist. Müßte also in dem Fall, den wir im Anfang dieser unserer Ausführungen als Beispiel für einen der seltenen Fälle des Vorliegens von Notstand angenommen haben (S. 395 ff.), das Völkerrecht als erlaubt (nicht verboten) die Kriegserklärung, und als unerlaubt die bloße zeitweise Gebietsverletzung ansehen?

Es trifft zu, daß ein Staat auf seine eigene Existenz verzichten und daher Verpflichtungen eingehen kann, die auch da in ihrem ganzen Umfang gelten, wo ihre Einhaltung den Bestand des Staates gefährdet. Aber es handelt sich nicht darum zu wissen, was die Staaten in abstrakter Weise wollen können oder in einem besonderen Fall gewollt haben; es handelt sich darum zu wissen, welchen Zustand die Rechtsordnung tatsächlich will; und wenn sie schon will, daß die Staaten zu ihrer Erhaltung zu so ernsten Formen von Selbsthilfe greifen können, wie es der Krieg ist, so ist es selbstverständlich, daß sie dann, wenn die Beobachtung bestimmter Normen die Existenz der Staaten aufs Spiel setzen würde, die Beobachtung dieser Normen nicht fordern will. An diesem Punkte hört die Verbindlichkeit der Normen auf, nicht weil ein weiser und kluger Wille der Staaten dies befiehlt, sondern weil die Rechtsordnung diese Folge will. Dies allein ist der Sinn, in welchem wir das, was wir an anderer Stelle weniger genau die logische Grenze der Verbindlichkeit des Völkerrechts genannt haben, auffassen dürfen.

Wenn wir jetzt der Überzeugung der Staaten, so wie sie in der Anerkennung des Notstands als Unrechtsausschließungsgrund zum Ausdruck kommt, eine juristische Formulierung geben wollen, so können wir sagen, daß die Notstandshandlung im Völkerrecht eine erlaubte (nicht verbotene) Handlung ist, weil sie innerhalb der Freiheitssphäre vollzogen wird, welche das Recht den Subjekten läßt, um für ihre Selbsterhaltung Sorge zu tragen.

Die wesentlichen Begriffsmerkmale des Notstands sind im Völkerrecht weniger leicht zu definieren als im internen Recht: es wäre vielleicht nicht unrichtig zu sagen, daß es im wesentlichen immer auf den Einzelfall ankommt. Die in unserer Definition aufgestellten wesentlichen Begriffsmerkmale, nämlich a) eine Gefahr für den Bestand des Staates als solchen (nicht nur für einzelne

Interessen, wie erheblich sie auch sein mögen); b) eine Gefahr, die der Urheber der Handlung nicht hervorgerufen hat; und c) eine so ernste und drohende Gefahr, daß sie nicht anders abgewendet werden kann — sollen jenes Minimum ausdrücken, über das die Staaten, nach den oben erwähnten gegenseitigen Erklärungen zu urteilen, mit Sicherheit einig zu sein scheinen. Es liegt im übrigen im Begriff selbst des Notstandsrechts, daß die Notstandshandlung sich auf das beschränken muß, was nötig ist, um die drohende Gefahr zu beseitigen (Fall des „Virginius", 1873); außerhalb dieser Grenzen ist sie eine unerlaubte Handlung mit allen Folgen einer solchen, oder aber gegebenenfalls ein Akt der Selbsthilfe. Eine Verpflichtung zum Ersatz des verursachten materiellen Schadens (Haftung für eine erlaubte Handlung) läßt sich aus der Völkerrechtspraxis nicht erweisen.

Wir sagten schon, daß in den Beziehungen zwischen den Staaten die Berufung auf Notstand, wie es in der Natur der Sache liegt, eine Ausnahme ist. Dagegen hat man sich des Notstandsrechts bedient, und zwar mißbräuchlich bedient, um einen Vorwand für politische Handlungen, und zwar die am allerwenigsten zu rechtfertigenden, zu finden (z. B. für die Einverleibung Krakaus 1846). Hierin liegt sicher ein Grund, wenn nicht der Hauptgrund, für den Widerstand, der von einem Teil der Vertreter der Rechtswissenschaft dem Begriff des Notstands entgegengesetzt wird; wir brauchen nicht zu wiederholen, daß dieser Widerstand weit über das Ziel hinausschießt. Als weiterer Grund kommen hinzu die Unzuträglichkeiten und Gefahren, welche dadurch entstehen können, daß ein richterliches Organ fehlt, das die Grenzen des Notstandsrechts mit verbindlicher Wirkung festsetzt und das Vorliegen eines Notstands im konkreten Falle bestätigte. Diese Unzuträglichkeiten und Gefahren lassen sich nicht leugnen; wir sehen aber nicht, wie man daraus nur sollte gegen die Zulässigkeit des Notstandsrechts und nicht auch gegen unzählige andere Institute des Völkerrechts Gründe ableiten können. Man sollte, um Mißverständnisse zu vermeiden, lieber daran denken, daß das Vorhandensein der Notstandslage ja nicht einseitig von dem Staat, der sich auf sie beruft, festgestellt werden darf. Wenn die Beteiligten uneinig sind, so gelten die Meinung und der Wille des einen Staates soviel wie die des anderen; wir haben dann einen Streitfall vor uns, der keinerlei Besonderheiten aufweist und der, wie jeder andere, eine rechtliche Lösung finden kann, oder gegebenenfalls finden muß. Der Fortschritt des Völkerrechts besteht darin, daß die Möglichkeit einer solchen Lösung gewährleistet wird und nicht darin, daß das Notstandsrecht ausgeschlossen wird.

c) Das Recht auf Selbsthilfe. — Aus dem eben Gesagten geht hervor, daß die Selbsthilfe, insofern sie nicht vom Völkerrecht verboten ist, eine erlaubte Handlung in dem schon erläuterten Sinne darstellt. Das soll soviel heißen, als daß die in Ausübung der Selbsthilfe, welche dem Völkerrecht unter verschiedenen Erscheinungsformen bekannt ist, vollzogenen Handlungen keine unerlaubten Handlungen sind, wenn sie auch an sich den geltenden Normen zuwiderlaufen. Natürlich kann von einer „erlaubten Handlung" dann nicht die Rede sein, wenn die Handlung gegen die Normen verstößt, welche die Ausübung der Selbsthilfe regeln, doch dies aus einem anderen Grunde (vgl. Art. 3 der IV. Haager Konvention vom 18. Oktober 1907).

Die Schriftsteller, die sich mit diesem Punkt in Zusammenhang mit der Lehre von der Verantwortlichkeit beschäftigt haben, haben sich im allgemeinen darauf beschränkt, von den Repressalien zu handeln — das sind objektiv rechtswidrige Handlungen, durch welche ein Staat auf das ihm von einem anderen Staat zugefügte Unrecht reagiert. Doch gibt es keinen Grund, der es ausschlösse, das Grundsätzliche daran in allgemeinen Begriffen auszudrücken, und alle Fälle von Selbsthilfe, die das Völkerrecht zuläßt, und folglich auch die Kriegshandlungen in die Darstellung mit einzubegreifen.

Dieser Auffassung scheint der Artikel 231 des Versailler Vertrages (und die entsprechenden Bestimmungen der anderen Friedensverträge) zu widersprechen, der folgende Fassung hat: „Les Gouvernements alliés et associés déclarent et l'Allemagne reconnaît que l'Allemagne et ses alliés sont responsables, pour les avoir causés, de toutes les pertes et de tous les dommages subis par les Gouvernements alliés et associés et leurs nationaux en conséquence de la guerre, qui leur a été imposée par l'aggression de l'Allemagne et de ses alliés." Auf diesen Satz wird nun die Deutschland durch die folgenden Artikel auferlegte Reparationsverpflichtung gegründet. Diese Bestimmung geht sicherlich weit über die oben dargelegte und durch Art. 3 der IV. Haager Konvention sanktionierte Regel hinaus, nach welcher Kriegshandlungen nur dann rechtswidrig sind, wenn sie gegen die Normen des Kriegsrechts verstoßen. Doch ist zu bemerken, daß die Verpflichtung zur Reparation auf der in demselben Artikel klar zum Ausdruck gebrachten Auffassung beruht, daß der Krieg, dem der Versailler Vertrag ein Ende setzte, an sich eine unerlaubte Handlung war, für die Deutschland und seine Verbündeten verantwortlich sind. Legt man diese Prämisse zugrunde, dann kann man nicht sagen, daß die Deutschland auferlegte Reparationspflicht gegen die hier dargelegten Grundsätze, welche sich auf die erlaubte Selbsthilfe beziehen, verstößt.

Dagegen erscheint es juristisch ziemlich anfechtbar, daß eine solche Prämisse überhaupt aufgestellt werden könnte. Nach den allgemein — wenigstens was die Zeit, auf welche sich Art. 231 bezieht, anbetrifft — anerkannten Prinzipien macht das Völkerrecht keinen Unterschied zwischen — was den Kriegsgrund betrifft — erlaubten und unerlaubten Kriegen. Der einem anderen Staat gegenüber erklärte Krieg ist, rechtlich betrachtet, ein erlaubter Akt der Selbsthilfe, auch wenn man ihn in moralischer Hinsicht verwerflich nennen kann, es sei denn, daß der Angreifer sich verpflichtet hat, gegen diesen anderen Staat keinen Krieg zu führen. Von diesem streng juristischen Gesichtspunkt aus betrachtet und abgesehen von allem, was die moralische Verantwortung anbetrifft, sollte man von einem unerlaubten Krieg Deutschlands nur in bezug auf Belgien sprechen. Von diesen Grundsätzen ausgehend, kann man dem Art. 231 nur die Bedeutung und den Wert einer Feststellung rein moralischen Inhalts zusprechen; in diesem Fall kann die Deutschland auferlegte Reparationspflicht, insoweit als sie über die durch Verstöße gegen das Kriegsrecht hervorgerufenen Schäden hinausgeht, als eine Art von Kriegsentschädigung angesehen werden, die der Sieger vom Besiegten fordert.

Die Rechtsfolgen der unerlaubten Handlung.

Wir haben schon darauf hingewiesen (S. 361), daß aus der unerlaubten Handlung ein Rechtsverhältnis entsteht, das, allgemein ausgedrückt, in der Verpflichtung besteht, das begangene Unrecht wieder gutzumachen, und in dem dieser Verpflichtung entsprechenden Recht, seine Wiedergutmachung zu fordern. Die Verpflichtung trifft den Staat oder die Staaten, denen die unerlaubte Handlung zuzurechnen ist; das Recht steht dem Staat oder den Staaten zu, welche ein Recht auf die Erfüllung der Verpflichtung, deren Unterlassung die unerlaubte Handlung darstellt, hatten. Die anderen Staaten können zwar ein Interesse daran haben, daß die Beleidigung gesühnt wird und die verletzte Rechtsordnung wiederhergestellt wird, sie haben aber kein Recht, dies zu fordern; nur der Staat, dem ein Versprechen gegeben wurde, hat einen Rechtsanspruch gegen den Staat, der dies Versprechen nicht hält (S. 32). Man braucht kaum hinzuzufügen, daß der beleidigte Staat wie stets, auf das eigene Recht verzichten kann.

Nach dem gemeinen Völkerrecht scheint es nicht möglich, über diese Auffassung hinauszugehen, die man wohl als durch die bloße Existenz einer Rechtsordnung logisch postuliert bezeichnen kann. Doch kann es vorkommen, daß sich zwischen den Staaten besondere Rechtsverhältnisse herausbilden, auf Grund deren auch die

Mitglieder der Rechtsgemeinschaft, die nicht unmittelbar von der unerlaubten Handlung betroffen werden, ermächtigt oder sogar verpflichtet sind, gegen den Urheber des Unrechts einzuschreiten und den beleidigten Staat zu unterstützen. Es ist dies eine Art der solidarischen Haftung (alle für einen und einer für alle), welche bei der nun einmal gegebenen Struktur der Völkerrechtsgemeinschaft sich naturgemäß als die geeignetste erweist, um die Beobachtung des Rechts zu gewährleisten. Art. 16 der Völkerbundsatzung — in dem einige Schriftsteller, allerdings ohne die Rechtslage richtig zu erfassen, ein wirkliches völkerrechtliches Exekutionsverfahren sehen wollen — ist bisher das bemerkenswerteste Beispiel dafür.

Die Verpflichtungen, die aus einer unerlaubten völkerrechtlichen Handlung entstehen, sind stets und ausschließlich Verpflichtungen von Subjekten der Völkerrechtsordnung gegen andere Subjekte dieser Ordnung. Es gibt keine völkerrechtliche Haftung der Staaten gegenüber Privaten, seien es auch Staatsangehörige eines fremden Staates. Aber die Völkerrechtsnormen verpflichten den Staat zu einer bestimmten Behandlung der Ausländer, so daß eine Handlung, durch welche ein Ausländer verletzt wird, eine völkerrechtliche unerlaubte Handlung sein kann; sie besteht dann darin, daß die Verpflichtung, die Ausländer auf eine bestimmte Weise zu behandeln, nicht erfüllt worden ist. In einem solchen Fall wird nicht ein Recht des privaten Individuums verletzt, sondern das Recht des Staates darauf, daß dieses Individuum dem Völkerrecht gemäß behandelt wird, und zwar meistens, aber nicht notwendigerweise, das Recht des Staates, dessen Staatsangehöriger die betreffende Person ist; in der Regel gehen nämlich die Völkerrechtsnormen, welche die Behandlung der Ausländer betreffen, von der Staatsangehörigkeit als Bezugspunkt aus.

Die völkerrechtliche Verantwortlichkeit der Staaten für Schäden, die ausländische Privatleute erlitten haben[1]), ist also gegeben, wenn eine Behandlung der Ausländer,

[1]) D. Anzilotti, La responsabilité internationale des Etats à raison des dommages soufferts par des étrangers, in der „Revue générale de droit international public", Bd. XIII, 1906, S. 5ff., 285ff.; A. Arias, The non-liability of States for damages suffered by foreigners, in dem „American Journal of international Law", Bd. VII, 1913, S. 724ff.; A. Décencière-Ferrandière, La responsabilité internationale des Etats à raison des dommages subis par des étrangers, Paris 1925; L. Strisower, Rapport sur la responsabilité internationale des États à raison des dommages causés sur leur territoire à la personne ou aux biens des étrangers, in „Annuaire de l'Institut de droit international", 1927, Bd. I, S. 455—562, und die Verhandlungen des Instituts darüber, ibid., Bd. III, S. 81—169; Ch. de Visscher, Responsabilité internationale des Etats et protection diplomatique, in „Revue de droit international et de législation comparée", 3me, Serie, Bd. VIII, 1927, S. 243ff.; J. Sedlacek, La respon-

welche den völkerrechtlichen Verpflichtungen des betreffenden Staates nicht entspricht, und daher eine Verletzung des Rechts

sabilité des États en ce qui concerne les dommages causés sur leur territoire à la personne ou aux biens des étrangers, in ,,Revue de droit intern., de sciences diplomatiques etc.", Bd. VII, 1929, S. 20ff. Wichtig ist auch der Bericht von Guerrero an die Kodifikationskommission des Völkerbundes (Responsabilité des Etats en ce qui concerne les dommages causés sur leur territoire à la personne ou aux biens d'étrangers); dazu Besprechung von E. M. Borchard in ,,American Journal of intern. law", Bd. XX, 1926, S. 738ff. s. auch einen von Borchard zusammen mit einer Reihe amerikanischer Völkerrechtler ausgearbeiteten Bericht ,,The law of responsibility of States for damage done in their territory to the person or property of foreigners" in ,,Research in international law". Harvard Law School 1929 (auch abgedruckt in ,,Amerikan Journal of internat. law, Special Supplement, April 1929, S. 131—239). Unter besonderer Bezugnahme auf die durch Aufstände und Bürgerkriege verursachten Schäden: Ch. Calvo, De la non-responsabilité des États à raison des pertes et dommages éprouvés par des étrangers en temps de troubles intérieurs ou de guerres civiles, in ,,Revue de droit intern. et de lég. comparée", Bd. I, 1869, S. 417ff.; E. Brusa, Responsabilité des Etats à raison des dommages soufferts par des étrangers en cas d'émeute ou de guerre civile, in dem ,,Annuaire de l'Institut de droit international", Bd. XVII, 1898, S. 96ff.; L. von Bar, De la responsabilité des Etats à raison des dommages soufferts par des étrangers en cas de troubles, d'émeute ou de guerre civile, in der ,,Revue de droit international et de législation comparée, 2. Serie, Bd. I, 1899, S. 464ff.; C. Wiesse, Le droit international appliqué aux guerres civiles, Lausanne 1898, S. 43ff.; Derselbe, Reglas de derecho international applicables a las guerres civiles, 2. Aufl., Lima 1905, S. 77—163; A. Rougier, Les guerres civiles et le droit des gens, Paris 1903, S. 448—474; G. Muszack, Über die Haftung einer Regierung für Schäden, welche Ausländer gelegentlich innerer Unruhen in ihrem Lande erlitten haben (Heidelberger Diss.), Straßburg 1905; P. Breton, De la responsabilité des Etats en matière de guerre civile touchant les dommages causés à des ressortissants étrangers (thèse), Nancy 1906; H. Vanneroy, Evolution de l'idée de responsabilité en cas de trouble et d'émeute (thèse), Paris 1907; J. Goebel, The international responsibility of States for injuries sustained by aliens on account of mob violence, insurrections and civil wars, in ,,American Journal of international Law", Bd. XIII, 1914, S. 802ff.; R. Domeneck, Las guerras civiles americanas ante el derecho internacional, Buenos Ayres 1915, S. 312—345; K. Strupp, Responsabilité internationale de l'Etat en cas de dommages causés aux ressortissants d'un Etat étranger en cas de troubles, d'émeutes ou de guerres civiles, in ,,Report of the 31st Conference of the International Law Association" (Buenos Ayres 1922), Bd. I, S. 127ff.; L. A. Podesta Costa, La responsabilidad del Estado por daños irrogados a la persona o a los bienes de extranjeros en luchas civiles, Buenos Ayres 1922; und in dem zit. ,,Report of the 31st Conference of the Intern. Law Association", S. 119ff.; J. W. Garner, Responsibility of States for injuries suffered by foreigners within their territories on account of mob violence, riots and insurrections, in ,,Proceedings of the American Society of international Law", 1927, S. 49ff. — Über die Verantwortlichkeit einer de facto-Regierung, welche in dieser Beziehung besonders wichtig ist, s. J. Spiropoulos, Die de facto-Regierung im Völkerrecht, Kiel 1926, S. 172—188. Man sehe auch die Diskussion und die Entschlüsse des Institut de droit international, des Staates, dem die Ausländer angehören, vorliegt. Die völkerrechtliche Verantwortlichkeit entsteht daher nicht aus der Tatsache, daß ein Ausländer einen Schaden erlitten hat, und sie kommt auch nicht in einem Rechtsverhältnis zwischen dem verletzenden Staat und dem verletzten Ausländer zum Ausdruck, sondern sie entsteht aus der Tatsache, daß dieser Staat die Ausländer nicht so behandelt hat, wie es seine völkerrechtliche Pflicht gewesen wäre, — er hat ihnen z. B. nicht die Rechte gewährt, die zu gewähren er sich verpflichtet hatte, oder ihnen Lasten auferlegt, die er ihnen nicht auferlegen durfte — und kommt zum Ausdruck in einem Rechtsverhältnis zwischen dem Schädigerstaat und dem Staat, der eine andere Behandlung der betreffenden Ausländer verlangen konnte. Der Ausländer als solcher hat Rechte gegenüber dem Staat nur insoweit, als das Gesetz sie ihm zuerkennt; daher kann ein Recht seinerseits auf Entschädigung nur dann in den in dem betreffenden Staat geltenden Normen seine Grundlage haben und daher ist es unabhängig von dem Anspruch auf eine Wiedergutmachung des durch die völkerrechtswidrige Behandlung erlittenen Unrechts, den der Staat, dem er angehört, eventuell besitzen kann. Die völkerrechtliche und landesrechtliche Verantwortlichkeit werden auf getrennte Weise wirksam: es kann vorkommen, daß der Schädigerstaat dem anderen Staat gegenüber für die Verletzung seiner völkerrechtlichen Pflichten verantwortlich ist, während der materiell geschädigte Private auf Grund der internen Gesetze keinen Rechtsanspruch geltend machen kann. Und es kann andererseits vorkommen, daß das interne Recht dem verletzten Privaten einen Rechtsanspruch gewährt, der auf dem gerichtlichen Wege geltend gemacht werden kann und der daher jede völkerrechtliche Verantwortlichkeit des Staates ausschließt. Nach allgemeiner Regel entsteht in der Tat eine völkerrechtliche Verantwortlichkeit nur dann, wenn dem Ausländer in dem Staat, von welchem er geschädigt wurde, ein Recht auf Schadensersatz entweder nicht eingeräumt wird oder er es nicht geltend machen kann (sogenannte Rechtsverweigerung). Die völkerrechtliche Verpflichtung der Staaten besteht weniger darin zu verhindern, daß die Ausländer ungerechte Schäden erleiden, als darin, sie in den Stand zu setzen, auf dem Wege des Rechts Ersatz für den unrechtmäßig erlittenen Schaden zu erlangen (S. 392 ff.).

Die vom Staat in derartigen Fällen geforderte Wiedergut-

---

im „Annuaire", zit., Bd. XVIII, 1900, S. 233ff. — Sehr wichtig für dieses Thema, wenn auch inhaltlich weiter gefaßt, das Werk von E. Borchard, The diplomatic protection of citizens abroad, 2. Aufl., New York 1922.

machung ist also nicht die Wiedergutmachung des von den einzelnen Individuen, sondern des vom Staat selbst erlittenen Unrechts.

Zwar besteht nach einem allgemein anerkannten Grundsatz des Völkerrechts die Wiedergutmachung des Unrechts dann gewöhnlich in einer Entschädigung in Geld, die dem Schaden entspricht, den die Angehörigen des verletzten Staats infolge des völkerrechtswidrigen Akts erlitten haben. Aber — wie dies der Ständige Internationale Gerichtshof kürzlich in einem Urteil festgestellt hat — die einem Staat von einem anderen Staat geschuldete Wiedergutmachung wird ihrem Wesen nach nicht dadurch geändert, daß sie die Form einer Schadensersatzleistung in Geld annimmt, für deren Höhe der von einem Privaten erlittene Schaden den Maßstab abgibt. Die Rechtssätze, nach denen die Wiedergutmachung zu bestimmen ist, sind die zwischen den betreffenden Staaten geltenden Normen des Völkerrechts, nicht die Sätze des Landesrechts, durch welches die Beziehungen zwischen dem Staat, der ein Unrecht begangen, und dem Individuum, das den Schaden erlitten hat, geregelt werden. Die Rechte oder Interessen, durch deren Verletzung einem privaten Individuum ein Schaden erwächst, liegen immer auf einer anderen Ebene, als die Rechte des Staats, die durch denselben Akt betroffen worden sein können. Der von einem privaten Individuum erlittene Schaden ist also seinem Wesen nach niemals identisch mit dem Schaden, welcher dem Staate erwachsen ist; er kann jedoch einen geeigneten Maßstab für die dem Staat geschuldete Wiedergutmachung abgeben, und das ist die einzige Bedeutung, welche ihm zukommt. (Ständiger Internationaler Gerichtshof, Urteil Nr. 13, Publications, série A, Nr. 17, p. 28.)

Wenn wir jetzt dazu übergehen, den Inhalt des aus der unerlaubten Handlung entstehenden Rechtsverhältnisses näher zu betrachten, so muß vor allem gesagt werden, daß es keine präzisen Regeln gibt, die verbindlich festsetzten, was der verletzte Staat als Wiedergutmachung beanspruchen kann. Abgesehen von den Fällen, wo besondere Bestimmungen vereinbart sind — der schon zitierte Art. 3 der IV. Haager Konvention vom 18. Oktober 1907 ist ein Beispiel dafür — wird alles dem Übereinkommen der Parteien überlassen, welche, sobald das Recht auf die Wiedergutmachung und die Verpflichtung dazu anerkannt sind, die Art und Weise der Wiedergutmachung nach ihrem Gutdünken festsetzen. Doch versteht es sich von selbst, daß es sich bei den geforderten Leistungen wirklich um Wiedergutmachungsleistungen handeln muß; es wäre nicht erlaubt, das Vorliegen einer unerlaubten Handlung zu benutzen, um unter dem Vorwand der Wiedergutmachung des Unrechts Zugeständnisse oder Vorteile anderer Art zu extorquieren,

z. B. die Regelung von Angelegenheiten, die Verhandlungen zwischen den beiden Staaten vorbehalten sind, in einem bestinmten Sinn.

Wenn es zu keiner Einigung kommt, haben wir einen Staatenstreit vor uns, der wie jeder andere völkerrechtliche Streitfall beigelegt werden muß. Art. 13 Abs. 2 der Völkerbundsatzung erwähnt diese Streitfälle ausdrücklich unter denjenigen, die einer schiedsrichterlichen Lösung unterworfen werden sollen, und Art. 36 Abs. 2d des Statuts des Ständigen Internationalen Gerichtshofs schließt sie unter diejenigen Streitfälle ein, für welche die Möglichkeit der durch Unterzeichnung der sogenannten Fakultativklausel zu bewerkstelligenden Annahme der obligatorischen Gerichtsbarkeit des Gerichtshofes von seiten der Mitglieder des Völkerbunds und der in der Anlage zur Völkerbundsatzung erwähnten Staaten vorgesehen ist.

Es lassen sich nichtsdestoweniger gewisse Tendenzen und auch Regeln nachweisen, die, ohne noch einen verbindlichen Charakter angenommen zu haben, allgemein beobachtet werden und auch als Beweis dafür gelten können, daß, wenigstens in gewissen Fällen, bei Vorliegen einer unerlaubten Handlung gewisse Ansprüche als berechtigt angesehen werden.

Wir haben schon bemerkt (S. 361), daß das Völkerrecht nicht die Entgegensetzung von strafrechtlicher und zivilrechtlicher Verantwortlichkeit, Strafe und Schadenersatz kennt, da es vielmehr auch in diesem Punkt die Merkmale an sich trägt, die in eine historische Epoche gehören, welche im internen Recht fast allgemein als überwunden gilt. Die Idee, welche in dieser Materie den Beziehungen der Staaten zugrunde liegt, ist einfach die der Reaktion gegen das Unrecht. Die Reaktion kann verschiedene Formen annehmen und tut dies tatsächlich auch, wobei es im Einzelnen vor allem auf die Art der verletzten Norm und die Schwere der Beleidigung ankommt; aber diese Formen stehen einander nicht so gegenüber wie es im internen Recht heutzutage Strafe und Schadensersatz tun. In ihnen allen findet sich das Element der Sühne und das Element der Wiedergutmachung, der Gedanke der Bestrafung des Unrechts und der der Wiedergutmachung der erlittenen Unbill; nur wechselt von Fall zu Fall das Verhältnis, in welchem diese beiden Elemente beteiligt sind. Diese Betrachtungen erklären, warum man unter den Rechtsfolgen der völkerrechtlichen unerlaubten Handlung sowohl solche findet, die man nach den Maßstäben des internen Rechts als strafrechtliche Maßnahmen bezeichnen müßte, als solche, die eher in das Gebiet der zivilrechtlichen Haftung gehören; gleichzeitig bewahren diese Betrachtungen uns davor, den Verschiedenheiten, die wir aufzeigen werden, etwa eine zu große Bedeutung beizumessen.

Wir haben noch eine andere ziemlich wichtige allgemeine Bemerkung zu machen. Das wirtschaftliche Moment hat in den Beziehungen zwischen Staaten nicht annähernd dasselbe Gewicht wie in den Beziehungen zwischen Individuen; die Ehre und die Würde des Staates gehen den materiellen Interessen bei weitem vor; und viele der Rechte, welche das Völkerrecht gewährt, haben bekanntlich überhaupt keinen wirtschaftlichen Inhalt. Dieser Umstand hat nun nicht nur bewirkt, daß dem immateriellen Schaden im Völkerrecht eine sehr viel größere Bedeutung zukommt als im Landesrecht, sondern auch, daß in zahlreichen Fällen der Schaden einfach darin besteht, daß eine Rechtsverletzung stattgefunden hat. Ein Staat kann es in der Tat nicht dulden, daß sein Recht mißachtet wird, ohne dadurch an seiner Würde und an dem Ansehen, das er genießt, also an seinen heiligsten Gütern, Schaden zu nehmen. Der moralische Schaden, der in der Tatsache beschlossen ist, daß eine Rechtsverletzung von einem Staat ohne Reaktion hingenommen wird, bewirkt, selbst wenn daraus ein materieller Schaden nicht entstanden ist, daß der Anspruch des verletzten Staates, der auf eine Wiedergutmachung abzielt, zuweilen ganz oder teilweise darauf gerichtet wird, daß derjenige Staat, welcher ein Recht mißachtet hat, das Bestehen des Rechtes als solchen wieder bestätigt.

Es war nötig, diese Bemerkungen vorauszuschicken. Die Völkerrechtspraxis läßt uns bisher zwei verschiedene mögliche Rechtsfolgen der unerlaubten Handlung unterscheiden: die Genugtuung und die Wiedergutmachung (im engeren Sinne), letztere kann in der Form einer restitutio in pristinum oder aber in der Form des Schadensersatzes erfolgen.

1. Die Genugtuung. — Der Idee der Genugtuung liegt zugrunde die Idee des immateriellen Schadens, oder, wie die Engländer sagen, eines „moral wrong", das, wie schon gesagt, auch lediglich darin bestehen kann, daß einem Staate ein Recht aberkannt wird. Die Genugtuung ist vor allem darauf gerichtet, die der Würde und der Ehre angetane Verletzung zu heilen. Man denkt dabei sofort an die germanische Buße und an Gesetzesbestimmungen, wie die der Artt. 38 und 389 Abs. 2 des italienischen Strafgesetzbuches und an die „exemplary" oder „vindictive damages" des englischen Rechts.

Die Formen, in denen die Genugtuung zum Ausdruck kommen soll, müssen dem genannten Zweck entsprechen; daher rühren ihr streng persönlicher Charakter und ihre Öffentlichkeit, — Faktoren, die bei der eigentlichen Wiedergutmachung sehr wohl fehlen können. Beispiele für Genugtuungshandlungen sind: das in feierlicher Weise erfolgende Vorbringen von Entschuldigungen, das Salutieren der Flagge des beleidigten Staates, der förmliche Ausspruch des Bedauerns über das Geschehene, die Entsendung einer Sondermission ad hoc, die offizielle Teilnahme der Regierung an religiösen oder bürgerlichen Sühnezeremonien usw. Aber es ist keineswegs ausgeschlossen, und es gibt verschiedene Beispiele dafür, daß die Leistung der Genugtuung in der Zahlung einer Geldsumme bestehen kann, die nicht als Ersatzleistung für effektiv erlittenen materiellen Schaden aufzufassen ist, sondern ein Opfer darstellen soll, das die Sühne für das begangene Unrecht symbolisiert.

Ob eine oder mehrere Formen von Genugtuung gewählt werden, das hängt von dem Willen der Parteien ab, die natürlich dem Wesen und der Schwere des Falls Rechnung tragen werden; feste Regeln existieren in dieser Hinsicht nicht. Es genüge hier die Bemerkung, daß die Parteien, wenn sie die Art der Genugtuung bestimmen, nicht umhin können, den moralischen Faktoren, welche im Spiele sind, Rechnung zu tragen, als da z. B. sind: die von der Bevölkerung den Urhebern des Delikts entgegengebrachte Sympathie oder Antipathie, die Haltung der Presse, Präzedenzfälle, die im Lande entfaltete Propaganda usw. Es handelt sich dabei nicht um dolus oder Schuld als Wesensmerkmale einer unerlaubten Handlung, es handelt sich um äußere, die politische Schwere des Falls bestimmende Umstände, die nicht außer acht gelassen werden dürfen, wenn die Genugtuung dem Zweck, den sie erreichen will, entsprechen soll. Wenn keine völkerrechtliche Verantwortlichkeit des Staates besteht und dieser dennoch, wie es in der Regel üblich ist, sein Bedauern über ein Ereignis ausspricht (z. B. anläßlich eines von einem Geisteskranken verübten Attentats gegen den Repräsentanten eines fremden Staates), so haben wir einen einfachen Akt der internationalen Höflichkeit vor uns, der nichts mit Genugtuung zu tun hat.

2. Die Wiedergutmachung im eigentlichen Sinn. — Wir nehmen das Wort hier im engeren Sinne zur Bezeichnung der Handlungen, welche nach Möglichkeit die Wiederherstellung des durch die unerlaubte Handlung gestörten früheren Zustands bewerkstelligen sollen. Wir sagten schon, daß die Wiedergutmachung gleichzeitig den Charakter der Genugtuung haben kann, doch wird diese Möglichkeit hier nicht in Betracht gezogen.

So wie die Grundlage der Genugtuung der immaterielle Schaden ist, so ist es bei der Wiedergutmachung der materielle (material wrong). Wir sagen lieber materiell als wirtschaftlich, weil die Güter des Staates, der ja Subjekt des Völkerrechts ist — auch abgesehen von den rein idealen Gütern, als da sind Würde und

Ehre —, nicht immer und jedenfalls nicht allgemein, einen eigentlich wirtschaftlichen Wert haben, wenn sie auch in einem gewissen Sinne materielle Güter sind. Hier haben wir einen Grund dafür, warum von den beiden Formen, in welche die Wiedergutmachung sich kleiden kann, d. h. die Naturalrestitution und die Leistung von Schadensersatz, die erstere im Völkerrecht häufiger angewendet wird und größere Bedeutung hat als im Landesrecht.

a) Die Restitution. — Sie besteht in der Wiederherstellung des Zustands, der bestehen würde, wenn die unerlaubte Handlung nicht begangen worden wäre, z. B. in der Räumung eines unrechtmäßigerweise besetzten Gebiets, in der Freilassung unschuldig verhafteter Personen, in der Rückgabe von Gütern, die unerlaubterweise beschlagnahmt, enteignet oder requiriert wurden usw.

Es wird gewöhnlich gelehrt, daß überall, wo es nur irgend möglich sei, die Naturalrestitution vorgenommen werden müsse. (vgl. Ständiger Internationaler Gerichtshof, Urteil Nr. 13 vom 13. September 1928, Publications, zit. Série A, Nr. 17, p. 47). Es liegt tatsächlich kein Grund vor, weshalb der verletzte Staat sich mit einer anderen Form von Entschädigung, z. B. einer Geldsumme, begnügen sollte. Die Unmöglichkeit der Naturalrestitution kann eine faktische, materielle Unmöglichkeit sein; sie kann auch eine rechtliche Unmöglichkeit sein, wenn die Wiederherstellung nicht ausgeführt werden kann, ohne daß dabei eine Norm des Völkerrechts verletzt wird, die der Staat, der die Naturalrestitution fordert, gegen sich gelten lassen muß.

Dagegen kann man eine Unmöglichkeit nicht zulassen, die in den internen Gesetzen des verantwortlichen Staates ihren Grund hätte (S. 41), außer wenn sich das Gegenteil aus einer richtig vorgenommenen Auslegung der völkerrechtlichen Normen ergibt. Es ist tatsächlich nicht zu leugnen, daß es Hindernisse internrechtlicher Art gibt, welche die Staaten zu berücksichtigen geneigt sind, um dann die Naturalrestitution in die Leistung von Schadensersatz umzuwandeln. Als im Jahre 1907 die Errichtung eines internationalen Prisenhofs (Konvention VII Anlage zur Schlußakte der 2. Friedenskonferenz) vorgesehen wurde, welcher die Rückgabe von Schiffen und Ladungen, die von den nationalen Gerichtshöfen unrechtmäßig als gute Prise erklärt worden waren, hätte anordnen können, da gestattete man — (Zusatzprotokoll vom 19. September 1910) in Anbetracht des Umstandes, daß einige Staaten verfassungsrechtliche Schwierigkeiten hatten, Gegenstände, welche von nationalen Gerichtshöfen beschlagnahmt waren, zurückzuerstatten —, daß die genannten Staaten erklären konnten, die Berufung an den internationalen Prisenhof dürfe ihnen gegenüber nur in der Form einer Klage auf Schadensersatz ausgeübt werden (Art. 1). Das Abkommen und das Zusatzabkommen sind niemals ratifiziert worden; sie sind aber nichtsdestoweniger ein Beweis für die große Bedeutung, welche die Staaten auch Schwierigkeiten interner Art beimessen, und für die Notwendigkeit, vorsichtig zu Werke zu gehen und den landesrechtlichen Auswirkungen nicht summarisch jede Bedeutung abzusprechen.

b) Die Leistung von Schadensersatz.[1]) — Wenn die Naturalrestitution nicht erfolgen kann oder keinen genügenden Ausgleich darstellt, so tritt an ihre Stelle oder so ergänzt sie der Schadensersatz. Von Schadensersatz im eigentlichen Sinne kann man nur dann sprechen, wenn es sich um einen Wert handelt, der sich in Geld berechnen läßt; in den anderen Fällen bedeutet die Zahlung einer Geldsumme die Leistung einer Genugtuung, nicht die Leistung eines Schadensersatzes. Das gleiche gilt für den Teil der Schadensersatzsumme, der über den Wert des tatsächlichen materiellen Schadens hinausgeht.

Der am häufigsten vorkommende Fall, übrigens der Fall, von dem man jetzt sagen kann, daß er ein wirkliches Gewohnheitsrecht herausgebildet hat, das den verletzten Staat ermächtigt, Schadensersatz in Geld zu verlangen, ist der Fall, wo Privatleute infolge von völkerrechtswidrigen Handlungen einen wirtschaftlich abschätzbaren Schaden erlitten haben (S. 404ff.). Die Staaten pflegen dann zu fordern — und dieser Anspruch wird, wenn das Vorliegen der unerlaubten Handlung, auf die sich der Anspruch gründet, anerkannt ist, nie bestritten —, daß die Wiedergutmachung des Unrechts entweder gerade darin bestehen soll, daß Ersatz für den Schaden geleistet wird oder daß sie wenigstens die pekuniäre Wiedergutmachung dieser Schäden miteinbegreifen soll. Die Leistung des Ersatzes für den wirtschaftlichen Schaden, den die einzelnen Individuen erlitten haben, stellt hier nur eine der Arten der Wiedergutmachung für das von dem Staat erlittene Unrecht dar; der Staat handelt hier ja nicht als Vertreter der einzelnen Individuen, sondern macht ein eigenes Recht geltend und könnte sich daher mit einer anderen Form der Wiedergutmachung begnügen. Daher kommt es, daß die Einzelperson irgendein Recht auf den ausgesetzten Betrag nicht erwirbt, es sei denn, daß er ihr angewiesen wird. Dies kann so geschehen, daß der verantwortliche Staat sich verpflichtet, selbst einer jeden der geschädigten Personen die vorher vereinbarte oder auf vereinbarte Weise (z. B. durch das Urteil eigens zu diesem Zweck eingesetzter Kommissionen) zu bestimmende

[1]) J. C. Wise, Tort at international law, in „American Journal of intern. Law", Bd. XVII, 1923, S. 245ff.

Entschädigung auszuzahlen, oder so, daß der verantwortliche Staat, wie es oft geschieht, dem geschädigten Staat eine Pauschalsumme bezahlt, welche dieser in vereinbarter Weise oder auch nach eigenem Gutdünken unter die Geschädigten verteilt, wofür er gegebenenfalls dem Staat, der die Summe ausgesetzt hat und der eine bestimmte Verwendung des Geldes fordern konnte, niemals aber den einzelnen Personen oder ihren Rechtsnachfolgern gegenüber haftet.

Es ist leicht zu sehen, daß der Schadensersatz im Völkerrecht viel Ähnlichkeit mit dem entsprechenden Institut des internen Rechts aufweist. Man versteht daher, daß die (in dieser Materie sehr häufigen) Schiedssprüche oft auf die Regeln des Privatrechts und ganz besonders die des römischen Rechts zurückgreifen. Sie können in unserem Falle natürlich nicht als Landesrecht angewendet werden; doch kann man mit gutem Grund behaupten, daß bei der Analogie der faktischen Situationen und der Gleichheit des Ziels die Staaten, welche vereinbaren, daß für gewisse Vermögensschäden Ersatz geleistet werden solle, ohne gleichzeitig die Regeln für die Leistung dieses Schadensersatzes mitzuvereinbaren, sich dabei auf einige allgemein angenommene Grundsätze oder auch auf übereinstimmende Regeln ihrer Gesetzgebungen beziehen wollten. In diesen Grenzen und auf dieser Grundlage kann der Rückgriff auf Prinzipien des Privatrechts rechtlich erlaubt sein.

Daraus folgt, daß die von den Staaten stillschweigend, um den Schadensfall im Verhältnis zueinander zu bereinigen, angenommen landesrechtlichen Regeln ihre Geltung aus diesem Übereinkommen der Staaten ziehen und nicht aus den gesetzgeberischen Akten, welche diese Regeln geschaffen haben, wenn sie auch dem Gegenstand nach identisch sind.

Es folgt daraus ferner, daß stets die Möglichkeit freisteht zu behaupten, daß die Anwendung gewisser Regeln auf die Bereinigung von Schaden in einem völkerrechtlichen Verfahren nicht dem Willen der beteiligten Staaten entspricht, wenngleich sie alle sie in ihre jeweilige Gesetzgebung aufgenommen haben; dies hat es z. B. ermöglicht, die Anwendung der Regel auszuschließen, die besagt, daß es keinen Ersatz für (von Individuen erlittenen) immateriellen Schaden und für den Schaden, welcher aus dem unter bestimmten Umständen erfolgten Tod einer Person erwachsen ist, gibt.

So darf auch diese Willenspräsumtion nicht vorgenommen werden für jene Regeln des internen Rechts, die, wenn auch allgemein anerkannt, doch mit bestimmten de facto oder de jure Voraussetzungen zusammenhängen, welche man in den Beziehungen der Staaten nicht kennt. Das gilt für die Regeln über die Verzugszinsen[1]). Der Sinn dieser Regel und der Wert, den die Existenz gesetzlicher Zinsen hat, haben ihren Grund außer in den faktischen Bedingungen der inneren Struktur der Wirtschaft in den Verhältnissen des modernen Geldmarkts. Ein gesetzlicher Zinsfuß, der von Rechtswegen zwischen den Staaten ebenso gilt wie zwischen Privaten, existiert nicht. Die Verzögerung der Bezahlung einer Geldschuld kann daher nur ein Recht auf Ersatz des Schadens geben, der nachweisbar infolge dieses Verzugs faktisch — eine Vermutung zugunsten des Gläubigerstaates gibt es dabei nicht — entstanden ist, auch dann, wenn dieser Schaden im Wege der Zuerkennung von Zinsen für die verspätet bezahlte Geldsumme, in dem durch die jeweiligen Umstände erforderten Umfang, ausgeglichen werden könnte.

Der strittigste Punkt betrifft die Möglichkeit von Schadensersatz für den sogenannten mittelbaren Schaden[2]). Es gibt Schriftsteller, welche die geltende Praxis, so wie sie sich vor allem aus den Schiedssprüchen ergibt, dahin auslegen, daß sie, ohne einen Unterschied zwischen den beiden Schadensarten zu machen, Anspruch auf Schadensersatz sowohl für den unmittelbaren als auch für den mittelbaren Schaden gibt. Nach anderen Schriftstellern dagegen versagen die Schiedsgerichte dann, wenn ein Schaden als indirekter Schaden bewertet werden muß, stets den Anspruch auf Schadensersatz. Dies beweist, daß es an einer klaren und einheitlichen Auffassung dessen, was unter mittelbarem Schaden verstanden wird oder verstanden werden muß, fehlt.

Zwei Kriterien sind es, auf welche in der Rechtswissenschaft

---

[1]) Über Verzugszinsen: J. H. Ralston, Venezuelan Arbitrations of 1903, Washington 1904, S. 423—429; K. Strupp, Ein russisch-türkischer Streitfall vor dem Haager Schiedsgericht, in „Zeitschrift für Völkerrecht und Bundesstaatsrecht", Bd. VII, 1912, S. 533—566; D. Anzilotti, Sugli effetti dell' inadempienza di obbligazioni internazionali aventi per oggetto una somma di danaro, in der „Riv. dir. intern.", Bd. VII, 1913, S. 54ff.; Chr. Meurer, Der russisch-türkische Streitfall, in „Das Werk vom Haag", hrsg. von W. Schücking, zweite Serie, Bd. I, T. III, S. 253ff., München 1914; J. B. Scott, Les travaux de la Cour permanente d'arbitrage à La Haye, New York 1921, S. 317—349 (L'affaire de l'indemnité russe).

[2]) Siehe J. Ralston, The law and procedure of international tribunals, zit., Chapt. IX (Damages), S. 241—270. Besondere Monographien: A. Hauriou, Les dommages indirects dans les arbitrages internationaux, in der „Rev. gén. de dr. intern. publ.", Bd. XXXI, 1924, S. 203ff.; J. Spiropoulos, Haftung der Staaten für „indirekten Schaden" aus völkerrechtlichen Delikten, in „Niemeyers Zeitschrift für internationales Recht", Bd. XXXV, 1925—26, S. 59ff. Betreffs eines besonderen Falles: F. Meili, Der internationale Streit betreffend die Eisenbahnlinie Lourenço-Marquès (Delagoa-Bay), Rechtsgutachten, Zürich 1892.

und der Rechtsprechung besonders hingewiesen wird. Nach dem einen ist der Unterschied zwischen unmittelbarem und mittelbarem Schaden identisch mit dem zwischen damnum emergens und lucrum cessans. Es ist leicht zu verstehen, daß es auf dieser Grundlage nicht angängig ist, die Möglichkeit von Schadensersatzansprüchen für indirekte Schäden zu verneinen. Man kann sich ohne Schwierigkeit Fälle vorstellen, bei denen es höchst ungerecht wäre, den Umstand außer Ansatz zu lassen, daß den Geschädigten ein Gewinn entgangen ist. Dagegen ist es weniger zu begreifen, warum man den lucrum cessans als einen mittelbaren Schaden bezeichnet, wo es doch offenkundig ist, daß er die unmittelbare und ausschließliche Folge der unerlaubten Handlung sein kann. So hat der Ständige Internationale Gerichtshof erst kürzlich in seinem Urteil Nr. 13 ausgesprochen, daß der Schadensersatz — der ja so weit wie irgend möglich alle Folgen der unerlaubten Handlung beseitigen und den Zustand wiederherstellen soll, der wahrscheinlich bestanden haben würde, wenn die betreffende Handlung nicht vorgenommen worden wäre — auch die Verluste decken soll, welche infolge der unerlaubten Handlung eingetreten sind und welche etwa durch die Naturalrestitution oder die an ihre Stelle tretende Geldentschädigung nicht gedeckt werden können. Damit ist augenscheinlich in erster Linie der entgangene Gewinn gemeint. (Publications, série A, Nr. 17, p. 47 und vgl. p. 53f.)

Nach dem anderen Kriterium ist der Unterschied in dem Kausalzusammenhang zu suchen, in welchem der Schaden mit der unerlaubten Handlung steht. Es ist klar, daß dieser Zusammenhang ein sehr verschieden enger sein kann, und man begreift, daß er mit Grund je nachdem sowohl die Zulässigkeit wie das Maß des Ersatzanspruchs bestimmend beeinflussen kann. Andererseits scheint es unmöglich zu sein, die verschiedenen Stufen und Arten von Kausalzusammenhang auf eine Formel zu bringen und so eine Linie zu finden, die ein für allemal die Schäden, für welche Ersatz verlangt werden kann, von denen trennt, welche nicht erstattungspflichtig sind.

Wenn ein Schaden nur scheinbar mit der unerlaubten Handlung in Zusammenhang steht und er in Wirklichkeit die Folge einer anderen Ursache ist, so besteht für ihn selbstverständlich schon deswegen kein Anspruch auf Schadensersatz. Aber nicht da liegt die Schwierigkeit; sie liegt vielmehr darin, daß die Beziehungen, die zwischen den beiden Handlungen bestehen können und denen zufolge man sagen kann, daß die eine Handlung, ganz oder teilweise, aus der anderen hervorgegangen ist, unendlich mannigfaltig sind. Von dem Fall, wo der Schaden die unmittelbare, notwendige und ausschließliche Folge der unerlaubten Handlung ist, bis zu dem Fall, wo die Beziehung, welche diese beiden Ereignisse verbindet, nur noch ein ganz loser, kaum noch zu fassender Zusammenhang ist, erstreckt sich eine unendliche unbestimmte und indefinierbare Skala von Abstufungen, die bestimmt werden von der Zahl, der Intensität, der Beständigkeit der Verknüpfungen, dem zufälligen oder notwendigen Zusammentreffen äußerer, sich verschieden artig auswirkender Ursachen, von den verschiedensten Formen des Verhaltens des Subjekts, an dem die Handlung begangen wird usw.

Man versteht dann sowohl die Haltung, welche die Schiedsgerichte einnehmen, als auch die entgegengesetzten Auslegungen, welche ihr die Autoren haben zuteil werden lassen. Bei näherer Prüfung der Rechtsprechung der Schiedsgerichte sieht man, daß die Schiedsrichter in ihren Urteilen fast immer den besonderen Umständen des Falls Rechnung getragen haben. Aber nach einer allgemein gebräuchlichen Terminologie haben sie den Schaden dann einen mittelbaren genannt, wenn der Grad des Abhängigkeitsverhältnisses zwischen ihm und der unerlaubten Handlung einen Ersatzanspruch nicht zu rechtfertigen schien und umgekehrt. Mit anderen Worten: sie haben nicht einen Schaden als mittelbaren Schaden bezeichnet und dann aus dieser Qualifikation gefolgert, daß er nicht erstattungspflichtig ist, sondern sie haben den Schaden vielmehr deswegen einen mittelbaren genannt, weil sie der Meinung waren, daß für ihn ein Ersatzanspruch nicht zuerkannt werden könne. Und daraus folgt, daß man, wenn man an der Oberfläche bleibt, so wie es viele getan haben, sagen kann, daß die Rechtsprechung der Schiedsgerichte Ersatzansprüche für mittelbare Schäden ablehnt; dringt man dagegen tiefer ein und sieht die Dinge so, wie sie wirklich sind, so kann man mit größerem Recht sagen, daß sie zwischen direkten und indirekten Schäden keinen Unterschied macht.

Dies ist auch offensichtlich die gerechte Lösung des Problems. Besteht der Satz, daß ein Schaden, um ersatzpflichtig zu sein, die Folge einer unerlaubten Handlung sein muß, zu Recht, so ist es eine Frage des Einzelfalls, zu bestimmen, ob ein Kausalzusammenhang besteht und wie er im Falle der Mitwirkung anderer Ursachen zu bewerten ist. Die Frage kann nur von Fall zu Fall entschieden werden, und es ist daher ganz gut und nützlich, daß es der Rechtsprechung weiterhin freisteht, auf dem bisher eingeschlagenen Wege fortzuschreiten. Die beste Hilfe, welche die Rechtswissenschaft ihr dabei leisten kann, wäre die, die mehrdeutige Unterscheidung zwischen unmittelbarem und mittelbarem Schaden aufzugeben und bei der

Untersuchung der praktischen Fälle die beträchtlich vielseitigeren und elastischeren Maßstäbe herauszuarbeiten, die dazu gedient haben und dazu dienen können, den Unterschied zwischen ersatzpflichtigen und nicht ersatzpflichtigen Schäden aufzuzeigen.

Mittelbare Haftbarkeit.

Bibliographie. — In der Literatur des Völkerrechts wird die mittelbare Haftbarkeit, in dem hier angenommenen Sinne, fast allgemein vernachlässigt. Betreffs einiger praktischer Anwendungen des Begriffs sehe man z B. American Journal of international law, Bd. VI, 1912, S. 389ff. (C. L. Bouvé, Russia's liability for Persia's break of contract) und Bd. XIX, 1925, S. 193—206 (American and British claims arbitration tribunal; R. E. Brown claim; s. auch British Yearbook of international law, Bd. V, 1924, S. 210—221).

Der Staat haftet im allgemeinen für Handlungen, die nach den dargelegten Regeln ihm zuzurechnen sind. Ausnahmsweise kommt es vor, daß ein Staat für Handlungen, die einem anderen Staat zuzurechnen sind, haften muß; in diesen Fällen spricht man von mittelbarer Haftbarkeit.

Den Fall des Bundesstaates, der zu ausführlicheren Erörterungen Anlaß gegeben hat, aus den dabei (S. 368ff.) dargelegten Gründen ausgenommen, kommen hier die Fälle in Betracht, wo ein Staat, wenn er auch imstande ist, für unerlaubte Handlungen verantwortlich erklärt zu werden (eine Fähigkeit, die mit der völkerrechtlichen Rechtspersönlichkeit gegeben ist), zu anderen Gliedern der Völkerrechtsgemeinschaft keine unmittelbaren Beziehungen hat. Der Staat, der seine Vertretung übernommen hat, muß dann gegenüber den Staaten, die sich nicht mittelbar gegen denjenigen, der sie begangen hat, wenden können, für die unerlaubten Handlungen die Haftung übernehmen. So haftet der Protektorstaat für die unerlaubten Handlungen des protegierten Staates, wenn er dessen Vertretung übernommen hat (S. 170) und wenn die dritten Staaten die Verpflichtung übernommen haben, keine unmittelbaren Beziehungen zu dem protegierten Staat zu unterhalten. So haftet Polen für die unerlaubten Handlungen, die der Freien Stadt Danzig zuzurechnen sind (Versailler Vertrag, Art. 104, Nr. 6, Konvention von Paris vom 9. November 1920) usw. Auf die Qualifikation des Verhältnisses, in dem der Vertreterstaat und der vertretene Staat zueinander stehen (ob Protektorat, Abhängigkeit o. a.), kommt es nicht an, doch ist erforderlich, daß der verletzte Staat dieses Verhältnis rechtlich gegen sich gelten lassen muß.

Nachtrag

zu S. 112 „Die Katholische Kirche und der Apostolische Stuhl".

Bibliographie. — Die Lateran-Verträge zwischen dem Heiligen Stuhl und Italien vom 11. Februar 1929. Italienischer und deutscher Text mit einer Einleitung des Nuntius Pacelli. Freiburg 1929. Ives de la Brière. La question romaine et le traité du Lateran, in „Revue de droit internat." (Lapradelle-Politis) 1929, S. 13ff. L. Le Fur. Le Saint Siège et le Droit international, ibid., S. 25ff.

Die vorstehenden Seiten waren schon gedruckt, als die Verträge zwischen dem Heiligen Stuhl und dem Königreich Italien, die am 11. Februar dieses Jahres unterzeichnet wurden, bekannt wurden. Eine angemessene Auswertung dieser Verträge würde auch dann, wenn sie sich streng auf die juristischen Gesichtspunkte beschränkte, die Grenzen und Absichten der vorliegenden Abhandlung weit überschreiten; wir beschränken uns daher darauf, einige Betrachtungen anzufügen, durch welche in großen Zügen gezeigt werden soll, welches im wesentlichen die sich aus diesen Verträgen ergebende Rechtslage ist, und wie sich diese neue Rechtslage zu den Ergebnissen verhält, zu denen wir bei unserer obigen Untersuchung gelangt waren.

Von den drei Verträgen, in denen die so glücklich zum Abschluß gelangte Einigung zwischen dem Heiligen Stuhl und Italien Gestalt gewonnen hat, nämlich dem Versöhnungsvertrag, dem Vertrag über die finanziellen Leistungen und dem Konkordat, ist der erste derjenige, der uns am meisten interessiert.

Dieser sogenannte Lateranvertrag, der mit der in den Verträgen zwischen christlichen Mächten üblichen Formel „im Namen der Heiligen Dreieinigkeit" beginnt, ist zwischen „Seiner Heiligkeit dem Papst Pius XI. und Seiner Majestät Victor Emanuel III., König von Italien", abgeschlossen worden, also zwischen dem Oberhaupt der katholischen Kirche und dem Oberhaupt des Königreichs Italien; diese beiden Oberhäupter treten sich so als Personifikationen der beiden kollektiven Wesenheiten gegenüber, zwischen denen genau genommen der Vertrag zustande gekommen ist, nämlich zwischen der Katholischen Kirche, die durch den Papst verkörpert wird, und dem italienischen Staat, welchen der König verkörpert. Dies scheint eine Bestätigung der oben aufgezeigten Schlußfolgerung zu sein, wonach man der Katholischen Kirche völkerrechtliche

Rechtspersönlichkeit zuerkennen muß unabhängig davon, ob dem Papst die Eigenschaft zukommt, Oberhaupt eines Staates zu sein oder nicht. Prüft man die Verträge, auf die sich diese Bemerkungen beziehen, nämlich den Versöhnungsvertrag und das Konkordat, auf ihre formale Struktur hin, so erkennt man ohne weiteres, daß der Papst in beiden Verträgen in gleicher Eigenschaft auftritt; es handelt sich also bei diesen Verträgen um zwei der Form nach gleichwertige Akte, deren rechtliche Verbindlichkeit auf ein und dasselbe grundlegende Prinzip zurückzuführen ist, wenn auch nicht zu leugnen ist, daß sie unter materiellen Gesichtspunkten betrachtet, d. h. ihrem Inhalt nach, besser in zwei verschiedene Kategorien von Verträgen eingereiht werden.

Der scharf umrissene und ausdrückliche Zweck des Lateranvertrages ist der, dem Heiligen Stuhl dadurch, daß ihm eine auch in völkerrechtlicher Hinsicht unbestreitbare Souveränität zuerkannt wird, eine stabile tatsächliche und rechtliche Stellung zu gewährleisten, die ihm völlige Unabhängigkeit für die Erfüllung seiner hohen Aufgabe in der Welt garantiert. Das Mittel dafür ist die Errichtung der „vatikanischen Stadt" („Città del Vaticano"), deren Verfassung verschiedene Eigenheiten aufweist. Italien hat dem Heiligen Stuhl unbeschränktes Eigentum an diesem Gebiet und absolute und ausschließliche Gewalt und souveräne Gerichtshoheit darin zuerkannt (Präambel Absatz 2 und Art. 3).

Hieraus geht in zweifelsfreier Weise hervor, daß der Heilige Stuhl bisher über das Gebiet, das ihm nunmehr zugesprochen worden ist, damit er das neue politische Gebilde aufbauen könne, keine Souveränität besaß. Es wird dadurch die Unhaltbarkeit der von uns oben bekämpften These erwiesen, nach welcher der Heilige Stuhl auch nach 1870 eine auf jenen Teil der Stadt Rom, der von den italienischen Truppen nicht effektiv besetzt worden war, beschränkte Gebietshoheit behalten haben sollte. Die Besetzung hätte durchaus erfolgen können und wäre vielleicht für alle Teile gut gewesen. Aber man wollte sie nicht. Und so stellte man sich auf der einen wie auf der anderen Seite auf den Standpunkt — wobei man allerdings den Tatbestand rechtlich nach völlig entgegengesetzten Maßstäben beurteilte —, daß das ganze Gebiet des ehemaligen Kirchenstaats im Königreich Italien aufgegangen sei. Erst jetzt lebt ein Kirchenstaat, in sehr viel beschränkterem Umfang, wieder auf; rechtlich betrachtet handelt es sich jedoch um einen neuen Staat und nicht um eine Fortsetzung des früheren Kirchenstaats, wenngleich man unter Anwendung bloß politischer Maßstäbe sagen könnte, daß nunmehr so eine Sachlage geschaffen worden ist, durch welche die doktrinären Vorurteile und Übertreibungen, welche i. J.

1870 die Lösung der sogenannten „römischen Frage" inspiriert hatten, korrigiert werden sollten.

Wenn sowohl in der Präambel wie in Artikel 3 des Versöhnungsvertrages nicht nur von der Souveränität sondern auch von dem vollen Eigentumsrecht die Rede ist, das Italien dem Heiligen Stuhl über das Vatikangebiet einräumt, so erklärt sich das aus dem Umstand, daß Italien im Jahre 1870 sich selbst auch das Eigentum an den vatikanischen Palästen zugeeignet hat und durch das Garantiegesetz dem Papst lediglich das Nutznießungsrecht daran ließ. Es war daher, wenn auch nicht unbedingt notwendig, so doch zum mindesten sehr opportun, daß das Erlöschen des Eigentumsrechts des italienischen Staates durch einen freiwilligen Verzicht zum Ausdruck kam. Durch den Lateranvertrag und die in seinem Artikel 26 Absatz 3 ausdrücklich vorgesehene Aufhebung des Garantiegesetzes sollte dieser Verzicht ausgesprochen werden. Das Eigentumsrecht des Heiligen Stuhls, das auf Grund der Bestimmungen des kanonischen Rechts wahrscheinlich niemals aufgehört hatte, wird von nun an weiter durch dieses Recht geregelt werden, das in dieser Hinsicht das Gesetz des von Italien anerkannten neuen Staates ist.

Der Lateranvertrag selbst ist nicht der Schöpfer des neuen Staates. Wie jeder völkerrechtliche Vertrag schafft er nur einen Komplex gegenseitiger Rechte und Pflichten der Vertragsparteien, durch welche die vielfältigen und verwickelten Vorgänge, deren Ablauf die Entstehung eines neuen Staatswesens zur Folge hat, möglich werden.

Der Vertrag sieht, um die Konstituierung der Vatikanischen Stadt zu ermöglichen, vor, daß dem Königreich Italien ein Teil seines gegenwärtigen Gebiets entzogen wird, damit es das Gebiet des neuen Staats werden könne (Art. 3 Abs. I). Die Lösung der Frage, ob der Art. 3 so aufzufassen ist, daß durch ihn Rechte des Königreichs Italien auf den Heiligen Stuhl übertragen werden, oder so, daß er lediglich die Verpflichtung des Königreichs Italien zum Ausdruck bringt, sich aus diesem Gebiet zurückzuziehen, damit sich hier die neue Oberhoheit konstituieren könne, hängt von völkerrechtlichen Prinzipien ab, die aufzuzeigen und zu erörtern hier zu weit führen würde.

Ebenso würde es über den Rahmen der vorliegenden Abhandlung hinausgehen, gewisse durch den Lateranvertrag festgesetzte Beschränkungen der Gebietshoheit einer näheren Prüfung zu unterziehen, was an sich sicherlich in vieler Hinsicht äußerst interessant wäre. Es handelt sich dabei sowohl um Beschränkungen, welche dem Heiligen Stuhl bezüglich der Ausübung seiner ihm über das vatikanische Gebiet zustehenden Souveränität auferlegt werden, und wie sie in Art. 3 Abs. 2 (der Platz von St. Peter soll dem Publikum und der italienischen Polizei frei zugänglich sein) und in Art. 18 (die vatikanischen Museen sollen dem Publikum offen stehen) vorgesehen sind, als auch um Beschränkungen des italienischen Staates in der Ausübung der Gebietshoheit, welche dem italienischen Staat über das italienische Gebiet zukommt; solche Beschränkungen sind jure vicinitatis in Art. 7 des Vertrags vorgesehen (das Verbot, an bestimmten Stellen neue Bauten zu errichten, und die Verpflichtung, schon bestehende Bauten niederzureißen, und an bestimmten Örtlichkeiten Veränderungen an Bauten und an Straßen nicht ohne Einwilligung der vatikanischen Stadt vorzunehmen); weitere Beschränkungen finden sich in Artt. 15 und 16 (Exterritorialität bestimmter Immobilien, die Verpflichtung, gewisse andere Immobilien Enteignungen und einschränkenden Bestimmungen nur mit Einwilligung des Heiligen Stuhls zu unterwerfen und sie von jeder gewöhnlichen und außergewöhnlichen Abgabe zu befreien).

Weiter will der Vertrag die Bildung des neuen Staats dadurch möglich machen, daß er die Anerkennung einer Gruppe von Personen, welche der weltlichen Souveränität des Heiligen Stuhls unterstehen, von seiten Italiens sicherstellt; diese Personen werden so Bürger des neuen Staats, und also in Italien und Italien gegenüber Ausländer. In der Tat bestimmt auch Art. 9 Abs. I des Vertrags folgendes: „Gemäß den Normen des Völkerrechts unterstehen der Souveränität des Heiligen Stuhls alle diejenigen Personen, die ihren dauernden Wohnsitz in der vatikanischen Stadt haben", und fügt hinzu, daß dieses Bürgerrecht durch die bloße Tatsache eines zeitweiligen anderen Aufenthaltes nicht verloren geht. Diese Bestimmung wird im 2. Teil von Abs. 1 des Art. 21 noch ergänzt; dieser Artikel bestimmt, daß die in Rom wohnenden Kardinäle unter allen Umständen Staatsangehörige der vatikanischen Stadt sind.

Und auch hier hat die ganz einzigartige Lage, in der die beiden Staaten sich einander gegenüber befinden, eine Reihe gegenseitiger Rechte und Verpflichtungen erstehen lassen, die von außen betrachtet so aussehen, als bedeuteten sie eine Beschränkung der Gehorsamspflicht bestimmter Individuen den Gesetzen und der Gewalt des Staates gegenüber, dem sie angehören. Eine solche Bestimmung haben wir allerdings in der Bestimmung des Art. 9 Abs. 3 nicht vor uns; diesem Artikel zufolge sollen auf die der Souveränität des Heiligen Stuhls unterworfenen Personen auf dem Gebiet des Königreichs Italien auch in Sachen, bei denen das Personalstatut beobachtet werden muß, die Normen des italienischen Rechts anwendbar sein, und da, wo es sich um eine Person handelt, der eine andere Staatsangehörigkeit zukommt (doppelte Staatsangehörigkeit?), die Normen des Staats, dem die betreffende Person angehört. In der Tat kann man die Anerkennung des sogenannten Personalstatuts, abgesehen von besonderen Bestimmungen der Verträge, hier nicht als völkerrechtlich verboten betrachten; und andererseits behält der Heilige Stuhl die Möglichkeit, besagte Personen auch dann, wenn sie sich auf italienischem Gebiet aufhalten, weiterhin seinem eigenen Recht unterstellt zu lassen einfach dadurch, daß er Normen erläßt, die ihre Stellung regeln. Dagegen liegt eine Beschränkung der Befugnisse, die der italienische Staat normalerweise italienischen Staatsangehörigen und den Angehörigen fremder Staaten gegenüber auf seinem Gebiet ausübt, vor, wenn Italien sich auf Grund der Artt. 10, 11 und 17 des Vertrages verpflichtet, Personen und Körperschaften deshalb eine gewisse Ausnahmestellung und Vorrechte zu gewähren, weil sie in einem bestimmten Verhältnis zum Heiligen Stuhl stehen.

Der Ausdruck „Gemäß den Normen des Völkerrechts", mit dem Art. 9 anfängt, darf meiner Ansicht nach nicht im positiven Sinne aufgefaßt werden, d. h. als Bestätigung eines Rechtssatzes, dem zufolge der feste Wohnsitz auf dem Gebiet eines Staates die Staatsangehörigkeit dieses Staates mit sich brächte, sondern eher im negativen Sinne, d. h. als Verneinung des Satzes, daß man Staatsangehöriger sein könne auch ohne einen festen Wohnsitz zu haben. Mit anderen Worten: Italien verpflichtet sich, die Personen, die ihren festen Wohnsitz in der vatikanischen Stadt haben, als Untertanen des neuen Kirchenstaats anzuerkennen, aber nur diese. Im Einklang mit den Normen des Völkerrechts können die Personen, die sich nur zeitweise in der vatikanischen Stadt aufhalten, vom Heiligen Stuhl nicht als seiner Gebietshoheit unterworfen angesehen werden, oder jedenfalls nur in dem Sinn, in dem jeder Ausländer der Gebietshoheit des Staats, in dem er sich aufhält, unterworfen ist. Es dürfte in der Tat schwer fallen zu beweisen, daß es eine Völkerrechtsnorm gibt, die denjenigen, welcher auf einem bestimmten Staatsgebiet seinen Wohnsitz hat, immer und ohne weiteres zum Untertanen dieses Staates macht, während man sehr wohl behaupten kann, daß das Völkerrecht verbietet, daß ein Staat Personen, die sich nur vorübergehend auf seinem Gebiet befinden, als seine Staatsangehörigen betrachtet.

Die Schaffung der „Città del Vaticano" hat zur Folge, daß der Papst wieder Staatsoberhaupt wird und sich dieser seiner Eigenschaft bedient, um mit den anderen Staaten auch die Beziehungen rein geistlicher und religiöser Art, die mit ihm als dem Oberhaupt der Katholischen Kirche aufgenommen werden, zu unterhalten. Es wird damit eine Sachlage wiederhergestellt, die ihrem Wesen nach mit der Lage identisch ist, welche bis zur Besetzung Roms durch die italienischen Truppen bestanden hatte. Die wenn auch sehr tiefgehenden Unterschiede, die zwischen dem Kirchenstaat aus der Zeit vor 1870 und der neuen Vatikanischen Stadt bestehen, tun dieser grundsätzlichen Feststellung, mit der wir Zweck und Wirkung des Vertrages, von dem wir handeln, kurz zusammenfassen, durchaus keinen Abbruch.

Einen Unterschied gibt es jedoch, der vom völkerrechtlichen Standpunkt aus besondere Erwähnung verdient, und das ist der Umstand, daß der neue päpstliche Staat eine Enklave inmitten von italienischem Staatsgebiet ist. Das ist ein heikler Umstand, wenn man bedenkt, daß der hauptsächlichste Sinn und Zweck der weltlichen Souveränität der Päpste die volle, uneingeschränkte und unkontrollierbare Freiheit des Verkehrs mit der ganzen Welt ist. Der Vertrag konnte nicht umhin, sich mit den daraus ergebenden Fragen zu befassen: er behandelt sie in der Tat in Art. 6 und Art. 12 Abs. 1, 2, 3 und 5 und Art. 19. Art. 6 des Vertrages sieht in seinem hier besonders in Betracht kommenden Teil (Abs. 2 und 3) die Verpflichtung Italiens vor, für den Anschluß des Eisenbahn-, Telegraphen-, Telephon-, drahtlosen Telegraphen- und Telephon- und Postdienstes der Vatikanischen Stadt an die entsprechenden Dienste des italienischen Staates wie auch der übrigen Staaten Sorge zu tragen. Diese Bestimmung, die den entsprechenden Bestimmungen des Garantiegesetzes zum Teil ähnlich ist, unterscheidet sich, was ihre rechtliche Natur anbetrifft, sehr wesentlich von diesen. Nach dem Garantiegesetz handelte es sich dabei, soweit der Papst in Betracht kam, um ein bloßes Zugeständnis, das Italien machte, und soweit fremde Staaten in Betracht kamen, um die Erfüllung einer diesen Staaten gegenüber vom italienischen Staat freiwillig eingegangenen Verpflichtung, während es sich nunmehr um eine förmlich übernommene Verpflichtung dem Heiligen Stuhl gegenüber handelt, deren Erfüllung allein von ihm beansprucht werden kann.

Art. 12 erkennt dem Heiligen Stuhl das aktive und passive Gesandtschaftsrecht zu (Abs. 1); Italien übernimmt die Verpflichtung, den ganzen Schriftwechsel, den die Staaten, mit Einschluß der kriegführenden Staaten, mit dem Heiligen Stuhl führen, stets und unter allen Umständen unbehelligt zu lassen und den Bischöfen aus aller Welt freien Zutritt zum Apostolischen Stuhl zu gewähren (Abs. 3); außerdem bestimmt Abs. 2 dieses Artikels, daß die Gesandten der ausländischen Regierungen beim Heiligen Stuhl im Königreich Italien weiter alle Vorrechte und Immunitäten, welche gemäß dem Völkerrecht den diplomatischen Vertretern zukommen, genießen sollen; es steht ihnen frei, ihren Wohnsitz weiter auf italienischem Gebiet zu haben, und sie sollen die ihnen auf Grund des Völkerrechts zustehende Immunität auch dann genießen, wenn ihre Staaten zu Italien keine diplomatischen Beziehungen unterhalten. Ganz streng genommen wären die beim Heiligen Stuhl beglaubigten ausländischen diplomatischen Vertreter in Italien so zu behandeln, wie das Völkerrecht dies bei diplomatischen Vertretern, die sich in einem dritten Staat aufhalten, vorsieht; — diese Stellung wäre ganz verschieden von der, welche sie in dem Staat, bei dem sie beglaubigt sind, genießen, und sie würde ihnen sicher dann, wenn sie, wie es hier der Fall ist, dauernd im Gebiet des dritten Staats wohnen müssen, keinen ausreichenden Schutz gewähren. Daher wurde in den Vertrag diese Bestimmung, von der wir sprechen, aufgenommen; wenn sie sich auch im wesentlichen mit der in Art. 11 des Garantiegesetzes aufgenommenen Bestimmung deckt, so unterscheidet sie sich, wie schon bei der Schilderung des Art. 6 ausgeführt worden ist, ihrem rechtlichen Charakter nach von dieser doch ganz erheblich.

Was endlich den Art. 19 betrifft, so kann man sagen, daß dieser, sofern er den Diplomaten und Gesandten des Heiligen Stuhls bei den ausländischen Staaten und den Gesandten dieser beim Heiligen Stuhl freien Durchzug durch das Gebiet des Königreichs zusichert, nicht über das, was das gemeine Völkerrecht vorschreibt, hinausgeht, wie übrigens auch die analoge Bestimmung des letzten Absatzes von Art. 12. Dagegen geht der Vertrag insoweit über das gemeine Recht hinaus und schafft, was die Beziehungen zwischen Italien und dem Heiligen Stuhl anbetrifft, insofern ein Sonderrecht, als er dieses Vorrecht außerdem auf die Würdenträger der Kirche ausdehnt.

Im großen und ganzen wird man sagen können, daß sich, nachdem nun wieder ein Kirchenstaat errichtet ist, die Beziehungen zwischen diesem und jedem beliebigen anderen Staat künftig auch insofern in den vom Völkerrecht vorgeschriebenen Formen entwickeln werden, als es sich dabei lediglich um die Form handelt, in welcher sich die Beziehungen zwischen dem Oberhaupt der katholischen Kirche und den ausländischen Staaten abspielen; hinsichtlich dieser Art von Beziehungen wird Italien also ein dritter Staat sein. Da aber das Gebiet des päpstlichen Staates auf allen Seiten von italienischem Gebiet umgeben ist, so obliegen Italien sowohl die Pflichten, die das gemeine Völkerrecht jedem Staat auferlegt, in dem ein anderer Staat als Enklave liegt, als auch jene zweifellos ausgedehnteren Pflichten, die es freiwillig dem Heiligen Stuhl gegenüber übernommen hat und die es in der Folgezeit eventuell ihm oder anderen Staaten gegenüber übernehmen könnte. Die internationale Bedeutung, welche nach der oben ausgeführten These dem Garantiegesetz zukam, solange das Haupt der katholischen Kirche auf italienischem Gebiet residierte, hört so völlig auf zu bestehen; und es war daher auch von diesem Gesichtspunkt aus — um von anderen, wichtigeren zu schweigen — ganz natürlich, daß in dem Vertrag ausdrücklich die Aufhebung des Garantiegesetzes ausgesprochen worden ist.

Mit anderen Bestimmungen des Vertrages, welche mehr die Einzelheiten der Beziehungen zwischen dem Heiligen Stuhl und Italien regeln, als da sind die Wiederherstellung der diplomatischen Beziehungen, die Auslieferung, die Vollstreckung der Urteile usw., brauchen wir uns hier nicht zu beschäftigen. Dagegen kann man den Art. 24 des Vertrages, welcher dazu bestimmt ist, den Grund für eine dauernde und gleichsam im Wesen des neuen Staates liegende Eigenschaft — die Neutralität — zu legen, nicht mit Stillschweigen übergehen.

Diese Neutralität und folglich die Unversehrbarkeit des päpstlichen Gebiets, welche Italien angesichts der Erklärung des Heiligen Stuhls, sich den weltlichen Streitigkeiten zwischen den anderen Staaten und dem zu diesem Zweck einberufenen internationalen Kongressen fernzuhalten — es sei denn, daß die streitenden Parteien einstimmig an seine Friedensmission appellieren, und unter Vorbehalt der Möglichkeit, auf alle Fälle seine moralische und geistliche Macht geltend zu machen — anerkannt hat (Art. 24 Abs. 1), wird ohne Zweifel auch von den übrigen Staaten, an welche sich die Erklärung des Heiligen Stuhls in gleicher Weise richtet, anerkannt werden.

Register.

Zeitschrift für ausländisches öffentliches Recht und Völkerrecht. Im Auftrage des Instituts für ausländisches öffentliches Recht und Völkerrecht herausgegeben von Dr. **Viktor Bruns,** Professor an der Universität Berlin, Leiter des Instituts.

Band I. Im Druck

Diese neue Zeitschrift enthält wissenschaftliche Abhandlungen aus dem Gebiete des Völkerrechts und des ausländischen Staats- und Verwaltungsrechts von deutschen und ausländischen Mitarbeitern. Der Materialteil wird aus denselben Gebieten in systematischer Anordnung Urkunden im Wortlaut und kurz dokumentierte Berichte bringen.

Internationale Schiedssprechung. Eine Sammlung der für das Deutsche Reich verbindlichen Verträge und Vertragsbestimmungen, die sich auf internationale Gerichtsbarkeit, Schiedsgerichtsbarkeit sowie Vergleichsverfahren beziehen, nebst den dazugehörigen deutschen Regierungsdenkschriften. Herausgegeben und eingeleitet von Dr. **H. Kraus,** Professor an der Universität Göttingen. Taschenformat. XXXVI, 348 Seiten. 1929. (Guttentagsche Sammlung Deutscher Reichsgesetze Bd. 174.) Geb. M. 10.—

Die vorliegende Sammlung ist eine systematische Zusammenstellung derjenigen Staatsverträge und Vertragsbestimmungen, die sich auf die friedliche Erledigung internationaler Streitigkeiten im juristisch geordneten Verfahren beziehen, soweit Deutschland daran beteiligt ist. Diese Zusammenstellung reicht vom Schiedsabkommen der Haager Friedenskonferenz von 1899 bzw. 1907 über die Locarnoverträge zum sog. Kelloggpakt. Besonderer Wert wurde auf den Abdruck der Bemerkungen der deutschen Regierung zu fast allen diesen Verträgen gelegt.

Beiträge zum ausländischen öffentlichen Recht und Völkerrecht. Herausgegeben im Auftrage des Instituts für ausländisches öffentliches Recht und Völkerrecht in Berlin in Gemeinschaft mit Friedrich Glum, Ludwig Kaas, Rudolf Smend, Heinrich Triepel von **Viktor Bruns.** Groß-Oktav.

Eine Sammlung einschlägiger wissenschaftlicher Abhandlungen, Materialsammlungen, Uebersetzungen besonders wertvoller ausländischer Werke u. a.

Heft 1:

Staatsrecht und Politik. Rede beim Antritt des Rektorats der Friedrich-Wilhelm-Universität zu Berlin am 15. Oktober 1926. Von **Heinrich Triepel.** 40 Seiten. 1927. M. 2.—

Heft 2:

Volksentscheid und Volksbegehren. Ein Beitrag zur Auslegung der Weimarer Verfassung und zur Lehre von der unmittelbaren Demokratie. Von Dr. **Carl Schmitt,** o. ö. Professor der Rechte an der Universität Bonn. 54 Seiten. 1927. M. 2.60

Heft 3:

Der Aufbau des britischen Reiches. (Der Verhandlungsbericht der Reichskonferenz von 1926.) Eingeleitet und herausgegeben von Gerichtsassessor Dr. **K. Heck,** Referent am Institut für ausländisches öffentliches Recht und Völkerrecht. 152 Seiten. 1927. M. 6.—

Heft 4:

Die Souveränität. Ein Beitrag zur Theorie des Staats- und Völkerrechts. Von Dr. **H. Heller,** Privatdozent und Referent am Institut für ausländisches öffentliches Recht und Völkerrecht. 177 Seiten. 1927. M. 8.50

Heft 5:

Die Missionsfreiheit nach den Bestimmungen des geltenden Völkerrechts. Von Dr. **Theodor Grentrup,** S. V. D. 112 Seiten. 1928. M. 5.50

Heft 6:

Das Minoritätenproblem und seine Literatur. Kritische Einführung in die Quellen und die Literatur der europäischen Nationalitätenfrage der Nachkriegszeit unter besonderer Berücksichtigung des völkerrechtlichen Minderheitenschutzes. Allgemeiner Teil. Von **Jakob Robinson,** Rechtsanwalt in Kaunas (Litauen). 265 Seiten. 1928. M. 9.—

Heft 7:

Der Reichssparkommissar. Von Dr. **Karl Bilfinger,** o. ö. Professor der Rechte an der Universität Halle. 68 Seiten. 1928. M. 3.60

Heft 8:

Die völkerrechtliche Stellung der fremden Truppen im Saargebiet. Von Dr. jur. **J. M. Bumiller,** Referent am Institut für ausländisches öffentliches Recht und Völkerrecht. 156 S. 1928. M. 9.—

Heft 9:

Das Recht des Ausnahmezustandes im Auslande (Frankreich, Belgien, Niederlande, Italien, England, Irland). Bearbeitet im Institut für ausländisches öffentliches Recht und Völkerrecht. 296 Seiten. 1928. M. 14.—

Heft 10:

Die Beziehungen zwischen dem Parlament und den Gerichten in England. Eine rechtsvergleichende Studie. Von **Heinrich B. Gerland.** 137 Seiten. 1928. M. 8.—

Heft 11:

Zu den Problemen des fascistischen Verfassungsrechts. Von Dr. **Gerhard Leibholz,** Privatdozent an der Universität Berlin, Referent am Institut für ausländisches öffentliches Recht und Völkerrecht. 112 Seiten. 1928. M. 5.—

Heft 12:

Der deutsche und der französische Reichswirtschaftsrat. Ein Beitrag zu dem Problem der Repräsentation der Wirtschaft im Staat. Von Dr. **Friedrich Glum,** Privatdozent an der Universität Berlin, Wissenschaftliches Mitglied des Instituts für ausländisches öffentliches Recht und Völkerrecht. 188 Seiten. 1929. M. 9.—

Heft 13:

Das Wesen der Repräsentation unter besonderer Berücksichtigung des Repräsentativsystems. Ein Beitrag zur allgemeinen Staats- und Verfassungslehre. Von Dr. **Gerhard Leibholz,** Privatdozent an der Universität Berlin, Referent am Institut für ausländisches öffentliches Recht und Völkerrecht. 214 Seiten. 1929. M. 14.—

Veröffentlichungen der Vereinigung deutscher Staatsrechtslehrer.

Heft 1:

Der deutsche Föderalismus. Oktav. 1924. M. 5.—

Heft 2:

Der Schutz des öffentlichen Rechts. Oktav. 1925. M. 12.—

Heft 3:

Die Gleichheit vor dem Gesetz. — Der Einfluss des Steuerrechts auf die Begriffsbildung des öffentlichen Rechts. Oktav. 1927. M. 7.—

Heft 4:

Das Recht der freien Meinungsäusserung. — Der Begriff des Gesetzes in der Reichsverfassung. Oktav. 1928. M. 10.—

Heft 5:

Wesen und Entwicklung der Staatsgerichtsbarkeit. — Ueberprüfung von Verwaltungsakten durch die ordentlichen Gerichte. Oktav. 1929. M. 12.—

Handwörterbuch der Rechtswissenschaft. Herausgegeben von Prof. Dr. Fritz Stier-Somlo und Dr. Alexander Elster.

I. Bd.

Abandon-Deichgüter. 1926. M. 39.—, in Halbl. 46.—

II. Bd.

Deichverbände—Giroverkehr. 1927. M. 42.—, in Halbl. 48.—

III. Bd.

Glaubensfreiheit—Luxemburg. 1928. M. 48.—, in Halbl. 54.—

IV. Bd.

Mädchenhandel—Reichsexekution. 1927. M. 39.—, in Halbl. 46.—

Lehrbücher und Grundrisse der Rechtswissenschaft

Allgemeiner Teil des Bürgerlichen Gesetzbuches. Von Dr. **Heinrich Lehmann,** o. Professor der Rechte in Köln. 3., vermehrte und verbesserte Aufl. (9. bis 12. Tausend.) 8°. XIV, 439 Seiten. 1928. (I. Band.) M. 12.—, geb. 13.50

Schuldrecht des Bürgerlichen Gesetzbuches. Von Dr. **Justus Wilhelm Hedemann,** Professor der Rechte in Jena. 2. Aufl. 8°. (II. Band.) In Vorbereitung.

Sachenrecht des Bürgerlichen Gesetzbuches. Von Dr. **Justus Wilhelm Hedemann,** o. Professor des bürgerlichen Rechts in Jena 8°. XXXII, 507 Seiten. 1924. (III. Band.) M. 12.—, geb. 13.50

Familienrecht des Bürgerlichen Gesetzbuches einschließlich Jugendfürsorgerecht. Von Dr. **Heinrich Lehmann,** o. Professor der Rechte in Köln. 8°. XII, 352 Seiten. 1926. (IV. Band.) M. 11.—, geb. 12.50

Erbrecht. Von Dr. **Fr. Endemann,** Geh. Rat, o. Professor in Heidelberg. 8°. VIII, 166 Seiten. 1923. (V. Band.) M. 3.—, geb. 4.50

Handelsrecht und Schiffahrtsrecht. Von Dr. **Julius von Gierke,** o. Professor der Rechte in Göttingen. (VI. Band.) 3. Auflage im Druck.

Recht der Wertpapiere (einschl. Wechsel- und Scheckverkehr). Von Dr. **Claudius Freiherr von Schwerin,** o. Professor der Rechte an der Universität in Freiburg i. B. 8°. X, 234 Seiten. 1924. (VII. Band.) M. 7.—, geb. 8.50

Urheber- und Erfinder-, Warenzeichen- und Wettbewerbsrecht. (Gewerblicher Rechtsschutz.) Von Dr. **Alexander Elster,** Berlin. 2., stark erweiterte und völlig umgearbeitete Aufl. Mit Abdruck der Gesetzestexte. 8°. XII, 611 Seiten. 1928. (VIII. Band.) M. 18.—, geb. 19.50

Einführung in die Rechtswissenschaft. Von Dr. **Justus Wilhelm Hedemann,** o. Professor des bürgerlichen Rechts in Jena. 2., erweiterte und umgestaltete Aufl. 8°. XXII, 566 Seiten. 1927. (IX. Band.) M. 14.—, geb. 16.—

Deutsche Rechtsgeschichte. Von Dr. **Hans Fehr,** o. Professor in Bern. 2., verbesserte und ergänzte Aufl. 8°. 416 Seiten. 1925. (X. Band.) M. 13.—, geb. 14.50

Grundriss des römischen Privatrechts. Von Dr. **Friedrich Endemann,** Geh. Rat, o. Professor in Heidelberg. 8°. X, 256 und 30 Seiten. 1925. (XII. Band.) M. 9.—, geb. 10.50

Grundzüge des deutschen Privatrechts. Von Dr. **Claudius Freiherr von Schwerin,** o. Professor der Rechte an der Universität Freiburg i. B. 2. Aufl. 8°. XII, 342 Seiten. 1928. (XIII. Band.) M. 9.50, geb. 11.—

Das deutsche Reichs-Strafrecht. Von Dr. **Heinrich Gerland,** o. Professor des Strafrechts an der Universität in Jena. 8°. 600 S. 1922. (XVI. Band.) M. 10.—, geb. 11.50

Deutsches Reichsstrafprozessrecht mit Einschluss des Strafgerichtsverfassungsrechts. Von Dr. **Ernst Beling,** Professor in München. 8°. XIV, 568 Seiten. 1928. (XVII. Band.) M. 15.—, geb. 16.50

Deutsches Reichs- und Landesstaatsrecht I. Von Dr. **Fritz Stier-Somlo,** o. Professor der Rechte in Köln. 8°. XVI, 726 Seiten. 1924. (XVIII. Band.) M. 16.50, geb. 18.—

XIX. Band: **Deutsches Reichs- und Landesstaatsrecht II.** In Vorbereitung.

Weitere Bände sind in Vorbereitung.

Walter de Gruyter & Co., Berlin W 10 und Leipzig

FSC
www.fsc.org
MIX
Papier | Fördert gute Waldnutzung
FSC® C083411

Kolibri 360 GmbH
Ferdinand-Jühlke-Straße 7
99095 Erfurt, Deutschland
produktsicherheit@kolibri360.de